내가 참 많이 아끼고 걱정하는 사람

내가
참 많이
아끼고 걱정하는
사람

Kim Jihun
Essay

김지훈
에세이

진심의꽃한송이

## 프롤로그

　　안녕하세요, 지훈이에요. 또 이렇게 새로운 책으로 찾아뵙게 되었네요. 이 책이 저의 10번째 책이라는 거, 알고 계셨나요? 참 오랜 시간 동안 아껴주시고 지금까지 함께해주신 여러분께 이 자리를 빌어 감사의 말을 전해요. 저도 더욱 책임감을 가지고 소중한 의미를 지닌 글, 예쁜 영향력을 전해주는 글을 쓰기 위해 더욱 노력하며 나아갈게요. 저의 모든 글에 대한 전념이, 아껴주신 여러분의 소중한 마음에 대한 다정한 보답이 되어주길 바라면서요.

　　그런 의미로, 내가 참 많이 아끼고 걱정하는 사람, 여러분들을 향한 저의 마음 그대로가 이 책의 제목이 되었어요. 매 책을 완성하며 제대로 자지 못하고, 쉬지 못하고, 깨어있는 대부분의 시간을 글을 쓰고, 썼던 글을 다시 보고, 그렇게 쓰고 다시 보고를 끝없이 반복하며 그럼에도 그 모든 순간 앞에서 단 한 번도 건성으로 임하지 않을 수 있었던 건, 내가 참 많이 아끼고 걱정하는 사람, 당신의 하루가 저의 글로 인해 조금이나마 따뜻하고 다정해지기를, 사랑스럽고 아름다워지기를, 반짝, 빛나고 활짝, 피어나기를 진심으로 소원하고 바라는 사랑, 그 분명하고 명백한 사랑 때문이었을 거예요.

그러니 이 책을 읽는 내내 여러분이 얼마나 예쁘고 소중한 사람인지, 그런 아낌과 걱정을 받을 자격이 충분한 존재인지를 꼭 알게 되길 바라요. 그걸 잊은 채 존재하느라 참으로 자주 아프고 고단했던 당신이라는 생각에, 당신이 얼마나 사랑인지를, 있는 그대로 사랑이고, 영원한 사랑이고, 완전하게 근사한 사랑인지를 기억하게 해주고 싶다는 마음으로 내내 글을 썼으니까요. 정말로, 어떤 순간에도 내가 얼마나 사랑인지, 그것만 분명하게 알고 있다면 결코 아플 수 없는 사랑이 바로 당신이란 이름의 사랑이니까요.

그러니 그걸 꼭, 알게 되길 바라요. 이 책을 덮게 된 순간에는 명확하고도 확실하게 알게 되길 바라요. 그래서 내내 예쁜 미소를 지은 채 여러분의 사랑스러움을 만끽하며 살고, 사랑하길 바라요. 딱 여러분처럼만 사랑스럽게 매일을 보내길, 나로 존재하는 기쁨이 얼마나 대단한 기쁨인지를 이제는 너무나도 잘 알아서 그 기쁨을 내내 누리며 보내길 바라요. 꼭 그렇게 되기를 바라요. 정말 그 마음 하나로, 저의 일 년을 온전히 바쳐 완성한 책이니까요. 그러니 여러분을 향한, 여러분을 위한 저의 이 진심이, 무겁고 무거워 사랑일 수밖에 없는 이 진심이 당신이란 사랑의 가슴에 꼭 닿기를.

그럼, 이제 여러분이 얼마나 사랑인지를 알아가는 여행을 시작해볼까요? 조금은 긴 여행이 될지도 모르겠지만, 그 여행이 지루하지 않을 수 있게 제가 최선을 다해 예쁘고 다정하게 썼으니, 두께에 지레 겁먹지 않길 바라요. 막상 시작하고 나면, 어느새 끝에 닿아 있을 여러

분일 테고, 그곳에서는 눈부시게 반짝이는 마음과 함께 누구보다 예쁘고 사랑스럽게 웃고 있을 여러분일 테니까. 그리고 그때부터는 책을 덮고 진짜, 사랑의 여행을 떠나가게 될 여러분일 테니까.

앞으로도 내가 참 많이 아끼고 걱정하는 사람, 여러분을 위해 늘, 소중한 책 쓸 수 있도록 하겠다고 약속하며, 그럼 저는 또 다음 책에서 인사드릴 수 있도록 할게요. 다시 한 번, 저의 책을 늘 아껴주고 함께해주시는 여러분들께 감사의 인사를 전하며, 정말 고맙고, 제가 많이 애정합니다. 여러분의 삶, 사랑, 매일이 늘 무탈하게 행복하고 다정하게 사랑스럽길 바랄게요. 정말 잘하고 있고, 잘 해낼 거예요. 제가 늘, 믿고 응원해요.

늘 기특하고 예쁘고 소중하고 사랑스러운 참 반짝이게 따듯하고 다정한 당신에게, 그 무엇에도 결코 훼손되거나 줄어들 수 없는 완전한 빛과 사랑인 당신에게, 오직 사랑하고, 사랑받기 위해 태어난, 존재만으로 아깝고 귀한 당신에게, 이 책을, 이 책을 쓰며 쏟았던 모든 정성과 진심과 아픔과 염려, 그 모든 사랑을 바칩니다.

- 지훈, 올림.

프롤로그　4

나를 위한 용서　15
나라는 빛과 사랑　16
존재의 이유　18
성숙을 향한 지향　20
나와 같기를 바라는 마음　22
강한 사람　25
고요함　27
사랑의 수단　30
행복의 근원　32
세상 안에서의 자유　37
거룩한 관계　45
악의적인 사람　50
사랑을 아끼지 말길　57
부지런히 사랑하고 사랑받길　61
죄책감을 이용한 공격　66
진짜 나, 그리고 빛　73
하루의 성공　78
나를 예쁜 사람으로 만들어주는 사람　85
현재의 힘　91
무엇을 위해서　98
왜 그럴까요　104
강한 사랑　114
오직 사랑에 기대어　120
주관적 행복　127
사랑받아 마땅한 사람　131
필요의 환상　138
욕망의 어둠을 넘어 감사의 빛으로　150
이, 기적　155
사랑의 빛으로　167

자유 의지  174
비난하지 않아도 된다는 것  180
진정한 이득  189
늘 이기지만 불행한 사람  193
탓  201
행복의 빛  209
공감력이 뛰어난 사람  215
고통의 근원  226
거저 받은 선물들  233
내게 악영향을 주는 사람  239
마음의 빛  245
무탈한 행복, 혹은 사랑  253
고작 미움  263
옳지만 불행한 사람  271
원인과 결과  281
안타까운 미움  290
진심 가득한 사람  297
성숙할 의무  307
이제 그만 포기할 때  320
평화를 위한 투자  330
변화를 위한 강요  337
고민이 많은 사람  349
충분히 감사할 것  356
미워할 '필요'  364
아름다운 후회  372
현재의 빛  380
서로에게 '만' 좋은 사람  385
습관적 반응  392
사랑이 부족해서  398
심판  412
정말 위험한 사람  421

고마워할 줄 아는 사람　426
사랑받을 만한 사람　431
먼저 최대치로 용서하기　437
희생 없는 사랑　444
최선이 고작 악랄함인 사람　454
내가 원하는 마음의 것　463
미움 거절하기　474
늘, 예쁘게 말하는 사람　485
가장 최선의 복수　492
오롯함이 꽃 핀 관계　498
늘, 정당화하는 사람　507
진짜, 사랑　516
분노의 불씨　526
오직 아쉬울 순간들　532
최고의 선물　538
서운함에서 너그러움으로　543
내가 누구인지 알기 위해서　552
평화의 가치　559
미움이라는 허상　566
불만의 자리에 감사를, 사랑을　577
내가 보고자 하고 원하는 것　585
진짜, 다정한 사람, 사랑　595
나로 살아가는 기쁨　609
사랑 수업　617
고요함으로, 빛으로, 사랑으로　625
용서에 대한 저항　634
진실의 빛　642
오늘, 행복할 것　650
예쁜 믿음　660
지금 여기서, 오롯이 아름답길　670
나를 향해 더 자주, 미소 지을 것　678

올바른 길　*687*
거룩한 사랑　*699*
사랑의 두려움　*710*
굳이 유감인 사람들　*720*
죄인의 탈을 쓴 사랑들　*732*
원인과 결과　*744*
마음이 가난한 사람　*752*
내 기분은 내가 선택하는 것　*766*
이왕이면 행복할 것　*774*

에필로그　*789*

## 나를 위한 용서

내 마음의 행복을 위해 용서해요. 지금 미운 사람이 생각난다면 그 생각이 찾아온 순간 곱씹기보다 내려놓도록 해봐요. 그리고 미운 사람에게 감사해보세요. 내게 용서를 가르쳐주고, 인내심을 가르쳐주고, 감사하기 어려운 것조차 감사할 줄 아는 그 절대적인 감사의 마음을 가르쳐주고, 그러니까 그는 사실 나의 스승이자 교사이니까요. 그러니 이제는 나를 위해 용서해요. 아침부터 밤까지, 며칠, 몇 달, 몇 년간 미워하느라 가장 아팠던 사람이 바로 나잖아요. 그래서 용서는 사실 그 아픔의 감옥에서 나를 풀어주는 일이에요. 행복을 만끽하고 웃음 가득 보내기에도 아까운 다시는 돌아오지 않을 나의 오늘, 미워하느라 아파하기엔 너무나 소중하니까요. 그러니 내 마음의 행복을 위해 용서해요. 그렇게 꼭, 당신이 당신의 예쁜 웃음을 되찾길 바라요. 무엇 하나 예쁘지 않은 게 없는 당신이지만, 그중에서도 웃는 모습이 가장 예쁜 당신이니까. 미워하며 하루를 그 예쁜 웃음없이 잔뜩 찌푸린 채 보내기에, 그래서 참 아까운 당신 존재의 사랑스러움이니까요.

## 나라는 빛과 사랑

　감정이 잘 상하는 경향이 있다면, 진짜 나라는 존재의 빛은 누가 나에게 무엇을 어떻게 하든 단 한 순간도 희미해지지 않을 찬연한 빛이라는 걸 기억해 보세요. 당신 존재의 본질은 언제나 당신 가슴 속에서 영원히 변함없는 사랑으로 빛나고 있다는 것을요. 실재는 결코 위협받을 수 없고, 비실재는 환상이므로, 당신이 위협받는다고 느낀다면 당신은 실재의 빛이 아니라 비실재의 환상을 당신 자신으로 오해하고 있는 거예요. 태양에 구름이 꼈다고 태양의 빛이 작아지거나 희미해지거나 사라진 것이 아니듯, 당신이란 존재도, 당신이란 빛도, 당신이란 사랑도 정말 그렇답니다.
　그러니 비실재의 환상 대신 실재의 빛을 추구하세요. 당신 자신을 빛이 아닌 구름으로 오해하지 마세요. 그러니까 환상을 소중히 여기느라, 환상과 동일시하느라, 당신 존재의 사랑을 잃고 잊지 마세요. 만약 당신이 상처받았다고 느껴진다면, 그 순간이 바로 결코 상처받을 수 없는 영원한 빛이자 사랑인 당신 존재의 진짜 모습을 회복하고 되찾을 가장 좋은 기회이자 선물이라는 것을. 그러니 상처받는 순간마다 이제는 그것 그대로 서운해하고 원망하기보다, 그렇게 왜소함에 머무르기보다 그 순간을 내 진짜 모습을 회복할 귀하고 감사한 선물로 여긴 채 진짜 내가 어떤 존재인지를 눈은 감은 채 생각해 보기로 해요. 당신이 얼마나 빛이고, 사랑이고, 소중함인지를. 그 순간 상처의 어둠, 그 환상은 당신 존재의 빛, 그 실재에 의해 사라질 테고, 하여 당신은 안전할 테니까요.

정말 당신은 스스로 잊지만 않는다면, 처음부터 영원히, 너무나도 아깝고 소중한, 결코 줄어들거나 훼손될 수 없는 완전한 사랑 그 자체라는 걸. 그러니 이제는 잊지 말길. 늘 간직한 채 가득 소중하고 꿋꿋이 사랑스럽고 완전히 예쁘길.

## 존재의 이유

우리가 이 지구라는 별에 존재하는 이유는 주어진 삶을 통해 최선을 다해 성숙함으로써 나라는 사랑을 되찾고 회복하기 위해서예요. 그러니 사랑하기 위해 태어나, 존재하고 살아가는 그 목적과 이유를 늘 간직한 채 주어진 매 삶의 순간을 통해 그 사랑을 배우고 채워가도록 해봐요. 사랑 이외에 다른 것을 추구할 때, 우리 존재는 필연적으로 공허함과 함께하게 돼요. 이제는 존재의 이유와 목적을 기억해달라고 공허함을 통해 우리의 마음이 우리에게 끝없이 외치고 신호를 보낼 테니까요. 그러니 가장 중요한 시간인 지금 이 순간, 가장 중요한 사람인 내 옆에 있는 사람을, 가장 중요한 일인 사랑으로 마주하기로 해요. 그렇게 내 마음의 유일하고도 가장 깊은 필요를 채워주기로 해요.

모든 삶의 순간은 정확히 우리에게 그 사랑을 가르쳐주기 위해 존재하며, 그래서 이곳, 지금은 사랑을 배우기 위한 가장 적절한 배움의 장이며, 하여 우리가 비로소 사랑을 실현할 때, 사랑에 전념하기 시작할 때, 우리는 더 이상 공허함을 겪을 수 없을 거예요. 불행도, 아픔도, 슬픔도 겪을 수 없을 거예요. 내가 존재하는 이유와 내가 살아가는 삶에 더 이상의 불일치가 없어 내 하루, 하나 됨의 기쁨으로만 가득 채워지고 있을 뿐일 테니까요. 그러니 그 사랑을 위해 오늘을 살아가세요. 사랑하고자 마음먹으면, 여태 바라보지 못했던 사랑을 위해 주어진 무수히 많은 삶의 선물들이 눈에 드러나기 시작할 거예요. 지금 당신이 겪고 있는 아픔도, 원망도, 우울도, 분노도, 무기력함도, 그것이 무엇이든 결국 그 모든 것이 사랑의 선물이자, 사랑할 기회이자, 사랑을 위한 배움이니까요. 그러니 사랑함으로써 당신이 얼마나 사랑인지를 꼭 기억해내길. 얼마나 사랑을 꼭 빼닮은 사랑인지를.

## 성숙을 향한 지향

　　이곳에 태어나 성숙하기 위해 마음을 기울이고 노력하는 것만으로 이미 당신은 빛나는 사람이에요. 왜냐면 대부분의 사람들이 그저 늘 같은 방식대로 존재하며 화가 나면 그런대로 화내고, 누군가가 미우면 그런대로 마음껏 미워하고, 자신의 이득을 위해 거짓말을 참 쉽게도 하기도 하고, 그렇게 존재하기 때문이에요. 하지만 당신은 화냈던 얼마 전의 당신 자신의 선택이 너무나 후회스러워 벌써부터 왜 더 좋은 선택을 하지 못했을까, 하며 아파하잖아요. 그래서 다음에는 다른 선택을 하기 위해 더욱 노력할 거잖아요. 어쩌면 그 당연한 노력을 기울이며 살아가는 사람들이 이 세상에는 거의 없기에 당신은 그 자체로 이 세상에 빛과 소금인 사람인 거예요. 무엇보다 그 성숙을 향한 지향이 있기에, 당신은 매 삶의 순간들을 통해 당신 마음을 더욱 예쁘게 가다듬으며 나아갈 것이며, 하여 끝내는 당신 마음을 스스로 다스릴 줄 아는 자존감 있는 사람이 될 거예요.

　　그리고 그때가 되면 반드시 알게 될 거예요. 행복이란 결국 그 성숙한 마음에서부터 오는 것이라는 것을, 내가 무엇을 가지고 있는지, 무엇을 하는지, 누군가 나를 어떻게 보는지, 하는 그러한 곳에는 애초에 행복이 있었던 적조차 없다는 것을 말이에요. 그러니까 행복은, 마음에 있는 모든 미성숙한 부분을 극복하며 나아가는 그 과정 속에서 서서히 강렬해지다, 끝내 많은 부분을 극복하게 되었을 때 완전해지는 마음의 빛이라는 것을요. 그러니 당신, 이 길의 끝에서 반드시 행복할 거예요. 그리고 당신의 그 과정 자체만으로 당신 삶의 가치는 그 누구의 것과도 비하지 못할 만큼 이미 위대하고 아름답다는 걸 잊지 마세요. 당신은 무엇을 가지고 있어서, 혹은 무엇을 하고 있어서가 아니라, 당신이 완성하며 나아가고 있는 그 존재 자체만으로 이미 빛과 소금인 사람이라는 것을요.

## 나와 같기를 바라는 마음

관계에서 일어나는 모든 속상함은 결국 상대방이 나와 같기를 바라는 마음에서 생겨나는 거예요. 내가 이렇게 해준 것과 같이 내게 이렇게 해주길, 내가 이런 마음인 것 같이 너 또한 내게 이런 마음이길, 하고 바라기 때문에. 하지만 상대방은 나와는 결코 같지 않은 사람이기에 내가 그런 기대를 가진 채 상대방을 마주한다면 결국 나, 충족되기보다는 자주 실망하게 될 거예요. 그래서 그때의 나는 상대방의 태도를 통제하고자 더욱 집착하게 될 것이고, 그 마음 앞에서 상대방은 압박감을 가지게 될 것이고, 그렇게 그 관계는 고통과 함께 내리막을 걸을 수밖에 없게 되는 거예요.

그러니 상대방의 있는 그대로를 받아들여줘요. 나와 같지 않기에, 상대방 또한 내게 내 사랑의 모양과 색과는 다른 또 하나의 예쁘고 귀한 사랑을 건네주고 있는 거라는 걸 기억하기로 해요. 또한 내가 상대방에게 건네는 모든 마음은 온전히 나의 행복을 위해 건네는 마음이라는 것을 잊지 않기로 해요. 분명 당신이 그 마음을 건넬 때는 그랬을 거예요. 그래놓고는 나중에 대가를 기대하게 된 것일 뿐이죠. 그러니 처음의 그 예쁜 마음을 잃지 않고 잘 간직하기로 해요.

이 세상에 내가 바라는 만큼 내게 마음을 줄 사람은 결코 없어요. 받아들이고, 만족하고, 감사할 줄 아는 마음이 그래서 중요한 거예요. 그저 상대방이 내 곁에 있다는 그 사실에 감사할 줄 안다면, 분명 그 관계는 행복할 거예요. 그러니 내게 이래서 실망스러워, 서운해, 라는 마음 대신에 내게 이래서 고마워, 행복해, 라는 마음을 더욱 키워가 보도록 해요. 가족이든, 연인이든, 직장 동료든, 모든 서운함과 실망, 분노는 결국 나와 다른 타인이 나와 같기를 바라는 그 이루어질 수 없는 환상에서 비롯되는 거니까요.

그러니 잊지 말아요. 내가 감사하고 만족하는 방법을 배우지 못하면, 주는 것을 주는 것 자체에서 끝내는 방법을 배우지 못하면, 나, 결코 행복할 수도, 예쁠 수도, 아름다울 수도 없을 거라는 것을. 하여 상대방에게 서운할수록 그것을 미움의 계기로 삼기보다 상대방의 있는 그대로를 받아들이는 성숙을 완성하는 계기로 삼아야 한다는 것을. 그 성숙 끝에, 더 이상 환상을 바라보지 않을 만큼 예쁜 꽃이 내 마음 안에서 피어나고 나면, 그리고 그때가 되어서도 별로라는 생각이 드는 인연이라면, 그때는 나의 성숙을 완성하도록 도와준 그 사람에게 감사하며 이제는 나와 같이 예쁜 사람과 함께하면 되는 것이라는 것을. 내가 그 성숙을 완성하기 전에는 나, 어떤 관계 안에서도 결코 만족하지도, 행복하지도 못할 테니까.

그러니 지금 만난, 혹은 언젠가 만날 보석처럼 예쁘고 소중한 사람을 놓치지 않기 위해서라도 부디 오롯하기를. 기대하기보다 만족할 줄 아는, 바라기보다 있는 그대로를 바라봐주는 아름다운 시선을 배우기를. 하여 당신의 관계는 영원히 시들지 않는 아름다움이기를. 상처받고, 상처 주기 위해서가 아니라 벅차게 사랑받고 사랑하기 위해 존재하는 당신이니까. 그럴 자격이 충분한 사람, 사랑이 바로 당신이니까. 무엇보다 당신은 이미 스스로 완전한 사랑이니까. 그러니 그 무엇에도 결코 상처받을 수 없을 만큼의 사랑, 사람, 빛과 완전함인 당신, 더 이상은 마치 당신이 사랑이 아니기라도 한 것처럼 사랑하지 말길. 부디 당신 존재처럼만 사랑스럽게 사랑하길. 있는 그대로 참 예쁘고 소중하고 귀한, 사랑일 수밖에 없어 사랑인 당신 존재처럼만.

## 강한 사람

 강한 사람은 탓하기보다 책임지는 사람이에요. 그러니 강한 사람이 되세요. 약한 사람은 늘 문제의 원인을 바깥에서 찾고, 그것을 탓함으로써 정당화해요. 그래서 자신의 마음을 돌아보고 성숙할 기회조차 갖지 못한 채 그 태도 안에서 영원히 갇혀 살아가게 돼요. 그래서 강한 사람은 성숙할 줄 아는 사람이에요. 문제에 대한 자신의 책임이 아주 작더라도, 그 작음조차도 돌아볼 줄 알기에 모든 일 안에서 완전함을 향해 나아갈 기회를 발견하는 사람이니까요. 늘 탓하고, 비난하고, 세상과 타인에서 문제를 찾고, 그래서는 결코 행복할 수도, 아름다울 수도 없어요. 그리고 사랑할 수도, 사랑받을 수도 없어요. 비록 상대방 때문에 내 마음이, 내 경제력이 힘들어졌다고 해도, 그럼에도 그것을 곱씹어서 달라지는 것은 아무것도 없어요. 오직 나 자신의 불행만을 더욱 키워갈 뿐이죠.
 그러니 책임지고, 배우고, 성숙할 기회로 만들고, 하여 오직 나아가세요. 그 순간 원망스러워 탓하기만 했던 상대방이, 사실은 내게 성숙을, 이해와 용서를, 사랑을 가르쳐주는 선물이었다는 것을 알게 되어 당신, 감사하게 될지도 몰라요. 결국 그 사람으로 인해 당신은 언젠가의 넓고 아름다운 마음을 지닌 당신이 되어있을 테니까요. 무엇보다 타인을 탓함으로써 나에겐 문제가 없다고 믿는 왜소한 위로에 의존하기에, 그렇게 성숙하지 않은 채 제자리에 머무르기에 당신은 정말 멋지고 아름다운 사람이 될 어마어마한 잠재력이 있는 존재니까요. 그리고 당신이 성숙할수록 당신, 이 삶의 아름다움을 더욱 바라보게 되어 흐드러지게 행복할 테니까요. 그러니 약하고 왜소하기보다 책임질 줄 아는 힘 있는 당신이길 바라요. 그게, 예쁜 당신에게 더욱 어울리는 자세니까.

## 고요함

　지금 이 순간에 존재하는 것을 두려워하지 마세요. 우리는 끝없이 생각하며 지금 이 순간에 존재하는 것에서부터 도망치고, 끝없이 활동에 탐닉하며 지금 이 순간에 존재하는 것에서부터 도망치고, 그런 식으로 존재하느라 내 마음이 얼마나 산만하고 공허한지도 모르는 채 지금 이 순간의 고요함을 마주하기를 두려워하며 계속해서 현재의 고요로부터 도망치곤 해요. 누군가를 향한 원망을 곱씹고, 분노를 곱씹고, 복수심을 곱씹고, 나 자신의 행동을 후회하며 편집하며, 그런 식으로 과거에 갇힌 생각들로 지금 이 순간을 지우고, 또 미래의 막연함에 대한 두려움, 망상, 그런 것들을 통해 지금 이 순간을 지우고, 그것이 아닐 때는 SNS를 한다든지, 유튜브를 본다든지, 영화, TV를 본다든지, 하는 식으로 무의식에 빠져든 채 지금 이 순간을 지우고, 그렇게 어느새 우리 존재의 빛은 그 모든 무의식의 구름에 가려져 보이지 않을 만큼이 되었어요.

　하지만 그래서는 행복할 수도, 공허함에서 벗어날 수도 없어요. 진정한 행복은 지금 이 순간 모든 생각을 멈춘 채 그 무한한 평화와 고요함 속에서 쉬어가는 진정 나로서 존재하는 순간 안에 있는 거니까요. 고요함이 지금은 많이 지루하겠지만, 어느새 생각이 줄어들기 시작하며 그 고요함의 빛이 얼마나 행복인지, 또 산만함이 얼마나 공허함인지를 당신, 꼭 알게 될 거예요. 그러니 있는 그대로 존재하는 지금 이 순간의 고요의 빛으로 모든 구름을 몰아내고, 행복과 평화 안에서 잠시 쉬어가세요. 하루에 30분씩이라도 그런 시간을 가진다면, 서서히 존재의 빛이 강해져 모든 무의식적인 생각과 행동으로의 탐닉을 지워내고 나라는 존재의 주권을 되찾게 해줄 거예요. 그러니 고요함을 더 이상 두려워하지 마세요. 그 고요함이야말로 나의 진정한 기쁨이자, 평화자, 행복이자, 사랑이니까요. 진짜 내가 살아 숨 쉬는 시간이자 공간이니까요.

 무엇보다 그 어떤 소리도, 생각도, 계산도, 산만함도 없는 고요함 속에서 가장 잘 보이는 당신의 사랑스러움이니까요. 그러니 당신, 고요하게 사랑스럽길. 그 어떤 꾸밈도 필요가 없을 만큼 그 모습 그대로 참 맑고 예쁜 당신이니까. 다른 곳으로 굳이 시선을 돌릴 필요가 없을 만큼 오롯이 당신으로 존재하는 게 가장 즐거울 기쁨의 존재가 바로 당신이니까. 그러니까 참 부럽다 당신, 매일을 당신으로 살아갈 수 있어서. 이런 말이 그저 나올 만큼 예쁘고 사랑스러운 당신이니까. 그러니 그런 당신 존재를 두고 구태여 당신만큼 사랑스럽지도, 예쁘지도 않은 곳에 시선을 두지는 말길. 그게 당신을 공허하게 만들 수밖에 없는 건, 결코 그곳은 당신 존재만큼 아름다울 수도, 예쁠 수도, 사랑스러울 수도 없기 때문인 거니까. 그러니 당신은 다만 고요하게 당신으로 머무르길. 누구나 부러워할 만큼의 당신 존재로 살아가는 기쁨을, 기적을, 그 선물을 부디 스스로 놓치지 말길. 오롯이 당신이고, 고요하게 사랑이고, 평화롭게 아름답길.

## 사랑의 수단

　나의 몸과 마음을 사랑을 표현하는 수단으로 사용할 수 있도록 해보세요. 때로 우리는 우리의 몸과 마음이 마치 사랑이 아닌 것들을 표현하기 위해 존재하기라도 하는 것처럼 말과 행동으로 사람들에게 상처를 주며 우리 몸과 마음을 사용하곤 해요. 이기심과 탐욕을 위해 남을 이용하고 속이는 말과 행동들, 나의 자존심을 지키기 위해 끝없이 논쟁하거나 타인에 대한 존중감 없는 멸시의 말과 행동들, 미워하고, 원망하고, 증오하는 말과 행동들, 오직 그 사랑 아님을 표현하며 존재하는 것이죠. 하지만 우리가 우리의 육체를 그렇게 사용할 때 우리는 외로움과 죄책감에 몸져누울 수밖에 없을 거예요. 사랑은 상대방과 나를 똑같이 소중히 여기는 하나의 감정을 바탕으로 하기에 외로움을 넘어서게 해주지만, 사랑이 아닌 것들은 나를, 나의 입장을 더욱 중요시 여기는 분리의 감정을 바탕으로 하기에 더욱 외로움을 낳고, 또 사랑인 내가 사랑이 아닌 것을 선택했다는 것에 대한 의식적, 무의식적 죄책감을 가지게 하니까요.

　그러니 사랑을 위해 내 몸과 마음을 사용해요. 일을 할 때도 타인을 향한 사랑을 위해 할 수 있고, 말을 할 때도 사랑의 표현을 하고자 더욱 다정하게 노력할 수 있고, 나 자신과 단둘이 있을 때도 내 마음 안에 사랑스러운 생각을 가득 담은 채 나에게 쉼과 평화를 선물해줄 수도 있죠. 그 사랑을 하루에 얼마간 생각하는 것만으로도 이미 삶이 예쁜 향기로 물들기 시작할 거예요. 무엇보다 당신 자신이 행복해질 거예요. 분리와 외로움, 두려움과 죄책감 너머에 있는 아름다운 안도에 가득 평화로울 수 있을 거예요. 그러니 더 이상 내 몸과 마음을 사랑이 아닌 것들, 이기심과 미움, 욕망, 슬픔, 그런 것들을 위해 사용하지 않기로 해요. 무엇보다 나 자신의 행복과 평화를 위해서 이제는 오직 사랑을 표현하기 위한 수단으로 사용하기로 해요. 굳이 사랑할 수 있는데, 사랑하지 않기에 당신은 너무나 사랑을 위해 태어난 사랑의 존재니까요. 구태여 사랑스럽지 않기에, 너무나 사랑스러운 당신이니까요.

사랑을 꼬박 눌러 담아 하루를 보내기에도 아까운 순간들을 사랑 아닌 표현으로 가득 채운 채 보내느라 무엇보다 여태 당신 자신이 가장 힘들었잖아요. 얼굴엔 예쁜 미소가 아니라 못난 모양의 찌푸림이 일어났고, 어깨는 미움과 증오의 무게를 견디지 못해 굳어졌죠. 하루의 기쁨과 생명력을 잃어 당신 감정은 또 얼마나 메마르고 소진됐나요. 작은 일 하나를 해내기도 버거울 만큼 고갈돼버렸죠. 사랑이 사랑이 아닌 것처럼 존재하느라 그런 거예요. 내게 맞지 않는 옷을 입었을 때 불편한 게 당연한 것처럼, 내가 아닌 모습을 연기하는 데 큰 에너지가 드는 게 당연한 것처럼 말이에요. 그러니 이제는 당신에게 가장 잘 어울리는 사랑과 함께 존재하기로 해요. 당신 하루에 사랑이 흘러넘치도록, 내내 사랑스럽기로 해요. 당신, 그 사랑을 위해 태어난 존재라는 걸 잊지 않기로 해요. 그렇게, 사랑인 당신이 내내 사랑스럽길 바라요.

## 행복의 근원

　행복의 근원을 나의 내면이 아닌 바깥에 두지 마세요. 스스로 행복하지 못해, 스스로 행복할 줄 몰라 오직 바깥에서부터만 행복을 공급받고자 애쓸 때, 그것은 사실 행복이 아니라 불행의 씨앗을 심는 일일 뿐이니까요. 네가 이래야만 내가 행복할 거야, 네가 나에게 무엇을 줘야만 나는 행복할 수 있어, 하는 식으로 행복의 근원을 오직 바깥에 둔 채 왜소하게만 생각하는 사람이 어떻게 행복할 수 있겠어요. 그리고 그때는 나와 함께하는 타인 또한 불행하게 만들 수밖에 없을 거예요. 행복과 불행은 끝없이 전염되는 거니까요. 자기 자신의 마음에 없는 것을 우리는 결코 다른 누군가에게 줄 수 없으니까요. 그러니 이제는 스스로 행복한 사람이 되기 위해 매일을 노력하며 나아가요.
　결국 내가 나를 사랑하지 않아 내 마음에 사랑이 텅 비었고, 하지만 여태 우리는 그걸 몰라 그 사랑의 결핍을 늘 바깥에서부터 채우고자 이토록 치열하게 애써왔던 거예요. 그러니 이제는 내가, 나를 사랑해요. 그렇게 나에게 스스로 행복을 선물해주는 사람이 되어요. 산책을 하며 내 눈에 차는 모든 예쁜 풍경을 바라보며 아름답다, 예쁘다, 하며 기뻐하고 감사할 줄 알고, 또 내가 존재하고 있음에 기뻐하고 감사할 줄 알고, 이렇게 존재하고 있는 것만으로도 벅찬데, 그 외에도 주어진 것들이 얼마나 많은지, 그 모든 거저 주어진 축복에 눈물을 흘릴 줄 안다면 나, 더 이상 이 세상에 어떤 불만과 원망을 품을 수 있을까요. 그렇다면 여태 그 감사와 사랑을 잃은 채 얼마나 불행하고 왜소하게 살아왔나요. 그렇게 나를 스스로 아프게 해왔나요.

그러니 요즘 무척이나 힘든 시간을 보내느라 고개를 들어 하늘을 바라보며 참 예쁘다, 하고 느껴본 지가 언제인지 기억조차 나지 않을 만큼 오래된 당신, 길을 걷다가도 문득 너무나 슬퍼서 주저앉아 펑펑 울 것만 같이 기쁨과 삶의 의미를 온통 잃어버린 당신, 이제는 내게 주어지지 않은 모든 것들을 흘려보내고, 이미 주어진 소중함을 바라보기로 해요. 그 모든 소중함에 촘촘하게 감사하기로 해요. 그렇게, 그동안 아파하느라 몸도 마음도 가득 지쳐 허덕이고 있는 나에게 생명을, 기적을 선물해주기로 해요. 쉬어도 쉬어도 고단함과 슬픔만이 쌓여가 쉬는 것 같지 않았던 지난날을 그렇게 털어내고 그 빛 안에서 진짜, 쉬어가기로 해요. 하여 진짜 살아가고, 사랑하기로 해요. 그렇게 다시 활짝, 피어나기로 해요.

그때, 당신은 나인 그대로 충분히 행복한 사람이었음을 꼭 알게 될 거예요. 다시, 하늘을 바라보게 될 테고, 해맑은 웃음과 천진난만한 순수함을 되찾게 될 거예요. 그 모든 꽉 찬 행복으로 인해 타인을 나의 구미에 맞게 조종하고 바꾸고자 애쓰는 결핍의 시도도 그만, 멈추게 될 거예요. 그래서 나로 인해 타인들 또한 더욱 가득 행복해질 거예요. 결국 자기 자신의 삶에 스스로 충분히 만족하지 못하는 사람만이 그 불만족을 타인에게도 투사할 수 있는 것이고, 그래서 감사함으로써 오롯이 행복한 사람은 타인과 함께하는 시간 안에서도 타인을 있는 그대로 존중할 뿐이니까요. 그 있는 그대로의 빛을 바라보며 가득 아껴주고 사랑해줄 뿐이니까요. 그러니까 네가 내게 어떤 사람이든, 이미 내가 행복한데, 구태여 너에게 변화를 바라고 압박할 필요가 이때는 전혀 없는 거니까요. 이제는 오롯이 나로부터 행복한, 힘 있는 내가 되었으니까요.

그러니 이제는 나에게 기쁨을 선물해줘요. 나를 불행하게 만들어왔던 지난 시간의 결핍과 불만족을 감사와 만족으로 대신한 채 스스로 행복할 줄 아는 나를 만들어가는 거예요. 내가 나를 사랑한다면 나, 더 이상 망설이지 않을 거예요. 누군가를 진실하게 사랑할 때 그 사람을 행복하게 해주기 위해 노력하는 것처럼, 나를 향한 사랑 또한 마찬가지니까요. 그러니 내가 나를, 사랑해줘요. 내 마음이 그 사랑으로 가득 차고 나면, 나, 알아서 이 세상과 사람들을 또한 가득 사랑하고 있을 거예요. 왜냐면 이제 나에겐 사랑의 결핍이 없고, 하여 나, 사랑을 받고자 하기보다 내 마음에 흘러넘치는 이 사랑을 오직 주고자만 하는 사람일 테니까요. 그래서 전에는 그토록이나 애써도 받지 못했던 사랑을 이제는 전혀 애쓰지 않고도 가득 받게 될 거예요.

나의 있는 그대로를 존중하고 사랑하지도 않은 채 사랑해달라고 떼쓰기만 하는 사람을 당신 또한 사랑하기가 힘든 것처럼, 하지만 아무런 대가 없이 내게 친절하고 다정한 사람에겐 당신 또한 더 잘 해주고 싶은 것처럼, 더 함께 머물고 싶은 것처럼, 그에게 잘 보이고 싶은 예쁜 마음이 절로 샘솟는 것처럼, 사랑은 얻고자 애쓰는 게 아니라 준비가 되었을 때 알아서 받는 마음인 거니까요. 그러니 먼저 오롯이 행복한 당신이 되어 꼭 가득 사랑하고, 사랑받길 바라요. 그러기 위해 당신은 당신 존재 자체로 이미 충분히 행복하고, 또 행복할 수 있는 사람이라는 걸 잊지 않기로 해요. 당신은 그만큼 근사하고 아름다운 사람이라는 것을요. 그저 당신으로 존재하고 있다는 것 자체로 얼마나 벅찬 기적인지, 하여 행복하기에 충분한 이유인지 몰라요. 그러니 그걸 꼭 알았으면 좋겠어요. 당신은 정말 그런 아름다움이니까. 그러니 그 아름다움에 겨워 흐드러지게 행복한 당신의 매일이길.

## 세상 안에서의 자유

세상과 너무 가까워지지 마세요. 이 말이 이 삶을 등진 채 어디 숲으로 들어가 세상에 대한 관심을 끊고서는 고즈넉하게 살아가야 한다는 말은 아니에요. 아무런 갈등도 없는 세상 밖에서 이룩한 평화가 진짜 평화라고 저는 생각하지 않으니까요. 그 평화는 언제든 다시 세상과 마주할 때면 금방이면 무너져내릴, 그럴 가능성을 너무나도 많이 품고 있는 연약한 평화니까요. 그래서 저는 이 세상 안에서 이룩한, 결코 무너지지 않는 예쁘고 아름다운 마음, 그 마음만이 진짜 성숙한 평화라고 생각해요. 그리고 그 성숙은, 세상을 살아가되, 언제나 세상과 거리를 둔 채 초연함과 평화를 잃지 않는 연습 안에서 완성되는 거예요. 그러니 세상을 최선을 다해 살아가되, 세상에 너무 집착하거나 연연하지 마세요. 그저 결과에 관계없이 주어진 순간들 안에서 내 숨결과 말과 행동, 그 모든 몸짓을 온전히 느끼며 나아가요. 나 자신과도 약간의 거리를 둔 채 나를 바라보는 그 진짜 존재의 눈빛과 함께 말이에요.

그렇게, 나라는 역할에 너무 취하기보다 그저 연극을 하는 한 사람의 배우처럼 삶을 마주하고 살아가요. 골몰하고, 갈등하고, 분노하고, 미워하고, 집착하고, 슬퍼하고, 아파하고, 그 모든 감정의 혼란은 결국 세상과 내가 너무 맞닿아 있기에 생기는 거니까요. 그러니 일을 하다가 누군가 당신을 나무란다면 그때 그 마음을 오래도록 곱씹으며 아파하고 무너지기보다, 슬퍼하고 원망하기보다, 이제는 그저 초연하게 넘어가는 한 사람의 모습을 연기해 보세요. 당신을 나무란 그 사람은 세상과 너무나 가까워 있기에, 그것이 자신의 전부가 된 집착 때문에 당신을 나무란 거예요. 하지만 당신은 그저 그 일을 연기하는 한 사람의 배우로서 그 역할에 최선을 다할 뿐인 거예요. 하여 연극이 끝나고 집으로 돌아와서는 이제 그 역할을 벗고 진짜 당신 자신이 되어 쉬어갈 수 있는 거예요. 여전히 그 나무람을 곱씹으며 머릿속으로 원망하고, 끝없이 억울해하며 변명하며, 그 상황을 편집하며, 그러기보다 말이에요.

그러니 당신의 이름이 민지라면, 그리고 당신의 직업이 승무원이라면, 당신은 비행기 위에서 민지가 아니라 승무원이라는 역할자로서의 최선을 다하길 바라요. 비행기를 타는 순간 그곳에 민지는 잠시 놓아두는 것이죠. 그리고 그 비행기 위에서 무슨 일이 생기든, 당신은 승무원이라는 역할을 맡은 한 사람의 책임자로서 당신이 해야 마땅한 일들을 최선을 다해 하면 되는 거예요. 그리고 그때부터는 당신의 역할이 당신 평화와 행복을 반드시 지켜줄 거예요. 당신이 만약 정신과 의사라면, 그래서 당신은 이제 그 일을 하며 진이 빠지지 않게 될 거예요. 당신은 이제 그 의사라는 역할과 당신을 하나로 둔 채 집착하기보다 의사라는 당신의 모습을 그저 당신 역할의 일부분으로 받아들인 채 그 역할자로서의 최선을 다할 뿐일 테니까요. 엄청난 무게가 담긴 감정들을 충분히 듣고 그것에 공감하고도, 그래서 당신은 여전히 생명력이 넘칠 거예요. 당신의 역할이 당신 진짜 존재의 보호막이 되어 당신을 지켜줄 테니까요.

그러니까 당신이 선생이든, 변호사든, 학생이든, 사업가든, 그게 무엇이든 당신은 이제 부정적 감정이 담긴 이 세상 모든 에너지로부터 완전한 면역을 얻게 될 거예요. 아이들이 당신에게 대들고 반항한다면, 당신은 선생으로서 당신이 해야 마땅한 일과 반응을 하며 그 역할에 대한 책임을 다할 뿐이고, 그 안에 상처받거나 감정적으로 고통받는 당신 개인은 이제 없을 테니까요. 손님이 당신에게 무례하게 구는 순간에도, 당신은 그곳의 점원으로서의, 혹은 사장으로서의 역할에 충실할 뿐이고, 그래서 당신 개인은 그 무례함을 비껴나갈 테니까요. 그래서 그 역할을 벗고 집에 돌아와서는 진짜 당신 존재로 돌아와 그곳에서 있었던 모든 일들을 내려놓고 당신, 아무런 거리낌 없는 완전한 평화 속에서 휴식할 수 있게 되는 거예요.

그리고 그 자세가 역할자로서의 당신 탁월함을 또한 더욱 고취시켜줄 것이기에 당신은 훨씬 더 능력 있는 사람으로 존재하게 될 거예요. 당신의 개인적인 분함과 억울함, 두려움과 어려움, 성격적인 결함, 이득과 손해에 대한 계산, 그 모든 것들을 제쳐둔 채 당신은 그 역할에 임할 테고, 언제나 그 모든 곳 안에서 역할자로서 최선의 책임을 다할 테니까요. 집에서 남편과 싸웠든, 부모님과 싸웠든, 일을 할 때는 그 개인적인 감정과 완전히 분리된 채 전념할 수 있을 테니까요. 함께 일하는 사람들의 나를 향한 감정적인 공격이나 그들의 감정 상태, 그런 것에도 크게 휘둘리거나 영향받지 않은 채 여전히 기쁨으로, 사랑으로 맡은 일을 꿋꿋이 해낼 뿐일 테니까요.

그것이 어디 직업적인 역할뿐일까요. 당신의 이 세상 모습이 부자라면, 그 세상 모습 뒤에 있는 진짜 당신은 부자가 아니라 부자의 역할을 맡고 연기하고 있는 여전히 한 사람의 개인일 것이고, 하여 당신이 당신의 진짜 모습이 그 모든 세상의 탈을 벗은 소탈한 당신임을 안다면, 그것을 당신이 분명하게 인지하고 있다면, 당신은 이 세상을 향한 집착에서 생기는 모든 고통에서부터 자유를 얻은 채 반드시 고요할 수 있을 거예요. 많은 부자들이 탐욕에 눈이 멀어 공허함에 몸져 누운 채 과시와 자부심만을 부풀리며 병들어가고 있을 동안에도 당신은 여전히 안전할 수 있을 거예요. 당신이 가난하다면, 그 또한 당신은 충분히 즐길 수 있을 거예요. 그 가난을 자기 자신과 완전히 동일시한 채 자기 존재로 받아들인 사람들이 운명을 탓하고, 슬픔과 자기 연민에 사무쳐 고통스러워 하고 있을 동안에도 말이에요.

    그러니 언제나 세상과, 그리고 당신 자신과 약간의 거리를 둔 채 호흡하며 그 모든 당신의 모습을 지켜보는 진짜, 당신으로서 존재하길 바라요. 그 연습을 매 삶의 순간을 통해 하길 바라요. 세상을 살아가며 당신이 짓는 표정과 몸짓과 내뱉는 말과 표정, 그 모든 당신의 모습을 고요한 숨결과 함께 바라보는 그, 진짜 당신 자신이 아닌 모든 역할과 겉모습은 결국 흩어지고 사라지기 마련인 환상이고, 오직 당신 깊은 내면에서 살아 숨 쉬고 있는 그, 진짜 당신만이 영원한 생명으로서 존재하는 유일한 실재이니까요. 그러니 세상이라는 옷을 조금 헐렁하게 걸쳐 입은 채 웃고 즐길 수 있길 바라요. 춤추고 사랑할 수 있길 바라요.

    당신이 거리를 두면, 고통과 갈등으로 가득해 보였던 세상이 사실은 얼마나 웃기고 유머러스한 곳이었는지 당신, 꼭 알게 될 거예요. 당신에게 화를 내는 그 사람의 분노가 이제는 아프고 고통스럽기보다 그 사람의 세상에 대한 집착이 옅어서 그저 초연하게 넘길 수 있게 된 당신일 테니까요. 그리고 그 초연함은, 너그러움은, 의연함은 바로 환상이 아닌 실재를 보는, 구름이 아닌 빛을 바라보는 당신 진짜 존재의 마음과 시선에서부터 오는 진정 힘 있는 자세인 거예요. 나의 감정을 스스로 결정하지 못하는 왜소함으로 세상에 휘둘리기보다, 중심 있는 나로서 내가 느낄 감정을 스스로 결정하며 나아가는, 세상에 빼앗긴 내 감정의 주권을 완전히 회복하고 되찾은 내 진짜 존재로부터 나오는 힘과 내가 오롯이 함께할 때라야 나, 진정 초연할 수도, 너그러울 수도 있는 거니까요. 그런 사람인 척하는 거짓 다정함이 아니라 존재 자체에서부터 샘솟는 진짜 사랑의 마음으로 다정할 수도 있는 거니까요.

그러니 당신은 꼭 여유와 관대함, 너그러움을 지닌 진정한 힘과 함께하는 진짜 당신의 모습을 온전히 되찾은 채 이 세상 안에서 꼭, 자유롭게 행복하길 바라요. 그러니까 세상을 살아가되, 세상에 속박당한 자가 아닌 자유를 얻은 채 반드시 평화롭길 바라요. 그 자유와 함께할 때라야 당신은 진짜 평화를 소유한 사람이 되는 것이고, 그 평화는 당신이 어떤 역할을 맡고 있든, 어디서 무엇을 하고 있든 당신과 함께하며 당신을 내내 지켜줄 테니까요. 결국 당신 삶의 모든 고통은 어떤 일 자체가 아니라 어떤 일에 대한 당신 감정에서부터 오는 것이고, 당신은 이제 그 감정을 다스릴 줄 아는 자가 되었으니까요. 채 전부를 다스리지 못해 쌓이고 쌓인 감정의 무게로 인해 우울증에 걸리기도, 만성적인 공포에 사로잡히기도, 습관적으로 예민한 사람이 되기도 하는 게 사람이지만, 하여 대부분의 사람들이 그 고통과 함께 살아가지만, 당신은 이제 빛과 자유를, 그 진짜 힘을 되찾았으니까요.

마지막으로, 당신을 늘 두렵게 해서 당신이 어려워하는, 그래서 변명하고 합리화한 채 습관적으로 회피하곤 하는 특정한 일이 있다면 그때도 그 역할과 하나 된 채 긴장하고 두려워하기보다 역할과 당신 자신을 분리한 채 어떤 모습을 연기하는 마음으로 임해보세요. 그때, 당신은 훨씬 에너지를 덜 들이고도 긴장감 없이 일할 수 있을 테고, 누구보다 능숙하게 잘 해낼 수 있을 거예요. 전화를 받는 일을 하고 있다면 전화를 잘 받는 어떤 사람의 모습을 연기하는 마음으로 전화를 받는 것이죠. 그게 무슨 일이든, 그렇게 할 때 당신, 세상에 집착하고 있는 탐닉자가 아니라 세상과 분리된 관찰자로서 언제나 초연할 수 있을 테니까요. 그리고 그 초연함이 매 순간 당신을 세상의 상처와 예민함, 두려움으로부터 지켜줄 테니까요. 하여 당신에게 있어 공포와 두려움을 느끼는 일이란 더 이상은 불가능한 일이 될 테니까요. 그게 꼭 일이 아니더라도, 살아가며 당신을 공포에 떨게 하는 무엇이라면 그게 무엇이든 그런 마음으로 임해봐요. 회피하기보다 나의 평화와 자유를 되찾기 위한 성숙의 연습이라 생각한 채 이제는 오롯이 마주하면서요.

    그렇게, 매일의 평화를 연습하며 나아가길 바라요. 그 평화가 조금씩 당신 마음에서 커지는 걸 느끼다 보면 어느새 당신은 다른 무엇이 아니라 그 평화 자체를 지켜내고 더욱 고취시키기 위한 마음 하나로 삶을 살아가게 될 거예요. 그러니까 평화 자체를 위해 전념하며 나아가게 될 거예요. 돈이나 명성, 고작 이기심 따위, 그런 것들을 위해서가 아니라 말이죠. 왜냐면 그 평화보다 더한 기쁨은 이 세상에 없다는 걸 당신은 이제 알게 되었으니까요. 그 평화의 기쁨을 한 번이라도 느껴본 사람은, 다른 모든 곳에서 오는 일시적 기쁨의 덧없음과 무의미를 그 순간 바로 알아차리게 될 수밖에 없을 만큼 그건 진짜 기쁨이니까요. 하여 그 평화를 위해 노력하며 나아감으로써 더 큰 평화를 소유하는 것보다 당신의 행복을 위한 일은, 또한 당신 존재의 이유를 충족시키는 일은 없다는 것을 당신은 진정으로 알게 되었으니까요. 성숙하기 위해 태어나 성숙을 완성하며 나아가는, 하루하루 더 행복하고 사랑하는 사람이 되는 그 존재의 이유 말이에요. 그러니까 평화를 향한 모든 당신의 발걸음, 정확히 당신 존재의 성숙을 향한 길 위에 놓여지는 거예요. 그 평화가 곧, 당신의 성숙이니까요. 그래서 그 길을 걸으며 당신, 매 순간 충족될 수밖에 없을 거예요. 하여 결핍도, 불행도 더 이상은 불가능해질 거예요. 그렇다면 그보다 더 당신 자신의 행복을 위한 길이 또 어디에 있겠어요.

그러니 이제는 당신 존재의 목적과 이유대로 이 삶을 살아가길 바라요. 그렇게 당신 존재에 대한 스스로의 사랑으로 당신에게, 진정한 행복과 기쁨을 선물해주는 당신이 되어주길 바라요. 그때, 존재의 이유를 망각했다는 것에서부터 오는 모든 상실과 공허를 벗어던지고 당신, 완전한 일체감의 기쁨과 함께하게 될 테고, 그 기쁨이 매 순간 당신 존재와 당신 삶을 지지하고 지탱해줄 테고, 하여 당신, 당신의 있는 그대로의 모습 그 자체로 충분히 행복할 테니까요. 그러니 거창한 이유가 아니더라도 그 행복을 위해, 당신 자신을 향한 스스로의 사랑으로 그렇게 하기로 해요. 늘 갈등하고 불안해하고 긴장한 채 두려워하기에 당신, 고요하게 행복할 자격이 충분히 있는 사람이니까요. 충분히를 넘어 벅차게, 흘러넘치게 있는 사람이니까요. 늘 상처받고 속상해하며 미움을 곱씹은 채 원망하기에 당신, 잔뜩 사랑하고, 가득 사랑받기 위해 태어난 사람이니까요.

　그러니까 당신, 당신 존재의 고귀함에 걸맞게 이제는 고요하게 예쁘고, 평화롭게 아름답고, 눈부시게 사랑스럽길 바라요. 당신이 오늘 행복한 유일한 이유가 바로 당신으로 존재하는 기쁨에서 오는 것이길 바라요. 그, 나로 살아가는, 나로 존재하는 기쁨을 매 순간 만끽하며, 그렇게 당신, 더없이 행복하고 더없이 예쁘길. 더할 나위 없이 사랑스럽길. 어떤 모습도 예쁘고 사랑스럽지만, 그럼에도 웃는 모습이 가장 예쁜 당신이니까.

## 거룩한 관계

　서로가 서로를 감정적으로 열렬히 사랑하며 서로에게 집착하고 탐닉하는 관계는 진정한 행복의 빛과는 거리가 먼 환상의 관계예요. 그러니 그 특별함을 애지중지하며 빛을 잃은 관계를 이어가기보다 거룩한 관계를 향해 나아가세요. 거룩한 관계는 서로가 서로에게 하나의 투명한 거울이 되어줌으로써 혼자일 때는 미처 발견하지 못했던 각자 마음의 어떤 미성숙과 그늘진 어둠을 함께함으로써 비로소 발견하게 해주는, 하여 그 미성숙을 둘이서 함께 메우며 어제보다 오늘 더 예쁜 시로가 되도록 이끌어주는, 서로에게 서로가 그 성숙의 장이 되어주는 관계예요. 또 둘의 사랑을 둘에게만 한정 짓는 집착과 소유욕이 사랑이라 믿기보다, 그 모든 사랑 아닌 감정의 구름을 거두어내고 이 세상 모든 생명을 향한 보편적 사랑으로 둘의 사랑을 더욱 확장시켜나가는 관계예요. 그러니 이제는 나,나,나,를 앞세우는 특별함에서 너,너,너,를 생각할 줄 아는 거룩함으로 나아가기로 해요. 그 거룩함을 둘의 관계 안에서 더욱 고취시키고 완성하기 위한 마음 하나로 관계를 마주하기로 해요.

　논쟁에 탐닉하며 옳고 그름을 따지기보다 이해하고 내려놓는 너그러움을 연습하고, 자존심을 지키기 위해 고집을 부리기보다 상대방의 아픔을 염려하며 미안하다는 말을 할 줄 아는 겸손함을 연습하고, 또 나의 이기심에 상대방이 헌신해주길 바라는 집착을 넘어 상대방의 기쁨을 더욱 사려 깊게 염려하고 걱정하는 이타심과 다정함을 연습하고, 그 모든 사랑의 연습을 그 관계 안에서 하는 거예요. 그 연습을 하기에, 특별한 사랑의 관계보다 더 좋은 관계는 없으니까요. 그렇게 어제의 나보다 오늘 더 성숙한 나를 만들어가는 장으로써 관계를 마주하고 함께한다면 그 관계, 분명 영원히 함께만 하고 있을 뿐인 시들어진 관계가 아니라 함께하는 영원히 서로를 내내 아끼고 사랑하는 진짜 사랑의 관계를 향해 나아가게 될 거예요.

그러니 상대방을 소유하려 하고, 혼자일 때는 느끼지 못했던 불안과 갈등을 함께함으로써 더욱 느끼게 하고, 하여 고요하던 마음에 불편한 울림을 일렁이게 하고, 그런 식으로 상대방에게 간섭하고 집착하기보다 그저 상대방이 이 세상을 더욱 잘 살아가고 씩씩하게 하루를 마주할 수 있도록 지지해주고 이끌어주는 사람이 되어주세요. 또 각자의 이기심이 함께함으로써 이제는 우리의 이기심이 되게 하는, 하여 합쳐진 둘의 이기심으로 이 세상을 마주하는 둘 관계의 테두리 안에서의 이득만을 보호하는 왜소함이 아니라 포개진 둘의 사랑으로 이 세상의 편의와 아름다움에 더욱 기여하는 위대한 사랑을 향해 나아가세요. 그렇게, 영원히 둘의 관계 안에만 사랑을 가두어두는 특별함에서 둘의 사랑으로 이 세상을 더욱 웃게 하는 거룩함으로 나아가는 거예요. 그 거룩함을 연습하는 장이 둘의 관계가 된다면 그 관계, 반드시 기쁨과 축복으로 가득 빛날 거예요. 공허함과 외로움이 들어올 잠깐의 틈도 없을 만큼 가득 채워지고 행복할 거예요.

사실 완전한 사랑을 배우고 되찾기 위해 이곳에 존재하는 우리

이기에 그 완전한 사랑을 함께 배우며 나아가는 관계가 아니라면 우리, 존재의 이유를 잃은 무의미에 잔뜩 공허해질 수밖에 없을 거예요. 그래서 그럴 거라면 차라리 혼자서 완전한 사랑을 배우며 나아가는 게 더 내 존재의 목적과 이유에 잘 맞을 거예요. 그래서 혼자일 때는 편안했는데 함께함으로써 혼자일 때는 느끼지 못했던 갈등과 불안의 파도를 더욱 느끼게 되는 경우가 많은 거예요. 그러니 혼자서 살아가는 두려움과 외로움을 이겨내지 못해 이왕 함께할 거라면, 어차피 누군가와 함께할 수밖에 없을 나라면, 둘 모두의 존재 이유와 목적을 충족시켜주는 예쁜 사랑의 관계를 향해 나아가길 바라요. 처음 시작은 두려움과 외로움이었을지라도, 그 중간과 끝은 꼭 함께 성숙하기 위함이 되어있길 바라요. 그래야만 같이의 가치를 잃지 않은 채 채워짐의 행복을 느낄 수 있을 테니까요. 혼자일 때보다 함께하기에 더 행복한 내가 될 수 있을 테니까요.

그러니 오늘부터는 꼭, 함께 성숙하며 나아가는 기쁨을 누리는 예쁜 관계를 향해 나아가길 바라요. 하루하루가 그 성숙의 기쁨으로 가득 차 둘의 사랑이 더욱 깊어지고 진실의 빛으로 한 아름 빛나길 바라요. 하여 당신과 함께하는 것만으로 다른 무엇이 더 필요하지 않을 만큼 나, 행복해, 라고 말하게 되는, 또 그런 이야기를 듣게 되는 그런 사랑을 하기를. 그러니까 혼자서는 결코 해내지 못했을 용서를 함께함으로써 해내게 되고, 혼자서는 결코 내지 못했을 용기를 함께함으로써 내게 되고, 혼자서는 결코 이겨내지 못했을 우울함을 함께함으로써 녹여내게 되고, 혼자서는 영원히 발견하지 못했을 나의 어떤 미성숙한 부분들을 함께함으로써 찾게 되어 극복하게 되고, 그렇게 영원히 어제보다 오늘 더 아름다움으로 빛나는, 서로를 더욱 진실하게

아끼고 사랑하게 되는, 어제보다 오늘 더 성숙하고 다정해진 나라서 너에게 또한 오늘 더 다정할 수밖에 없는 그런 관계를 맺기를. 그 사랑의 관계라면 당신, 결코 내 존재의 이유와 목적을 잊었다는 공허와 불행에 사무치지 않아도 될 거예요. 하여 영원히, 매일 새롭게 마주하는 오늘, 가장 행복할 거예요. 그러니 내가 참 많이 아끼고 걱정하는 당신, 꼭 그런 사랑을 함께할 수 있는 예쁜 사람을 만나 아낌없이 사랑하고, 사랑받길 바라요.

    그 사랑이 아닌 다른 모양의 사랑에 만족하기에 너무나 소중하고 아까운 당신이니까. 당신은 정말 이 세상 누구보다 그런 사람이니까. 그래서 사실, 그런 사랑이 아니라면 결코 만족할 수 없을 당신일 테고, 하여 매일 공허와 함께 시들어지고야 말 당신이니까. 그러니 꼭, 당신이 얼마나 사랑인지를 스스로 알기를. 그 사랑이란 이름의 당신이 무엇으로만 채워지고 만족할 수 있을지를 또한 스스로 분명히 아는 당신이길. 그리하여 당신이란 사랑은 내내 사랑답게 사랑하고 사랑답게 사랑받으며 사랑답게 사랑스러울 뿐이길.

## 악의적인 사람

　악의적인 사람을 피하세요. 그들은 매사에 문제를 만들어서 불평불만하고 당신을 삐딱한 마음으로 공격하고자 할 거예요. 그래서 그들과 함께할 때 당신은 당신 마음의 평화를 상실하게 될 수밖에 없을 것이고, 왜냐면 당신이 아무리 좋은 의도를 가지고 그들을 대해도, 그들은 당신을 훼손하려고만 할 것이기 때문이에요. 그러니까 그들이 당신의 진심을, 선한 의도를, 예쁜 뜻을 함부로 오해하며 공격하기 시작할 때, 당신이 아무리 당신 마음을 진실하게 설명해줘도 그들은 당신 이야기에 결코 귀를 기울이려 하지 않을 테고, 다만 계속해서 끝없이 당신의 뜻을 왜곡하고 공격하고자만 할 뿐일 거예요. 사사건건 불평하고, 사사건건 의심하고, 사사건건 삐딱하게 받아치고, 사사건건 예민하게 굴고, 사사건건 왜곡하고 오해하면서 말이에요. 왜냐면 당신의 이유를 수긍하는 순간 그들은 공격할 대상을 잃게 될 것이고, 그들은 그 공격을 위해 하루를 살아가는 사람들이니까요.

　잔잔한 우물에 돌을 던지면 파동이 이는 것처럼, 그래서 그들과 함께할 때 늘 고요하던 당신의 마음에는 어느새 균열이 생길 것이고, 하여 어느새 미워하고 있고, 억울함에 방어하고 있고, 끝없이 설명하지만 돌아올 뿐인 같은 공격에 답답해하고 있고, 그 모든 불행에 잔뜩 찌푸려진 얼굴의 당신을 당신은 발견하게 될 거예요. 그것이 당신은 지치고 힘들겠지만 그들은 그런 당신의 반응으로 자신의 에너지를 채우며 살아가는, 당신과는 이 세상을 살아가는 방식 자체가 다른 사람들이기에 지치지도 않은 채 당신을 괴롭힐 거예요. 그저 가만히 있던 당신 앞에 누군가가 당신의 상식에서는 이해할 수조차 없을 만큼의 악의적인 비난을 아무렇지도 않게 툭, 놓고 간다면, 그리고 당신이 그것에 반응한다면, 그래서 그때부터 그 끈질긴 불행이 시작되고야 마는 거예요.

그러니 반응하지 않길 바라요. 처음 보는 낯선 이에게도 그런 일을 아무렇지도 않게 하는 사람들이니까요. 누군가 보거나 들으면 그 순간 평화가 사라질 수밖에 없을 만큼의 악의적인 말로 사람들을 공격과 방어의 늪으로 유혹하는 덴 그들만큼 재능 있는 사람도 없으니까요. 왜냐면 그 공격에 대한 상대방의 억울한 방어와 분노하고 슬퍼하는 표정과 반응으로 자신의 에너지를 충족시켜야만 겨우 하루를 버틸 수 있는 게 그들이니까요. 스스로 생존할 수 없어 타인의 에너지를 그런 식으로 빼앗지 않으면 살아갈 수조차 없는 불쌍하고 왜소한 사람들이 바로 그들이니까요. 그래서 다정함에는 그들이 당신을 따라올 수가 없겠지만, 악의와 공격과 훼손과 비난에는 당신이 그들을 따라갈 수가 없는 거예요. 당신이 노력하여 당신 다정함을 발달시켜온 만큼 그들은 자신의 온 생을 다해 그 악의를 발달시켜왔을 테니까요. 그렇다면 구태여 그 유혹에 넘어가 당신이 이길 수도 없는 방식으로 그들과 맞서며 진을 뺄 이유는 없는 거예요.

그러니 구태여 그들과 함께함으로써 당신 마음에는 존재하지도 않던 새로운 미움이 생기게 하고, 그 미움을 곱씹으며 당신 평화를 스스로 해치기보다 그저 마음속으로 그들의 마음에 부디 평화가 있길 바라며 다만, 그들을 피하세요. 당신은 그저 꿋꿋이 다정하세요. 당신 다정함을 지켜내세요. 그들을 향한 당신의 선한 소원과 바람이 언제가 그들이 준비가 되었을 때 반드시 그들을 지켜주고 도와줄 거예요. 하지만 그들 스스로 준비가 되기 전까지는 당신, 결코 그들을 도울 수 없을 거예요. 그들은 타인의 생명을 해치지 않고는 살아갈 수 없는 육식 동물처럼 스스로 에너지를 충족시킬 만큼의 자존감이 마음에 없어 타인의 에너지를 빼앗고 갈취해야만 자신의 마음에 부재한 생명 에너지를 채운 채 하루를 겨우 버틸 수 있는 사람들이고, 그러니까 그 왜소함이 그들이 이곳에서 생존하는 유일한 존재의 방식이니까요. 그래서 그들이 스스로 깨닫고 새로운 길을 선택하기 전까지, 그들을 돕고자 하는 당신의 예쁜 마음은 되려 그들의 왜소함과 이기심, 악의만을 더욱 부추길 뿐일 테니까요. 어, 오늘도 네 마음을 갉아먹어 나를 채울 수 있겠다, 고마워, 하는 식으로 말이에요.

    그리고 그것이, 그들과 함께할 때 당신, 그토록이나 지치고 소진된 채 기진맥진하게 되는 이유인 거예요. 하지만 그들은 지친 당신과 달리 그 싸움을 통해 당신의 에너지를 충분히 빼앗았을 것이기에 갑자기 온화한 표정을 지은 채 얼마간 평화롭게 존재하게 되겠죠. 하지만 그 또한 얼마 지나지도 않아 또다시 에너지가 필요해진 그들은 곧 당신에게 찾아올 테고, 그렇게 당신을 하염없이 괴롭히려 들 거예요. 그러니까 당신이 그들과 함께하며 지친 만큼 그들이 당신의 에너지를 빼앗아 자신을 채웠다는 것이고, 당신의 도움이 그들에겐 그런 식으로만 작동하고 있을 텐데 그렇다면 어찌 당신이 그들을 도울 수 있겠어요. 그래서 가장 최선의 도움은 그저 바라주고 소원해주고 기도하는 것, 그게 다인 거예요. 그리고 당신만큼은 당신의 평화와 다정함을 지켜냄으로써 세상에 대한 선한 영향력을 지켜내고 유지하는 것, 그리고 그 영향력이 조금이라도 그들의 마음에 예쁘게 닿기를, 하고 바라며 꿋꿋이 더욱 예쁜 방향으로 나아가는 것, 그게 다인 거예요.

그러니 할 수 있는 한 피하세요. 당신이 그들을 피할 때, 그들은 그것을 두고 또 당신을 깎아내리고 공격하고자 할지도 몰라요. 어쩌면 당신이 그들을 떠나가지 못하도록 동정심을 유발해 당신을 붙들려 할지도 몰라요. 하지만 그럼에도 피하세요. 반응하지 마세요. 뿌리치세요. 당신이 어떤 반응을 한들 그들에게 그건 공격하기 좋은 먹잇감이 될 뿐이니까요. 아무리 불쌍한 척해도 결코 변하지 않을 그들이니까요. 그러니까 당신만 진심이지, 그들은 당신에게 결코 진심이 아닐 테고, 진심인 적도 없을 테니까요. 그러니 그들의 곁에서 이용당하고 갈취당하기에 너무나 아까운 당신의 마음을 이제는 그들로부터 지켜낸 채 그 마음이 아깝지 않은 사람들과 함께하길 바라요. 함께할수록 채워지고 더욱 빛나는 그런 소중한 인연을 만들어가길 바라요. 그러기 위해 순진한 죄책감을 가지지 말고 이제는 당신이 있을 곳을 옮겨가길 바라요. 미워하지도 말고, 휩쓸리지도 말고, 반응하지도 말고, 속아 넘어가지도 않은 채 그저 속으로 그들의 행복과 평화를 빌어주면서 말이에요.

그게 당신이 악의적인 사람을 마주할 때 할 수 있는 가장 최선의 선한 반응일 거예요. 순진함에, 동정심에 그들에게 손을 내미는 순간 그들은 반드시 당신을 공격할 테니까요. 그러니 다만 멀리서 그들의 평화와 행복을 빌어주세요. 동물원에 있는 호랑이를 멀리서 지켜보며 사랑하되, 결코 철장 안으로 들어가 손을 내밀지는 않는 것처럼요. 그러니까 있는 그대로 사랑한다는 건, 그들을 그들 자체로 사랑하는 것이지, 그들을 그들보다 더 좋게 보는 순진함이 아니라는 것을 잊지 마세요. 야생 늑대는 언제든 사람을 공격할 수 있는 동물이라는 것이 야생 늑대를 있는 그대로 바라보는 것이지, 내 멋대로 그렇지 않을 것이라며, 늑대는 착하다며 늑대에게 손을 내미는 것은 사랑이 아니라 무지함에서부터 오는 순진함일 뿐이라는 것을요. 그러니 그런 사람이 있다면, 그저 그런 사람이구나, 하고 피하고 차단하세요. 그게 당신이 그들을 미워하지 않을 유일한 방법이에요. 그 순간 순진해져서 당신이 손을 내밀 때, 곧 당신은 그들에게 휩쓸려 평화를 잃은 채 미움에 빠지게 될 테니까요. 어느 누가 그런 악의적인 공격과 삐딱함, 끝없는 왜곡과 오해를 통한 깎아내림 앞에서 안전할 수 있을까요. 자신 마음의 평화와 사랑을 지켜낼 수 있을까요.

　그러니 언제나 악의적인 사람들로부터 당신 마음의 평화를 당신 스스로 지켜내길 바라요. 당신이 가까이서 함께하지만 않는다면, 당신, 그들을 미워하지 않고 충분히 사랑할 수도 있을 거예요. 동물 백과사전에 나오는 야생 늑대를 책상에 앉아 참 귀엽다, 사랑스럽다, 멋지다, 아름답다, 하고 바라볼 수 있는 것처럼요. 하지만 늑대에게 실제로 당신이 다가가 손을 내밀고, 하여 손이 뜯기고 나면 그때부터 당신은 늑대를 미워해야 할 테고, 늑대를 두려워해야 할 테고, 그러니까 결코 사랑하지 못할 거예요. 또 당신 손에 새겨진 늑대의 이빨 자국, 그 흉터를 볼 때마다 당신, 억울하고 분한 마음을 곱씹으며 자책하고 후회해야만 할 거예요. 그래서 당신 자신까지도 미워하게 될 거예요. 하지만 그건 늑대의 잘못이 아니라 당신이 순진했던 탓이고, 지혜롭지 못했던 탓인 거예요. 그게 늑대의 본성이고, 늑대는 자신이 할 수 있는 최선의 선택을 하며 존재했던 것뿐이니까요.

그러니 당신이 선하다고 해서 모든 사람이 선할 거라고 믿는 순진함을 더 이상 반복해선 안 돼요. 최소한 이 세상의 절반은 선함이 최고의 가치가 아니라 이기심과 욕망이 최고의 가치라 믿으며 존재하고 있을 테니까요. 스스로 남을 속일 생각이 없는 사람은 남들도 자신을 속일 생각이 없다고 쉽게 믿지만, 세상은 그렇게 굴러가지는 않는 거예요. 그래서 당신이 몇 번 속고 나면, 당신 또한 당신의 순수한 믿음을 저버리게 될 테고, 하여 살아남기 위해선 남을 속여야 하고 남을 믿지 않아야 한다는 신념이 생기게 될 테고, 그러니까 그게, 스스로 자신의 온전함을 잘 지켜내야 하는 이유인 거예요. 사실 이기심이, 미움이, 남을 향한 공격이, 비난이 습관적인 태도로 굳어진 사람들은 얼마나 안타까운 사람들인가요. 그 불행이, 자신이 추구할 수 있는 최선의 행복이라 믿는 참으로 왜소하고 불쌍한 사람들인 거예요. 그러니 당신은 그저 그들을 안타깝게 여겨주세요. 그리고 멀리서 그들의 행복을 진심을 다해 빌어주세요.

그렇게 당신은 꿋꿋이 당신 마음의 예쁨과 아름다움을 잘 지켜나가길 바라요. 세상의 험난함과 차가움을 감히 따뜻하게 바라보기보다, 그런 세상을 그런 세상대로 바라본 채 그저 당신 마음의 따뜻한 온기를 잘 지켜내며 나아가기를. 지금처럼 사랑스럽고 예쁘되, 다만 지혜와 아름다움을 더해가기를. 그러니까 타인에 의해 당신 마음의 예쁜 행복과 순수한 믿음, 아름다운 가치들, 그 모든 사랑스러움이 무너지지 않게 언제나 굳건하고 온전하길. 그들과 같은 못난 미움, 그들과 같은 일그러진 이기심으로 물들기에 미움과 이기심이 아닌 사랑과 이해가 진정한 행복이며 선한 방향임이 분명하다는 것을 누구보다 선명하게 알고 간직하고 있기에 더 이상 유혹받지 않기를. 하여 누군가가 나를 공격한다고 해서 같은 공격으로 반응한다면, 그건 스스로 예쁜 방향에서부터 뒷걸음질 치길 선택하는 것일 뿐이라는 것을 알길. 또한 내가 선하고 다정하다고 해서 그렇지 않은 이들을 미워하고 비난한다면 그건 천국의 이름을 빌려 저주하는 지옥과도 다름이 없는 것임을 알길. 더하여 내가 선하고 다정하다고 해서 모든 이들 또한 나와 같이 선하고 다정하다 믿는다면 그건 순진함일 뿐임을 알길.

그러니까 그 빛나는 지혜로, 당신은 당신 마음의 다정과 예쁨과 선함, 그 모든 천국을 잘 지켜내길. 그리하여 꿋꿋이 아름다울 뿐이길. 구태여 아름답지 않음을 비난하기보다, 미워할 수밖에 없는 상황 속에 자신을 빠뜨리기보다, 다만 당신처럼 예쁜 사람들과 함께 선한 방향을 향해 성실하게도 나아갈 뿐이길. 그곳이 예쁜 당신에게, 사랑, 당신에게 가장 어울리는 곳이니까. 바로 빛과 사랑과 배려와 존중과 예쁨과 기특함과 소중함과 고마움과 서로를 아낌이 있는 아름답고 다정한 그곳이. 그러니 다정하되, 순진하진 말길. 악의를 거절함에 있어 순진한 죄책감을 가지지 말길. 그리하여 나를 스스로 시험에 빠지지 않게 할 것이며, 누구보다 내가 나를, 잘 지켜주길. 내 마음의 천국을, 나라는 사랑을, 그 찬연한 빛과 아름다움을. 그리하여 당신, 사랑은 내내 꿋꿋이 사랑이길. 닳도록 사랑이며, 다함 없는 사랑이길.

## 사랑을 아끼지 말길

사랑을 아끼지 마세요. 우리는 삶을 마주하는 많은 순간에 사랑을 아끼며 사람들에게 너그러운 마음 대신 인색한 마음을 건네곤 해요. 하지만 그럴 필요가 있을까요. 사랑은 공짜인걸요. 그저 한 번 이해하고 용서하는 마음도 공짜인걸요. 하지만 그 마음이 우리에게 얼마나 많은 평화와 아름다움을 선물해주나요. 사랑을 아낄 때는 누군가가 실수했을 때 우리는 그 사람을 공격하고, 하여 공격받은 그 사람은 방어하기 위해 설명하고, 그래서 돌아오는 그 사람의 방어를 우리는 변명으로 치부한 채 또다시 공격하고, 그렇게 히는 우리지만, 우리가 그 사람을 사랑할 때 사실 그건 변명이 아니라 내가 이렇게 했음에도 불구하고 나를 좀 사랑해주면 안 되겠니, 하고 내게 사랑을 요청하는 예쁜 마음의 울림이라는 것을 바라볼 수 있게 돼요. 결국 이 세상에는 사랑을 주는 표현, 사랑을 받고 싶어 하는 표현, 그 둘밖에 존재하지 않는다는 걸 알게 돼요. 그래서 마음에 아름다움이 가득 차 타인을 더욱 사랑하게 되고, 그들 자체의 아름다움을 더욱 바라보게 되고, 하여 더 이상의 분노도, 짜증도, 예민함도, 미움도 존재할 수가 없게 돼버려요. 그게 사랑이 우리에게 주는 선물인 거예요.

돈이 드는 것도 아니고, 시간이 드는 것도 아니에요. 그저 한 번 웃으며 사랑스럽게 바라보기만 하면 될 뿐이에요. 그렇게 하겠다고 마음먹기만 하면 될 뿐이에요. 그 순간 내 마음 안에 사랑이 빼곡히 들어와 나를 채우고, 하여 나, 누구보다 다정하고 너그러운 사람이 되어 사랑할 테니까요. 심지어 어제까지 끔찍이도 미워했던 사람조차도 그 즉시 용서하고 사랑하게 될 테니까요. 그게 우리가 공짜로 받은 사랑의 능력이니까요. 그런데 그 거저 주어진 선물을, 나의 능력을, 사랑을 뭣하러 그렇게 아끼시나요. 물질을 주고자 할 때는 물질이 있어야 하고, 주고 나면 그 물질이 줄어들지만 사랑은 이미 우리의 마음 안에 흘러넘치게 있는걸요. 그리고 주면 줄수록 더욱 늘어나 풍요로워질 뿐인걸요. 그러니 내 마음 안에 이미 있는 것들 중 굳이 인색함과 미움, 분노, 예민함을 꺼내기보다 사랑과 관대함, 자비심, 연민, 다정함을 꺼내어 주는 내가 되기로 해요. 그렇게 나로 인해 나의 곁까지도 행복하게 존재할 수 있게 해줘요.

　　사랑을 줄 때, 결국 그 사랑의 마음은 내 마음 안에서 생기는 것이기에 그 사랑을 나는 내 마음 안에 담는 것이고, 하여 사실 그건 나 자신을 사랑하는 일이나 마찬가지인걸요. 미움도, 원망도, 분노도 마찬가지로 그런걸요. 그러니 사랑을 망설일 이유가 더 이상 어디에 있나요. 용서를 망설일 이유가 더 이상 어디에 있나요. 내가 사랑하고 용서할 때, 그건 결국 나를 사랑하고 용서하는 일이며, 하지만 내가 분노하고 미워할 때, 그건 결국 나 자신에게 화내며 나를 미워하는 일인걸요. 그러니 이제는 내 마음 안에 사랑을 가득 채우기로 해요. 사랑의 능력이 자신에게 있음을 몰라서 늘 사랑의 결핍과 함께하고 있는 사람들, 하여 사랑을 바깥에서 찾고 구하는 사람들은 늘 외로움에 시달려요. 그래서 그 외로움과 결핍을 채워줄 타인을 필요로 하고 늘 찾게 되고, 하지만 그들 자신의 마음 안에 여전히 사랑의 능력이 곤히 잠자고 있는데 그들이 어찌 예쁜 사랑을 할 수 있겠어요. 그 관계가 어떻게 건강할 수 있겠어요. 그때의 나, 내 마음 안에 사랑이 있다는 걸 몰라 주기보다 늘 받고자 하는 나일 텐데요. 하여 타인을 금방이면 지치게 하고 소진시키는 나일 텐데요.

그러니 이제는 사랑함으로써 내 마음에 사랑을 가득 채우기로 해요. 한 번 사랑할 때마다 내 사랑의 능력은 그만큼 더 활성화될 테고, 하여 나, 그만큼 더 사랑할 줄 아는 힘을 되찾게 될 거예요. 그리고 그 모든 힘과 사랑은 내 마음 안에 있는 것이기에 내 마음, 더 이상 사랑의 결핍에 앓지 않아도 될 만큼 사랑으로 가득 차 있게 될 거예요. 무엇보다 사랑이 아닌 다른 것들, 이를테면 분노와 미움, 욕망과 이기심, 우울과 무기력, 그러한 것들을 채울 때 우리는 더욱 왜소하고 불행해질 뿐이지만, 사랑을 채우는 순간에는 반드시 위대하게 행복할 거예요. 그러니 행복하고 싶다면, 진정으로 행복하고 싶다면, 이제는 사랑해요. 더 이상 사랑을 망설이지 말아요. 정말 행복하고 싶다면 말이에요. 그러니까 행복하고 싶다면서도 여전히 사랑 앞에서 주저하고 망설인다면, 그 공짜인 사랑을 주기 싫어 자꾸만 인색하게 굴게 된다면, 사실 당신은 행복하고 싶다고 말은 하지만 스스로 불행에 안달 난 사람일 뿐인 거예요. 그렇지 않다면 사랑 앞에서 망설일 이유가 더 이상 어디에 있나요. 나에게 오직 행복과 풍요만을 주는 사랑인 것을. 기쁨과 아름다움만을 주는 사랑인 것을. 미움과 예민함이 주는, 인색함이 주는 왜소함과 찌푸림이 아니라 꽉 차오르는 기쁨에서부터 짓게 되는 이 세상에서 가장 사랑스러운 미소를 내 얼굴에 가득 피어오르게 하는 사랑인 것을. 그러니까 사랑을 주는 일이란, 사실 그 사랑을 내게 주는 것과도 같은 일인 것을.

　　그러니 사랑해요. 더 이상 사랑을 아끼지도, 망설이지도 말아요. 상대방을 위해서이기도 하지만, 그보다 먼저 당신 자신의 행복과 평화를 위해서 말이에요. 그러니 사랑함으로써 스스로의 마음에 사랑을 채우는, 무엇보다 당신 자신을 아끼고 사랑하는 당신이길 바라요. 나를 사랑하기 때문에 나에게 사랑을 선물하는 기특한 당신이길 바라요. 그렇게, 내 감정을 선택할 수 있는 모든 순간의 기회라는 선물 앞에서 사랑을 선택함으로써 사랑의 힘과 능력을 되찾는, 사랑의 선물을 당신 것으로 만들어내는 지혜로운 당신이길 바라요. 여전히 그 공짜인 사랑을 건네지 못해 스스로의 마음 안에 이미 있는 사랑의 빛을 바라보지조차 못하는, 하여 스스로를 사랑의 결핍에 굶주리게 하는 당신은 아니기를. 그러니까 결핍에 기대어 나아감으로써 시들어지기보다 사랑에 기대어 나아감으로써 활짝 피어나는 당신이기를. 소진시키고 빼앗기보다 건네고 채워주는, 반듯하게 다정한 당신이기를. 삐뚤삐뚤하고 못난 모양의 마음이 아니라 이 세상에서 가장 예쁘고 아름답게 생긴 마음인 사랑이, 무엇보다 가장 잘 어울리는 당신이니까. 당신은 정말로 그런 사람, 사랑이니까.

## 부지런히 사랑하고 사랑받길

어떨 때는 나를 사랑했다가, 어떨 때는 나를 사랑하지 않았다가, 그렇게 자신이 원하는 모습의 나일 때만 사랑을 주고, 그렇지 않을 때는 사랑을 거두는 변덕스러운 마음으로 나와 함께하는 사람이 나를 진정 사랑하는 것이라 할 수 있을까요. 그 마음은 결국 사랑을 주고 주지 않음으로 자신이 원하는 환상에 맞게 나를 조종하고 맞춰가고자 하는 이기심일 뿐일 텐데 말이에요. 하지만 진짜 사랑은 그렇게 변덕스러울 수가 없어요. 잔잔하고 꾸준하게 상대방의 기쁨을 염려하는, 그 기쁨을 선물하기 위해 자신의 이기심을 너욱 내려놓고자 예쁘게 노력하며 나아가는 그 마음의 다정이 바로 진짜, 사랑이니까요. 그러니 타올랐다 금방 식기 마련인 감정이 아닌 진실한 사랑의 마음으로 우리, 부지런히, 성실하게 사랑하기로 해요. 그런 사랑을 줄 만큼의 예쁜 내가 되어, 그런 사랑을 내게 줄 수 있을 만큼의 예쁜 사람과 함께하기로 해요. 당신이 아무리 예뻐도, 상대방이 그 마음을 예쁘게 바라볼 만큼 준비가 되어있지 않은 사람이라면 당신의 그 마음, 예쁘게 닿기보다 상대방의 이기심을 더욱 부추길 뿐인 못난 모양의 마음으로만 닿게 될 뿐일 테니까요.

그러니 상대방의 행복을 위한 당신의 예쁜 헌신이, 상대방의 하루에 힘과 아름다움을 전해주는, 그 모습을 보며 당신 또한 기뻐할 수 있는, 그런 반듯한 사람을 만나요. 당신의 이타심으로 상대방을 이 기적으로 만드는 건 사랑이 아니니까요. 그러니까 당신이 지친 상대방을 위해 열심히 방을 꾸미고 청소했을 때, 그 예쁜 마음에 고마워하며 회복되는, 하여 밝게 웃으며 당신에게 고마워하는, 고맙기에 자신 또한 당신을 어떻게 기쁘게 해줄까를 고민하는, 그런 사람과 함께해야 당신의 사랑, 안전할 거예요. 그렇지 못해 당신의 사랑을 당연하게 여긴 채 자신은 더욱 나태해질 뿐인, 하여 당신의 예쁜 마음을 본 순간부터 집을 꾸미는 것과 방을 청소하는 것을 당연한 당신의 몫으로 생각한 채 당신에게 미루는, 그렇게 생각하기 때문에 고마워하기보다 사사건건 간섭하고 잔소리하는 그런 사람과 함께할 때 당신의 예쁜 마음은 상대방을 더욱 이기적이고 나태하게 만들 뿐일 테고, 하여 당신의 헌신은 상대방의 미성숙을 더욱 부추길 뿐인 아름답지 못한 마음으로 남게 될 테니까요.

그러니 당신의 사랑을 사랑으로 받고, 사랑으로 돌려주고자 하는 귀한 사람을 만나요. 그런 마음을 건넬 준비가 된 당신이 되어, 그런 마음을 건넬 준비가 된 사람을 만나요. 그 마음이 준비가 되어있지 않다면, 결국 둘은 사랑한다면서 어떤 때는 사랑했다가, 어떤 때는 사랑하지 않았다가 하면서 사랑을 무기로 상대방에게 변화를 강요하는 미성숙한 모양의 사랑을 하게 될 거예요. 싸우고, 통제하고, 집착하고, 미워하고, 하지만 그럼에도 어떤 미련 때문에 헤어지지는 못하고, 그렇게 그 관계, 여전히 함께는 하지만 사랑은 전혀 없는 관계가 되어버리고야 말 거예요. 그러니 감정적으로 안정이 되어있지 않아 성난 파도처럼 요동치는 변덕스러운 사람이 아니라 따뜻한 날씨의 잔잔한 바다처럼 안정적인 사람과 함께해요. 때로 내가 좋아하고 끌리는 사람이 진짜 좋은 사람인 것과는 무관한 것이 사랑이기에, 그런 사람에게 끌리기 위해 먼저 당신부터가 그런 사람이 되어요. 당신이 감정적으로 안정되어있지 못한 사람이라면 당신, 갈등과 불안 안에서 어떤 미묘한 매력을 느낄 테고, 하여 당신은 당신과 같이 불안한 사람에게 끌릴 테니까요. 그래서 그때 당신이 함께하게 될 사람은, 당신이 좋아하는 하지만 그렇다고 해서 진짜, 좋은 사람은 아닐 테니까요.

그러니 당신에게 예쁘고 반듯한 시선이 있길 바라요. 그 시선으로부터 당신 자신을 스스로 지켜낼 줄 아는 지혜가 당신에게 있길 바라요. 하여 당신이 좋아하고 끌리는 사람이, 진짜 좋은 사람이길 바라요. 잔잔하게 다정한 사람에게 지루함을 느끼기보다 그 사람 내면에 있는 성숙의 빛과 사랑의 능력을 느낀 채 존경과 편안함을 느끼게 되는 당신이라면, 그리고 매사에 감정적인 사람이 당신에게 주는 불안과 갈등이 너무나 불편해서 피하고 싶은 기분을 느끼게 되는 당신이라면 당신, 진짜 사랑할 준비가 된 거예요. 그러니 당신이 먼저 당신의 삶 앞에서 성실하고 부지런한 사람이 되어요. 당신의 일을, 당신의 관계를 그 꾸준함으로 마주하고 사랑하고, 그 안에서 기쁨을 느낄 줄 아는 사람이 되어요. 그러기 위한 연습으로 매 하루를 바라보며 나아간다면 금방이면 당신 마음의 온전함을 회복할 수 있을 거예요. 그리고 그때가 되면 무엇이 진짜 힘이고 사랑이고 다정함인지, 애쓰지 않아도 당신에게 느껴지고 보일 거예요.

그러니 예쁜 당신이 되어 예쁜 사람을 만나길, 예쁜 사랑을 하길. 그러니까 당신의 다정함 앞에서 더욱 이기적이고 나태해지기보다 그 다정함을 내내 아끼고 고마워한 채 당신의 기쁨을 위해 더욱 마음을 쓰는, 그게 억지가 아니라 자연스러운 본성인 다정한 사람과 함께하길 바라요. 그렇게 당신의 사랑이 보호받길 바라요. 아무리 당신이 귀한 마음을 내어 사랑해도, 끝없이 그 사랑 앞에서 불성실한 사람과 함께할 때 결국 당신은 그 사랑을 거두게 될 테고, 그 사랑의 자리에 원망과 분노를 놔두게 될 테고, 그렇게 당신 사랑은 보호받지 못한 채 훼손되고야 말 테니까. 그러니 잊지 말아요. 사랑은 감정적인 울퉁불퉁함이 아니라 감정 없는 잔잔함과 고요함이라는 것을. 변덕이 아니라 꾸준함이라는 것을. 당신이 당신의 일을 사랑할 때 그 일을 누구보다 꾸준하게 사랑하는 것처럼, 사랑한다고 말하지만 금방이면 포기한다면 그건 결코 사랑이 아닌 것처럼, 모든 사랑의 모양은 똑같이 생겼다는 것을. 그것이 일을 향한 사랑이든, 동료 인간을 향한 사랑이든, 연인을 향한 사랑이든.

그러니 부지런히 사랑하고 성실하게 사랑받길. 그 꾸준함으로 영원히 서로를 마주하는 진짜 사랑을 하길. 하여 내내 걱정 받고, 아낌 받고, 존중받고, 보호받고, 귀함 받는 더없이 예쁜 사랑을 하길. 서로가 함께함으로써 서로가 얼마나 소중한 존재인지를 알게 해주는 그 따듯한 볕과도 같은 눈빛과 마음으로 서로를 감싸 안고 마주함으로써 몸과 마음으로 내가 참 소중한 사람이라는 기분을 느끼게 해주는 그 자존감 어린 사랑을 하길. 그런 사랑이 아닌 다른 사랑을 하기에, 그건 사랑이 아니며, 하지만 당신은 무엇보다 사랑이며, 그래서 그곳은 당신이 있을 자리가 아니니까. 그러니까 당신의 사랑스러움을 당신 자신이 가장 잘 알길. 잠깐만 느껴보고 들여다봐도 모를 수가 없을 만큼의 사랑인 사람이 바로 당신이니까. 당신이 스스로 몰라줬을 뿐, 처음부터 영원히 당신은 그런 사랑이지 않았던 적이 없는 사랑이니까. 그러니 당신이 얼마나 사랑인지를 누구보다 스스로 잘 알아서, 그런 당신을 꼭 닮은 무지 예쁘고 사랑스러운 사랑을 하길. 당신 존재처럼만 사랑하고 사랑받길. 당신이 사랑인 것만큼만.

## 죄책감을 이용한 공격

　세상에서 가장 빠르게 타인을 내 필요에 맞게 변화시킬 수 있는 방법은 상대방의 죄책감을 자극하는 거예요. 네가 이래서 내가 힘들었고, 네가 이래서 내가 아팠고, 나는 그럼에도 너에게 이렇게 했고, 그러니 넌 나에게 잘해야 한다, 나에게 잘하는 것으로 나에게 한 잘못을 갚아야 한다, 그러지 않으면 넌 정말 나쁜 죄인이다, 이런 식으로 죄책감을 이용하여 상대방에게 변화를 강요하는 것이죠. 하지만 그 죄책감을 이용하는 방법은 일시적이고, 또한 그것이 계속 반복될 때 이제 상대방은 나의 그러한 생색, 혹은 공격 앞에서 방어적인 사람이 되고, 또 나를 피하고 싶다는 생각을 가득 하게 돼요. 그런 상대방의 마음을 느낀 나는 더욱 죄책감을 이용하여 상대방을 몰아세우겠죠. 왜냐면 한 번 그렇게 했다는 건, 앞으로도 내가 그 선택을 반복해서 할 거라는 가능성을 포함하는 것이고, 하여 나는 늘 그랬던 것처럼 죄책감을 이용하는 방식을 습관적으로 선택하게 될 테니까요.
　하지만 그것으로 상대방이 나에게 잘하길 기대하고, 또 내 곁에 있어주길 기대하는 내 바람과는 달리 그때는 그 악순환이 계속해서 반복되다, 끝내 나에게 지친 상대방은 결국 나를 떠나가고야 말 거예요. 어느 누가 그런 식으로 자신의 마음에 끝없이 미안함과 죄책감을 심어주는 사람 곁에서 행복할 수 있겠어요. 누구나 사랑받고 싶고,

예쁨 받고 싶은 게 당연한 것인데, 그러기 위해 태어난 우리이기에 그건 인간으로서의 당연한 욕구인 것인데 그보다 끝없이 나를 죄인으로 여기고 만드는 사람 곁에서 어느 누가 행복할 수 있겠어요. 하여 행복하지 않다면, 어느 누가 그 관계 안에서 영원히 기쁜 마음으로 함께하고자 기꺼이, 흔쾌히 선택하겠어요. 입장을 바꾸어 상대방이 당신 자신이라고 해도 당신, 떠나길 선택했을 거예요. 그 압박감과 부담감을 못 이겨, 또 사랑받기 위해 태어나 미움받는 그 영혼의 공허함을 못 이겨 떠나갈 수밖에 없는 거예요.

그러니 죄책감을 이용하여 상대방이 내게 잘하길 강요하지 마세요. 죄책감을 이용하여 상대방을 내 곁에 붙들어두려 하지 마세요. 그렇게 해야만 내게 잘할 사람이라면, 차라리 더 좋은 사람과 함께하길 선택하세요. 네가 이랬니 저랬니, 하며 탓하고 공격할 때, 결국 그 공격은 상대방의 마음에 방어를 낳고, 하여 그 공격이 반복될 때는 상대방 또한 자신을 방어하기 위해 나를 공격하기 시작할 테고, 그때부터 관계는 지옥으로 직행하게 될 테니까요. 미는 힘이 있으면, 저항하는 힘이 있는 거예요. 그것이 바로 작용과 반작용의 법칙이에요. 내가 상대방이라면, 끝없이 나를 탓하고 공격하며 자신에게 잘하길 기대하는 사람과 함께하고 싶을까요. 그러니 그걸 생각할 줄 아는 우리가 되어요. 하여 너는 죄인이다, 라는 눈빛과 마음으로 상대방을 마주하기보다 너는 사랑받아 마땅하다는 눈빛과 마음을 전해주는 내가 되기로 해요. 도무지 그럴 수 없을 것만 같은 사람이라면, 구태여 미워하고 상처 주며 함께하기보다 서로를 위해 헤어지고, 그럴 수 있을 만한 사람과 함께하길 선택하기로 해요.

내가 잘해준 건, 그저 그렇게 해야만 하는 나라서 그랬던 것이고, 그건 사실 오롯한 나의 선택이었던 거예요. 그러니 내가 잘해줬음에 대해 나 스스로 만족할 줄 아는 내가 되어요. 내가 잘해준 만큼 상대방이 내게 잘하지 못한다고 해서 상대방을 압박할 나라면, 차라리 애초에 잘해주지 않는 게 그 관계를 더욱 건강하게 지켜나가는 것일 거예요. 그러니 내 마음이 진정 사랑이었다면 그저 기다려주세요. 내가 강요할 때 상대방은 압박감과 부담감을 가져야만 할 것이고, 하여 끝내 저항하게 될 테지만 내가 그저 기다려준다면 언젠가 내 그 마음이 얼마나 소중한 마음인지 스스로 느끼게 된 상대방이 내게 알아서 잘하는 순간이 꼭 올 거예요. 만약 그럴 마음이 아예 없는 사람인 것 같다면, 그런 사람과 함께하길 선택한 것 또한 당신 자신의 오롯한 선택이었으니 그때는 상대방을 탓하기보다 그것에서부터 배우고, 이제는 더 예쁜 결을 지닌 사람을 만나면 되는 거예요.

생색을 낼 때 내 마음에 무엇이 담기는지 봐요. 평화 없는 인색함과 왜소함이 담기고 내 얼굴에는 고요함이 아니라 어떤 조급함이 가득 서려 있음을 알게 될 거예요. 그렇다면 그게 당신의 행복을 위해 당신이 선택할 수 있는 최선의 태도인가요? 그게 행복한 사람의 마음과 표정이 맞나요? 상대방을 죄인으로 여긴 채 죄책감을 심어줄 때는 또 어떤가요. 원망 가득한 눈빛으로 상대방을 쏘고, 내 원망이 앞선 나머지 상대방의 이야기는 듣지도 않은 채 증오 섞인 말을 쏟아내기에 바쁘죠. 그로 인해 상대방은 나에게 죄인이 되고, 그렇다면 진정 그것으로 당신이 행복해졌나요? 그렇게 했다는 것에 대해 스스로 만족하나요? 거울을 한 번 봐요. 당신의 얼굴이 진정 행복한 사람의 얼굴인지 아닌지. 그러니 당신을 위한다는 생각으로, 당신을 지켜낸다는 생각으로 생색을 내거나 죄책감을 건네는 것은 완전한 오해라는 것을 꼭 알길 바라요. 그 인색함과 왜소함보다 너그러움과 다정함을 선택할 때, 진심으로 그렇게 할 때 당신 마음에 아름다움과 행복이 꽃 피고 당신의 얼굴에는 예쁜 무지개가 피어난다는 것을.

    식물에 물이 모자란지 늘 확인하고 물을 챙겨주고, 볕이 과한지 부족한지를 늘 살피며 자리를 옮겨주고, 우리가 그렇게 하는 것은 식물을 사랑해서이지, 식물이 우리의 사랑을 알아주길 바라서가 아니잖아요. 그렇게 해서 식물이 잘 자라준다면 그 자체로 행복해할 줄 아는 우리잖아요. 그 대가를 바라지 않는 마음, 그리고 그것이 바로 진정한 사랑의 마음인 거예요. 그러니 내가 준 만큼 받지 못했다고 해서 상대방을 죄인으로 만들지 말아요. 당신이 당신이 준 것에 스스로 만족할 줄 알 때, 당신은 이미 다 받았음을 꼭 알게 될 거예요. 당신은 누구보다 예쁜 마음으로 다정함을 건넸고, 그럴 수 있다는 건 사실 스스로 자랑스러워해야 마땅한 일인 거잖아요. 그러니 다정했음에, 너그러웠음에, 베풀었음에, 내가 그럴 수 있는 사람이라는 것에 이제는 내가 나에게 감사해요. 세상엔 당신에겐 당연한 그 다정함을 엄청난 노력을 해야만 겨우 낼 수 있는 사람들도 많고, 그럼에도 당신만큼 다정하기가 힘든 사람도 많고, 그래서 당신의 타고난 다정함은 벅차게 감사해야 할 당신이 거저 받은 축복이자 선물인 거니까요.

    그리고 그런 마음으로 관계를 마주해 보는 거예요. 내가 상대방에게 다정하다면, 그건 상대방을 위해서가 아니라 나를 위해서 다정한 것이고, 그래서 나는 내가 다정했음에 스스로 감사하겠다는 마음으로 말이에요. 그렇게 당신이 더 이상 당신의 다정함에 가격표를 붙이지 않을 때, 당신의 그 대가 없는 다정함은 당신 자신과 당신의 곁을 온통 아름답게 물들일 거예요. 매 순간 스스로 가득 채워지고, 하여 결핍을 느낄 틈이 없을 만큼 당신, 오롯하게 빛날 거예요. 그리고 그 빛을 타인에게도 전해줘 그들을 따듯하게 품어줄 거예요. 그러니 이제는 너는 죄인이다, 하는 것을 전해주는 눈빛과 마음이 아니라 너는 사랑받아 마땅한 사람이다, 하는 것을 전해주는 눈빛과 마음으로 당신 자신과 사람들을 마주하기로 해요. 당신이 그렇게 할 때마다 그 예쁜 사랑의 마음이 담기는 곳은 다름 아닌 당신 마음 안이기에 그로 인해 당신이 더욱 예쁘고 사랑스러워지는 것임을, 당신이 더욱 반짝 빛나고 아름다워지는 것임을. 그래서 그건 다름 아닌 당신 자신을 누구보다 아끼고 사랑하는 일인 것임을.

그러니 죄책감을 이용하여 상대방을 변화시키고자 하는 욕구가 드는 순간마다 이제는 함부로 쉽게 그렇게 하기보다 그 순간을 마음의 사랑 없는 욕구를 완전히 내려놓고, 더욱 다정한 나를 만들어갈 기회로 사용하길 바라요. 그리고 나서 당신 자신의 그 예쁜 마음에 스스로 감사하길 바라요. 결국 그로 인해 당신이 성숙했고, 아름다워졌고, 너그럽고 사랑스러워졌고, 무엇보다 행복해졌으니까요. 그러니 그 행복을 상대방에게 내가 준 만큼 받길 바라는 왜소함으로 스스로 깨뜨리지 않기로 해요. 그 유혹을 늘 경계하며 나의 행복을 잘 지켜내기로 해요. 당신은 사랑이 당연한 사랑의 존재라서 사랑하는 것이지, 고작 상대방에게 돌려받기 위해, 상대방의 알아줌을 받기 위해 사랑하는 게 결코 아니니까요. 그러니 사랑이 당연한, 머리부터 발끝까지 사랑인 당신, 내내 사랑스러워 사랑의 빛으로 반짝 빛나는 당신, 진심으로 당신 자신이 얼마나 온전히 사랑인지를 꼭 스스로 알길 바라요.

당신의 진짜 이름은 민지도, 지영이도, 하늘이도, 지혜도 아니라 사랑이니까. 그러니까 사랑에게, 지훈이가.

## 진짜 나, 그리고 빛

지금 나라는 존재의 빛을 잃어 마음이 텅 빈 것처럼 공허하고 무기력하다면, 잠시 생각을 멈추고 온전히 나로서 존재하는 시간을 갖기로 해요. 나는 나인 그대로 존재하지 않은 적이 단 한 번도 없지만, 동시에 내가 생각하는 내가 진짜 나인 적 또한 단 한 번도 없었을 거예요. 그러니까 나는 영원한 사랑이며, 위대한 영이며, 한계 없는 빛이며, 지칠 줄 모르는 바다며, 피로를 모르는 바람인데, 그게 바로 진짜 나며, 사실 진짜 나는 처음부터 끝까지 그 모습 그대로 존재하고 있었는데 나는 나를 금방이면 지쳐 고갈되는 왜소한 존재로, 사랑을 모르는 미움의 존재로, 온갖 한계와 제약에 갇힌 육체의 존재로 여겨온 거예요. 그러니까 내가 생각하는 나는 진짜 내가 아니라 나의 온갖 오해와 환상의 구름으로 만든 허상이었고, 그래서 지금 당신, 나를 잊고 잃은 그 공허와 무의미에 사무쳐 이토록이나 허덕이게 된 거예요.

그러니 이제는 온전히 나로서 존재하기로 해요. 내 모든 생각이 빚어낸 환상을 모두 벗어내고, 그렇게 내 존재의 빛을 가리는 모든 먹구름을 거두어내고 무한한 빛이자 사랑의 존재 안에 거하며 잠시 쉬었다 가는 거예요. 미움을 모르는, 걱정을 모르는, 계산을 모르는, 두려움을 모르는, 슬픔을 모르는, 이기심을 모르는, 하여 불안할 줄 모르는 내 진짜 모습인 위대한 사랑의 영 안에서 말이에요. 사실 당신이 가장 두려워하는 건 다른 게 아니라 진짜 당신을 되찾는 일일지도 몰라요. 그래서 늘 고요를 두려워하고, 평화를 두려워하며 온갖 산만한 소리에 파묻히길 스스로 선택한 채 자극적인 것들로 당신의 눈과 귀를 가려온 것이고, 사랑할 수많은 기회를 외면한 채 사랑 아닌 것들을 선택해왔던 거예요. 왜냐면 당신이 만들어낸 거짓되고 작은 당신은 당신의 진짜 모습을 마주하는 순간 숨이 멎을 테니까요. 그래서 당신의 거짓되고 작은 자아는 끝없이 사랑 앞에서, 고요 앞에서 저항하는 거예요. 단 한 번의 사랑과 고요를 느낄 틈도 주지 않은 채 그렇게 당신을 몰아세우는 거예요. 오직 살기 위한, 살아남기 위한 발버둥으로 말이에요.

    하지만 이제는 그 작은 나에 대한 미련을 기꺼이 버려내고 진짜 나를 마주할 때. 그렇게 사랑 안에서 나를 회복하고 치유할 때. 그리하여 피로와 고단함을 모르는 꽉 찬 기쁨과 생명력으로 매일을 마주하고 살아갈 때. 왜냐면 이제 진짜 당신이 당신을 부르니까요. 그 소리가 너무 크고 또렷해서 당신의 작은 자아가 이토록 더욱 불안해하며 벌벌 떨고 있는 거니까요. 하지만 두려워할 필요도, 불안해할 필요도 없어요. 다만 원래의 당신으로 돌아가는 것일 뿐이니까요. 당신 자신에게서부터 너무 멀리 떨어져나온 나머지 지금은 거짓 당신이 더 익숙하겠지만, 그 거짓 당신으로 살 때 당신이 행복했던 적이 단 한 번도 없는 것은 결국 그 모습은 당신에게 어울리지 않는 불편함이었기 때문이고, 하지만 당신, 진짜 당신의 모습으로 돌아가고 나면 그 어느 때보다 깊은 편안함을 느끼게 될 거예요. 고향으로 돌아온 고즈넉한 기분을 느끼며 강렬한 평화에 압도된 채 자연히 모든 생각을 내려놓고 쉬어가게 될 거예요.

그러니 이제는 내 작은 자아가 자신이 사라질 것이 두려워 생각이란 이름의 허상으로 내 진짜 존재의 빛을 계속해서 가려내는 것을 스스로 허락하지 않기로 해요. 우리 존재는 무한한 빛이자 사랑인데, 우리의 생각은 얼마나 많은 것을 미워하고, 걱정하고, 계산하고, 이기심에 탐닉하고, 그러길 반복한 채 우리를 불안함과 두려움에 떨게 해왔나요. 내가 나인 그대로 존재하는 것, 그 빛과 사랑을 회복하는 것이 너무나 두려운 거예요. 그래서 우리의 생각으로 생명을 유지하는 작은 자아는 우리가 존재의 빛에 다가가는 것을 방해하기 위해 끝없이 걱정과 불안함, 미움과 원망, 슬픔과 증오, 이러한 어둠을 실재처럼 꾸며내 계속해서 우리가 불행 속에 머무르게 해왔던 거예요. 사랑과 빛을 회복하는 순간 우리는 생각을 멈출 테고, 그리하여 자신은 살아갈 공간을 잃게 될 것이기에.

하지만 동시에 우리의 마음속 깊숙한 곳의 신싸 나는, 그러니까 단 한 번도 나인 적이 아니었던 적이 없었던 그 진짜 나는, 그런 나에게 공허함이라는 신호를 통해 자신을 바라봐달라고 끝없이 외치고 있는 거예요. 그래서 당신, 지금 마음이 텅 빈 것처럼 공허한 거예요. 그래서 사실 공허란 슬픔과 아픔이 아니라, 진짜 내가 자신을 바라봐달라는 아름다운 외침이자 나를 위한 사랑의 울부짖음인 거예요. 그러니 지금의 무기력과 공허를 제대로 바라보기로 해요. 작은 자아는 분명 그 무기력과 공허에서 벗어나려면 더욱 큰 자극과 탐닉 속으로 빠져야 한다고 당신을 유혹할 거예요. 그렇게 자신의 생존을 위해 발버둥 칠 거예요. 그 발버둥이 심할수록, 그래서 사실 당신은 사랑 앞에 더욱 가까이 와있는 거예요. 당신이 용서하고자 할 때 미움의 소리가 더욱 커지는 것처럼, 용서에 더욱 가까이 다가설수록 그렇게 되는 것처럼, 마찬가지로 자신의 죽음이 너무나 눈앞에 있어 이렇게나 크고 거대하게 저항하는 작은 나인 거니까요. 그러니 또다시 그 저항의 소리를 이겨내지 못해 뒤돌아보지 않길 바라요. 뒤돌아보는 순간, 그리고 다시 먼 길을 걸어가는 순간 작아지기 시작하는 저항과 발버둥, 그로 인한 그 잠깐의 편안함에 속지 않기로 해요. 그 끝에 무엇이 있는지 겪어봐서 누구보다 잘 아는 당신이니까.

그러니 이제는 나의 생각 안에는 나의 행복이, 쉼과 평화가 없음을 분명히 알고 모든 생각들을 뒤로한 채 고요함 속에서 쉬어가기로 해요. 호흡하며, 내 모든 생각을 바라보며 내려놓은 채, 그렇게 온전한 나인 채 존재하기로 해요. 그 잠깐의 빛과 함께하는 휴식이, 이 모든 공허와 무의미가 얼마나 환상이었는지를 알게 해줄 거예요. 사랑의 따뜻한 빛으로 우리를 감싼 채 우리 마음속 모든 아픔과 두려움을 녹여줄 거예요. 그리고 진짜 나는, 나로서 존재하지 않은 적이 단 한 번도 없었지만, 내가 생각하는 나는, 진짜 나인 적이 단 한 번도 없었다. 이 말의 의미를 그 쉼과 함께 곱씹으며 이해하기로 해요. 그때, 우리의 눈과 마음을 가렸던 모든 어둠은 고스란히 녹아 사라질 테고, 이제 그 자리엔 오직 무한하고 찬연한 빛이 임하고 채워질 테니까요. 그리고 그 빛을 한 번 바라봤기에, 이제는 힘들고 아픈 순간마다 그 빛을 마주할 수 있을 나일 테니까요. 그리하여 내가 추구해왔던 모든 행복이 사실은 불행이었음을, 그 빛에 담긴 행복을 통해 꼭 알아가게 될 나일 테니까요.

그렇게, 당신이 얼마나 빛이며 사랑이며 아름다움이며 한계 없는 위대함인지, 꼭 알게 되길. 눈부셔서 바라보기가 힘들 만큼의 빛이자 사랑이 바로 당신의 진짜 모습이니까. 단 한 번도 그렇게 존재하지 않았던 적이 없었던 당신이니까. 다만 스스로 자신의 진짜 모습을 몰랐을 뿐. 그러니 이제는 알길. 앞으로써 매 순간 흐드러지게 피어나고 불편함 없이 평화롭길. 봄날에 핀 어느 이름 모를 노란 꽃의 안온한 색처럼, 따듯하게 행복하길. 구름 한 점 없는 어느 여름의 볕처럼 눈부시게 반짝이고 더할 나위 없이 빛나길. 가을의 바람처럼 자유롭게 존재하고 속박 없이 온전하길. 겨울의 눈처럼, 생각 없이 뛰어노는 아이들의 웃음처럼 순수하게 기뻐하고 계산 없이 사랑하길. 그러니까 당신은, 온전히 당신이길. 당신이기만 하면 그 어떤 불행도, 불안도, 두려움도, 공허도, 외로움도, 이기심도, 왜소함도, 무기력도, 우울도, 피곤함도, 지침과 소진됨도 모를 당신이니까. 그게 바로 진짜 당신의 정체성이니까. 그러니 당신은 다만 당신이길. 그러니까 당신은 다만, 사랑, 사랑, 사랑이길.

## 하루의 성공

오늘 하루, 나만의 기준을 만들어 성공적인 하루를 보내보세요. 거창하고 거대한 목표가 아니어도 좋아요. 아니, 거창하고 거대한 목표가 아닐수록 좋아요. 그저 사소하게 나만의 목표를 세우고, 그 목표를 최선을 다해 성취해 보는 거예요. 그렇게 해내는 습관을 지닌 나를 만들어가 봐요. 오늘 나만의 목표를 세우고, 그 목표를 해내며 하루에 한 번씩만 성공하며 나아가 보는 거예요. 그렇게 나아가다 보면, 당신도 모르는 사이에 당신, 눈부시게 아름답고 찬연하게 빛나는 당신이 되어있을 거예요. 그 모든 하루의 작은 성공들이 모여 꼭, 멋진 행복과 아름다운 삶을 당신에게 선물해줄 거예요. 무엇보다 이제는 해내는 습관을 지닌 당신일 것이기에 무엇이든 해낼 줄 아는 힘 있는 당신이 되어있을 테고, 그래서 자신감과 함께 가득 성취하며 나아가게 될 거예요. 그러니 먼저 사소하게 해내는 것에서부터 시작하길. 그렇게 나도 해낼 수 있는 사람이라는 자신감부터 되찾길. 하여 무엇이든 잘 해낼 수밖에 없는 당신이 되길.

너무 먼 미래의 큰 성공을 꿈꾸다 보면 그것이 내 지금의 모습과는 너무나도 달라 우리는 하루의 노력을 기울이는 데는 더욱 소홀해질지도 몰라요. 그 목표를 생각하는 것 자체가 버거워 외면하게 되고, 나태함에 젖어 하루를 보내게 되기도 하죠. 그러니 내가 오늘 당장

해낼 수 있는 것, 조금만 노력하면 성취할 수 있는 성공을 기준으로 삼아 오늘 성공하고, 그 성공을 오늘 축하해주며 오늘을 기특하게 살아내기로 해요. 여태 늘 빨래를 미뤄왔다면 빨래를 성공하는 것에서부터 시작하는 것도 좋아요. 방 청소부터 시작해도 되고, 무엇이든 내가 할 수 있는 가장 간단한 것에서부터 시작해 보는 거예요. 당장의 나태함을 못 이겨 빨래도 미루고 있는데, 목표는 산을 옮길 만큼의 거대한 노력이 드는 것으로 세운다면 그건 스스로를 아무것도 못 해내는 무기력한 사람으로 만들기 위해 스스로 노력하는 일일 뿐일 거예요. 그러니 아주 작은 것에서부터 시작하길.

또한 외부적인 무엇인가를 향한 노력뿐만이 아니라 내면의 성공을 위해서도 목표를 세우고 노력해보세요. 내가 어떤 상황에서 어떤 반응을 겪을 때 마음이 상하는 사람이라면 오늘은 그런 반응 앞에서 초연해지는 연습을 해본다든지, 평소에 자꾸만 미워서 예민함과 짜증으로 대하는 사람이 있었다면 오늘은 그럼에도 친절과 사랑으로 대해본다든지, 마음에 공허함이 많아 늘 무기력한 하루를 보내고 있었다면 오늘은 내게 이미 주어진 소중함들을 끝없이 세어보며 내 마음에 감사를 가득 채우기 위해 노력해본다든지, 그런 내적인 성공의 목표들 말이에요. 그 내면의 성숙이 함께하지 않으면, 우리의 하루는 그 무엇으로도 결코 행복해질 수 없을 거예요. 왜냐면 행복은 내 안에서 내가 느끼는 것이지, 내 안에 없는데 외부에서부터 채울 수 있는 게 결코 아니기 때문이에요. 그러니 외부의 무엇인가로 인해 내가 행복해질 수 있을 거라 믿어왔다면, 이제는 안에서부터 건강하게 행복한 내가 되어야만 외부도 더욱 온전히 누릴 수 있는 것이며, 그게 아니라면 얼마나 많은 외부로 나를 채우든 나, 여전히 공허하고 왜소할 뿐이라는 걸 잊지 않기로 해요.

　사실 만족할 줄 모르고 감사할 줄 모르는 사람은, 그 어떤 외부가 나를 찾아와도 만족하는 방법을 몰라 늘 불평할 뿐일 거예요. 그래서 중요한 건 만족할 줄 아는 사람, 감사할 줄 아는 사람이 되는 거예요. 그런 내가 되면, 그 어떤 외부가 나를 찾아와도 나는 감사하고 만족한 채 행복할 줄 아는 사람일 테니까요. 그러니 행복의 기준을 낮추고, 감사의 기준을 낮추고, 만족의 기준을 낮춰봐요. 그저 오늘 하늘이 예뻤다는 사실 하나에도 내가 무한하게 감동한 채 행복할 줄 아는 사람이라면, 나는 이제 더 이상 그 무엇에도 불행을 겪을 수 없는 사람일 거예요. 당신에게는 웃기는 이야기로 들릴지도 모르겠지만, 저는 가끔 하늘이 너무 예뻐서 길을 걷다 멈춰 선 채 눈물을 흘리기도 한답니다. 그 하늘의 아름다움에 벅차서 울고, 그런 세상을 살아가고 있는 나, 그런 오늘을 마주하고 있는 나, 그 하루에 숨 쉬고 있는 내가 너무나 감사해서, 그 기적이, 존재하고 살아있다는 기적이 너무나 벅차서 눈물을 흘리곤 한답니다. 그리고 제가 행복한 데는 그거면 된 거예요. 외부의 그 무엇도 그 아름다운 감동을 제게 전해줄 수 없다는 것을 저는 분명하게 알고 있으니까요. 살아있는 기적, 살아가고 있는 기적, 살아갈 기적이 이미 일어났는데, 그 존재의 기적 앞에서 제가 더 이상 무엇을 더 많이 바라고 욕망할 수 있을까요.

　그러니 지금 이 순간, 조금 더 감사하고 행복할 줄 아는 내가 되어요. 그러기 위해 오늘의 작은 목표를 세우고, 오늘 하루를 무엇보다 성공적으로 보내는, 해내는 습관을 지닌 나를 만들어가 봐요. 그 해냄의 기쁨을 당신이 알게 될 때, 당신, 자연히 당신으로 존재하는 것 자체에 기뻐하고 감사할 줄 아는 사람이 될 거예요. 그저 하루를 살아간다는 게 얼마나 기쁨이고 축복인지를 꼭 알게 될 거예요. 사실 해낸다는 건 감사와 사랑의 표현인 거니까요. 자신의 삶에 충분히 감사하는 사람이, 자신의 존재와 하루를 충분히 사랑하는 사람이 어떻게 하루를 나태하게 지워가며 보낼 수 있겠어요. 그래서 무기력은 감사와 사랑을 상실했다는 신호인 것이고, 나태함은 내 삶과 내 존재를 더 이상 아끼지 않겠다는 결심인 것이고, 하지만 충분히 감사하고 사랑하는 사람은 그럴 수가 없는 거예요. 어떻게든 자신 존재로 그 감사와 사랑을 가득 표현하며 최선을 다해 예쁘고 아름답게 하루를 보내야 하는 거예요. 너무 감사해서, 그렇게 하지 않고는 안 되는 거예요. 그래서 작은 것을 해내고 그 해냄의 기쁨을 당신이 되찾는 일이란, 당신 삶을 향한 감사와 사랑을 되찾고 회복하는 일이며, 그러니 꼭, 오늘은 해내며 보내길 바라요. 오늘 해내면, 내일도 당신은 해낼 테니까.

그렇게 당신, 매일을 성숙하며 나아가는 기쁨을 꼭 누리길 바라요. 어제보다 오늘 더 나은 내가 되는 기쁨, 더 예쁘고 아름다운 사람이 되는 기쁨, 그보다 기쁨이라 할 수 있는 기쁨은 이 세상에 없으니까요. 어제는 누군가를 미워해야만 했는데 오늘은 더 이상 그러지 않아도 된다는 것, 그러니까 그 기쁨과 비교할 수 있는 기쁨이 이 세상 바깥에 어디에 있을까요. 당신이 아무리 큰돈을 벌게 된다 해도 그 기쁨과는 비할 수 없을 거예요. 그러니 다만 아주 조금이라도 어제보다 오늘 더 빛나는 당신이길. 그런 매일을 살아가며 나아가길. 그러기 위해 외부적인 목표뿐만이 아니라 내면의 목표도 늘 함께할 것이며, 또한 새롭게 점검하며 나아가길. 그렇게 당신이 끝내는 당신으로 존재하는 것 자체가 기쁘고 행복해서 그 이상의 다른 행복은 필요하지 않은, 존재만으로 행복한 당신이 되길. 그, 나로 살아가는 기쁨을 당신이 꼭 알길. 그 모든 기적을 맞이하기 위해 오늘은 반드시 해내길. 결국 시작하지 않으면 기적도 일어나지 않을 테니까. 하지만 시작한다면 기적은 반드시 일어날 테니까. 당신이라는 존재 자체가 사실은 기적이고, 그래서 기적을 누리는 게 너무나도 마땅한 당신이니까.

그러니 잊지 말아요. 당신의 하루는, 지금 이 순간에도 당신이 어떻게 보내기로 결정하느냐 따라 여전히 어제와 같을 수도 있지만, 어쩌면 어제보다 더 끔찍한 지옥이 될 수도 있지만, 또한 이 세상 그 누구의 하루보다 위대하고 아름다운, 예쁘고 사랑스러운, 행복과 기쁨이 가득한 하루가 될 수도 있다는 것을 말이에요. 그래서 당신의 오늘, 지금 이 순간은 정말 중요한 기회이자, 소중한 선물이자, 아름다운 축복이자, 더할 나위 없는 기적이라는 것을요. 그러니 그 기회를, 선물을, 축복을, 기적을 놓치지 않길 바라요. 꼭 가득 끌어안고 누리고 사용하길 바라요. 당신이 할 수 있는 최대한으로 감사하고, 사랑하고, 살고, 느끼고, 축복함으로써. 당신이 될 수 있는 최대한으로 예쁘고 아름답게, 기특하고 사랑스럽게 존재함으로써. 부디 해내지 못했다는 죄책감과 이 예쁜 당신의 존재와 당신의 하루를 충분히 누리지 못하게 하는 나태함과 존재의 기적에 충분히 감사하지 못하는 못난 모양의 욕망과 당신과는 하나도 어울리지 않는 미움으로 얼룩진 증오로 당신이 지금을 보내진 않기를. 내가 참 많이 아끼고 걱정하는 당신, 부디 내일이 아니라 오늘, 예쁜 미소와 함께 벅차게 기뻐하고 벅차게 행복하길. 그러니까 지금 여기서 행복하길. 하여 꼭, 나로 살아가는 기쁨을 되찾길. 참으로 벅차게 사랑스럽고 예쁜 당신, 소중한 사람, 빛나는 사랑, 무엇이든 해낼 수 있는 힘과 능력을 지닌 존재만으로 기적이자 선물인 사람, 사랑, 당신은.

## 나를 예쁜 사람으로 만들어주는 사람

함께하며 자꾸만 내 에너지를 갉아먹고 소진시키는 사람을 피하세요. 그러기보다 내 에너지를 채워주고, 함께하는 동안 내게 보여주는 배려와 존중, 다정함으로 내가 얼마나 소중하고 예쁜 사람인지를 알려주는 사람, 때로는 나조차 잊고 지냈던 그, 진짜 내 존재의 모습을 기억하게 해주는 사람, 하여 내 자존감을 회복시켜주고 되찾게 해주는 사람, 그러니까 정말로 나를 아껴주고 진심으로 사랑한다는 게 내 마음에 가득 전해지는 사람, 그런 사람과 함께해요. 마음이 인색해서 늘 아니라고 하는 사람, 내게 비판적이고 사랑을 아끼는 사람, 집착하고 통제하는 사람, 쉽게 분노하고 함부로 분노를 표현하는 사람, 은연중에 내가 잘 되는 것을 두려워하고 질투하는 사람, 타인을 자신의 필요에 의해서만 만나고자 하는 이기적인 사람, 그런 왜소한 사람과 함께할 때 그런 사람의 에너지는 우리의 선하고 예쁜 여정을 멈춰 세울 것이고, 오래도록 제자리걸음 하게 할 테니까요. 꼭 누군가가 나를 때렸다고 해서 내가 위험에 처한 게 아니라, 우리 모두는 마음의 존재이기에 내 마음이 훼손되고 갉아 먹혔을 때, 바로 그때가 내가 가장 위험에 처한 순간인 거니까요. 그러니 진정한 위험과 안전이 무엇인지 똑바로 알고, 내 마음의 안전을 언제나 세심히 살피며 나아가기로 해요.

무엇인가 작은 일을 할 때도 그런 사람이 우리 옆에 있다면 우리는 평소에는 잘 해내던 일도 괜히 서툴게 하게 되고, 실수하게 되고, 눈치를 보게 되는 내 모습을 자꾸 발견하게 될 거예요. 그리고 그게 장기적으로 그들과 함께할 때 나, 모든 부분에서 실패를 겪게 되고, 충분히 빛날 수 있었음에도 오래도록 어둠 속에서 지내게 되는 이유인 거예요. 그렇다면 그 시간에 나에게 정서적인 안정감을 주고 내 자존감을 높여주는 사람과 함께했다고 생각해 봐요. 그들과 함께할 때 우리의 감정은 편안해지고 또 가득 채워지기에 평소엔 잘 못하던 일도 괜히 더 잘 해내게 되고, 더욱 사랑스럽고 귀엽게 존재하게 되고, 잃었던 웃음을 되찾게 되고, 그렇게 자신감 넘치게 존재하는 나를 발견하게 될 거예요. 나를 바라보는 다정한 눈빛과, 또 나를 늘 칭찬해주고 격려해주는 예쁜 마음씨에 기분이 고양되고, 하여 반짝이는 자신감으로 하루를 마주하고 살아가게 되는 것이죠. 그래서 그들과 함께할 때는 내 삶의 모든 부분이 예쁜 균형을 찾게 되고 좋아지게 되는 거예요. 그렇다면 구태여 왜소한 사람과 함께하길 선택할 이유라는 게 어디에 있나요.

우리 주변에는 예쁘게 말할 수 있음에도 굳이 말 한 마디를 어떻게든 내 기분을 망치게 하기 위해서 하기라도 하는 것처럼 내뱉음으로써 내 기분을 하루 종일 망가뜨려 놓는 사람도 있죠. 그리고 내가 이미 오롯하고 어느 정도 완성된 사람이라 그런 것에 흔들리지 않을 만큼 굳건한 게 아니라면 굳이 그런 사람과 함께하길 선택하는 건 나의 삶에 정말로 해로운 영향을 미치게 될 거예요. 예쁘게만 보낼 수 있었던 하루가 그들과 함께하는 순간 곱씹음과 일렁임으로 물든 불안하고 원망 가득한 하루가 되는 것이죠. 그렇다면 구태여 그런 사람과 함께함으로써 내 하루의 예쁨을 망가뜨릴 이유는 없는 거예요. 자신이 들었을 때는 잠깐도 참지 못해 울컥하고 화를 낼 만큼의 기분 나쁜 말을 타인에게는 참 쉽게도 함부로 내뱉는 사람, 그러니까 그런 사람을 피하세요. 내가 받고 싶은 걸 타인에게도 주고자 하고, 내가 받기 싫은 것이라면 타인에게도 주지 않고자 노력하는 사람, 그런 반듯하고 다정한 사람과 함께하기에도 아까운 당신의 하루니까요. 그런데도 그걸 반대로만 하는, 자기가 받기 싫은 것은 어떻게든 주면서 자신이 받고자 하는 건 인색함과 왜소함으로 결코 주고자 하지 않는 그런 사람과 구태여 함께할 건가요?

그러니 당신이 먼저 당신 자신을 아껴주고 사랑해줘요. 당신이 스스로를 진정 아끼고 사랑한다면 당신, 그런 사람과 함께하길 결코 함부로 선택하지 않을 테니까요. 그때는 사랑하는 나를, 어떻게든 그들로부터 지켜내고지 애쓸 뿐이겠죠. 결국 그런 사람과 함께하길 선택함으로써 나를 아프게 하고 상처받게 하는 건, 스스로를 충분히 사랑하지 않는 사람만이 할 수 있는 선택인 거니까요. 그러니 내가 나를 사랑하기에, 늘 예쁜 마음과 눈빛으로 나를 바라봐주는, 다정하고 사려 깊은 표현과 행동으로 나를 배려해주는 사람과 함께하는 당신이 되기로 해요. 내가 어떤 실수를 했을 때 괜찮아, 그럴 수도 있지, 그러면서 배워가는 거야, 그러니 너무 상심하지 않았으면 좋겠다, 다음엔 분명 더 잘 해낼 너잖아, 라고 말해주는 사람, 그런 사람과 함께할 때 당신, 정말로 다음에는 더 잘 해내게 될 테니까요. 그러니 당신이 당신 자신을 진정으로 사랑한다면 당신을 위해 어떤 사람과 함께해야 할지를 꼭, 마음 깊이 생각해 보길.

그리고 당신, 당신 자신에게 또한 그런 사람이 되어주길. 내가 늘 나를 미워하고, 넌 잘 못 할 거라고 믿고 말하고 생각하는데 내가 어떻게 이 삶을 잘 살아갈 수 있겠어요. 그러니 당신 스스로가 먼저 당신을 좀 더 믿어주고, 아껴주고, 사랑해주기로 해요. 당신 자신부터가 먼저 당신을 예쁜 마음과 눈빛으로 바라봐주기로 해요. 넌 사랑받을 자격이 충분한 사람이야, 있는 그대로 정말 소중한 사람이야, 참 예쁘고 기특해, 소중해, 잘하고 있고, 잘 해낼 거야, 나는 너를 믿어, 이런 마음들을 스스로에게 가득 전해주는 눈빛으로 나를 마주하는 내가 되는 거예요. 마음속으로 자주 말해주면서 말이에요. 내가 나를 그렇게 생각할 때, 비로소 나는 그런 마음과 사랑을 받을 자격이 있는 사람으로 나를 여기게 될 테고, 하여 나, 내게 마땅하다고 생각하는 사람들과 함께할 테니까요. 또 그런 사람들이 내게 찾아와 내 곁을 가득 채울 테니까요. 결국 우주는, 내가 받기에 스스로 마땅하다고 여기는 것들만을 내게 가져다주는 법이니까요.

그러니 가장 먼저 내가 나를 아껴주고 사랑해주길. 그때가 되면 당신을 향해 다가올 사람도 예쁜 사람일 테지만, 예쁜 사람이 아닌 사람 곁에 구태여 당신 자신을 스스로 두는 선택을 하지도 않을 당신일 테니까. 무엇보다 누구와 함께할지 함께하지 않을지 앞에서는 언제나 신중하고 지혜로운 당신이 되길 바라요. 결코 순진해선 안 돼요. 그 함께함이 주는 영향력은 당신의 삶을 천국과 지옥으로 바꿀 만큼이나 거대한 것이고, 당신이 성공하거나 성공하지 못하느냐를 결정할 만큼이나 강력한 것이니까요. 그러니 눈에 보이지 않는 마음의 영향력을 함부로 무시하지 말기를. 진정한 위험이란, 당신 육체가 아니라 당신 마음이 훼손되는 일이라는 걸 잊지 말기를. 그렇기에 더더욱,

당신 또한 상대방에게 예쁘고 다정한 사람이 되어주길. 따듯한 배려와 깊은 존중으로, 너는 사랑받아 마땅한 사람이야, 라는 걸 알려주는 아름답고 예쁜 눈빛으로 상대방을 마주하는 다정한 당신이 되어주길. 꼭 서로를 더 예쁜 사람으로, 함께하는 것만으로 가득 행복하게 만들어주지는 못할지라도, 최소한 서로의 마음을 해하고 갉아먹으면서 불편하게 만들지는 말기를. 어떤 소중한 의미와 아름다운 가치를 서로에게 가져다줄 만큼 존경스럽진 않더라도, 서로와 함께하는 시간이 서로에게 그저 편안하고 고즈넉한 의미가 되어준다면, 그것만으로 충분히 안전하고 이미 예쁜 거니까.

정말로 이 세상에는 다른 사람을 기분 나쁘게 노려보고, 그것이 불편해서 그 눈을 피하면, 그것을 승리로 여긴 채 그 경험을 들고 가서 자신 주변 사람들에게 우쭐거리며 자랑하며 눈을 피했던 온유한 사람을 조롱하는 사람도 있는 것임을. 그러니 당신이 선하나고 해서 모든 사람이 선할 거라 믿는 순진함을 언제나 경계할 것이며, 또 선하고 순수하되, 순진하지는 않는 지혜가 꼭, 반드시 있길 바라요. 하나를 보면 열을 알 수 있는 게 사람이고, 왜냐면 하나를 허용하는 사람은 열을 허용할 수 있는 사람이기 때문이며, 그러니까 당신이 결코 허용할 수 없는 것을 한 번이라도 허용하는 사람이 있다면 오래도록 바라보며 자세히 살피길. 결국 당신이 누군가의 기분을 늘 살피며 불편하게 하지 않고자 노력하는 건, 그들의 눈치가 보여서도 아니고 그들에게 잘 보이기 위해서도 아니고, 다만 그게 당신이 편해서이고, 그래서 타인을 불편하게 하는 걸 스스로 허용하지 않는 것처럼, 다정하지 않음이 내키지 않고 불편해서 허용하지 않는 사람과 함께라면 당신, 반드시 그 다정함에 의해 보호받을 수 있을 테니까. 그러니 누구나 말은 쉽게 할 수 있고 처음에는 좋은 사람인 척할 수 있다는 걸 잊지 않은 채 오래도록 자세히 바라보며 은은하게 마음을 여는 당신이길 바라요.

무엇보다 당신, 정말 잘하고 있고 잘 해낼 거예요. 당신은 정말 예쁘고 소중한 사람이에요. 참 기특하고 고마운 사람이고, 이 세상에 없어선 안 될 귀하고 아름다운 존재예요. 당신이란 생김새와 지문과 생각과 표현을 가진 사람은 이 세상에 당신 하나뿐이고, 그래서 당신은 유일한 존재잖아요. 그걸 잊지 말고 꼭, 스스로에게도 자주 말해주길 바라요. 넌 정말로 귀한 사람이란다, 사랑의 존재란다, 무엇이든 해낼 수 있는 멋진 존재란다, 라고 말이에요. 무엇보다 그런 당신을, 그런 당신으로 진심으로 여겨주고 아껴주는 참 예쁘고 다정한 사람과 함께하길. 그러기 위해 당신부터가 당신을 진심으로, 온 마음을 다해 그런 당신으로 스스로 여겨주길. 당신이 당신 자신이 얼마나 사랑이고 귀한 존재인지, 그걸 몰라 헤매고 슬퍼할 때면 가슴이 너무나 답답하고 속상해서 숨이 멎을 것만 같은 그 간절한 진심으로 당신은 정말 그런 사람이라고 말해주고 싶은 나고, 그러니까 당신은 그만큼 진심으로 그런 존재니까. 태어나 존재한 이래로 단 한 번도 사랑이지 않은 적이 없었던 사랑 그 자체의 아름다운 빛이자 귀한 생명이자 소중함이니까. 당신은 정말, 그런 사람, 사랑, 이 세상에 단 하나뿐인 유일한 존재, 그 벅차게 아름다운 소중함이니까.

## 현재의 힘

　우리의 힘은 과거나 미래가 아니라 바로 지금 이 순간에 있어요. 그러니 그 현재의 힘을 가득 누리며 나아가세요. 과거에 이미 일어난 어떤 일은 바꿀 수 없겠지만, 그 과거를 바라보는 우리 자신의 생각과 시선은 바로 지금, 여기서 바꿀 수 있어요. 그러니 내가 아무리 후회하고 탓하고 원망한들, 자책하고 머릿속으로 끝없이 편집한들 다시는 되돌릴 수 없는 과거를 무의미하게 되돌아보며 나를 아프게만 하기보다 이제는 그 과거를 반복하지 않기 위한 지혜와 나에게 행복을 스스로 선물하기 위한 사랑으로 지금을 또렷이 살아가기로 해요. 과거에 빠져 지내는 건 당신을 아프게만 하고 수없이 많은 선물과 기회를 지닌 지금을 놓치게만 할 뿐 그 외에 아무것도 당신에게 주는 게 없지만 당신이 오롯이 지금을 살아갈 때는 당신, 무수히 많은 변화를 위한 기회와 성숙의 선물을 끌어안게 될 테니까요. 그러니 그 기회와 선물들을 고작 과거 때문에 놓치기보다 이제는 가득, 끌어안을 줄 아는 기특하고 반듯한 당신이 되길 바라요. 그러기 위해 빛나는 마음으로 오늘을, 살아가길 바라요. 사랑하길 바라요. 잔뜩 누리며 만끽하길 바라요.

　또한 감히 예측할 수 없는 미래의 불확실성에 대한 두려움과 불안함에 허덕이느라 지금을 놓치지 않기로 해요. 끝없이 상상하고 두려워하고, 어떤 일이 일어나길 기대하지만 그런 미래가 펼쳐지지 않음에 실망하고, 그 무의미한 탐닉 안에는 어떤 예쁜 변화의 힘도 없으니까요. 그러니 미래에 대한 걱정과 욕망은 잠시 접어두고 내가 할 수 있는 한 가장 예쁘고 사랑스럽게 오늘을 보내봐요. 기특하고 반듯하게, 자랑스럽게 오늘을 보내봐요. 오늘을 최선을 다해 살아가고 사랑하는 마음, 그 안에만 변화의 힘이 있는 거니까요. 하여 내가 과거와 미래를 접어둔 채 오롯이 현재를 만끽하며 현재의 힘을 마음껏 사용하며 누리고 나아갈 때 나의 삶, 서서히, 그리고 반드시 좋은 방향을 향해 나아가게 될 테고, 이제는 그 예쁜 현재가 나의 과거가 되어 내가 돌이켜 추억했을 때 나에게 자랑스러움을 주는 기억이 되어줄 것이고, 또 시간이 흘러 언젠가 미래에 닿았을 때 그 미래의 나, 그러니까 그 오늘의 나, 반드시 밝게 웃으며 무수히 많은 기쁨과 행복을 누리고 있을 테니까요.

그러니 다만 유일하게 의미 있고 힘 있는 오늘을 최선을 다해 살아가고 사랑하는 지혜로운 당신이 되길. 하여 영원히, 예쁜 오늘을 맞이하고 살아가는 당신이길. 명심해요. 나라는 존재가 품고 있는 생각이 나라는 존재의 운명을 결정한다는 것을. 그러니까 늘 똑같이 과거를 후회하는 나로서는 결코 다른 오늘을 맞이할 수 없으며, 늘 똑같이 미래를 두려워하고 걱정하는 나로서도 결코 다른 오늘을 맞이할 수 없는 거예요. 이제는 달라야 하는 거예요. 여태껏 내가 품어왔던 내 생각과 감정의 결이 나를 오늘의 나에게 닿게 했듯, 앞으로는 다른 생각을 품어야만 언젠가의 오늘에는 더 예쁜 운명에 닿아있을 나일 테니까요. 그러니 당신 운명과 미래를 결정하는 당신 운명의 결정권자는 오직 당신임을 잊지 않은 채 당신의 지금을 또렷이 지켜내기로 해요. 과거와 미래에게 그 소중한 지금을 빼앗기지 않기로 해요. 온전히 당신의 품 안에 둔 채 다만 오늘을 반짝이는 예쁜 생각들과 함께 살아 가기로 해요. 최선을 다해 반듯하게 존재하고, 부지런히 사랑하기로 해요.

어제까지는 늘 과거의 어떤 일을 곱씹으며 누군가를, 어떤 상황을 탓하는 왜소한 사람이었다면, 이제는 그 피해자 역할에서부터 당신 자신을 스스로 풀어준 채 위대한 현재의 힘으로 나아가는 거예요. 오늘 또다시 탓한다면 내일도 탓하는 당신으로 남을 테지만, 이제는 모든 일의 책임자는 나임을 분명히 알고 용서하고, 그렇게 새로운 마음으로 오늘을 마주할 때 내일의 당신은 분명 전과는 달리 빛나고 위대할 테니까요. 그렇게 당신의 왜소함이 불편해 당신을 기피했던 사람들도 이제는 달라진 당신을 느끼며 뭔가 좀 달라진 것 같다? 라는 말을 하기 시작할 테고, 서서히 사람들에게 또한 더욱 사랑받는 당신이 되어갈 거예요. 그러니 여전하네, 라는 말을 듣기보다 뭔가 좀 깊어진 것 같다, 성숙한 것 같다, 라는 말을 듣는 위대함의 빛으로 가득 반짝이는 당신이길 바라요.

그렇게 당신 생각의 습관들, 당신이 늘 반복적으로, 습관적으로 해오던 생각의 패턴을 주의 깊게 관찰하고, 그것들을 오늘, 풀어주며 나아가요. 그렇게 매일 거듭나고, 매일 새로워지는 당신이길 바라요. 운전을 하다 내 앞에 자동차가 끼어들었을 때 늘 속으로 욕하던 당신이었다면 이제는 너그럽게 이해해주고 오히려 자리를 양보해주는 당신이 되어보는 거예요. 그런 식으로 당신의 과거를 오늘, 이 자리에서 풀어주는 용서와 함께 나아가는 거예요. 꼭 미운 사람, 미운 상황을 풀어주는 것만이 용서가 아니라, 지금까지 내가 품어왔던 오랜 믿음과 생각들을 풀어주는 것 또한 똑같은 용서니까요. 그렇게 매일을 용서와 함께, 예쁜 변화와 함께 나아간다면 곧 현재가 되어 당신을 찾아올 당신의 미래, 그 언젠가의 오늘에는 당신, 전에는 느껴보지도 못했던 기쁨과 평화와 함께 존재하게 될 거예요. 그리고 전에는 이래야만 했는데 이제는 이러지 않을 수 있다는 것, 그러니까 다른 선택을 할 수 있는 내가 되었다는 것, 그 성숙의 기쁨이 당신 마음을 늘 채워줄 것이기에 당신은 영원히 결핍과 공허를 느끼지 않는 완전한 보호와 함께 서 있게 될 거예요. 그러니 지금 여기서, 당신 과거와 미래를 풀어주길 바라요. 그렇게 당신의 운명을 바꿔나가길 바라요. 그럴 수 있는 유일한 순간인 지금을, 함부로 낭비하지 않길 바라요. 오늘이 당신에게 주어진 마지막 날인 것처럼, 간절히 오늘을 살아가고 살아내기를.

지금 예쁜 생각을 할지, 못난 생각을 할지, 선택할 수 있는 기회가 당신에게 주어져 있잖아요. 지금 나태함에 머무를지, 아니면 사랑과 의지로 해낼지, 선택할 수 있는 기회가 당신에게 주어져 있잖아요. 지금 미래의 불확실성 앞에서 낙담하고 절망하고만 있을지, 아니면 불확실성을 끌어안고 받아들이고 가득 춤추며 즐기며 나아갈지, 선택할 수 있는 기회가 당신에게 주어져 있잖아요. 지금 아무리 미워하고 미워해도 끝이 나질 않는 미움에 오늘도 빠져서 나를 시들어지게 할지, 아니면 단 한 번의 용서로 그 모든 미움을 끝낸 채 나를 피어나게 할지, 선택할 수 있는 기회가 당신에게 주어져 있잖아요. 매 순간 당신에게 주어진 그 선물을, 당신 운명의 주권자로서, 당신 감정의 책임자로서, 그러니까 이제는 가득 끌어안는 거예요. 현재의 힘으로 딛고 일어서는 거예요. 매일을 그렇게 예쁘고 반듯하게 보낼 때 당신이 어떻게 절망스러운 내일을 맞이할 수 있겠어요. 그래서 이미 행복은 확정된 것이고, 그 길을 걸어가며 당신 또한 그것을 완전히 신뢰하게 될 것이기에 당신, 더 이상 불안함을 겪지 않아도 될 만큼 완전할 거예요. 그러니 그 선물을 꼭, 당신 자신에게 사랑으로 건네는 다정한 당신이길.

지금 당신을 아프게 하는, 당신을 끝없이 사로잡은 채 고통스럽게 하는, 당신이 늘 곱씹고 있는 생각은 무엇인가요. 그 생각을 당신에게서 풀어주는 것에서부터 시작해요. 그러니까 그 생각을 용서하는 것에서부터 시작해요. 나는 못난 사람이야, 부족한 사람이야, 사랑받지 못할 사람이야, 사람들은 이기적이야, 사람들은 내게 늘 인색해, 늘 이렇게 믿고 생각해왔다면 이미 그 생각은 당신에게 한해 당신의 현재가 되었을 것이고, 그러니까 당신의 운명이 되었을 것이고, 그래서 더더욱 풀어줘야 하는 거예요. 그 모든 생각에 힘을 실어준 긴 당신이기에 그것을 풀어낼 수 있는 힘 또한 오직 당신에게만 있는 거니까. 그러니 당신의 모든 생각을 주의 깊게 살펴보며 당신을 아프게 하는 생각이 있다면 반드시 용서하길 바라요. 용서란 모든 과거의 믿음을 지워냄으로써 먼지가 수북이 쌓여 흐려진 내 마음을 다시 깨끗한 석판으로 만드는 일이며, 하여 용서한 뒤에 새로워진 당신 마음의 석판 위에 이제는 사랑과 예쁨, 아름다움과 찬란함, 감사와 만족, 믿음과 다정함, 기쁨과 순수함을 써 내리며 나아간다면 그 찬연한 사랑스러움과 빛나는 아름다움이 곧 당신의 운명이자, 당신의 현재이자, 당신의 존재가 될 테니까.

그러니 함부로 생각을 사용하기보다 생각의, 눈에 보이지 않는 어마어마한 힘과 영향력을 충분히 알고 신중하게, 주의 깊게, 책임감 있게 사용할 줄 아는 지혜가 당신에게 있길 바라요. 당신이 참으로 오래도록 해왔던 생각들이 만들어낸 당신 존재와 당신의 오늘이며, 그런 당신의 모습이 스스로 만족스럽지 않다면, 불행하다면 언제든 내 감정과 생각을 선택할 수 있는 힘과 주권으로 그 생각들을 바꿔낼 수 있는 당신이며, 당신에겐 그 자유와 권능이 넘쳐흐르게 있으며, 왜냐면 당신은 당신을 창조한 분의 자녀이기 때문이며, 하여 그 힘을 고스란히 물려받았기 때문이며, 그러니 이제는 생각의 피해자가 되기보다 생각의 주권자가 되길 바라요. 그렇게 당신 운명의 창조자이자 결정권자가 되어 이 삶 '위'에서 이 삶을 살아가는 힘 있는 당신이 되길 바라요. 결국 모든 것은 당신이 마음먹기에 달려있는 것임을, 그러니까 꼭 잊지 않길 바라요. 그러니 지금부터는 참으로 오랜 시간 동안 내내 예쁘게 생각하고 사랑스럽게 느끼고 감사함을 품으며 나아가길. 다름 아닌 지금 이 순간이, 꼭 당신 인생의 전환점이 되어주기를.

얼마나 아픈 일을 겪었는지, 얼마나 깊이 상처받았는지, 지금이 얼마나 버겁고 고된지, 하여 우울하고 무기력한지, 제가 왜 모르겠어요. 그런 당신을 생각할 때마다 미어지게 속상해서 저도 펑펑 울게 되는걸요. 하지만 그렇다고 해서 계속 아프고, 계속 힘들고, 계속 원망하고만 있을 수는 없는 거잖아요. 당신의 마음에 공감하지 못해서가 아니라, 당신의 마음에 너무나 깊이 공감하기 때문에, 그래서 당신의 아픔이 제 아픔처럼 느껴지기에 당신이 그 아픔에 더 이상은 머물러있지 않길 바라는 거예요. 그러니 이제는 아파하기만 하기보다 아픔을 딛고 다시 일어서길 바라요. 미워하기만 하기보다 용서를 해내길 바라요. 두려워하기만 하기보다 용기를 내길 바라요. 어떻게 그렇게 하냐는 말이 나올 만큼 버겁겠지만, 다른 누군가를 위해서가 아니라 당신을 위해서, 당신을 위한 사랑 하나로 그렇게 하기로 해요. 사랑은 모든 것을 할 수 있으며, 사실은 당신이란 존재가 이미 사랑이기에 당신에게 불가능은 없으니까. 그게 바로 당신 존재가 타고 태어난 자격이자 힘이자 선물이니까.

그러니 이제는 사랑이지 않기 위해 고통스럽게 애쓰기보다, 그저 사랑이길 바라요. 어떻게 그렇게 하냐는 말이 쏙 들어갈 만큼 일단 그렇게 하고 나면 어떻게 그 고통 속에서 그토록 오래 있었지, 라고 생각하게 될 당신이니까. 사랑이 사랑이 아닌 것처럼 존재하느라 참 많이 힘들었고 힘든 시간을 보내고 있는 당신, 그러니 이제는 사랑이길. 마음껏 사랑이고, 사랑처럼 사랑이고, 당신처럼 사랑이길. 그러니까 무엇보다 당신 스스로를 위해서 이제는 사랑이길. 다만 당신을 사랑이지 않게 만드는 모든 당신 아닌 것들을 지금 이 순간 포기하고 내려놓고 풀어줌으로써 그렇게 할. 사랑이 아닌 것들을 포기하기만 하면 곧바로 사랑이 될 수밖에 없는, 사랑이 되고자 전혀 애쓸 필요가 없는 이미 사랑인 당신이니까. 잠시 당신이란 태양에 먹구름이 드리워졌던 것뿐이지, 그렇다고 태양이 사라진 것은 아니니까. 여전히 태양은 늘 있던 그 자리에서 빛나고 있으며, 그러니까 그게 바로 당신 존재의 빛이니까. 그러니 당신은 다만 그 영원한 빛처럼 꾸준히 사랑이길. 한낱 구름 따위로 당신을 오해하지 말기를. 스스로 자신을 폄하하지 말기를. 무엇보다 스스로, 자신이 누구인지를, 어떤 존재인지를 가장 잘 알길. 얼마나 사랑이며, 닳도록 사랑이며, 영원하게 사랑인지를. 꼭.

## 무엇을 위해서

　언제나 나 자신에게 무엇을 위해서, 라고 물어보는 습관을 가지도록 해보세요. 그러니까 지금 무엇을 위해서 미운 생각에 골몰하고 있나요. 무엇을 위해서 그토록이나 화를 내고 있나요. 무엇을 위해서 그렇게 슬픈 표정을 지은 채 우울해하고 있나요. 무엇을 위해서 무기력함에 빠진 채 깊은 한숨을 쉬며 시들어져가고 있나요. 무엇을 위해서 그토록이나 깊은 원망과 증오에 빠진 채 미워하고 있나요. 우리는 늘 우리가 무엇을 위해서 무엇을 하는지도 모르는 채 무엇인가에 깊이 빠져 매료될 때가 많아요. 그러니 나에게 자주 무엇을 위해서, 라고 물어보기로 해요. 그 순간, 그 질문이 우리의 마음에 빛을 임하게 하여 환상에 사로잡힌 채 그 환상과 완전히 하나 되어 그 환상만을 열렬히 추구하고 있는 내 마음을 환상과 분리시켜줄 거예요. 그리고 드디어 생긴 그 틈 사이로 빛과 사랑이 가득 흘러들어와 당신을 채워줄 거예요. 그리고 그 빛이 더 이상은 아무것도 위할 수 없는, 적어도 결코 당신을 위할 수는 없는 어둠의 것들로부터 당신을 보호하고 지켜내 줄 거예요.
　미움을 추구할 때 그건 나를 위한 것도 아니고, 상대방을 위한 것도 아니고, 그렇다면 그건 도대체 누구를, 또 무엇을 위한 것일까요. 그러니까 그것이 도대체 무슨 의미가 있기에 그토록이나 미움에 빠져 우리는 스스로 미워하길 선택하고 있을까요. 무엇을 위해서 말이에요. 한 번 생각해보세요. 미움이든, 우울이든, 분노든, 절망이든, 자기 연민이든, 무기력함이든, 나의 생각은 내가 스스로 선택해서 하는 것이고, 그렇다면 나는 무엇을 위해서 그러한 생각들에 그토록이나 깊게 빠져있는 걸까요. 당신의 불행과 슬픔과 끔찍한 공허와 아픔을 위해서 당신 스스로 그렇게 하고 있나요. 당신을 아프게만 할 수 있을 뿐, 그 외에 다른 무엇도 주지 않는 그것들을 그렇다면 왜 그토록이나 떨쳐내지 못한 채 집착하고 붙들고 있나요. 도대체 무엇을 위해서.

아무리 생각해봐도, 찾아봐도 그것이 위할 수 있는 것을 당신은 찾을 수 없을 거예요. 진실로 그러한 것들이 위할 수 있는 것은 아무것도 없으니까요. 그래서 굳이 말하자면 그것이 위할 수 있는 단 한 가지는 바로 환상, 즉 아무것도 없음인 거예요. 하지만 그러한 생각에 스스로 매료된 채 생각을 더욱 부풀리고 곱씹을수록 당신은 그 환상에 더욱 깊이 빠져들어 그 환상을 더욱 현실처럼 느끼게 되겠죠. 그렇게 더욱 당신의 진짜 정체성인 사랑에게서부터 멀어지게 되겠죠. 그러니까 그 사랑에게서 멀어지는 것, 그것이 바로 그것이 위하는, 위할 수 있는 유일한 무의미인 거예요. 당신이 사랑에서 멀어진 채 더욱 깊은 불행에 빠지는 것 말이에요. 왜냐면 당신이 사랑을 되찾는 순간, 당신의 마음에 빛이 임하는 순간, 당신은 그러한 생각들의 의미 없음을 그 즉시 깨닫게 되어 더 이상 거짓과 환상을 추구하지 않게 될 것이고, 그때, 그 거짓은 죽음을 맞이하게 될 것이기 때문이에요. 그래서 당신의 마음 안에서 당신을 통해 살아가고 있는 거짓은, 당신이 그 진실을 영원히 알지 못하도록 그토록이나 당신의 마음에 엉겨 붙은 채 당신을 가득 사로잡고 있는 거예요. 그리고 당신은 그것에 속아 스스로 불행을 선택하며 스스로 사랑에게서부터 더욱 멀어지고 있는 것이죠. 그렇게 거짓은 당신을 사로잡는 데 성공했고, 당신의 눈과 마음을 가리는 데 성공했고, 하여 오늘도 당신의 마음 안에서 숨 쉬며 살아가고 있는 거예요. 당신의 불행과, 죽음과, 슬프거나 화난 표정을 영양분 삼아 말이에요.

그리고 당신은 단 한 번도 당신 자신에게 물어본 적이 없었던 거예요. 무엇을 위해서, 라고. 하지만 당신이 진실로 멈춰 선 채 무엇을 위해서, 라고 스스로에게 물어볼 수 있다면, 당신은 그것이 위할 수 있는 것은 진정으로 아무것도 없다는 것을 그 순간 그 즉시 알아차리게 될 것이고, 하여 거리를 두기 시작할 것이고, 그래서 그 순간 참으로 오래도록 당신을 사로잡아왔던 그 거짓은 멎고 그 자리엔 마침내 진실의 빛이 임하게 될 거예요. 그래서 그 순간이 바로 거짓 안에서 행복을 찾는 그 정신병에서 치유된 채, 이제는 진실을 마주하고 진짜 행복을 발견하게 되는 빛과 사랑의 순간인 거예요. 그저 자연스럽게 하루하루를 살아가면서 생긴 증오와 미움이고, 슬픔과 분노고, 공허와 무기력이었기에 단 한 번도 내게 물어볼 생각조차 하지 못했을 거예요. 너무나 감쪽같이, 스며들 듯 나를 사로잡았기에 의심할 생각조차 하지 못했을 거예요. 어둠 속에만 있다 갑자기 빛을 마주하게 되면 눈이 부셔서 깜짝 놀라게 되지만, 서서히 젖어 들듯 그렇게 깊은 어둠 속으로 들어왔기에 그런 거예요. 그리고 그것이 바로 어둠의, 거짓의 완벽한 전략이었던 거예요.

그러니 지금부터라도 내게 자주 무엇을 위해서, 라고, 꼭 물어보며 나아가길 바라요. 그 물음 하나로, 당신은 당신을 불행에 빠뜨리는 모든 의미 없고 공허한 생각들에서 풀려나 반드시 행복을, 사랑을, 빛을 되찾게 될 거예요. 그것이 위할 수 있는 것이 아무것도 없다는 것을 아는 순간, 그 의미 없음과 부질없음을 바라보는 순간, 그렇게 될 거예요. 어둠은 아주 작은 빛조차도 견뎌내지 못해 소멸하기 마련이고, 애초에 존재한 적도 없는 비실재이니까요. 아무리 칠흑 같은 어둠일지라도, 거대하고 무서운 짙고도 깊은 어마어마한 어둠일지라도, 작은 촛불 하나 이기지 못해 촛불을 켜는 순간 촛불의 빛이 그 모든 어둠을 이긴 채 켜지는 것처럼요. 그러니까 그 어떤 강렬한 어둠도 아주 작은 촛불의 빛조차 집어삼킬 수 없다는 것, 그게 바로 어둠이 비실재이자 실재인 빛을 결코 이겨낼 수 없다는 그 자체의 증거인 거니까요. 그러니 어둠에 너무나 익숙해져 빛을 너무나 밝고 낯설게 느끼게 된 당신, 이제는 다시 양지로 돌아오길 바라요. 그렇게 당신 자신의 원래 모습인 빛과 사랑을 되찾은 채 밝고도 맑게 웃으며 행복하길 바라요. 하여 이제는 어둠이 불편하고 소름 끼치게 느껴질 만큼, 빛에 익숙해지고 빛이 당연한 당신이 되길 바라요. 그렇게, 빛으로부터 보호받고 빛이라는 당신 자신의 원래 본성으로부터 어둠의 유혹을 자연히 떨쳐내는 당신이 되길.

  그러니까 당신의 마음에 꼭, 예쁜 빛이 임하길 바라요. 그 빛이 얼마나 작고 희미한 빛이든 빛이라면 충분한 거니까. 충분하고도 거뜬하게 당신을 괴롭히고 아프게 하는 어둠의 생각들을 몰아낼 테니까. 하여 불행에 사로잡힌 당신의 길고도 길었던 어둠의 세월을 끝낸 채 빛의 시간을 선물해줄 테니까. 그러니 아무런 의미도 없고 존재하지도 않으며 다만 당신을 아프게만 할 뿐인 그 어둠에서부터 벗어나 꼭, 반짝이는 당신의 존재, 그 빛과 사랑을 되찾고 회복하기 바라요. 다름 아닌 사랑이라는 유일한 실재, 그 빛을, 그러니까 진짜 당신의 정체성과 당신의 모습, 당신 자신의 유일한 이름인 그 사랑을 되찾기 위해서. 하여 이제는 무의미를 위해서가 아니라 그 사랑을 '위해서' 살고 존재하고 생각하고 꿈꾸고 표현하고 행하는 당신이길. 그러니까 이제는 당신을 '위해서' 살고 존재하고 생각하고 꿈꾸고 표현하고 행하는 당신이길. 당신이 진정으로 당신을 위한다면, 사랑이 진정으로 사랑을 위한다면.

그러니 다시 한 번 물을게요. 지금 이 순간에도 충분히 사랑처럼 예쁘게 웃고 아름답게 빛나며 고요하게 기뻐할 수 있는 당신, 그렇다면 무엇을 위해서 그토록이나 사랑이 아닌 것처럼 존재하고자 애쓰고 있나요. 애쓰느라 지치고 버거워하고 있나요. 당신이 사랑이 아닌 것처럼 존재하는 데는 엄청난 인내가 필요하기에 당신, 소진되고 고갈될 수밖에 없으니 이제는 그만 애쓰고 다만, 사랑으로 존재하길 바라요. 그저 사랑이 아니고자 애쓰는 지금의 모든 노력들을 멈춤으로써. 처음부터 영원히 사랑이었던, 사랑이지 않은 적이 단 한 번도 없었던 당신이 사랑으로 존재하는 데는 고작 그 하나의 아무것도 아닌 작고도 보잘것없는 노력만 있으면 되는 거니까. 그러니 다만 이제는 그만 애쓰길. 애씀을 멈추길. 그저 당신으로 존재하길. 부디, 당신 자신을 위해서, 사랑 자신을 위해서.

## 왜 그럴까요

　때로는 사람들의 이기심과 불일치, 모순, 그러한 것들이 이해되지 않아 답답하고 속상할 때가 많아요. 하지만 그럼에도 당신은, 그들의 그러한 아름답지 않음에 골몰하기보다 그저 아름다운 당신만의 길을 가세요. 사람들은 정말 왜 그럴까 싶을 만큼 절대적으로 많은 사람들이 아름답지 않다고 느껴지는 그 순간에도 말이에요. 제가 왜 모르겠어요. 저 또한 사람들은 정말 왜 그럴까, 싶은 생각에 한없이 외롭고 우울한 시간도 있었는걸요. 사람들에게 환멸감을 느낀 채 세상을 등지고 싶었던 적도 참 많았는걸요. 자신은 타인에게 단 한 번이라도 따뜻해 본 적조차 없는 사람이 온갖 도덕적인 척은 다 하며 판단을 일삼는 사람도 있고, 뻔뻔하기는 참 뻔뻔해서 스스로의 모든 결점과 단점은 정당화한 채 자신을 정말 좋은 사람이라 여기고, 하지만 정작 사람들에게는 함부로 상처를 주고 다니는 사람도 있고, 그러면서도 자신이 준 그 상처를 자신이 똑같이 당했을 때는 버티지 못해 분노하고 울분을 토하는 사람도 있죠. 한 번이라도 따뜻해 본 적이 없는 사람이라서, 내 따뜻함을 참 쉽게도 생각하고 말하기도 하죠. 한 번이라도 진심으로 따뜻해 본 사람만이, 따뜻함이 얼마나 어렵고 용기가 필요한 마음인지 아는 거니까요. 그러니까 말로만 참으로 쉽게 따뜻한 사람들, 하여 타인의 따뜻함 앞에서 그 정도는 자신도 너무나 쉽게 할 수 있다고 오만하게도 말하는 사람들, 하지만 정작 자신에게 그런 순간이 오면 결코 따뜻함을 내지 못하는 비겁한 사람들, 그런 사람들의 그런 모순과 불일치를 마주하며 싹튼 인간에 대한 본연의 불신과 미움을 잠재울 수가 없어 살아갈 의미를 느끼지 못하던 날도 있었던걸요. 정말 연탄재 함부로 발로 차지 마라. 너는 누구에게 한 번이라도 뜨거운 사람이었느냐, 라는 안도현 시인의 시를 들려주고 싶은 순간도 참 많았죠.

그런 세상이에요. 우리가 살아가고 있는 이 세상이. 좋은 사람의 비율보다 그렇지 않은 사람의 비율이 절대적으로 더 많은 세상이죠. 이기적이고, 자신의 것이 가장 중요하고, 하여 자신의 것을 위해서라면 타인의 것은 어떻게 되든 크게 연연하지 않는 사람들이 참으로 많은 세상이죠. 자신의 능력과 잠재력보다 욕망이 더 거대해서 타인의 것을 훔쳐서라도 욕망을 채우길 선택하기로 마음먹는, 진실하면 바보기 된다는 말이 있을 만큼 거짓을 숭배하는 사람들이 참 많은 그런 이기와 탐욕의 세상이죠. 그걸 부정하고자 하는 마음도 없고, 부정하자는 것도 아니에요. 다만 그렇다고 해서, 그런 세상이라고 해서 나마저도 그런 사람이 되겠냐는 것을 묻고 싶은 거예요. 모두가 그렇게 하는데 나 혼자 다정하고 따뜻한 게 억울하다고 해서 나 또한 그들처럼 함부로 이기적이고, 뻔뻔하고, 욕망에 눈이 멀어 타인의 것을 훔치고, 사람들을 돈벌이 수단으로 이용하고, 거짓말을 일삼으며 타인을 속이고, 쉽게 분노하며 타인을 겁주거나 못난 말로 상처 주고, 그럴 수 있겠냐고, 그러길 선택하고 싶은 거냐고 묻고 싶은 것이죠.

안 그래도 힘든 하루, 존재하고 살아가는 것조차 벅찼을 그 하루에, 예쁘고 소중한 감정만을 느끼기에도 한없이 부족하다 여겨지는 내 하루에 그런 사람들 생각을 하며 억울함을 잠시라도 곱씹는 것조차 사실은 정말 아까운 일이니까요. 어차피 당신은 세상이 그렇다고 해서 당신마저 그런 사람이 될 수는 없는 사람일 테니까요. 나도 그냥 그렇게 살까, 하고 생각은 할 수 있겠죠. 하지만 실제로 그렇게 되는 것과 생각만 해보는 건 정말 다른 일이라는 것을 알게 될 거예요. 누군가 당신의 것을 훔친 게 억울하다고 해서 당신은 타인의 것을 훔칠 수 있나요? 누군가 당신의 마음을 이용하고 아프게 한 것이 억울하다고 해서 당신은 타인의 마음을 이용하고 아프게 하는 사람이 될 수 있나요? 당신이 그럴 수 없는 것은, 그럴 수 없는 사람이라서고, 그들이 그럴 수 있는 것은, 그럴 수 있는 사람이라서인 거예요. 정말 그게 다예요. 그래서 당신은, 끝끝내 그런 사람이 될 수 없을 것이고, 그러니 그런 생각에 시간과 감정을 낭비하지 말자는 이야기를 하고 싶었던 거예요. 다른 이유가 있어서 진실하고 다정한 게 아니라, 진실하고 다정할 수밖에 없을 만큼 예뻐서 진실하고 다정한 사람이 바로 당신이니까요. 무엇보다 아름답고 예쁜 감정만으로 가득 채우기도 모자란, 당신의 소중한 마음과 존재니까요.

그러니 그저 맘 편히 예쁜 사람이 되기로 해요. 어차피 당신은 그들처럼 악랄하지도, 교활하지도, 뻔뻔한 사람이 되지도 못할 테니까요. 누가 내 돈을 훔친 게 억울해서 나 또한 남의 돈을 훔친다면, 사실 나는 원래부터 남의 돈을 훔칠 수 있는 사람이었던 것뿐이니까요. 그럴 수 없는 사람은, 어떤 환경에서도 그럴 수 없는 거니까요. 그것을 알고 받아들이는 순간, 마음이 편해질 거예요. 억울함도, 분함도, 미움도 모두 사그라들 거예요. 그리고 알게 되겠죠. 내가 그들을 미워할 필요가 없는 것은, 그렇게 살아갈 수 있다는 것 자체가 이미 그들이 받은 벌이기 때문이며, 하여 이미 불행한 그들을 보태어 더 미워할 필요가 내겐 전혀 없기 때문이라는 것을요. 왜냐면 우리가 그들처럼 살아가지 않는 것은, 그들처럼 살아가려고 하는 즉시 내 마음이 아프고 불행해짐을 알기 때문이니까요. 남을 속이려고 하는 즉시 우리는 죄책감에 아파하게 되고, 밤새 잠 못 들게 되죠. 그러니 그 마음 아픈 일을 아무렇지도 할 수 있다는 것 자체가, 이미 그 정도로는 아프지도 않을 만큼 마음이 못난 사람이 되었다는 증거인 것이고, 그렇다면 그것이 그들이 받은 벌이 아니라면 무엇일까요. 사람은 지금 이 순간 자신의 행복과 이득을 위해 자신이 할 수 있는 가장 최선의 선택을 하며 존재하고 있을 뿐이며, 그러니까 그 거짓과 왜소함이 자신이 믿고 추구하는 최선의 가치이자 행복이 되어 굳어져버린 그들은 사실 얼마나 불행한 사람들이고, 또 그 불행은 그들 자신의 선택으로 그들 스스로 받은 얼마나 큰 벌인가요.

그렇게 해서 많은 돈을 벌고, 또 때로는 인기를 얻을 수도 있겠죠. 하지만 아름다울 수도, 행복할 수도 없을 거예요. 그리고 결국 이 세상에 태어나 존재하고 살아가는 유일한 이유인 '성숙'을 외면하고 살았다는 그 죄책감에 언젠가는 반드시 후회하고 아파하게 될 거예요. 또 자신의 진짜 모습을 사랑해주는 사람은 아무도 없다는 외로움을 마주하며 쓸쓸하게 늙어가게 되겠죠. 자신이 사람들에게 진심을 준 적이 없는 만큼, 자신에게도 진심이 아닌 사람들만을 만나왔을 테니까요. 왜냐면 매사에 진심인 저는, 구태여 그런 사람들과 특별하게 함께하지는 않으니까요. 그저 함께하는 동안 최선을 다해 다정할 뿐, 그렇다고 굳이 깊은 관계로 함께하길 선택하지는 않으니까요. 다정한 것과 함께하는 일은 언제나 구분되어야 하는 일이라고 저는 믿으니까요. 사실 생각하고 판단해서 멀리하는 게 아니라, 제 다정한 본성이 이미 자연스레 그러고 있는 거니까요. 그래서 그들은 결국 그런 결을 지닌 그들끼리만 모여 함께할 수밖에 없게 될 테고, 그러니까 그게 다예요. 그러니 구태여 그곳에 시선을 두기보다, 나는 꿋꿋이 예쁘고 아름답게 나아가길 바라요. 성숙하기 위해 이곳에 태어난 우리이며, 정확히 진실함이, 사랑이, 다정함이 성숙의 방향이니 당신이 잘하고 있다는 것을 스스로 믿으며 나아가길 바라요. 다른 사람들이 잘못된 길에 있다고 해서 바른 길을 가고 있는 당신이 바른 길에서 벗어나 그곳으로 걸어 들어간다면 그것이야말로 지혜롭지 못함이며, 내 손해를 내가 자처하는 일인 거니까요.

사실 그들은 그들 자신의 미성숙으로 인해 스스로 불행을 자처하고 있는 조금은 안쓰러운 사람들일 뿐이고, 나는 그럼에도 지켜낸 나의 다정함으로 그저 조금 더 진실하게 행복한 사람일 뿐인 거예요. 그래서 그들이 당신에게 얼마나 잘못했든, 당신은 그냥 그런 아름답지 않은 못난 세계는 안 보고 살자, 하고는 아름다운 세계만을 바라보며 나아가면 되는 거예요. 그렇게 가득 아름답다 보면, 그들이 그럴 수 있다는 게 왜 그런지는 알 것 같아서 이해도 가고, 또 한편으로는 그래, 그럴 수도 있지, 하는 존중의 마음도 들고, 그런 순간이 꼭 찾아올 거예요. 다정하게 생각해 보면, 그들의 수준에서는 그럴 수도 있을 것 같고, 왜 그러는지도 충분히 이해할 수는 있을 테니까요. 그리고 성숙하기 위해 태어난 우리라면, 각자가 완성한 성숙의 수준은 저마다 다를 것이며, 그러니까 나는 이곳에서부터 시작하지만 어떤 사람은 나보다 더 뒤에서 시작하고 있을 것이고, 하지만 그럼에도 그들이 앞으로 나아가고만 있다면 그들 또한 치열하게 자신의 존재를 완성하며 나아가고 있는 거니까요. 그래서 완전한 이 세상인 거니까요. 그러니 조금은 이해와 관용의 마음으로, 존중과 연민의 눈빛으로 안쓰럽게 바라봐봐요.

마음이 얼마나 힘든 상태에 있으면 아주 사소한 일조차 감당하지 못해 증오하고 미워하고 어떻게든 타인을 깎아내리고 폄하하기 위해 그토록이나 애쓰는 걸까요. 조그마한 다정함과 너그러움, 그 여유와 공간만 있었어도 그러지 않아도 되었을 텐데, 마음이 얼마나 메마르고 각박한 상태이길래 그렇게까지 하게 된 걸까요. 그런 자신의 마음이 버거워 그토록이나 타인을 붙든 채 못나고 우울하고 미운 이야기를 털어놓게 됐지만, 그렇게 타인 또한 지치고 소진되게 만들었지만, 또한 마음이 버겁기에 타인의 이야기는 잠깐도 들어줄 수가 없을 만큼의 이기적인 사람이 되어버렸죠. 두 시간 세 시간 자신의 이야기를 가득 표출해도, 타인의 이야기에는 단 십 분도 귀를 기울이지 못할 만큼 스스로의 마음이 이미 너무나 지치고 힘든 상태니까요. 그래서 타인에게 서서히 기피당하게 되어 더욱 혼자가 되어버렸죠. 얼마나 힘든 시간을 보내고 있으면, 그토록이나 아름다움을 잃은 채 시들어지게 된 걸까요. 얼마나 스스로를 아끼고 사랑하지 못하는 시간을 보내고 있으면, 자신에게 주어진 모든 고마움과 예쁨과 기쁨과 사랑스러움은 바라보지 못한 채 한 가지 미움에 사로잡혀 몇 년을 그 미움만을 붙든 채 살아가는 삶이 아닌 죽어가는 삶을 살아가게 된 걸까요. 얼마나 인내심이 없으면 더디지만 영원한 진실함의 길을 걸어가지 못하고, 얼마나 자신이 없으면 거짓이 아니고는 자신을 위해 선택할 수 있는 길이 없다고 믿게 된 걸까요. 얼마나 사랑받지 못했기에 이토록이나 사랑에 서툴러 이기적인 사람이 되어버린 걸까요.

그러니까 그런 생각으로 바라봐보는 거예요. 그 사람이 내 이야기에 잠깐도 귀를 기울이지 못하는 그 사람의 이기심을, 각박함을, 애정 없음을, 또 그 사람의 진실하지 않음과 뻔뻔함을, 못난 모양의 마음을 이렇듯 안쓰럽게 여기며 바라봐보는 거예요. 당신에게 그 사람과 계속해서 함께할 의무는 전혀 없고, 또 당신 자신을 위하는 마음으로 전혀 그럴 필요도 없지만 그럼에도 어쩔 수 없이 함께하게 된 그날만큼은 그렇게 당신만큼은 다정하게 그 사람을 어루만져 주는 거예요. 그 다정한 마음이 곧 당신의 존재를 또한 지켜줄 테니까요. 그러니까 그 연민과 함께 당신이 그 순간 존재하면 당신, 결코 고갈되지 않을 거예요. 여전히 채워져 있을 테고, 그 사람과의 만남이 끝난 뒤 집으로 돌아가는 길에도 그 사람에 대한 미운 생각을 하지 않아도 될 거예요. 그렇게 보호받게 될 거예요. 이 세상에서 가장 외롭고 아픈 사람이 바로 그들이잖아요. 어쩌면 평생을 그 마음의 지옥에서부터 구원되지 못한 채 삶의 마지막까지 그 고통을 스스로 붙들며 살아가게 될지도 모르는 참 가련한 사람이잖아요. 그러니 다만 그럼에도 너는 사랑받을 만한 자격이 있는 사람이라는 걸 알려주는 눈빛으로 그 사람을 바라봐주고, 내가 할 수 있는 가장 최대한의 다정함으로 함께 머물러 줘요. 비난하기보다 존중해주고, 이미 존재하는 것 자체가 힘들고 불행한 그들이기에 기대하기보다 그저 당신이 도움을 건네주는 거예요. 당신의 그 마음이 언젠가 꼭 그 사람에게 닿아 그 사람의 마음을 열게 해줄 거예요. 100년의 고통을 적어도 50년의 고통으로는 줄여줄 거예요. 사랑에는 그만한 힘이 있는 거니까요.

그러니 계속해서 함께하지는 않더라도 그 순간만큼은 당신, 당신의 원래 모습처럼 여전히 다정하길. 늘 그래왔던 것처럼 고스란히 다정하길. 다만 다정함과 함께하는 것은 언제나 다른 문제라는 것을 알고 함께함 앞에서는 기필코 신중하길. 내가 다정함으로 나아가다 보면 어떤 순간에는 그런 그들이 나를 힘들게 해도 다 이해하고 안아 줘야 할 것만 같은 기분에 사로잡힐 때가 있고, 정확히 그런 생각이 드는 지점이, 당신이 당신의 아름다움에 의해 순진해지는 지점이고, 따라서 늘 신중하고 조심히 살펴야 할 지점이라는 것을. 그러니 그들을 굳이 못나게, 밉게 바라보지는 않되, 그저 그들만의 아름다움으로 이해하고 존중하되, 기꺼이 함께하길 선택하고자 하는 내 마음의 순진함은 늘 경계하기로 해요. 그렇게 내 행복과 아름다움을 마지막까지 잘 지켜나가기로 해요. 순진한 다정함이 아니라, 반듯하고 지혜로운 다정함이 늘 당신과 함께하고 당신을 지켜주길. 도둑에게 빈집을 맡기는 것은 이해와 사랑이 아닌, 순진함과 어리석음일 뿐이니까요. 그리고 당신의 순진함으로 인해 결국 도둑이 당신의 집을 다 털어가고 나면, 그때는 당신에겐 용서할 거리가 하나 더 늘 뿐일 테니까요. 어쩌면 겨우 찾았던 다정함과 평온함을 순식간에 상실하게 될 만큼 당신, 휘청거리게 될지도 모르니까요. 그러니 있는 그대로를 존중하고 사랑한다는 건, 도둑을 도둑의 본성 그대로 바라보고 그 본성을 존중한 채 나 또한 그들에게 도둑질의 유혹을 건네지 않고자 주의하는 것이라는 걸, 그렇게 그들이 나로 인해 시험에 들지 않게 배려해주는 것이라는 걸 잊지 말길.

그렇게 순진함 없는 아름다움과 지혜로 우리, 그저 예쁘고 사랑스럽게 살아가기로 해요. 세상에 그런 사람이 별로 없어도, 그런 내가 있고, 그런 당신이 있다면, 그걸로 충분한 우리잖아요. 어차피 당신은 그런 사람들처럼 살아갈 수도 없을 만큼 예쁜 사람이니, 괜히 억울해하며 감정과 시간을 낭비하지 말고, 그냥 털어버리고 예쁘고 아름다운 세상을 향해 더욱 한 발을 내딛기로 해요. 그렇게 나아가다 보면, 어느새 억울함이 들지도 않을 만큼 그들이 안타깝고 불쌍하게만 여겨지는 순간이 올 거예요. 함께하지는 않지만, 그래도 이해하고 존중할 수는 있는 순간이 올 거예요. 그리고 그 성숙이, 바로 그들이 당신에게 준 선물이기도 한 거예요. 그들이 없었다면, 무탈하기만 한 당신은 그런 성숙을 얻을 계기조차 얻지 못했을 테니까요. 그러니 그 배움을 준 그 사람들에게 감사하며, 우리는 그저 꿋꿋이 예쁘고 아름답기만 하기로 해요. 그럴 수 있는 수많은 사람들 중에서, 차마 그럴 수 없는 나라는 것은, 사실 억울해할 것이 아니라 안도하고 감사하고 축복해야 할 점이니까요.

　당신이 그럴 수 있는 사람이었다고 생각해 봐요. 생각만으로도 얼마나 끔찍한가요. 당신을 그토록이나 아프게 하고, 또 당신에게 사람 자체에 대한 불신과 혐오가 생기게 할 만큼 이해할 수 없는 가치관으로 당신과 세상을 마주하던 그들처럼 당신이 존재하고 살아가고 있다고 생각해 본다면 말이에요. 그 끔찍한 왜소함이 당신이 추구할 수 있는 가장 최고의 선한 가치이자 이득이자 행복이 되어 당신을 이끌고 있다고 생각해 본다면 말이에요. 그러니 우리는 그저 우리 존재의 아름다움에 감사하며, 그 아름다움에만 집중하며 나아가기로 해요. 불행을 행복이라 오해하지 않고 행복을 행복이라 여길 수 있는 그 지혜의 시선이 내게 있음에 마음 깊이 감사하며 나아가기로 해요. 오늘보다 내일이 더 아름답게 반짝일 수 있게. 그렇게 오늘이 되어 우리를 끌어안을 내일에도 예쁜 웃음을 잃지 않을 수 있게. 무엇보다 여태, 예쁜 마음을 잃지 않고 이렇게 잘 자라줘서, 그리고 잘 견뎌주고 지금까지 참 예쁘고 사랑스럽게 존재해줘서 고맙다는 말을 전해요. 정말 기특하고 고마워요. 다정할 수밖에 없어서 다정한 참 따듯한 당신, 참 귀하고 고마운 당신, 그러니까 당신의 다정함에 억울해하기보다 스스로 자랑스러워하며 더욱 단단히 예쁘고 사랑스럽길 바라요. 더욱 지혜롭게 다정하고 아름답길 바라요. 당신, 정말 잘했어요. 이토록 사랑이느라, 그럼에도 사랑이느라, 여전히 사랑이느라 참 수고했어요. 참 예쁜 사람, 사랑, 당신, 정말 고맙고, 또 고마워요.

## 강한 사랑

 줌으로써 나 자신과 받는 사람 모두가 받기 전보다 강해지는 사랑을 하세요. 우리는 때로 나와 상대방 모두를 약하게 하거나, 둘 중 한 사람을 약하게 하는 마음을 주고는 그것이 사랑이라 착각하곤 하지만, 진정한 사랑은 주는 이와 받는 이 모두의 마음이 그 사랑을 받기 전보다 더욱 온전하고 강해지게 하는 사랑이에요. 그러니까 만약 누군가가 저에게 자신의 이기적인 마음을 충족시키기 위해 끝없이 무엇인가를 요구하며 자신의 이기심에 제 마음을 헌신해주길 바란다고 했을 때, 제가 그의 그런 마음을 충족시키기 위해 그의 요구를 들어준다면 제가 그에게 건넨 마음은 과연 그 마음을 건네기 전보다 그를 더 강하게 만들게 될까요? 아마도 그는 더 이기적이고, 더 탐욕적이거나 못난 마음을 지닌 사람이 된 채 더 약한 사람으로 전락하고 말 거예요. 그래서 그때 제가 건넨 마음은 사랑이 아니라, 제 마음의 나약한 일부분이었거나, 아첨이었거나, 우유부단함이었거나, 그런 것일 뿐이었을 거예요.

 그래서 사랑은 때로 단호하고도 엄중한 면과 함께하는 거예요. 내가 건넨 마음이 일으킬 영향력과 결과에 대해 살펴볼 줄 아는 온정성과 깊은 책임감을 필요로 하는 거예요. 그러니 우리, 나 자신의 약함으로 상대방의 온전함까지도 훼손하는 그런 사랑을, 그러니까 나의 이기심에 상대방이 헌신해주길 바라는 그 욕심 어린 거짓 사랑을 타인에게 구하지 말고, 또 그런 사랑을 내게 구하는 타인에 의해 휘둘리지도 않기로 해요. 온전하지 않음의 유혹을 거절할 줄 아는 마음이 진짜 강한 사랑이고, 또 그 거절 앞에서 상대방이 서운해하더라도 그 서운함까지도, 서운함에서부터 오는 침묵까지도 기꺼이 감내할 줄 아는 마음이 진짜 강한 사랑이니까요. 그래서 사랑은 때로 주는 대상을 구분하여 주는 지혜가 필요한 거예요. 모든 사람을 보편적으로 존중하고 사랑하지만, 그 마음을 실제로 행동으로 표현하고 건네는 데에는 신중할 줄 알아야만 하는 것이죠.

그러니까 당신이 함께할 사람이 당신에게 끝없이 자신의 이기심과 환상에 당신 마음을 헌신해주길 바라고 고집부리는 사람이라면, 당신이 그 마음을 아무리 거절해도 그는 계속해서 당신에게 요구할 것이고, 그래서 그 관계는 둘 모두가 지치고 소진된 채 결국에는 서로를 미워하게 될 운명으로 정해진 사랑일 거예요. 어쩌다 한 번 마주치는 낯선 사람에게야 거절도 통하는 것이지, 매일을 함께하는 사람이 그런 마음의 모양을 지닌 사람이라고 한다면 그 관계가 어찌 온전하고 예쁠 수 있겠어요. 서로를 아끼고 사랑할 시간도 없을 만큼 갈등하고 싸우고 서운해하고 미워하기만 바쁜 관계가 될 텐데 말이에요. 그러니 당신을 진짜 아끼고 사랑하기에 당신의 마음을 또한 지켜주고자 하는, 더하여 당신이 더 예쁜 사람이 될 수 있도록 지지해주고 이끌어주는 좋은 사람과 함께해요. 그렇게 서로가 함께하기 전보다 더 강해지는, 더 온전하고 성숙한 사람이 되는 아름다움의 색으로 가득 물든 사랑을 하길 바라요. 그러니까 함께함에 있어 결코 무분별하지 말기를.

세상에는 다정함을 아끼고 고마워하는 사람도 있는 반면 그 다정함을 약함이라 여긴 채 이용하고자만 하는 사람도 있는 거예요. 그러니 당신의 주변에 그런 식의 이기적이고 탐욕적인 사람이 있다면, 다만 동료 인간으로서 그에게는 지금 그에게 맞는 성숙과 나아감이 있다는 것을 존중해주고, 구태여 함께하진 마세요. 당신이 아무리 예쁘고 다정한들, 그에게 진심인들, 그는 당신과 함께하는 내내 단 한 번도 진심일 수 없는 사람일 테니까요. 그러니 당신과 결이 맞는 사람과 함께하길 바라요. 마음의 결 말고 다른 것을 우선시하느라 진짜 소중한 것을 놓친 채 유혹받지 않길 바라요. 그러니까 그 사람의 외모나, 경제력이나, 인기나, 그런 것들에 미련이 생긴 나머지 다정함 없는 사람에게 스스로 끌리지 않길 바라요. 다정하지 않음을 충분히 느낄 수 있었음에도, 그 미련을 못 이겨 함께하기 위해 그 사람을 미화하고 좋게만 여긴 채 함께하고, 그러고 나서 나중에 후회하고 원망하고, 그때는 사실 탓할 수도 없는 거니까요. 모든 게 전적으로 당신의 선택이었으니까요.

그러니 함께하는 시간을 예쁘고 아름답게 물들이는 데 있어 아무런 보탬도 되지 않는 환상을 우선시하느라 다정함을 놓치지 않기를. 그러니까 진실이 아닌 환상을 숭배하지 말기를. 만약 당신의 주변에 다정하지 않은 사람이 있다면 다만 당신 마음 안에 있는 모든 사람을 향한 그 보편적 다정함으로 그를 사랑하되, 구태여 특별하게 함께함으로써 끝없이 상처받고 이용당하지 말기를. 당신 자신을 스스로 지켜낼 줄 아는 지혜와 용기가 당신에게 있길. 그러니까 같이의 가치가 있는 사랑을 하길. 함께함으로써 더욱 예쁜 성숙을 향해 나아갈 수 있는 그 아름다움에 우선순위를 두길. 서로의 있는 그대로를 아껴주고 사랑하기에 서로가 얼마나 사랑받아 마땅한 존재인지를 서로에게 알려주는 그 진짜 사랑을 하길. 하여 함께하기 전보다 더욱 빛나고 강한 자신이 되어있음을 서로에게 알게 해주는 그런 사랑을 하길. 그런 사랑을 한다면 그저 함께한다는 사실 하나로 이 세상 모든 시련과 걱정 앞에서도 든든하게 나아갈 수 있을 만큼의 힘과 용기를 얻게 될 테니까. 그저 함께한다는 그 사실 하나만으로.

사랑에 있어서 누구와 함께하는지를 구분한다면 그게 어떻게 사랑일 수 있겠냐는 물음이 생긴다면, 당신은 이미 예쁜 사람. 너무나 순수하고 따듯한 사람. 하지만 그 말은 사랑의 구분이 아니라 함께함의 구분임을 알길. 그러니까 그 말은 모든 사람을 있는 그대로 사랑하고, 또 그러기 위해 노력하되, 어떤 사람과는 굳이 함께하지는 말라는 말이고, 그러니까 사랑의 구분이 아닌 함께함의 구분을 말하는 것이라는 것을. 그러니 야생에 있는 사자를 있는 그대로 사랑하되, 사자의 본성이 당신과 같은 다정함이 아니라 자신의 생존을 위해 생명을 해쳐야 하는 본성임을 알고 가까이서 함께하지는 말자는 말. 그 순간 당신이 순진해져서 함께하길 선택할 때 당신의 목숨은 위협받게 될 테니까. 그러니까 사자를 있는 그대로 사랑한다는 건, 사자의 본성과 위험성 모두를 있는 그대로 똑바로 알고 존중하고 사랑하는 것이지, 그 사자를 내 멋대로 귀엽고 온순한 사자라고 왜곡한 채 사랑하는 순진함은 결코 아니라는 것을.

그러니 도둑을 있는 그대로 사랑하기에, 도둑에게 내 차 열쇠를 맡기지 않을 줄 아는 그 지혜와 함께하는 진짜 강한 사랑을 하길.

내가 도둑에게 내 차 열쇠를 맡기는 건, 어쩌면 도둑을 유혹과 시험에 빠지게 하는 일이며, 해서 그건 나와 도둑 모두를 약하게 만드는 사랑임을 이해하길. 하여 도둑을 있는 그대로 사랑함으로써, 그 도둑이 나로 인해 나쁜 짓에 굴복하지 않을 수 있게 그 마음을 지켜주는 온전한 사랑을 하길. 그렇게 도둑을 보편적인 사랑의 마음으로 존중하고 사랑하되, 다만 특별하게 함께하진 말길. 만약 그럼에도 당신이 순진해져 함께한다면, 그때 당신은 마음껏 다정하고 사랑하고 싶은 예쁜 마음을 억누른 채 도둑을 유혹하지 않기 위해 늘 조심하고 배려해야 할 테고, 그럼에도 매 순간 그럴 수는 없을 것이기에 도둑은 기회가 생기면 당신을 속이거나 이용할 것이고, 그래서 당신은 마음껏 사랑하지도, 맘 편히 함께하지도 못할 테니까. 당신이 하고 싶은 사랑은 분명 서로를 아낌없이 사랑하고 계산 없이 사랑하는 진짜 아름다운 사랑일 테니까. 그러니까 예쁜 당신은 그런 사람이니까.

그러니 그런 사랑을 함께할 수 있는 예쁜 사람과 함께하길. 사랑하되, 함께함 앞에서는 결코 무분별하지 않길. 늘 신중하게 구분하고 살피길. 그 지혜 앞에서 순진한 죄책감을 가지지 말기를. 어차피 그들은 당신이 죄책감을 가질 만큼 당신에게 단 한 번도 진심인 적도 없을 테고, 그들이 당신의 거절 앞에서 속상함을 표현하는 것 또한 사실은 당신을 이용하기 위한 연기일 테니까. 당신 존재를 진심으로 아끼고 사랑했다면, 애초에 당신 마음을 지켜주기 위해서만 최선을 다했을 테니까. 그러니 예쁜 당신처럼 꼭 예쁜 사람을 만나 예쁜 사랑을 하길 바라요. 다정함은 다정한 곳에서만 쏟으면 되는 거예요. 사기꾼의 집단에서 나 혼자 진실하면 너 바보냐, 라는 말을 듣게 되는 것처럼,

하지만 진실한 집단에서 사기꾼은 소외될 수밖에 없는 것처럼, 대다수가 비정상인 곳에서는 정상이 비정상이 되는 게 이 세상이니까.

　그러니 당신의 다정함을 바보처럼 여기지 않는, 그 진짜 아깝고 예쁜 마음을 닳도록 귀하고 소중하게 여긴 채 어떻게든 보답하고자 예쁘게 노력하는 그런 사람과 함께하길 바라요. 그렇게, 당신이 하고 싶은 대로 마음껏 사랑하고 아무런 숨김 없이 사랑하고, 밀거나 당길 필요 없이 당신 마음에 맺힌 그 거대한 사랑을 스스럼없이 건네도 안전한, 당신이 보호받는 사랑을 하길. 그런 사람과 함께하길. 하여 서운해하고 싸우고 따지고, 그런 무의미에 시간과 감정을 쓸 필요가 없을 만큼 내내 사랑하고 사랑받길. 거리낌 없이 사랑하고 사랑받길. 그러니까 당신이라는 사람에 걸맞은 사람과 함께하길. 그러기 위해 당신 스스로 당신이 얼마나 근사하고 멋진 사람인지 알길. 얼마나 빛이고, 얼마나 사랑이고, 얼마나 닳도록 귀하고 소중한 사람인지를. 당신이 아픈 사랑을 하는 걸 보고 있사면 내 가슴이 찢어지고 미이질 만큼 속상한 기분이 드는 참 예쁜 사람, 참 아깝고 소중한 사람, 그게 바로 당신이니까. 그러니 그걸 꼭 스스로도 알고 있길.

　그러니까 꼭, 예쁜 사랑해요. 이렇게나 예쁜 당신이 함께함으로써 더 예뻐진다면 그건 말이 안 되긴 하지만, 그래도 되도록 함께하기 전보다 더 예쁘고 빛나는 서로가 되게 해주는 사랑을 하고, 그게 아니더라도 최소한 더 못나지는 사랑은 하지 않길. 그러니까 부디 당신은 당신을 꼭 닮은 사랑만 할. 그거면 그 사랑은 반드시 예쁘고 안전할 테니까. 그럴 수밖에 없을 만큼 예쁜 사람, 사랑이 바로 당신이니까.

## 오직 사랑에 기대어

오직 사랑에 기대어 나아가세요. 사랑은 이 세상에서 가장 높은 힘이며, 따라서 우리가 사랑에 기대어 나아갈 때 우리, 사랑 아닌 다른 힘을 이용할 때와 달리 우리가 원하는 것들을 아주 수월하게, 참 가뿐하게, 사뿐히도 이루며 나아가게 될 거예요. 우리가 낮은 힘인 욕망과 집착, 통제와 분노, 이러한 것들에 기대어 나아갈 때, 그때의 우리는 그토록 고통스러웠음에도 우리가 원하는 것들을 이루어내지 못했죠. 오히려 내 곁에서 더욱 멀리 달아나게 만들었었죠. 그 모든 과정 안에서 지치고, 고갈되고, 소진되고, 무기력해지고, 몸과 마음이 아팠지만, 그토록이나 애썼지만, 그럼에도 그렇게 된 거예요. 왜냐면 낮은 힘을 이용할 때 우리는 그만큼 더 많은 에너지를 사용하게 되고, 더 많이 골몰하고 애쓰게 되고, 갈등하게 되고, 스트레스와 함께하게 되고, 하지만 그 힘 안에는 무엇인가를 성취하고 창조할 만한 힘이 전혀 없으니까요. 그래서 지칠 수밖에 없었던 거예요. 애써야만 했던 거예요. 창조할 힘도 없는 것들을 통해 무엇인가를 이루려고 했으니, 에너지가 많이 들 수밖에요. 그럼에도 이루어내지 못할 수밖에요.

그렇게 나는 나의 꿈에서부터 더욱 멀어졌을 뿐이죠. 꿈뿐만이 아니라 사람들 또한 그런 나를 견디지 못해 내게서 나를 떠나갔죠. 나조차 나로 존재하는 게 힘들어 하루하루가 지치고 고단한데, 불행하고 화가 나는데, 어느 누가 그런 나와 행복하게 함께할 수 있겠어요. 나조차 나를 사랑하지 못하는데, 어느 누가 나를 기꺼이 사랑해줄 수 있겠어요. 그래서 그들을 붙들기 위해 그토록이나 치열하게 집착하고 통제했음에도 나, 결코 그들을 붙들 수 없었던 거예요. 낮은 힘은 결국 내 곁에 그들을 단단히 묶어두기 위한 그 모든 집착과 강제의 시도에도 불구하고 사람들의 마음에 압박감과 부담감을 심어줘 그들을 우리의 곁에서 떠나가게 만들고 마니까요. 사람은 결국 자신을 편안하게 해주는 곳에서 오래 머무르기 마련이며, 그렇지 않은 곳이라면 자연스레 그곳을 떠나기 마련이니까요.

그러니 오직 사랑에 기대어 나아가기로 해요. 사랑할 때, 모든 일이 알아서 잘 풀릴 거예요. 그 어떤 고통과 스트레스도 없이 수월하게 나아가게 될 테고, 하지만 그 무엇도 나를 막아서지 않을 거예요. 낮은 힘은 그에 저항하는 힘을 낳지만, 사랑은 저항을 마주하는 법이 결코 없으니까요. 그래서 우리가 참 치열하게도 쫓았음에도 우리의 곁을 떠나갔던 모든 것들이 이제는 쫓지 않아도 자연히 우리의 곁으로 끌려오게 될 거예요. 그게 바로 자석과도 같은 사랑의 힘인 거예요. 당신이 만약 누군가와 함께하기로 한다면, 그 사람은 사랑스러운 사람, 그러니까 마음에 기쁨과 순수함, 감사와 행복이 가득 찬 사람인가요, 아니면 사랑스럽지 않은 사람, 그러니까 마음에 불평과 불만, 분노와 인색함, 욕망과 집착, 그 불행이 가득 찬 사람인가요. 이 질문에 당신이 나아가야 할 길에 대한 모든 답이 들어있을 거예요. 그러니 온 우주와 생명과 물질이 알아서 나를 좋아하고, 좋아하기에 따라오게 만드는 그 사랑의 힘에 기대어 나아가길 바라요. 무엇보다 그때는 당신의 하루에 반드시 기쁨과 감사와 함께할 거고, 하여 당신, 행복할 수밖에 없어 행복할 거예요. 그러니 온갖 강풍과 거센 파도에 맞서 고통스럽게도 나아가지만, 결국에는 침몰할 뿐인 낮은 힘에 기대어 나아가기보다, 바람을 타고, 파도를 타고, 그렇게 아무런 힘도 들이지 않고 목적지에 도달하는 사랑의 지혜가 당신에게 있길. 부디, 꼭, 있길.

억울하지 않나요. 그토록이나 애쓰고, 집착하고, 에너지를 가득 쏟아부었는데도, 그래서 이토록이나 고갈되고 소진되었음에도 나, 여전히 결핍된 채 공허와 불행과 함께하고 있고, 또 내 성취 또한 이루어지지 않았다는 사실이 말이에요. 혹여나 성취했다면 그 고통과 거센 저항을 딛고 거기까지 닿느라 얼마나 너덜너덜해졌나요. 닿고 나면 행복할 줄 알았는데, 사랑이 없어 여전히 왜소하게 불행할 뿐이죠. 채워지지 않는 헛헛함에 미어지게 절망할 뿐이죠. 그러니 이제는 만사가 자동적으로 잘 풀리게 해주고, 내가 애쓰지 않아도 모든 좋은 일과 사람과 사랑을 끌어당기는 그 사랑을 이용하여 나아가기로 해요. 그저 사랑스러운 사람이 되는 거예요. 지금 이 순간 당신의 마음 안에 있는 모든 불만과 짜증과 욕망과 집착과 분노와 원망, 그 모든 사랑 아닌 것들을 내려놓음으로써 당신 마음의 순수함을 되찾고, 그렇게 당신 마음을 기쁨과 감사로 가득 채우고, 그것만으로 당신이 사랑스러워지는 데는 충분한 거예요. 그리고 그 사랑으로 하루를 마주하고 나아가면 되는 거예요. 이토록이나 쉬운 사랑의 길이 있는데, 구태여 사랑이 아닌 것들을 스스로 선택하며 내 인생이 잘 안 풀리게 스스로 나를 막아서고 나에게 고통을 줄 건가요. 어리석게도 구태여 어려운 길만을 스스로 골라서 걸어갈 건가요. 그렇게 기쁨을 온통 잃은 무기력과 무의미, 그 슬픔과 절망으로 하루를 살아가는 게 아니라 죽어갈 건가요. 굳이, 그럴 건가요.

그게 아니라면, 이제는 사랑하고, 사랑스러운 내가 되고, 사랑의 에너지를 가득 방출하는 내가 되기로 해요. 사랑이 아닌 모든 것들을 내려놓음으로써, 사랑이 아니길 이제는 멈춤으로써, 그러니까 나 스스로 사랑에 저항하길 포기함으로써. 사랑이 사랑으로 존재하는 데는 사랑이 아닌 것들을 내려놓는 것만이 필요할 뿐이니까요. 결국 내가 나로 존재하지 않았기에, 그 자연스러움에서 벗어났기에 이렇게 아파야만 했던 거예요. 스스로 나로 존재하지 않기 위해 그토록 노력했으니, 지치고 소진될 수밖에 없었던 거예요. 그러니 이제는 내가 나로 존재할 수 있게 내버려 두기로 해요. 더 이상 저항하지 않기로 해요. 그렇게 다만, 사랑으로 존재하길. 억지로 일을 할 때는 늘 피로감과 무기력함에 맞서 고통받아야 했지만, 사랑할 때는 사랑하기에 무한하게 일하고도 여전히 기쁨 가득한 상태일 테니까. 상대방을 그저 사랑할 때는 아무런 수고를 들일 필요도 없이 오직 기쁨과 고요함으로 행복하게만 함께할 뿐이지만, 사랑하지 않고자 할 때는 굳이 미워해야 하고, 불평해야 하고, 통제해야 하고, 기대하고 바라야 하고, 실망해야 하고, 그렇게 둘 모두가 고통받게 될 뿐이고, 그래서 사랑하지 않기 위해 쓰던 노력을 멈춤으로써 그저 자연히, 알아서 더욱 사랑하게 나를 내버려 둘 필요가 있을 뿐이니까.

그러니 사랑해요. 살고, 사랑하고, 즐기고, 기쁨을 누리고, 가득 웃으며 마냥 기뻐하기 위해 존재하기도 아까운 이 삶, 구태여 사랑이 아니고자 애쓰며 고통스럽게 존재할 필요가 무엇인가요. 당신의 인내심을 참 존경해요. 그 고통이 얼마나 끔찍한 지옥인데 그곳에서 이토록 오래 버텨왔고, 또 앞으로도 기꺼이 더 인내할 생각인 건가요. 참으로 인내심 가득한 당신이에요. 하지만 사랑은 인내심이 부족하죠. 그래서 당신에게 늘 사랑을 기대하고 바라며, 당신이 사랑으로 되돌아오길 노래하고 외치죠. 그 소리를 못 듣는 척 외면하지만, 그럼에도 그 소리를 들을 수밖에 없는 당신이기에 당신, 이토록 공허하고 불안한 거예요. 공허와 불안은 사랑이 당신에게 돌아오라고 외치는, 당신에게 이리로 오라고 부르는 울림이니까요. 내게 오면 더 이상 공허도, 불안함도 없을 거라고, 그저 무탈하게 행복하기만 할 거라며 당신을 찾는 예쁜 소리니까요. 그러니 이제는 그 소리를 외면하지 말길. 더 이상 인내하지 말길. 그저 당신을 찾는 사랑에 이끌려 사랑에게 가길. 사랑에 메이고, 사랑에 붙들리길. 인내를 멈추고, 나로 존재하는 것에 대한 치열한 맞섬과 저항을 이제는 멈춤으로써.

그렇게 당신, 당신이 누려야 마땅한 기쁨과 행복을 꼭 누리길. 벅차게, 흘러넘치게 누리길. 가득 사랑하며, 가득 사랑받으며, 오직 기쁨과 평화, 행복만을 누리기 위해 태어난 당신 존재라는 걸 잊지 말길. 당신이 지금 행복하지도 않으며 다만 불안하고 공허하다면, 가득 지쳐있고 소진되어있다면, 그건 분명 당신이 누려야 마땅한 것들을 누리길 스스로 미루고 있다는 신호라는 것을. 그러니 마땅히 사랑하길. 기꺼이 사랑하고, 당연히 사랑하길. 당신이 온유하고 선하고 사랑스러운 강아지를 참 사랑했듯, 그래서 뭐 하나라도 더 주고 싶어 안달 났었듯, 하지만 사납고 공격적인 강아지를 참 두려워했듯, 그래서 피했고 다시는 마주치지 않기 위해 노력했듯, 사랑은, 사랑스러움은 알아서 당신의 모든 필요를 채워주게 하는 힘인 거니까. 그러니 더 이상 당신과는 어울리지도 않는 불평과 짜증으로 하루를 마주하기보다, 원망과 증오로, 욕망과 탐닉으로, 무기력과 우울로 하루를 마주하기보다, 다만 온 마음을 다해 사랑으로 존재하길. 그렇게 온통 사랑받고, 예쁨 받고, 그 모든 사랑을 누리길. 그런 걸 누릴 자격이 내겐 없어, 와 같은 왜소함에서부터 벗어나 마땅히 누려야 할 것을 기꺼이 누릴 줄 아는 사랑의 마음을 온전히 회복하길. 그러니까 당신은 내내 사랑이어라. 사랑일 수밖에 없는, 사랑할 수밖에 없는, 사랑받을 수밖에 없는 이미 닳도록 사랑이고, 사랑인 사람, 그러니까 내가 참 많이 아끼고 걱정하는 사람, 사랑, 당신은.

## 주관적 행복

행복은 있는 그대로의 어떤 일로 인해 생기는 것이 아니라 그 일을 바라보는 우리 자신의 관점으로 인해 생기는 마음의 빛이에요. 그러니 예쁜 빛으로 세상을 마주해보세요. 컵에 물이 반쯤 차 있을 때 있는 그대로의 사실은 컵에 물이 반 정도 차 있다는 것이지만, 불행한 사람은 자신 마음의 결핍을 투사해 물이 반밖에 없다고 불평할 것이고, 행복한 사람은 자신 마음의 예쁜 빛을 투사해 물이 반이나 차 있다며 만족할 거예요. 조금은 식상한 이야기지만, 저는 이보다 행복에 대한 관점을 잘 표현하는 이야기는 없다고 생각해요. 그러니 지금 내가 불행하다면 내가 나에게 펼쳐진 있는 그대로의 사실에 어떤 불행의 관점을 투사하고 있는지를 살펴보고, 그것을 행복의 관점으로 바꿔놓기로 해요. 조금 더 만족하고, 감사하고, 사랑하고, 예쁜 의미를 부여하고, 그렇게 그 사실을 바라보는 내 내면의 감정과 관점을 바꿔낸다면 지금 이 자리에서 나, 충분히 가득 행복할 수 있을 거예요.

정말 아프고 힘든 시련이 내게 찾아왔을 때도 어떤 사람은 그 시련에 나의 성숙을 위한 의미가 있음을 알고 감사하고, 어떤 사람은 불평하고 저항한 채 우울함과 분노의 감정에 빠지곤 하죠. 그리고 그, 세상을 마주하는 관점의 차이로 인해 한 사람의 에너지가 예쁜 빛이 될지, 아니면 껌껌한 어둠이 될지가 결정되는 거예요. 그리고 사람들은 늘 예쁘게 빛나는 사람과 함께하고자 하죠. 그래서 내가 내 마음 안에 예쁜 빛을 가득 채우고, 지금 이 순간 행복하게 존재한다면 내 온몸과 마음을 흠뻑 감싸 안은 그 순수하게 아름다운 빛이 사람들에게도 전해져 사람들을 내게로 끌어당기게 될 거예요. 그래서 나는 어느새 외로움도, 결핍도 잊은 채 오직 사랑에 의해 가득 둘러싸여 행복할 수밖에 없게 될 거예요. 그러니 이제는 세상을 바라보는 나 자신의 관점을 바꿈으로써 지금 이 순간 있는 그대로 행복한 내가 되기로 해요. 당신의 그 예쁜 각오로 인해 일어난 바라보는 관점의 아주 사소한 변화, 그 차이가, 당신이 지금도 얼마나 충분히 행복할 수 있는 사람인지를 당신에게 꼭, 알려줄 거예요.

그러니 망설이지 말고, 지금 시작하세요. 나를 아끼고 사랑하기에 나에게 행복을 스스로 선물해주고 싶다는 그, 나 자신에 대한 온전한 책임감과 사랑으로 말이에요. 잊지 말아요. 지금 당신 존재는 반쯤 핀 불완전한 장미가 아니라 완벽하게 반쯤 핀 장미라는 것을. 그러니까 당신 존재는, 흐드러지게 아름다운 찬연하고도 예쁜 꽃이라는 것을요. 또한 내 감정과 시선을 결정할 힘과 능력은 오직 나 자신에게 있고, 그래서 나는 세상과 사람들의 피해자가 아니라 내 선택의 피해자가 될 수 있을 뿐이라는 것을 매 순간 간직하기로 해요. 그렇게 세상에 의해 내 반응이 결정된다고 믿기보다, 전적으로 내가 나의 반응을 선택하는 것임을 알고 내 반응을 예쁘게 가꾸며 나아가는 아름답게 주체적인 사람이 되길. 사랑스럽게 힘 있는 사람이 되길. 다정하게 오롯한 사람이 되길. 그러니까 내가 만약 무엇인가에 상처받았다면, 나에게 상처를 준 건 그 무엇인가가 아니라 그 무엇인가에 대한 나 자신의 왜소한 생각이었을 뿐임을. 그러니 언제나 꿋꿋이 나일 것이며, 내 마음의 힘으로 늘 예쁜 의미를 세상에 입힐 줄 아는 당신이길. 더 이상 내가 나를 아프게 하지 말고, 내가 나에게 상처 주지 말기를. 그 순간 그 누구도 당신을 해할 수 없을 테니까.

그러니 당신, 단단하게 사랑스럽길 바라요. 굳건하게 당신답길 바라요. 그 누가 뭐래도, 그 무엇이 뭐래도, 당신이 잊지만 않는다면 당신은 영원히 반짝이는 사랑이자, 예쁨이자, 아름다움이자, 자랑스러움이자, 기쁨이니까. 그러니 그걸 잊지 말길. 내내 간직한 채 흐드러지게 사랑스럽길. 당신이 사랑스러워서, 이 세상 모든 것을 사랑스럽게 여기는 당신, 사랑이길. 그러니까 당신에게 사랑스러운 주관성이 있길. 당신을 당신보다 더 예쁘고 사랑스럽게 여기진 못할지라도, 최소한 당신 있는 그대로만큼은 여길 것이며, 적어도 그 있는 그대로의 당신만큼의 의미는 세상에 입힐 줄 아는 당신이길. 그거면 온 세상이 사랑스리움에 반짝 빛나 보일 만큼이니 사랑스럽기에 충분할 테니까. 당신을 기쁨에 겨워 춤추게 하기에 전혀 모자람이 없을 테니까. 있는 그대로가 이미 너무나 사랑이고, 벅차게 사랑이고, 다 담을 수 없어 흘러넘치게 사랑인 당신이니까. 그러니 당신만큼만 예쁘고 사랑스럽게 사랑하길. 소중하고 귀하게 바라보길. 아까워서 아플 만큼 아껴주길.

그 모든 사랑스러움으로 인해 가장 예쁘게 웃을 사람은 결국 당신이고, 그러니 당신, 부디 당신을 위해 같은 세상을 더 예쁘고 아름답게 바라보는 사랑의 시선을 품길. 하여 모두와 같은 하루를 살아가지만, 당신의 하루에는 아픔보다 기쁨이 절대적으로 많길. 그러기 위해 사소한 것에도 참 깊이 감사하고 곧 눈물을 흘릴 것처럼 감동받을 줄 아는 순수함이 당신에게 있길. 비가 오는 날에는 비가 와서, 볕이

쨍쨍한 날에는 따듯하고 맑아서, 그러니까 하루에는 하루마다의, 계절에는 계절마다의 아름다움과 기쁨이 있음을 알고 늘 새롭게 감사할 줄 아는 그 맑은 눈빛이 당신에게 있길. 그래서 당신의 기쁨은 달이 떴다고 해가 사라진 게 아닌 것처럼 저물지 않는 해의 영원함이길. 그 해의 빛처럼, 뜨겁게 행복하고, 강렬하게 사랑스럽길. 당신이 해맑게 자주 웃길 매일 기도하는 누군가가, 당신의 그 웃음 하나면 내 하루, 다른 행복의 이유가 더 필요 없다고 여길 만큼 당신을 참 많이 아끼고 걱정하는 누군가가, 당신의 아픈 모습을 바라보는 게 무엇보다 자신이 아파서, 찢어지고 미어져서 스스로 견디지 못할 만큼 당신을 아까워하고, 아끼고, 사랑하는 누군가가, 온 마음의 진심을 다해 소원해요.

## 사랑받아 마땅한 사람

　　우리는 반드시 우리가 사랑받아 마땅한 사람이고, 참 소중하고 귀한 존재라는 것을 알아야 해요. 그것을 아는 것 말고, 이 삶에 있어 중요한 다른 것이 더 없다고 말할 수 있을 만큼, 나를 사랑으로 인식하는 것은 정말 중요한 나의 사명이니까요. 그러니 먼저 나를 사랑받아 마땅한 귀한 존재로 여기세요. 나를 사랑받아 마땅한 존재로 여긴다는 것을, 자기 애착에 빠진 이기적인 존재가 되라는 뜻으로 오해하는 사람도 많지만, 그건 진실로 나를 사랑하는 게 아니에요. 그건 말 그대로 나를 사랑하지 못해 있는 그대로의 내가 여전히 불안하고 두려워 내 겉모습에 더욱 집착하고, 하여 그 겉모습을 보호하고자 내 마음의 사랑 없음은 외면한 채 겉모습에만 탐닉하며 공격과 방어로 나를 에워싸는 하나의 자존감 없는 상태일 뿐이죠. 내가 나를 사랑한다는 건, 다름 아닌 내 마음 안에 나를 진실로 기쁘게 해주는 감정과 생각들을 담은 채 무엇보다 나 자신이 오늘 하루를 행복하게 보낼 수 있도록 온 마음을 다해 살피는 참 예쁜 마음의 행위이니까요.

　　그러니까 내가 나를 사랑한다면서 내 마음 안에 분노와 미움, 원망과 우울함, 이기심과 탐욕을 넣는다면, 여전히 그 마음의 습관은 그대로 둔 채 겉모습만을 꾸미며 그것으로 사랑받고자 한다면, 그러니까 내 마음속 사랑의 결핍은 그대로 둔 채 결코 나를 채울 수 없는 외부의 것들로만 나를 채우고자 노력하며 나아간다면, 그로 인해 무엇보다 내가 더욱 공허하고 불행해질 뿐일 텐데 그것이 어떻게 나를 향한 사랑일 수 있겠어요. 사랑은 밖에서 채우는 게 아니라 내 마음 안에서 내가 스스로 채운 채 바깥으로 뿜어내는 다정함인걸요. 그러니까 사랑의 힘과 능력은 오직 내게 있는데, 그것을 스스로 모르는 채 바깥에서만 사랑을 갈구한다면 내가 어찌 오롯할 수 있겠으며, 또 온전할 수 있겠어요. 내가 원하는 사랑의 반응이 아닌 다른 모양의 감정을 받으며 늘 상처받기만 할 뿐일 거예요. 하여 상처받지 않기 위해 타인의 반응에 더욱 목매달게 되고, 집착하게 되고, 그 왜소함으로 인해 타인은 나를 떠나가게 되고, 그래서 더욱 외로워질 뿐일 거예요.

그러니 나를 '진짜' 사랑하기로 해요. 하여 오늘 하루 내가 어떻게 행복하게 존재할 수 있을지를 고민해보고, 그 행복을 내게 선물해주는 내가 되어요. 미운 누군가가 있다면 용서하기 위해 노력하고, 알 수 없는 무기력과 슬픔이 나를 둘러싸고 있다면 예쁜 미소를 지은 채 나에게 사랑해, 사랑해, 자주 말해줄 필요가 있겠죠. 그리고 조금 더 자발성을 낸 채 성실하게 하루를 보낼 필요가 있겠죠. 질투심을 축복으로 바꿀 필요도 있겠고, 이기심을 놓아준 채 타인을 더욱 존중하고 사랑할 필요도 있겠죠. 그렇게 이제는 내 마음을 사랑스럽게 가꾸며, 내 사랑의 힘과 능력을 되찾으며 나아가는 거예요. 무엇보다 그 과정 안에서 나, 서서히 나를 사랑받아 마땅한 존재로 여기고 인식하게 될 거예요. 그래서 그때는 타인에게도 더욱 사랑받는 내가 되고, 또 우주로부터도 더 많은 것을 기꺼이 받고 누릴 줄 아는 내가 될 거예요. 내가 나를 사랑받지 못할 만한 못난 사람으로 여기고 있다면, 누군가가 나에게 사랑을 줘도 나는 그 사랑을 의심하거나 그 사랑을 두려워한 채 그 사랑을 받지 않고자 참 치열하게도 저항할 뿐일 테니까요. 또 내가 나를 풍족하고 행복하게 살아갈 만한 사람으로 여기지 못하는데 우주가 그런 나를 위해 과연 풍요를 채워주고자 할까요. 내가 그 풍요를 스스로 거부하고 거절하고자 이토록 고집부리고 있는데 말이에요.

그러니 이제는 나를 사랑함으로써 내가 당연히 누려 마땅한 풍요와 사랑, 기쁨과 환희를 흠뻑 받는 내가 되기로 해요. 내가 여전히 나를 사랑하지 못해 받는 것에 대한 죄책감을 가지고 있다면, 혹은 사랑을 오글거리고 불편한 것으로 인식하고 있다면, 사람들은, 그리고 우주는 내 마음 안의 그 왜소함을 느끼고 내게 주는 것을 의식적으로든 무의식적으로든 기피하게 될 거예요. 그래서 내가 나를 먼저 사랑받아 마땅한 존재로 인식해야 하는 거예요. 내가 먼저 사랑에 익숙해지고 사랑에 편안해져야 하는 거예요. 그 인식 하나로, 타인들의 나를 향한 인식 또한 완전히 변하게 되는 기적이 일어나게 될 테니까요. 자신을 스스로 사랑스러운 존재라 생각하는 빛나는 사람들을 한 번 떠올려봐요. 그 사람들이 타인들이 자신에게 베푸는 친절을 거절하던가요. 그들은 타인의 사랑 또한 기쁜 마음으로 허용함으로써 타인에게도 자신을 사랑할 기회를 줄 줄 알고, 하여 타인의 마음에도 사랑이 더욱 반짝이고 빛날 수 있도록 고취시켜주고자 할 뿐이죠. 또 타인이 자신을 바라보는 사랑의 눈빛을 불편해하기보다 따뜻하고 아늑하게 생각한 채 자신 또한 사랑의 눈빛으로 보답하고자 할 뿐이죠. 의식적으로 그렇게 하는 것은 아닐지라도, 자신이 사랑받아 마땅한 존재라 믿는 그 잠재의식 하나로 받는 것에 대해서도 더욱 관대하게 여길 줄 알게 된 거예요.

그러니 그 관대함과 너그러움을 마음 안에 품어보세요. 누군가가 내게 베풀고 내게 사랑을 주고자 할 때 그 마음에 죄책감을 가진 채 거절하기보다, 어색함과 불편함을 느낀 채 저항하기보다 마음을 열고 허용함으로써 그들에게도 나를 사랑할 축복을 누릴 수 있게 해주는 게 더 아름다운 마음이니까요. 왜냐면 내게 사랑을 줌으로써, 그들의 마음 또한 더욱 풍요롭고 행복해질 테니까요. 그러니 사랑을 사랑스럽게 받고, 또 그 사랑에 충분히 감사를 표현하고, 감사하기에 나 또한 사랑으로 보답하고자 하는 그 다정한 마음을 연습하며 나아가기로 해요. 때로는 애교스럽게 부탁하고 구할 줄도 아는 참 귀엽고 사랑스러운 내가 되는 거예요. 그렇게 타인이 나를 거절하지 못할 만큼 내가 될 수 있는 한 최대한의 사랑으로 존재하는 거예요. 그리고 당신 또한 타인을 그 마음으로 아껴주고 사랑해주는 거예요. 그렇게 둘 모두의 마음에 예쁜 사랑이 가득 흘러넘치게 사랑하고, 사랑받는 거예요. 사실 누군가가 당신을 불편하게 한다면 당신이 할 수 있는 일은 참 많죠. 그를 피할 수도 있고, 차단할 수도 있고, 불쾌함을 표현하며 저항할 수도 있고. 하지만 누군가가 당신을 있는 그대로 사랑하는 것은 그 무엇으로도 결코 막을 수 없을 거예요. 그는 나에게 그 어떤 강요와 집착도 없이 순수하게 나를 존중하고 나를 위해줄 테고, 그 어떠한 것도 내게 구하지 않고 그저 나를 사랑스럽게 바라보기만 할 뿐일 테니까요. 그리고 당신이 당신을 그런 마음으로 사랑할 때, 당신 또한 반드시 그 사랑을 줄줄 아는 사람이 될 거예요. 그 누구도 막을 수 없는, 진짜 사랑을 말이에요.

그러니 먼저 나를 사랑스럽고, 소중하고, 순수하고, 귀한 존재로 여겨요. 그렇게 나의 있는 그대로를 아껴주고 존중해줘요. 그렇게 마음 안의 모든 죄책감과 불안함, 두려움을 뒤로한 채 나를 향한 사랑을 내 마음 안에 가득 채우기로 해요. 내가 나를 사랑할 때 내 모든 우주가 완전함을 향해 나아가게 되고, 하여 모든 일이 잘 풀리기 시작하는 것은 내가 나를 이제는 그런 존재라 믿기 시작했기 때문이에요. 나를 사랑받아 마땅한 사람으로 스스로 여기기에, 그 사랑에 마땅한 것들을 받을 자격이 있는 존재로 나를 여기고 생각하게 되고, 그 인식의 변화로 인해 온 우주가 나를 보살피고 채워주고자 하게 되는 것이죠. 그러니 내 생각의 힘을 간과하지 않기로 해요. 당신의 생각에 믿음이 더해진다면 그 창조력은 무엇이든 해낼 수 있을 만큼 힘 있는 것이 되고, 그래서 예쁜 생각을 하는 게 그토록 중요하다는 것을요. 그러니 당신의 마음을 아프게 하고, 일렁이게 하고, 당신의 인상을 찌푸리게 하는 생각들은 이제 내려놓은 채 나를 위한 사랑의 생각만을 품으며 나아가길. 그렇게 온통 사랑에 둘러싸인 채 가득 채워지고, 웃음꽃을 한 아름 피워내는 당신이길. 부디 당신의 생각에 믿음이 더해져 만들어낸 당신의 세계가 지독한 결핍의 세상이며, 불행한 이기심의 세상이며, 상처뿐인 공격과 방어의 무의미한 세상은 아니기를.

 늘 나에게 짜증을 내고 나의 작은 실수조차 그냥 넘어가지 못해 화를 내는 사람 앞에서는 평소에 잘하던 일도 괜히 잘 못하게 되곤 하는 것처럼, 반대로 늘 나를 사랑 가득 바라봐주고 믿어주고, 괜찮아, 잘 해낼 거야, 그럼에도 넌 사랑받기에 충분한 사람이야, 라고 말해주는 사람 앞에서는 평소에 못 하던 일도 괜히 더 잘하게 되는 것처럼, 당신이 당신에게 먼저 다정함으로써 잘 해낼 수밖에 없는 당신이 될 수 있도록 해주길. 평생을 살아가는 동안 단 1초도 빼놓지 않고 당신과 매 순간을 함께하는 당신이 당신을 어떻게 여기는지는 당신의 운명을 바꾸기에 충분할 만큼 거대한 영향력이 있는 거니까. 그러니 내가 나를 온 마음을 다해 아껴주고 사랑해주고, 무조건적으로 믿어주고 격려해주길. 타인에게 그런 품을 기대하지 말고, 당신 자신이 당신에게 그런 품이 되어주길. 그때, 이미 영원한 그런 품을 갖게 된 당신은 타인에게 더 이상 그래주길 기대하지 않게 될 테고, 하여 당신, 결핍 없는 완전함으로 더욱 있는 그대로의 사랑을 건네는 사람이 되어 있을 테니까. 또한 그 사랑으로부터, 반드시 그런 예쁜 모양의 사랑을 받게 될 당신일 테니까.

그러니 이제는 나 자신을 그런 존재로 여기고, 가득 사랑해주기로 해요. 다른 모든 거창한 이유는 잊더라도, 다만 오늘을 행복하게 보내기 위해서 말이에요. 사랑한다면, 정말 사랑한다면 언제나 기쁨을 주고자 노력하기 마련이고, 그래서 내가 나를 사랑한다면, 나는 나의 행복을 위해 늘 살피고 애쓸 테고, 그러니까 이제는 나를 진짜, 사랑하기로 해요. 더 이상 스스로를 아프게 하기 위해 하루를 보내지 말기를. 결국 미워하길 선택하는 것도 나고, 이기적이길 선택하는 것도 나고, 결핍에 휩쓸려 감사를 잃은 채 욕망하길 선택하는 것도 나고, 그러니까 모든 것은 내가 선택하는 거니까. 그리고 그 선택이 내가 나를 사랑하는지 아닌지를 보여주는 지표인 거니까. 그러니 이제는 하루를 고통스럽고 불행하게 보내기 위해 내 모든 마음을 다해 노력하기보다, 행복하게 보내기 위해 노력하기로 해요. 그렇게 오직 사랑스럽길, 사랑이길 선택함으로써 내가 나를 사랑하고 있음을 온 우주에 증명하고 내비치기로 해요. 그 사랑으로부터 당신, 온통 사랑을 끌어당기고 사랑으로 가득 채워지길.

　그렇게 스스로에게 미소를 선물해주는 하루를 보내길. 사랑받기 위해 태어난, 사랑받아 마땅한, 지금도 충분히 사랑스러운 당신에게 너무나 당연한 사랑을 기꺼이 줌으로써. 더 이상 어울리지도 않는 왜소함과 인색함으로 사랑을 스스로 아끼지 않음으로써. 받아도 받아도 모자랄 만큼 무한한 사랑의 존재가 바로 당신이니까. 줘도 줘도 줄어들지 않을 만큼 한계 없는 사랑의 존재가 바로 당신이니까. 그러니 그것을 다만 스스로 진심으로 완전하게 아는 것에서부터 시작하길. 당신이 얼마나 작품이며, 빛이며, 위대함이며, 영원한 생명이며, 찬란함이며, 아름다움이며, 그런 당신을 보며 얼마나 많은 사람들과 천사들이 놀라며 기뻐했는지, 그러니까 당신을 지은 이가 누구며, 당신과 함께하는 이가 누구인지를 분명하게 앎으로써. 그 존재를 누구라 생각하든, 무엇이라 여기든, 변함없이 확실한 건 그 존재, 혹은 그 무엇은 완전하고도 영원한 사랑 그 자체일 테니까. 자신의 생각에 믿음을 더해 이토록 예쁘고 사랑스러운 당신을 창조해냈을 만큼의 가늠할 수 없는 사랑, 그 자체일 테니까. 자신의 생각에 믿음을 더해 이토록 예쁘고 사랑스러운 당신을 창조해냈을 만큼. 이토록... 예쁘고 사랑스러운 당신을 창조해냈을 만큼.

## 필요의 환상

　지금 이 순간 나에겐 더 이상 다른 무엇이 더 필요하지 않다고 느끼는 그 완전함으로 나아가세요. 우리는 끝없이 필요를 만들어내고, 하여 늘 세상과 사람들에게 더 많은 것을 기대하고 바라지만, 사실 그 필요야말로 내 마음의 결핍이 만들어내는 가장 첫 번째 환상인 거예요. 그리고 우리가 오롯이 행복하기 위해서는 내 마음에 드리워진 그 환상의 구름을 반드시 거두어내야만 하는 거예요. 지금 내가 있는 공간보다 더 나은 공간을 바라고, 지금 내가 함께하는 사람보다 더 나은 사람을 바라고, 더 많이 가지길 바라고, 무엇인가는 사라져주길 바라고, 그 모든 만족하지 못하는 결핍의 마음이 우리에게 필요의 환상을 지어내 우리를 완전함에 머무르지 못하게 만들고, 하여 있는 그대로의 지금에 전적으로 만족하는 그, 진짜 행복에 우리가 닿지 못하게 끝없이 우리를 막아서고 있는 거니까요. 그리고 그 왜소함에 사로잡힌 우리는 끝내 압력이 가득 찬 밥솥처럼 거센 불행의 압력을 느끼게 되어 끝없이 외부로 우리 자신의 불행을 터트려댈 수밖에 없게 되는 거예요. 분노든, 예민함이든, 미움이든, 갈망이든, 무기력이든, 그 모든 불행의 모양을 띤 증기를 가득 내뿜으며 말이에요. 스스로의 마음에 기쁨 없는 불만족이 가득 차 있는데, 그것을 어떻게 자신의 마음 안에만 고이 담아둔 채 나아갈 수 있겠어요. 결국 그 불행의 엄청난 무게와 압박을 견디지 못해 바깥으로 터뜨려낼 수밖에요.

필요의 환상에 사로잡히게 되면 그 순간 우리의 내면에는 감사가 아닌 불만족과 결핍이 가득 차오르게 되고, 하여 타고나길 마음에 가득 차 있는 것을 투영해서만 세상을 바라보는 우리는 가득 찬 그 결핍의 눈과 마음으로만 세상을 바라보게 되는 거예요. 내 마음의 불만족과 결핍을 끝없이 외부에 투사한 채 정확히 그런 세상을 마주하고 살아가게 되는 것이죠. 그래서 그때는 외부가 하염없이 불만족스럽고 부족해 보일 수밖에 없는 거예요. 또한 그래서 그때의 우리는 외부가 이렇게 저렇게 바뀌어야 마침내 내가 행복해질 거라고 믿는 필요의 그, 두 번째 환상에 완전히 사로잡히게 되는 거예요. 그래서 그 환상을 충족시키기 위해 끝없이 외부를 통제하고, 외부에게 이렇게 변하길 강요하는 내가 되어 참 예민하고 고통스럽게도 세상을 마주하게 되고, 왜냐면 있는 그대로의 세상을 나의 뜻대로 변화시키고자 하는 데는 말 그대로 엄청난 에너지가 들기 때문이며, 하지만 그럼에도 그건 애초에 환상이기에 결코 이루어낼 수 없는 일이라 우리의 진만 잔뜩 빼놓을 뿐이기 때문이죠. 그것이 환상인 이유는, 같은 세상을 살아가지만 마음에 결핍과 불만족이 아닌 완전함과 감사를 느낀 채 나아가는 사람은 나는 이렇게나 부족하다고 여기는 세상을 참으로 넉넉하게도 바라본 채 꽉 찬 만족과 행복으로 살아가기 때문이에요. 그러니까 결국 내 마음먹기에 따라 세상을 어떻게 느끼느냐가 결정되는 것일 뿐, 실제로 내가 행복하기 위해 바뀌어야 할 외부는 없는 것이며, 그래서 바뀌어야 할 외부가 있다고 믿는 것은 내 마음의 결핍이 빚어낸 환상일 뿐인 것이죠.

그러니 이제는 환상을 벗고, 세상을 마주하는 내 마음의 자세를 바꾸기 위해 노력하며 나아가기로 해요. 예쁜 생각을, 아름다운 시선을, 오롯한 중심을 채우며 나아가는 거예요. 그래야만 행복할 수도, 더 예쁜 미래를 맞이할 수도, 진짜, 사랑할 수도 있을 테니까요. 결국 만족하는 법을 배우지 못한 마음은 그 어떤 것에도 만족하지 못할 테고, 그래서 우리, 가장 먼저 만족하는 법부터 배워야 하는 거니까요. 결국 그걸 배우지 못하면 그 무엇으로도 채워지지 않을 우리의 결핍이자 공허일 테니까요. 행복은 욕망 분의 만족이기에, 욕망을 많이 할수록 줄어들 수밖에 없고, 욕망을 덜하고 만족을 많이 할수록 늘어날 수밖에 없는 거니까요. 그러니 눈을 감은 채 고요하게 앉아서 내 가슴에 오직 만족과 감사를 채워넣기로 해요. 어제와 다를 게 하나도 없는 오늘이지만, 내가 충분히 만족하고 벅차게 감사하겠다고 마음먹기만 하면 셀 수 없을 만큼 많은 감사할 거리가 내 눈에 드러나기 시작할 것이고, 그래서 결국 감사는 무엇인가에 의해서 하게 되는 게 아니라 내가 하고자 마음먹을 때 하게 되는 나의 능력이라는 것을 알게 될 거예요.

  그러니까 당신, 여태 그 능력을 잃고 잊은 채 얼마나 많은 결핍에 둘러싸여 불행하고도 왜소하게 존재해왔나요. 불행했기에 참 많이 불안한 날들을 보내며 편안함 없이 존재하느라 얼마나 마음 고생이 많았나요. 무엇보다 스스로가 가장 힘들고 고단했을 당신, 정말 고생했어요. 이제는 그만 그 고생을 끝내고 당신이 누려야 마땅한 행복과 기쁨을 가득 누리기로 해요. 그건 무엇인가가 바뀌어야 할 문제가 아니라 오직 당신 선택의 문제며, 하여 당신이 선택하기만 하면 당신, 지금도 곧장 그 행복의 문을 열어젖힐 수 있는 거예요. 그러니 더 이상 망설이지 말아요. 갈등하지 말아요. 그저 당신이 존재하고 있다는 사실 하나에 벅차게 감사하며, 당신에게 주어진 모든 있는 그대로의 세계에 완전하게 만족하기로 해요. 그 무엇이 당신을 찾아와도 그것을 있는 그대로 받아들아들인 채 기필코 감사하겠다는 그 절대적 감사의 마음으로 하루를 보내는 거예요. 그 각오 하나면 여태까지의 불행을 끝내고 행복하기에 충분할 거예요. 그렇다면 그럴 수 있는데, 그러지 않을 이유가 어디에 있나요. 어차피 내가 무엇을 해도 같은 세상일 것이며, 다만 그 세상에 조금 더 감사하며 살아가겠다는데 그것에 저항할 이유가 무엇인가요. 그렇게 하기가 두렵다면, 단 며칠만이라도 연습 삼아 그렇게 해보겠다는 가벼운 마음으로라도 감사해보길 바라요. 그러고 나서 전처럼 결핍에 휩쓸리고 휘둘리며 여전히 왜소하게 살아갈지, 아니면 만족과 감사를 채운 채 온전한 나의 힘과 주권으로 힘 있게 살아갈지, 그때 가서 다시 결정해도 되는 것이니. 하나의 선택지만이 있는 세상을 살아가며 그 선택지에 의해 끝없이 강요받으며 살아가시기보다, 둘 중 하나를 내가 골라서 살아가는 게 더 힘 있고 자유로운 삶의 자세이니.

　　당신은 여태 행복을 더 많은 것을 가져야 완성할 수 있는 마음이라고 오해해왔지만, 사실 행복은 더 이상 아무것도 가질 필요를 느끼지 못할 때 완성되는 마음인 거예요. 더 이상 그 무엇도 바라지 않는 마음, 그 완전한 감사의 마음 안에서만 행복의 빛이 반짝일 수 있는 거니까요. 사실 더 바란다는 것 자체가 자신이 지금 결핍되어있다는 것을 증명하는 것이며, 그러니까 내가 여전히 불완전하고 결핍되어 있다고 스스로 믿고 있는데 내가 어떻게 행복할 수 있겠어요. 그러니 당신은 다만, 완전함에서 완전함으로 나아가길 바라요. 결핍은 결핍을 낳지만, 완전함은 완전함을 낳고, 그래서 그때의 당신은 내내 채워질 수밖에 없을 테니까요. 이미 받은 것처럼 감사하며 기도하라는 말이 있는 것처럼, 당신이 이미 모든 것에 만족하는 완전함으로 존재할 때, 그때는 온 우주가 당신의 그 완전함에 반응하여 완전함만을 당신에게 가져다줄 테니까요. 결핍과 욕망은 자신에겐 무엇인가가 이미 없음을 스스로 굳게 믿고 있음을 뜻하는 마음이기에, 우주는 그 믿음에도 또한 똑같이 반응하여 계속해서 당신이 없음의 상태를 유지할 수 있도록 아무것도 주지 않을 테니까요. 그러니 이미 다 가진 것처럼 감사하고, 행복함으로써 꼭, 풍요와 완전함을 누리길 바라요.

그러니까 이제는 당신, 완전함으로 나아가기로 해요. 당신이 완전함으로 나아갈 때, 당신의 삶은 알아서 채워지고 알아서 좋은 방향으로 굴러가게 될 것이기에 당신 삶은 하루하루를 더해갈수록 더욱 빛나고 사랑스러워질 수밖에 없을 거예요. 당신이 불완전함으로 나아갈 때 정확히 그 반대 방향으로 치열하게 달려갔던 것처럼 말이에요. 그러니 당신은 그저 지금 이 순간 불완전하게 존재할지, 완전하게 존재할지, 그것만을 선택하면 되는 거예요. 나머지는 당신의 그 선택에 의해 자동적으로 흘러갈 테니까요. 그게 바로 의식의 부익부 빈익빈이 작용하는 원리이니까요. 그러니 외부의 부족함에 내 시선을 두기보다, 그 부족함을 느끼는 내 내면에 나의 시선을 온전히 둔 채 결핍이 느껴질 때마다 내 마음가짐을 새롭게 하며 나아가길 바라요. 또한 그게 바로 성숙할 줄 아는 가장 첫 번째 자세니까요. 그러니까 성숙할 줄 아는 사람은 외부에서 부족함을 보기보다, 외부에서 부족함을 보는 자신 내면의 결핍을 바라본 채 그 결핍을 다스리고자 오직 노력하는 사람이며, 하여 늘 자신의 마음을 예쁘고 아름답게 가꾸어 나아가는 사람인 거예요. 그래서 하루하루를 더해갈수록 사랑스러움을 더해 예쁘게 빛나는 사람인 거예요. 그렇다면 자기 자신의 내면의 문제를 모두 외부에 투사한 채 바깥만을 바라보는 사람이 어떻게 그런 예쁜 성숙을 이루며 나아갈 수 있겠어요. 결국 사람이 예쁘고 아름다워지는 순간은 그 사람이 세상을 마주하는 마음가짐이 예쁘고 아름다워지는 순간인 건데, 그걸 모르는 채 늘 겉모습에만 집착하는 사람이 어찌 다정할 수 있겠으며, 감사할 수 있겠으며, 사랑할 수 있겠으며, 행복할 수 있겠어요. 영원히 같은 성숙의 수준에만 머무른 채 그곳에서 단 한 걸음도 더 내딛지 못하는 참 왜소하고도 어리석은 사람이 바로 그 사람일 텐데요.

그래서 성숙할 줄 아는 사람은 사랑의 능력이 있는 사람이에요. 내가 함께하는 사람이 더 나은 사람이길 바라는 그 결핍으로부터의 기대감에 그 사람에게 전혀 만족하지 못하고, 하여 끝없이 무엇인가를 바라고 통제하고, 그렇게 그 사람을 내 필요의 환상에 딱 맞는 사람으로 변화시키고자 하고, 보통의 사람은 그 굴레에 갇혀 영원히 자신과 타인 모두를 아프게만 하지만, 그렇게 영원히 무가치하고 무의미하게 다시는 돌아오지 않을 소중한 하루하루를 낭비하며 살아가지만, 그리고 그 끝에는 반드시 행복이 있을 거라고 어리석게도 영원히 오해하지만, 성숙할 줄 아는 아름다운 사람은 타인이 아닌 자신 내면의 부족함을 더욱 채우고 가꾸며 나아감으로써 타인의 있는 그대로를 사랑하기 위해 더욱 노력하고, 그 모든 과정 안에서 사랑할 줄 아는 힘과 능력을 회복하고 되찾고, 그렇게 끝내는 진짜 사랑을 건넬 줄 아는 사람으로 자신을 완성하는 사람이니까요. 어제는 너에게 이런 나였다면 오늘은 더 다정한 내가 되기 위해 매 순간 노력하며 나아가는 사람이니까요. 결국 사랑은, 내가 성숙한 만큼 예쁜 모양을 띠고 사랑스러움을 더욱 닮은 빛이 되어 피어나는 존재의 꽃인 거니까요. 그러니 더 사랑하기 위해서라도, 더 예쁘게 함께하기 위해서라도, 이제는 외부에만 두었던 내 시선을 거둔 채 나의 내면으로 옮겨내고 하루하루의 예쁜 성숙을 완성하며 나아가길 바라요.

    그러니까 지금의 결핍을 나의 스승으로 여긴 채 그 결핍에서부터 배워보세요. 내가 만들어낸 필요의 환상을 외부에 투사하기보다, 이제는 그 환상을 만들어낸 나의 내면을 바라보고, 바라봄의 빛으로 그것을 녹여내고, 하여 지금에 더욱 감사하고 만족하는 내가 되어보는 거예요. 결국 좋은 미래를 만들어내는 것은 나에게 있지 않은 것을 얻기 위한 결핍에서 비롯된 욕망의 움켜쥐는 상태가 아니라, 온전한 받아들임과 감사, 완전함, 그 기쁨과 평화에서부터 비롯된 사랑의 한걸음들이라는 걸 잊지 않으면서요. 내가 그 어떤 필요도 없이 만족할 때, 과연 내가 잘 생존할 수 있을까, 하는 걱정 때문에 필요의 환상을 내려놓는 데 있어 강렬한 저항이 생길 수도 있을 거예요. 하지만 진실로 그때는 더 많이 누리고, 더 크게 행복하고, 더 깊이 사랑하고, 더욱 밝은 기쁨의 빛을 발산하며 더 자주 웃으며 더 진실하게 사랑하며 나아가는 내가 되어있을 거예요. 욕망으로 인해 나아갈 때 늘 지치고 소진되었던 것과는 달리, 이제 당신은 그 거대한 기쁨과 함께하기에 또한 그 무엇으로부터도 결코 소진되지 않을 거예요. 무엇보다 욕망에는 없는 빛과 힘이 감사함에는 충분히 있어서, 당신, 반드시 더 많은 것을 더 빨리 수월하게 이루어내게 될 거예요. 이미 받은 것처럼 기도하라, 정확히 당신의 마음이 그 기도와 같기에 당신은 매 순간 가득 채워질 뿐일 거예요. 그러니 너무 걱정하지 말길.

그리고 그때는 당신의 나아감 안에 사랑이란 이름의 위대한 사명이 함께할 것이기에 당신, 더욱 아름답고 가치 있는 삶을 살아가게 될 거예요. 그 누구도, 사랑하는 사람을 막을 수는 없으니까요. 무엇보다 내 삶이 아름다운 의미와 가치로 가득 차 있으며 내가 그런 하루들에 헌신하고 있다는 그 위대한 기쁨이 매사에 나를 채워주고 지켜줄 테니까요. 진실로 이 세상과 혹은 타인, 그리고 나 자신을 그 어떤 저항도 없이 변화시킬 수 있는 오직 유일한 방법은 세상을, 그리고 타인을, 나 자신을 오직 분명하고 완전하게 사랑하는 것밖에 없어요. 그리고 그 사랑을 하기 위해 준비해야 할 마음이 바로 완전한 만족과 감사인 것이죠. 감사하지 않는데 사랑한다는 말의 허상을 아직도 믿으시나요. 여전히 불평하고 더 많이 기대하고 바라는데, 그러니까 여전히 그 결핍의 눈과 필요의 환상으로 상대방을 바라보고 있는데, 그 사랑 없는 눈빛과 마음이 아직도 상대방을 향한 사랑일 수 있다고 믿으시나요. 그러니 이제는 그 모든 결핍과 필요의 환상이 꾸며낸 거짓 마음에 속아 끝없이 사랑할 기회를, 감사할 기회를, 행복할 기회를 놓치기보다 다만 오직 분명하고도 완전하게 사랑하기로 해요. 나를, 나와 함께하는 사람을, 그리고 이 세상을 말이에요.

그러기 위해 이제는 행복이 없는 곳에서 행복을 찾던 오류를 넘어 행복이 있는 곳에서 행복을 찾는 지혜로운 당신이 되길. 이렇게 하면 먼 미래에는 반드시 행복할 거라는 거짓의 속삭임이 아니라, 지금 이 순간 곧장 내 행복을 보장해주는 진실의 약속을 믿는 당신이 되길. 불완전은 끝없는 불완전함을 낳을 뿐이라는 것을 내 과거의 발걸음들에서부터 분명히 새긴 채 이제는 지금, 완전하길. 그 완전함으로 나아가길. 여전히 스스로를 속인 채 조금만 더 가면 달라질 수 있을 거라는 헛된 미련에 희망을 두지 말기를. 과거는 반복되기 마련이며, 그것을 반복하지 않기 위한 유일한 지혜는 새로운 현재라는 것을 잊지 말길. 그러니까 여전히 전과 같다면, 당신의 앞으로 또한 전과 같을 거라는 것을. 그러니 당신 과거의 수많은 불행의 증거들로부터 반드시 그것을 배워내길. 하여 이제는 완전함에서 완전함으로 나아가길. 당신이 존재하고 있다는 그 사실 하나에 벅차게 감사함으로써 모든 결핍을 녹여내길. 매 순간의 호흡에 그 감사를 담길. 그렇게 당신의 삶 자체가 감사의 기도이자 예배가 되게 하길. 하여 비로소 모든 결핍이 사라졌을 때, 당신에게 더 이상 필요의 환상이 없을 때, 그때가 바로 당신이 당신 자신을, 그리고 세상을, 당신의 곁을 진정으로 사랑할 수 있게 되는 순간이라는 것을. 바라지 않고 있는 그대로에 감사하는 마음, 그보다 사랑일 수 있는 사랑은 없으니까. 그러니 그 사랑을 완성하기 위해 이곳, 지구에 태어나 먼 여정을 걷고 있는 당신, 이제는 그 사랑의 완성에 전념하길. 존재의 목적과 이유를 잊은 채 더 이상 시간을 낭비하지 말길. 그러니까 성숙할 줄 아는 자세가 당신에게 있길.

 사람이 성숙한 만큼 진실하게 사랑하게 되는 것은, 이를테면 여전히 쉽게 분노하는 사람은 사랑한다면서 상대방에게 화를 내기 마련이고, 여전히 만족하는 법을 배우지 못한 사람은 사랑한다면서 끝없이 자신의 욕구를 채우기 위해 상대방을 이용하기 마련이며, 미움을 다스릴 줄 몰라 쉽게 미움에 빠지는 사람은 사랑한다면서 늘 미워하고 원망하기 마련이며, 그러니까 그 모두가 자신의 온 마음을 다해 사랑하는 것은 맞지만, 딱 자기 성숙의 한계선까지만 사랑할 수 있기 때문인 거니까. 그래서 성숙하는 일은 사랑의 한계선을 늘리는 일. 어제 너에게 이렇게 한 것이 속상해서 오늘은 더 다정하기 위해 노력하고, 그 노력 끝에 끝내는 그 다정함을 완성해내는 일. 그렇게 미성숙을 하나씩 벗어내고 그 자리에 성숙을 채워 넣는 일. 그리고 그 성숙이 곧 감사와 사랑이니, 이제는 더 많이 감사할 것. 내가 온전히 감사할 때는 상대방에게 미움을 품을 이유가 전혀 없어 미워하지 않게 될 테고, 있는 그대로의 상대방에게 만족하기에 변화를 바라지 않게 될 테고, 나의 욕구를 위해 이용하지도 않게 될 테고, 이미 충분히 감사하기에 화낼 필요도 없게 되는 거니까. 그 모든 미성숙의 어둠은 감사의 밝은 빛을 도무지 견디지 못해 감사 앞에서 자연히 벗겨지는 거니까. 그러니 다만, 지금 여기서 충분히 감사하길. 있는 그대로의 모든 현실을 온전히 받아들여 보길. 그러기에 이미 완전하고 있는 그대로 벅차게 사랑인 당신이니까.

    그러니 더 이상 당신 자신이 되는 일 앞에서 망설이거나 머뭇거리지 말길. 나를 사랑한다는 건 나에게 기쁨을 주는 일이며, 내가 필요의 환상을 벗고 온전히 감사하는 순간 내 마음, 기쁨으로 가득 채워질 테고, 그러니 다만 이제는 나를 사랑해주길. 지금을 완전히 받아들인 채 온전히 감사하겠다는 건 곧 지금의 나에게 더 이상 다른 무엇을 더 바라지 않고 이런 모습의 나를, 있는 그대로 사랑하겠다는 말과 같으며, 그래서 그건 나를 무엇보다 다정하게 끌어안는 사랑의 포옹이니, 그 품으로 나를 꼭 안아주길. 그렇게 당신의 사랑을 회복하길. 당신의 진짜 모습을 되찾길. 그게 이곳, 지구에 당신이 존재하는 유일한 사명이니, 이제는 사랑이 사랑이 되길. 사랑이 사랑으로 존재하길. 그렇게 당신의 사명을 완성하길. 그러니까 당신은 내내 사랑하고, 사랑받고, 사랑이길. 그 무엇보다 진실한 모양의 사랑으로, 당신을 꼭 닮은 그 사랑의 빛으로. 그보다 사랑다운 사랑은 없으니까. 당신은 그런 사랑이니까. 그러니까 가장 당신다운 것, 그게 바로 사랑이며, 그러니 당신은 가장 당신답게 사랑하고, 사랑받고, 사랑이길. 당신스럽게 사랑하고, 사랑받고, 사랑이길.

## 욕망의 어둠을 넘어 감사의 빛으로

무엇인가를 욕망한다는 것은 지금 내게 이것이 필요해, 난 이것을 원해, 라는 갈망의 감정을 품는 것이고, 그러니까 욕망한다는 것은 그 자체로 나에게 지금 그것이 없다는 것을 온 우주에 대고 증명하는 왜소함이기에 욕망에는 무엇인가를 이룰 힘이 전혀 없어요. 그래서 욕망을 통해 내가 원하는 바를 이루기 위해서는 엄청난 에너지를 쏟아부어야 하고, 그렇게 하루를 기진맥진하게 보내며 치열하게도 고군분투해야 하고, 하지만 그럼에도 욕망은 너무나도 작고 왜소한 힘만을 지니고 있기에 욕망을 통해 나아갈 때 우리, 그렇게나 내 감정과 에너지를 쏟아부었음에도 우리의 목표에 닿을까 말까 한 곳에도 미치지 못한 채 괴로워해야만 하는 거예요. 언제까지 이렇게 고통스러운 매일을 참고 견디며 보내야만 하는 걸까, 하는 두려움과 공포를 새롭게 펼쳐지는 매 하루의 아침마다 마주하면서 말이에요. 그래서 욕망과 함께 길을 걸어가는 매 순간 우리는 스트레스와 예민함, 짜증과 피곤함, 고갈됨, 지침과 무기력함과 함께하게 되죠. 그렇게 우리의 삶은 그 길을 걸어가기 전보다 더욱 깊고도 잔인한 불행의 검정으로 물들게 되고, 무엇인가를 가까스로 성취했다 한들, 이미 소진될 대로 소진된 나는 잠깐의 기쁨만을 맛본 채 또다시 짙은 무기력과 우울, 아침마다 나를 찾아오는 공포와 공허의 자욱한 검정과 함께하게 될 뿐이고,

그렇게 더욱 어둡게 시들어져 갈 뿐이죠.

그러니 우리, 그, 아무런 힘없는 욕망에 기대어 헛되이 나아가기보다 매 순간의 감사에 기대어 진짜 살아있는 삶을 향해 나아가기로 해요. 내가 무엇인가를 가득 욕망할 때는 우리, 알 수 없는 산만함과 불안함과 함께하게 되고, 무엇인가를 내 손에 쥐어야만 한다는 그 갈망의 마음 때문에 자유 없는 집착과 강박을 느끼게 되고, 하여 잔뜩 긴장한 채 인상을 찌푸리며 나아가게 되지만, 그저 내가 가고자 하는 방향을 마음속으로 그리고 상상하고, 그 미래에 내가 이미 닿았다고 느낀 채 미리 감사할 때는 우리, 몸과 마음이 이완되고 편안해지는 것을, 알 수 없는 생명력 가득한 에너지와 확신이 내 가슴에 채워지는 것을 곧장 느낄 수 있을 거예요. 그리고 그 편안한 확신이 바로 우리가 원하는 곳에 우리가 닿기까지 오직 기쁨과 채워짐으로 나아갈 수 있도록 해주는 진정한 힘이 있는 마음인 거예요. 그러니 그저 사랑스럽게 내가 나아갈 방향을 마음에 품고 그리고, 이미 그곳에 닿았다는 느낌의 완전함을 주어진 매 순간에 느끼며 그 길을 걸어가고, 하여 내게 주어진 모든 것들에 감사하고 또 내게 주어질 모든 것들에 미리 감사함으로써 고단함과 소진됨 없는 무한한 기쁨과 생명력과 함께 나아가기로 해요. 그렇게 치열하게도 좇지만 쫓아만 낸 채 나를 소진시키기만 할 뿐인 나약한 욕망 대신에 존재의 빛과 사랑스러움으로 예쁜 미래를 온통 끌어당기는 진정한 힘인 감사에 나를 정렬한 채 한결 편안하게 존재하고 살아가기로 해요. 하지만 더 많이 누리고 성취하며 끝없는 기쁨에 흠뻑 젖으면서요.

여태 끝없이 욕망하고 집착하느라, 내 미래를 통제하고자 하고 과거를 뒤돌아본 채 자책하고 후회하느라 얼마나 고단하고 힘든 시간을 보내왔나요. 그럼에도 여전히 채워졌다는 완전함을 느끼지 못해 얼마나 깊은 공허에 사무친 채 무기력에 빠져 왔나요. 또 그렇게나 고통을 감수했음에도 꿈꾸는 미래와 현재의 괴리감이 기대만큼 좁혀지지 않았다는 실망감과 압박감에 한가득 시달리며 나에게 내 마음 돌볼 잠시의 틈도 주지 않은 채 나를 얼마나 몰아세워 왔나요. 그렇게, 나를 아프게 해왔나요. 그러니 이제는, 내게 없는 것들에 나의 시선을 둔 채 그것에 골몰하기보다 이미 주어진 것들의 소중함에, 그 있음에 오직 시선을 둔 채 감사와 함께 나아가기로 해요. 그렇게 결핍보다는 채워짐으로, 불만보다는 깊은 받아들임과 함께 나아가기로 해요. 받아들이고, 만족하고, 감사하고, 사랑하며 나아가다 보면 그 힘 있는 감정들이 주는 무한한 활력에 우리, 전보다 훨씬 더 무한하게 일하면서도 전혀 지치지 않은 채 오직 기쁨과 함께 나아갈 수 있을 거예요. 하루의 끝에는 전에 없던 감사한 마음을 가득 느끼며 그 하루, 고요하고도 편안하게 마무리하게 될 거예요. 하여 또다시 찾아올 내일을 자기 전에 두려워하고 걱정하기보다 설렘과 예쁜 기대심으로 그리며 잠들게 될 거예요. 그렇다면 그 힘과 함께 나아갈 때, 우리가 해내지 못할 것이 무엇이겠어요. 전보다 훨씬 많은 것들을 해내고도 여전히 빛나는 기쁨과 훼손되지 않는 완전함과 함께하고 있을 뿐일 거예요.

그리고 무엇보다 내가 기울이는 모든 삶의 노력들은 전부 나의 행복을 위한 것인데, 언제까지 불행을 행복으로 착각하고 오해한 채 불행만을 위해 살아갈 수는 없는 거잖아요. 그 불행 끝에 반드시 행복이 올 거라는 거짓된 약속을 믿으며, 하지만 여전히 그 약속을 깊은 마음속으로는 믿지 못해 불안해하며, 불안하기에 쉬지도 못한 채 끝없이 나를 학대하는 수준으로 하루를 보내며 내 소중한 삶, 하염없이 낭비할 수는 없는 거잖아요. 그러니 내 행복을 위해서라도 이제는 욕망 대신 감사와 사랑을 통해 나아가기로 해요. 그렇게 당신이 당신의 예쁜 웃음과 사랑스러움, 행복과 기쁨을 되찾고 나면, 온 우주가 당신의 사랑스러움에 끌려 당신에게 다가올 것이고, 하여 그때는 당신이 바라지 않아도 당신, 반드시 채워질 거예요. 당신이 무엇인가를 주고 싶다는 마음이 드는 사람은, 인상을 찌푸린 채 무엇인가를 가득 욕망하고 갈망하고 있는, 집착하고 있는 사람인가요, 아니면 예쁜 미소와 함께 참 많은 소중함들에 감사하며 순수하고도 사랑스럽게 존재하고 있는, 너그럽고도 다정한 사람인가요. 이 질문 안에 모든 성공의 비밀이 들어있는 거예요. 그러니 이제는 더 이상 성공을 오해하지 말길. 충분히 기뻐하고 행복과 함께하면서도, 오직 사랑하면서도 성공할 수 있고, 사실 그래서 더 수월하게 성취하게 될 우리 존재니까.

 무엇보다 당신 자신의 잃어버린 행복과 사랑스러움을 되찾기 위해서라도, 하루의 기쁨과 예쁜 미소를 되찾기 위해서라도 오직 감사하며 나아가길. 아무리 큰 성취를 이루어냈다 해도, 행복이 없다면 그건 여전히 당신에겐 무의미와 불행만을 안겨줄 뿐인 거니까. 그러니 행복할 줄 아는 능력을 되찾기 위해서라도 지금 여기서 감사하길. 타인을 바라볼 때 또한 타인에게 없는 것에 집중하며 사랑을 아끼기보다, 타인에게 이미 있는 것, 그 장점에 집중하며 아낌없이 사랑하기 위해서라도, 그 예쁜 함께함을 위해서라도 감사의 능력을 되찾길. 그렇게 더 행복하고, 더 사랑하고, 더 자주 웃으며 진짜, 살아가길. 그렇게 부디, 예쁜 웃음과 함께 행복하고 사랑스러운 하루를 보내길 바라요. 지금도 그 모든 것을 누리기에 충분한 당신 존재이자 당신의 삶이니까요. 그것을 누리지 않고 하루를 아프게 살아가기에, 존재만으로 기적이자 사랑인 당신이니까요. 그러니 지금 이곳에 서서 존재하고 있다는 그 기적 자체에 감사하며, 당신의 살아있음을 만끽하길. 살아있기에 보고 느끼고 경험할 수 있는 모든 순간들을 사랑을 다해 누리길. 다시는 되돌아오지 않을 마지막 오늘을, 그 소중함으로 보내길. 당신 존재가 이미 기적이고, 당신이라는 존재의 사랑스러움 자체가 이미 감사하기에 충분한 이유니까. 그러니 그것을 앎으로써 전심을 다해 감사하길. 더 이상 바라고 욕망할 필요가 없을 만큼의 벅찬 기적이 이미 일어났음을 아는 깊은 감사를 매 호흡에 담길. 당신은 정말, 그런 기적이니까. 당신에게 주어진 매 순간들은 정말, 그런 선물이니까. 그런, 소중함이니까. 그러니까 그런 사랑, 당신이니까.

# 이, 기적

이기적이지 말고, 이, 기적이 되세요. 이미 존재하고 있는 기적이 일어났고, 살아서 숨 쉬고 있는 기적이 일어났는데, 무엇이 그렇게 불안하고 두려워 이기적인 마음을 붙든 채 스스로 작아지려고 하나요. 그러니 존재 자체의 기적을 흠뻑 음미하며 그저 사랑스럽게 하루를 보내도록 해봐요. 모든 것을 이미 다 가진 그 너그러움의 빛으로 인색함 없이 사랑을 가득 건네는 당신이 되어봐요. 당신이 그 사랑스러움과 다정함과 함께할 때, 당신은 당신이 마주하는 모든 생명과 사람들에게 기쁨이 되어주기 시작할 기예요. 무엇인가를 해서가 아니에요. 그저 당신 존재만으로 선물이 되어주고, 기쁨이 되어주고, 기적이 되어주는 거예요. 진정한 사랑은 결핍 없는 관대함에서부터 뿜어져 나오는 것이고, 그러니까 결핍 있는 마음은 결코 진짜 사랑을 건넬 수 없는 것이고, 왜냐면 그때는 정도의 차이는 있겠지만 어쨌든 받기 위해 주는 인색함과 함께하고 있을 수밖에 없기 때문이고, 그래서 진짜, 사랑하기 위해선 내가 얼마나 무한한 사랑이고 기적인 존재인지를 무엇보다 스스로 명확하게 알고 있어야만 하는 거니까요. 그러니 무엇보다 먼저, 줘도 줘도 결코 줄어들지 않는 사랑의 빛이자 영원한 기적인 존재가 바로 당신이라는 걸 알길 바라요. 그것을 앎으로써 받기 위해 주거나, 주고 나서는 돌려받지 못했다며 서운해하고 작아지는 그 모든 결핍과 왜소함을 뛰어넘은 채 진짜 사랑을 건네는 당신이 되길 바라요. 당신이 얼마나 기적이고 사랑인지를 알고 나면, 그런 모양의 사랑을 줄 수밖에 없는 당신일 테니까요. 그게 바로 사랑이라는 진짜 당신 존재의 당연한 능력이자 본성이니까요.

그래서 스스로가 얼마나 사랑이고 기적인지를 알게 되고 나면 당신은 이제 그런 사랑을 줄 수밖에 없어 주는 사람이 된 채일 것이고, 그러니까 당신은 타인을 대가 없이 보살피고 염려하는 따뜻한 사랑 그 자체가 되어있을 테고, 그리고 그 사랑은, 모든 생명을 이롭게 하고 고양시킬 수밖에 없는 빛과 생명력 가득한 감정이기에 당신은 당신 존재만으로 온 우주의 빛과 사랑스러움을 더해가는 선물 같은 존재가 되어있을 거예요. 나와 함께하는 식물이 내 곁에 있다는 그 사실 하나로 더 잘 자라게 되고, 고양이와 강아지도 더 잘 자라게 되고, 나의 연인, 친구, 가족 또한 더 행복하게 존재하게 되고, 애쓰지 않아도 그저 그곳에 내가 존재하고 있다는 사실 하나로 그렇게 되는 거예요. 사랑 없는 사람들 곁에서 모든 생명이 시들어져가는 것과는 완전히 반대로 말이에요. 무관심하고 의욕 없는 사람 곁에서는 사람도 식물도 시들고, 강아지와 고양이도 함께 우울해지고, 그럴 수밖에 없는 거니까요. 자기 자신밖에 모르는 이기적인 사람 곁에서는 늘 자신이 이용당하고 있다는 느낌에 모든 사람이 방어적이 되고, 덩달아 사랑을 아끼게 되고, 그렇게 빛과 생명력을 잃은 채 더욱 시들어질 수밖에 없는 거니까요. 왜냐면 사랑은 보살피고, 양육하고, 염려하고, 끝없이 채워주고자 하는 생명력 가득한 감정인 반면 사랑 아닌 모든 것들은 빼앗고, 경쟁하고, 질투하고, 외면하는 생명력 없는 감정과 함께하는 거니까요.

그렇다면 구태여 사랑으로 존재하지 않을 이유는 뭔가요. 구태여 사랑하기에도 아까운 이, 다시는 돌아오지 않을 선물 같은 시간을 서로를 미워하고 헐뜯고 대적하는 데 쓰느라 참 아깝게도 낭비할 이유가 뭔가요. 그러니까 굳이, 이기적일 이유가 있나요. 왜소할 필요가, 인색할 필요가 있나요. 굳이, 공격적인 사람으로 존재할 이유가 있나요. 굳이, 예민할 필요가 있나요. 지나가는 사람들을 사랑으로 바라보기보다 굳이 폭력적인 시선으로 바라보며 불쾌하게 만드는 사람들이 있죠. 자신의 집 앞이 더러워지는 게 싫어 굳이 타인의 집까지 걸어가 쓰레기를 투기하고 오는 사람들이 있죠. 그리고 그런 사람들을 보면 정말 굳이, 왜? 라는 생각이 들곤 하죠. 그러니까 굳이, 왜? 그렇게 존재하는 걸까요. 그러지 않을 수도 있는데, 훨씬 더 좋은 삶의 방식이 있는데, 자기 자신의 편안함과 행복을 더욱 확장시켜주는 존재의 습관이 있는데, 그러니까 굳이, 왜, 그렇게 존재하는 걸까요. 그리고 그런 사람들을 보면서 끝없이 비난하며 자기 자신의 평화를 스스로 해치는 사람들도 있죠. 잠깐이라도 그런 사람을 생각하며 불편함을 곱씹고 다정함 아닌 감정을 가슴 속에 담는 것조차 사실은 너무나 아까운 일인데 굳이 온종일 그런 생각에 내 소중한 시간과 감정을 쓰고는 하죠. 정말 굳이, 왜. 그러니까 당신, 굳이 왜 사랑이 아닌 것처럼, 주어진 기적이 전혀 없는 것처럼 존재하고 있나요. 굳이, 왜.

그러니 이제는 사랑이, 기적이 당연한 것처럼 존재하기로 해요. 그렇게 존재할 이유는 너무나도 많지만, 굳이 그렇게 존재하지 않을 이유는 눈을 씻고 찾아봐도 단 하나도 없으니까요. 무엇보다 당신이 그렇게 존재하기만 하면, 당신으로 인해 모든 생명들이 고양되기 시작할 테고, 타인의 손길과 도움 없이는 스스로 살아갈 수 없는 생명들이 당신으로 인해 보호받은 채 생명을 이어나가게 될 테고, 그렇다면 그토록이나 사랑스럽게 존재할 수 있는데, 구태여 그렇게 존재하지 않으려고 애쓸 이유가 있나요. 길을 가다 뒤집어진 채 고통받고 있는 장수풍뎅이를 이제는 그냥 지나칠 수 없어 멈춰 선 채 나뭇가지를 주워와서는 살포시 바로 세워주는 그 다정함과 함께할 수 있는데, 그렇다면 구태여 그렇게 존재하지 않으려고 애쓸 이유가 있나요. 누가 나를 지켜보고 있어서 다정하게 행동하는 게 아니라 그저 나라는 존재가 다정해야만 하는 사람이라서, 그게 나를 편안하게 해줘서 그 어떤 대가도 없이 친절하고 다정한 사람이 지금 이 순간에도 마음먹기만 하면 될 수 있는데, 그러니까 구태여 그렇게 존재하지 않으려고 애쓸 이유가 있나요. 그러니 이제는 그만 애쓰길 멈춰요. 원래부터 사랑인 당신, 당신 존재의 본성 앞에서 스스로 저항하지만 않으면 사랑이 당연해서 사랑할 수밖에 없을 테니까. 당신 가슴 안에서 끝없이 샘솟고 있는 그 사랑을 구태여 막아서지만 않는다면 당신은 원래 그런, 사랑이니까.

그렇게 이제는 당신이 스스로 사랑이 아니길 멈출 때, 당신은 당신 존재의 습관 그 자체로 모든 생명과 사람들에게 기적 같은 존재가, 선물 같은 존재가 되어주기 시작할 거예요. 당신은 이미 모든 것을 다 가진 듯 당신 존재의 기적 자체에 감사하는 사람이기에 타인에게 무엇인가를 바라거나 기대하지 않고 그저 그들을 사랑할 뿐일 테고, 그 사랑의 눈빛과 마음을 단 한 번도 받아본 적이 없어 평생을 외롭고 공허하게 살아온 사람들은 당신으로 인해 치유되기 시작하겠죠. 결국 모든 사람은 사랑받기 위해 태어났고, 하지만 여태 그 사랑을 받지 못해 이토록이나 불안함에 떨며 겁에 질린 것처럼 왜소하게 존재하고 있었던 거니까요. 하지만 이제 당신으로 인해 그들의 어두운 삶 안에 빛이 임하기 시작하는 거예요. 그래서 희망 없던 그들의 마음, 당신의 빛과 사랑으로 인해 채워지게 되고, 하여 그들은 전과 달리 씩씩하게 하루를 살아갈 수 있게 되는 거예요. 다른 무엇이 아니라 그저 당신 존재로 인해서 말이에요. 내 부족함이나 결핍을 채우기 위해 누군가와 함께하기보다, 이미 완전한 마음으로 그 완전함을 나눠주고 공유하기 위해 함께하는 기적 자체가 당신 존재가 되었으니까요. 그렇다면 지금 이 순간 선택하기만 한다면 그렇게 존재할 수 있는데, 굳이 그렇게 존재하지 않을 이유가 무엇인가요. 정말 굳이, 왜?

그러니 너는 존재 자체로 사랑받기에 충분한 사람이라는 걸 눈빛과 마음으로 전해주는 이, 기적 같은 당신이 되기로 해요. 그 기적이 되는 일 앞에서 더 이상 망설이지 않기로 해요. 눈을 감은 채 떠올려봐요. 있는 그대로의 당신이 그 자체로 사랑받았던 순간을. 그게 얼마나 오래전 일이었든, 당신은 살아가는 평생 동안 그 순간을 잊지 못했을 거예요. 사람은 자신이 진짜 사랑을 받았던 순간을 영원히 망각하지 못하는 법이니까요. 그러니까 그 아주 짧은 순간의 따스한 사랑의 기억 한 조각은 한 사람으로 하여금 평생을 다정함을 잃지 않은 채 살아가게 해줄 만큼, 참으로 고단하고 아픈 삶을 평생 포기하지 않은 채 씩씩하게 견디게 해줄 만큼 그 자체로 위대한 힘과 함께하는 기적인 거예요. 그저 아무런 대가도, 이유도 없이 있는 그대로 사랑받았던 그 순간은 말이에요. 그리고 당신 또한 선택할 수 있는 거예요. 그런 사랑을 주는 사람이 될지, 아니면 구태여 그런 사랑을 줄 수 있음에도 그것을 모르는 척하며 사랑을 아끼는 사람이 될지를. 그리고 간절히 바라요. 부디, 그 사랑의 능력을 타고난, 처음부터 영원히 사랑이 아니었던 적이 없었던 이, 기적인 당신이 구태여 이기적이느라 그 사랑을 더 이상 망설이지 않기를. 당신 존재처럼이나 다함 없이 사랑하고, 내내 사랑하기를. 사랑할수록, 내가 얼마나 사랑인지를 더욱 알게 될 당신, 사랑이니까.

　　사랑이 사랑이 아닌 것처럼 존재할 때는 육식 동물이 초식 동물로 존재하는 것만큼이나 많은 인내심이 필요하고, 그래서 그것에 너무나 많은 에너지를 쓰느라 지치고 고단한 삶을 살아갈 수밖에 없지만, 그것이 당신이 이토록이나 불행한 이유지만, 사랑이 사랑으로 존재할 때는 그 무엇도 애쓸 필요가 없는 거예요. 그저 선택하기만 하면 되는 것이고, 하지만 그 선택의 끝에는 너무나 큰 기쁨과 행복이라는 보상이 당신을 기다리고 있는 거예요. 그렇다면 구태여 당신에게 불행과 고통만을 주는 이기심을 선택하며 사랑이 아니고자 애쓸 이유가 어디에 있나요. 그렇게 당신 본성을 억지로 참고 견뎌내며 고통스럽게도 소진될 필요가 어디에 있나요. 그러니 이제는 그저 사랑해요. 사랑으로 존재해요. 당신이 충분히 사랑으로 존재하고 나면, 그러니까 당신 자신으로 존재하고 나면, 당신은 당신도 모르게 사람들을 위로하고 편안하게 해주는 사람이 되어있을 테고, 그들의 어떤 결점과 불안함을 치유해주는 사람이 되어있을 테고, 왜냐면 당신은 그들이 평생토록 앓아온 어떤 트라우마나 결점 앞에서 당신도 모르게 그럼에도 너는 사랑받기에 충분한 존재야, 라는 마음을 전해주는 사람이 되었기 때문이고, 그러니까 그 사랑이 당신 존재의 유일한 습관이 되었기 때문이고, 그래서 그때는 당신이 애쓰지 않아도 사람들이 당신에게 알아서 찾아와 당신을 참 많이도 아껴주고 사랑해주게 될 거예요.

그래서 당신은 받음을 생각하지 않고 사랑했을 뿐인데 받음을 기대하고 사랑할 때보다 더 많은 사랑을 받게 되고, 사랑에 더욱 둘러싸이게 될 거예요. 사람들은 자신에게 무엇인가를 바라거나 기대하지 않는 다정한 당신에게만큼은, 자신의 있는 그대로를 존중해주고 사랑해주는 당신에게만큼은 방어적이지 않게 될 테고, 공격적이지 않게 될 테고, 이기적이지 않게 될 테고, 왜냐면 그럴 필요가 전혀 없기 때문이며, 그렇게 당신에게만큼은 자신의 사랑을 아끼지 않게 될 테니까요. 그렇게 당신, 당신의 사랑으로부터 보호받게 될 거예요. 이기적일 때는 그렇게나 나를 보호하려고 애썼음에도 늘 상처받아야 했고, 외로워야 했고, 사랑받지 못해 아파야 했고, 그러니까 그때와는 완전히 반대로 이제는 그 어떤 애씀도 없이 더 사랑받고, 더 예쁜 사람들로부터 둘러싸이게 되는 거예요. 사실, 당신에게만큼은 원래부터 예쁜 자신의 모습을 숨김없이 드러내는 것이겠죠. 당신의 사랑은 믿을 수 있는 사랑이니까요. 사실 모두가 마음껏 다정하고 사랑하고 싶은데, 사람을 믿지 못해 그 사랑을 이토록이나 힘겹게 아껴왔던, 사랑의 존재들이니까요. 그래서 당신이 경험하고 살아갈 세상은 사랑 없는 대부분의 사람들이 살아가는 세상과는 완전히 다른 모양의 빛이자 아름다움이 되기 시작하는 거예요. 그리고 그 천국에서 당신은 오직 사랑에 둘러싸인 채 가득 행복할 거예요. 그렇다면 그 기적을 누리길, 언제까지 스스로 망설일 건가요.

당신이 여전히 기적을 스스로 망설인 채 굳이 스스로가 기적이 아니기라도 한 것처럼 존재하고자 애쓴다면 당신은 당신 내면의 결핍을 온 세상에 투사한 채 세상과 사람들을 통제하고 집착하고자 하는 왜소한 사람으로 남을 테고, 그래서 그때는 모든 생명이 당신으로 인해 잔뜩 불편해져서, 당신을 만나기 전보다 만난 후에 훨씬 더 불행해져서 당신을 자연스레 피하고자 하게 될 거예요. 그래서 결국에는 당신, 고립된 채 외로울 수밖에 없을 거예요. 우연히 당신과 함께하고자 하는 사람이 있다고 해도, 그들은 당신이 불쌍해서 함께하거나, 혹은 당신에게서 무언가를 취하기 위해 어쩔 수 없이 함께하거나, 그런 사람들일 뿐일 것이기에 그때는 함께함에도 결코 채워짐을 느낄 수 없겠죠. 함께함으로 인해 혼자일 때보다 더욱 공허하고 외로워질 뿐이겠죠. 그렇다면 그때의 당신이 어떻게 행복하게 존재할 수 있겠어요. 행복하지가 않아서, 너무나 외롭고 결핍되어있어서, 두렵고 불안해서 더 사랑받기 위해 치열하게도 애쓸 테지만, 그렇게 사랑을 강요하고 빼앗고자 더욱 떼쓰고 고집을 부리겠지만, 그건 그 옛날 절대권력을 가진 왕이 나를 존경하고 사랑해라, 그렇지 않은 자는 매우 칠 것이다, 라고 말하며 힘과 폭력으로 억지 존중과 사랑을 받고자 하는 것과 전혀 다르지 않은 왜소함일 뿐일 텐데 말이에요. 그렇게 힘과 억지로 누군가를 내 곁에 붙들지만, 여전히 속으로는 그들이 나를 진심으로 사랑하지 않음을 알기에 불안에 떨며 의심하고, 그래서 늘 주기적으로 힘을 통해 압박하고, 그렇게 쓸쓸하고 불쌍한 사람이 될 뿐이죠. 그게 바로 진정한 힘 있는 사랑 대신 힘 있는 척만 할 뿐인 힘없는 이기심을 선택한 자의 정해진 결말인 거니까요.

그러니 당신은 구태여 왜소하고도 외롭게 존재하기보다, 당신에게 거저 주어진 당신 삶의 모든 혜택을 거리낌 없이 누리는 지혜로운 사람이길 바라요. 얼마나 많은 것들이 거저 주어졌나요. 생명과 산소, 물과 웃음, 사랑하는 사람들과 함께할 수 있는 행복, 이 세상에서 가장 아름다운 하늘과 나무와 꽃을 공짜로 매일 바라볼 수 있는 경이, 내 마음에 살포시 앉았다 나를 위로하고 가는 바람, 그 모든 것들이 내가 바라보지 않았을 뿐이지, 내가 바라보기만 하면 감사하고 아름다워서 눈물을 흘릴 수밖에 없을 만큼의 거저 주어진 기적인 거잖아요. 그리고 당신은 그 모든 기적에 촘촘하게 감사하며 나아가는 사람이 되는 거예요. 그러면 그저 이 순간에 내가 살아있다는 것에, 그 존재의 기적 자체가 너무 벅차 그저, 오직 감사하게 되는 순간이 올 거예요. 그리고 그때가 되면 더 이상 당신 마음 안에는 이기심도, 결핍도 존재하지 않을 것이기에 당신, 그 어떤 불안함도 두려움도 슬픔도 느낄 수 없게 될 거예요. 더 이상은 그런 걸 느끼는 게 불가능해서 오직 사랑스럽기만 할 뿐일 거예요. 하여 하루를 사랑스럽게 살아갈 수밖에 없을 거예요. 결국 모든 결핍은 내 내면의 결핍을 외부에 투사한 것에 불과한 거니까요. 그리고 당신은 안에서부터 결핍을 완전히 치유하고 해소한 사람이 되었으니까요. 그래서 그때의 당신은 결핍의 안대를 벗고 이제는 오직 사랑의 눈빛으로 온 세상과 사람들을 진짜, 사랑하게 될 것이고, 그 사랑으로부터, 그러니까 그 당신 존재로부터 사람들은, 모든 생명은 안도와 위로를 얻게 되는 거예요. 나도 충분히 사랑받을 수 있는 존재구나, 사랑받아 마땅한 존재구나, 사랑받기에 충분한 존재구나, 하는 그 따뜻한 느낌의 안도와 위로를 말이에요.

  그렇다면 그 기적 같은 사랑의 일을 두고, 그 아름다움에 겨운 행복을 두고, 여전히 아무것도 아닌 환상을 움켜쥔 채 보호하고자 구태여 이기적일 건가요. 그렇게 기적을 미루고, 사랑을 미룰 건가요. 행복하길 망설이고, 치유되길 망설일 건가요. 삶의 매 순간 당신에게 주어진 선택할 수 있는 선물 앞에서 그렇게, 너그러워질 기회를, 관대해질 기회를, 다정해질 기회를, 사랑할 기회를 스스로 내던질 건가요. 그게 아니라면 이제는 당신에게 주어진 모든 기적에 그저 감사하며, 존재함 자체에 벅차게 기뻐할 줄 아는 당신이 되길 바라요. 존재하고 있는 기적, 살아있는 기적, 살아갈 기적, 그 모든 기적을 바라본 채 가득 누릴 줄 아는 당신이 되길 바라요. 그렇게 이유 없이 행복하고, 대가 없이 사랑하고, 조건 없이 예쁜 웃음을 지을 줄 아는 기적 같은 당신이 되길. 그 기적을 누리는 데 있어 당신이 해야 할 일은 그렇게 존재하지 않길 더 이상 스스로 선택하지 않는 것뿐이라는 것을. 그러니 이제는 당신의 모든 기적 아닌 생각과 말과 행동 앞에서 잠시 멈춰 선 채 굳이, 왜? 라고 물어볼 줄 아는 당신이기를. 그 순간 정말로 굳이 그렇게 존재할 이유가 없음을 알게 된 당신은, 그렇게 존재하는 것의 무의미를 알게 된 당신은 곧장 기적을 받아들이게 될 테니까. 하여 사랑이 아니었던 적이 없었던 것처럼 가득, 사랑하게 될 테니까. 그 사랑으로부터, 누구보다 반듯하고 예쁘게, 사랑스럽게 존재하게 될 테니까.

그러니 이미 존재하는 것 자체가 기적인데 그 기적을 넘어 이토록 사랑스럽기까지 한 당신, 당신이 얼마나 기적인지를 스스로 알길 바라요. 하여 기적이 아닌 모든 무의미를 진정으로 무의미하게 여긴 채 굳이 무의미할 필요가 없기에 그 모든 것을 당신 선택에서 자연히 떨쳐내는 당신이길. 그러니까 무가치한 것에 더 이상 스스로 가치를 두지 말기를. 유일하게 의미 있고 가치 있는 것은 바로 사랑이며, 당신이라는 존재가 이미 사랑이니까. 그러니 당신은 다만 당신 진짜 존재에 머무르며, 이, 기적처럼 살아가고 사랑하길. 구태여 당신과 어울리지도, 당신을 닮지도 않은 이기적인 모습으로 존재하기 위해 헛되이도 애쓰기보다. 그렇게 당신은 닳도록 사랑이고, 사랑하길. 사랑을 아끼거나 사랑에 조건을 달거나 사랑을 계산할 필요가 없을 만큼 흘러넘치게 사랑인 당신이니까. 아무리 줘도 주는 것보다 더 채워지는 사랑의 기적 자체가 바로 당신 존재니까. 그러니 그 기적의 샘물이 당신의 가슴에서 찰나의 순간도 쉬지 않은 채 끝없이 흐르고 있음을 꼭 알길. 매 순간 당신이 얼마나 기적이고, 얼마나 사랑인지를 스스로 진심으로 세어봄으로써. 그렇게, 사랑이 이미 내 가슴 안에 온통 차 있음을 알기에 외부로부터 사랑을 구하는 결핍과 인색함, 왜소함을 넘어 이제는 모자람 없이 사랑하길. 자신이 사랑인 줄 모르는 자, 자신의 마음에 이미 사랑이 가득 차 있음을 모르는 자, 그들만이 사랑을 외부에서부터 구하고자 헛되이 애쓸 뿐이니. 그러니 부디 당신은 당신을 알길. 얼마나 사랑이고, 닳도록 사랑이고, 영원한 사랑인지를. 기적 같은 소중함이자 아름다움인지를.

## 사랑의 빛으로

　　모든 어려움은 내 마음속 깊숙한 곳에서 나에게 사랑을 요청하는 울림이에요. 그러니 내 마음 안에 어떤 모양의 불편함이 느껴진다면, 그것이 분노의 일렁임이든, 원망의 일렁임이든, 우울의 파도이든, 폭우처럼 쏟아지는 끝없는 걱정이든, 알 수 없는 불안함, 혹은 무기력이든, 그러니까 그것이 무엇이든 어떤 불편함이 느껴진다면 이제는 다만, 사랑하기로 해요. 우리는 가난의 원인이 사랑 없는 내 가슴에 있는 것이 아니라 다른 곳에 있다고 생각하고, 분노의 원인이 사랑 없는 내 가슴에 있는 것이 아니라 다른 곳에 있다고 생각하고, 그러니까 내 끝없는 걱정과 불안함, 우울과 무기력, 그 모든 불행의 원인이 사랑 없는 내 가슴에 있는 것이 아니라 다른 사람, 혹은 외부의 상황에 있다고 믿은 채 외부에 모든 원인을 투사하고 탓하고 미워하기 바쁘죠. 하지만 진실로 내 모든 문제의 원인은 사랑 없는 내 가슴에 있기에, 그래서는 결코 이 끝없는 불안함과 불행을 해결할 수 없는 거예요. 원인을 완전히 잘못 짚은 의사에게서 치료를 받을 때 내 병을 결코 치유할 수 없는 것과 마찬가지로 말이에요. 그리고 그게, 여태 그토록이나 최선을 다했음에도 여전히 내가 불행한 이유인 거예요. 그러니까 이 불행이, 여태 내가 해왔던 불행을 극복하기 위한 노력들 안에는 진정한 해결책이 없었다는 그 자체의 증거인 거예요. 그것을 잊지 않기로 해요.

그렇게, 이제는 사랑하기로 해요. 사랑 없는 가슴에서부터 생긴 내 마음의 모든 아픔들을 그렇게, 사랑으로 어루만져 주기로 해요. 하여 진짜, 치유하고 회복하기로 해요. 더 이상 같은 문제로 아파하지 않아도 되는 완전한 내 모습을 되찾기로 해요. 내가 나를 진정으로 사랑한 적이 언제인가요. 세상을, 사람들을 진정으로 사랑한 적이 언제인가요. 까마득히 오래되어 기억조차 나지 않을 만큼이죠. 내 마음에 예쁜 상상력과 사랑스러운 생각들, 깊은 기쁨에서부터 우러난 예쁜 미소, 그러한 것을 담은 채 내게 사랑의 선물을 준 적이 언제인가요. 그렇게 내 가슴이 사랑의 박동으로 가득 울리고 떨리도록 한 적이 언제인가요. 관계를 마주하면서도 사랑이 없어 늘 상처 주고, 서로를 아프게 하고, 불안해하고, 집착하고, 그래왔지 않나요. 그렇게 사랑하는 사람을 사랑 없는 눈빛과 마음으로 마주하는 모순을 저지르며 둘 모두가 함께함으로 인해 더욱 아파졌을 뿐인 관계를 맺어왔지 않나요. 하지만 그러면서도 내가 그러고 있다는 것을 자각하지도 못할 만큼 너무나 사랑에서부터 먼 길을 걸어왔지 않나요. 그러는 동안 내 마음은 얼마나 공허하고 아팠을까요. 얼마나 웅크린 채 불안에 떨어야 했으며, 또 얼마나 자주 슬픔에 빠진 채 펑펑 울어야만 했을까요.

그러니 이제는 내 마음에 모든 사랑 아닌 생각들을 내려놓고 사랑을 가득 채우기로 해요. 지금 이 순간에도 내 머릿속에 수시로 떠오르는 사랑 아닌 생각, 내 가슴 안에서 수시로 일렁이는 사랑 아닌 감정들이 있겠죠. 그래서 매 순간은 여전히 전처럼 사랑하지 않을지, 이제는 사랑할지를 선택함으로써 이제는 진짜 행복해질 기회이자 선물인 거예요. 그러니 먼저 그 사랑 없는 생각들을 스스로 느끼고 바라볼 줄 아는 내가 되어봐요. 그걸 바라보고 느끼지조차 못할 만큼 사랑에서부터 멀어진 우리이기에, 그걸 바라보고 느끼는 것에서부터 시작해야 하는 거예요. 그렇게 매 순간 선택할 수 있는 선물을 진정 선물로 바라볼 줄 아는 깨어있는 나를 먼저 되찾아야 하는 거예요. 그렇지 못할 때, 나는 늘 전처럼 무의식적으로 사랑 아닌 생각들을 또다시 선택하게 될 테고, 내가 그러고 있다는 것조차 모르는 채 평생을 사랑 없이 살아가게 될 테니까요. 하지만 깨어나 고요하게 바라보는 순간, 그 바라봄의 빛에 의해 이미 모든 사랑 아닌 생각과 감정들은 옅어지기 시작할 것이고, 더욱 또렷이 바라본다면 이내 멎을 테고, 그때 우리는 더욱 수월하게 사랑을 선택할 수 있을 거예요.

아니, 반드시 사랑을 선택하게 될 거예요. 왜냐면 자신이 사랑 아닌 생각을 하고 있다는 것을 스스로 충분히 자각하고 있으면서도 여전히 사랑 아닌 생각들을 선택할 사람은 없으니까요. 내가 그러고 있나는 것을 몰라서 그 끔찍하고 고통스러운 감정들과 함께하고 있었을 뿐이지, 그걸 알면서 스스로 그것들을 선택할 사람은 이 세상에 전혀 없는 거니까요. 내 고통은 스스로 바라보지 못하지만 타인의 고통은 쉽게도 바라볼 수 있어서, 저 미움으로 인해 자신이 고통받고 있는데 왜 그걸 모르고 계속 미워하는 걸까, 하는 생각을 충분히 할 수 있는 것처럼, 이제 우리는 우리 자신을 그렇게 바라볼 수 있게 되었으니까요. 그러니 이제는 매 순간의 사랑 없는 생각 앞에서 늘 그래왔듯 사랑 없는 생각에 더욱 깊이 골몰하기보다 오직, 사랑하기로 해요. 잠시 고요하게 내 마음을 바라본 뒤에, 그 바라봄으로 인해 생긴 공간과 틈 안에 사랑을 가득 채워주는 거예요. 눈을 감은 채 그저 사랑의 감정을 온 마음으로 생각하고 느끼는 것만으로도 충분할 거예요. 내게 이미 주어진 많은 것들에 대해 감사해보는 것도 좋아요. 결국 감사가 사랑이고, 사랑이 곧 감사이니까요. 그리고 이 사랑의 시간을 하루 중 생각이 날 때마다, 되도록 자주 멈춰 선 채 잠시 가졌다 가는 거예요. 이 시간을 가지는 것만으로 내 마음의 모든 불편함이 서서히 사라지고 여태 잊고 잃은 채 지냈던 내 삶의 기쁨과 행복이 회복되기 시작하는 것을 꼭, 느낄 수 있을 거예요.

그 어떤 강렬한 어둠도 아주 작은 빛조차 삼키지 못하는 것처럼, 그 얼마나 육중한 어둠도 아주 작은 빛조차 견디지 못해 사라지는 것처럼, 아주 작은 사랑의 마음, 그 빛 한 줄기면 모든 마음의 불편, 그 뿌리 깊고도 거대한 어둠을 사라지게 하기에 벅차게 충분한 거니까요. 그 사랑의 시간이 짧든 길든, 그건 더 이상 중요하지 않을 만큼 사랑은 모든 어둠을 몰아내는 빛 그 자체이니까요. 그리고 빛에 의해 한 번 사라진 어둠들은 이제 내 마음을 사로잡기엔 너무나 엷어져 있을 테고, 빛이 두려워 내 마음에서부터 스스로 멀찌감치 떨어져 있을 테고, 하여 나, 다음 번에는 더 수월하게 사랑을 선택할 수 있을 거예요. 어둠의 유혹을 떨쳐낼 수 있을 거예요. 내 마음 안에 피어난 작은 사랑의 촛불이 늘 나를 지켜줄 테니까요. 그러니까 그 한 번의 짧은 사랑의 시간으로 인해 그 모든 기적이 일어나기 시작하는 거예요. 낡고 오래된 증오를 끝내고 이제는 사랑을 내 가슴에 채우게 되는 기적, 어제는 미워해야만 했는데 오늘은 더 이상 미워하지 않고 있는 나를 발견하게 되는 기적, 나를 예민하게 하는 특정한 상황 앞에서 더 이상 예민하게 반응하지 않게 되는 기적, 아주 잠깐의 불편함조차 견디지 못해 분노해야만 했지만 이제는 충분히 인내한 채 다정함과 너그러움으로 세상과 사람들을 마주할 수 있게 되는 기적, 그 모든 기적이 말이에요.

그리고 여태까지 날이 갈수록 내 마음이 더욱 어두워져왔던 것과는 달리, 날이 갈수록 더욱 불행해져왔던 것과는 달리 이제는 당신, 하루를 더해갈수록 빛이 커지고 행복이 커지고 사랑이 커지는 날들을 살아가게 될 거예요. 이제 당신은 불행에서부터 행복을 찾던 환상에 더 이상 사로잡히지 않을 테니까요. 그러니까 당신은 이제 무엇이 진짜 행복인지를 알게 되었고, 사람은 모두가 자신이 생각하기에 가장 최선의 행복을 위해 온 마음을 다해 존재하고 살아가는 거니까요. 그러니까 이전에는 누군가를 미워해야만 내가 행복해질 거라고 오해했지만, 미워함으로써 누군가를 아프게 하고, 그런 식으로 복수를 해야만 내가 행복해질 거라고 오해했지만, 이제는 그 미움을 내려놓은 채 나를 그 미움에서부터 건져내는 것이, 상대방이 아니라 나를 위해 용서하는 것이 행복이라는 것을 당신, 분명하게 알게 되었고, 그래서 하루를 더해갈수록 당신, 애쓰지 않아도 더 행복해질 수밖에 없게 되는 거예요. 내게 있어 가장 최고의 행복은 사랑이라는 것을 당신, 그 무엇보다 스스로 분명하게 알게 되었으므로.

그렇게 당신은 처음부터 영원히 당신을 닮지 않은 적이 없었던 사랑의 당신, 그 진짜 당신의 모습을 되찾아나가게 될 거예요. 애써 당신을 닮지도 않은 사랑 없는 못난 모습으로 자신을 만들어가기 위해 스스로 치열하게도 애쓰던 것과는 달리 이제 당신은 사랑만을 당신 가슴에 품고 사랑의 예쁜 생각만을 하며 존재하게 될 테니까요. 그리고 그 사랑으로 인해 당신을 오래도록 괴롭혀 왔던 모든 문제들이 자연히 당신의 곁에서 사라져 나가는 것을 지켜보게 될 거예요. 무엇인가를 하는 게 아니라 그저, 지켜보게 될 거예요. 당신이 당신이 아닌 모든 사랑 아닌 모습들을 기꺼이 포기할 때, 사랑스럽지 않은 모든 삶의 문제들, 감정적인 문제들 또한 자연히 떨어져 나가기 시작하는 거니까요. 그 모든 문제들은 사랑스럽지 않은 당신의 생각과 감정에서부터 기인한 것이니까요. 그러니까 사랑은 고통을 모르고, 아픔을 모르고, 가난을 모르고, 결핍을 모르고, 오직 완전함과 빛과 예쁨과 아름다움만을 알 뿐이며, 그건 사랑인 당신에게 또한 마찬가지인 것이며, 그래서 당신이란 사랑에 어울리지 않는 모든 것들은 당신의 곁에서 자연히 사라지게 되는 거니까요. 어둠이 빛을 아주 잠깐도 견디지 못하는 것처럼, 사랑의 빛에 의해 그저 자연스럽게.

그러니 당신, 사랑의 빛으로부터 보호받길 바라요. 사랑의 권능으로부터 해내길 바라요. 당신이 사랑이 되고 나면, 사랑이 고통과 슬픔을 전혀 모르는 것처럼 당신에게서도 자연히 모든 고통과 슬픔이 사라져나갈 거예요. 사랑은 사랑 자신에게 어울리는 것만을 자신에게 끌어오며, 그러니까 사실 당신이 겪는 모든 문제는 당신이 사랑 아닌 것을 스스로 선택했기에 당신에게 찾아온 것이며, 그래서 그 모든 것은 당신의 책임 아래에 있는 거예요. 그러니 이제는 사랑 없는 생각과 감정들의 영향력을 함부로 무시하지 말길. 당신의 생각과 감정에 얼마나 거대한 책임이 따르는지를 분명하게 알길. 그것을 알기에 사랑 없는 생각들 앞에서 늘 신중하기를. 한 번 멈춰선 채 이것이 함께할 만한 가치가 있는 생각인가, 하고 내 가슴에 대고 물어볼 줄 아는 고요한 깨어있음과 반드시 함께하길. 찰나의 순간 의식의 빛을 잃고 그 모든 부정적인 감정들을 무의식적으로 허용할 때, 다시 사랑으로 돌아오는 길이 당신 눈에 더 이상 보이지 않게 될 만큼 당신은 아주 먼 곳까지 휩쓸려 떠내려가게 될 테니까. 그러니 다만 당신이 얼마나 사랑인지를 앎으로써 사랑 아닌, 당신 아닌 모든 생각들을 기꺼이 떨쳐낼 줄 아는 당신이기를. 당신이 얼마나 사랑이며, 빛이며, 하여 사랑 아닌 것들과 얼마나 어울리지 않는지를 스스로 앎으로써.

　사랑만을 꼭 닮은, 사랑 그 자체의 당신이니까. 당신이 잊지만 않는다면 처음부터 그래왔고 앞으로도 영원히 그럴 당신이니까. 고통을, 미움을, 슬픔을 모르는 사랑의 완전함 그 자체, 그러니까 그게 바로 당신의 유일한 정체성이며, 그러니 당신은 다만 그것을 잊지 말길. 그것을 아는 순간, 사랑인 당신과 어울리지 않는 모든 문제는 사라질 테고, 그 자리엔 사랑의 환희와 기쁨과 고요와 평화와 아름다움과 행복과 웃음과 예쁨과 완전함과 다정함만이 남아 당신과 함께할 테니까. 내 모든 것을 다한 진심으로, 당신을 걱정하고 아끼는 그 모든 마음의 무게로 말하니, 이보다 더 진실한 말은 없으니까. 그러니까 당신이 영원한 사랑이라는 말보다. 그러니 영원히 잊지 말길. 모든 어려움은 당신의 마음속 깊숙한 곳에서 당신에게 사랑을 요청하는 울림이라는 것을. 하여 당신에겐 사랑을 선택할 필요가, 사랑이 될 필요가 있을 뿐임을. 그 사랑을 선택해달라고, 당신 마음이 모든 어려움을 통해 당신에게 말하고 있는 것뿐이니까. 그러니 다만 이 어려움을 사랑을 회복할 예쁜 선물이자 계기로 여긴 채 당신은 내내 사랑하고 사랑이길. 영원한 사랑인 당신, 참 예쁘고 소중한 당신, 고통과 어려움에서부터 오는 찌푸림과는 전혀 어울리지 않는, 미소가 참 아름다운 당신, 스스로만 미처 모르고 있었을 뿐 늘 완전한 빛이었던 당신, 내가 참 많이 아끼고 걱정하는 사람, 참 귀하디 아까운 사랑은.

## 자유 의지

지금이 어떤 이유로든 불행하다면, 그건 내가 나의 자유 의지를 나를 불행하게 하는 데 쏟고 있기 때문이라는 것을 잊지 마세요. 누군가가 미워서 불행하다면, 내가 나의 자유 의지를 미움에 쏟고 있기 때문인 것이고, 나의 실패가 두려워서 불행하다면, 내가 나의 자유 의지를 걱정에 쏟고 있기 때문인 것이고, 알 수 없는 무기력과 슬픔에 불행하다면, 내가 나의 자유 의지를 우울함에 쏟고 있기 때문인 것이고, 그러니까 다른 무엇 때문에 당신이 불행한 게 아니라 오직 당신 자신의 선택으로 당신의 지금, 이토록이나 불행한 것이라는 것을요. 충분히 다른 것을 선택할 수 있음에도, 스스로 그러길 끝없이 선택한다는 건, 말 그대로 스스로 불행하기 위해 그 누구보다 최선을 다해 노력한다는 것이고, 그러니까 행복보다 불행을 간절히 사랑한다는 말이겠죠. 하지만 저는 당신에게 분명히 말했었죠. 감사하고 사랑할 때, 이해하고 용서할 때, 다정하고 너그럽길 선택할 때 행복해질 당신이라고. 하지만 당신은 여전히 그러길 갈등하고 있죠. 그러고는 제가 당신에게 알려준 것과는 완전히 반대로 자신을 설득하는 일에 또다시 몰두하기 시작하죠. 그렇게 오늘도 사랑을, 예쁨을, 기쁨을, 행복을, 이해를, 다정함을 포기하는 당신이죠.

당신은 여전히 예쁘고 사랑스럽게 빛나는 존재라고 제가 당신에게 말했지만, 당신은 자신에게 절대 그럴 리가 없다며, 나는 참 부족하고 못난 사람이라고 말하고 있으며, 지금 당신의 마음 안에서 끝없이 떠오르는 원망과 원망의 대상을 당신 자신의 행복을 위해 기꺼이 내려놓고 용서할 때 비로소 당신이 행복할 거라고 저는 당신에게 말했지만, 당신은 자신에게 그 사람을 용서하면 나는 바보가 되는 거고, 어떻게든 미운 생각을 지켜낸 채 그 사람을 저주해야만 내가 행복할 수 있을 거라고 말하고 있으며, 저는 당신이 잘 해낼 거라고, 무슨 일 앞에서도 잘 해낼 거라고, 자신을 믿어주라고 말했지만, 당신은 자신이 결코 잘 해내지 못할 사람이라며, 걱정이라도 하지 않으면 더 못 해낼 자신이라고 스스로에게 말하고 있죠.

아무리 소중한 것을 말하고 알려줘도, 그것을 소중히 간직하지 않겠다는 사람에게 그것을 가르칠 수는 없는 거예요. 그렇다면 언제까지 내가 기꺼이 선택하기만 하면 완성할 수 있는 행복을 눈앞에 두고, 그것이 내가 손만 뻗으면 잡을 수 있다는 사실을 애써 외면하고 부정한 채 스스로 불행을 선택하며 살아갈 건가요. 그러니까 언제까지 우리에게 주어진 이 아름다운 선물이자 권리인 자유 의지를, 나를 아프게 하고, 인상을 찌푸리게 하고, 눈물을 흘리게 만들고, 미워하게 하고, 분노하게 하고, 좌절하게 하고, 그렇게 나를 불행하게 하는 데만 쓰며 낭비할 건가요. 그러니까 언제까지 당신이 진정으로 행복하길 바라는 저의 간절한 외침과 사랑의 언어를 보는 순간에만 예뻐하고 그 뒤로는 곧장 잊은 채 전처럼 스스로 불행해지는 일에 몰두할 건가요. 도대체 언제까지.

그러니 이제는 부디, 감사하기로 해요. 주어진 모든 것에 오직 감사함으로써 지금 이 순간 내가 존재하고 있다는 그 사실 하나에 오로지 행복해하며, 태어나 존재하고 있는 그 기적 자체를 흠뻑 누리기로 해요. 그리고 이제는 부디, 사랑하기로 해요. 사랑하기 위해 태어나 사랑을 배우고 사랑을 완성하기 위해 이곳 지구에 태어나 살아가고 있는 그, 내 존재의 유일한 이유와 목적을 잊은 채 더 이상은 길을 잃고 헤매며 공허함에 빠지지 않기로 해요. 나에게 가장 잘 어울리는 게 사랑이며, 왜냐면 내가 사랑이기 때문이며, 그러니까 더 많이 사랑하고, 사랑함으로써 더욱 찬연하게 반짝이는 내가 되는 거예요. 그렇게 맑고 예쁜 웃음을 지으며 무엇보다 행복한 내가 되는 거예요. 그리고 그 사랑을 위해 이제는 더 많이 이해하고 용서하기로 해요. 내가 이해하고 용서할 때 나는 나에게 평화를 선물해주는 것이지만, 내가 여전히 미워하고 원망하길 선택할 때 나는 나에게 지옥 같은 갈등과 불행을 스스로 선물하는 것이라는 걸 잊지 않으면서요.

그렇게 더 다정하고 너그러운 내가 되어요. 하여 이제는, 사랑받을 만한 내가 되어 사랑받기로 해요. 있는 그대로 사랑받지도 못할 만한 나인 채 사랑해달라고 떼쓰고, 이 세상 어느 누구도 나를 사랑해주지 않는다며 탓하고, 그렇게 왜소하게 외로워하기보다 말이에요. 이 세상 어느 누가 늘 미워하고 화내고, 늘 탓하고 따지고, 생명력을 잃은 공허와 무기력에 빠져 존재하고, 늘 가난하게 생각한 채 불평불만하고, 그런 사람을 진심으로 사랑할 수 있겠어요. 나조차 그런 나를 견디지 못해 이토록이나 고통스러워하고 있는데 말이에요. 그러니까 나조차 나를 사랑하지 못하고, 나조차 나와 함께하는 시간이 지치고 힘들어 기쁨을 잃은 채 허덕이고 있는데 말이에요. 무엇보다 나조차, 나와 같은 사람이 자신을 사랑해달라고 떼쓴다면 그를 사랑해주지 못할 텐데 말이에요. 그러니까 나와 함께하는 사람은 나와 함께하는 것만으로 지치고 소진됨을 느낄 테고, 무엇보다 그런 나의 존재 방식으로 인해 그 자신이 자주 상처받게 될 텐데, 어떻게 나를 진심으로 사랑해줄 수 있겠어요.

그러니 이제는 나를 아프게만 하며 썼던 내 자유 의지를 나의 행복만을 위해 사용하며, 그동안 나의 선택으로 인해 가장 아파왔을 내 마음을 먼저 어루만져주기로 해요. 그 예쁘고 다정한 포옹으로 나를 먼저 치유한 뒤에 회복된 너그러움과 이해심, 존중심으로 사람들을 또한 마주하는 거예요. 그때는 어느 누가 나를 사랑하지 않을 수 있겠어요. 사랑할 수밖에 없어 사랑할 테고, 그렇게 당신, 존재만으로 가득 사랑받게 될 거예요. 이 얼마나 소중하고 아까운 오늘의 시간이에요. 다시는 되돌아오지 않을 내 인생의 마지막 지금 이 순간인 거잖아요. 그런데 그 귀한 시간을 어떻게든 나를 아프게 하기 위해 쓸 건가요. 여진히 누군가를 미워히는 데 쓰며 아름다움을 잃은 채 존재할 건가요. 여전히 나태하게 탐닉하며 소중한 시간을 지워가는 데 쓸 건가요. 간절히 부탁할게요. 부디 이 시간, 당신의 불행이 아니라 행복을 위해 쓰길 바라요. 미움이 아니라 사랑에, 갈등이 아니라 평화에, 슬픔이 아니라 기쁨에 쓰길 바라요. 그렇게, 당신 자신을 아껴주고 사랑해주길 바라요. 하여 당신의 사랑스러움과 생명력, 기쁨을 회복하길 바라요.

그때, 존재만으로 선물인 사람이 당신이라는 걸 꼭 알게 될 거예요. 왜냐면 당신은 그저 당신으로 존재하고 있을 뿐인데, 당신으로 인해 모든 사람들이 더 행복해지고 더 자주 웃게 될 테니까요. 그렇게 당신, 사랑받을 수밖에 없어 사랑받는 사람이 되는 거예요. 그러니 먼저 사랑스러운 내가 되어 가득 사랑하고 사랑받는 당신이길. 무엇보다 그 사랑이 아니면 그 무엇도 당신을 채워줄 수 없을 테고, 그래서 아프고 외로울 수밖에 없을 당신일 테니까. 그게 여태까지 당신이 행복하기 위해 무수히 많이 노력했음에도, 여전히 불행했던 이유인 거니까. 사랑이 아닌 다른 것을 통해 행복할 수 있다는 오해만을 믿은 채 사랑 아닌 것들만을 선택하며 나아왔으므로. 그러니 이제는 오직 당신 자신을 향한, 당신 스스로의 사랑만이 당신을 채울 수 있고 어루만질 수 있다는 것을 분명하게 알고 부디 진심을 다해 사랑하고, 사랑이길. 나를 사랑한다면 나는 나를 불행하게 내버려두지 않을 테고, 그래서 당신은 당신의 자유 의지를 당신의 진정한 기쁨과 행복만을 위해 사용할 수밖에 없을 테니까. 그러니까 이 모든 불행이 결국 스스로를 충분히 사랑하지 않아서 생긴 일임을.

    그러니 이제는 사랑받아 마땅한 나를, 충분히 가득 사랑해주길. 지금도 사랑받기에 충분한 당신이며, 사랑이 아닌 것을 품기에 너무나 사랑인 당신이니까. 사랑이 아닌 것을 마음 안에 품는 그 순간 곧장 괴로운 표정을 지으며 아파할 수밖에 없을 만큼, 사랑만이 어울리는 사랑 그 자체인 당신이니까. 그러니 당신이 당신의 행복을 위해 자유롭게 선택하는 당신의 자유 의지가 이제는 사랑을 위해 사용되길. 여태 늘, 당신을 향한 나의 진심 어린 걱정과 사랑의 말에 감동받은 채 그래야지, 해놓고는 그러지 않았지만, 이제는 오늘, 사랑하길. 사랑이 되길. 가득, 사랑스럽길. 마치 오늘이 마지막 날인 것처럼, 더 이상의 내일은 없는 것처럼, 그렇게. 무엇보다 당신 자신을 스스로 사랑하고 아끼는 그 마음 하나로. 그래서 나에게 기쁨을 선물해주고 싶다는 그 간절함 하나로. 지금은 당신이 행복하길, 당신 자신보다 내가 더 간절히 바라지만, 오늘부터는 당신이 나보다 더 당신 자신의 행복을 간절히 바람으로써, 그렇게.

## 비난하지 않아도 된다는 것

　　타인을 비난함으로써 얻을 수 있는 작고도 왜소한 기쁨을 포기하세요. 그 대신에 비난을 내려놓음으로써 얻을 수 있는 반짝이는 평화와 더 이상 세상을, 누군가를 비난하지 않아도 된다는 앎에서 오는 안도, 그 영원한 기쁨을 추구하세요. 모든 사람은 자신의 수준에서 자신이 할 수 있는 가장 최선의 선과 행복을 추구하며 살아가고 있고, 그렇다면 당신이 당신의 행복을 위해 할 수 있는 가장 최선의 선택은 비난이 맞나요? 고작 비난이, 영원한 사랑인 당신이 당신의 행복을 위해 선택한 가장 최선의 선이자 아름다움인가요? 그 불행이, 당신이 추구하는 가장 최고의 기쁨이 되어버린 것이 맞나요? 타인을 비난함으로써 나는 옳은 사람이라는 정당화를 얻고, 그래서 잠시 우쭐해지기도 하고, 그러니까 고작 그 왜소함이 지금 당신이 취할 수 있는 최선의 태도이자 존재의 방식이 맞나요? 그렇다면 참 슬픈 일이네요. 그 쌀 한 톨보다 작은 기쁨이, 기쁨이라고 할 수도 없는 끔찍한 불행이 당신이 추구하는 가장 큰 기쁨이라는 것이. 그보다 크고 진정한 기쁨이 얼마나 많은데, 그것을 모르는 채 이토록 왜소하고 작은 거짓 기쁨만을 좇으며 스스로 불행하게 존재하고 있는 당신이라는 것이.
　　너무 슬퍼서, 그냥 지나치진 못하겠네요. 그래서 제가 그 기쁨이 얼마나 작은 기쁨인지, 그리고 그보다 크고 진정한 기쁨이 얼마나 많은지, 그걸 말해줄게요. 하지만 선택은 여전히 당신 몫이라 생각하기에, 절대 강요하진 않을게요. 다만 이런 선택지도 있으니, 고려는 해봐라, 정도로 말할 테니 저항 없이 들어주길 바라요. 사람은 모두가 자신의 행복을 위해 최선의 선택을 하며 존재하고 있다고 했죠. 그렇다면 지금의 당신에게 누군가를 비난하는 것이 최선이듯, 당신에게 비난받는 그 사람 또한 그게 최선이라서 그렇게 존재하고 있는 것일 뿐인 거예요. 당신 또한 과거에 어떤 실수를 저질렀고, 하지만 그때는 그것이 당신이 추구할 수 있는 가장 큰 행복이자 선이라 믿었기에 그럴 수밖에 없었던 것처럼, 그래서 그때를 지나 보다 성숙한 뒤에야 그때의 미성숙을 후회할 수 있게 된 것처럼, 마찬가지로 다른 사람들도 그러고 있을 뿐인 거예요. 그렇게 자신의 위치와 성숙의 수준 안에서 최선을 다해 선택하고, 배우고, 성숙하며 나아가고 있을 뿐인 거예요. 그래서 그 불완전은 성숙하기 위해 이 세상에 태어나 살아가고 있는 우리이기에 사실은 완전함인 거예요.

그러니 그래서 완전한 이 세상을 완전하게 바라보지 못해 비난하기보다, 당신 또한 그러한 성숙의 과정 안에 있음을 알고 타인의 성숙을 존중해주고, 그렇기에 이 세상이 완전한 것이라는 걸 이해하기 위해 노력해보기로 해요. 고작 비난이 당신이 선택할 수 있는 최선의 행복이 되었다는 사실이 저는 안타깝고 속상하지, 그런 당신이라고 해서 당신을 비난하진 않아요. 왜냐면 그보다 나은 행복이 있음을 저는 알고 있고, 그래서 그 행복을 모르는 당신이 안쓰러울 뿐이니까요. 그보다 더 크고 진정한 행복이 있음을 당신이 알았더라면, 당신은 결코 비난 따위를 선택하지 않았을 테고, 아니, 애초에 당신의 마음 안엔 비난이란 선택지 자체가 없었을 테니까요. 그래서 그건 속상한 일일 뿐인 거예요. 그리고 당신 또한 당신에게 비난을 불러일으키는 어떤 미성숙한 사람들을 그저 속상하게 여길 필요가 있을 뿐인 거예요. 그게 그들의 최선의 기쁨이자 행복이라면, 사실 그건 얼마나 안타까운 일인가요. 그렇게 존재하고 있는 것 자체로 이미 얼마나 불행하고 고통스럽겠어요. 나에겐 뻔히 보이는 그 고통이, 고작 그 고통이 그들에겐 최선의 행복이라니, 정말 이 얼마나 안타까운 일인가요.

그러니 당신은 비난하기보다 그저 안타깝게 여겨줘요. 그렇게 당신의 최선을 비난에서 연민으로 바꾸는 거예요. 비난보다 연민이 더 크고 진정한 행복이기에 당신은 그 순간 곧장 더 행복한 사람이 될 테고, 하여 당신은 무엇이 행복이고 불행인지를 더욱 분명하게 알게 되었기에 더 이상 비난할 수 없는 사람이 될 거예요. 그리고 또한 감사해봐요. 당신은 당신이 비난해야 한다고 믿었던 그 사람들처럼 존재하고 있지 않음에 말이에요. 당신은 다르게 존재할 수 있었고, 그렇다면 그건 얼마나 축복인 건가요. 당신도 정말 운이 안 좋았다면, 그러니까 참 열악한 환경에서 태어났다면, 혹은 어떤 육체적인, 정신적인 제약을 가지고 태어났다면, 혹은 합리적인 사고를 하지 못할 만큼 지능의 한계를 가지고 태어났다면, 당신 또한 그럴 수도 있었던 거잖아요. 하지만 당신은 그렇게 존재하라고 해도 그렇게 존재하지 않을 수 있는 타고난 이성과 합리성을 지닌 채 태어났고, 사실 그 자체로 그건 축복하고 감사해야 하는 일인 거예요. 그러니 비난하기보다 당신은 그들과 다르게 존재할 수 있음에 오직 감사해요. 비난보다 감사가 더 크고 진정한 행복이기에, 그로 인해 당신이 더 행복해질 테고, 더 빛나는 삶을 살아가게 될 테고, 그러니까 그들을 위해서가 아니라 오직 당신 자신을 위해서 말이에요.

우리는 모두 살아가며 명확하게는 아니더라도, 우리가 존재하는 이유가 수많은 경험을 통해 배우고 성숙하기 위해서가 아닌가, 라는 생각을 한 번쯤은 하며 살아가고 있죠. 우리의 가슴은 우리 자신의 존재 이유를 우리가 그것을 망각하는 순간에도 영원히 잊지 않은 채 간직하고 있기 때문이에요. 그러니 비난하는 미성숙 대신에 비난을 내려놓고 보다 큰 성숙인 연민과 감사를 선택함으로써 내 존재의 이유를 더욱 기억해내고, 그렇게 이제는 내가 이곳에 존재하는 유일한 이유인 사랑, 을 향해 나아가기로 해요. 잊지 말아요. 우리는 때로 우리 자신이 선과 정의를 위해 누군가를 비난하는 것이라고 믿지만, 그리고 이 세상의 아름다움을 위해 비난은 꼭 필요한 것이라고 말하지만, 진정으로 내가 이 세상을 위해 무엇인가를 할 때, 그 사랑의 마음으로 무엇인가를 할 때, 우리의 마음은 완전한 평화와 고요와 함께하고 있을 거라는 것을요. 그러니까 지금 내 마음 안에 평화 아닌 분노와 갈등, 어떤 일렁임, 끝없는 곱씹음, 그런 불편함이 있다면 나는 이 세상, 혹은 타인을 위해서가 아니라 오직 나의 미성숙을 미화하고 정당화하기 위해 누군가를 위해서, 라는 아름다움을 함부로 훔쳐 나의 거짓된 행동을 포장하고 있는 것일 뿐이라는 것을요. 그렇게 나 자신까지도 속이고 있는 것일 뿐이라는 것을요. 그리고 비난할 때 우리의 마음 안엔 결코 평화가 함께하고 있지 않지 않다는 것을요.

그러니 언제나 내 마음 안에 완전한 고요와 평화가 함께하고 있는지, 예쁜 미소와 사랑스러운 감정이 함께하고 있는지를 살피며 나아가기로 해요. 평화와 함께하고 있다면 나는 제대로 된 길을 가고 있는 것이고, 갈등과 불편함, 미움과 곱씹음, 그 모든 평화 없는 마음과 함께하고 있다면 나는 잘못된 길에 들어선 것이라는 것을 잊지 않으면서요. 그리고 당신은 그 길 위에서 비난은 결코 평화와 사랑스러움을, 아름다움과 진정한 기쁨을 당신 마음에 가져다주지 않는다는 것을, 그래서 비난은 그 자체로 결코 진실하고 아름다운 의도일 수 없다는 것을 꼭 알게 될 거예요. 내가 나의 존재만으로 사랑이듯, 모든 사람들 또한 그렇고, 다만 자신을 사랑으로 알고 여기지 못하는 무지로 인해 마치 사랑이 아닌 것처럼 존재하고 있을 뿐이고, 하지만 아무리 스스로 사랑이 아닌 것처럼 존재하기 위해 애쓴다고 해서 사랑이 사랑이 아니게 될 수는 없는 거니까요. 그래서 사실은 그 누구도 비난과는 어울리지 않는 사랑이며, 그것을 진정으로 아는 자는 그래서 누구도 비난하지 않으니까요. 그 영원한 진실을 모르는 무지한 사람만이 비난할 수 있는 것이고, 그래서 비난은 그 자체로 성립될 수 없는 환상일 뿐인 거니까요. 그러니까 그것이, 비난이 결코 우리의 마음에 진정한 기쁨과 평화를 가져다줄 수 없는 이유인 거예요.

그럼에도 당신이 여전히 누군가를 비난함으로써 얻을 수 있는, 진정한 행복에 비해 아무런 가치도 없는 그 작고도 왜소한 기쁨을 포기하지 않겠다면 저도 당신을 더 이상 말리지는 않을 거예요. 당신에게도 당신 자신만의 성숙의 과정이 있는 거니까요. 하지만 하나만 말해줄게요. 그것이 얼마나 작은 기쁨이냐면, 당신이 누군가를 비난할 때 당신의 마음은 분노와 원망감에 휩쓸리고 있고, 당신의 얼굴은 전혀 행복한 사람의 표정을 짓지 못하고 있죠. 그래서 당신은 그 누가 봐도 참 불행해 보이죠. 당신 자신만 그 불행을 읽지 못하고 있을 뿐이죠. 그러니까 그 불행이, 당신이 당신의 삶에서 추구할 수 있는 최고의 행복이 된 것이고, 당신만 당신이 그로 인해 불행하다는 걸 애써 외면한 채 고집을 부리고 있을 뿐인 것이죠. 많은 사람들이 스스로 불행을 추구하면서도 마치 그것이 불행인 줄 모르는 것처럼, 행복이기라도 한 것처럼 그 불행에 대한 나름의 완전한 논리와 정당성을 가지고 있으니까요. 당신 또한 그런 적이 있을 거예요. 어떤 사람이 완전히 불행해 보여서 그 사람에게 왜 다른 선택을 하지 않느냐고 물어본 적이. 그리고 그 사람은 자기 나름의 논리와 정당성을 당신에게 털어놓으며 불행을 행복으로 꾸며댔을 테고, 그렇게 자기 자신까지 속이고 있었을 테고, 그리고 당신 또한 지금, 그러고 있는 거예요. 그걸, 지금 제가 당신에게 똑같이 한 번 물었고, 이제 당신이 스스로에게 한 번 물어볼 차례인 거예요. 아주 진실하고 정직하게 그 물음에 답해볼 차례인 거예요. 그리고 저는 다만 바라요. 부디 그 물음의 답이, 이제는 거짓 행복이 아니라 진실한 행복이기를. 부디 진실의 빛이, 꼭 당신의 마음을 비춰줘 당신을 진정한 행복으로 안내해주기를.

  그러니까 내가 옳기 위해 누군가를 비난하기보다, 그저 옳은 당신이 되기를. 스스로 옳지 못해 잘못된 타인을 늘 필요로 하는 그 미성숙에 너무 오랜 시간 머무르지는 말기를. 비난은 타인과 나를 더욱 분리시키는 감정이며, 그래서 그건 내가 이곳에 태어나 존재하는 이유인 사랑에 내가 다가서는 것을 더욱 오래도록 막아설 테니까. 그러니 이제는 나의 행복을 위해 비난을 멈추기를. 그 지혜가 당신에게 있기를. 당신이 누군가를 비난할 때, 그건 죄가 있을 수 없는 완전한 사랑의 존재를 비난하는 것이며, 왜냐면 모두가 스스로는 잊고 지내고 있을지는 모르겠지만 하나 같이 완전한 사랑의 존재이기 때문이며, 그래서 비난한다는 건 그 자체로 완전한 사랑에 죄가 있을 수 있다고 믿고 있음을 증명하는 것이며, 하여 그때는 당신, 당신 자신 또한 비난받을 수 있고, 죄가 있을 수 있는 존재라고 믿을 수밖에 없을 테니까. 그러니까 스스로를 결코 완전한 사랑으로 여기지 못할 테니까. 그러니 모든 존재가 완전한 사랑임을 앎으로써 그만, 비난을 멈추길. 그때, 당신 또한 당신을 그 완전함으로 여기게 될 테고, 하여 당신, 당신 자신이 얼마나 완전한 사랑인지를 그로 인해 반드시 기억하게 될 테니까.

그러니 그 기억을 일깨워주는 도구로서, 선물로서 지금의 비난을 마주하길. 하여 비난하는 마음이 생길 때 그 마음 그대로 비난하기보다, 이제는 비난을 내려놓음으로써 나의 진짜 모습인 사랑을 되찾아가는 당신이길. 그렇게, 비난하는 것도, 비난받는 것도 불가능한 완전한 사랑에 거함으로써 이제는 당신이 진짜, 안전하길. 진정한 안전을 얻길. 그 무엇으로부터도 나는 상처받을 수도, 훼손당할 수도 없다는 것을 단 하나의 의심도 없이 믿는 그 확신에서부터 오는 진짜, 안전을. 그렇게 고요하게 평화롭고, 완전하게 사랑스럽길. 그렇게, 누군가를 더 이상 미워하지 않아도 되는 마음에서부터 오는 진짜 안전과 평화를 분명하게 알게 되길. 그게 얼마나 안전이고, 평화며, 기쁨이고, 행복인지를. 하여 그것을 알게 되었기에, 그러니까 무엇이 진정한 행복인지 스스로 알게 되었기에 그 길을 걸어갈 수밖에 없는 당신이기를. 그렇게 비난하는 데서부터 오는 불안함과 갈등이 아니라 비난과 미움 없는 마음에서부터 오는 안전과 평화가, 영원한 안도가 바로 처음부터 당신이 누려야 했던 당신의 권리였음을 또한 알게 되길. 하여 이제는 그 권리를 되찾고 확실히 누리길. 영원한 사랑의 권리를, 그 무엇으로부터도 상처받을 수 없는 완전함을, 그 행복과 환희를, 그 안전과 안도를, 바로 당신 자신으로 존재하는 기쁨을. 그러니까 사랑이, 사랑으로 존재하는 기쁨을.

## 진정한 이득

내게 진정으로 이득이 되는 것이 무엇인지 늘 살피며 나아가세요. 진정한 이득이란 다름 아닌 내 영혼의 기쁨이라는 것을 명심하면서요. 그러니까 누군가가 만약 어떠한 상황에서 누군가를 속여 돈을 번다면 그는 자신이 그러한 행동을 통해 이득을 봤다고 생각할지 몰라도, 사실 그는 그로 인해 아름다움에서부터 멀어졌고, 성숙에서부터 멀어졌고, 진실함에서부터 멀어졌고, 사랑에서부터 멀어졌기에 정말로 큰 손해를 본 거예요. 그래서 그 순간 그의 영혼은 기쁨을 누리지 못한 채 여전히 슬퍼하고 아파하고 있을 거예요. 채워지지 못했다는 공허함을 느낀 채 펑펑 울고 있을 거예요. 그러니 매 순간 내게 주어진 모든 상황 안에서 나에게 진정한 이득이 무엇인지를 묻는 습관을 가진 채 그 모든 순간들을 더욱 아름다워지고, 성숙하고, 진실해지고, 사랑에 성큼 다가서는 선물이자 기회로 여기기로 해요. 그렇게 진정으로 내 영혼이 기쁨을 누릴 수 있게, 그 기쁨이야말로 내게 가장 큰 이득이라는 것을 간직한 채 나아가기로 해요.

지금 용서하기 힘든 사람이 있다면 마음껏 원망하는 것이 이득일까요, 그럼에도 끝내 용서를 완성하는 것이 이득일까요. 지금 눈 앞에 보이는 물질적인 이득을 얻기 위해 내 영혼의 진실함을 저버린 채 거짓을 선택해야 한다면, 그렇게 하는 것이 이득일까요, 아니면 그것을 거절한 채 내 영혼의 양심과 진실함을 지키는 것이 이득일까요. 지금 내 마음을 끝없이 속상하게 하는 상황 속에서 그 속상함을 계속해서 붙들며 곱씹는 게 이득일까요, 아니면 내려놓은 채 완전함에 머물기 위해 노력하는 것이 이득일까요. 하나의 작은 불만에 꽂혀 그 불만에 사로잡힌 채 그 불만만을 부풀리느라 주어진 소중함을 모두 놓치는 게 이득일까요, 아니면 불만을 제쳐놓고 내게 주어진 모든 감사거리에 시선을 둔 채 감사를 내 마음에 채우는 게 이득일까요.

그게 무엇이든 당신의 마음은 이미 그 답을 알고 있을 거예요. 그러니 마음의 깊은 중심에 귀를 기울여봐요. 만약 당신이 끝내 당신 마음의 진실한 소리를 외면한 채 세상의 소리에 따라 움직인다면 그때는 마음과 당신 행동의 불일치로 인해 당신의 영혼은 공허해질 수밖에 없을 것이고, 잔뜩 메마른 채 슬픔과 불안함을 느낄 수밖에 없을 거예요. 그러니까 그 영혼의 아픔이 바로, 당신에게 끝없이 바른 길로 가달라고 당신에게 외치는 마음의 울림이자 안내인 거예요. 그러니 이제는 그 음성에 귀를 기울인 채 진정한 기쁨을 향해 나아가기로 해요. 내 영의 이득을 위해 나아가기로 해요. 더 이상 매 순간 내게 주어진 성숙의 선물을 스스로 외면한 채 미성숙에 머무르지 않기로 해요. 그러니까 충분히 행복할 수 있는데, 스스로 불행에 머무르기 위해 애쓰지 않기로 해요. 당신은 이미 당신 행복을 위한 모든 정답을 알고 있으니까. 그러니까 어떤 선택으로 인해 당신 마음에 꽉 차오르는 기쁨이 함께하게 되었다면 당신은 당신을 위한 사랑의 선택을 한 것이고, 그게 아니라 어떤 모양의 결핍과 공허와 함께하게 되었다면, 불안과 갈등과 함께하게 되었다면 당신은 사랑 없는 선택을 한 것임을.

그러니 이제는 얄팍하고 일시적인 거짓 만족감이 아니라 결코 사라지지 않을 영원한 기쁨, 그 영의 기쁨을 위해 선택하길 바라요. 그렇게 부디 당신이 순수하고 맑은, 예쁘고 사랑스러운 미소와 함께 진정으로 행복하길 바라요. 매 순간 나를 더욱 아끼고 사랑할 기회 앞에서 더 이상 사랑을 아끼거나 주저하지 않음으로써. 그러니까 나를 진심으로 사랑하기에, 나를 진짜 기쁘게 해주기 위해 늘 사려 깊게 살피고 염려함으로써. 결국 내가 성숙할수록 나는 그만큼 더 행복해지는 것이고, 그러니까 외부는 나의 행복과는 전혀 무관함을 진정으로 알기에 오직 내면의 아름다운 성숙을 위해 나아감으로써. 그때, 당신은 같은 세상을 전과 달리 더욱 큰 빛과 사랑, 기쁨과 함께 보내게 될 테고, 하여 어떤 순간 안에서도 행복을 놓치지 않은 채 웃음 지을 수 있을 테고, 그게 바로 진짜 당신의 힘인 거니까. 그러니 이제는 힘을 잃지 말길. 당신의 온전한 힘과 주권으로, 능력으로 매 순간 행복하길. 더 많이 사랑히길. 행복할 수 있는 힘과 능력이 자신에게 있음을 진정으로 아는 자만이 진짜, 사랑할 수 있는 거니까. 스스로 행복할 줄 모르는 사람은 결국 진심으로 너그러울 수도, 다정할 수도 없는 거니까. 왜소함과 결핍이 없는 빛의 마음, 그러니까 그게 바로 진짜, 사랑이니까.

그러니 이제는 당신 마음의 중심으로 흔들림 없이 사랑하길. 그 사랑이라는 진정한 이득만을 위해 오늘을 보내길. 그런 마음으로 하루를 보낼 때, 이전에는 당신을 아프게 하고 속상하게 하고 화나게 했던 모든 상황들이 이제는 사랑을 되찾을 예쁜 기회로만 보이기 시작할 테고, 하여 당신, 불행이 불가능해서 행복한 사람이 될 테니까. 매 순간을 떨리는 가슴과 꽉 찬 생명력으로 보내게 될 테고, 그렇게 진짜, 살아가게 될 테니까. 더 이상 공허에 시달리지도, 속상함에 시달리지도, 결핍에, 왜소함에 시달리지도 않으며, 그렇기에 받음을 기대하며 주는 인색함을 넘어선 관대함과 다정함으로 진짜, 사랑하게 될 테니까. 그리고 그 사랑만이 당신을 유일하게 행복하게 할 수 있으니, 왜냐면 당신이 바로 사랑이기 때문이며, 하여 당신, 이제는 진짜, 행복할 테니까. 그러니 진정한 이득을 더 이상 오해하지 말길. 오해하지 않기에 오직 영의 기쁨과 사랑의 채움만을 위해 나아가길. 당신, 사랑이라는 이름의 빛과 소중함, 기뻐하기 위해 태어난 참 예쁜 존재, 바라만 봐도 아까워서 아껴주고 싶다는 마음이 가득 차오르는 귀한 사람, 내가 참 많이 아끼고 걱정하는 사람, 오직 사랑으로만 채워질 수 있는 사랑 그 자체의 빛나는 사랑은.

## 늘 이기지만 불행한 사람

이기는 사람이 되기보다, 행복한 사람이 되세요. 우리는 때로 소중한 사람과 함께하며 아무것도 아닌 사소한 것 앞에서조차 옳고 그름의 논쟁을 하며 오직 이기는 사람이 되는 일에 집착하곤 해요. 그리고 그 집착으로 인해 정말 보잘것없는 작은 일조차 너무나도 크고 중요한 일이 되어버리고, 하여 내려놓기조차 힘들 만큼 그 가치가 부풀려져 버리곤 하죠. 하지만 우리는 그 순간에도 차분함을 되찾은 채 무엇이 중요한지를 한 번 생각해볼 줄 알아야 하는 거예요. 정말 무엇이 중요할까? 내가 이기는 것? 상대방을 틀린 사람으로 믿듦으로씨 옳은 내가 되는 것? 내 자존심?, 하고 스스로에게 물어보면서 말이에요. 그 차분함 속에서 그것을 자신에게 진실하게 물어보는 그 순간 이미 당신은 정말 중요한 게 무엇인지를 느끼게 될 테고, 하여 반듯하고 예쁜 중심으로 다시 돌아오게 될 테니까요. 그 순간 정말 중요한 건 내 소중한 사람과 행복한 시간을 보내는 것이라는 것을, 서로에게 상처를 주는 게 아니라 기쁨과 사랑을 전해주는 것이라는 걸 당신, 꼭 알게 될 테니까요.

그래서 이미 논쟁이 시작되어 한참 과열이 된 순간에도 당신이 예쁜 중심으로 돌아온 채 더 이상 보태어 싸우지 않고 진실한 사랑의 마음을 건넬 수만 있다면, 그 순간 당신은 오직 이기는 일에만 집착하는 그 고통스러운 감정에서 풀려나 곧장 넉넉하고 다정하게 존재할 수 있게 되는 거예요. 정말 소중한 건 이김이 아니라 내가 사랑하는 이 사람이고, 이 사람과의 행복한 시간이고, 그것을 이제는 진심으로 알기에 옳음에 집착하는 감정싸움이 무의미하고 피곤하게 느껴지기 시작하고, 하여 당신, 옳고 그름을 떠나 사랑하는 사람을 아프게 했다는 그 사실 하나로 기꺼이 미안하다는 말을 건넬 줄 아는 참 예쁜 사람으로 존재하게 되는 것이죠. 그리고 그 미안하다는 말은 상대방의 눈치를 보는 우유부단함에서, 대충 상황을 넘기기 위한 가벼움에서 나온 게 아니라 당신 마음속 깊숙한 곳에 있는 진실한 사랑의 빛에서부터 나온 것이기에 그 무의미한 논쟁과 피곤한 감정싸움이 낳은 상처를 치유하기에 충분한 것이죠. 그래서 그 순간 다시 당신 둘, 다정함으로, 예쁨으로, 소중함으로, 기쁨으로 돌아오게 되는 거예요.

그렇다면 누가 이 넓은 마음과 함께하고 있는 당신을 두고 감히 패배자라고 말할 수 있겠어요. 그러니 잊지 말아요. 당신이 오직 이김에 집착할 때는 당신 마음 안에 작고도 왜소한 인색함이 담기게 되고, 하여 그 순간 당신은 불행하게 존재할 수밖에 없게 되지만, 그래서 그 자체로 당신은 패배자로 존재하게 되는 것이지만, 당신이 이김에 대한 집착을 넘어 꿋꿋이 당신 마음의 예쁜 중심을 지켜낸다면, 하여 다정하고도 너그럽게 존재할 수 있다면 그 자체로 당신은 행복한 사람이 되는 것이고, 그래서 당신, 진정한 승리자가 되는 것이라는 것을요. 그 예쁜 내려놓음 하나로 이미 당신은 크고 아름다운, 더욱 사랑스럽고 행복한 사람이 되었을 테니까요. 이기는 것에 고통스럽게 집착한 채 스스로 작아지고 옹졸해지기보다, 그 마음을 떨쳐내지 못해 끝없이 상처 주고자 하고, 깎아내리고자 하고, 그러니까 그 작은 마음에 사로잡혀 참 왜소하고 불행하게 존재하기보다 더 크고 위대한 사람이 되는 것, 더욱 성숙한 사람인 채 존재하는 것, 꿋꿋이 다정하고 너그러운 사람으로서 존재하는 것, 그럴 수 있는 내가 되는 것, 그러니까 그게 진정한 승리인 거니까요. 여전히 고통스러운 표정을 짓고 있는 딱 봐도 불행한 사람을 승리자라고 보는 사람은 이 세상엔 없는 거니까요.

그러니 더 불행한 사람을 가려내는 내기를 하는 게 아니라면, 더 작고 왜소하고 옹졸하고 인색한 사람을 찾아내는 내기를 하는 게 아니라면, 진짜 옳음보다 이기는 것 자체가 중요해 진실함을 저버린 채 거짓을 선택할 수 있는 선한 중심이 없는 사람을 찾아내는 내기를 하는 게 아니라면, 당신은 진짜 승리자가 되길 바라요. 예쁜 나로서 존재하는 것, 보다 사랑스럽고 다정하게 존재하는 것, 당신에게 있어 그보다 더 중요한 일은 없고, 진정 중요한 것을 잃지 않고 지켜내는 자가 진정한 승리자인 거니까요. 중요하지도 않은 무가치한 것을 중요하게 여기느라 스스로 진짜 중요한 것을 포기하는 사람이 아니라 말이에요. 그러니 당신은 옳고 그름에 대한 집착이 낳은 고통스러운 순간들 안에서도 그 사이사이에 숨겨진 사랑할 기회를 찾아내고, 그 사랑을 해냄으로써 당신 존재의 유일한 사명인 사랑을 쟁취해내는 진짜 승리자가 되길 바라요. 당신이 진짜 승리자가 되고 나면, 당신 마음에 가득 찬 사랑의 기쁨으로 인해 당신에게 있어 옳고 그름 따위는 이제 더 이상 중요하게 느껴지지 않을 테고, 하여 그 매력을 당신에게서 완전히 잃은 채 소멸할 테고, 그래서 당신, 더 이상 옳고 그름의 논쟁에 유혹받지 않아도 되는 평화의 옷을 입은 채 내내 보호받게 될 테니까요. 그렇다면 그보다 승리라 할 수 있는 승리가 있을까요?

그러니 이제는 진정한 승리자가 되세요. 늘 이기는 사람이 되어봤자 내게 좋은 게 뭐가 있나요. 그런 내 성향으로 인해 마음의 문을 닫게 된 상대방은 내게 전보다 더 인색해질 뿐일 테고, 하여 내게 진짜 사랑이 필요한 순간 그 자신의 사랑을 아끼게 될 뿐일 텐데요. 내가 잘 되길 바라기보다 잘 못 되길 바라며 나를 은근히 저주하게 될 뿐일 텐데요. 그래서 그저 넘어가도 될 만한 작은 실수 앞에서도 나는 상대방에게 너그러움을 바랄 수조차 없게 되겠죠. 하여 나, 늘 긴장한 채 완벽하게 존재하기 위해 치열하게도 애쓰고 노력해야만 할 테고, 그 압박감 속에서 늘 숨 막히게 살아가게 되겠죠. 있는 그대로 사랑받는 행복은 기대할 수조차 없을 만큼 사람들은 내게 사랑을 아끼고 있을 뿐이겠죠. 그리고 언젠가 지금보다 더 성숙한 내가 되었을 때는 사람들에게 상처 주었던 지난날의 나 자신을 반드시 가슴 미어지게 후회하고 아파하게 되겠죠. 결국 중요한 건 다정함과 사랑이고, 하여 우리는 다정하지 않았던, 사랑하지 않았던 시간을 반드시 후회하게 될 수밖에 없으니까요. 그 사랑만을 위해 존재하는 사랑의 존재가 바로 진짜 우리의 모습이니까요.

그렇다면 늘 이김에만 집착하느라 그 모든 고통과 함께하게 된 나인데, 내가 어떻게 이겼다고 할 수 있을까요. 사실은 늘 지고 있었을 뿐이고, 스스로 더욱 불행해지고 있었을 뿐인 것을. 나 자신만 그것을 모르는 채 스스로 이겼다고 민망하게도 확신하고 있었을 뿐인 것을. 하지만 그 확신조차 진짜 확신은 결코 아니었기에 나, 늘 불안해하고 두려워해야 했고, 왜냐면 모든 다정하지 않음에는 죄책감이 반드시 뒤따라오기 마련이기 때문이며, 무엇보다 이번에는 내가 이겼지만,

그로 인해 상대방은 다음번엔 반드시 나를 이기겠노라 마음먹게 되었을 것이기 때문이고, 그러니까 나의 승리에는 상대방의 복수가 반드시 뒤따라오기 마련이기 때문이며, 그래서 그때의 나, 마음 편히 존재할 날이 하루도 없을 테고, 그래서 나, 사실은 이긴 적이 단 한 번도 없었던 것을. 그럼에도 여전히 그것이 승리라고 믿겠다면, 당신은 앞으로도 늘 이기지만 불행한 사람으로 존재하길 바라요. 아, 이런 말은 하지 않았어야 했는데, 내가 너무 한 것 같아, 하고 후회하기보다 아, 이 말까지 했어야 했는데, 더 짓밟아뒀어야 했는데, 하고 후회하는 참 못난 사람으로 살아가길 바라요. 그렇게 끝내는 모든 사람들로부터 기피된 채 쓸쓸하고 외로운 삶을 살아가길 바라요. 그게 진정으로 당신이 원하는 것이라고 하니까, 당신의 그 꿈을 저도 진심으로 지지하고 응원해줄게요.

하지만 이제는 뭔가 좀 잘못됐다고 느낀다면, 다시는 보잘것없는 승리를 위해 낭신 예쁜 마음을 스스로 저버리지 않길 바라요. 상대방을 향한 진심 어린 사랑의 마음을 매 순간 꿋꿋이 지켜내길 바라요. 더 행복한 사람이 되는 것, 더 사랑하는 사람이 되는 것, 더 다정한 사람이 되는 것, 타인을 더 기쁘게 해주는 사람이 되는 것, 사람들의 마음을 더 편안하게 해주는 사람이 되는 것, 하여 사람들이 나로 인해 사랑받고 있다고 느끼게 하는 참 귀한 사람으로 존재하는 것, 그게 진짜 이기는 것이며, 나를 위한 것이며, 하여 진정한 승리라는 것을 명심함으로써요. 고작 나의 옳음을 방어하기 위해 기꺼이 상처 주고, 때로는 거짓말까지 일삼고, 교묘하게 사람들을 조종하고자 하고, 그 모든 못난 마음은 그 안에 진실함과 아름다움이 없다는 것 자체로 이미 옳을 수 없는 마음인 거니까요. 그래서 당신이 아무리 이겨도, 그때의 당신은 나를 스스로 옳은 사람이라 믿는 자존감과는 결코 함께할 수 없을 테고, 하여 당신, 영원히 채워지지 못해 공허하고도 외롭게 살아가게 될 테고, 무엇보다 그런 모습을 아무리 스스로 승리자라 미화해본들 누가 봐도 그건 패배자의 모습일 뿐이니까요.

그러니 이제는 당신이 진정 이기는 사람이 되길. 내 앞에 있는 누군가가 아무리 나에게 상처를 줘도 그것에 구태여 반응하기보다 나는 꿋꿋이 평화와 함께 존재하는 것, 그보다 훨씬 나은 선택지가 참 많은데도 고작 그것을 자신의 최선으로 여기고 있는 상대방을 그저 안쓰럽게 바라보는 것, 그게 진정한 승리자의 마음인 거니까. 어차피 옳고 그름의 싸움엔 끝이 없으며, 왜냐면 그건 진정한 진실을 찾기 위한 논쟁이 아니라 자신의 것만이 옳음을 강요하기 위한 싸움이기 때문이며, 그래서 한쪽이 먼저 진정한 승리자의 마음을 갖고 양보하지 않은 한 결코 끝나지 않을 싸움인 거니까. 그리고 그 한바탕의 논쟁이 휩쓸고 간 자리에는 상처와 너덜너덜해진 마음, 사랑하기 위해 태어났지만 전혀 사랑하지 않았다는 의식적, 무의식적 죄책감, 이겼다는 만족이 아닌 이겼다는 우쭐함, 또 그만큼 상대방의 마음을 짓밟았기에 언젠가는 상대방이 내게 복수하고자 할 날이 반드시 올 거라 믿는 두려움, 그 불행만이 남아있을 뿐일 테니까. 그러니 당신은 더 이상 그 무의미에 머물지 말길. 소중한 당신의 삶을 고작 그 거짓 승리를 위해 낭비하지 말길.

다만 가득 사랑하며 보내기에도 참 아까운 그 하루, 최선을 다해 사랑하고 사랑스럽게 존재함으로써 행복할 뿐이길. 가장 중요한 게 바로 사랑임을 알고, 더 이상 무가치한 것을 스스로 가치 있게 여기느라 소중함을 놓치지 말길. 그 무가치함이 얼마나 당신을 지치게 하고 피곤하게 하는지를, 그럼에도 얼마나 당신을 불행하게만 만들 뿐인지를 꼭 알기를. 분명하게 알기에 유혹받지 않기를. 진정으로 내가 아끼고 사랑하는 가치가 있다면 그건 옳고 그름의 논쟁이라는 진흙탕에 빠뜨리기보다 내 마음의 하늘에서 고이 지켜내야 하는 것임을 잊지 말길. 무엇보다 함께하는 시간의 반짝이는 기쁨과 행복을 고작 옳음 따위를 지켜내기 위해 훼손하지 말기를. 옳고자 하는 집착이 느껴질 때마다 그것을 내려놓음으로써 나의 사랑을 회복하고 더욱 다정해질 기회로 여겨보길. 당신이 진정으로 옳고 싶다면, 차분함과 다정함을 잃지 않은 채 옳아야 하며, 그러니까 그렇게 옳을 수 있을 때까지 거짓 옳음으로부터 당신을 반드시 지켜내길. 당신이 진정으로 예쁜 마음과 함께 옳다면, 그 옳음을 또한 상대방의 행복을 위해서도 공유하고 싶을 뿐이라면 그 사랑의 마음은 상대방의 마음에 저항을 불러일으키기보다 오직 예쁘고 아름다운 울림만을 일으킬 뿐일 테고, 하여 반드시 소중하게 닿을 테니까. 무엇보다 옳음보다 사랑이 더 잘 어울리는 당신이니까. 그러니까 옳은 사람이 되기 위해 사랑을 저버리기보다, 사랑을 위해 옳고자 하는 욕구를 기꺼이 내려놓을 줄 아는 당신이길. 하여 옳고 그름을 떠나 상대방을 아프게 했다는 사실 자체로 미안하다고 말할 줄 아는 예쁨과 다정함이 당신에게 있기를. 그때, 사랑이 당신을 진짜 옳은 사람으로 만들어줄 테니까. 당신을 보다 높이 세워줄 테니까.

그러니 당신은 낮아짐으로써 높아지는 지혜로운 사람일 것이며, 사랑함으로써 옳은 길을 가는 진짜 승리자이길. 옳기 위해서가 아니라 오직 사랑하기 위해 태어난 당신, 사랑은. 이길 때 불행해지고 사랑할 때 행복해지는 당신, 사랑은. 그러니 당신, 사랑은 누군가를 지게 만듦으로써 이기기보다 그 누구도 지게 만들지 않고 이기는 당신의 진짜 모습인 사랑이란 위대한 힘에 기대어 나아가길. 하여 사랑이지 않았던 모든 시간을 반드시 미어지게 후회하게 될 당신, 사랑은 최선을 다해 사랑이었기에 돌이켜 후회할 일이 거의 없기를. 자신에 대한 떳떳함과 만족감으로 늘 채워진 채 반짝이며 나아가는 당신, 사랑이기를. 무엇보다 당신, 사랑은, 자존심 따위를 지킬 필요가 없을 만큼 그 무엇에도 상처받거나 훼손당하지 않는 영원한 빛이자 생명이기에 때로는 기꺼이, 미안하다는 말을 건넬 줄도 알기를. 당신, 사랑은 부끄러움을 모르고, 상처를 모르고, 작아짐을 모르는 영원한 사랑, 그 자체로 완전한 빛이니까. 그러니 당신, 사랑은 미안하다는 말을 하지 못해 미움받는 존재는 아니기를. 다만 당신답게 존경받고 사랑받길. 당신답지 않아 미움받고 기피당하는 일은 없기를. 그러니까 당신, 사랑은 다만 당신이고, 사랑이길. 사랑이고, 당신이길. 그러니까 당신, 사랑은. 사랑, 당신은.

## 탓

내게 안 좋은 일이 생겼을 때 우리가 가장 먼저 하게 되는 일이 바로 탓할 사람을 찾는 일이에요. 그 탓함의 대상이 나든, 타인이든 말이에요. 남을 탓할 때는 안 좋은 일에 대한 나의 잘못을 없는 것으로 만들기 위해 잘못을 투사하는 식으로 내 잘못을 벗고자 하며, 내 탓을 할 때는 심각한 자기 비난의 형태로 끝없이 나를 꾸짖고 책하고 후회하는 식으로 잘못을 벗고자 하죠. 모든 게 네 잘못이니 나는 잘못이 없어, 라고 여기길 바라거나, 혹은 충분히 나를 스스로 혼낼 만큼 혼냈으니 이제는 됐어, 라고 여기길 바라거나, 그런 식인 것이죠. 하지만 남을 탓하든, 나를 탓하든, 그게 다 무슨 소용인가요. 결국 모두가 잘 해보려고 했고, 다만 결과가 안 좋았을 뿐인걸요. 그래서 그저 그곳에서 배울 것이 있다면 배우고, 다만 더욱 예쁜 미래를 향해 나아가면 될 뿐인 것을요. 어차피 과거는 지나갔고, 하여 돌이킬 수 없다면 이제는 지금을 오롯이 마주한 채 현재를 최선을 다해 예쁘게 살아갈 때인 것을요. 그게 나를 더 행복하게 해주고, 성숙하게 해주고, 아름답게 빛나게 해주는 태도인 거니까요. 탓하는 건 나도 타인도 아프게 하고 불행하게만 할 뿐 그것으로 이루어낼 수 있는 예쁨과 소중함은 진실로 아무것도 없는 거니까요.

그럼에도 여전히 과거에 머무른 채 탓할 대상을 끝없이 탐색하고, 누군가를 미워하고 비난하는 생각에 하염없이 골몰하고, 그런 식으로 주어진 소중한 하루를 낭비할 건가요. 나를 아프게만 할 뿐 아무것도 해낼 수 없는 그 무의미함에 젖어 스스로를 더욱 불행하게 만들 건가요. 나의 잘못을 없는 것으로 만들기 위해 남의 잘못을 돋보기로 확대하여 보듯 더욱 들춰보고, 그렇게 네 잘못이 이만큼이나 크니 나는 잘못이 없다고 주장하고, 그런 식으로 잘못한 게 없는 사람이 되는 게 그렇게나 중요한가요. 잘못한 게 있다면 스스로 인정하고 다음엔 같은 잘못을 반복하지 않기 위해 노력하며 나아가는 마음, 그게 더 아름답고 또한 나를 위한 마음이 아닌가요. 또 오늘을 과거의 잘못에만 빠진 채 나를 끝없이 탓하고 비난하면서 보내는 건, 그런 식으로 나를 벌줌으로써 잘못을 벗고자 하는 건 무슨 의미인가요. 그러기보다 더 예쁜 오늘의 나를 만들어감으로써 지난 시간의 다정하지 않음과 나의 실수를 아름다운 성숙으로 갚아나가는 것이 더 반듯하고 소중한 마음이지 않을까요.

　이 세상 모두가 성숙하기 위해 태어났기에 그 누구도 완벽하지 않고, 그래서 모두가 실수를 통해 배우며 나아가고 있는 것이며, 당신과 타인 또한 그런 것일 뿐인 거예요. 그러니 다만 충분히 배우고, 같은 실수를 반복하지 않기 위한 아름다움으로 나아가고, 그러면 되는 거예요. 뻔뻔하지만 않으면 되는 거예요. 진실하게 자신의 실수를 인정하고 그것을 더 나은 존재의 방식과 예쁜 성숙으로 갚아나가고자 하는 사람은 누구에게나 지지받고 응원받을 수 있는 거니까요. 인간으로 존재하는 모두가 완벽하지 않기에 우리 인간의 마음엔 타인의 완벽하지 않음을 또한 충분히 존중할 줄 아는 본성이 내재되어 있고, 하여 인정할 줄만 안다면 충분히 이해받을 수도, 용서받을 수도, 그것을 넘어 존경받을 수도 있는 거니까요. 때로 모두가 자신의 잘못을 인정하기보다 쉽게 탓하는 것을 선택해왔기에 당신의 인정하는 모습은 그 자체로 사람들에게 예쁜 본보기가 되어줄 테고, 자신이 하지 못했던 인정을 해내는 당신, 그래서 더욱 지지받고 존경받게 될 테니까요. 그 순간 사람들은 당신을 참 아름답고 반듯한 사람이구나, 빛나는 사람이구나, 하고 생각하게 될 테니까요.

그러니 이제는 탓함을 멈추고 오직 예쁜 성숙을 선택하며 나아가기로 해요. 누구의 잘못이 더 크고, 이게 누구 때문에 생긴 일인지, 그게 뭐가 그토록 중요한가요. 다만 서로에게 책임이 있다면 그것을 인정한 채 사과하고, 하여 같은 실수를 반복하지 않기 위해 노력하고, 그러면 되는 거예요. 거기서 더 나아가 비난하고 미워하고 죄인으로 만들고, 그럴 필요는 없는 거예요. 그러니 딱 거기까지만 하기로 해요. 진실한 인정과 책임을 넘어 탓함으로까지 가지는 않기로 해요. 혹여나 뻔뻔해서 자신의 실수를 인정하지 못하는 사람이 있다고 해도, 당신은 그를 미워하기보다 당신 자신의 예쁜 성숙에만 집중한 채 나아가는 거예요. 그렇게 당신 마음의 예쁨과 아름다움을 흔들림 없이 지켜내며 나아가는 거예요. 그게 당신을 더욱 위한 것이고, 무엇보다 의미 있는 유일한 행동이니까요. 서로 미워하고 탓하고 원망하는 건, 그 시간에 빠져 내 소중한 하루를 낭비하는 건 정말 당신을 위하는 게 단 하나도 없는 무의미일 뿐인 거니까요. 그러니 구태여 무의미에 탐닉하며 당신 자신을 소진시키고 지치게 하지 않기로 해요. 당신, 꿋꿋이 당신 마음을 지켜주기로 해요.

어떤 일이든 절대적으로 내 탓이거나 남 탓인 일은 없는 거예요. 모두가 좋은 일이라고 생각해서 했고, 그 안에서 누군가의 실수가 있었을 수는 있겠죠. 하지만 그 사람과 함께하기로 한 것 또한 나의 동의와 선택 하에 이루어진 일이었고, 그래서 결국 따지고 보면 탓할 건 아무것도 없는 거예요. 일부로 일을 그르치기 위해 최선을 다한 사람은 그곳에 단 한 사람도 존재하지 않으니까요. 잘 되는 것과 잘 못 되는 것, 둘 중 하나를 선택하라면 모두가 잘 되는 것을 선택하지 잘 못 되는 것을 선택할 사람은 없는 거니까요. 그래서 그저 운이 안 좋았을 뿐이고, 조금은 유감인 일이 생겼을 뿐인 거예요. 모두가 완벽하지 못해 각자의 약점을 지닌 채 존재하는 인간성을 가진 사람이기에 불가피하게 그런 일이 생긴 것일 뿐인 거예요. 정말 그게 다인 거예요.

무엇보다 실제로 누군가 정말로 큰 잘못을 했고, 그로 인해 당신이 엄청난 손해를 입게 되었다고 해도, 그래서 당신의 탓함과 미움이 참으로 정당하게 느껴질지라도, 그건 당신의 마음을 아프게만 할 뿐이고, 과거는 다시 돌이킬 수 없는 것이니까요. 그래서 당신은 당신의 남은 삶을 위해 내려놓길 선택해야 하고, 그렇게 오늘을 행복하게 보내야 하는 거니까요. 그것만이 그 상황에서 당신이 할 수 있는 가장 의미 있고 당신 자신을 위한 최선의 사랑의 선택인 거니까요. 중요한 건 잘못한 사람을 찾는 게 아니라, 잘하는 사람, 예쁘고 사랑스러운 내일을 맞이하는 사람이 되는 일이니까요. 그러니 이제는 탓하기보다 책임지는 사람이 되기로 해요. 그러기 위해 오늘을 내가 할 수 있는 최선을 다해 사랑스럽고 기쁨 가득하게 보내기로 해요. 오늘 하루 안에서 나를 더 많이 웃게 하는 것, 그것이 내가 나에게 줄 수 있는 가장 큰 선물임을 잊지 않으면서요. 그리고 그 예쁜 웃음을 통해 내 곁을 또한 기쁨 가득하게 만들어주는 것, 그것이 내가 이 세상에 줄 수 있는 가장 큰 선물임을 잊지 않으면서요. 무엇보다 이 세상에는 일을 그르치고 싶고, 또 자신의 인생을 망치고 싶어서 일부로 잘못된 선택을 하는 사람은 없다는 것을 잊지 않으면서요.

그러니 당신은 다만 타인의 실수와 잘못을 탓하고 비난하기보다 그 실수를 당신의 너그러움과 이해심, 관대함과 용서, 사랑을 더욱 확장시킬 선물로 여긴 채 나아가요. 당신이 탓하길 선택할 때 당신은 여전히 작고 왜소한 사람일 테지만, 이제는 당신이 너그럽게 받아들이고 이해하고, 기꺼이 내려놓길 선택할 때 당신은 정말로 위대하고 큰 사람이 되는 것이고, 지금이 바로 그럴 수 있는 가장 최고의 기회의 순간인 거니까요. 그러니 그 기회를 놓치지 말길 바라요. 그렇게 꼭, 진정으로 크고 행복한 사람이 되기를 바라요. 하여 그럴 수도 있지, 우리 모두가 사람인데 어떻게 완벽할 수 있겠어, 괜찮아, 라고 진심으로 동료 인간을 안심시켜주고 위로해줄 줄 아는 당신이길. 그 따뜻함으로부터 더욱 존경받고 사랑받길. 중요한 건 탓하는 일이 아니라 더 사랑하는 일이니까. 그 사랑을 배우기 위해 이곳에 태어나 존재하는 우리인 거니까. 그러니 당신은 다만 사랑을 배우길. 사랑은 죄책감과 함께할 수 없으며, 하여 당신이 사랑할 때 당신, 더 이상 타인도, 스스로도 벌줄 수 없는 사람일 테니까. 그러니 다만, 사랑하길. 다만, 사랑이길.

그 모든 사랑을 위해 당신이 습관적으로 선택하는 선택지 안에 이제는 탓함이 아니라 용서와 사랑의 다정하고 따뜻한 포옹이 들어서기를. 타인뿐만이 아니라 나의 실수와 잘못까지도 예쁘게 이해하고 안아줄 줄 아는 당신이기를. 그렇게, 여태 내가 너를 너무 몰아세워 왔지? 그러느라 정말 많이 속상하고 아팠을 텐데, 정말 많이 미안해, 하고 당신 자신에게도 말할 줄 아는 무엇보다 스스로에게 다정한 당신이길. 결국 사람은 자기 자신을 마주하는 방식으로 타인을 또한 마주하게 되어있는 거니까. 그래서 자기 자신에게 엄격하고 늘 매몰차게 구는 사람은, 겉으로는 타인에게 아무리 따듯하고 다정한 사람인 척해도 그 속엔 결국 타인에 대한 엄격한 기준과 잣대가 있을 수밖에 없는 거니까. 그러니 가장 먼저 나에게 다정한 당신이 되길. 하여 타인의 잘못을 들추며 벌주기보다, 그렇게 죄책감을 덜고자 하기보다, 나의 잘못을 곱씹으며 나를 벌주기보다, 그렇게 죄책감을 덜고자 하기보다, 마음 안에 단 하나의 죄책감도 남아있지 않기에 그럴 필요가 없는 사랑의 당신이 되길. 결코 죄인일 수 없는 사랑이 바로 당신이니까. 그게 바로 우리 모두의 진짜 모습이니까.

그러니 원망스러운 타인을 고스란히 미워하기보다 이제는 그를 통해 그, 진짜 사랑을 배워내는 당신이길. 그런 마음으로 오늘을 살아가길. 탓하는 순간 당신은 사랑에서부터 멀어지고, 성숙할 기회를 잃게 되고, 당신을 불행하게 할 뿐인 미움과는 더더욱 가까워질 뿐이고, 하지만 당신이 이해와 너그러움을 선택하는 순간 당신은 더욱 당신의 진짜 모습인 사랑에 다가서게 되고, 그 안에서 성숙할 기회를 찾은 채 예쁜 성숙을 완성하게 되고, 무엇보다 미움의 무의미를 완전히 깨달아 더 이상 스스로 미움을 선택할 수조차 없는 결백을 당신 마음 안에서 완성하게 될 테니까. 하여 타인에게서 죄를 찾던 지난 시간의 습관을 지나 이제는 오직 무죄와 결백을 발견하고 바라볼 뿐인 당신이 되어 진짜, 사랑하게 될 테니까. 당신은 죄인이 아니에요, 사랑받아 마땅한 사람이에요, 하여 이 마음을 전해주는 당신이 되어 사랑받지 못해 아파왔던 모든 사람을 안아주고 위로하는 당신이 될 테니까. 그러니 이 모든 아름다움을 위해 탓하기보다 사랑하길. 죄 없는 완전한 사랑인 당신 자신의 진짜 모습을 되찾기 위해서라도. 당신은 정말 그런, 사랑이니까. 아주 조금의 죄의 얼룩도, 단 한 점의 죄책감의 티도 없어 당신 자신과 세상 모두에게서 오직 천국의 찬연한 빛과 아름다움만을 볼 수 있을 뿐인, 참으로 맑고도 아름다운 사랑, 오직 그 사랑을 전해주기 위해 태어난 사랑 그 자체의 사랑. 그러니 당신은 다만 오롯이 당신 자신이길. 죄 없는 결백, 맑고도 투명한 순수함, 그 눈부시게 빛나는 사랑, 당신은.

# 행복의 빛

　이미 행복한 내가, 행복하다는 사실을 스스로 알아차리는 것, 그게 바로 행복의 시작이에요. 그러니 행복을 바깥에서 구하지 마세요. 행복은 알아차리는 것이지, 얻을 수 있는 게 결코 아니니까요. 그러니까 행복은 내 마음 안에서 그저 찾고 드러내기만 하면 되는 내면의 빛이니까요. 그것을 몰라 늘 행복을 바깥에서만 구할 때, 그때의 우리는 나와 타인을 얼마나 아프게 하고 지치게 해왔던가요. 네가 내게 이렇게 해줘야만 내가 행복할 수 있을 테니, 넌 내게 이런 네가 되어줘야 해, 하는 식으로 타인에게 변화를 강요하고, 그렇게 타인의 있는 그대로를 억눌러왔죠. 스스로 행복한 사람이라면 이미 행복하기에 그저 타인과도 편하게 함께할 뿐이겠지만 나는 스스로 행복하지 못해 타인으로부터 행복을 얻고자 하는 사람이었고, 그래서 타인의, 내가 원하지 않는 반응과 태도 앞에서 늘 상처받은 채 불행해져야만 했고, 하여 타인을 더욱 거세게 통제해야만 했던 거예요. 타인을 통해 행복해지고자 하는 그, 이루어질 수 없는 환상 때문에. 무엇보다 그래서 늘 불안했던 나였죠. 혹여나 타인이 나를 미워하면 어떡하지, 나를 떠나가면 어떡하지, 하는 막연한 두려움에 늘 시달려야 했으니까요. 내가 아니라 타인이 내 행복의 근원이라 믿어왔고, 그래서 타인이 내 곁을 떠나면 나는 영원히 행복할 수 없는 사람이라는 환상에 완전히 사로잡힌 채였으니까요.

그래서 나, 하루도 맘 편히 행복한 날이 없었죠. 행복이 없는 곳에서 행복을 찾는데, 어떻게 행복할 수 있겠어요. 행복은 내 마음 안에 있는 것인데, 그걸 스스로 잊은 채 늘 바깥만을 바라보며 내 결핍과 불안함, 불행을 온통 바깥에 투사한 채 그곳만을 바꾸고자 애써왔는데 말이에요. 그 모든 고통스러운 노력의 반의반도 안 되는 노력만 내 마음을 변화시키는 데 투자했더라면 나, 벌써 행복에 겨운 사람이 되었을 텐데 말이에요. 그러니 이제는 행복이 있는 곳에서 행복을 찾기로 해요. 당신에게 없는 것이 아니라, 당신이 이미 가지고 있는 것을 원하고 구하기로 해요. 당신 마음에 이미 있는 친절과 다정함, 사랑과 행복할 줄 아는 능력, 감사할 줄 아는 태도, 기꺼이 용서하고자 하는 자발성, 이해심과 존중심, 그런 것들을 원하며 나아가는 거예요. 당신 마음에 그러한 것들이 채워지고 나면, 당신은 더 이상 바깥에서 그러한 것을 구할 필요가 없을 만큼 완전한 사람이 될 테고, 하여 타인이 그런 마음을 당신에게 딱히 전해주지 않는다고 해도 당신, 아주 잠깐의 신경도 쓰지 않아도 될 만큼 초연하게 존재하게 될 테니까요. 당신은 당신 자신에게서부터 그러한 것들을 이미 스스로 가득 받고 있는 사람이기에 당신에게는 그것을 바깥에서부터 받고자 하는 결핍 자체가 이제는 전혀 없을 테니까요.

타인이 당신을 어떤 반응과 태도로 대한들, 이제는 그게 다 무슨 상관인가요. 당신은 이미 행복한 사람이고, 그래서 그런 것들이 당신 마음을 아주 조금이라도 언짢게 만들 수 없을 텐데 말이에요. 네가 나에게 이렇게 해줘야만 나는 행복할 거라 믿기에 이렇게 해줘야 해, 라고 강요하고, 하지만 그것을 받지 못했을 때는 상처받은 채 원망하고 미워하고, 때로는 가득 분노하고, 그 환상의 세계가 이제는 지치고 지루하게만 느껴질 뿐일 텐데 말이에요. 그러니까 이제는 당신, 타인에게 당신 주권과 권능을 떠넘긴 채 그들에 의해 휩쓸리던 자존감 낮음에서부터 벗어나 오롯한 당신의 힘으로 행복한 사람이 되었고, 하여 당신을 향한 타인의 영향력에서 그만큼 더 벗어나게 되었을 덴데 말이에요. 그래서 그때는 그토록이나 집착하고 강요했음에도 받지 못했던 사랑을 그저 받고 있는 당신이 될 거예요. 왜냐면 당신은 스스로 행복한 사람이 되었기에 당신 자신의 결핍을 타인을 통해 해소하고자 하는 왜소함과 더 이상 함께하고 있지 않을 것이며, 그래서 타인을 그저 있는 그대로 아끼고 사랑해줄 뿐일 테고, 왜냐면 그들이 어떤 식으로 존재한다 한들 그게 당신의 행복과 불행에 이제는 아주 조금의 영향도 주지 않기 때문이며, 하여 당신과 함께할 때면 그 어느 곳에서도 느껴본 적이 없었던 따듯함과 편안함을 느낀 타인들은 그들 스스로가 너무나 간절히 원해서 당신과 함께하고자 할 테니까요.

그러니 당신, 그저 당신으로 존재하고 있기 때문에 행복한, 스스로 행복한 사람이 되기로 해요. 여태 늘 행복을 바깥에서부터 찾고 구하느라 얼마나 아파왔나요. 얼마나 지쳐왔나요. 얼마나 무기력에 허덕이며 의미를 상실해왔나요. 얼마나 분노해왔고, 또 얼마나 원망해왔나요. 그 모든 지난날의 고통스런 노력들 또한 누구보다 간절히 행복하기 위한 최선의 노력이었지만, 그럼에도 당신, 행복하기는커녕 얼마나 더 불행해져 왔을 뿐인가요. 그러니 이제는 행복이 없는 곳에서 행복을 찾지 말아요. 행복은 언제나 당신의 마음 안에 있었기에, 그저 바라보고 발견하기만 하면 되는 거예요. 그 무엇에도 불구하고 지금 이 자리에서, 그렇게 행복한 내가 되면 되는 거예요. 당신에게 주어진 지금에, 그리고 지금 당신의 존재에 온전하고도 완전하게 감사함으로써. 당신 마음 안에 빛과 사랑을, 이해와 존중을, 용서와 받아들임을, 그 모든 예쁜 생각을 채워 넣음으로써. 그러니까 당신과는 어울리지 않는 생각들이 당신 마음을 사로잡고 헤집는 것을 이제는 스스로 허용하지 않음으로써. 그렇게, 사랑인 당신을 꼭 닮은 사랑의 생각과 감정이 아닌 다른 모든 생각과 감정을 거부함으로써. 그러니까 오직, 당신을 닮은 것, 당신 자신인 것, 당신이 이미 가지고 있는 것들만을 원하고 구함으로써.

그렇게 꼭, 당신이 지금 여기서 행복하길 바라요. 당신이 당신 마음이라는 당신 존재의 진짜 근원에서부터 행복을 발견할 줄 아는 사람이 될 때, 당신의 행복은 영원히 흔들림 없이 빛날 테니까요. 그러니 덧없고 일시적인 거짓 행복에 만족하지 말길. 잠깐도 그곳에 눈을 돌리지 말길. 그러니까 누군가를 변화시킴으로써 내가 행복해질 수 있다는 믿음과 무엇인가를 바깥에서 얻음으로써 내가 행복해질 수 있다는 믿음, 그 모든 거짓 행복의 속삭임에 더 이상 속지 말기를. 그래서 행복해질 수 있는 당신이었다면, 여태 단 하루도 빠짐없이 누구보다 치열하게 그렇게 존재해왔던 당신이 지금 이토록이나 불행한 건 말이 안 되는 거니까. 그러니까 지금 이 순간 당신의 불행이, 그곳엔 처음부터 행복이 있었던 적조차 없다는 그 자체의 증거이니까. 그러니 당신, 이제는 행복을 오해하지 않길 바라요, 더 이상 불행을 견디고 감내하지 않길 바라요. 지난 시간의 그 모든 불행을 기꺼이 감내해낼 만큼 행복에 누구보다 간절한 당신이기에, 행복을 오해하지만 않는다면, 행복이 있는 곳에서 행복을 찾기만 한다면 당신, 전보다 아주 조금의 노력만 기울여도 곧장 행복해질 수 있을 거예요. 그러니 지금도 여전히 당신이 자신을 바라봐주기만을 기다리고 있는 당신의 마음을 바라봐줘요. 그곳에 빛과 사랑을 채워 넣어줘요. 부디 그렇게 함으로써 스스로 오롯이, 완전히 행복한 당신이 되길. 더 이상 외부를 통해 행복을 얻고자 헛되이 노력할 필요가 전혀 없을 만큼 지금 이 순간 이 자리에서 행복한 당신이길.

　슬퍼하고 좌절하고 아파하고 불안해하고 미워하고 무기력에 젖어 허덕이는, 그 모든 생명력 없는 불행을 위해 태어난 당신이 아니라, 기뻐하고 감사하고 사랑하고 이해하고 존중하고 용서하는, 그렇게 함으로써 있는 그대로의 지금을 가득 누리는 그 모든 생명력 가득한 빛과 행복을 위해 태어난 당신이니까. 태어나길 그렇게 태어난 당신이기에 이미 당신 마음 안에는 당신의 행복을 위한 모든 것들이 준비되어있으니까. 그러니 꼭 그곳을 바라보길 바라요. 그 안에 당신을 닮은 예쁜 생각들과 사랑의 감정들을 가득 채워 넣음으로써 꼭, 외부의 그 무엇에도 흔들리지 않는 진짜 행복을 소유하길 바라요. 아니, 원래부터 당신 것이었던 행복을 되찾길 바라요, 기억해내길 바라요. 당신이 얼마나 행복하기 위해 태어난 사람인지, 존재 자체로 얼마나 사랑이고 기쁨인지를, 그때는 꼭 알게 될 테니까. 하여 외부와 타인에게 무엇인가를 더 이상 기대하고 바랄 필요가 없어 실망하는 법을 완전히 잊게 되는 당신이기를. 그렇게 감사와 기쁨만으로 당신 가슴이 가득 차기를. 지금 이곳에 존재하고 있다는 사실 자체가 벅차게 기뻐서 그 외에 다른 것들로부터 행복을 구할 필요가 더 이상 없는 당신이길. 하여 완전히, 오롯이 행복하길. 조건 없이 행복하길. 그 행복이 당신이 까마득히 잊었던, 하지만 그럼에도 영원히 당신 것이었던 당신, 사랑의 당연한 능력이니까.

　그러니 다만 사랑답게, 사랑처럼, 사랑스럽게 행복하길. 당신, 사랑, 처음부터 영원히 불행을 모르는 행복의 존재, 기쁨만을 누리기 위해 태어난 참 귀하디 소중한 사람, 그 빛과 아름다움, 완전하고 오롯한 존재, 내가 참 많이 아끼고 걱정하는 사람, 내가 참 간절히 행복하길 기도하고 바라는 사람, 나 자신보다도 당신을 위해 더 자주 소원하고 바라게 되는 사랑할 수밖에 없어 사랑인 사람, 사랑받기 충분하고 사랑받아 마땅한 사람, 지금도 있는 그대로 벅차게 사랑인 사람, 사랑, 당신은.

## 공감력이 뛰어난 사람

나의 입장, 나의 감정, 나의 생각만이 아니라 타인의 입장과 감정, 그리고 생각에 공감할 줄 안다는 건 이미 이기심의 짙은 벽을 허물기 시작하고 있다는 거예요. 왜냐면 우리는 공감할 때 타인의 아픔과 기쁨을 나의 아픔과 기쁨처럼 느끼게 되고, 하여 그들의 고통을 덜어주기 위해, 혹은 기쁨을 축하해주고 고취시켜주기 위해 반드시 무엇인가를 하고자 마음먹게 될 것이기 때문이에요. 그게 겉으로 드러나는 행동적인 것이든, 아니면 속으로 응원하고 바라주는 마음적인 것이든, 그 크기가 큰 것이든 아주 작은 것이든, 그 무엇이든 말이에요. 그래서 공감할 줄 아는 마음은 누군가와 함께하고 사랑하는 데 있어 가장 기본적인 준비 자세인 거예요. 공감할 줄 모르는 사람은 타인의 기쁨과 아픔을 자신의 것처럼 여기지 못해 자신의 기쁨과 아픔만을 크게 생각하고 앞세울 것이고, 하여 닫힌 마음과 이기심으로 상대방을 마주할 수밖에 없을 테고, 그로 인해 하나 됨의 진짜 사랑을 결코 건네지 못할 테니까요. 그래서 함께함에도 여전히 분리되어있다는 그 공허와 슬픔을 상대방에게 전해줄 수밖에 없을 테고, 무엇보다 자신 또한 그 불행과 함께하고 있을 테고, 그래서 결코 예쁜 사랑을, 미소와 기쁨이 늘 함께하는 사랑을 해내지 못할 테니까요.

하지만 이 세상엔 여전히 타인과 자신을 완전히 분리해서 생각하며 타인의 감정이 어떻든 공감하지 못한 채 자신의 입장과 감정, 생각만을 앞세우는 사람들이 많아요. 그게 그들의 행복을 위한 것이라고 그들 스스로는 생각할지 몰라도, 사실 그 공감하지 못하는 마음으로 인해 가장 외롭고 쓸쓸해지는 건 바로 자기 자신인 건데 말이에요. 가슴은 늘 닫혀 있어 상대방의 기쁨과 슬픔엔 늘 무관심할 테고, 그래서 그의 가슴엔 사랑이 채워질 아주 조그마한 틈조차 없을 테니까요. 자기 존재 안에서만 갇혀 살아가기에 함께하며 진정으로 마음을 나누고 공유하는 기쁨을 느낄 수 없을 테고, 그래서 다정함과 존중심, 배려와 이해심, 그 온갖 예쁘고 아름다운 감정들이 그의 마음엔 아주 잠깐이라도 깃든 적조차 없을 테니까요. 그 사랑과 예쁜 감정들이 마음속에 전혀 없는데, 그렇다면 그 사람이 어떻게 행복할 수 있겠어요. 결국 내가 따듯할 때 그 따듯함이 담기는 곳은 바로 내 마음 안이며, 내가 차갑고 이기적일 때 그 냉혹함이 담기는 곳 또한 내 마음 안인 것을요. 그리고 내 마음과 누구보다 가까이서 함께하며 또 하루에 단 1초도 빠짐없이 매 순간 함께하고 있는 사람은 다른 누구도 아니라 바로 나 자신인 것을요.

그래서 자기 자신의 아픔과 기쁨만이 소중해서 타인의 아픔과 기쁨엔 전혀 관심이 없는 공감할 줄 모르는 마음은 사실은 자기 자신의 아픔과 기쁨에도 관심을 기울이지 않는, 그러니까 자기 자신이 지금 얼마나 슬프고 외롭고 공허한지 전혀 공감하지 못해 계속해서 전처럼 같은 방식으로 존재하는, 자기 자신에게도 한없이 이기적인 마음일 뿐인 거예요. 내가 진정으로 나의 아픔과 기쁨을 소중히 여겼다면, 나는 내 마음에 예쁘고 사랑스러운 생각을 가득 담음으로써 내 마음이 이기심과 분리심이 아닌 다정함과 사랑과 함께하도록 최선을 다했을 테니까요. 그러기 위해 내 모든 노력을 기울였을 테니까요. 무엇보다 나 자신의 행복을 가장 아끼고 소중하게 여기는 그 이기심 하나로 말이에요. 그러니 어차피 이기적일 거라면 이제는 진짜 나를 위해 이기적이기로 해요. 나의 불행과 아픔을 위해 최선을 다해 이기적이기보다 나의 행복과 기쁨을 위해 최선을 다해 이기적이기로 해요. 그래서 더욱 따뜻한 사람이 되길 욕심내고, 더욱 사랑이 많은 사람이 되길 욕심내고, 더 감사하고 만족하는 사람이 되길 욕심내기로 해요. 그래야 당신이 행복할 테니까요.

매 순간 감사와 사랑 없는 가슴과 함께 메마르고 생명력 없이 살아갈 때 당신이 어떻게 행복할 수 있겠어요. 하지만 당신은 그렇게 존재하는 게 당신 자신을 위해서라며 끝없이 고집부리고 있죠. 그렇게 당신의 행복을 위해 방어하기보다 당신의 행복에 맞서 방어하고 있죠. 하여 불행은 끝없이 스스로 허용하고 환영하면서 행복이라면 가차 없이 몰아내고 치워내고 있죠. 사랑하면 손해 보는 거야, 누군가를 도와주면 손해 보는 거야, 미안하다는 말을 하면 지는 거야, 감사하다는 말을 하면 바보가 되는 거야, 그런 식으로 생각하면서 말이에요. 당신이 왜 그렇게 생각을 하게 됐는지, 그것을 너무나 잘 알아서 너무나도 마음이 아프지만, 그만큼 차갑고 거친 세상을 살아가고 있는 당신과 나지만, 하지만 그럼에도 당신은 당신을 위해 따뜻하고 사랑 넘치는 사람이 되길 바라요. 당신이 가득 감사하고 사랑할 때 그 예쁜 마음으로 인해 행복해지는 건 다름 아닌 당신 자신이고, 그 예쁜 당신의 모습을 두고 누군가가 당신을 함부로 대하고자 한다면 그 못난 마음으로 인해 불행해지는 것 또한 그 자신인 것이고, 그렇다면 이미 불행한 그 사람 때문에 당신까지 당신의 예쁨과 사랑스러움과 행복을 포기할 필요는 없는 거니까.

다만, 그런 불행한 사람과는 거리를 두고 함께하지 않길 선택하면 되는 거니까. 구태여 함께하기 위해 감사를 접고, 사랑을 거두고, 이기심과 분노는 더욱 꺼내고, 그렇게 스스로 불행해지길 선택하고, 그럴 필요가 당신에겐 진실로 없는 거니까. 그리고 어쩔 수 없이 함께해야 하는 상황에 놓였다면, 겉으로 드러내지는 않은 채 속으로는 여전히 감사와 사랑과 가득 함께하는 그 예쁜 지혜를 선택하면 되는 거니까. 당신에게 가장 중요한 건 그들로부터 당신 자신을 지키는 게 아니라, 당신 자신의 행복과 사랑을 지키는 것이고, 그래서 그들로부터 당신 자신을 지키기 위해 당신 행복과 사랑을 포기한다면 조금 중요한 것을 위해 가장 중요한 것을 포기하는 게 되는 거니까. 하지만 당신은 당신 자신도 지켜내고, 당신 행복과 사랑 또한 동시에 지켜낼 수 있을 만큼 충분히 지혜롭고 힘 있는 사람이니까. 당신만 당신 자신이 얼마나 지혜로운지, 얼마나 위대하고 강한 사람인지 몰라왔을 뿐, 정말로 당신은 그런 사람이니까.

그러니 따뜻하고 다정한 당신과 전혀 다른 방식으로 세상을 살아가는 사람이 있다면, 그리고 그와 어쩔 수 없이 함께해야 하는 상황에 놓였다면 굳이 몸과 마음을 다해 함께하기보다, 그렇게 끝내 상처받고 미워하기보다, 혹은 잔뜩 겁먹은 채 속으로 예민함과 불편함, 미움을 가득 품고는 당신 자신을 지켜낸답시고 힘을 쓰며 밀어내기보다, 그렇게 당신 몸만 지켜내고 마음은 하나도 지켜내지 못한 채 이미 그들로 인해 불행한 당신이 되어버리기보다 겉으로는 함께하지만 마음으로는 거리를 조금 둔 채 다만 당신 마음의 평화와 행복, 사랑을 꿋꿋이 지켜내기로 해요. 사랑을 실제로 건네진 않지만, 그저 마음 속으로 사랑스럽게 그를 바라봐주는 식으로 말이에요. 그렇게 당신의 행복과 사랑, 평화와 기쁨, 그리고 당신 존재 모두를 지켜내는 지혜로운 당신이길. 사실 따뜻한 가슴을 잃은 채, 아름다운 생각을 잃은 채, 사랑의 감정을 상실한 채 외로움과 결핍에 시달리며 하루를 보내고 있는 그들은 그 자체로 엄청난 불행을 감내하며 하루를 참 고통스럽게도 보내고 있는 참 안타까운 사람들일 뿐이니까. 그럼에도 자신이 왜 불행한지, 그 진실한 이유를 여전히 전혀 몰라 다른 곳에서 그 불행의 이유를 찾으며 끝없이 방황하고 있는, 그러니까 자신의 이기심이, 자신의 따듯하지 않음이 바로 그 불행의 유일한 이유인 건데 그것을 전혀 바라보지 못해 여전히 이기심과 따듯함 없음으로 세상을 살아가고, 하여 그 이기심과 따듯함 없음으로 사람들을 이용함으로써 행복해지고자 헛되이 노력하고 있을 뿐인 참 무지한 사람들일 뿐이니까. 결국 그 이기심과 따듯함 없음, 그 모든 못난 마음이 담기는 곳은 자신 마음 안이기에 그로 인해 자신이 더 못나지고 더 불행해지는 것이라는 것을 전혀 모르는.

그러니 당신은 다만 꿋꿋이 사랑의 능력을 키워가며, 그러기 위해 공감할 줄 아는 마음으로 세상과 사람들을 마주하며, 그렇게 예쁜 생각과 감정들을 더욱 당신 마음 안에 가득 채우며 나아가기로 해요. 공감하는 능력이 어디 사람에게만 작용할까요. 나와 함께하는 강아지가 어딘가 외롭고 아파 보일 때도 우리는 크게 공감하며 강아지를 위해 할 수 있는 모든 것을 하고자 하는 사람이 되죠. 내가 키우는 식물, 고양이, 새, 그러니까 그것이 무엇이든 우리는 더욱 애정을 다해 보살피게 되고, 그러니까 우리, 온 세상을 더욱 아끼고 사랑하게 되죠. 그로 인해 내 마음 안에 사랑이 더욱 가득 찰 것이기에 사실은 그 모든 일, 나를 더욱 아끼고 사랑하는 일이기도 하죠. 그렇다면 그 행복을 바로 눈앞에 두고, 언제까지 그 행복이 보이지도 않는 것처럼 굴며 행복을 미룰 건가요. 언제까지 무관심의 차가움과 이기심의 건조함 안에서 관심과 따뜻함을 잃은 채 생명력 없는 눈빛으로 하루하루 시들어져만 갈 건가요. 그 불행을 언제까지 행복이라 스스로 믿고 오해한 채 불행하길 끝없이 고집부릴 건가요. 그러니 다만 따뜻하고 예쁘길, 사랑이 넘치길 바라요. 기꺼이 공감을 향해 한 걸음을 내딛길 바라요.

그때 당신, 자연히 타인의 이야기에 더욱 귀 기울여 들어주는 사람이 되고, 때로는 함께 기뻐하며 웃고, 때로는 걱정 가득한 눈빛으로 바라봐주고, 그렇게 누구라도 당신을 사랑할 수밖에 없을 만큼 사랑스럽게 존재하게 될 거예요. 당신은 당신의 이득을 위해서 그렇게 하는 게 아니라 그저 그들의 고통을 바라보는 게 나도 아파서 그들을 위해 무엇인가를 하고자 마음먹는, 타인의 기쁨에 질투하기보다 이제는 그들이 기뻐할 때 내가 기쁘기에 그들의 행복을 진심으로 바라주고 소원해주는 진짜 예쁜 사람이 되었으니까요. 억지로 그렇게 하는 게 아니라 그 빛과 생명력 넘치는 상태가 당신 자신의 자연스러운 존재 방식이 되었기에 이제는 사랑할 수밖에 없어 사랑하고, 그 사랑으로부터 사랑받을 수밖에 없어 사랑받는 당신이 되었으니까요. 그리고 그로 인해 무엇보다 당신 자신의 마음 안에 분리가 주는 결핍과 외로움, 공허함이 녹아내리고 하나 되는 마음에서부터 오는 일체감, 넉넉함과 만족감, 진정한 채워짐, 그 모든 진짜 사랑의 기쁨이 가득 차게 될 것이기에 당신, 매 순간 가슴 안에서 그 벅찬 기쁨을 느끼고 누리며 하루를 행복하게 살아가게 될 거예요. 그렇게, 행복하지 않는 게 불가능해서 행복한 당신이 될 거예요.

나에게는 늘 무관심하면서 자신의 입장과 감정은 참 중요하게 여기기에 늘 자신만을 앞세우던 사람과 함께했던 어떤 날의 시간을 한 번 떠올려봐요. 그 시간이 얼마나 길든 짧았든 당신, 얼마나 외롭고 고통스러웠나요. 답답함에 얼마나 자주 한숨을 쉬고 싶었나요. 그걸 한 번 기억해 본다면, 당신이 어떤 방향으로 나아가야 할지에 대한 답을 당신, 더욱 명확하게 얻을 수 있을 거예요. 당신이 함께하며 가장 고통스러워 피하고 싶었던 사람, 어쩌면 지금의 당신이 그들과 닮은 것은 아닌지, 그걸 한 번 생각해 본다면 말이에요. 그리고 아주 작게라도 그러한 모습이 당신에게도 있다고 여겨진다면, 그렇다면 이제는 더욱 공감할 줄 아는 마음으로 간절히 나아가길 바라요. 당신이 공감을 향해 한 발을 내디디는 그 순간부터 당신은 자연히 더욱 다정하고 예쁜 사람이 될 수밖에 없을 거예요. 왜냐면 그 공감하는 마음이, 당신을 끝없이 사랑을 향해 나아갈 수밖에 없도록 만들 테니까요. 내가 나의 아픔처럼 타인의 아픔 앞에서 아파하는 사람이 되었는데, 이제 어떻게 사랑을 망설일 수 있겠어요. 내가 나의 기쁨처럼 타인의 기쁨 앞에서 기뻐하는 사람이 되었는데, 이제 어떻게 사랑을 망설일 수 있겠어요. 그러니 지금 이 순간 따뜻한 사람이, 사랑 가득한 사람이 될 기회를 놓치지 말아요. 당신 앞에 있는 그 사람의 생각과 감정과 입장을 자신의 것처럼 느끼며 공감함으로써 내가 더 행복한 사람이 될 기회를 말이에요. 이 한 번의 기회를 잡을 때 당신, 정말로 사랑과 기쁨이 흘러넘치는 행복한 사람이 될 테니까. 그러니 당신 자신을 위해 그렇게 하길.

그렇게 당신은 왜소하기보다 위대하길. 이 세상 모든 예쁘고 아름다운, 위대한 사랑의 첫 시작은 모두가 공감할 줄 마음에서부터 시작된 것이라는 걸 잊지 말길. 당신이 쓰는 한글도, 어떤 왕의 백성의 고통을 바라보는 공감에서부터 완성된 것이며, 어떤 작고 가녀린 여자의 홀로 고통스럽게 죽어가고 있는 가난한 자들을 향한 따듯한 공감과 연민이 전 세계 모든 사람들이 그녀의 봉사에 참여하게 만든 것이며, 아직도 마더 테레사라는 이름으로 그 봉사 단체는 유지되고 있으며, 당신이 걱정되어 하루를 쉬지 않고 매일 글을 쓰고 있는 어떤 남자의 당신을 향한 위로 또한 당신이 참 힘겹게도 견디고 있을 매일의 아픔과 어려움에 공감할 줄 마음에서부터 시작된 것이며, 그리고 그 사랑 덕분에 그는 때로 포기하고 싶은 날에도 포기하지 않고 나아왔고, 당신은 모르는 경제적 위기, 혹은 정신적 위기, 육체적 위기, 그 모든 위기들을 견뎌냈으며, 그게 바로 공감할 줄 아는 사람의 사랑의 능력이니까. 그리고 그 사랑은 그 모든 당신을 위한 시간 앞에서 희생했다고 여기기보다 사랑할 수 있어서, 당신에게 기쁨과 행복이 되어줄 수 있어서 참 다행이고 감사하다고만 여길 뿐인 진짜 사랑을 닮았으며, 그래서 그는 오직 행복했다고 말할 뿐이니까. 그래서 지금도 이렇게 글을 쓰고 있는 거니까.

그러니 당신을 참 많이 아끼고 걱정하는 그를 위해서라도, 공감을 향해 한 걸음을 내딛길. 그렇게 당신, 꼭 이기심의 장벽을 무너뜨린 채 진짜 사랑을 향해 나아가길. 그로 인해 행복한 사람이 되는 건 다름 아닌 당신 자신이라는 것을 하여 반드시 알게 되길. 그러기 위해 사랑에 맞서 자신을 방어하기보다, 사랑 자체를 방어하기를. 그러니까 사랑하지 않기 위해 사랑하지 않아야 할 이유를 치열하게도 만들어내며 사랑하는 일 앞에서 저항하기보다 이제는 그 모든 사랑 아닌 생각들로부터 사랑을 방어하고 지켜내기를. 사랑을 잔뜩 경계함으로써 사랑의 생각이 나에게 오지 못하게 끝없이 애쓰며 막아서기보다 그저 사랑으로 존재하며 사랑이 가득 흘러넘치게 내버려 두기를. 그 사랑의 상태를 지켜내기 위해 다만 사랑스럽지 않은, 사랑 없는 생각들을 경계할 뿐이기를. 그 사랑의 방어를 위한 첫 번째 목표로 이기심을 내려놓고 공감을 향해 더욱 나아가기를. 그렇게 당신, 사랑은 더욱 당신을 닮은 사랑을 향해 나아가기를. 그 한 걸음을 시작으로 도착하게 된 이 길의 끝에서는 꼭, 완전한 사랑의 당신을 마주하게 될 당신일 테니까. 그러니까 스스로 사랑에게서부터 너무나 먼 길을 떠나온 당신, 이제는 그 방황을 그치고 다시 사랑으로 돌아가길. 그 사랑으로 온 생명을 이롭게 하고 따듯하게 안아주길.

당신은 정말로 그런 힘과 능력이 있는 위대한 사랑의 엉이니까. 고작 사랑 아닌 것들을 위해 하루라도 존재하는 게 너무나 어울리지 않고 아까울 만큼, 사랑 그 자체의 완전함이니까. 누군가의 기쁨에 한없이 기뻐하고, 누군가의 아픔에 한없이 아파할 줄 아는 천사같이 맑고 예쁜 사람이 바로 당신의 진짜 모습이니까. 그러니 이제는 이 땅 위의 천사가 되길. 사랑하고, 또 사랑함으로써. 그 사랑을 위해 지금, 공감함으로써. 내가 얼마나 당신의 행복을 위해 진심인지, 하여 이 글을 썼는지를 온 마음을 다해 공감해봄으로써. 그러니까 정말로 당신 자신을 위해, 이제는 더욱 공감하고 사랑하길. 때로 당신의 그 사랑을 이용하기만 할 것 같은 사람에게는 다만 마음으로만 공감하고 사랑할 줄도 알길. 그렇게 절대, 구태여 가까이서 함께함으로써 미워할 일을 만들지 말길. 그렇게 존재하고 있는 그들의 불행에 깊이 공감하며 다만 멀리서 안쓰럽게 여길 뿐이길. 때로 어쩔 수 없이 함께해야 하는 상황에서는 최선을 다해 마음으로는 사랑하되, 겉으로는 다만 초연하게 함께할 뿐이길. 그렇게 당신 마음 안의 사랑을 꿋꿋이 지켜내길. 그리하여 당신 마음 안엔 사랑스럽고 예쁜 생각과 감정만이 함께하게 하기를. 하여 그 사랑으로부터 당신, 매 순간 지켜지고 보호받기를. 그러니까 당신은 내내 사랑이길. 아니, 당신이 내내 사랑이었음을 이제는 기억하길. 정말로 얼마나 사랑이며, 단 한 번도 그 사랑이지 않았던 적이 없는 당신, 내가 참 많이 아끼고 걱정하는 사람, 그래서 매일 당신을 위한 글을 쓰게 하는 사람, 하루라도 행복하지 않기에 참 많이 소중하고 너무나 닳도록 아까운 사람, 타고나길 사랑이라서 사랑인 사람, 사랑 그 자체의 당신은.

## 고통의 근원

지금 누군가로 인해 고통스럽다면, 진정으로 나에게 고통을 주고 있는 사람은 누구인지에 대해 생각해보세요. 이 사람과는 말이 안 통한다는 생각에 너무 답답하고 화가 나고, 이 사람은 너무 이기적이라는 생각에 속상하고 원망스럽고, 이 사람은 너무 무관심하다는 생각에 밉고 싫은 기분이 들고, 이 사람은 너무 고집스러워 자꾸만 말도 안 되는 것을 우긴다는 생각에 속이 뒤집어지고, 하지만 사실 그 모든 감정적인 고통을 내게 주고 있는 것은 그 사람이 아니라 나 자신인 것은 아닌지 말이에요. 왜냐면 나에게 고통을 줄 수 있고 나에게 상처를 줄 수 있는 건 이 세상에 오직 나 한 사람밖에 없고, 그러니까 나는 나의 생각으로 인해서만 아파할 수 있으니까요. 타인, 혹은 외부에는 나에게 아픔을 주고 상처를 입힐 힘 자체가 애초에 있었던 적조차 없으니까요. 그러니까 만약 누군가로 인해 자꾸만 힘들고 고통스럽다면, 사실 그건 그 누군가 때문이 아니라 그 누군가를 미워하고 싫어하는 나 자신의 생각 때문인 것이고, 그래서 그게 견디기 힘겹다면 더 이상 내가 그런 생각을 하지 않으면 되는 거니까요. 그러니 고통과 아픔을 스스로 너무나 사랑하는 게 아니라면, 이제는 더 이상 그 고통과 아픔을 스스로 붙든 채 아파하지 않기로 해요. 진정으로 간절히, 진심으로 이제는 고통과 아픔에서부터 자유를 얻고 싶다면 말이에요.

그러니까 스스로 고통과 아픔을 사랑하는 게 아니라면 뭘 하러 그 고통스런 감정을 그토록이나 스스로 붙든 채 아파하고 있나요. 누군가가 내게 무엇을 했든, 내 삶과 감정, 그리고 생각의 유일한 주인인 나는 그저 내게 주어진 하루의 기쁨과 평화에만 오롯이 집중한 채 그 행복만을 최선을 다해 누리면 되는 것을요. 그러니까 다른 감정을 느끼고 선택할 힘 또한 오직 나 자신에게 있고, 이제는 고통 대신 기쁨과 사랑을 느끼길 선택하면 되는 것을요. 내 감정의 주인은 나인데, 그렇다면 그 주권을 타인에게 스스로 떠넘긴 채 나는 내 감정의 주인이 아니라고 말하고 싶은 건가요. 그 왜소함을 스스로 붙들기 위해 당신 자신의 힘을 이토록이나 스스로 부인하고 있는 건가요. 그게 아니라면 뭘 하러 고통 앞에서 이토록이나 고집을 부린 채 기쁨과 사랑을 선택하길 망설이는 건가요. 용서와 내려놓음을 선택하길 망설이는 건가요. 그로 인해 당신이 얻을 수 있는 건 다름 아닌 내 감정을 나 스스로 통제할 수 없다는 무기력과 그 무기력에서부터 오는 우울함뿐일 텐데 말이에요. 나에게 감정의 주권이 없어 늘 외부에 의해 휩쓸리고 휘둘려야 한다는 불안과 공포, 그 지옥과도 같은 불행일 뿐일 텐데 말이에요. 그게 당신이 진정 원하는 거라면, 당신을 말리지는 않겠어요. 당신이 진정 원하는 게 진정 그것이 맞다면 말이에요.

하지만 당신이 그걸 진정 원할 리 없겠죠. 누구보다 행복하고 싶고, 누구보다 기쁨과 평화를 가득 누리고 싶은 게 모든 사람의 진심이고, 구태여 고통과 아픔 속에 스스로 계속해서 머물러 있고 싶어 하는 사람은 이 세상에 없는 거니까요. 그러니까 그 고통에서 하루라도 빨리 벗어나고 싶어 지금, 이렇게나 아파하고 있는 당신이니까요. 그 고통이 너무나 힘겹고 버거워서. 그러니까 당신은 그저 당신 자신의 고통과 행복의 근원을 잘못 알고 있었을 뿐인 거예요. 그걸 잘못 알고 있었든 잘 알고 있었든, 너무나 행복하고 싶은 당신이라는 사실은 변함이 없기에 당신, 당신이 잘못 알고 있었던 그 행복의 법칙 안에서 최선을 다했던 것뿐이고, 그리하여 당신 행복과 불행의 근원을 타인에게 온통 내맡긴 채 타인이 내게 이렇게 해줘야만 내가 행복해질 거라는 환상을 누구보다 충실하게 믿고 따라왔을 뿐인 거니까요. 너로 인해 내가 고통스러우니 네가 이렇게 변해야 돼, 하는 식으로 나의 고통을 타인의 탓으로 투사하고 덮어씌우고, 네가 이렇게 할 때 내가 행복하니 앞으로도 변함없이 이렇게 해줘야 돼, 하는 식으로 내 행복을 타인에게 끝없이 의존하고 기대고, 그러니까 그 모든 노력, 사실은 누구보다 간절히 행복하고 싶었기 때문에 해온 것이고, 다만 그곳엔 행복이 있었던 적이 없었을 뿐인 것이죠.

그러니 너무 자책하진 말아요. 여태 몰라서 스스로를 끝없이 아프게 해왔던 것이지 당신, 누구보다 최선을 다해 당신에게 행복을 선물해주고자 해왔던 것뿐이니까요. 몰라서 그렇게 한 건 그 누구의 잘못도 아니니까요. 중요한 건 이제는 제대로 아는 것이고, 제대로 알았다는 것이고, 하여 지금부터 최선을 다해 진짜, 행복하면 되는 거니까요. 지금 눈을 감은 채 한 번 생각해봐요. 당신의 마음에 상처를 주고 있는 사람은 누구인지. 당신을 고통스럽게 하고 아프게 하고 있는 사람은 누구인지. 어떤 일을 끝없이 곱씹고 있는 당신의 생각 때문은 아닌지, 누군가를 끝없이 미워하는 당신의 감정 때문은 아닌지, 하고 말이에요. 사실 어떤 일이 있었든, 누군가가 당신을 어떻게 대했든 당신이 아무런 생각도 곱씹지 않고 아무런 감정도 품지 않았다면, 그렇게 초연하게 넘긴 채 당신에게 주어진 기쁨만에 집중했다면 당신, 이렇게 고통받지도 않았을 거잖아요. 그 무엇보다 당신에게 가장 중요한 게 당신의 행복과 기쁨이었다면, 그리하여 타인이 당신에게 어떻게 했든 그건 당신에게 너무나 사소한 일로 여겨질 뿐이고, 하여 잠깐이라도 그 고통에 눈길을 돌리는 게 너무나도 무의미하고 아까운 일로 여겨질 뿐이었다면 당신, 아무렇지도 않게 꿋꿋이 행복할 수도 있었던 거잖아요. 이미 눈길을 돌린 채 가득 곱씹었다고 해도, 그로 인해 고통과 아픔과 함께하게 된 당신이라는 걸 알아차린 그 순간에라도 당신 자신을 위해 내려놓길 선택했다면 당신, 금방이면 평화와 고요함을 되찾을 수도 있었던 거잖아요. 그러니 그 점에 대해 한 번, 깊이 생각해보기로 해요.

그리고 이제는 어떤 삶의 순간에도 이 점을 반드시 기억해내는 거예요. 나에게 고통을 줄 수 있는 건 오직 나 자신밖에 없다는 것과 나 이외에 그 무엇도 내 마음의 주권을 침해할 수 없다는 것, 그렇기에 내가 스스로 선택하지만 않는다면 나, 영원히 나의 행복과 내 마음의 평화를 잃지 않을 수 있다는 것을요. 그리고 그 믿음으로부터 이제는 그 어떤 일이 내게 펼쳐진들 사랑과 기쁨이 없는 반응은 하지 않는 거예요. 누군가가 나를 화나게 한다는 생각이 드는 그 순간, 나를 화나게 하는 건 그 사람이 아니라 그 사람에 대한 나의 생각과 감정일 뿐이고, 그러니까 내가 화를 내길 선택하는 것이고, 하지만 화를 내 마음에 담을 때 그로 인해 아픈 건 다름 아닌 나이기에 나는 화를 내려놓겠다, 그렇게 생각한 채 화를 흘려보내고 당신은 꿋꿋이 당신 마음 안의 사랑과 기쁨을 지켜내는 거예요. 그리하여 사랑과 기쁨의 반응만을 건네는 거예요. 그러고 나서 또한 선택하면 되는 거예요. 그 사람과 여전히 함께할지, 함께하지 않을지를. 그리고 그 선택, 이제는 그 사람에 대한 미움이 아니라, 오직 당신 자신에 대한 사랑으로부터 하면 되는 거예요. 그런 식으로 당신에게 펼쳐지는 모든 삶의 경험들을 당신 감정과 생각의 주권을 되찾을 기회로 여긴 채 마주하며 나아가는 거예요. 모든 속상함, 모든 분노, 모든 답답함, 모든 예민함, 그것이 무엇이든 타인으로부터 그 감정들을 얻게 됐다고 여겨지는 모든 순간들 앞에서.

그렇게 당신, 매일의 삶을 통해 당신 자신의 힘과 주권을 되찾아오길 바라요. 당신의 힘이 점점 회복되기 시작하면서 당신, 더 이상 우울할 수도, 무기력을 겪을 수도 없는 사람이 되어갈 거예요. 모든 우울함과 무기력은 나의 감정을 나 스스로 결정하고 선택할 수 없다는 그 두려움에서부터 오는 거니까요. 하지만 당신은 이제 당신의 감정을 스스로 선택할 수 있는 힘 있는 사람이 되었고, 그래서 더 이상 우울할 수도, 무기력할 수도 없는 거예요. 그 어떤 일 앞에서도 행복할 수 있고, 잘 해낼 수 있다는 당신 감정의 주권을 되찾은 당신이니까요. 그래서 내일을 마주하기가 더 이상 두렵지 않을 거예요. 설레고 기쁨 가득한 마음으로 내일을 기다리게 될 거예요. 정말 그렇지 않나요? 당신이 내일을 겁내고 두려워했던 것은 내일의 일 자체가 아니라 내일 당신이 느끼게 될 당신 감정과 생각 때문이었고, 그래서 우울과 무기력에 시달린 채 그 공포를 지우기 위해 현실로부터 도망쳐왔던 거고, 정말 그렇지 않나요? 그래서 당신, 이제는 불안함과 두려움 없이 매일을 살아가게 될 거예요. 당신의 매일엔 당신을 버겁게 하고 고통스럽게 하는 감정들이 더 이상 남아있지 않을 테고, 오직 기쁨과 사랑만이 가득 함께하고 있을 테니까요. 그러니 그 행복을 위해 지금, 당신의 힘을 되찾길. 그 여정을 시작하길.

　그때, 그 어떤 일 앞에서도 분노하지 않을 수 있다는, 미워하지 않을 수 있다는 자유와 그 자유에서부터 오는 안도가 당신의 매일을 지켜줄 테니까. 더 이상 사소한 일 앞에서 상처받은 채 예민해지지 않아도 된다는 그 해방감이 당신의 매일을 안심시켜 줄 테니까. 아주 잠깐도 우울함을 느끼거나 무기력함을 느끼지 않아도 된다는 그 반짝이는 힘이 당신의 매일을 활력 넘치게 일으켜 세워 줄 테니까. 그러니 이제는 알기로 해요. 당신에게 고통을 줄 수 있는 건 이 세상에 오직 당신 하나뿐이라는 것을. 당신 자신의 생각과 감정만이 당신에게 고통을 줄 수 있고, 그 외에는 그 무엇에도 당신의 마음을 훼손할 힘이 없다는 것을. 그러니까 당신, 어떤 사람의 말투나 표정 때문에 기분이 나쁜 게 아니라, 그것을 기분 나쁘게 여기는 당신의 생각과 감정 때문에, 그 기분 나쁨을 끝없이 스스로 곱씹은 채 미워하고 원망하는 당신의 생각과 감정 때문에 기분이 나빠지는 것이라는 것을. 하여 그 순간 당신이 그것에 아주 잠깐이라도 눈길을 주지 않는다면, 마음을 집중하지 않는다면 당신은 여전히 괜찮을 거라는 것을. 여전히 안전하고, 여전히 사랑이고, 여전히 기쁨의 존재일 거라는 것을. 그 어떤 순간에도 당신이 마음만 먹는다면 당신은 당신의 얼굴에 예쁜 미소를 피울 수 있고, 그 미소가 바로 모든 감정을 결정할 힘은 당신에게 있다는 그 자체의 증거이니까.

　그러니 지금 한 번 미소를 지어보길. 그리고 지금의 이 미소를 평생 잊지 말길. 이 미소가 당신이 얼마나 힘 있는 존재이며, 상처받을 수 없을 만큼 완전한 존재이며, 타인에 의해 기분과 감정을 결정 당하지 않을 수 있는 권능과 주권이 있는 존재인지에 대한 증표니까. 그러니 이토록 힘 있는 사랑인 당신을 사랑 아니게 만드는 모든 감정으로부터 이제는 당신 자신을 구원해내길. 미움과 분노, 우울과 무기력, 서운함과 상처, 예민함, 하여 그 모든 사랑 아님에서부터 자유를 얻길. 그러기 위해 당신 사랑의 힘을 되찾을 기회와 선물의 순간으로 매일을 여기길. 하여 상처받는 순간 고스란히 상처받기보다, 이제는 그 상처를 또렷이 마주한 채 내려놓음으로써 당신 자신의 빛과 힘을 회복하길. 그 내려놓음을 사랑이 아닌 모든 감정에 적용하길. 그리하여 사랑이 아닌 다른 모든 것들이 당신 마음에서 지워지고 나면, 처음부터 영원히 당신 마음 안에서 빛나고 있었던 사랑이 보이기 시작할 테고, 하여 당신, 그 사랑으로만 살아가게 될 테니까. 그게 바로 당신 자신의 진짜 모습이니까.

그러니 이제는 다만 당신을 되찾길. 사랑을 되찾길. 그러기 위해 오늘을 보내길. 그리하여 꼭, 모든 감정과 생각의 진정한 주인이 되어 당신을 아프게 할 수 있는 건 오직 당신 자신밖에 없다는 것을 알게 되길. 그것을 앎으로써 더 이상 자신을 아프게 하지 말길. 다만 아껴주고 사랑하길. 당신은 고통과 아픔이 아닌 사랑과 기쁨, 예쁜 미소만이 어울리는 사랑 그 자체의 존재니까. 그러니 이 길의 끝에서 꼭, 그 사랑의 당신을 마주하길. 눈부셔서 제대로 바라보지조차 못할 만큼 반짝 빛나는 사랑 그 자체의 당신을. 단 한 점의 어둠도 지니고 있지 않아 오직 완전하고 찬연하게 반짝이고만 있을 뿐인 사랑의 빛, 영원한 안도, 천국의 평화, 한계 없는 힘이자 상처받을 수 없는 무한, 세상에서 가장 맑고 아름다운 미소, 그, 진짜 당신, 사랑, 사랑, 사랑을.

## 거저 받은 선물들

　이 세상을 살아가며 내가 무료로 거저 누릴 수 있는 모든 기쁨을 놓치지 말고 누리세요. 사랑하고 사랑받는 것, 예쁜 하늘을 보며 아름다움에 젖는 것, 고마워하고 칭찬하는 것, 예쁘게 웃는 것, 숨 쉬며 존재함 자체를 가득 누리는 것, 사랑하는 사람과 손을 잡고 걷는 것, 걸으며 대화하는 것, 대화하며 서로에 대해 깊이 공감하며 서로에게 위로를 전해주는 것, 그 모든 공짜, 하지만 이 세상 그 무엇과도 비할 수 없을 만큼의 기쁨이 들어있는 그 모든 거저 주어진 선물들을 말이에요. 아무리 비싼 값을 치러 구매한 그 무엇도 이 공짜로 서서 주어신 선물보다 내게 더 큰 기쁨과 진정한 행복을 가져다주지는 못할 거예요. 외부의 값비싼 것들은 기껏 해봐야 내게 잠깐의 욕망이 충족되었음에서 오는 자극적인 안도감, 하지만 곧이어 다시 따라올 공허함에 더 많은 것들을 욕망해야만 하는 압박감과 그 불안함만을 전해줄 수 있을 뿐이겠죠. 거기에 더해서 보잘것없는 우월감 따위나, 타인들의 아첨에서부터 채울 수 있는 우쭐함이라는 진정한 자존감과는 거리가 먼 자부심 정도를 잠깐 느끼게 해줄 수 있을 뿐이겠죠.

　하지만 내가 만약 하늘에서 가득 내리는 노을을 바라보며 지금 이 순간 마음속 깊숙이 감동을 느낄 수 있다면, 그 벅찬 기쁨과 아름다움을 감히 무엇과 비할 수 있을까요. 그 진짜, 행복을 말이에요. 그때의 나는 욕망이 충족되었음에서부터 오는 자극적인 미소가 아니라 무한한 평화와 고요에서부터 솟아오르는 아주 깊숙하고 완전한 채워짐의 미소를 짓고 있을 텐데 말이에요. 가슴이 뜨거워지는 그 위로에 마음이 가득 치유 받고 잔잔해지는 그 진정한 기쁨을 느끼면서 말이죠. 그리고 우리에게 그런 유의 진짜 기쁨을 느끼게 해주는 것은 결코 우리에게 값을 요구하는 법이 없어요. 그 모든 것이 정말 말 그대로 공짜인 거예요. 왜냐면 그건 고작 내가, 고작 나에게 주는 선물이 아니라 지고한 신이 그 자신의 자녀에게 오직 사랑의 마음 하나로 대가 없이 주는 지고한 사랑의 선물이니까요.

그러니 지금 이 순간 그 선물을 받으며 가득 행복하기로 해요. 이미 내게 주어지지 않은 것들에는 사실 나를 행복하게 해줄 힘이 전혀 없어요. 하지만 우리는 늘 나에게 이미 없는 것들 안에서 행복을 찾고자 헛되이, 그리고 끝없이 애쓰고 있죠. 하지만 그와는 반대로 용서하고자 하는 마음, 감사하고자 하는 마음, 지금을 온전히 누리고자 하는 마음, 사랑하고자 하는 마음, 내게 주어진 모든 것을 있는 그대로 받아들이고자 하는 마음, 어떤 순간 안에서도 다정함을, 예쁜 미소를 잃지 않고자 하는 마음, 상대방에게 오직 기쁨만을 선물해주고자 하는 마음, 그 모든 이미 내가 가지고 있는 마음을 우리가 원하고 구할 때, 우리는 그 어떤 값도, 노력도 치르지 않고 곧장 행복해질 수 있는 거예요. 그렇다면 굳이 그 진실을 외면한 채 스스로 불행의 늪에 빠질 이유가 있나요. 정말로 굳이, 이 모든 공짜로 주어진 선물들을 보지 않기 위해서는 그렇게나 애쓰면서, 아무리 값을 치르고 치러도 나를 행복하게 해주기는커녕 불행하게만 할 뿐인 것들은 이렇게나 간절히 붙든 채 원하고 추구할 필요가 있나요. 아무리 써도 써도 줄어들지 않는 감사와 사랑을, 미소와 친절을 참 인색하게도 아끼며 스스로 왜소한 불행에 갇혀 시들어져 갈 필요가, 그러니까 진정 어디에 있나요.

그러니 다만 '사랑'이라는 신께서 '사랑'이라는 자신의 자녀에게 '사랑'이라는 마음 하나로 건넨 그 '사랑'이라는 선물을 이제는 가득 누리며 그저 행복하기로 해요. 그것을 받기 위해 내가 건넬 필요가 있는 것은 오직 빈손과 빈 마음과 빈 가슴뿐이라는 것을, 그러니까 정말로 그 행복은 내게 거저 주어진 것이라는 것을 당신, 그때는 꼭 알게 될 거예요. 그러니 부디 당신의 지금 이 순간이 그 행복으로 반짝이길 바라요. 고요히 앉아 한 번 생각해 봐요. 당신의 무엇이 당신을 불행하게 하고 있는지, 그리고 당신의 무엇이 당신을 행복하게 할 수 있을지를. 바깥에서 당신이 얻고자 추구해왔던 모든 외부적인 상징들이 당신을 행복하게 한 적이 있나요. 그랬다면 평생을 그렇게 살아온 당신이 지금 이토록 깊은 불행과 결핍에 시달리는 건 말이 안 되겠죠. 하지만 당신이 아무런 걱정과 갈등 없이 그저 바람을 느끼며 예쁜 하늘을 바라봤던 날, 그 아름다움에 모든 생각이 멎었던 날, 그때는 얼마나 포근하고 다정했으며, 또 깊은 쉼과 함께 채워졌었나요. 그것을 깊이 생각해보며 꼭 알아차리길 바라요. 당신이 당신을 위해 준비한 것에는 행복이 있었던 적이 없다는 것을, 하지만 신이 당신을 위해 준비해둔 모든 것 안에는 오직 행복밖에 없었다는 것을 말이에요. 그것을 앎으로써 이제는 당신이 진짜 행복만을 바라고 원하길, 그리하여 지금 이 순간 곧장 그 행복을 소유하길 바라요.

진정으로 더 이상 애쓸 필요도 없이 지금 이 순간 내게 공짜로 거저 주어진 모든 순간들과 함께 완전하게 행복할 수 있는데, 무엇 때문에 가득 소진될 만큼 애씀에도 결코 붙들 수 없는 환상을 이루고자 헛되이 지치고 아파하고 있나요. 더 이상 그러지 말아요. 당신 마음 안에는 이미 행복할 능력이, 사랑할 능력이 무한하게 깃들어있으며, 하여 다만 당신은 행복하고 사랑하겠다고 마음먹기만 하면 되는 거니까요. 그 순간 지옥과도 같았던 지금 이 순간이 1초의 시간도 걸리지 않아 기쁨과 아름다움으로 가득 빛나는 천국으로 바뀔 테니까요. 진정한 행복에는 값도, 시간도 들지 않는 법이니까요. 오직 불행에만 비싼 대가와 나를 지치게 하는 무수히 많은 감정적인 노동과 셀 수 없을 만큼 많은 시간이 드는 법이며, 그렇게 많은 대가를 치렀음에도 여전히 그건 불행일 뿐인 거니까요. 무엇보다 지금 이 자리에서 어떤 조건과 필요도 없이 행복하게 존재할 힘과 권능, 그 능력을 또한 당신의 재산으로 거저 타고 태어난 당신이니까요. 그러니 행복과 사랑 앞에서 누구보다 금수저로 태어난 당신, 이제는 누리고 누려도 무한하게 채워질 뿐인, 결코 줄어드는 법이 없는 그 행복과 사랑을 가득 누리길 바라요.

사랑하는 마음엔, 감사하는 마음엔, 다정하고자 하는 마음엔, 기꺼이 용서하고자 하는 마음엔, 나를 위해 지난 일을 내려놓고자 하는 마음엔 그 어떤 값도 들지 않으니, 어리석게도 그 공짜 선물들을 구태여 누리지 않고자 애쓰는 당신은 아니기를. 누구보다 마음껏 누리고, 누구보다 마음껏 사치를 부리는 지혜로운 당신이길. 하여 신은 당신을 사랑하는 마음 하나로 당신의 행복을 위한 모든 것을 당신을 위해 주셨고, 다만 여태까지 당신 스스로 그것을 거절해왔을 뿐임을, 그리하여 불행했을 뿐임을 알기를. 그렇게, 당신이 그분이 얼마나 아끼고 사랑하는 자녀인지를 분명하게 이해하길. 그리하여 당신과 함께하는 이가 누구인지를 알기에, 더 이상 미움도, 걱정도, 불안도, 결핍도, 짜증과 분노도 불가능한 당신이길. 당신이 당신이 사랑하는 사람을 위해 당신 모든 것을 기꺼이 내어주는 것처럼, 그분도 당신을 위해 기꺼이, 언제나 그러실 것이며, 하지만 그분의 사랑은 감히 당신이 상상할 수조차 없을 만큼 훨씬 깊고 큰 사랑일 테니까. 그러니 당신, 그 사랑의 따듯한 품에 안겨 오직 기쁨과 평화에 겨워 하루를 행복하게 보낼 뿐이길. 그 사랑을 매 순간 그리고 상상하며 매일의 아픔을 그 사랑에 기대어 치유하고 회복하기를. 그 사랑을 매 순간 느끼는 것, 그것이야말로 당신이 받은 모든 공짜 선물들 중 당신을 위한 가장 큰 기쁨이 들어있는 선물이니까.

    그렇게, 당신이 얼마나 사랑이고, 또 얼마나 사랑받기 위해 태어났으며, 또 지금도 얼마나 그 사랑을 이미 벅차게 받고 있는지를 꼭 알게 되길. 불행이 아니라 행복과 기쁨만을 누리기 위해 태어난 당신, 사랑, 하지만 그것을 스스로 거부한 채 여태 치열하게도 불행을 선택해왔던 당신, 사랑, 그 모든 순간에도 그럼에도 벅차게 사랑받고 있었던 당신, 사랑, 그분이 참 많이 아끼고 걱정하는 사랑의 자녀, 이 세상에서 가장 예쁜 빛과 소중함으로 반짝이는 사랑 그 자체의 사랑, 오늘도 부디 자신이 얼마나 그런 사랑인지를 알고 무탈하게 행복하길 내가 진심으로 기도하고 바라는 사람, 정말로 귀하고 아깝게 소중하고 사랑스러운 사람, 당신, 사랑은. 그러니 그 사랑의 당신, 부디 아낌없이 행복하고, 아낌없이 사랑하길. 닳도록 감사하고 예쁘게 웃길. 기꺼이 용서하고 친절하길. 더 이상 거저 주어진 그 모든 공짜 선물들 앞에서 구태여 인색해지지 말길. 그 모든 것, 주면 줄수록 당신 마음에 더욱 차곡히 채워질 뿐인 천국의 선물들이니까.

 그러니 먼 미래의 천국이 아니라 지금 이 순간의 천국을 당신 마음에 품은 채 살아가고 사랑하길. 이미 천국을 마음에 품은 자는 모든 것을 다 가진 자이기에 더 이상 두려움에 떨 수도, 결핍에 시달릴 수도, 불행을 겪을 수도 없는 거니까. 하여 인색해질 수도, 왜소해질 수도, 감히 사랑을 아낄 수도 없는 거니까. 그러니 부디 모든 것을 다 가진 그 꽉 찬 채워짐에서부터 오는 미소와 함께 당신, 오늘, 행복하기를. 오늘, 지금 여기서, 사랑이기를. 사랑이 아닐 수가 없는, 사랑일 수밖에 없는 사랑 그 자체의 당신, 다만 스스로 자신이 얼마나 사랑인지를 몰라 방황하지 않기를. 오직 사랑에 기대어 행복하고, 사랑에 의해 행복하고, 사랑으로서 행복하고, 사랑을 위해 행복할 뿐이기를. 공짜로 거저 받은 그 사랑의 선물을 건네길, 그리하여 더 이상 두려워하며 아끼지 말기를. 사랑할수록 자신이 얼마나 사랑인지를 알게 되는, 아니, 기억하게 되는 당신, 사랑이니까. 그러니 다만 사랑하고 또 사랑하길. 닳도록 아낌없이 사랑하길. 흘러넘치게 사랑하길. 그렇게 내내 사랑이길. 당신, 처음부터 영원히 사랑이 아니었던 적이 단 한 번도 없는 사람, 오직 사랑에 의해 사랑으로 지어진, 사랑하고, 사랑받기 위해 태어난, 지금도 그 사랑을 가득 받고 있는 사랑, 사랑, 사랑은.

## 내게 악영향을 주는 사람

　내 마음에 부정적인 영향을 주는 사람을 피하세요. 그들과 함께할 때 당신은 눈에 보이지 않는 상처를 입은 채 훼손되고 말 거예요. 말 그대로 그 상처는 눈에 보이지 않기에 당신은 그것을 대수롭지 않게 생각할지도 몰라요. 하지만 당신의 진짜 존재는 당신의 육체가 아니라 당신의 영이기에, 사실 그 상처야말로 당신이 입을 수 있는 그 어떤 상처보다 깊고도 유해한 오직 유일한 상처인 거예요. 그래서 사실 육체적인 폭력보다도, 마음을 향해 끝없이 가하는 폭력이 내게 더 큰 아픔을 주는 부정성인 거예요. 그들이 당신의 마음에 준 영향으로 당신은 어쩌면 오래도록 우울해야 하고, 자신감 없이 지내야 하고, 마음 안의 빛을 상실해 그것을 회복할 때까지 내 삶과 나의 일에 쏟을 에너지가 없어 가득 소진된 채 허덕이며 무기력한 날들을 보내야 하고, 혹은 없던 미움과 원망의 목소리가 내면에서 싹터 그것을 침묵시키는 데까지 여러 날 동안 미움이 주는 불행을 견뎌내야 할지도 모르죠. 육체가 받은 상처는 시간이 지나면 아물고, 또 더 이상 내가 고통을 느끼지 않게 되는 순간도 찾아오지만 영이 받은 상처는 그보다 훨씬 긴 시간 동안 나를 아프게 하고, 또 눈에 보이지 않기에 완전히 치유하는 것 또한 결코 쉬운 일이 아니니까요.

　하지만 당신이 그런 사람들과 그럼에도 함께하길 선택할 때,

그 선택이 당신에게 주는 유익한 점 또한 있어요. 그 선택은 당신으로 하여금 사랑받을 만하지 못한 사람들을 그럼에도 사랑하게 해주는 힘을 길러주고, 또 용서와 무한한 인내심을 가르쳐 주고, 또 어떤 사람과 함께해야 하는지에 대한 신중함의 지혜를 더욱 충분히 배우게 해줄 테니까요. 그러니 그 모든 유익한 점을 딱 오늘까지만 내 것으로 소유하고, 그 모든 유익한 점에 대해 오직 감사함으로써 더 이상 원망이나 미움을 곱씹지도 말고, 이제는 선향 영향력으로 서로를 감싸줄 수 있는 관계를 향해 뒤를 돌아보지 않은 채 나아가기로 해요. 그들의 수준에서는 그들이 그렇게 할 수도 있음을 이해하되, 구태여 함께 어울리진 않는 거예요. 사슴과 늑대가 친구가 될 수 없는 것처럼, 하지만 사슴에게는 같은 사슴의 무리가 친구가 되어주고, 늑대에게는 같은 늑대의 무리가 친구가 되어주는 것처럼 당신이 그들의 친구가 되어주지 않는다고 해서 그들에게 친구가 없진 않을 거예요. 그리고 서로 결이 비슷하고 최선이 비슷한 사람들끼리 함께하는 것이 사실 더욱 편하고 자연스러운 일이죠. 그렇지 않다면 모든 면에서 서로는 삐걱거릴 수밖에 없을 테니까요.

그러니 그것을 지금 충분히 이해한 채 안타까운 마음은 접어 두고, 서로의 행복과 기쁨을 위해 지금부터는 당신과 마음의 결이 비슷하고 함께 나아가고자 하는 방향이 일치하는 사람과 어울리기로 해요. 테러리스트에게는 자신들의 폭력성과 잔인성에 동참해줄 테러리스트 집단이 있는 것이고, 사랑의 봉사자에게는 서로의 뜻을 지지하고 존중한 채 함께 예쁜 마음을 나누며 나아갈 봉사 집단이 있는 거니까요. 그리고 그 두 집단은 결코 서로와 함께할 수 없는 것이고, 구태여 억지로 함께한다면 서로를 아프게 하고 더욱 불행하게만 만들 뿐일 테니까요. 그렇다면 무엇 때문에 테러리스트와 함께 점심을 먹고 대화를 나누려고 하나요. 그들은 당신과 함께할 그곳에서 폭탄을 터트릴 계획만을 세우며 오늘을 보내고 있을지도 모르는 것인데 말이에요. 그리고 그들은 그 계획이 자신의 삶을 바칠 만큼 위대하고 숭고한 것이라고 철석같이 믿고 있을 텐데 말이에요. 아무리 우리의 눈에는 그것이 말 그대로 끔찍한 테러이자 범죄로 보일 뿐일지라도 말이에요. 사람이 믿고 숭배하는 가치는 그 사람의 현재 수준에 따라 이토록이나 극명하게 차이가 나는 거니까요. 그래서 당신은 결코, 그들을 구원할 수 없을 거예요. 그렇기에 당신이 그들과 함께하길 선택하는 건, 당신 자신을 그 자폭 테러 현장에 스스로 둠으로써 당신 자신의 생명을 또한 무의미하게 희생하는 순진함이 될 뿐인 거예요.

그러니 부디, 제발, 결코 순진하지 마세요. 오직 함께하기에 안진하고, 당신의 육체뿐만이 아니라 영과 마음을 지켜주는 그런 예쁜 마음을 지닌 다정한 사람들과 함께하세요. 그렇게, 함께하는 내내 지치기보다 더욱 채워지고, 마음에 짙은 어둠이 스멀스멀 드리워지게 하기보다 오직 밝은 빛으로 서로를 가득 채워줄 뿐인, 진실하고도 온전한 관계를 향해 나아가길 바라요. 헤어지고 나서 집으로 가는 길에 어딘가 모르게 마음이 공허하거나 불편한, 부정적인 곱씹음이 생기게 하는, 그런 관계가 아니라 활짝 상기된 기쁨과 함께 사랑스럽고 행복한 울림과 향기가 마음에서 가득 피어나는 그런 관계를 향해 말이에요. 그러니까 또다시 만날 생각을 하면 벌써부터 지치고 소진되는, 다시 만나는 날이 두렵게 느껴지기까지 하는 그런 사람이 아니라 벌써부터 설레고 기분 좋은, 다시 만날 날이 너무나 기다려지고 기대되는 그런 사람과 함께하는 거예요. 그렇게 당신, 당신의 마음을 안전하고도 무해한 곳에, 그것을 넘어 다정하고도 예쁜 곳에 두기를. 그런 지혜가 당신과 늘 함께하기를. 그 지혜로부터 당신 마음, 늘 보호받기를.

하여 당신, 함께할 때 원래의 나보다 훨씬 더 예쁘고 사랑스러운 내가 되게 해주는 사람과 꼭 함께하길. 원래의 나보다 자신감 없고 자주 두려워하고 눈치를 보게 하는, 쉽게 미워하고 예민함을 품게 하는, 공격적이고 방어적이게 하는, 그런 내가 되게 하는 사람과 구태여 함께하기보다. 함께함으로써 내가 삶을 더 씩씩하게 잘 살아가게 해주는 사람, 모든 일 앞에서 더 잘 해내는 사람으로 나를 이끌어주고 고취시켜주는 사람, 더 애교 넘치고 사랑스러운 내가 되게 해주는 사람, 나도 몰랐던 나의 예쁜 모습들을 함께함으로써 찾고 발견하게 해주는 사람, 그런 사람이 당신, 사랑에 정말로 어울리는 사람이니까. 늘 차분하고 잔잔했던 당신의 마음에 분노와 원망의 일렁임이 일게 하는 사람이 아니라, 굳이 옳고 그름의 피곤하고도 무의미한 싸움에 탐닉하게 하는 사람이 아니라, 늘 잘 못 해낼 것만 같은 기분에 사로잡히게 하는 사람이 아니라. 그러니까 누구와 함께할지를 결정하는 일은 당신 영혼의 운명을 영원한 기쁨에 두냐, 영원한 불행에 갇히게 하냐의 차이를 결정할 만큼 당신에게 큰 영향력을 행사하는 일이니 그 앞에서 당신, 반드시 신중하길. 지혜롭고도 또 지혜롭길.

그 신중함과 지혜를 위해, 세상에서 가장 위험한 사람은 대놓고 누군가를 때리는 식의 폭행을 저지르는 사람이 아니라, 자신의 이기심과 일그러진 욕구를 은밀하게 숨긴 채 교묘하게 사람들을 조종하는 사람이라는 걸 잊지 말길. 겉으로 보이기에 이미 너무나 부정적인 사람은 또한 너무나도 쉽게 피해 갈 수 있는 사람인 거니까. 그러니까 우리, 그런 사람이 우리의 여정 앞에 서 있을 때는 아무런 어려움 없이 그 사람을 피해 둘러 갈 수 있는 거니까. 하지만 교묘하게 나를 조종하고, 서서히, 그리고 은밀하게 나에게 부정적인 영향을 주는 사람은 그러기가 쉽지 않은 거니까. 위험함을 알아차렸을 때 즈음에는 이미 정신적, 감정적으로 너무나 깊게 연결되어 빠져나가길 선택하는 마음조차 먹기 힘든 지경에 이르렀을지도 모르는 거니까. 그러니 언제나 누군가와 함께할 때 내 마음이 순수한 기쁨이 함께하고 있는지를 살펴보길. 내 마음에 피어난 기쁨을 속일 수 있는 사람은 이 세상에 없는 거니까. 그러니까 내 영이 정말 순수하게 기뻐하고 있다면 그 사람은 분명 나를 진심으로 아끼고 사랑하는 사람일 테니까. 그렇게 당신은 꼭, 그 모든 위험으로부터 당신 자신을 지켜내길 바라요.

사랑은 서로의 마음에 오직 기쁨과 평화만을 주는 마음이며, 하지만 우리는 너무나도 자주 서로의 마음에 기쁨과 평화가 아닌 다른 감정을 심어주고자 애쓰고 몰두하기도 하며, 그러니까 나의 뜻과 바람대로 상대방을 통제하고자 하고, 그렇게 되지 않을 때는 화내고 미워하고, 너는 내게 이렇게 하면 안 된다는 죄책감을 심어주고자 하고, 그런 식으로 사랑하는 사람을 사랑하지 않기 위해 만나기라도 하는 것처럼 상처와 고통을 주고자 온 마음을 다해 애쓰며 함께하기도 하지만, 이제 당신만큼은 그 모든 사랑 없음에서부터 일어나는 마음들을 기꺼이 내려놓기를. 그러니까 사랑하지 않기를 그만두기를. 그렇게 당신이 먼저 상대방에게 진정으로 예쁘고 선한 영향력을 주는 사람이 되기를. 지금 거울 앞에서 볼 수 있는 당신의 모습이 곧, 당신이 만날 사람, 당신이 있을 장소, 그 모든 당신의 운명과 미래를 결정하게 될 당신 성숙의 현 위치이니까. 당신이 당신과 너무나도 다른 성숙의 수준을 지니고 있는 사람과는 끝내 인연으로 맺어지지 않았던 것처럼, 결국 사람은 자신을 불편하게 하는 사람과는 자연히 멀어지고, 편안하게 해주는 사람과는 자연히 가까워지게 되어있는 거니까.

    그러니 당신은 오직 진짜 사랑이 됨으로써 진짜 사랑과 함께하길. 그러기 위해 오직 진실하게 사랑하길. 진실한 사랑, 그보다 당신에게 어울리는 마음은 없는 거니까. 사실 당신 존재 자체가 바로 진실한 사랑이며, 그래서 또한 그 사랑만이 당신을 편안하게 해줄 테니까. 그게, 당신이 사랑이 아닌 미움을, 힘을, 욕망을, 이기심을 선택할 때 그토록이나 불편해지는, 하여 불행하고 고통스러운 표정을 잔뜩 지을 수밖에 없게 되는 이유인 거니까. 그러니 당신은 가장 먼저 당신 자신에게 편안한 사람이 되어주길. 당신 자신을 편안하게 해주는 사람이 되어주길. 그리하여 가장 먼저 당신 자신에게 악영향을 주는 당신의 모습을 벗어내길. 오직 선하고 예쁜 영향만을 주며 무탈하게 행복할 수 있도록 보살필 뿐이길. 그 사랑이 곧, 당신이 타인에게 건넬 사랑의 모양이며, 그러니까 결국 나는 내가 나를 사랑하는 모양의 사랑만을 타인에게도 건넬 수 있는 거니까. 그래서 나, 내가 나를 사랑하는 만큼만 나를 사랑해주는 사람과 함께할 수밖에 없는 거니까. 그러니 먼저 진실한 사랑 그 자체인 당신에게 걸맞는 사랑만을 당신 자신에게 건넴으로써 당신 자신에게도, 타인에게도 그 사랑을 받는 당신이 되길. 하여 당신, 그 사랑 안에서 영원히 안전하고 무탈하길. 그리고 그 기쁨과 평화를 영원히 지켜내기 위해 그럼에도 다만, 순진하지는 말길. 꽃처럼 아름답게 지혜롭고, 당신이 사랑인 것만큼만 가득, 진실하게 사랑하고 사랑받을 뿐이길. 당신이 사랑인 것만큼만 가득.

# 마음의 빛

지금 내가 보고 있는 세상은 있는 그대로의 세상이 아니라 내가 보고 싶은 대로의 세상이에요. 언제나 외부는 우리 내면의 반영이니까요. 그러니 지금 내가 보고 있는 세상이 전혀 아름답지 않고 사랑스럽지 않다면, 이제는 그 외부를 탓하기보다 내 마음을 예쁘게 가꾸며 나아가기로 해요. 내가 어떤 사람에게서 미움을 볼 때, 그건 내가 그에게서 그 미움을 보기로 결정했기 때문이며, 그래서 나, 그 사람에게서 그러한 점만을 계속해서 찾고 바라보게 된 걸지도 몰라요. 그러니 이제는 미움이 아니라 사랑만을 바라보는 내가 되기로 해요. 누군가를 미워할 때 그 미움이 담기는 곳은 다름 아닌 내 마음 안이기에 그로 인해 내가 고통스럽고 힘들어지는 것이고, 누군가를 사랑할 때는 그래서 내가 가득 행복해지는 거니까요. 그리고 결국 마음을 통해서 세상을 바라보는 우리이기에 우리 마음 안에 미움이 있을 때 우리는 그 미움을 통해서 세상을 바라볼 수밖에 없을 테고, 하여 생각보다 괜찮은 사람들에게서도 미운 점만을 찾는 일에 골몰하게 될지도 모르는 거니까요. 또 사소한 일 앞에서도 그냥 지나치지 못해 잔뜩 예민해지고 원망을 품게 될지도 모르는 거고요.

그래서 정말 사랑할 만하지 않은 사람이 있다면, 미워하는 대신에 차라리 함께하지 않는 것을 선택하는 것이 더욱 지혜로운 태도가 아닐까요? 그리고 사랑을 보길 선택할 수도, 미움을 보길 선택할 수도 있다면, 그럼에도 사랑이 아닌 미움을 선택하는 것만큼 나 자신을 아름답지 못한 세계에 스스로 가둬두는 태도가 또 어디에 있을까요. 그걸 한 번 생각해봤으면 좋겠어요. 그리하여 당신은 구태여 미움에 빠지기보다 다만 당신 자신의 사랑을 꿋꿋이 지켜낼 줄 알았으면 해요. 누군가가 미워서 함께하지 않길 선택할 수도 있지만, 여전히 사랑하지만 서로의 결과 방향이 다르기에 그저 함께하지 않길 선택할 수도 있는 것이며, 나 자신을 사랑하는 마음으로 내게 더 좋은 영향을 주는 사람과 함께하길 선택할 수도 있는 거니까요. 내가 오렌지를 좋아한다고 해서, 바나나를 굳이 싫어하거나 미워할 필요는 없는 거니까요. 그저 바나나 대신 오렌지를 골라서 맛있게 먹으면 될 뿐인 거니까요. 그러니 그 지혜를 통해, 이제는 미움의 영향력에서 완전히 벗어나길 바라요. 하여 전처럼 미움에 의해 선택을 강요받기보다, 이제는 사랑의 힘과 빛으로 그저 선택할 뿐인 주체적인 당신이 되길 소원할게요.

사실, 내가 보고 싶은 대로 왜곡하고 만들어낸 세상이 아니라, 그 모든 왜곡과 오류를 벗겨낸 진짜 있는 그대로의 세상은 완전한 사랑 그 자체에요. 그러니 사랑이 아닌 다른 것을 내가 바라본다면 그건 그 자체로 하나의 왜곡이자 내 미성숙한 마음의 투사인 거예요. 우리가 어둠을 볼 수 없는 것처럼 사랑이 아닌 것은 존재하지 않는 것이기에 우리가 올바른 시선과 함께 세상을 살아가고 있다면 사랑이 아닌 다른 것은 결코 바라보지 못할 테니까요. 다만, 어떤 사람은 더 강렬한 빛과 함께하고 있고, 어떤 사람은 더 미약한 빛과 함께하고 있음을 바라볼 수는 있겠죠. 그리고 진정 성숙한 이는 미약한 빛을 지닌 사람의 빛이 작고 흐리다고 해서 그를 미워하고 비난하기보다, 그 작은 빛조차도 빛으로 바라봐주는 사람인 거예요. 타인의 단점을 찾고 그것에 골몰하기보다 장점을 발견하고 그 장점을 고취시켜주는 사람 말이에요. 그러니 이제는 빛을, 사랑을 바라보는 내가 되기로 해요. 타인을 비난할 때는 나 자신이 약해지지만, 타인의 장점을 바라볼 때는 나 자신이 강해진다는 것을 명심하면서요.

　강한 사람은 결코 비난하지 않아요. 무엇인가를 비난하는 생각에 빠질 만큼 마음의 여유가 없는 상태가 아니고, 하지만 무엇인가를 비난하는 생각에 아주 잠시라도 골몰할 만큼 시간의 여유는 많지 않기 때문이에요. 이 아깝고 소중한 내 하루의 얼마간이라도 그러한 것에 쓰는 일이 정말로 낭비이자 무가치한 일로만 여겨질 테니까요. 사랑하고, 기뻐하고, 감사하기에도 모자란 참 아깝고 소중한 하루라고 자신의 하루를 완전히 여기고 있을 테니까요. 그러니까 진정 강한 사람은 어둠이 아니라 빛에 집중하는 사람이고, 빛에 집중함으로써 자신 또한 빛이라는 것을 더욱 발견하고 알아가는 사람이에요. 그래서 그 사람의 마음에는 온통 강렬한 빛이 반짝이고 있을 테고, 그는 오직 그 빛을 통해서만 외부 세계를 바라보고 인식할 뿐인 거예요. 약한 사람이 오직 어둠을 통해서만 외부 세계를 인식하고 바라보는 것과는 완전히 반대로 말이에요. 그래서 이들과 함께할 때 우리는 우리 자신 또한 더욱 사랑스러워지고 기쁨 가득해지는 것을 자연스레 계속 느끼게 되는 거예요. 우리의 장점과 우리의 빛, 우리의 사랑에 자신 마음의 빛을 비춰주고, 하여 우리 자신의 빛을 더욱 드러내주며 고취시켜주는 사람이 바로 이들이니까요. 이 사람들과 함께할 때면 그래서 나,

원래의 나보다 더 좋은 내가 된 것만 같은 기분을 자꾸만 느끼게 되는 거예요.

어느 누가 어둠의 태도로 나를 마주하는, 그러니까 늘 나에게 불평불만 하거나 나를 통제하려 하거나 나에게 이기적이거나 힘으로 나를 누르려 하거나 나를 비난하거나 깎아내리는 사람과 함께할 때 더 사랑스러워지고 또 더 강해지겠어요. 그러니 이제는 빛만을, 사랑만을, 장점만을 바라보는 내가 되기로 해요. 그 빛으로 타인에게 또한 힘과 응원을, 치유와 위로를 전해주는 내가 되는 거예요. 그 빛은 결국 내 마음 안에서 빛나고 반짝이는 것이기에 그로 인해 또한 내가 더 강하고 아름답고 멋진 사람이 되어갈 거예요. 그렇다면 나와 타인 모두에게 좋기만 할 뿐인 이 빛과 사랑의 일을 망설일 이유가 도대체 어디에 있나요. 그로 인해 내가 얼마나 사랑인지를 알아가게 될 나일 텐데 말이에요. 무엇보다 있는 그대로의 타인들 또한 얼마나 사랑인지, 가슴이 아프고 눈물이 흐를 만큼 이해하게 될 나일 텐데 말이에요. 그래서 당신 마음 안에는 사람들에게 그들이 얼마나 사랑받기 위해 태어난 사랑의 존재인지를 알려주고 싶은 참 예쁜 사랑의 욕구가 가득 싹트기 시작할 텐데 말이에요. 그래서 더욱 진심으로 타인을 존중하고, 아끼고, 사랑하는 당신이 될 테고, 결국 그 사랑은 당신 자신에게로 모두 돌아오는 것이기에 무엇보다 당신이 가득 행복해질 텐데 말이에요. 당신이 건네는 그 사랑이 담기는 곳은 결국 당신 마음 안이라는 그 진실로 인해서.

그러니 이제는 세상을 참 못났다 여기며 미워하고 비난하기보다 같은 세상이 있는 그대로 참 예쁘고 사랑스럽다고 여겨질 때까지

내 마음을 더욱 아름답게 가꾸며 나아가기로 해요. 결국 내 마음이 아름다워질 때, 비로소 나는 온 세계에서 그 아름다움을 발견하고 바라보는 내가 될 테니까요. 무엇보다 누군가를 미워하고 비난할 때, 그건 미움과 비난이 실재한다는 나의 믿음을 의미하는 것이고, 그래서 그때의 나, 나 또한 미움받고 비난받을 수 있는 존재라고 여길 수밖에 없을 테니까요. 그리고 당신이 그렇게 믿는 한, 당신은 적당히 행복할 수는 있을지라도 결코 완전하게 행복하지는 못할 테니까요. 그러니까 당신 사랑에 걸맞게 기뻐하고 행복해하지는 못할 테니까요. 그러니 당신 자신의 결백을 스스로 완전히 믿기 위해서라도, 이제는 오직 아름다움과 함께하기로 해요. 사랑만을 마음에 품고 그 사랑의 빛으로만 세상을 마주하고 살아가기로 해요. 나도, 타인도 태어나길 이미 완전한 사랑으로 태어났기에 그 자체로 모두가 사랑받기에 충분한 존재라는 그 결백을, 그렇게 완성하기로 해요. 다만 스스로 자신을 사랑으로 여기지 못해 사랑이 아닌 깃처럼 존재하기 위해 치열하세도 애쓰고 있는 조금은 안쓰럽고 안타까운 우리 인간들일 뿐이라는 것을.

    그러니 당신은 타인의 사랑스럽지 않음에 대해 미워하고 비난하기보다 다만, 안쓰럽고 안타깝게 여길 뿐이길. 자신이 얼마나 사랑인지를 기억하지 못해 스스로 참 불행하고 고통스러운 하루를 보내고 있는 그들을, 다만 연민 어린 시선으로 바라봐주길. 그렇게 당신은 그들의 사랑 아닌 모습, 그 환상을 지나쳐 그들의 진짜 모습인 사랑만을 바라봐주길. 그 빛과 사랑에만 당신 시선의 초점을 맞출 뿐이길. 그러니까 타인의 빛과 장점만을 바라보는 강한 당신이길. 장점이 도무지 보이지 않는다면 구태여 비난하기보다 차라리 침묵하는 지혜를 선택할 줄 알기를. 그 모든 나아감 안에서 꼭, 당신 자신의 결백을 알아차리고 마주하게 되기를. 오직 사랑밖에 모르며, 사랑만을 주고받을 수 있는 사랑 그 자체의 존재가 바로 나라는 그 결백을. 그 결백과 사랑으로 인해, 행복할 수밖에 없어 행복한 당신이기를. 그럼에도 특별하게 함께할 사람을 선택하는 데 있어서는 언제나 신중하고 지혜롭길. 무엇보다 미움에도 불구하고 함께하거나, 밉기에 함께하지 않거나, 그 불행이 아니라 여전히 사랑하지만 깊고 특별하게 함께하지는 않을 뿐인 그 사랑과 기쁨에 기대어 이제는 선택하길.

그렇게 당신 마음 안에는 온통 사랑만이 가득 빛날 뿐이길. 그 사랑이, 오랜 시간 동안 방황하며 망각했던, 하여 스스로 자신이 누구인지를 완전히 잊었던 당신 자신의 진짜 모습이니까. 무엇보다 당신이 당신 자신이 사랑임을 기억해내는 건 불가피한 일이며, 다만 당신의 선택에 따라 그 일, 지체될 수 있을 뿐이며, 그렇다면 이제는 어차피 불가피한 그 일을 더 이상 스스로 지연시키지 말기를. 여전히 미움과 증오에, 갈등과 분노에 스스로 매력을 느낀 채 은밀히 그 부정성이 주는 고통을 사랑하고 있을 땐 사랑의 불가피함이 너무나 두려워 피하고 싶고, 하품이 날 만큼 지루한 일로만 여겨질 뿐일 테지만, 그래서 사랑으로 돌아가길 스스로 치열하게도 망설이고 지연시킬 테지만, 당신이 분명하게 그 모든 사랑 없음이 주는 고통의 무의미를 깨닫고 나면 사실 사랑의 불가피함은 안도이자 축복으로만 여겨질 뿐일 테고, 왜냐면 어렵고 멀게만 느껴졌던 사랑이 곧 당연한 나의 자리였음을, 하여 사랑이길 선택하기만 하면 나, 곧장 사랑이 될 수 있는 사랑의 존재였음을 사랑의 불가피함으로 인해 당신, 한 치의 의심도 없이 믿고 확신할 수 있게 되기 때문이며, 무엇보다 이제는 사랑이 되길 간절히 염원하는 당신에게 있어 너는 결국 사랑이 될 수밖에 없다는, 사랑으로 돌아올 수밖에 없다는 그 진실은 너무나 반갑고 감사하게만 느껴질 뿐일 테니까.

그러니 사랑을 지루하게 여기기보다, 미움과 증오, 분노와 비난, 험담 없는 하루를 지루하게 여기기보다, 오직 사랑 없는, 사랑 아닌 모든 것들을 지루하게 여길 뿐인 당신이길. 하여 이제는 방황을 그치고 사랑으로 돌아서길. 사랑의, 당신을 내내 불러왔고 지금도 부르고 있는 그 음성에 귀를 기울이길. 그렇게 이제는 당신의 수많은 목소리와 생각에 가려져 들리지 않았던, 들을 수조차 없었던 그 음성에 이끌려 그저 사랑이 되길. 그리하여 당신이 얼마나 있는 그대로 사랑받기 충분한 존재이며, 또 오직 사랑하기만을 위해 태어난 존재인지를 기억해내길. 그 사랑으로부터 당신 자신의 영원한 결백을 깨닫길. 결코 미움받을 수도, 비난받을 수도 없는 완전한 사랑 그 자체의 당신, 그렇기에 단 하나의 죄도 있을 수 없는 영원한 무죄의 당신을. 그 무죄와 결백의 안전을 매 순간 가득 느끼기에 오직 무탈하게 행복하고 가득 안도할 뿐인 당신이길. 그러니까 그 안전에 의해, 이제는 미움을, 결핍을, 불안을, 갈등을, 두려움을 당신 마음에 품는 게 완전히 불가능해지기를. 그 사랑이 주는 기쁨과 안전을, 영원한 안도를 그러니 더 이상 망설이지 말길. 사랑이 불가피해서 사랑으로 돌아갈 수밖에 없는, 태어나길 사랑으로 태어난 당신 존재니까. 그러니 당신 사랑은, 그저 당신 자신으로 존재할 뿐이길. 더 이상 당신 자신으로 존재하길 스스로 망설이거나 지연시키지 않음으로써, 결국 사랑으로 돌아갈 수밖에 없는 당신 사랑이라는 운명을 완전히 받아들임으로써, 그렇게.

## 무탈한 행복, 혹은 사랑

우리가 주어진 오늘을 살아가며 그저 하루를 무탈하게 보냈다면, 그 하루는 그 자체로 이미 빛과 함께하는 행복한 하루인 거예요. 너무 무탈했기에 내가 그 하루의 행복을 미처 느끼진 못했을지라도 말이에요. 그러니 그 무탈함에 감사할 줄 아는 마음의 눈을 키워봐요. 그때 우리는 더욱 촘촘하게 감사하며 행복할 수 있을 거예요. 어떤 한 지역에 큰 국가적인 참사가 일어날 뻔했고, 하지만 그것을 미리 직감한 한 시민이 경찰에 위험성을 신고했고, 또 경찰은 그 위험성을 충분히 인지한 채 그것을 사소하게 넘기지 않고 최선을 다해 예방했고, 그래서 그곳에 있던 모든 사람들이 그날 하루의 참사를 겪지 않은 채 무탈하게 하루를 마무리하게 되었다고 생각해 봐요. 만약 그런 신고가 없었거나, 혹은 경찰이 그 신고를 대수롭지 않게 생각했거나, 그래서 그 참사가 일어났다면 오늘이 그곳 사람들이 살아가는 마지막 날이 되었을 수도 있겠죠. 하지만 그런 일이 일어나지 않았기에 대부분의 사람들은 자신에게 주어진 그 기적 같은 무탈함에 감사하기보다 여전히 어제처럼 어떤 일에 불평불만하고, 누군가를 미워하고, 사랑하는 사람과 감정싸움을 하고, 그렇게 살아가고 있는 거예요.

하지만 정말로 오늘 하루를 내가 무탈하게 보낼 수 있었던 데는 누군가의 엄청난 역할과 노력이 있었고, 무한한 정성과 보살핌이 있었고, 그랬던 거예요. 그게 아니라면 결코, 이토록 무탈하진 못했을 거예요. 당신의 눈엔 당신의 오늘이 무탈하게만 느껴지진 않을지라도 말이에요. 왜냐면 그 역할과 노력, 정성과 보살핌을 빼놓고 당신에게 모든 일이 그저 그대로 일어나게 한다면 당신, 1초도 걸리지 않아 당신의 무탈함이 얼마나 기적 같은 소중함인지를 단번에 알아차리게 될 만큼 당신은 당신이 겪어야 했던, 겪을 수밖에 없었던 수많은 일들을 참 축복스럽게도 지나쳐온 거니까요. 그러니 어떤 일이 생겼다면 끔찍이도 아팠고 불행했을 나지만, 누군가의 역할과 노력 덕분에, 정성과 보살핌 덕분에 그 일을 겪지 않아도 되었던 나라는 것을 이제는 잊지 않은 채 내 수많은 날들의 무탈함을 촘촘하게도 바라보며 감사할 줄 아는 반듯한 내가 되기로 해요. 그 무탈함을 바라보며 당신이 감사하지 못할 때 그로 인해 불행할 사람은 바로 당신 자신이니까요.

그러니 이제는 나를 위해 감사하기로 해요. 당신이 그 무탈함에 감사할 줄 알게 될 때, 이제 당신은 당신 삶에 일어나는 대부분의 사소한 불평거리들은 그저 지나칠 줄 아는 다정함과 함께하게 될 테고, 그래서 더욱 너그럽고 여유로운 마음으로 삶을 살아가게 될 거예요. 이미 주어진 기적과 소중함, 감사할 거리가 너무나도 많기에 고작 그런 작은 일 따위에 불평하거나 미움을 품거나 스트레스를 받을 이유와 명분이 당신에겐 더 이상 없을 테니까요. 이전에는 그 일이 고작 작은 일이 아니라 너무나도 크고 깊은 일로만 느껴졌을지라도, 그래서 결코 그저 스쳐 지나가거나 넘길 수 없어 잔뜩 예민해져야 했고 민감해져야만 했을지라도, 이제는 당신의 그보다 더 큰 감사 앞에서 그 모든 일, 너무나도 사소하고 작게만 여겨질 뿐일 테니까요. 그리고 그게 바로 무탈함에 감사하는 자에게 주어지는 예쁜 행복이란 이름의 선물인 거예요. 그렇다면 돈이 드는 것도, 시간이 드는 것도 아니며, 그저 조금만 마음을 쓰면 예쁜 행복을 선물로만 받게 될 뿐인 이 무탈함에 감사하는 일 앞에서 당신, 언제까지 감사를 미루고 또 미룰 건가요. 그러니까 언제까지 행복은커녕 불행만을 당신 자신에게 스스로 선물하며 왜소하고 불행하게만 살아갈 건가요.

누군가의 도움이 없었다면 부도를 면치 못했을 어떤 사업가는 누군가의 도움으로 부도를 면했고, 하지만 이미 부도를 면했기에 그렇게 감사하지는 못하죠. 부도를 겪었을 때 자신이 겪게 되었을 엄청난 고통과 아픔들은 전혀 생각해보지 못하는 거예요. 그리고 그때, 그를 도와준 사람은 차라리 부도가 나게 내버려 둘걸, 그랬다면 이 도움이 얼마나 크고 간절한 도움이었는지 뼈저리게 알게 될 텐데, 하여 반드시 감사하는 마음을 가지게 되었을 텐데, 하고 생각하게 될지도 모르는 거예요. 그리고 그게, 자신에게 주어진 무탈함에 감사하지 못하는 사람들을 바라보는 우주의 시선인 거예요. 너의 하루가 얼마나 감사한 날들인지 네가 정말 스스로는 결코 바라보지 못하겠다면 그것을 알 수 있게 시련을 줄 수밖에 없겠는걸, 이렇게 생각하게 되는 것이죠. 당신에게 감사하는 마음을 가르쳐주기 위한, 그리하여 당신이 보다 행복한 삶을 살아갈 수 있도록 이끌어주기 위한 그, 오직 당신을 향한 사랑으로 말이에요. 그래서 감사함은 끝없는 감사를 끌어당기고, 불만족은 끝없는 불만족을 끌어당기게 되는 거예요. 그러니 이제는 감사함으로써 당신 자신에게 오직 풍요와 기쁨, 무탈함과 행복만을 선물하는 지혜로운 당신이 되길 바라요.

그러니까 구태여 힘들게 감사를 배우기보다, 이제는 감사를 배울 필요가 없을 만큼 스스로 감사할 점을 세어보며 진심으로 감사할 줄 아는 당신이길 바라요. 함께하는 사람과 하루를 보내며 내가 큰 불편함 없이 무탈할 수 있었던 것에도 사실 상대방의 나를 향한 엄청난 배려와 노력, 다정한 인내가 있었기 때문인 거예요. 그 배려가 있었기에 나, 무탈할 수 있었던 것이고, 하지만 상대방이 조금이라도 그 배려를 내게 덜 기울였다면 내 하루는 조금씩 어긋나 삐걱거릴 수밖에, 수많은 불편함을 마주한 채 휘청거리게 될 수밖에 없었겠죠. 그러니 그 불편함을 겪은 뒤에야 무탈함을 그리워한 채 후회하는 사람이기보다, 이미 주어진 수많은 무탈함에, 그 무탈함을 있게 한 수많은 배려에 섬세하고 촘촘하게 감사할 줄 아는 내가 되기로 해요. 그 촘촘한 감사의 마음이 또한 익숙함에 속아 소중함을 잃지 않는 진실한 사랑의 마음으로 우리를 이끌어줄 테니까요. 그리고 그 감사할 줄 아는 마음은, 감사할 수밖에 없을 만큼의 예쁜 관계를 또한 우리 자신에게로 잔뜩 끌어당길 테니까요.

저는 사람과 사람이 마주함에 있어 가장 기본적인 다정함은 바로 그 무탈함을 전해주는, 전해주고자 노력하는 마음이라고 생각해요. 나로 인해 자신이 보다 행복한 하루를 보내게 된 것이라고 상대방이 분명하게 인식하고 있지는 못하더라도, 그럼에도 그저 무난하게 하루를 마무리했고, 크게 불편함을 느끼진 않았다면 그걸로 난 정말로 다정했던 것이고, 정성과 배려를 기울일 책임 앞에서 최선을 다했던 거니까요. 그러니까 명확하게 행복해졌다는 인식을 심어주지는 못할지라도 최소한 불편하게 만들지는 않는 것, 그게 가장 최소한의 다정함인 거예요. 그리고 아마 대부분의 사람들은 그 최소한의 다정함조차 건네지 못해 늘 싸우며 아프게 하고, 그런 식으로 서로에게 고통과 상처, 불안과 갈등을 전해주기에 바쁜 날들을 보내고 있겠죠. 그래서 그 최소한의 다정함조차도 사실은 결코 쉬운 게 아니며, 그걸 해보고자 노력해 본 사람들은 그 일이 얼마나 어려운지, 얼마나 큰 정성과 인내를 필요로 하는 일인지, 그래서 모를 수가 없는 거예요. 그러니 당신, 상대방 마음의 무탈함을 지켜주는 그 최소한의 다정함을 완성하는 것에서부터 시작해 보길 바라요.

그러기 위해 당신 스스로가 먼저 무탈함에 감사하고, 무탈함이 주는 기쁨과 행복을 스스로 아끼고 사랑해야 할 거예요. 왜냐면 많은 사람들이 무탈함을 사랑하기보다 무탈함을 지루하게 여긴 채 보다 자극적인 하루를 보내길 은밀히 원하고 있고, 그래서 이토록이나 갈등을 원하고, 싸움을 원하고, 분노를 원하고, 미움을 원한 채 어떻게든 자신의 하루를 무탈하지 않게 만들기 위해 노력하고 있으니까요. 조금이라도 무탈해졌다 싶으면 그 지루함을 견디지 못해 한숨을 가득 내쉬고 하품을 내내 늘어지게 하며 곧 앓아누울 만큼 고통스러워하는 사람들이 참 많으니까요. 그래서 온갖 명분을 내세운 채 갈등을 찾고, 미워할 사람을 찾고, 비난할 사람을 찾고, 감정싸움을 할 사람을 찾고, 그렇게 존재하고 있는 것이죠. 나와 상관도 없는 남, 특히 공인을 어떻게든 물어뜯으며 어떻게든 하루를 무탈하지 않게 보내기 위해 노력하면서 말이에요. 그게 다 지구를, 세상을, 인류를, 이 나라를 위해서인 거라는 명분 아래 그토록이나 자기 자신의 미성숙을 토해내고 내뱉지만, 그런 불행한 표정과 분노와 미움 섞인 말이 어떻게 타인을 위한 것일 수 있겠어요. 그 안엔 사랑의 감정이 단 하나도 담겨있질 않은 것을.

그래서 그건 결국 자기 스스로도 그런 자신을 떳떳하게 여기지 못해 그런 식의 미화와 정당화로 자신의 부정직함과 미성숙함을 미리 방어하고자 하는 뻔뻔함일 뿐인 거예요. 사실 마음속 깊숙이는 자신의 그런 모습, 자기 자신뿐 아니라 이 세상 누구로부터도 사랑받지 못할 만한 미성숙하고도 못난 모습이라는 걸 누구보다 잘 알고 있기에. 그러니 이제는 더 이상 뻔뻔하지 말아요. 누구보다 나 자신에게 정직한 내가 되기로 해요. 당신이 진정으로 누군가를 위해서 무엇인가를 한다면, 그건 사랑의 마음에서부터 비롯돼야 하는 것이고, 하지만 사랑에는 결코 미움이나 분노, 갈등이나 분리, 깎아내림, 조롱, 비난, 험담, 그런 식의 부정적인 일렁임이 담길 수 없으며, 그래서 당신이 진정 사랑과 함께한다면 당신은 오직 분명한 평화, 그리고 다정함, 예쁘고 고요한 미소와만 함께하고 있어야 하는 것이며, 그러니까 지금 당신이 그 사랑의 요소들과 함께하고 있지 않다면 당신은 결코 누군가를 위한 아름다운 마음으로 그 일을 하는 게 아니라는 것을 이제는 스스로 인정하고 바라볼 줄 아는 내가 되는 거예요. 그것을 정직하게 인정할 줄 알아야만 무탈할 수도, 최소한의 다정함을 완성할 수도 있게 되는 거니까.

그러니 이제는 진정으로 무탈하기만을 바라길. 스스로 미성숙에 탐닉하는 것에서부터 느낄 수 있는 작고도 왜소한 기쁨들에 더 이상 미련을 두지 말길. 오직 평화를, 다정함을, 고요함을 원하고 사랑하길. 그러기 위해 내 모든 미성숙한 행동들을 다른 누군가를 위해서라는 정당화와 미화로 합리화하지 말길. 그때, 당신은 그 미성숙에서부터 당신 자신을 결코 구해내지 못할 테니까. 그러니 늘 진실하고 솔직하길. 정직하고도 진솔하길. 자신을 스스로 속이지 말 것이며, 다만 모든 거짓된 유혹에서부터 구해낼 뿐이길. 그리하여 당신은 무탈함이 지루해서 앓아눕기보다, 갈등과 감정싸움이 무의미하고 무가치해서 앓아눕는 사람이 되길. 그렇게 당신이 아끼는 가치를 먼저 다정함과 아름다움으로 옮겨내길. 하여 당신 하루에 아무런 일이 일어나지 않았을 때 가장 감사할 줄 아는 당신이 되길. 그저 어제와 같이 오늘이 흘러간다면 그보다 기쁘고 감사한 일 또한 사실 없는 거니까. 그러니 매일이 오늘만 같았으면 좋겠다는 그 결핍 없는 마음으로 하루를 마주하길. 오늘과 같은 날을 영원히 살아가게 되더라도 나, 더없이 감사하고 행복할 뿐일 거라는 그 마음 하나로. 그게 바로 진짜 완전함이며, 무탈함을 진정으로 아끼고 사랑하는 다정함이며, 하여 당신의 삶과 관계, 실제로 무탈하게 행복해지기 시작할 테니까.

그러기 위해 당신 또한 무탈함을 사랑하는 사람과 함께하길. 당신이 아무리 상대방의 무탈함을 위해 최선을 다해도, 상대방이 무탈함을 지루하게만 생각하는 사람이라면 당신의 노력은 헛된 것이 될 뿐일 테고, 무엇보다 상대방은 계속해서 당신의 마음에 불편함과 갈등, 불안을 심어주고자 끝없이 기회를 엿보고만 있을 뿐일 테니까. 당신이 그것에 반응하지 않을 때 더욱 거세게 그럴 테고, 하여 끝내 당신 또한 그 앞에서 휘청거리고 흔들릴 수밖에 없게 될 테니까. 왜냐면 당신이 무너질 때까지 그들, 결코 멈춰 서는 법이 없을 테니까. 그러니 당신의 행복에 질투하는 사람보다 당신의 행복을 진심으로 지지하는, 당신을 진정으로 아끼고 사랑하는 사람과 함께하길. 그런 둘이 만나, 이제는 무탈함을 넘어 서로를 명확하고 분명하게 행복하게 만들어주길. 그러니까 불편함을 심어주지 않는 최소한의 다정함을 넘어서, 기쁨과 행복, 예쁜 미소를 흐드러지게 피어나게 하는 보다 확실한 다정함을 향해 나아가길. 그 사랑을 내내 함께하고 연습하는 관계가 둘의 만남이 되게 하길. 그때 둘, 함께하는 영원히 어제보다 오늘 더 서로를 아끼고 사랑하는 이 세상에서 유일하게 함께할 가치가 있는 진짜, 사랑을 하게 될 테니까.

무엇보다 당신은 싸우고 갈등하기 위해 태어나 존재하는 사람이 아니라 오직 사랑하고 사랑받기 위해 태어나 존재하는 사랑의 영이니까. 그래서 사랑 없는 모든 관계는 당신의 존재 이유와 목적을 갉아먹고 낭비할 뿐인 무가치함일 뿐인 것이며, 그럴 거라면 차라리 혼자서 사랑을 배우며 나아가는 게 더 당신 존재의 이유와 목적에 맞는 거니까. 그러니 함께할 거라면, 같이의 가치를 함께하고 나눌 수 있는 사람과 함께하길. 그런 가치가 함께하는 같이가 아니라면 당신, 존재의 이유와 목적을 잃은 채 방황하고 있다는 공허에 사무쳐 매일을 아프고 불행하게 살아갈 수밖에 없게 될 테니까. 그러니 당신은 다만 진짜 사랑만을 원하고 추구하길. 평화를, 고요를, 무탈함을, 안전을, 기쁨만을 원하고 사랑하길. 스스로 사랑을 닮지도 않은 사랑 아닌 다른 것들에 매력을 느낀 채 끌리지 말길. 그러니까 그 사랑 아닌 것들을, 스스로 사랑이라 오해하고 착각하지 말길. 그러니까 당신 자신을 구태여 시험에 빠지게 하지 말길. 그 모든 미성숙과 사랑 없음에서 당신 자신을 먼저 구해낼 것이며, 그러기 위해 당신 자신의 무탈함을 먼저 기도하고 소원할 것이며, 그리하여 타인의 무탈함을 또한 기도하고 소원해주는 당신이 되길.

그리고 그때, 함께할 준비가 된 당신처럼 준비된 사람을 만나

서로의 무탈함을 빌어주는 예쁜 사랑을 하길. 처음엔 서로 다른 둘이 만나 함께하는 일이기에 불가피하게 조금의 삐걱거림은 있겠지만, 그럼에도 최선을 다해 서로의 무탈함을 빌어준다면 서서히 둘, 서로를 더욱 깊이 알아가게 될 것이고, 하여 더욱 섬세하게 서로의 무탈함을 빌어주고 지켜줄 수 있게 될 것이고, 그렇게 그 관계, 더욱 사랑의 향과 빛으로 무르익을 테고, 그리고 그때가 바로 당신 둘, 무탈함을 넘어선 진짜, 사랑을 향해 나아갈 때라는 것을. 그러니 그 진짜 사랑의 때를 맞아 이곳 지구에 태어나 존재하는 이유와 목적을 내내 완성하며 나아가는, 그리고 그 여정의 끝에서 존재의 이유와 목적을 끝내, 꼭, 반드시 완성하게 되는 당신 둘이길. 그러니까 처음 만났을 때도 사랑했지만, 끝에 가서는 처음의 사랑을 사랑이라 여길 수조차 없을 만큼 서로를 더욱 깊고 크게 사랑하고 있는 당신 둘이길. 함께하는 내내 서로를 진심을 다해 아끼고 사랑했기에 서로의 마음 안에 그만큼 사랑할 줄 아는 힘과 능력, 그 빛이 커져 왔을 테고, 그래서 그럴 수밖에 없는 둘일 것이며, 그리하여 둘, 무엇보다 서로의 모든 환상과 오류를 넘어 진짜 있는 그대로의 서로, 그 진짜 완전한 사랑의 서로를 바라보게 되기를. 그렇게 사랑하고 사랑받기 위해 태어난 당신 사랑의 존재에 어울리는 사랑을 할 것이며, 그 사랑으로 인해 당신 자신이 얼마나 사랑인지를 더욱 기억하게 되고 알아차리게 되는, 그런 사랑을 하길.

그러니까 당신이 완전한 사랑의 존재였으며, 지금도 그런 존재며, 앞으로도 영원히 그런 존재일 거라는 걸 그 사랑과 함께하는 언젠가엔 꼭, 부디, 반드시 알게 되길. 그리고 그 전엔 다만 당신이 무탈하게만 행복하길. 적어도, 무탈하게는 행복하길. 내가 참 많이 아끼고 걱정하는 당신이 다만 너무나 오랜 시간 아픔과 불행 속에서 방황하진 않았으면 좋겠으니까. 당신이 부디, 꼭, 제발 사랑이길 내내 바라고 소원하지만, 그럼에도 사랑이지 못한 순간에는 다만 너무 아파하진 않았으면 좋겠으니까. 그러니까 내 모든 마음의 진심을 다해, 당신의 무탈함을 소원하고 바라요. 나보다 당신을 위해 더 많이 기도하고 걱정하고 아파하는 누군가가. 그러니까 당신을 참 많이 걱정하고 사랑하는, 내내 생각하고 염려하는, 당신을 진심과 사랑을 다해 아끼는 누군가가. 당신은 태어나 지금까지 그런 진심과 사랑을 받을 자격이 없었던 적이 단 한 번도 없는 진실하고도 영원한 사랑의 존재라는 것을, 그러니까 당신이 꼭 알길. 스스로 너무나 잘 알아서 이제는 사랑 대신 아픔을 선택하는 게 다만, 불가능하길. 당신은 정말 그만큼이나 예쁜 사랑이자 소중한 빛의 존재니까. 정말, 너무나 그런 존재니까. 사랑이 곧 당신이고, 당신이 바로 사랑이기에. 처음부터 그래왔고, 지금도 그렇고, 앞으로도 영원히 그럴 당신, 사랑이기에.

## 고작 미움

우리는 모두 매 순간 우리의 행복을 위해 최선을 다해 선택하고 있다는데, 고작 미움이 당신이 지금 이 순간 당신 자신의 행복을 위해 선택할 수 있는 최선의 것이라면 나, 당신이 참 안타깝겠지만 말리지는 않을게요. 하지만 조금 설득은 하고 넘어가야겠어요. 누군가를 비난하고 깎아내리며 못나질 시간에, 미움을 곱씹으며 인상을 잔뜩 찌푸린 채 고통스러워할 시간에, 더 아름답고 예쁜 무엇인가를 할 수도 있을 텐데, 참 소중하고 아까운 당신 삶을 왜 그런 식으로 스스로 낭비하고 있나요. 당신이 누군가를 미워할 때 당신의 표정은 벌써부터 못나지고 일그러지고 있을 테고, 또 당신의 예쁜 마음 안에는 예쁜 당신과는 전혀 어울리지도 않는 끔찍이도 고통스러운 답답함과 분노가 치밀어 오르고 있을 테고, 그렇다면 그게 어떻게 당신의 행복을 위한 일일 수 있나요. 그러니까 정말로 그게, 당신이 당신을 위해 할 수 있는 최선의 선택이 맞는 건가요. 그래서 당신의 다시는 돌아오지 않을 이 지금을 당신, 스스로 그렇게 보내고 있는 건가요. 가득 기뻐하고, 사랑하고, 용서하고, 미소를 짓기에도 모자랄, 다시는 돌아오지 않을 이 순간을 그게 아니라면 왜 그렇게 스스로 불행하지 못해 안달 난 사람처럼 사용하나요.

그러니까 언제까지, 미워할 수밖에 없고, 비난할 수밖에 없는 세상이라며 외부를 탓한 채 내 마음의 주권을 스스로 외부에 떠넘길 건가요. 그렇게 언제까지, 스스로 외부의 피해자가 된 채 왜소하고도 무기력하게 살아갈 건가요. 그런 식으로 언제까지, 사랑하기 위해 태어나 존재하는 존재의 이유와 목적을 스스로 외면한 채 마치 미워하기 위해 태어나 존재하기라도 하는 것처럼 살아갈 건가요. 정말로 고작 미움이, 남을 비난함으로써 얻을 수 있는 그 작고도 우쭐한 만족감이 당신이 당신 자신을 위해 선택할 수 있는 가장 최선의 행복이 맞나요. 그래서 다시는 돌아오지 않을 당신 삶의 오직 유일한 지금 이 순간에 그 미움을, 고작 미움을 당신 가슴에 담고자 이토록이나 간절하게 선택하고 있는 건가요. 다른 모든 일들을 미룬 채 오직 미움에만 골몰하고 집중할 만큼, 하여 다른 사람과의 시간 안에서도 그 미움만을 이야기할 만큼, 아침에 눈을 뜨자마자, 그리고 밤에 자기 전에도 그 미움만을 곱씹을 만큼, 그토록이나 간절하게, 말이에요. 당신이 가장 소중히 여기고 가장 아끼고 사랑하는 게 마치 미움이라도 되는 것처럼 그 어떤 일보다도 미움 앞에서 열정적으로 굴며 말이에요.

그게 아니라면 당신, 이제는 당신의 최선을 바꾸기로 해요. 더 이상 미움이 당신의 최선이지 않도록, 이제는 사랑과 아름다움이, 평화와 기쁨이 당신의 최선이 될 수 있도록 온 마음을 다해 오늘을 예쁘게 보내며 나아가는 거예요. 미움에 쏟았던 열정과 간절함과 사랑과 시간에 비해 정말 아주 조그마한 정성만을 아름다움을 위해 기울여도 당신, 금방이면 좋아질 거예요. 누구보다 예쁘고 사랑스러워질 거예요. 사랑이 미움이 되는 일은 엄청난 에너지와 시간을 쏟아도 힘들고 고통스럽기만 할 뿐 결코 가능하지 않은 일이지만, 사랑이 사랑이 되는 일은 그저 간절히 원하고, 진심으로 바라기만 하면 되는 일이니까요. 단, 정말로 간절히 원하고, 정말로 진심으로 바라야 하겠지만요. 하지만 당신은 누구보다 간절하고, 누구보다 진심이지 않나요. 누구보다 미움에 의해 고통받았고, 하여 불행했고, 그래서 누구보다 간절히, 진심을 다해 이제는 미움과 작별하고 싶은 당신이지 않나요. 그래서 대부분의 사람들은 관심도 가지지 않는 성숙과 사랑에, 용서와 평화에 관심을 잔뜩 가진 채 이 책을 여기까지나 읽은 당신이잖아요. 그러니까 여전히 미움에 머무르고는 있지만, 이제는 사랑을 원하고, 사랑을 뜻하고, 사랑을 바라는 당신이잖아요. 그러니까 이제는 사랑에 가득 끌리고 있는 당신, 사랑이잖아요.

그런 당신이니 걱정 안 해요. 이전 글에서 썼듯 당신 사랑에게 있어 사랑은 불가피하며, 그러니까 사랑이 곧 당신의 운명이고, 무엇보다 당신은 그 사랑의 불가피함을 이제는 두려워하기보다 환영하는 사람이니까요. 하지만 그럼에도, 당신의 내일과 다시는 돌아오지 않을 지금 이 순간은 무엇보다 아깝고 소중한 것이기에 조금은 더 속도를 내기로 해요. 시간을 절약하기로 해요. 그러기 위해 오늘 하루는 단 하나의 미움도 허용하지 않겠다는 그 마음 하나로 살아내기로 해요. 그리고 그 오늘을 매일, 영원토록 쌓아가기로 해요. 누군가를 비난하고 깎아내리고 싶은 욕구가 내 마음에 들어오는 순간, 다시는 돌아오지 않을 단 한 번뿐인 지금 이 순간에 나는 나의 행복을 위해 무엇을 선택할 것인지를 스스로에게 잊지 않고 물어보면서 말이에요. 정말, 당신의 오늘은 말이에요, 당신이 보낼 수 있는 마지막 오늘이에요. 오늘의 날씨, 온도, 기후, 당신의 나이, 당신의 생김새, 당신이 마주하는 세상의 채도와 사람들의 나이와 기분들, 그 모든 오늘의 것은 오늘이 마지막인 거예요. 그러니 그것을 간직한 채 늘, 그 소중한 오늘을, 지금 이 순간을, 나는 고작 미움 따위에 쓰며 낭비할 것인가, 하고 당신 자신에게 자주 물어보길 바라요.

    그것을 당신에게 물어보는 순간, 다만 오늘은 조금 더 웃고, 조금 더 상냥하고, 조금 더 사랑하고, 조금 더 용서하며 보내야 하지 않을까, 하는 사랑의 생각이 당신 마음 안에서 가득 싹트기 시작할 거예요. 그래야 당신이 이 삶의 끝에 닿아 오늘을 후회하기보다 그런 오늘을 보냈던 자신에게 스스로 감사하고 만족할 수 있을 테니까요. 그러니까 당신 마음은 언제나 당신에게 가장 옳은 것이 무엇인지를 알고 있으니까요. 당신은 당신이 사랑이라는 것을 완전히 잊은 채 지내왔지만, 그동안에도 당신 마음은 자신이 영원한 사랑이라는 진실을 여전히 간직한 채 지내왔으니까요. 그래서 당신이 사랑에게서부터 멀어질 때면 늘 고통과 불행으로, 공허와 불만족으로 당신에게 신호를 줘왔던 당신 마음이니까요. 다만 당신이 그 마음의 신호와 울림을 잘못 읽은 채 더욱 사랑 아닌 것들에 스스로 탐닉해왔을 뿐. 그러니 당신, 이제는 더 이상 다시는 되돌아오지 않을 당신의 마지막 오늘을 무의미하고 무가치한 미움과 비난, 그 불행을 위해 쓰지 말길. 오직 기뻐하고 사랑하는 데 쓰길. 더 많이 이해하고 용서하는 데 쓰길. 그러니까 당신 행복을 위해 당신이 무엇을 선택해야 할지를 당신 마음에 내내 물어보며, 이제는 미움의 유혹을 단호히 거절해나가길.

    사랑받을 만하지 못할 만한 사람으로 보이는 사람이 자꾸만 미움의 유혹을 당신에게 건네는 것처럼 여겨지는 그 위태로운 순간에도, 그 유혹에, 시험에 당신을 빠뜨릴 수 있는 사람은 오직 당신 자신뿐이라는 것을 잊지 말길. 하여 당신은 그것을 유혹으로 바라보기보다, 기회와 선물로 바라볼 줄 알길. 그럼에도 사랑할, 사랑을 지킬, 사랑해낼 기회와 선물로. 그리하여 당신 자신을 지켜내길. 당신의 오늘을 지켜내길. 당신의 마지막 지금 이 순간을 지켜내길. 당신에겐 정말로 그런 힘과 능력이 있으며, 아니, 오직 당신에게만 그런 힘과 능력이 있는 거니까. 그러니 그 힘과 능력을 더 이상 당신 자신을 불행하게 하는 데 쓰지 말길. 오직 당신을 지켜내고, 더욱 사랑하는 데 쓰길. 그런 지혜가 당신에게 있길. 하여 당신, 매일의 오늘을 더해 더욱 아름다워진 채 사랑에 성큼 다가설 뿐이길. 그리하여 더 이상 미움이 불가능하다고 여겨질 만큼의 빛과 사랑에 닿길. 그리하여 어떤 순간에는 미움이 당연해서 미워해야만 했지만, 그러니까 미워할 수밖에 없고, 미움만이 옳은 것이라고 여겼지만, 어떤 순간에는 과연 미움이 옳을까, 갈등하게 되고, 하여 전처럼 맘 편히 미워하기가 불편해지고, 하지만 여전히 맘 편히 미워하지 않길 선택하기도 어렵고, 그러다, 그 모든 갈등의 가슴 답답한 시간을 지나 이제는 사랑이 당연해서 사랑하는, 사랑할 수밖에 없고 사랑이 옳은 것이라 사랑하는 당신이 되길.

그러니까 어둠에서 빛으로 매일을 더해 나아가길. 그 나아감 속에 반드시 찾아올 어둠의 끝과 빛의 끝, 그 중간에서 생기는 모든 갈등의 고통스러운 시간을 또한 꿋꿋이 잘 견디고 보내길. 그리하여 이제는 빛이 되길. 여전히 완전한 빛은 아닐지라도, 이제는 더 이상 어둠과 빛 사이에서 고민하지는 않는 보다 밝고도 분명한 빛이길. 아주 작은 빛이라도 느껴본 사람은 더 이상 어둠에 있길 스스로 원할 수 없고, 그러니까 이제는 빛과 어둠 사이를 갈등하는 시간 속으로 들어서기 마련이고, 끝내는 그 모든 시간을 지나 빛이 될 수밖에 없는 거니까.

아주 잠시라도 빛을 본 사람은 어둠을 행복이라 더 이상 확고하게 믿지는 못하게 되는 거니까. 빛은, 그런 기쁨이자 행복이니까. 하지만 또한 이 세상에 아주 작은 빛이라도 느껴보지 않은 사람은 없는 것이며, 그래서 결국 모두가 빛이 될 것으로 정해진 운명을 타고 태어난 거니까. 그래서 빛이 되는 일이란 다만 갈등과 불행을 얼마나 스스로 오래 유지하고자 하냐의 문제일 뿐인 거니까. 그러니 당신은 조금 더 확실하게 마음먹길. 고작 이 미움이 과연 나를 행복하게 할 수 있을까, 이 미움에 정말로 그런 힘이 있을까, 하고 매 순간 당신 마음에 물어봄으로써, 그렇게 미움을 내내 의심함으로써.

그렇게 당신의 최선이 이제는 기쁨과 아름다움, 빛과 평화, 용서와 사랑이 되길. 그러니까 이제는 더 이상 행복을 오해한 채 불행하기 위해 최선을 다하는 당신은 아니기를. 말 그대로 행복을 오해했을 뿐, 그 모든 지난 시간의 노력들 또한 결국 행복하기 위한 노력이었으며, 그래서 당신에게 필요한 건 행복이 무엇인지에 대한 앎뿐이었던 거니까. 늘 행복하기 위해 최선을 다해왔던 당신이기에, 행복을 제대로 알기만 하면 불행할 수가 없을 당신이니까. 그러니까 당신이 당신 자신의 행복을 위해 할 수 있는 최선의 선택이 진짜, 행복이 되기만 하면 되는 거니까. 그러니 당신, 이제는 무지의 길고 짙은 구름을 지나 부디 행복을 알길. 하여 진짜, 행복하길. 고작 미움이나 고작 이기심이나 고작 자기 연민이나 고작 나태함이나 고작 우울함 따위가 당신이 믿고 추구하는 최선의 행복이 된다면 그건 너무나 가슴 아픈 일이니까. 그러니까 고작 그것들을 위해 온몸과 마음과 시간과 감정을 다해 당신에게 주어진 마지막 오늘과 순간들을 살아가는 당신을 보고 있자면 내 가슴이 찢어질 것만 같으니까. 그러니 부디 이제는 진짜, 행복하길.

걸어가는 매 순간의 여정 속에서 누구보다 순수하고 밝게 웃음 짓고 있는 당신이라면, 그걸로 나는 됐으니까. 그러니 웃는 모습이 누구보다 가장 예쁘고 무엇보다 가장 예쁜 당신, 웃음이 사랑을 참 많이 닮은 당신, 이제는 다만 사랑하고, 기뻐하고, 용서하고, 이해하고, 감사함으로써 진짜, 행복하길. 당신의 웃음이 사랑을 참 많이 닮은 이유는 당신이 사랑이라서이고, 사랑은 미소 지을 줄 밖에 모르기 때문인 거니까. 그러니 이제는 사랑이라서 웃고, 사랑해서 웃고, 사랑이 가득 차서 웃는 당신이길. 그 사랑이 아닌 다른 모든 것들로 인해 더 이상 울고, 찌푸리고, 인상을 쓰며 아파하지 말길. 지금 이 순간 선택할 수 있는 그 힘과 능력을, 그러니까 당신은 내내 당신이기 위해 쓰길. 내내 사랑이기 위해 쓰길. 당신, 고통과 아픔, 슬픔과 불평, 분노와 짜증, 미움과 증오를 모르는 사랑은. 당신, 고작 고통과 아픔 따위를, 슬픔과 불평 따위를, 분노와 짜증 따위를, 미움과 증오 따위를 위해 태어난 존재가 아닌 오직 사랑만을 위해 태어난 사랑은.

# 옳지만 불행한 사람

옳은 사람이 되기보다 좋은 사람이 되세요. 당신이 옳다, 라고 말할 때, 당신의 그 말은 당신과 다른 가치를 믿는 사람의 것은 틀린 것이라는 걸 은연중에 암시하는 말이기에 당신은 늘 공격과 방어를 주고받는 논쟁과 함께하게 될 거예요. 그러니 옳아서 무엇인가를 하기보다, 그저 좋아서, 너무나 사랑해서 하는 사람이 되길 바라요. 누군가 당신에게 넌 그걸 왜 해? 라고 물었을 때, 당신이 이게 옳아서 한다고 말할 때는 당신 또한 말을 길게 하며 그것의 옳음과 타당성을 주장하고 설득하기 위해 수많은 감정을 써야만 하게 되겠지만, 그리고 그럼에도 당신의 것을 제대로 보호하지 못하겠지만, 당신이 좋아서 한다고 할 때는 그 말을 들은 사람은 그 어떤 거부감도 없이 당신을 존중할 수 있게 될 거예요. 그 사람이 정상적이고 상식적인 사람이라면 말이죠. 교회를 다니는 게 좋아서, 내 마음을 편안하게 해줘서 다닌다고 말하는 것과 교회를 다니는 게 옳아서 다닌다고 말하는 것, 헬스보다 요가가 더 나와 잘 맞아서, 좋아서 나는 요가를 한다고 말하는 것과 헬스보다 요가가 더 좋은 운동이고 옳은 운동이라서 한다고 말하는 것, 그 차이가 낳을 결과를 이 정도의 삶을 살아온 당신이라면 분명 눈치챌 수 있을 거예요.

당신이 옳다고 여기는 것이 많을 때, 그만큼 당신은 당신의 옳음을 지키기 위해 타인의 옳음을 훼손해야만 할 것이고, 또 당신의 옳음을 설득하기 위해 수많은 감정을 쓰며 무의미하게 노력하느라 진이 빠지게 될 거예요. 그게 진정 무의미한 것은, 당신은 당신의 옳음을 지키기 위해서 그랬겠지만, 사실 그로 인해 자신의 것이 틀린 것이 되어버린 상대방은 자신의 옳음을 또한 지키기 위해 당신의 옳음을 공격하게 되기 때문이에요. 그러니까 그때는 진실보다 각자의 옳음을 방어하는 일이 더 중요해지게 되고, 하지만 서로는 자신의 옳음을 양보할 마음이 절대 없을 테고, 그래서 그 싸움은 끝이 나지는 않지만 서로의 마음만은 계속해서 아프게 할 뿐인 것이 되고, 그래서 그 일, 진실로 무의미한 것이죠. 무엇보다 사실 그건 당신이 믿고 좋아하는 소중한 가치를 그 공격의 위험성 앞에 스스로 노출시키는 일이 되는 것이기에 또한 지혜롭다고 할 수도 없을 거예요. 그러니 정말 소중한 것이라면 그저 당신 마음의 하늘 안에 고이 둔 채 지키고, 아끼고, 좋아하는 것이 더 지혜로운 삶의 태도가 아닐까요.

그렇게 당신이 옳음과 좋아함의 차이가 낳는 결과를 진정으로 아는 지혜로움과 함께할 때, 이제 당신은 또한 자신의 것만이 옳다고 믿는 사람들 앞에서 당신의 것을 구태여 방어하려 하지도 않게 될 거예요. 방어하면 할수록, 그건 더 많은 훼손과 공격을 낳을 뿐이고, 해서 서로의 감정과 서로가 믿는 가치만을 훼손하게 될 뿐이라는 것을 이제 당신은 분명하게 알고 있을 테니까요. 그래서 더욱 여유롭고 너그럽게 존재하게 될 거예요. 굳이 날을 세우며 타인의 옳음 앞에서 공격과 방어를 이어가기보다, 아 그래? 너는 그렇게 생각하는구나, 그럴수 있지, 하고 초연하게 넘어갈 줄 알게 될 테니까요. 무엇보다 당신처럼 지혜와 함께하고 있는 사람이 이 세상엔 그리 많지 않다는 것 또한 당신은 알고 있기에 구태여 옳음에 사로잡힌 채 늘 자신의 것을 방어하고자 하고 타인의 것을 공격하고자 하는 사람을 보면 당신, 이제는 그저 안쓰럽게 여겨질 뿐일 테니까요. 그래서 당신, 속으로라도 그를 미워하지 않게 될 테니까요.

그 사람과 함께할 때 조금은 지치고 피곤해지지만 그런 자신과 매일을 함께하고 있는 그 자신이 무엇보다 가장 지치고 피곤할 것이며, 또 나와 달리 사람들은 그의 그런 태도를 참아주지 않을 테니까요. 그저 넘어가지 못해 분명 공격과 방어의, 옳고 그름의 진흙탕 싸움을 시작할 테니까요. 아 그래? 그렇구나, 가 아니라 뭐라고? 너는 그따위로 믿고 생각한다고? 라고 반응할 사람들이 대부분일 테니까요. 겉으로 그렇게 반응하진 않더라도 속으로라도 그렇게 생각한 채 우쭐해할 사람들이 참 많을 것이기에 그들, 진정으로 열린 관계를 맺진 못하게 될 테고, 하여 늘 외로울 테니까요. 사랑과 존중이 아닌 편견과 오만으로 서로를 바라보고 대하기만 할 뿐일 테니까요. 하지만 당신은 겉으로도 속으로도 타인의 그런 태도에 이제는 크게 반응하지 않기에 그러한 것에 전처럼 큰 에너지를 쓰지 않을 테고, 다만 더욱 크고 깊은 다정함, 그리고 인내심과 함께하고 있을 뿐일 테니까요. 그러니까 당신은 그저 그런 그들을 연민 어린 시선으로 바라보며 안타깝게 여길 뿐일 테고, 그렇게 다만 당신 마음의 평화와 기쁨을 꿋꿋이 지켜낼 뿐일 테니까요.

그러니 그저 좋아서, 사랑해서 무엇인가에 흠뻑 젖는 사람이 되세요. 저는 글을 쓰는 게 좋아서 글 외에 대부분의 것들은 스스로 포기하며 살아가고 있어요. 하지만 글을 쓰는 게 다른 것보다 옳다고 여기기에 그렇게 하는 것은 아니죠. 그저 저에겐 이 일이 가장 즐겁고 소중해서 자연스럽게 그렇게 하게 된 것일 뿐. 그리고 누군가가 제게 너는 왜 그 아까운 젊음을 그렇게 일만 하며 보내냐며 참 안타깝다고 말한다면, 그때도 저는 굳이 제가 글을 쓰며 느끼는 소중한 감정들과 독자들에게 전해주는 위로와 응원의 가치를 길게 설명하진 않는 거예요. 그저 그러게 말이야, 하고 넘어갈 뿐이죠. 그 사람은 그렇게 생각할 수 있고, 그건 그의 자유니까요. 그리고 많은 사람들이 그렇게 생각할 수 있다는 점에 대해 저는 충분히 이해하고 존중하니까요. 하지만 제가 그것을 공격으로 받아들인 채 방어하기 시작한다면 얼마나 많은 감정을 그곳에 쓰며 소중한 시간들을 무의미하게 낭비해야만 하게 될까요. 너처럼 생각한다면 세종대왕께서도 한글을 만들지 않으셨겠지, 하면서 말이에요. 그래서 제겐 그런 식의 옳음을 두고 논쟁하는 일이 생각만 해도 피곤하기만 하고 지루하게만 느껴질 뿐인 거예요. 그곳에 쓸 감정을 조금이라도 더 아껴서, 제가 정말로 좋아하는 일에 쓰고 싶을 뿐이니까요.

    그러니 당신, 남들이 뭐라고 하든 간에 당신은 당신의 가치를 당신 마음 안에서 지켜내고 다만, 누구보다 행복한 사람이 되세요. 더 지혜롭고 다정한 사람이 되세요. 자신의 것만이 옳다고 믿는 오만한 사람들이 실컷 불행할 동안, 그저 당신은 더 많이 즐기고, 사랑하고, 웃고, 행복하면 될 뿐이니까요. 그게 진정한 승리인 거니까요. 그러니 옳지만 불행한 사람이 되기보다, 좋아하고 사랑해서 행복한 사람이 되길 바라요. 당신은 옳기 위해서가 아니라 웃고 즐기고 만끽하고 누리기 위해 태어난 사람이니까요. 무엇보다 옳음을 따지고 들 때 당신 마음 안엔 행복이 아니라 왜소함과 인색함, 타인에 대한 미움과 편견, 증오, 우쭐함, 오만, 그 불행들이 담길 뿐이잖아요. 그것을 한 번 느껴봐요. 그러니까 당신의 옳음으로 타인을 굴복시키고 나면 이겼다는 것에서부터 오는 우쭐함을 잠시 느낀 채 당신, 기뻐할 수도 있겠죠. 하지만 그 우쭐함이 기쁘다면 당신은 진정한 행복에 대해 전혀 모르는 사람인 거예요. 정말로 그 앞에서 기뻐할 만큼 당신 삶에 다른 기쁨이 그리 많지 않다면 말이에요. 그러니까 당신, 그런 식으로 상처 주고, 미움받고, 외로워지고, 저 혼자서 우쭐해하고, 그것을 기쁨으로 생각할 만큼 지루하고도 무가치하게 평생을 살아가고 싶은 게 맞나요?

그게 아니라면 이제는 옳지만 불행한 사람이 아니라 행복해서 옳음 따위엔 전혀 연연하지 않는 진정한 승리자가 되길 바라요. 늘 옳기 위해 애쓰는 사람은 사실 옳음에 대한 말만 많을 뿐 정작 자신은 그리 옳은 삶을 살아가고 있지도 않은 경우가 대부분이죠. 진정으로 옳은 사람이었다면 애초에 자신의 옳음을 강요하지도 않았을 테고, 그것으로 타인의 마음에 상처를 주지도 않았을 테니까요. 하지만 이미 행복해서 옳음에 크게 연연하지 않는 사람은 고요하지만 또한 진실로 선하고 아름다운 삶을 살아가고 있을 뿐이죠. 타인의 감정에 대한 자신의 영향력 앞에서 깊은 책임감을 가진 채 늘 예쁘고 아름답게 존재하기 위해 자신의 온 마음을 기울이며 나아감으로써 말이에요. 왜냐면 진짜 옳은 사람, 그러니까 옳음을 진정으로 자기 마음속에 소유한 사람은 구태여 옳음을 주장하는 말을 많이 하지 않기 때문이에요. 그저 옳은 삶을 살아갈 뿐이며, 자신의 삶을 이미 진짜 진실하고 행복한 삶이라 스스로 믿고 느끼고 있는데 무엇 하러 그 옳은 것을 두고 이게 옳니 저건 틀리니 하고 구구절절 설명하고 설득하려 들겠어요. 스스로 옳은 것에는 더 이상 설명이나 설득이 필요하지 않은 것을요. 나무가 나무라는 것에 설명이 필요하지 않은 것처럼, 꽃이 꽃이라는 것에 설명이 필요하지 않은 것처럼, 당신이 사랑이라는 것에 설명이 필요하지 않은 것처럼.

그래서 옳지만 불행한 사람들이 늘 설명을 필요로 하는 이유는 꽃을 두고 계속해서 나무라고 주장하고자 하기 때문인 거예요. 그러니까 애초에 옳을 수 없는 것을 옳은 것으로 만들고자 하기 때문인 거예요. 그리고 그것이 그 싸움이 진정으로 무의미하고 끝이 나질 않는 이유인 거예요. 사람마다 자신의 결과 성향에 따라 좋아할 수 있는 것이 너무나 다를 수 있다는 것, 성숙의 수준과 환경에 따라 끌리는 것이 너무나 다를 수 있다는 것, 누군가에겐 어떤 약이 부작용을 일으키지만 누군가에겐 치유를 일으킬 수 있다는 것, 하여 저마다 완전히 다른, 하지만 각자에겐 완전히 적절하고 옳은 생활 방식이 있을 수 있다는 것, 그러니까 그들은 그것을 전혀 고려하지 않은 채 자신만이 옳다고 주장하니까요. 그래서 그 자체로 그들은 결코 옳을 수 없는 것을 들고 옳은 것이라 주장하는 것과 다름이 없는 거예요. 각자의 다름을 진정으로 이해하고 존중하는 사람이었다면 정말 마음속 깊숙이 우러나는 진심으로 그래, 너는 그럴 수 있지, 라고 반드시 생각할 수 있었을 테니까요.

그러니 그런 사람을 두고, 시시비비를 가려 봐야 뭐하겠어요. 이미 자신의 것만이 정답이라고 단정 지은 사람인데, 그래서 듣고자 하는 마음이 전혀 없으며, 애초에 그저 강요하고자 하는 마음만이 있을 뿐인 미성숙한 사람인데. 아무리 겉으로는 점잖고 겸손한 척 자신을 꾸며낼지라도 그 속은 그런 일그러진 욕구로만 가득 차 있을 뿐인 사랑과 다정함이 전혀 없는 사람일 뿐인 것을. 그러니 그런 사람이 있다면 당신은 그저 그래 너는 꽃을 나무라고 평생 믿고 살렴, 정말 안타깝길 이루 말할 수 없구나, 하고 생각한 채 지나가요. 꽃을 꽃으로 보는 사람은 그것 앞에서 어떤 옳음도 설명하지 않지만, 그들은 이미 설명을 시작했고, 그래서 어떤 오류와 함께하고 있는 것이 분명하며, 하지만 당신은 그들을 결코 구원할 수 없을 테니까요. 자신만의 옳음에 사로잡힌 사람들은 자신이 틀린 사람이 되는 것을 결코 참아내지 못할 테고, 하여 분노한 채 당신을 끝없이 공격하려고만 할 뿐일 테니까요. 애초에 옳은 것을 가려내고자 이야기를 꺼낸 게 아니라 자신의 것만이 옳다는 것을 증명하고 강요하기 위해 이야기를 꺼내었을 뿐인 그들이니까요.

그래서 그들에게 부디 구원이 있기를, 그들의 무지를 부디 용서해주기를, 하고 속으로 기도하는 것 외에 더 이상 할 수 있는 게 없는 거예요. 자기 자신의 존재에서부터 충분한 행복을 느끼지 못해 그런 것에 기대어 자신의 존재성을 끊임없이 확인하고자 하는 사람들이 바로 이들이며, 그래서 이들은 자신의 것이 틀린 것이 되는 순간 자기 존재 자체를 상실하고 잃어버린 것처럼 느끼니까요. 그러니까 그 옳음을 지키는 것을 생존하는 일과 똑같이 여기기에 어떤 수를 써서라도 옳음을 지켜내고자 할 테니까요. 당신이 아무리 그들을 위한 사랑의 말을 건네도, 진실로 옳은 말을 건네도, 그래서 그건 그들에겐 공격으로만 여겨질 뿐일 테니까요. 그러니까 그들에게 중요한 건 처음부터 끝까지 진실이 아니라, 그 옳음을 지켜내는 일이었을 뿐인 거니까요. 그들 자신만 그것을 모를 뿐. 그게 바로 종교 때문에 죽고 죽이는 전쟁이 여전히 이 세계에서 일어나는 이유며, 정치적으로 자신과 생각이 다른 이들을 혐오하는 일이 너무나도 빈번하게 일어나는 이유며, 하지만 그들에게 어떻게 진실을 일깨워줄 수 있겠어요. 그래서 다만 소리 없이 기도해줄 수 있을 뿐인 거예요. 정말로 그게 다인 거예요.

옳음에 사로잡힌 정도가 아주 심한 경우에 그렇다는 것이고, 대부분의 사람들은 그 감정의 크기가 그리 크지 않은 옳음과 함께 살아가고 있겠죠. 그러니까 사소하게 다투고, 사소하게 상처 주고, 그런 식으로 살아가고 있겠죠. 하지만 그 사소함조차도 이제는 불편하게 느끼는 당신이길 바라요. 당신의 행복이 커져갈수록, 사랑이 커져갈수록 당신은 행복과 사랑이 아닌 아주 사소한 불편함 앞에서도 민감해지기 시작할 테고, 그래서 그조차 내려놓기 위해 노력하게 될 테고, 그러니까 사소함이 불편해진다는 건 당신, 진정한 행복과 사랑을 맞이할 준비가 되었다는 예쁜 신호인 거니까요. 그러니 당신의 마음엔 아주 작은 옳은 불행조차 없기를. 그러니까 아주 작게라도 당신, 옳지만 불행하길 추구하지 않길. 그저 좋아하고 사랑할 뿐이고, 그저 존중하고 이해할 뿐이길. 그리하여 이제는 진짜, 행복하길. 진짜, 사랑하길. 당신이 아주 작게라도 당신의 것만이 옳다고 믿는 게 있다면 그로 인해 당신, 반드시 타인을 판단하게 될 테고, 아주 작게라도 미워하게 될 테고, 속으로라도 공격하게 될 테고, 하여 결코 진짜, 사랑할 수 없을 테니까.

그러니 사랑 앞에 제약에 되는 단 하나의 그릇된 믿음도 남겨두지 말기를. 당신 마음에 평화가 아닌 불편함을 일렁이게 하는 옳음이 있다면 그건 진실로 옳은 것이 결코 아니니 그 순간 내려놓길. 진실은, 진리는, 진정한 옳음은 오직 기쁘게 하고 평화롭게 하고 웃게 하고 더 사랑하게만 만들 뿐이니까. 그러니까 진실은 나도 타인도 오직 자유롭게만 할 뿐인 거니까. 그러니 이제는 옳기보다 다만 진실하길. 진실은 저 스스로 이미 진실이기에 그 어떤 말도 설명도 필요가 없다는 것을 진정으로 알길. 그렇게, 나무가 자신이 나무라고 설명하지 않는 것처럼, 꽃이 자신을 꽃이라고 설명하지 않는 것처럼, 그럼에도 나무는 완벽하게 나무며 꽃은 완벽하게 꽃인 것처럼, 당신은 그저 완벽하게 당신일 뿐이길. 그러니까 그저 완벽하게 사랑일 뿐이길. 완벽하게 빛이며, 완벽하게 아름다움일 뿐이길. 그렇게 당신, 당신 머리에서 쏟아져 나오는 계산된 말이 아니라 당신 가슴에서부터 뿜어져 나오는 지혜와 사랑의 말만을 건네는 깊고도 진실한 사람이 되길. 그리하여 오직 기쁨과 평화를, 치유와 회복을, 다정과 사랑만을 당신 자신을 포함한 모든 이들의 마음에 심는 진실 그 자체의 당신이 되길.

옳음은 분리를 낳을 뿐이지만 진실은 치유하고 하니 되게 할 뿐이며, 그러니까 당신은 다만 진실하게 사랑하길. 그러니까 아무리 타당하게 느껴지는 옳음이라도 그 옳음을 품고 생각하는 순간 마음에 분노가 일렁인다면, 미움이 일렁인다면, 강요하고 싶은 욕망이 일렁인다면, 아주 사소하게라도 그런 모양의 불편함이 일렁인다면 그건 결코 옳은 것이 아님을 알길. 진실로 옳은 것, 진리와 사랑은 오직 기쁘게 하고 편안하게 할 뿐임을 다시 한 번 상기하길. 그리하여 그 그릇된 옳음을 내려놓고 잠시, 고요하게 생각해 보길. 당신이 진정으로 진실하게 사랑한다면 지금 어떤 생각, 감정, 마음과 함께하고 있을지를, 하여 어떤 말을 건네게 될지를. 그 순간 다시 중심을 되찾게 될 것이니, 그 예쁜 중심으로 이제는 진짜 사랑을 건네길. 그 사랑을 건넴으로써 당신 자신이 얼마나 진실한 사랑인지를 또한 더욱 알아가길. 그 어떤 설명도, 설득도, 납득과 인정도 필요치 않는 사랑 그 자체의 존재가 바로 당신이라는 것을. 그러니까 당신은 옳지만 불행하기보다 다만 진실해서 사랑하고, 사랑해서 진실할 뿐이길. 당신이 사랑이라서 사랑하고, 사랑이 당신이라서 사랑할 뿐이길. 옳기 위해서가 아니라 이 세상 누구보다 순수하고 밝게 웃으며 이 삶을 가득 사랑하고 누리고 즐기며 기뻐하기 위해 태어난 당신, 사랑은.

## 원인과 결과

　내면의 진정한 힘과 함께하고 있는 사람은 원인에 집착하기보다 이미 결과 그 자체로서 존재하는 사람이에요. 그러니 여전히 원인에 머물러있기보다, 그저 결과가 되세요. 만약 내가 지금 가난에 시달리고 있다면, 그 가난의 원인을 분석하고 탓하기보다 나라는 존재의 어떤 결과가 그 가난을 낳고 창조했는지를 생각해보는 거예요. 어떤 사람은 애쓰지 않고도 손쉽게 성취하고, 또 많은 사람들에게서 사랑을 가득 받고 있죠. 그리고 아마도 그들의 공통점은 늘 사람들에게 친절하게 대하고, 또 자발적으로 무엇인가를 해내고자 하고, 의기소침하게 있고 나태하게 있기보다 기쁨과 가득 함께하며 그 기분 좋은 에너지를 사람들에게 또한 전해주며 매사에 빛나는 생명력과 함께 존재한다는 것이겠죠. 그래서 그들은 그들이 존재하는 방식의 결과로 인해 풍요로운 외부를 마주하게 될 수밖에 없는 거예요. 그러니 그저 사랑받을 수밖에 없는, 풍요를 누릴 수밖에 없는 내면을 지닌 사람이 되어 그런 결과를 당연한 듯 끌어당기는 사람이 되세요. 그때, 원인 수준에서 해결할 수 없었던 많은 일들이 그저 해결되고 당신 존재와 삶, 완전함과 아름다운 조화를 금방이면 되찾게 될 거예요.

　무인도에 홀로 떨어지게 되어서도 어떤 사람은 절망한 채 죽기만을 기다리겠지만, 또 어떤 사람은 희망을 찾은 채 집을 짓고 먹을 것을 구하며 그 상황에 적응할 거예요. 때로는 기쁨과 행복을 가득 누리기까지 하면서 말이에요. 그리고 시간이 점차 지나서 보면 같은 조건의 외부 안에서도 완전히 다른 환경을 살아가는 둘이 남게 되겠죠. 그렇다면 그 풍요와 가난을 창조한 것은 무엇인가요. 그저 존재라는 결과가 아닌가요. 그러니 당신은 멋진 결과를 이미 당신 마음 안에 소유함으로써 원인을 넘어서는 사람이 되세요. 사랑받을 만한 사람으로는 전혀 존재하지 않으면서 사랑을 강요하고 떼쓰기만 하는 사람이 과연 사랑받을 수 있을까요? 그래서 먼저 사랑받을 만한 내가 되어야 하는 거예요. 그때는 바라고 원하지 않아도 나의 사랑스러움이 알아서 사랑을 가득 끌어당길 테니까요. 그러니 그저 사랑받을 만한, 성공할 만한 결과를 지닌 사람이 되어보는 것이 어떤가요?

늘 친절하고, 온화하고, 배려심 깊고, 타인의 아픔에 공감할 줄 알고, 사려 깊어서 해야 할 말과 하지 않아야 할 말이 무엇인지 알고, 사교적이고, 인내심 많고, 내면에서 깊은 빛과 확신을 가득 느끼고 있기에 쉽게 지쳐하지 않으며, 긍정적으로 생각하고 밝은 마음을 지니고 있고, 기다리기보다 찾아서 일하고, 자신의 일에 대해 강한 책임감을 가지고 있고, 사소한 것에도 감동받은 채 가득 감사할 줄 알고, 먼저 그런 내가 된다면 성공이, 승진이, 사랑받음이, 풍요가, 존경이 알아서 나를 따라오지 않을까요? 하지만 여전히 내가 늘 인색하고 왜소하게 생각한 채 불평불만을 일삼고 참 쉽게도 원망한다면, 늘 소진되어 있고, 늘 어두운 표정을 지은 채 자주 한숨을 쉬고, 귀찮아하고, 쉽게 화내고, 책임감 없이 주어진 일을 대충하고, 잘 안 될 거라는 말을 입에 달고 살고 있다면, 그러니까 내가 그런 식의 왜소한 사람일 때는 당연히 나에게는 사랑과 풍요와는 전혀 다른 모양의 것들이 따라오지 않을까요? 누군가는 함께하기에 아쉽다는 기분이 들게 할 테고, 누군가는 함께하지 않기에 아쉽다는 기분이 들게 할 텐데, 그렇다면 당신은 어떤 사람으로 존재하고 싶은가요?

    그러니 이제는 아까운 사람, 함께하지 않기에 아쉬운 사람이 되세요. 그러기 위해 나라는 존재의 결과를 바꾸며 나아가기로 해요. 내가 충분한 결과로서 존재할 때, 모든 충분함이 내가 제발 좀 저리 가! 라고 외쳐도 나를 따라오며 나를 귀찮게 할 거예요. 하여 애쓰며 욕망하고 늘 불안해하고 지칠 필요도 없이 나는 모든 것을 누리는 사람이 되어있을 거예요. 그러니 부디 당신이 당신 자신의 행복과 삶의 기쁨을 위해서라도 예쁘고 아름다운, 사랑스럽고 반짝이는 결과를 지닌 사람이 되길 바라요. 저는 오랜 시간 동안 월셋집에서 살았지만, 이사를 할 때마다 주인들이 제발 좀 가지 말아 달라고 저를 붙잡았었어요. 단 한 사람의 집주인도 그러지 않은 적이 없었죠. 저보다 집을 깔끔하게 쓰고, 사람들에게 피해를 안 주며 살고, 그런 사람이 없을 거라고 생각했기 때문이겠죠. 제가 말하지 않아도 먼저 연락이 와 월세를 깎아주겠다고 한 주인도 두 사람이나 있었죠. 말하지도 않았는데 먼저 그렇게 연락을 하는 게 쉬운 일은 아닐 거라는 것, 다들 알 거예요. 그러니까 저는 아까운 사람, 함께하지 않기에 아쉬운 사람이었던 거예요.

    알바를 하든, 어떤 일을 하든, 친구를 만나든, 늘 그랬었죠. 그래서 제 친구들 중에는 별명이 훈바라기인 친구들이 있을 정도로 사람들은 저를 좋아하고 아꼈죠. 그 사랑을 받기 위해 제가 따로 한 게 있을까요? 정말로 그저 저로서 존재한 게 다인 거예요. 그리고 그 결과 사람들은 제가 귀찮을 만큼 저를 찾았고, 저를 따라다니고 했던 거예요. 하지만 반대로 늘 미움받고 기피당하는 사람도 있죠. 늘 민원이 들어올 만큼 피해를 주고 살지만, 그래서 그것을 주인이 알리면 제 돈 주고 제가 그렇게 살겠다는데 뭐가 문제냐고 오히려 화를 내는 사람도 있는 거예요. 그리고 그런 사람을, 우리는 기꺼이 사랑하기가 쉽지 않다고 느끼죠. 월세를 받는 주인 또한 제발 좀 나가줬으면 좋겠다고 생각할 만큼 말이에요. 사람과의 관계에서도 사랑받고 싶은 욕구나 의지가 전혀 없는 건가? 싶을 만큼 그들은 이기적이고 나태하게 존재할 뿐이니까요. 그런 자신이라서 기피당하는 것을 전혀 모르는 채 늘 타인을 공격하고 탓하고, 떼쓰고, 그렇게 살아가면서 말이에요. 그러니까 자기 존재의 결과를 바꾸고자 하는 마음이 하나도 없는데, 어떻게 자신의 현실이 예쁘고 사랑스럽게 바뀔 수 있겠어요.

그래서 사랑받을 만한 내가 되어야만 사랑받을 수 있는 우리인 거예요. 그렇다면 언제까지 사랑받길 미루며 살아갈 건가요. 사실 해보고 나면 사랑받는 일보다 쉬운 일은 없는 것을요. 그저 조금만 더 타인을 배려하고 아끼고 생각하면 되는 것을요. 대부분의 사람들이 그 쉬운 일조차 미루고 살아가고 있기에 아주 조금만 노력해도 당신, 이미 빛나는 사람, 사랑받기에 충분한 사람, 아까운 사람, 함께하지 않기엔 너무나 아쉬운 사람이 될 수 있는 것을요. 그러니 나를 위한 그 일을, 예쁘고 사랑스럽게 존재하는 그 일을 더 이상 미루지 말아요. 그저 당신이 함께하고 싶은 사람, 사람들에게 어떤 사람이길 바라는 점, 그런 것들을 생각해 본 채 당신이 먼저 그런 사람이 되면 되는 거예요. 사실 그보다 더 당연한 일이 어디 있나요. 하지만 당신은 그 당연한 일조차 싫다며 고개를 절레절레 저은 채 늘 타인에게는 바라며, 하지만 당신 자신은 결코 변하고자 하지 않는 이기심을 고수해왔죠. 그렇다면 그래서, 당신에게 좋은 점이 도대체 뭔가요? 이로운 점이 하나라도 있나요?

    그 결과 당신이 사랑받지 못할 테고, 무엇보다 예쁜 성숙을 완성할 기회를 놓치게 될 테고, 하여 불행하고도 왜소하게 살아가게 될 텐데 말이에요. 그러니 이제는 다름 아닌 당신 자신을 위해, 당신 존재를 예쁘고 아름답게 가꾸며 나아가길 바라요. 그로 인해 당신이 사랑받을 테고, 당신이 더 풍요로운 삶을 살아가게 될 테고, 당신이 모든 무기력와 무의욕을 단숨에 지운 채 생명력 가득 살아가며 기뻐하고 누리게 테니까. 그렇다면 언제까지 당신 자신을 위한 그 사랑의 일을 미룰 건가요? 오늘, 시작하길 바라요. 사랑을, 예쁨을, 아름다움을. 그리고 잊지 말아요. 당신이 꾸준하고도 깊게 생각한 것은 언젠가는 반드시 당신 현실로 나타나게 될 거라는 것을요. 그래서 생각과 믿음의 힘을 간과하거나 과소평가해서는 결코 안 된다는 것을요. 당신은 지금 당신의 존재 수준에 따라 그에 맞는 생각을 의식적, 무의식적으로 늘 하고 있을 것이고, 그러니까 당신이 우울하다면 우울한 생각만을 당신, 계속해서 하게 되는 것이고, 그래서 당신 존재의 예쁜 운명을 맞이 하기 위해 당신, 기필코, 반드시 당신 존재의 수준과 결을 바꿔내야 하는 것이라는 것을요.

    그러니 당신은 예쁘고 사랑스럽게 존재하기만 할 뿐이길. 당신이 그런 존재가 되고 나면 알아서 당신 현실 또한 예쁘고 사랑스럽게 바뀌기 시작할 테니까. 소유와 행위 수준에서는 해결하기가 불가능하다고 여겨지던 것들이 존재 수준에서는 너무나 쉽게 해결되어지는 거니까. 그러니 지금 당신이 당신 마음속에 품고 있는 예쁘고 사랑스럽지 않은 생각과 감정들에 대해 깊이 살펴보길. 당신이 습관적으로 하고 있는 생각과 말들, 그것들을 주의 깊게 살펴보길. 그것으로 당신 존재의 수준을 파악한 뒤에, 사랑과 예쁨이 아닌 모든 수준들은 기꺼이 내려놓고 포기하길. 그렇게, 당신 존재의 수준을 예쁨과 사랑스러움으로 끌어올리길. 당신에게 그게 가능한 것은 당신은 예쁨과 사랑이 당연한, 처음부터 너무나 당연했던 사랑의 존재이기 때문이며, 그래서 사실 그건 존재의 수준을 끌어올리는 일이 아니라 회복하는 일일 뿐인 거니까. 그러니 당신은 사랑을 회복하고 예쁨을 회복하길. 그리하여 당신과는 어울리지도 않는 모든 왜소하고도 사랑스럽지 않은 외부를 이제는 당신 곁에서 밀어내길. 다만 가득 사랑받고, 가득 채워질 뿐이길.

그렇게, 완전한 조화와 아름다움을 매 순간 느끼며 완전하게 살아가길. 그런 매일을 보내길. 더 이상 원할 필요가 없는, 다만 뜻할 필요가 있을 뿐인 그 진짜 힘 있는 세계를. 그러니까 당신이 뜻하기만 하면 당신 앞으로 모든 현실이 흘러들어올 만큼 당신, 힘 있길. 그 힘과 권능은 처음부터 당신 것이었으며, 영원한 사랑으로 지어진 모든 존재의 당연한 자격인 거니까. 그러니 더 이상 힘 있으면서 힘없는 것처럼 자신을 애써 속여가며 살아가지 않기를. 필요가 생기는 그 순간 즉시 필요가 충족될 것을 의심 없이 믿기에 결핍과 함께할 수 없는 완전함으로, 그 힘과 권능으로 매일을 살아갈 뿐이길. 그러기 위해 그런 결과로서 지금 이 순간 곧장 존재해버리길. 이미 당신에게 그런 힘이 있는 것처럼 느끼고, 생각하고, 말하기 시작함으로써. 그 순간 당신의 마음속엔 그 힘이 빛나기 시작할 테고, 당신, 그 빛을 바라보지 못할 수가 없을 테니까. 그리고 지금 이 순간을 기억하길. 영원히 잊지 말길. 당신이 힘과 권능을 진심으로 느끼고 소유했던 이 처음의 순간을.

그리하여 어떤 삶의 순간에도 왜소한 생각이 찾아올 때면 그 첫 번째 힘의 순간을 기억함으로써 당신 자신을 보호하길. 그렇게, 사랑인 당신에겐 오직 선한 결과만이 어울리고, 하여 선한 결과만이 당신을 찾아올 거라는 것을 의심하지 않는 그 사랑의 힘과 함께 당신, 지금부터 영원히 살고 사랑하길. 그것을 진정으로, 진심을 다해 믿는 자만이 의심과 두려움, 왜소함과 인색함, 결핍을 딛고 일어설 수 있는 것이며, 그러니까 당신은 사랑의 힘을 진심으로 온 마음을 다해 믿길. 그것을 믿지 않으면서 어떻게 진심으로 다정할 수 있겠으며, 어떻게 진심으로 관대할 수 있겠으며, 어떻게 진심으로 베풀 수 있겠으며, 그렇다면 그것이 진실이 아닌데 어떻게 사랑이 가능할 수 있을지에 대해 한 번 생각해보길. 그 순간 사랑의 힘이 얼마나 진실인지 바로 알고 느끼게 될 테니까. 사랑의 힘이 진실이 아니라면 받기 위해서 주는, 어느 정도는 돌려받길 믿기에 주는 결핍과 왜소함을 피할 길이 없으며, 그래서 사랑의 힘은 진실일 수밖에 없는 거니까. 그러니 이제는 이미 모든 것을 다 가진 사랑의 결과로서, 힘 있게 사랑하길. 그렇게 존재하는 것, 그게 당신이 당신 자신에게 줄 수 있는 가장 최고의 사랑스럽고 기쁜 선물이니까.

그러니 다만 나를 위해 사랑이 되길. 아니, 사랑을 회복하길. 당신, 처음부터 영원히 사랑으로 지어진 사랑의 존재, 하여 뜻하기만 하면 무엇이든 이룰 수 있는 힘 있는 존재, 그래서 결핍과 왜소함을 모르는 완전함의 존재, 그 사랑은. 그리하여 당신은 그 사랑으로 이미 존재함으로써 오직 사랑의 생각만을 하고, 사랑의 감정만을 품고, 사랑의 행동만을 건네고, 사랑의 말만을 내뱉을 뿐이길. 그 사랑의 결과로서, 온통 사랑받고 사랑에 가득 둘러싸일 뿐이길. 당신 가슴 안에서 완전한 사랑을 지금 이 순간 가득 느낌으로써. 그렇게, 처음부터 영원히 그 사랑은 당신 가슴 안에 있었다는 것을 진정으로 앎으로써. 그리하여 당신이 스스로를 그렇게 믿지 못한 순간에도 당신은 사랑받기에 정말로 충분한 사람이었으며, 당신을 지은 누군가로부터 늘 사랑받고 있었다는 걸 이제는 알고 바라보길. 그 사랑으로, 또한 당신이 당신 자신을 바라봐주길. 되도록 자주, 가급적 매 순간. 그 사랑이 바로 당신 자신의 진짜 모습이니까. 너무나 사랑이라 느끼고 바라보는 순간 눈물을 흘릴 수밖에 없을 만큼의 순수하게 완전한 사랑이, 너무나 눈부셔서 제대로 바라보기가 힘들 만큼 아름다움에 겨워 빛나는 사랑이, 사랑 외에는 그 어떤 것도 찾거나 바라볼 수 없는 그 자체의 사랑이. 그러니 부디 오늘부터 영원히, 당신 자신을 알길. 잊지 않길. 부디, 영원히.

## 안타까운 미움

정말, 미워하지 않기가 힘들다고 여겨질 만큼 미운 사람이 있다면, 그럼에도 그 사람을 미워하기보다 당신은 그 사람의 무지를 바라보며 안타깝게 여기기로 해요. 그러기 위해 노력하기로 해요. 자신이 얼마나 위대한 사람인지, 얼마나 사랑받기 위해 태어난 사람인지, 또 얼마나 사랑하기 위해 태어난 사람인지를 만약 그 사람이 알고 있었더라면 결코 그런 식으로 왜소하고도 이기적으로 존재하지 않았을 것이기에, 아니 존재할 수조차 없었을 것이기에 진정으로 자신이 어떤 사람인지 모르는 무지, 그게 바로 그 사람이 여전히 그런 식으로 존재하는 유일한 이유인 거니까요. 모든 사람은 자신이 추구할 수 있는 가장 최선의 이득을 위해 매 순간 선택하며 존재하고 있는 거예요. 그러니 자신의 이득을 위해 남을 속이거나 이용하고, 자신의 행복을 위해 남에게 상처를 주거나 강압적으로 행동하고, 속은 결코 아니지만 겉으로는 좋은 사람인 척하며 교묘하게 타인을 조종하고자 하고, 그런 식의 이기심이 자신이 추구할 수 있는 가장 최선의 이득이자 행복이 되어버린 사람은 사실 얼마나 안타깝고 불행한 사람인 걸까요. 그래서 내게는 그 사람을 미워할 가치도, 의미도 없는 거예요. 이미 그는 그 자신의 선택으로 인해 누구보다 불행한 사람이고, 그 불행 자체가 바로 그가 받은 벌이므로.

그러니 이미 불행한 그를 미워함으로써 그에게 불행을 보태기보다, 무엇보다 그 미움으로 인해 당신 자신까지 불행해지기보다 오직 그의 무지를 안타깝게 여기기로 해요. 그 연민과 용서의 태도로 그를 바라본 채 당신은 꿋꿋이 더 아름다운 방향으로 나아가기로 해요. 사실 당신이 지금 그를 미워하길 선택한다면, 당신이 당신 자신을 위해 추구하는 가장 최선의 이득이자 행복 또한 미움이 되어버리는 것이고, 그래서 그로 인해 당신 또한 안타까운 사람이 될 뿐인 거니까요. 그러니 미움이 아니라 연민을, 용서를, 이해를, 다만 나는 나의 아름다운 길을 꿋꿋이 걸어갈 뿐인 오롯함을 당신 자신의 최선의 이득이자 행복으로 여긴 채 나아가요. 당신이 지금 미움을 선택한다는 건 그 자체로 당신, 언제든 누군가를 미워할 수 있는 사람이라는 증거가 되는 것이고, 왜냐면 한 번의 미움을 선택할 수 있다는 것 자체가 당신의 최선의 선택지 안엔 늘 미움이 함께하고 있다는 것을 증명하는 것이기 때문이니까요. 그러니 미움이 찾아온 지금 이 순간을 미워할 기회가 아니라 이제는 미움이 최선이 되어버린 무지를 내려놓을, 내려놓은 채 보다 지혜롭고 행복해질 기회로 여기길 바라요. 그리하여 미움이 찾아오는 순간마다 그 기회를 놓치지 않은 채 미움이란 최선을 지워간다면 언젠가의 당신 선택지 안에는 미움을 찾지도 바라보지도 못할 만큼 미움이 지워진 채일 것이고, 그래서 당신은 오직 아름다울 뿐일 테니까.

사랑할 만하지 않은 사람을 그럼에도 미워하지 않고 사랑하는 것, 그것이 세상의 관점에서는 참으로 손해로 여겨질지 몰라도 영혼의 관점에서는 내게 그보다 큰 이득이자 선물이 되는 건 없는 거예요. 정말로 그 노력 자체로 나, 엄청나게 큰 성숙과 아름다운 마음을 선물로 얻게 될 테니까요. 그 사람 때문에 노력하게 된 이 용서와 사랑의 마음은 나로 하여금 영원히 모든 사람에게 더욱 성숙한 사랑을 전하게 해주는 꽃이 되어 내 가슴 안에서 피어날 것이고, 또 앞으로도 내가 미움의 유혹에 쉽사리 빠지지 않도록 나를 내내 지켜주는 예쁜 향기가 되어 나를 감싸 안을 테니까요. 그래서 그 사람 때문이 아니라 그 사람 덕분이었다고 당신, 꼭 말하게 될 테니까요. 그러니 미워하기보다 용서하기로 해요. 여전히 사랑하길 갈등하고 사랑하지 않기 위해 애쓰기보다, 그저 사랑하기로 해요. 그 사람의 잘못을 바라보기보다, 그 사람의 무지를 바라보고 안타까운 마음을 품기로 해요. 그 사랑의 마음 자체가 언젠가 그 사람이 준비가 되었을 때, 그 사람에게 닿아 꼭 그를 지켜주고 안내해줄 거예요. 그렇다면 그것으로 나는 내 사랑의 몫을 다한 거예요. 그러니 미워했다, 미워하지 말아야겠다 마음먹었다, 그렇게 수없이 갈등하기보다, 그저 꿋꿋이, 오롯이 사랑한 채 그 사람을 향한 영원한 염원과 응원을 남겨주고, 나는 내가 있을 곳에서 내가 함께할 사람과 함께 또한 꿋꿋이, 오롯이 살아가고 사랑하기로 해요.

하루 종일 누군가를 미워할 때, 그 미움으로 인해 가장 힘들 사람이 바로 당신 자신이잖아요. 그래서 용서하고 사랑할 때, 그 마음으로 인해 가장 행복해질 사람 또한 당신 자신인 거잖아요. 그러니 그걸 영원히 잊지 않기로 해요. 누군가를 죄의 포로로 묶어둘 때 나는 그 죄인들을 계속해서 내 마음의 감옥에 묶어두기 위해 끝없이 신경 써야 하고, 미워해야 하고, 골몰해야 하고, 곱씹어야 하고, 그래서 사실 그건 나를 그 감옥에 함께 묶어두는 일과 다름이 없는 거니까요. 그래서 타인의 죄를 용서한다는 건 나를 그 지옥 같은 죄의 감옥에서 풀어주는 일과도 같은 거니까요. 그러니 이제는 내게 그 자유를 선물해주기로 해요. 그렇게 더 이상 그 누구도 미워하지 않고 있고, 또 앞으로도 영원히 누군가를 향한 미움을 품지 않는 그 천국의 마음과 함께 행복하게 하루를 살아가기로 해요. 더 이상 아무도 미워하지 않아도 된다는 그 천국의 안도와 함께 말이에요. 여태 미워하느라 누구보다 스스로 가장 힘들었던 당신, 그러니 이제는 그만 애써요. 그만 힘들어요. 다만 그 모든 무거운 짐들을 내려놓은 채 쉬어가기로 해요. 정말로 당신, 단 한 번이라도 단 하나의 미움도 없는 평화를 경험하고 나면 더 이상 누군가를 미워하고 싶지 않게 될 거예요. 미움 없는 평화가 얼마나 기쁨이고 행복인지, 미움이 얼마나 고단함이고 불행인지, 그때는 누구보다 스스로 가장 잘 알고 있을 당신일 테니까.

그러니 이제는 안타까운 사람들을 미워하는 그 안타까운 미움에서 나를 풀어주길. 안타까운 사람들에게 마땅한 것은 미움이 아니라 연민이며, 태어나길 사랑하고 행복하기 위해 태어난 나에게 마땅한 것은 미움이 아니라 이해와 용서, 그, 사랑이니까. 그러니 안타까움이 최선이 된 이들을 이제는 다만 안타깝게 바라보길. 그들의 죄가 아니라 그들의 무지를 바라보길. 애초에 사랑받기 위해 태어난 우리 모두에게 있어 죄란 불가능하며, 하여 죄는 그 자체로 환상이며, 그래서 다만 무지가 있을 뿐인 거니까. 사랑이 있음이라면 사랑 아닌 모든 것들은 없음이고, 그래서 없음은 죄가 아니라 말 그대로 아무것도 아닌 무지함일 뿐인 거니까. 그러니까 당신은 없는 것을 있는 것으로 만들기 위해 구태여 끝없이 애쓰기보다, 그렇게 스스로 불행해지기보다 다만 없음을 없음으로 바라볼 뿐이길. 그리하여 사실 용서란, 누군가가 행한 잘못을 어렵게도 사해주는 일이 아니라 애초에 그 일이 일어나지 않았음을 바라보는 일이라는 것을 깨닫길. 사랑만이 빛이고, 사랑 아닌 모든 것들은 어둠, 즉 빛의 부재며, 그러니까 그건 다만 사랑의 부재일 뿐인 거니까. 그러니 당신은 오직 사랑만을 바라볼 것이며, 사랑이 없는 곳에서는 다만 사랑 없음만을 바라볼 뿐이길. 구태여 사랑 없음을 죄 있음이나 미움 있음이라 여긴 채 환상을 만들거나 부풀리지 말길. 그러니까 우상 숭배하지 말길.

결국 당신에게 가장 소중한 것, 당신은 그것을 선택하기 마련이며, 그러니까 더 이상 당신에게 있어 죄나 미움의 환상, 그 우상이 소중하지 않기를. 다만 사랑을 경배할 뿐이길. 그리하여 당신의 매 순간의 최선은 사랑일 것이며, 하여 가득 사랑할 뿐이길. 그 사랑을 위해 용서하길. 당신이 사랑이라는 것을 기억하는 그 순간까지 용서는 당신의 마음에 붙어있는 모든 환상을 제거할 유용한 도구며, 하지만 죄 있음이나 미움 있음이 애초에 존재하지 않는, 존재할 수조차 없는 환상인 만큼 존재하지 않는 것을 용서하는 마음 또한 사실은 환상이며, 그래서 용서는 환상이 당신의 곁에서 완전히 지워질 때까지, 그때까지만 당신에게 유용한 도구일 뿐인 것임을. 당신의 마음 안에서 모든 환상이 지워지고 나면 당신은 밉거나 죄스러운 그 무엇도 바라보지 못할 테고, 그러니까 그때의 당신, 애초에 없는 것들은 더 이상 바라보지 못할 테고, 그래서 그때는 용서조차도 환상일 뿐이었음을 당신, 꼭 알게 될 테니까. 그러니 그때까지는 용서를 일곱 번 할 것이며, 그것으로도 부족하다면 그 일곱 번을 일흔 번까지도 하길. 그리하여 마침내 당신 마음에 갇힌 죄수들을 모두 풀어주길. 그들을 모두 풀어줌으로써 당신 자신을 또한 풀어주길. 그러니까 결국 타인을 용서하는 일이란 당신 자신을 용서하는 일임을 알길. 죄 있음과 미움 있음의 환상을 숭배한 당신 자신을 용서함으로써 그 지옥에서부터 당신을 구원해내는 일임을.

그렇게 당신은 오늘의 천국을 살길. 하늘나라는 네 마음 안에 있다고 한 그 의미와 뜻을, 그리하여 완전히 깨닫길. 그러니까 그 하늘의 마음으로 매일을 마주하고 살아갈 뿐이길. 그리고 그 하늘나라를 지키기 위해 앞으로도 영원히 미움을 경계하길. 여태 사랑을 경계해온 것의 반의반만큼만 미움을 경계하길. 늘 사랑을 아끼고, 사랑을 주저하고, 사랑하길 두려워한 채 사랑을 경계한 그 마음의 반의반만큼만. 그렇게, 아주 작은 미움조차도, 심지어 그것이 아주 작은 불평과 불만일지라도 그 모든 사랑 아닌 것들이 당신 마음에 들어오지 못하게 하길. 그렇게 당신의 지옥이 아닌 당신의 천국을 지켜내며 나아가길. 그러니까 그 천국을 위해서만 매일을 살아가길. 진실로 당신은 당신 마음 안에 있는 사랑만을 되찾고 지키기 위해서 태어난 사랑의 존재며, 그리하여 사랑 외에 다른 그 어떤 것도 당신에겐 전혀 중요하지 않은 거니까. 그러니 여태 영원한 사랑이 아닌 영원하지 않은 모든 것들에 당신 마음을 헌신하며 살아왔던 그 시간 안의 불행과 지옥을 기억하길. 그것을 잊지 않고 기억함으로써 다시는 지옥을 반복하지 말길. 스스로 불행에 빠지지 말길. 다만 사랑하고, 사랑을 지켜낼 뿐이길.

어느 순간 당신의 진짜 모습인 완전한 사랑을 되찾고 나면, 그때는 더 이상 미움을 경계할 필요도, 사랑을 지키기 위해 노력할 필요도 없을 만큼 당신은 사랑 그 자체일 뿐일 테니까. 그러니 그 순간까지만 용서를 당신의 최선으로 삼은 채 용서할 것이며 타인의 모든 사랑 아닌 최선들을 안타깝게 여기며 나아가길. 그러지 못해 미워하느라 스스로 안타까운 사람이 되지 말길. 그 모든 시간을 더해 당신, 반드시 당신이 미움을 전혀 모르는, 하여 용서 또한 전혀 모르는 그 자체의 완전하고도 영원한 사랑이었음을 기억하게 될 것이고, 그때는 말 그대로 미움도, 용서도 영원히 잊게 될 테니까. 그러니 그 잊음을 위해 지금은 미워하지 않는 마음과 용서하는 마음을 기억하길. 그리고 당신이 얼마나 사랑인지 잊었던 당신, 그 기억을 위해 지금은 미워하지 않는 마음과 용서하는 마음을 잊지 말길. 그렇게 모든 미움을 용서함으로써 안타까운 미움이 단 하나도 없는 사랑 그 자체의 당신으로 돌아오길. 타인의 안타까운 최선을 오직 안타깝게 바라본 채 당신 자신은 안타까운 최선을 더 이상 선택하지 않음으로써. 그러니까 당신의 최선은 오직 아름답고 예쁘고 사랑스러울 뿐이길. 사실 그 아름다움과 예쁨과 사랑은 당신에게 있어 최선일 필요조차 없는 당연함이니까. 여태 그 당연함을 당신, 잠시 잊고 지내왔던 것뿐이니까. 그러니 당연하게 사랑인 당신에게 있어 참 당연하게도 사랑이 당연할 뿐이길. 당신이 얼마나 당연한 사랑인지를 기억해냄으로써. 사랑이 얼마나 당연한 당신인지를 기억해냄으로써.

# 진심 가득한 사람

매 삶의 순간에 진심을 가득 채워 존재하세요. 많은 사람들이 주어진 순간 앞에서 진심이 되지 못해 가볍고, 깊지 못해 얕고, 그렇게 건성인 채 존재하며 주어진 순간들을 흐리게 살아가곤 해요. 그래서 순간의 의미와 가치를 놓친 채 공허함에 허덕이고, 그 공허를 어찌할 줄 몰라 외부에 더욱 탐닉하는 식의 악순환을 반복하곤 하죠. 누군가가 힘겨워 아파하는 순간에도 그 사람의 마음에 깊이 공감하지 못해 그저 표면적이고 피상적인 위로를 전하는 것에 그치며 위로하고 사랑할 기회를 놓치기도 해요. 하지만 진심이 가득한 사람의 괜찮아? 라는 말에 담긴 말의 힘은, 그 눈빛과 마음의 힘은 한 사람의 생명을 어루만져주고 치유할 만큼의 빛이 가득 담겨있는 거예요. 내가 도와줄게, 라는 말 또한, 내가 알아봐 줄게, 라는 말 또한 절대 허투루 하는 법이 없죠. 그렇게, 보통의 많은 사람들이 그저 순간을 모면하기 위해 마음 없이 말하고 행동하는 그 모든 순간 안에서도 그는 자신이 할 수 있는 최선의 진심을 다해 살아가고 존재하고 있는 거예요. 그래서 그가 하루를 보내는 마음의 밀도와 채도는 너무나도 깊고 짙어서 그 에너지가 바깥으로까지 가득 전해지고, 하여 그는 힘 있는 사람, 카리스마 있는 사람, 묘하게 끌리는 사람, 그런 사람으로 여겨진 채 사람들로부터 잔뜩 사랑받을 수밖에 없게 되는 거예요.

편의점에서 일하고 있는 점원이 서툴러 어떤 실수를 했을 때도 괜찮아요, 라고 진심을 가득 담아 말해주고, 그리고 그 진심에는 정말 깊고 많은 의미가 담겨있기에 그 말과 마음과 눈빛을 전달받은 점원은 그날 하루를 씩씩하게 보내고 마무리하기에 충분하게 되는 것이죠. 물론 그는 자신의 기분과 에너지가 왜 고취되었는지, 그 원인을 잘 알지도 못한 채 그런 하루를 보내게 될지도 모르지만 말이에요. 그와 반대로 매 순간 얕고 건성인 사람의 말과 마음에 담긴 힘은 그 자체로 얼마나 미약하고도 공허하던가요. 늘 말뿐이기에 사람들에게 신뢰를 상실한 지도 까마득히 오래되었겠죠. 누군가가 정말 깊게 아픈 시간을 보내고 있을 때조차 그 마음을 헤아리기보다 그저 건성으로 마주할 뿐인, 함부로 가벼울 뿐인 그 얕음은 그래서 사실 그 자체로 이기심이나 다름이 없는 거예요. 왜냐면 타인의 감정과 고통은 자신의 것이 아니라는 그 분리감이 그가 그토록이나 얕게 존재할 수 있게 만든 유일한 원인일 테니까요. 정말 진심으로 아끼고 사랑한다면, 걱정하고 염려한다면 결코 얕을 수도, 자신이 한 말을 잊을 수도 없는 게 사람의 진심인 거니까요. 그래서 그 진심 어린 마음은 결국 행동으로까지 자연히 이어질 수밖에 없는 거니까요.

일을 할 때도 그저 대충대충 하며, 늘 다음엔 더 잘할게요, 라고 말하지만 그 말 또한 진심이 아니라 잠시 상황을 모면하기 위해 내뱉은 공허한 말일 뿐이고, 그래서 그 어떤 변화도 없이 그 다음에도, 또 그 다음의 다음에도 여전히 다음엔 잘할게요, 라는 가벼운 말만을 되풀이할 뿐이고, 하지만 정작 본인은 그것에 단 하나의 책임감도 느끼지 못한 채 살아가고 있고, 그래서 그와 함께하는 사람들은 그 사람으로 인해 시간과 감정적, 물질적인 피해를 받게 되고, 그렇다면 그 진심 없는 마음이, 부끄러워할 줄 모르는 마음이 그 자체의 이기심이 아니라면 무엇일 수 있을까요. 그러니까 자신에 대한 믿음을 담보로 늘 타인을 기다리게 하지만 정작 자신에겐 그 믿음에 보답할 마음 자체가 없고, 그래서 그 믿음이 완전히 사라질 때까지 기다림의 고통만을 주다 믿음의 유통기한이 지나고 나면 다른 곳으로 자리를 옮겨 또다시 그런 식의 피해를 주며 존재하고, 정말로 그게 이기심이 아니라면 무엇일 수 있겠어요. 그래서 그는 결국 자신과 같이 가볍고 공허한 사람들과만 함께하게 될 거예요. 하여 자신이 도움을 필요로 하거나 육체적, 감정적으로 아픈 순간에 아무도 자신에게 진심 어린 걱정을 건네주지 않는다는 그 외로움에 사무쳐 공허한 삶을 살아가게 될 수밖에 없을 거예요. 조금이라도 삶과 관계에 진심인 사람은, 그런 식의 가벼움을 결코 견디지 못할 테니까요.

그러니 이제는 매 순간 진심을 다하는 내가 되기로 해요. 그렇게 나에게 또한 진심인, 내게 무해하고 이로운 사람들과 함께하는 내가 되기로 해요. 사적인 관계에서도, 일적인 관계에서도 모두 신뢰받고 존중받는 자랑스러운 내가 되는 거예요. 당신이 그 자랑스러움을 스스로 포기한 채 늘 말뿐인 사람으로 존재하길 선택한다면, 그렇게 늘 다음부터, 라는 말로 사람들에게 희망 고문을 하는 사람으로 남길 선택한다면, 당신의 다음에, 라는 말은 이제 그 누구에게도 신뢰를 주지 못하는 공허한 말로만 여겨질 뿐일 것이고, 무엇보다 내가 내뱉은 모든 말은 나 자신과의 약속이기도 하기에 당신, 자기 자신과 스스로 한 약속도 전혀 지키지 못하는 사람이 되는 것이고, 그래서 그때의 당신, 당신 자신을 포함하여 모든 사람들로부터 존중과 사랑을 전혀 받지 못하고 있다는 외로움과 늘 함께하게 될 수밖에 없을 거예요. 일을 하면서도 자신의 역할 안에서 최고가 됨으로써 타인의 편의와 행복에 이바지할 책임 앞에서 당신은 여전히 탁월함과 잠재력의 꽃을 전혀 피워내지 못한 채 존재하고 있겠죠. 그렇게 당신, 남의 속을 뒤집어놓는 변명과 정당화만 늘어난 채 여전히 책임지는 건 아무것도 없는 사람으로, 무엇보다 그게 자기 자신의 최선이 되어 굳어진 무기력하고 왜소한 삶을 살아가는 사람으로 남을 테고, 그러니까 당신 존재와 삶, 전혀 아름답지 못할 테고, 그렇다면 그런 식으로 자신의 삶을 스스로 못나게 방치하는 것을 두고 자기 자신에 대한 애정 없음과 무관심, 곧 자기 자신에 대한 이기심이라고 하지 않는다면 도대체 무엇을 이기심이라 할 수 있겠어요.

    누군가는 실수 앞에서 배우고, 그 실수에 대해 깊은 책임감을 느끼고, 하여 부족함을 채우기 위해 할 수 있는 모든 진심을 다하고, 그렇게 다음엔 잘할게요, 라는 말의 다음 앞에서 정말로 빛나는 순간을 맞이하고 있을 텐데 말이에요. 하여 그 사람의 다음에, 라는 말에는 진심과, 정성과, 책임과 신뢰, 그 아름다운 향기가 가득 담겨 그 말을 듣는 사람을 또한 곧장 안심시킬 수 있을 만큼의 힘이 가득 깃들게 되고, 그렇다면 그는 그 진심과 책임감 하나로 이미 사람들에게 기쁨을 주는 사랑스러운 사람인 거예요. 무엇보다 모든 순간에 자신이 뱉은 말, 그리고 그 말에 담은 자신의 마음에 책임을 다하기 위해 자신이 할 수 있는 모든 최선을 쏟는 건, 사실 자신이 자신의 마음과 한 약속을 지키는 일이기도 하기에 그건 자신의 존재에 대한 책임을 다하는 자기 자신에 대한 사랑의 일이기도 한 거예요. 늘 실수하고, 변명하고, 정당화하고, 진심 없는 사과를 하고, 그런 사람이 사과를 할 대상은 그래서 상대방이 아니라 오직 자기 자신인 거예요. 자신을 위해서 할 수 있는 최선이라는 게 고작 그 얕은 마음과 공허한 말뿐이라면, 자신 존재에 대한 책임을 미루는 사랑 없음일 뿐이라면 말이에요. 그렇다면 그건 내 소중한 삶을 얼마나 낭비하는 그 자체의 무의미인가요. 충분히 진심일 수 있는데, 그렇지 않은 채 존재한다는 것은 말이에요.

그러니 매 순간 최선의 진심을 다해 존재하고 살아가길 바라요. 진심이 됨으로써, 더 이상 타인에게도 나 자신에게도 이기적이지 않길 바라요. 다만, 가득 사랑이길 바라요. 식물에게 물을 주는 행동 안에도 그 진심이라는 사랑을 가득 담아 정성으로 임할 줄 아는 내가 된다면, 나는 이미 내게 주어진 사랑이 되고 사랑을 완성할 성숙의 숙제를 아주 많이 해낸 것이라 할 수 있을 거예요. 진심인 사람은, 결국 모든 면에 있어 진심이기 마련이고, 그래서 하나의 진심을 보면 열의 진심을 헤아릴 수 있는 거니까요. 그러니까 어느 한 곳에서 진심이 된 만큼 나, 보는 곳에서 더 진실하게 사랑하고 있을 테니까요. 그러니 저는 당신이 무엇보다 진심 가득한 사람이 되었으면 해요. 그렇게 사람들의 마음을 안아주고 치유할 줄 알며, 또 자신의 일과 역할에 깊게 충실함으로써 사람들의 편의와 행복에 이바지할 줄 알며, 무엇보다 당신 자신의 하루가 더 이상 얕음으로 인해 흐려진 채 낭비되지 않았으면 하니까요. 더 이상 당신이 공허에 아파하고 힘겨워하는 사람은 아니었으면 좋겠으니까요. 무엇보다 당신의 모든 말에 이제는 힘이 있었으면 하니까요. 그래서 하겠다고 말하면 정말로 하고자 하고 해내는 당신이 되어 더욱 신뢰받는, 또한 자기 자신을 스스로 신뢰할 수 있는 진실하게 자랑스러운 당신이 되었으면 하니까요. 그렇게 더욱 반듯하게 잘 살고 더욱 풍요를 누리는 당신이 되었으면 하니까요.

그러니 당신은 문득 식당에서 밥을 먹다 실수로 그릇을 깨뜨린 직원에게 '진심으로' 괜찮아요, 라고 말할 줄 아는 사람이 되길 바라요. 그리고 당신의 그 괜찮아요, 라는 말에는 그 직원이 앞으로 처할 책임과 또 그 자신에 대한 부끄러움, 죄책감, 그러한 것을 부디 잘 이겨내고, 또 나는 정말 괜찮으니 나에 대해서는 전혀 미안해하지 않았으면 좋겠고, 그저 정말 처음 본 당신이지만, 당신이 행복하기만 했으면 좋겠다는 그 무수히 많은 예쁜 의미와 사랑, 다정함이 담겨있길 바라요. 그러니까 당신, 그 한마디의 진심과 힘으로 누군가를 위로하고 안아줄 수 있는 빛나는 사람이길. 하여 그저 카페에 들어가 주문을 받는 직원에게 안녕하세요, 라고 인사를 할 때에도, 정말 고생이 많죠, 그럼에도 이렇게 성실하게 하루를 보내는 당신이 자랑스럽네요, 오늘 하루는 꼭 무탈하게 보내고 행복하게 마무리할 수 있길 바라고, 또 좋은 손님들이 많이 와서 마음만이라도 행복하게 일할 수 있었으면 좋겠어요, 라는 그 사랑을 담아낼 줄 아는 참 아름다운 당신이길 바라요. 그저 사랑을 상실한 공허한 눈빛과, 마음을 담지 못한 얕은 말과, 그 어떤 아름다움도 보지 못할 만큼 차갑게 식은 가슴으로 그런 말을 피상적으로 내뱉을 뿐인 당신이기보다 말이에요. 그러니 당신에게 주어진 소중한 삶의 의미와 가치를 위해서, 그러니까 당신 자신의 행복과 사랑의 완성을 위해서 당신은 늘, 진심이길.

그리고 일을 할 때에도 실수를 했다면, 그리고 다음엔 더 잘할게요, 라고 말했다면, 그 말, 결코 허투루 한 게 아닌 책임감 가득한 당신이길 바라요. 그래서 그 행동을 고치기 위해 보이지 않는 곳에서도 노력하고 땀을 흘리고 열정을 쏟는, 그렇게 마침내 과거를 초월하고 한계를 극복하는, 그런 멋진 당신이길 바라요. 무엇보다 그렇게, 당신 자신에게 자랑스러운 당신이 되었으면 좋겠어요. 하여 당신은, 언제까지 할게요, 라고 했으면 무슨 일이 있어도 그때까지 그 일을 해내는 당신이길 바라요. 그렇지 못해 그저 안 해버리고, 변명하고, 그런 당신이 된다면 당신의 '언제까지'는 더 이상 아무런 의미가 없는 약속이 되고야 말 테니까요. 지키지 않는, 지키고자 하는 마음이 없는 사람과는 약속이라는 걸 할 필요가 없는 거고, 약속이라는 것 자체가 무의미해지는 거니까요. 무엇보다 당신 자신에게 당신이 그런 사람이 되는 거니까요. 당신이 뱉은 모든 말은, 결국 당신 자신과 당신의 약속이기도 한 것이기에. 그러니 잊지 말아요. 당신이 표면적인 사람일 때, 그만큼 당신의 그, 악의는 없지만 진심 또한 없는 공허함으로 인해 많은 사람들이 피해를 받게 된다는 걸. 당신으로 인해 소중한 시간과 감정을 낭비하게 되고, 하지만 그럼에도 당신은 타인의 그런 소모에 관심조차 없고, 왜냐면 당신은 다인의 마음을 염려하거나 신경 쓸 만큼의 '진심' 자체가 없는 사람이기 때문이고, 그래서 그때의 당신은 악의는 없지만 이기적인, 결과적으론 악이 가득한 사람이 될 뿐이라는 것을 말이에요. 무엇보다 당신 자신에게도.

그러니 깊은 당신이 되기로 해요. 그리고 그 깊이를 가지기 위해 매 순간 최선의 진심을 다하기로 해요. 하여 진심을 다해봤기에, 지키고자 최선을 다해봤기에 모든 면에서 깊은 당신이 되어있기를 바라요. 그렇게, 당신이 사랑하는 사람에게 말할 사랑해, 라는 말에도 그 깊은 진심이 가득 담기게 되길 바라고, 당신이 맺는 모든 관계 안에서 당신과 함께하는 사람들이 당신의 그 깊은 진심으로 인해 늘 위로와 응원을 가득 얻게 되길 바라요. 그리고 그때는, 결국 당신이 건넨 모든 위로와 응원은 사실 당신이 당신 자신에게 스스로 주는 위로와 응원과도 같다는 그 아름다운 진실을 당신, 꼭 알게 될 거예요. 당신이 세상과 사람들에게 진심을 다하지 않을 때, 그게 사실은 당신이 당신 자신에게 그렇게 하는 것과 다르지 않듯이 말이에요. 그러니 당신은 꼭, 반드시, 진심과 아름다움의 꽃을 가득 피운 채 그윽한 향기와 함께 존재하는, 그런 아름답고 자랑스러운 사람이기를. 당신의 한다는 말에는 진짜 하고자 하고 해내고자 하는 진심과 힘이 가득 담겨있기에 진짜, 해내는 당신이기를. 하여 무한하게 성취하고, 무한하게 누리고, 무한하게 만끽하는 당신, 힘과 진심이 가득한 사람이길. 그러니까 당신의 말에는 우주를 움직일 만큼의 힘과 진심이 있길.

그렇게, 어쩌다 실수로 약속을 지키지 못하면 당신이 애써 변명하지 않아도 사람들이 알아서 당신에게 무슨 일이 있었을 거라고 추측하게 하는, 신뢰받는 당신이길. 늘 약속을 어기기에 약속을 지킬 것이 기대조차 되지 않는 사람으로 존재하기보다. 그리하여 당신은 계약서를 써도 당하는 세상이라 여겨질 만큼 신뢰 없는 이 세상 속에서 말 한마디로 계약서를 쓸 필요조차 없을 만큼의 믿음과 진실함을 전해주는 사람이 되길. 당신 말에는 그런 힘이 있기를. 그래서 어느 순간에는 이랬으면 좋겠다, 라는 막연한 원함에도 힘이 생겨 우주가 당신의 원함을 곧장 이루어줄 만큼의 창조력 있는 당신이 되길. 그러니까 당신, 아무리 말하고 원해도 그 어떤 것도 현실로 만들어낼 수 없을 만큼 힘과 창조력 없는 왜소하고도 얕은 사람은 아니길. 그러니 당신은 당신 자신의 원래 힘인 그 창조력을 완전히 회복하게 될 때까지 매일을 힘 있게 보내길. 그리하여 당신 사랑은 처음부터 영원히 원하고

뜻하기만 하면 무엇이든 이루어낼 수 있는 빛과 능력이 있는 존재였다는 것을 반드시 기억해내게 되길. 당신은 정말 그런 사람이니까. 무엇이든 해낼 수 있고, 무엇이든 이루어낼 수 있는 권능과 창조력을 지닌 사랑의 빛이니까. 그러니 당신은 그런 사람이, 사랑이 되길.

    그러기 위해 당신의 생각과 말에 당신이 기울일 수 있는 모든 진심과 최선을 기울이는 참 반듯한 당신, 사랑이길. 제가 당신을 참 많이 걱정해요, 라는 이 말을 당신이 듣고는 당신을 내내 걱정하는 마음에 매일을 속상해하며 잠 못 들고, 수없이 소원하고 기도하고, 당신을 어떻게 위로할 수 있을까 전전긍긍하고, 그렇게 수십 번 위로를 건네려다 삼켰다가를 반복하고, 당신의 기쁨과 행복을 위한 좋은 해결책들을 머릿속으로 셀 수 없이 많이 상상하고 그려봤다는 걸 당신의 마음이 곧장 느끼게 되는 건 여태 단 한 번도 허투루 말을 내뱉으며 진심 없이 얕게 살아오지 않았던 내 삶의 모든 무게가 그 말 한마디에 담기기 때문인 거니까. 그래서 당신, 제가 한 번 어떻게 하면 좋을지 알아볼게요, 라는 나의 이 말 한마디에 곧장 모든 걱정을 잊을 만큼 안심할 수 있게 되는 거니까. 정말로 당신 자신보다 더 진심으로 당신을 걱정하고 당신을 위해 가장 좋을 것을 알아보겠다는, 하여 반드시 당신 마음이 괜찮아지게 해보겠다는 이 진심이 그 말에는 담겨있는 것이고, 당신 마음은 그걸 고스란히 느끼기 때문에. 비록 당신 생각과 당신 겉모습은 그것을 느꼈다고 스스로 인지하고 있지는 못할지라도. 그러니 내가 참 많이 아끼고 걱정하는 당신, 정말 잘 해낼 거예요. 지금도 잘하고 있고, 여태도 잘해왔어요. 그런 당신임을 내가 알고 또 앞으로 더 멋진 당신이 될 것임을 내가 믿으니, 걱정 말고 나아가길 바라요. 다만 오늘을 최선을 다해 힘 있게 보내며 살아가길 바라요. 사랑받기 위해 태어난, 해내고 성취하고 원하는 것은 무엇이든 이루기 위해 태어난, 지금도 있는 그대로 참 예쁘고 사랑스럽고 소중한 당신, 영원한 빛이자 사랑은.

## 성숙할 의무

주어진 매 순간 성숙할 의무 앞에서 더 이상은 소홀하지 않기로 해요. 우리는 때로 우리가 태어난 이유인 성숙을 잊고 소홀히 한 채 마치 우리가 다른 목적을 위해 태어나 존재하기라도 하는 것처럼 욕망을 쫓고, 또 욕망을 성취하기 위해 이기적이길 선택하고, 분노하고, 미워하고, 앙심을 품고, 무기력해하고, 우울해하고, 그런 식으로 나의 선택할 수 있는 힘과 자유 의지를 최선을 다해 나의 미성숙을 위해 기울인 채 살아가곤 하지만 진실로 그래선 존재의 이유와 목적을 상실한 것에서부터 오는 공허와 불행으로 인해 나, 잔뜩 시들어질 수밖에 없는 거예요. 성숙의 기쁨과 빛을 잃은 끝없는 외로움과 허전함을 피할 길이 없는 거예요. 여전히 사랑이길, 예쁨이길, 아름다움이길 나에게 바라는 나의 마음이 나를 애타게 부르고 기다리며 나를 공허하게 만들 테니까요. 이제는 깨어난 채 태어나 존재하는 유일한 이유인 성숙을 위해 살아가 달라고, 그렇게 내게 공허함을 통해 끝없이 외칠 테니까요. 그러니 이제는 그 마음의, 나를 위한 사랑의 소리인 공허함을 외면하지 말아요. 어떻게든 외면하기 위해 더욱 외부에 탐닉하거나 미성숙에 젖는 식으로 도망가지 말아요. 그게 위할 수 있는 건 당신의 불행과 더욱 깊은 공허밖에 없으며, 그래서 그건 당신 스스로 당신을 저버리는 일이니까요. 진실로 당신의 불행과 당신의 못남과 당신의 아름답지 않음과 당신의 사랑 없음만을 더욱 부추기고 부풀릴 뿐인, 그러니까 당신의 빛 없음과 기쁨 없음만을 위할 수 있을 뿐인 미성숙이니까요.

처음 운전대를 잡을 때 많은 사람들이 운전을 하며 화를 내고, 다른 운전자들과 속도 경쟁을 하고, 자주 복수심을 품은 채 미워하고, 그러곤 하죠. 그리고 스무 살 때 처음 운전대를 잡았다면, 누군가는 스물셋쯤이 되어 속도를 줄이기 시작하고, 다정함을 품은 채 양보하기 시작하고, 쌍라이트를 켜고 오는 운전자를 미워하는 생각에 빠진 채 화를 내던 시절을 이제는 넘어선 채 그저 초연하게 그러려니 하고, 그렇게 마음의 평정심을 지켜내고, 무엇보다 옆 사람의 편안함과 안전을 지켜주기 위해 최대한 배려하며 운전하기 시작할 거예요. 매 삶의 순간 앞에서 성숙에 관심을 가지고 더욱 예쁘고 아름다워지기 위해 노력하는 사람이라면 말이에요. 그러니까 성숙을 향한 지향이 있는 사람이라면 말이에요. 하지만 성숙에 관심조차 기울이지 않은 채 살아가는 누군가는 머리가 하얗게 셀 때까지도 처음 운전대를 잡은 그 순간과 아주 조금의 변화도 없이 여전히 씩씩거리고, 화내고, 경쟁심에 불타고, 위협하고, 그렇게 운전을 하겠죠. 옆 사람이 그런 자신 때문에 얼마나 조마조마한지, 또 그런 자신의 미성숙으로 인해 얼마나 많은 사람들이 생명의 위협을 느끼게 되는지, 그런 것에는 신경조차 쓰지 않은 채 자신의 미성숙함을 정당화하는 말들만을 쏟아내면서 말이에요.

그리고 장담컨대 그런 사람이라면 그가 오랜 세월 동안 얼마나 많은 부를 쌓았든, 성취를 했든, 그의 인생은 완전히 실패한 인생일 거예요. 그는 여전히 자기 자신의 마음조차 다스리지 못하고, 여전히 사랑을 몰라 공허하고, 여전히 용서하지 못해 미워하고, 다정함이 없어 외롭고, 곁에 있는 사람의 기쁨과 행복을 전혀 염려하지 않고, 그런 왜소하고도 이기적인 한 사람의 영혼일 뿐일 테니까요. 오랜 시간 함께한 사람으로부터 그때는 그랬는데, 당신 참 많이 성숙하고 예뻐졌어, 라는 말을 한마디도 듣지 못한 채 삶을 마감하게 될 진정으로 보람 없는 인생을 살아온 한 사람의 나약하고 미성숙한 영혼일 뿐일 테니까요. 그렇다면 당신이 원하는 삶이 그런 삶이 맞나요? 그게 아니라면, 이제는 성숙하며 나아가기로 해요. 지난 삶을 돌이켜 후회가 없을 수는 없겠지만, 그래도 최선을 다해 아름다웠고, 다정했으며, 할 수 있는 모든 마음을 다해 사랑했다고 말할 수 있다면 그것이야말로 주어진 한 생을 가장 성공적으로 살아왔다고 말할 수 있는 아름다움일 테니까요. 미움이 용서로 바뀌고, 증오가 사랑으로 바뀌고, 이기심이 이타심으로 바뀌고, 욕망이 감사와 받아들임으로, 불안함이 용기와 지혜로 바뀌고, 그러한 변화가 주는 행복과 비교할 수 있을 만한 행복이 우리 마음 바깥엔 결코 있을 수 없으며, 그래서 성숙이란 내가 나에게 줄 수 있는 가장 최고의 기쁨이자 사랑 가득한 선물인 거니까요.

그래서 저는 당신이 그 성숙의 기쁨을 매 순간 누리며 이 삶을 찬연한 행복과 함께 보낼 수 있길 바라요. 당신 자신에게 그 행복을 선물해주는 일을 더 이상 미루지 않길 바라요. 그 행복을 한 번이라도 느낀다면, 그 누구도 당신의 성숙을 막아서지 못할 만큼 당신은 스스로 성숙하기 위해 최선을 다하며 나아가게 될 테니까요. 그래서 당신, 하루하루를 더해 더욱 예뻐질 테고, 사랑스러워질 테고, 아름다워질 테고, 눈부시게 빛나질 테고, 하여 외부의 그 어떠한 조건과 상황 안에서도 기쁨을 상실하지 않을 수 있는 그 절대적 행복을 마침내 소유해낸 채 아름다움에 겨운 매 순간을 살아가게 될 테니까요. 이제는 당신 자신의 내면에 행복의 근원이 있음을 분명히 알기에 더 이상 외부로부터 행복을 얻길 기대하지 않게 될 것이며, 하여 상처받지 않는, 상처받을 수 없는 주권을 완전히 회복하게 될 테니까요. 그렇게 당신, 더 이상 외부가 당신을 지배하게 내버려 두지 않을 테니까요. 그만큼 오롯이 행복하고, 온전히 행복할 당신일 테니까요. 지금으로부터 몇 년이 지난 후의 당신 모습을 한 번 상상해봐요. 여전히 지금과 같이 함께하는 사람을 미워하고, 이용하고, 계산하고, 조종하고자 하고, 통제하거나 소유하고자 하고, 그런 당신인 채 당신 자신과 상대방에게 상처와 불행만을 안겨주는 사람이 당신이라면, 그건 얼마나 안타깝고 속상한 일이겠어요. 충분히 예쁠 수도, 행복할 수도, 사랑스러울 수도 있었는데 당신 스스로 그 모든 기회를 거부하고 내던진 채 스스로 미성숙에 머무르길 고집스럽게도 선택함으로써 끝끝내 그런 미래에 닿게 된다면 말이에요.

    그러니 부디 이제는 당신의 미래에게, 미래의 당신에게 예쁜 성숙을, 그 성숙에서부터 오는 기쁨과 자랑스러움을 선물해주는 당신이길 바라요. 그러기 위해 오늘을, 최선을 다해 성숙하며 보내기로 해요. 여태 당신의 자유 의지로 선택해왔던 모든 당신의 선택들을 하나 둘 바꿔나가면서 말이에요. 그러니까 어제까지는 어떤 상황 앞에서 늘 같은 미움을 선택해왔다면 이제는 여태까지와는 다른 용서를 선택해보는 거예요. 이해와 사랑을, 다정함을, 너그러움을 선택해보는 거예요. 두려워 주저하던 일 앞에서 용기를 내보는 거예요. 늘 상대방이 먼저 다가와 내 마음을 풀어주길 기다리던 왜소함을 넘어 이제는 내가 먼저 다가가 따뜻한 말과 마음을 건네보는 거예요. 그렇게 어제와는 다른 예쁨을, 아름다움을, 기특함을, 사랑스러움을 선택하며 나아가는 거예요. 그런 매일을 살고 쌓아갈 때 당신의 삶, 그리고 미래와 운명, 얼마나 달라지게 되겠어요. 얼마나 빛나고, 얼마나 아름다움에 물들고, 얼마나 사랑스러워지고, 얼마나 가득 사랑받게 되겠어요. 무엇보다 당신, 이제는 당신을 향한 타인의 지적 앞에서 늘 감정적으로 받아치며 화를 내던 미성숙을 넘어 그 지적을 예쁜 변화를 완성할 기회이자 선물로 여긴 채 상대방에게 진심으로 고마워할 만큼 성숙한 채일 것이기에 더 이상 감정적인 위기를 겪지 않게 될 거예요. 진실로 제대로 바라보기만 하면 누군가의 지적은 나조차도 몰랐던 나의 어떤 미성숙을 되돌아보게 해줌으로써 내게 성숙할 기회를 제공해주는 선물인 것이고, 당신은 이제 그걸 바라보는 사람이 되었으니까요.

　그래서 대부분의 사람들이 왜 그렇게 말해? 짜증 나, 너는 뭐가 그렇게 잘났는데? 하는 식으로 자신을 지적하는 말 앞에서 공격과 방어를 주고받기만 한 채 감정적으로 고통을 겪고 있는 그 순간에 당신은 아 진짜? 몰랐어, 네가 말 안 해줬으면 큰일 날 뻔했다, 정말 고마워, 라고 말할 줄 아는 아주 드물게 열려있는 사람으로 존재하게 될 테고, 하여 상대방과 당신 모두 감정적으로 고통받을 필요가 전혀 없게 될 테고, 무엇보다 당신은 진짜, 진심으로 상대방에게 고마워하며 그것을 당신 자신이 더욱 성숙해질 기회와 계기로 여긴 채 뒤돌아보며 점검해보게 될 테고, 하여 반드시 더 예쁘고 아름다워질 테고, 그렇게 되는 거예요. 때로 상대방이 당신을 오해한 것일지라도 당신은 그것에 억울해하고 화내기보다 그 순간에도 다정하고 너그럽게 상대방에게 당신의 진심을 설명하는 그 성숙을 연습하게 되겠죠. 당신에겐 모든 삶의 순간이 더 사랑스럽고 예쁜 선택지를 고름으로써 나의 아름다운 성숙을 완성할 설레고 소중한 기회로만 여겨지고 있을 테니까요. 그렇게, 지적 하나를 들으면 상대방의 단점 열 개를 찾아내 공격함으로써 그 지적을 무마시키려고 하던 미성숙에서 당신은 당신 자신을 완전히 구원해내게 되는 거예요. 그래서 당신은 늘 함께하고 싶은 사람, 마음이 예뻐서 사랑할 수밖에 없는 사람, 참 드물게 생각과 마음이 열려있는, 깨어나 있는, 그래서 존중할 수밖에 없는 사람, 그 아름다움으로 존재하게 되는 거예요. 무엇보다 당신 자신이 전과는 비교할 수도 없을 만큼의 기쁨과 행복과 함께하는 사람이 되는 거예요. 그래서 당신, 감정적으로 위기를 겪거나 서운함을 느끼는 게, 상처받는 게 더 이상은 불가능할 만큼 오롯하게 존재하게 되는 거예요. 당신의 마음에 품은 성숙을 향한 지향, 그 하나의 예쁘고 반듯한 마음가짐으로 인해서.

 사실 성숙에 관심조차 없는 사람과 함께하는 시간이란 얼마나 고통스럽고 불편한 시간인가요. 진심으로 그 사람을 위해 해주는 말들도 모두 자신에 대한 공격으로 받아들인 채 어떻게든 상대방을 깎아내리고자 하고, 왜곡하고 오해하고, 그런 식으로 자신의 자존심을 지켜내고자 하고, 그렇게 상대방을 불편하게 함으로써 다시는 상대방이 자신에게 지적을 하지 못하게 만들고자 하고, 그러니까 나에게 지적 하나를 하려면 이 정도의 불편함은 감수하고 각오해라, 하는 마음으로 상대방이 자신에게 지적할 마음 자체를 가지지 못하게 만들고자 하고, 그런 식으로 존재하는 사람들과 함께하는 시간이란 말이에요. 단 한 번을 그 부분은 나도 고쳐보면 좋겠다, 알려줘서 고마워, 라고 말하는 법이 없죠. 정말 단 한 번을. 그래서 평생 동안 그 어떤 예쁜 변화도 겪지 못할 안타까운 운명으로 미래가 정해진 사람들이죠. 자기 자신이 스스로 자신의 운명을 그렇게 만들어버린 사람들이죠. 사랑받기 위한 정답들이 뻔히 눈앞에 있는데, 애써 오답만을 제출한 채 상대방에게 미움을 사고, 그래 놓고 자신을 미워한다 원망하고, 그런 식으로 사랑을 강요하고, 그렇다면 그건 얼마나 고통스러운 존재의 방식인가요. 함께하는 상대방도 고통스럽겠지만 무엇보다 그런 자신으로 살아가고 있는 자기 자신이 가장 고통스러울 테죠. 자기 자신만 그 고통에 너무나 익숙해진 나머지 그게 얼마나 큰 고통인지 모르고 살아가고 있을 뿐.

그렇다면 구태여 그렇게 존재하느니, 그저 사랑스럽게 존재하는 게 낫지 않을까요? 정말 굳이, 그렇게 존재할 이유가 무엇인가요. 그래서 이롭고 좋은 게 단 하나라도 있다면 모를까. 그러니 당신 자신의 사랑스러움을 타인을 공격하고 깎아내리는 것으로 지켜내고자 하는 미성숙이 아닌 진짜 사랑스러워서 사랑스럽게 여겨질 수밖에 없을 만큼의 성숙의 빛으로 지켜내는 지혜로운 당신이 되길 바라요. 당신과 함께하는 시간 동안 늘 감정적으로 고통받을 것을 감내해야만 한다면, 어느 누가 당신과의 시간을 기다리고 기대하겠어요. 어떤 마음의 각오가 필요한 것이 당신과 함께하는 시간이라면 말이에요. 그러니 그 어떤 것도 감내할 필요가, 각오할 필요가 없는 다정하고도 너그러운 당신이 되길 바라요. 그리하여 당신과 함께하는 시간이 너무나 편안하고 아늑해서 당신과 함께하길 늘 기대하고 기다리게 되는 예쁜 사람으로 존재하길 바라요. 그렇게, 사랑스러워서 사랑받는 당신이 되길. 전혀 사랑스럽지 않으면서, 사랑스러울 마음도 없으면서 사랑을 내내 강요하고 떼쓰기보다. 그러니까 이 사람은 나에게 사랑받을 마음이 전혀 없나? 라는 생각이 들게 할 만큼 전혀 사랑스러운 노력을 하지 않는 당신은 아니기를. 언제나 성실하고도 부지런하게 사랑스럽 길. 그러기 위해 매 순간 예쁜 성숙을 추구하며 나아가길.

사실 조금만 떨어져서 자신을 관찰해볼 수 있다면, 누구나 성숙을 향해 나아갈 수밖에 없는 것임을. 그러니까 자기 자신의 미성숙과 너무나 가까이서 오래도록 함께한 그 일체감으로 인해 모두가 제자리에 머무르고 있는 것임을. 왜냐면 타인의 미성숙이나 사랑받지 못할 만한 행동은 너무나도 잘 알아보는 우리이니까. 하지만 정작 자신이 그렇게 존재하고 있을 땐 합리화하고 정당화하기 바쁜 우리이니까. 그러니 자신을 타인이라고 생각한 채 바라볼 줄 아는 객관적인 시선이 당신에겐 있길. 그리하여 나라도 함께하고 싶지 않은 사람이, 사랑하지 못해 미워할 수밖에 없을 만한 사람이 나 자신은 아닌지 늘 살펴볼 줄 알길. 자신은 미안하다는 말을 한 번을 못하면서 타인이 그럴 땐 참 답답해하고 미워하는 사람들이 참 많으니까. 자신이 늘 해오던 행동을 상대방이 자신에게 했을 땐 정작 참지 못해 분노하고 깎아내리는 사람들이 참 많으니까. 그러니 부디 당신은, 그런 안타까운 사람이지 않기를. 그 안타까움에서부터 당신을 꼭 구해내길. 그렇게 당신의 시선은 타인이 아니라 온전히 당신 자신을 향하기를. 그 굳고 예쁜 중심으로 매일을 살아가는 당신이길. 그 중심과 시선이 있을 때 당신, 하루가 지날 때마다 더 예쁘고 사랑스러워져 있을 테니까. 그렇게 매일을 더해 새롭게 거듭날 테니까. 왜냐면 이제 당신은 당신의 미성숙을 더 이상 참아주지 못하는 사람이 되었을 테니까. 내가 미워하고 깎아내렸던 어떤 이의 모습이 나에게도 있었다는 그 부끄러움을 이제는 아는 사람이 되었으므로.

　그러니 나에게 부끄럽지 않은, 나에게 자랑스러운 당신이길. 이 세상에서 사랑받기보다 쉬운 일은 없다는 것을 그때는 꼭 알게 될 테니까. 왜냐면 당신, 단 한 번도 그 정답을 몰랐던 적이 없는 사랑의 영이었기 때문이니까. 그러니까 누구보다 사랑받을 만한 사람이 누구인지, 사랑하기가 어렵고 싫은 사람이 누구인지를 잘 아는 사람이 당신이었고, 그건 당신이 누구보다 사랑을 잘 아는 사랑의 영이었기 때문이니까. 그러니 이제는 그 사랑의 시선으로, 사랑의 민감성으로 당신 자신을 바라보길. 당신이 사랑하지 못할 만한 사람이라 여겼던 어떤 사람의 모습이 당신에게도 보여진다면 그것을 지워낼 것이며, 또 당신이 함께하고 싶고 사랑하고 싶었던 사람의 모습을 그리며 그 사람의 사랑스러움을 닮아가길. 그렇게 당신이 당신 자신을 객관적으로 보아도 사랑받을 만한 사람이라 여길 수 있을 만큼 가득, 사랑스러운 당신이 되길. 그 사랑의 정답은 처음부터 끝까지 당신 마음에 없었던 적이 없었고, 왜냐면 당신이 바로 사랑 그 자체이기 때문이고, 하지만 당신, 그 사랑의 눈으로 당신이 아닌 오직 타인만을 채점해왔을 뿐인 거니까. 그러니 이제는 당신을 채점하며 나아가길. 이미 사랑의 모든 공식과 법칙을 다 알고 있는 당신이니 그저 꾸준히 채점만 하길. 채점하는 순간 당신은 오답을 정답으로 바꾸게 될 테고, 그래서 바라보는 일만이 필요할 뿐이니까. 그래서 당신에게 있어 사랑받기보다 쉬운 일은 없다고 말한 거니까.

　그러니 삶의 매 순간 당신이 사랑스러운지, 사랑과 함께하고 있는지, 그것을 채점하고 바라보길. 그리하여 사랑이 되길. 누군가와 감정적으로 다투게 된 그 순간엔 특히 잊지 말고 바라보길. 그때가 당신이 사랑의 시선을 잊게 될 확률이 가장 높은 순간이고, 그래서 더 더욱 사랑의 시선을 잊지 않고자 노력해야 할 순간이니까. 그 순간 당신이 사랑의 눈으로 당신을 바라보기만 한다면, 바라볼 수만 있다면 당신, 그 다툼을 그 순간 그 즉시 치유하게 될 테고, 하여 다시 예쁨과 사랑이 가득한 순간으로 돌아가게 될 테니까. 그 순간에도 어떤 말과 마음과 행동이 사랑 없음의 모든 고통을 끝내고 다시 사랑을 피어나게 할지를 당신은 이미 누구보다 잘 알고 있으니까. 다만 때때로 자주 바라보지 못하고 잊는 것일 뿐. 그러니 감정적인 위기의 순간, 감정적으로 고통받는 순간일수록 더 잘 바라보고 기억하길. 무엇보다 당신 또한 더욱 예쁜 사람이 되고자 하는 성숙을 향한 지향이 있는 사람과 함께하길. 그런 사람만이, 진정으로 당신을 위한 다정함과 사랑 하나로 당신이 이런 점을 채워간다면 더 행복하고 멋진 사람이 될 수 있을 거야, 하는 예쁜 지적을 할 수 있는 거니까. 그러니까 그렇지 않은 사람은, 그저 자신이 미성숙해서 타인을 통제하고 억누르고자 지적하는 것일 뿐이며, 자기 자신의 마음 안에 결핍과 불만이 많아 상대방을 자신의 이기심과 환상에 맞추어 변화시키고자 지적하는 것일 뿐이니까. 하지만 그럼에도 그는 마음 안에 만족과 감사가 없어 그 무엇에도 결코 만족하는 법이 없을 테니까. 그리하여 내내 당신에게 자신의 결핍과 불만족을 투사하기만 할 뿐일 테니까.

그러니 당신은 당신과 함께 더 예쁜 성숙을 향해 나아갈 수 있는 사람을, 서로가 서로를 다정하게 밀어주고 당겨줄 수 있는 성숙을 향한 지향이 있는 사람을 만나길. 그런 사람과 함께하길. 때로 그렇지 못한 사람과 어쩔 수 없이 함께하게 된 순간에는 그럼에도 구태여 다투기보다 오직 배운 채 성숙하고, 하지만 또한 구태여 특별하게 함께하진 말길. 보통의 사람은 자신의 잘못에서부터 배우고, 지혜로운 사람은 상대방의 잘못에서부터도 배우고, 하지만 어리석은 사람은 자신과 상대방의 잘못 모두에서부터도 전혀 배우지 못하고, 그러니까 당신은 최소한 보통의 사람과 함께하길. 그리고 당신 자신은 다만 지혜롭길. 그리하여 어리석은 사람과 함께하는 순간에도 오직 배우고 성숙할 뿐이길. 그렇게 당신은 당신이 태어나 존재하는 유일한 이유와 목적인 성숙을 매 순간 완성하며 나아갈 뿐이길. 그리하여 내내 사랑스럽고, 내내 사랑일 뿐이길. 사랑받는 게 너무나 쉽고 당연해서 사랑받을 뿐이길. 그러니까 당신이 거저 갖고 태어난 자유 의지와 선택의 주권을, 이제는 사랑하고 사랑받는 데만 쓸 뿐이길. 누구보다 사랑을 가장 잘 아는, 가장 잘 알 수밖에 없는 사랑 그 자체의 존재가 바로 당신이니까. 그러니 당신은 그 사랑의 시선과 중심으로 당신 자신을 늘 바라본 채 사랑 없음을 지워가고 사랑을 채워갈 뿐이길. 누구보다 당신 자신을 정직하고 객관적으로 바라봄으로써, 그러니까 사랑의 또렷함으로 바라봄으로써, 그렇게.

    분명하게만 바라본다면 사랑일 수밖에 없는 사람이 바로 당신 자신임을 당신, 반드시 알아볼 테니까. 보태지도 덜어내지도 않은 채 그저 분명하게, 진실하게, 또렷하게, 객관적으로만 바라본다면 당신은 정말로 그런, 사랑이니까. 그러니 진실이 그런 것처럼, 당신은 이미 당신이 온통 사랑인 것처럼, 모든 것을 다 가진 사랑인 것처럼 말하고 생각하고 행동하길. 사랑이 아닌 모든 말과 생각과 행동을 이제는 스스로 허락하지 말길. 여태까지처럼 타인에게만 그럴 것이 아니라 오늘부터는 당신 자신에게만 그렇게 하길. 중요한 건 당신의 행복이고, 당신이 더 잘 사는 일이고, 당신이 더 사랑이 되는 일이니까. 그러니 당신은 온전히 당신의 성숙과 기쁨과 행복과 사랑에만 집중한 채 매 하루를 살아가고, 사랑할 뿐이길. 모든 삶의 순간을 그 사랑과 성숙의 기회로 여긴 채 마주하고 나아갈 뿐이길. 그리하여 그 어떤 일이 당신에게 찾아와도 그 모든 일, 정확히 당신의 성숙과 사랑을 위한 일임을 알고 이제는 저항하기보다 오직 감사하는 마음으로 끌어안을 뿐이길. 그 성숙의 시선이 당신과 함께할 때 당신, 삶의 어떤 순간에도 결코 위기를 겪지 않게 될 테니까. 다만 끌어안은 채 춤추고 기뻐하고 누리고 만끽하고 사랑할 뿐일 테니까. 그 모든 선물로 인해 반드시 더욱 예쁘게 성숙할, 더욱 완전한 사랑이 될 당신이므로. 그리고 당신은 이제 그것을 누구보다 분명하게 알고 있으므로. 그 사랑과 성숙을 완성하기 위한 목적 하나로 이곳에 태어나 존재하는 나, 지구별 여행자라는 것을.

## 이제 그만 포기할 때

　이제는 그만 미움이 주는 즐거움을 포기하세요. 정말로 그건 사랑의 즐거움에 비하면 끔찍한 고통이자 아픔의 상태일 뿐, 전혀 즐거움이라고 할 수 있는 게 아니니까요. 미움이 그토록이나 당신의 마음을 짓누르고 당신이 하루를 소중하게 보낼 에너지를 앗아간 채 당신을 시들어지게 하고 있는데, 왜 당신은 미움을 포기하지 못하나요. 무엇 때문에 계속해서 미워하나요. 그 미움이 아무리 정당하게 느껴진다 하더라도, 그 미움이 당신에게 결코 정당할 수 없는 것은 그 미움으로 인해 당신이 이토록이나 깊은 불행의 상태에 젖어들게 되었다는 그 가장 크고 중요한 이유를 결코 넘어서지 못하기 때문이에요. 그것만으로, 당신은 미움을 정당화할 수 없는 거예요. 그러니 타인을 미워하느라 당신 자신을 아프게 하지 말아요. 결국 미움은 과거에 대한 것이고, 기쁨은 현재에 있는 것이니까요. 그러니 어제의 미움을 오늘의 기쁨보다 소중히 여기지 말아요. 지금 이 순간 더 많이 사랑하고 웃고 감사하는 것, 그렇게 하루를 누리는 것, 그보다 당신에게 중요한 것은 없으며, 하여 그 중요함 앞에서는 그 어떤 미움도 정당할 수 없는 거니까요.

　저에게는 20년이 된 미움을 아직도 포기하지 못하는 사람에게, 이제는 그만 놓아주지 그래요, 하고 다정하게 권유를 한 적이 있었죠. 하지만 그녀는 여전히 그 미움의 정당성을 저에게 설명하기 바빴고, 그러니까 그 미움을 자기 스스로 너무나도 아끼고 사랑하고 있었죠. 누군가를 탓하고 미워함으로써 얻을 수 있는 자신의 지금 상태에 대한 정당화를 포기할 수 없었던 거예요. 지금 내가 이렇게 못나게 살고 있는 건 다 그 사람 때문이다, 라고 말함으로써 얻을 수 있는 그 작고도 왜소한 위로를 말이에요. 그렇다면 고작 그 위로가, 정말로 내 예쁜 오늘과 사랑스러운 미래 모두를 포기할 만큼의 위로가 될 수 있는 건가요. 정말로 고통과 아픔밖에 되지 않는 그 위로가 자신이 추구할 수 있는 가장 큰 위로가 된다는 건 그렇다면 얼마나 슬프고 안타까운 일인가요. 그걸 아무리 말해줘도 결코 듣지 않은 채 스스로 불행에 머무르길 고집부리고, 그러니까 결코 스스로 행복하고자 하지 않는 그 상태는 무엇보다 자기 자신을 더 이상 사랑하지 않겠다는 선언과도 같은 것인데 말이에요.

  그렇다면 지금 당신이 사랑하고 있는 미움은 얼마나 낡고 오래된 미움인가요? 이제 한 달이 된 미움인가요, 아니면 벌써 몇 년이나 된 미움인가요. 그리고 한 번 생각해보세요. 단 몇 초도 내 소중한 시간과 감정을 할애하는 게 아까울 뿐인 그 미움에, 정말 단 몇 초만을 투자한 뒤에 정신을 차리고는 기꺼이 그 미움을 포기한 적이 있는지 말이에요. 이미 그 미움은 너무나도 낡고 오래된 것이겠죠. 한 번 미워하고 끝내기에도 충분했는데 이미 너무나 많은 시간을 투자했고, 너무나 오랜 시간 곱씹어왔고, 그래서 너무나 크고 깊은 미움이 되어버렸죠. 그 미움 때문에 이토록이나 힘든데, 하지만 스스로는 그 고통스러움을 전혀 모르는 채 그 미움이 마치 기쁨과 즐거움을 내게 주기라도 하는 것처럼 가득 아끼고 사랑해왔던 거죠. 그래서 이토록이나 붙든 채 단 한 번을 포기할 마음조차 먹어보지 못한 거겠죠. 정말로 그 미움이 그럴만한 가치가 있는 미움인가요? 당신의 행복과, 기쁨과, 미움 없는 평화와, 사랑스러운 웃음과, 예쁜 하루와, 소중한 사람과의 소중한 시간을 모두 포기할 만큼의 가치가 있는 게 맞나요? 오늘을 예쁘게 살아감으로써 예쁜 미래를 당신에게 선물해줄 그 모든 기회를 포기할 만큼 중요할 수 있고 소중할 수 있는 게 정말 맞나요?

아무리 미움을 좋게 쳐준다고 해도, 아무리 예쁘게 포장하고 미화한다고 해도 당신은 결코 그렇다, 라고 답하지 못할 거예요. 이미 당신 스스로도 미움엔 그만한 가치가 없다는 것을 아니까요. 그러니 이제는 그만, 포기하기로 해요. 이제는 놓아주고 포기할 시간이 찾아온 거예요. 그러니 지금 이 순간을 마지막으로 모든 미움과 기꺼이, 흔쾌히 작별하기로 해요. 다른 어떤 고귀한 이유 때문이 아니라 내 시간과 감정을 아주 조금이라도 할애하기에 미움이란 게 너무나 무가치해서 그렇게 하기로 해요. 나를 힘들고 아프게만 할 뿐, 그 외에 내게 주는 건 아무것도 없는 미움이니까요. 오늘을 최선을 다해 살아감으로써 더욱 아름답고 풍요로운 미래를 맞이할 기회를 내게서 앗아갈 뿐이고, 내가 사랑하는 사람과 보내야 마땅한 수많은 예쁜 시간들을 내게서 앗아갈 뿐이고, 더 많이 사랑하고, 웃고, 즐기고, 만끽하기에도 모자란 내 수없이 많은 소중한 날들을 내게서 앗아갈 뿐이고, 그러니까 그 모든 사랑스러움과 아름다움과 진짜 기쁨을 낭비하게 만들 뿐인 게 미움이니까요. 지금 정신을 차리지 못하면, 어쩌면 평생을 이 무가치한 미움과 함께 왜소하고도 불행하게 보내야 할지도 모르는 게 나고, 그래서 더 이상 미루지 않은 채 지금, 작별 인사를 건네야 하는 거니까요. 그러니 이제는 영원히 안녕, 하고 인사한 뒤에 다시는 뒤돌아보지 않기로 해요. 더 이상 미련을 가지지 않기로 해요. 깨끗하게, 보내주기로 해요.

미움이나 분노를, 우울이나 자기 연민을 그만두지 않으면 당신이 아프고 다칠 것이 분명해서 그것을 당신에게서 거두고자 하는 것인데, 당신은 그것 앞에서 고집스럽게도 저항해왔죠. 칼이나 가위를 빼앗지 않으면 아기가 다칠 수 있기에 그것을 빼앗는 것임에도 불구하고 그 앞에서 아기가 고집을 부린 채 울고 떼쓰는 것처럼 말이에요. 그런 의미에서 당신은 여전히 아이와도 같은 거예요. 그리고 누구나 그런 아이였던 적이 있는데, 그렇다면 누가 그 천진난만함과 순수함을 다그칠 수 있을까요. 그러니 당신, 부디 죄책감은 가지지 말길. 여태 그래왔던 당신 자신을 스스로 미워하지 않길. 타인에 대한 미움과 작별 인사를 하고자 하는데, 그러기 위해 자신을 미워하기 시작한다면 그긴 여전히 전혀 달라진 게 없는 똑같은 미움의 상태일 뿐인 거니까. 그러니 가장 먼저 당신 자신을 용서해주길. 그러고 나서 이제는 다만 당신보다 먼저 아름다운 성숙을 완성한 자들의 안내에 조금은 마음을 열길. 왜냐면 당신은 아직 무엇이 진정 당신 자신의 행복을 위한 것인지 잘 모르며, 때로 행복과 불행을 혼동하기도 하며, 당신에게 유해한 것이 당신의 안전을 위해 꼭 필요한 것이라 자주 오해하기도 하며, 그래서 다만 배움이 필요한 거니까. 그러기 위해 배움에 열려 있어야 하는 거니까. 그러니까 당신에게서 칼과 가위를 빼앗아주고, 그것이 당신에게 위험할 수도 있음을 완전하게 설득하고 인지시켜주는 다정한 안내자가 당신에겐 꼭, 필요한 거니까.

그리고 지금은 제가 당신의 안내자로 선택된 거예요. 어떤 이유와 우연으로 그렇게 됐든 간에, 어떤 높은 뜻에 의해 그렇게 인도된 거예요. 그러니 이 필연과도 같은 만남의 이유를 더 이상 간과하지 말길. 또한 미리 알고 있길. 저의 안내를 듣는 동안 당신의 마음엔 전에 없던 갈등이 생기기 시작할 테고, 아마도 그게 당신을 아주 힘겹게 만들 거라는 것을. 예전에는 그저 당연한 것처럼 미워했는데 이제는 그 미움 앞에서 이게 맞을까? 하는 갈등이 생겼고, 하지만 당신, 아직 명확하게 미움과 용서 사이에서 답을 정하진 못했을 테니까요. 그 확실하지 않음, 그것에서부터 오는 갈등이 그래서 당신을 아주 자주, 크게 괴롭히게 될 테니까요. 그리고 당신의 안내자는 그 고통이 당신에게 아주 좋은 신호이자 성장통이라 말하겠지만, 아마 당신은 그 고통이 두려워 자주 도망가고 싶겠죠. 하지만 그렇다고 당신, 또한 도망가지도 못하겠죠. 왜냐면 이미 당신은 사랑에, 진실에, 빛에 붙들렸고, 그 완전한 기쁨을 한 번이라도 느껴본 사람은 다른 무엇에는 결코 만족할 수 없게 되므로. 그래서 당신, 이제는 이 사랑의 끌어당김을 결코 떨쳐낼 수가 없게 된 거예요. 그게 결국 당신의 길이며, 운명이며, 이곳에 당신이 태어나 존재하는 이유이기에. 무엇보다 그게 바로 당신과 내가 이렇게 만나게 된 것의 뜻이기에.

그러니 마음을 굳게 먹길. 아무렇지도 않게 미워하는 사람, 아무렇지도 않게 미워하지 않는 사람, 그 둘을 제외하고는 갈등을 피할 길이 없으며, 당신은 전자가 아니라 후자를 향해 나아가기 위해 갈등하는 것이기에 이미 누구보다 잘하고 있는 것이라는 걸 잊지 말길. 무엇보다 이 갈등, 고통스럽고 길게 느껴질 테지만, 오래 지나지 않아 멎어들기 시작할 테고, 그때가 되면 당신, 전보다 더 성숙하고 좋은 사람이 되었다는 기쁨에 겨워 매 하루를 누구보다 행복하게 보내게 될 테니까. 그러니 너무 걱정하진 말길. 당신은 제대로 된 방향으로 가고 있는 게 무엇보다 확실하니 의심은 거둬둔 채 다만 꿋꿋이 나아가길. 예쁜 성숙을 향해 나아가는 모든 이에겐 갈등의 시간이 불가피한 것이며, 그래서 그 갈등의 고통은 당신 자신을 위한 사랑의 성장통일 뿐인 거니까. 그리고 조금만 인내하면 그 결과는 당신이 사랑이라는 진실만큼이나 확실할 테니까. 여전히 완전한 사랑이자 진실, 빛으로 존재하진 않을지라도 적어도 어둠보다는 빛 쪽으로 당신, 더욱 다가서고 기울어졌을 테고, 그때는 더 이상 갈등하지는 않을 당신이니까. 어려움과 고군분투하는 시간은 있을지라도, 당신의 목표는 이제 명확하고도 분명할 테고, 그래서 완성을 향한 인내와 노력이 필요할 뿐, 의심과 갈등은 더 이상 그때의 당신에게 있어서는 불필요할 테니까. 그러니 부지런히, 성실하게도 인내하며 다만 용서와 사랑을 배우길. 그리하여 이제는 미움을, 기꺼이 포기하길.

　　당신이 얼마나 사랑인지를 알고 기억하기 위해서 때로 당신에겐 사랑이 아니라 사랑이 아닌 것들을 설명하는 일이 필요하고, 그러니 당신, 미움이 얼마나 사랑이 아닌 것인지를 알길. 왜냐면 당신이 처음부터 영원히 사랑이라면, 당신은 지금도 사랑이며, 그래서 당신에겐 당신이 사랑임을 스스로 모르게 하는 사랑 아닌 것들을 지울 필요가 있을 뿐인 거니까. 그저 사랑 아닌 것들을 당신 곁에서 떠나보내고 나면 당신이 얼마나 사랑인지, 그걸 모를 수가 없을 만큼 당신, 사랑이 분명하게 보일 테니까. 그러니 사랑하기 위해 노력하기보다 지금은 사랑이 아닌 것들을 다만 내려놓기 위해 마음을 쓰길. 그러기 위해 사랑 아닌 것들을 아주 진실하게 평가해보길. 당신에게 있어 사랑 아닌 것들은 반드시 제대로 평가받아 그 가치가 격하되어야 마땅하니까. 여태 당신에겐 사랑 아닌 것들이 너무나 과대평가 되어왔으니까. 그래서 당신, 여태까지 그 사랑 아닌 것들을 그토록이나 소중히 여긴 채 붙들어왔던 거니까. 그러니 미움이, 증오가, 무기력이, 이기심이, 우울이, 분노가 얼마나 당신의 행복과 기쁨을 단 하나도 위할 수 없는 무가치함인지를 아주 분명하게 평가하길. 그리하여 그것들의 무가치함을 너무나 잘 알아서 그것들을 더 이상 스스로 선택하는 게 불가능할 만큼의 빛과 지혜를 반드시 회복하길.

그렇게 당신 곁에서 모든 사랑 아닌 것들이 그 가치 그대로 평가되어 떨어져 나가고 나면 당신, 그 모든 것 뒤에서 여전히 태양처럼 빛나고 있던 당신의 진짜 모습인 사랑을 반드시 발견하고 바라볼 수 있게 될 테니까. 그리고 그때가 되면 사랑이 너무나 쉽고 수월해서, 사랑이 무엇보다 가장 당연하게 느껴져서 당연하게 사랑하게 될 당신, 당연한 사랑일 테니까. 그러니 지금은 다만 사랑 아닌 것들을 내려놓는 일에 집중하길. 사랑 아닌 것들을 여전히 가지고 있는 채로 사랑하기 위해 노력할 때, 그때는 사랑이 무겁고 어렵게만 느껴질 테고, 무엇보다 당신, 사랑했다 사랑하지 않았다 하며 자주 변덕을 부리게 될 테고, 그런 당신의 확실하지 않은 태도는 당신 자신뿐만이 아니라 당신의 곁에게도 큰 혼란을 가져다줄 테니까. 그러니 지금은 칼과 가위가 당신에게 얼마나 위험할 수 있는지, 그것을 알아가는 일에 다만 최선을 다하길. 그리하여 칼과 가위를 움켜쥐기보다 웃으며 당신의 안내자에게 건네줄 줄 아는 당신이 먼저 되길. 그 열린 마음에, 반드시 기쁨과 사랑과 지혜와 빛과 행복이 가득 채워질 테니까. 그러기 위해 나, 내가 할 수 있는 모든 진심과 책임과 다정함과 사랑을 다할 테니까.

그러니 지금은 다만, 포기하길. 낡고 오래된, 무엇보다 무가치한 미움을. 당신 사랑의 오늘의 기쁨과 다함 없는 평화를 위해서. 당신 사랑의 사랑스러움과 기쁨과 행복과 아름다움을 회복하기 위해서. 당신 사랑의 예쁜 미래와 운명을 위해서. 당신을 참 많이 아끼고 걱정하는 당신 안내자의 안도와 행복을 위해서. 그러니까 당신이 이제는 미움이 당신을 아프고 고통스럽게만 할 뿐이라는 것을 스스로 잘 알아서 더 이상 미움을 기꺼이, 흔쾌히 선택하고자 하지 않을 때 그로 인해 나, 누구보다 안심하게 될 테니까. 이제 당신 영혼의 운명이 적어도 불행과 위험은 아닐 거라는 것을 그때는 나, 확신할 수 있게 될 것이기에. 그러니 당신 자신과 나, 모두를 위해 이제는 그만 미움을 포기하길. 여태 미워하느라 무엇보다 스스로가 가장 고통스러웠고 아팠을 당신, 그래서 사랑이 사랑을 알아보지조차 못할 만큼 잔뜩 어두워지고 시들어진 당신, 예쁜 꽃처럼 밝고 사랑스러운 웃음을 잃고 잊은 채 언제 웃었는지, 그게 기억조차 나지 않을 만큼 찌푸림이 습관으로 굳어져버린 당신, 그러니까 내가 참 많이 아끼고 걱정하는 당신, 이제는 부디 행복했으면 좋겠다고, 당신이 얼마나 사랑인지 스스로 알았으면 좋겠다고, 다시 누구보다 순수하고 사랑스럽게 활짝 웃었으면 좋겠다고 내가 매일 기도하는 당신, 그 아깝고 소중한 당신 자신을 위해서. 정말로 아깝고 소중한, 그래서 당신이 미움과 함께할 때면 그 모든 시간을 바라보는 게 내 가슴을 찢어지게 속상하게 만드는 당신, 사랑이니까. 아주 조금의 슬픔과 불행도 어울리지 않는, 미어지게 소중하고 예쁜 당신, 사랑이니까.

## 평화를 위한 투자

평화를 위해 내 시간과 감정을 투자하세요. 우리는 우리가 투자한 만큼, 정확히 그것을 마음의 보상으로 받게 될 거예요. 그러니 지금 내 마음이 평화롭지 않다면, 그러니까 갈등이 가득하고 불안하고, 두려움과 절망, 우울함과 죄책감, 원망과 미움으로 내 마음이 세차게 일렁이고 있다면 그건 내가 그 불행에 스스로 투자했기 때문인 거예요. 내가 온 마음을 다해 침묵과 고요를 지키기 위해 노력하고, 또 용서와 사랑의 마음을 가득 채우기 위해 노력한다면, 우리는 정확히 그걸 반드시 보상으로 받을 수밖에 없기 때문이에요. 그러니 이제는 평화롭고 싶다면서 내게 전혀 평화를 주지 않을 것들에 투자하는 모순과 오류에서 완전히 벗어나 진정한 평화만을 원하며 나아가기로 해요. 불평하는 일보다, 미워하는 일보다, 험담하는 일보다 평화를 진심으로 더 소중하게 여기기에 이제는 그 모든 평화 아닌 것들을 옆으로 밀어둔 채 평화를 꿋꿋이 지켜내는 거예요. 오직 그 목적 하나에 전념하며 하루를 보내는 거예요. 그러니까 평화 자체를 위해 하루를 보내고 마무리하는 거예요. 그러기 위해 내게는 평화가 가장 중요하기에 다른 모든 것이 아무리 정당하게 느껴지고 강렬한 유혹으로 보일지라도 나, 흔들림 없이 평화만을 선택하며 나아가겠다고 선언하는 거예요. 그렇게 오직 평화에 투자함으로써 반드시 평화를 보상으로 받는 당신이길 바라요.

　관계를 마주할 때 또한 마찬가지예요. 함께하는 시간 안에서의 기쁨과 평화만을 가장 중요하게 여긴다면, 하여 그 아름다움에만 당신 시간과 감정을 투자한다면 당신은 반드시 기쁨과 평화를 보상받게 될 거예요. 마찬가지로 미움에, 논쟁에, 상처를 주고받는 일에 투자한다면 그 모든 불행을 얻게 되겠죠. 그리고 당신은 당신이 정말로 아끼고 소중히 여기는 것에 시간과 감정을 투자하기 마련이겠죠. 그러니까 만약 함께하는 사람과의 논쟁으로 인해 마음의 평화가 깨진다면, 그건 내가 논쟁을 평화보다 중요하게 생각한 채 그것에 내 시간과 감정을 투자했기 때문인 것이고, 왜냐면 내가 진정으로 평화를 더욱 소중히 생각했다면 미움에, 논쟁에, 서로로부터 상처를 주고받는 것에 결코 내 시간과 감정을 투자하지 않았을 테니까요. 그러니 언제나 내 마음을 살피며 나아가기로 해요. 진정 내가 원하는 것, 그것을 우리는 반드시 우리의 마음 안에서 꽃 피우게 된다는 걸 잊지 않은 채 말이에요. 정말 간절히 행복을 원한다면서 마음에 품는 생각이나 겉으로 하는 행동은 정말 간절히 불행을 원하는 사람처럼 군다면 그건 행복이 아니라 불행을 스스로 원하는 것일 뿐이라는 걸 또한 잊지 않으면서 말이에요. 그러니까 결국 우리가 경험하고 있는 바깥 세계는 우리가 마음 안에서 원하는 것이 무엇인지를 우리에게 정확하게 보여주는 지표라는 것을 언제나 명심하면서 말이에요.

　그러니 지금 그 지표를 점검해봐요. 내가 경험하고 있는 세계는 사랑스럽고 다정하고 온화하며 고요함과 중심 있는 온전함, 아름다움이 가득한 세계인가요. 아니면 이기적이고 냉담하고 우울하며 불안과 갈등, 분노와 증오, 소란스러움과 산만함이 가득한 세계인가요.

그 지표를 바탕으로 당신이 마음에 무엇을 품고 있으며, 바깥 세계로부터 무엇을 보기를 간절히 원하고 있는지를 살펴보는 거예요. 그리고 정직하게 자신에게 물어봐요. 이것이 정말 내가 간절히 원하는 것이 맞는지를 말이에요. 그렇지 않다면, 지금 바라보고 있는 세계를, 그 세계를 바라보게 만든 내 마음의 것들을 하나둘 내려놓고 기꺼이 포기하기로 해요. 결국 우리는 우리가 중요하게 생각하는 것들을 아끼고 방어하게 되어있어요. 다시 돌아와 말하면, 만약 함께하는 사람과 당신이 이제 곧 말다툼을 하게 될 것 같은 느낌이 강하게 들었다고 해보죠. 그때 당신이 진정으로 관계의 소중함 앞에서 옳고 그름을 따지는 일 따위는 중요하지도 않고, 기쁨과 즐거움도 전혀 없으며, 하여 무의미하게만 여긴 채 지루해할 뿐이라면 당신은 어떻게든 그 싸움에 골몰하기보다 반응하지 않은 채 피하길 선택할 거예요. 그보다 당신이 중요하게 생각하는 평화를 지키기 위해서 말이에요. 당신이 틀린 사람이 되거나 지는 사람이 되는 그 자존심 상하는 분한 느낌보다, 당신의 평화를 지키는 게 당신에게 있어 진실로 더 중요하다면 말이죠.

그렇다면 지금, 당신이 진정 중요하게 여기는 것은 무엇인가요. 여태까지 중요하게 여겨왔던 것은 무엇인가요. 여태 당신이 당신 마음에 품어왔던 감정과 생각과 또 바깥으로 표현해온 말과 행동에서부터 그 답을 찾아보기로 해요. 그러고 나서 이제는 평화 이외에 모든 것들, 더 이상은 중요하게 여기지 않겠다고 마음먹는 거예요. 오직 나를 웃게 하는 기쁨과 상대방을 따뜻하게 하는 다정함과 내가 태어나 존재하는 유일한 이유인 성숙과 사랑의 완성, 그것만을 위해 살아가겠다고 마음먹는 거예요. 아주 사소한 불평조차도 나의 평화를 깨뜨리고 방해할 것이 분명하기에 오직 감사하겠다고 마음먹는 거예요.

당신은 당신 자신의 안전을 위해 불평하고 계획하고 걱정하고 공격해왔지만, 그로 인해 당신이 안전해졌던 적은 단 한 번도 없었으며, 여전히 당신이 불안해하고 있다는 것이 그 증거며, 그러니까 이제는 정답이 아닌 것을 통해 답을 구하는 헛된 시도는 그만둬야 할 때인 거예요. 그러니 이제는 다만, 평화를 선택하기로 해요. 평화가 당신에게 모든 것을 줄 거예요. 안전을, 기쁨을, 완전함을, 아름다운 조화를, 풍요를, 그 모든 사랑스러움을 말이에요. 정말 기적과도 같이 당신이 원하는 것이라면 그것이 무엇이든 당신 눈앞에 나타나기 시작할 테고, 그런 일들이 당신의 삶에 일상처럼 일어나기 시작할 거예요. 그게 바로 평화의 일체감, 평화가 주는 완전한 조화, 평화가 일으키는 매일의 기적과도 같은 우연인 거예요.

모든 생각은 반드시 이루어지기 마련이고, 다만 시간이 얼마나 걸리느냐의 문제가 있을 뿐이고, 하지만 평화를 통해 과거와 미래를 벗겨낸 채 오직 영원한 현재만을 살아가게 된 당신에게 있어 시간이란 환상은 이제 무너져내렸고, 그래서 당신은 오직 지금, 당신의 생각을 이루어내는 사람이 된 거예요. 그리고 그 조화와 완전함에 의해 당신, 그 무엇도 걱정하지 않아도 되는, 그 무엇에도 불안해하지 않아도 되는 진짜 안전을 소유하게 되는 거예요. 그렇게 당신이 얼마나 사랑받고 있는 존재인지를 또한 알아가게 되는 거예요. 당신이 원하는 것이라면 우주가 무엇이든 흔쾌히 들어주고자 하는 건 당신을 무엇보다 아끼고 사랑하기 때문인 거고, 이제 당신은 그 사랑을 매 순간 느끼며 나아가게 되었으니까요. 그것을 우주라 부르든, 삶이라 부르든, 신이라고 부르든, 당신은 그 높은 존재의 사랑을 매 순간 온 마음으로 느끼고 있기에 또한, 타인으로부터 사랑을 기대하고 바라는 마음의 결핍 또한 당신의 마음 안에서 지워내게 될 거예요. 그래서 당신은 타인에게 기대하거나 당신의 행복과 사랑을 의존하던 일을 이제는 완전히 멈추게 될 것이고, 하여 당신, 상처받는 법 또한 잊게 될 거예요. 무엇보다 모든 것을 이미 다 받고 있다고 느끼며 감사하고 있을 뿐인 당신이기에 당신은 받기보다 주고자 하는 사람일 테고, 그렇게 당신은 줌으로써 당신이 거저 받은 기적과 선물들에 보답하고자 하루를 보내고 있을 뿐일 거예요. 그렇게 당신, 완전한 사랑이라는 당신의 진짜 모습을 서서히, 자연스럽게 되찾아가게 되는 거예요.

그래서 평화가 곧 사랑인 거예요. 내가 평화를 소유하고 나면 나, 자연히 완전한 사랑이었던 내 원래의 모습대로 완전하게 사랑하고, 결핍 없이 사랑하고, 아낌없이 사랑하게 되는 거니까요. 그러니 당신 자신의 진짜 모습인 사랑을 기억하기 위해서라도 평화를 추구하길. 그리하여 마침내 당신이 오직 평화 그 자체만을 위해 하루를 보내고 전념하기 시작할 때 당신 마음의 빛은 서서히 커지다 마침내 강렬해져서 당신 마음에 무한하고도 완전한 평화를 임하게 할 테고, 그리고 그때 당신은 당신이 여태 기쁨과 행복이라 여긴 다른 모든 것들은 진정 기쁨과 행복이 아니었음을 그저 알게 될 만큼 그 평화의 빛과 기쁨과 행복에 압도당하게 될 테고, 그러니까 당신에게 그 평화의 시간이 도래하고 나면 당신, 그때부터는 오직 그 평화를 지켜내기 위한 마음 하나로 평생을 바치며 나아가길. 그러니까 그 완전한 평화조차도 아주 작은 불만, 불평, 미움의 생각 하나에도 무너질 수 있는 것임을 잊지 않은 채 다른 그 무엇보다도 그 평화를 지켜내는 일을 우선으로 삼은 채 나아가길. 그리하여 아무리 정당해 보이는 불평이나 미움일지라도 그보다 평화가 더 중요하기에 아주 잠시라도 곱씹거나 유혹받지 말길. 당신이 그때 아주 잠깐 정도는 곱씹어봐도 괜찮지 않을까? 하고 방심한다면 그 순간 당신 평화는 사라지기 시작할 테고, 당신은 그때부터 내리막을 걷게 될 테니까.

평화를 모르고 살 때는 몰랐지만 평화를 알게 되었다가 평화 없는 상태로 돌아가게 되는 지옥이란, 다시는 경험하고 싶지 않을 지옥 그 자체의 불행일 테니까. 그러니 구태여 그 지옥에 스스로 눈길을 돌리지 말길. 영혼의 어두운 밤은 모든 먼저 간 사람들이 겪은 빛과 평화를 소유했다 다시 상실하게 된 공허의 끔찍한 지옥과도 같은 아픔을 일컫는 말이며, 당신이 아주 잠깐 방심한 채 유혹을 허용하는 순간 당신은 영혼의 어두운 밤에 들어서게 될 테니까. 하지만 아마도 당신은 영혼의 어두운 밤 또한 겪어보지 못했을 것이기에 방심하기 마련일 테고, 그래서 내리막을 걷기 마련일 테고, 하지만 그때도 이 말만큼은 잊지 말길. 그 내리막을 치고 다시 올라왔을 때 당신의 평화, 그 무엇에도 무너지지 않을 완전한 빛이 되어있을 것이라는 걸. 그 굳건함을 위해 내려가는 일 또한 반드시 필요한 일이라는 걸. 내려갔다 다시 올라오게 되었을 때 당신은 내려갔던 그 경험에 반드시 감사하게 될 테니까. 왜냐면 그 경험 덕분에 당신, 다시는 방심하지 않게 될 것이므로. 그러니 지금은 전혀 이해가 되지 않더라도 이 말을 몇 번이고 다시 읽고 또 읽어보길. 언젠가 반드시 당신을 위로하고 당신에게 아주 큰 힘이 되어줄 말이니까. 내게도 이 말을 건네줬던 사람이 있었더라면 나는 정말 말로 표현할 수 없을 만큼의 위로와 응원을 받았을 텐데, 라고 생각했던 내 모든 아쉬움을 다해 당신에게 건네는 나의 진심이니까. 그러니 미리 읽고 또 읽어두길.

그리고 오늘부터는 다만 평화에 투자하길. 더 이상 미움에, 분노에, 욕망에, 이기심에 당신의 시간과 감정을 투자하지 말길. 그러니까 더 이상 스스로 불행하길 선택하지 말길. 그렇게 사랑에게 당연한 평화를 회복하고 되찾길. 평화 없는 상태에 너무나 익숙해진 나머지 평화를 그리워하지도 않게 된 당신이지만, 그래서 이 끔찍하게 고통스러운 불행을 당연하게 여기게 된 지경까지 이른 당신이지만, 진실로 당신은 기쁨이, 웃음이, 사랑이, 빛이, 아름다움이 당연할 뿐인 사랑이며, 무엇보다 당신, 깊은 마음으로는 늘 평화를 그리워하고 바라왔으니까. 문득문득 찾아오는 불안과 공허, 불행이 견디기 힘들어 잔뜩 찌푸린 채 내뱉는 한숨이 바로 당신이 평화와 사랑을 여전히 그리워하고 있다는 증거니까. 가슴 아프게 그리워하는 누군가를 생각할 때 마음이 허전해져서 자꾸 깊은 한숨을 내쉬게 되는 것처럼. 그러니 이제는 그만 아파하길. 아파하길 그만, 선택하길. 다만, 평화를 원하길. 당신이 너무나 원해서 투자하게 되는 것, 너무나 소중히 여기기에 마음과 시간을 쓰게 되는 것, 그것을 반드시 가득 얻게 될 당신이니까. 그러니까 당신, 사랑은 당신에게 걸맞는 기쁨과 평화와 행복과 웃음과 풍요와 누림만을 간절히 원할 뿐이길. 아픔이 당연한 게 아니라 예쁜 웃음과 매일의 행복이 당연한 당신, 사랑. 한순간도 빠짐없이 내내 사랑스럽기에도 아깝고 모자란 당신, 사랑 그 자체의 완전한 사랑은.

## 변화를 위한 강요

변화를 강요하지 마세요. 모든 사람은 현재 자신이 할 수 있는 최선을 다해 자신에게 행복이라 여겨지는 것을 믿고 추구하고 있으며, 그래서 그보다 나은 행복이 있음을 그들 스스로 느끼고 알게 되기 전까지, 그러니까 그들의 성숙이 충분히 무르익어 스스로 변화를 찾게 되기 전까지 그들은 그들이 추구하고 있는 행복이 자신에게 가장 이로운 것이라 믿은 채 나아갈 수밖에 없을 테니까요. 그래서 그런 그들에게 변화를 강요할 때, 그들은 저항하고 고집부릴 수밖에 없을 것이고, 그게 둘의 관계를 상처투성이에 피곤하고 지루한 관계로 만들고야 말 거예요. 그러니 그저 묵묵히 지켜봐주고 기다려주세요. 때로는 강요하기보다 다정하게 권유할 수는 있을 거예요. 그리고 좋은 방향을 향한 모범을 보여주고, 환경을 조성해주고 이끌어줄 수도 있겠죠. 하지만 그 이상의 억지를 부리며 그들에게 주어진 성숙의 몫을 침해한 채 옳고 그름을 강요하진 말아요. 누군가 당신에게 변화를 강요했을 때 당신이 마음속으로 얼마나 저항했는지를 기억해보면서 말이에요.

그러니 때로 당신과는 성숙의 수준이 너무나도 달라 변화를 강요할 수밖에 없는 사람이라 느껴지는 사람과 함께하게 되었다면, 그때는 차라리 그 관계를 피하길 선택해요. 굳이 맞지 않는 사람과 대치하며 서로 공격과 방어를 끝없이 이어가며 상처를 주고받느니, 예쁜 마음을 주고받으며 함께 아름다운 성숙을 향해 나아갈 수 있는 사람과 관계를 맺는 게 둘 모두에게 훨씬 이로울 테니까요. 결국 사람은 자신과 의식 수준이 비슷한 사람끼리 함께할 때 가장 편안하고 행복하다고 느끼기 마련이니까요. 정말로 그건 옳고 그름에 대한 이야기가 아니에요. 하물며 타인에게 쉽게 폭력을 저지를 수 있는 잔인한 사람조차도 자신과 결이 비슷한 사람과 함께할 때 더욱 편안해할 테니까요. 누군가가 자신에게 조금 함부로인 것 같다면 저 자식이 나를 얕보지 않게 흠씬 두들겨 패줘야 하는데, 라는 생각을 본능적으로 하고, 무엇보다 그는 그게 자신에게 가장 옳고 이롭다고 믿고 있고, 그렇다면 그런 사람에게 옆에서 그건 아니라며 다정한 방식을 권유한다면 과연 그가 그것을 수용한 채 태도를 바꾸게 될까요. 아니면 그게 무슨 소리냐며 가득 불편해한 채 저항할 뿐일까요.

아마도 그는 자신과 같이 맞아, 다시는 함부로 대하지 못하게 함께 화내고 따지자, 라고 자신에게 동조해주는 사람과 함께할 때 편안함을 느낄 뿐일 거예요. 그리고 다정함을 권유한 사람에겐 서운해하거나, 이해하지 못한다는 표정으로 쏘아보거나, 어쩌면 가득 화낸 채 그를 굴복시키고자 하거나, 그럴 뿐이겠죠. 그러니까 사람은 무엇이 가장 최고의 선인지, 옳음이고 다정함인지가 아니라 무엇이 자신과 가장 결이 비슷하고, 잘 맞고, 일치하는지, 그것에서부터 편안함을 느끼기 마련인 것이고, 그래서 다만 자신의 성숙의 위치와 수준 안에서 자신과 가장 잘 맞는 사람들과 함께하며 그곳에서부터 배우고 느끼며 나아갈 필요가 있을 뿐인 거예요. 그러니 당신은 모든 사람에겐 각자에게 주어진 그들만의 성숙의 몫과 책임이 있는 것이라는 걸 충분히 이해하고 존중해주세요. 그리고 당신 또한 구태여 서로에게 상처를 주고 싸우며 시간과 감정을 낭비하느니 당신과 최선이 가장 비슷하고 결이 잘 맞는 사람들과 함께 나아가는 거예요. 그러면서도 당신, 당신의 최선이 가장 최고의 선이고, 옳음이고, 다정함일 수 있게 매 순간 마음을 기울이며 예쁜 성숙을 향해 모든 순간 최선을 다해 나아가는 거예요. 당신과 최선이 같아 함께하게 될 사람들이 그저 당신과 잘 맞기만 할 뿐인 사람이기보다 실제로 예쁘고, 진실하고, 따듯하게 아름다운 사람일 수 있게. 무엇보다 진짜, 다정한 사람일 수 있게.

그러니 모든 사람에겐 각자에게 주어진 성숙의 몫과 최선이 있음을 이제는 이해하며 나아가기로 해요. 때로 너무나 미성숙한 사람들이 있다면, 그들은 사회로부터 기피당하고 격리된 채 감옥과도 같은 곳에서 또한 끼리끼리 함께하게 되겠죠. 그러니까 결국 사람은 자신과 비슷한 의식을 공유하는 사람과 함께하게 되어있는 것이고, 그렇게 모두가 각자에게 맞는 환경과 위치 안에서 자신에게 주어진 성숙의 책임과 몫을 최선을 다해 완성하며 나아가고 있을 뿐인 거예요. 어떤 사람은 극도의 미성숙에서부터 그보다는 나은 성숙을 향해 나아가고 있을 것이고, 어떤 사람은 아주 사소한 미성숙조차 허용하지 않은 채 최대한의 사랑과 다정함을 향해 나아가고 있겠죠. 그리고 정확히 성숙하기 위해 태어나 성숙을 완성하고 있는 우리 모두이기에 그 자체로 그건 아름다움이자 완전함인 거예요. 그래서 그것에는 내가 개입하거나 강요할 것이 정말 단 하나도 없는 거예요. 그러니 당신은 다만 당신에게 주어진 성숙에만 집중한 채 당신이 될 수 있는 가장 최고의 아름다움과 사랑으로, 예쁨으로 존재하기 위해 최선을 다하며 나아가면 될 뿐인 거예요. 그런 오늘을 보냈다면, 그것으로 된 거예요.

정말 어떻게든 좋은 변화를 일으키기 위해 말도 해보고, 어르고 달래며 긴 시간 다정하게 설득해보기도 할 테지만 그 모든 과정 안에서 당신, 사람은 스스로 마음먹지 않는 한 그 무엇에도 결국 변화를 선택하지는 않는다는 답답한 현실을 마주하게 될 뿐일 거예요. 정말 모든 방법을 다 동원해봐도 안 되어, 마지막에는 그 사람이 평소에 사람들에게 상처 주는 방식과 똑같은 태도로 그 사람을 대해도 보고, 그렇게 그게 사람들에게 어떤 감정을 심어주는지 알려주려 노력도 해보겠죠. 그리고 자신이 늘 당하던 것을 자신이 당할 때는 참지 못해 화를 내는 그 사람에게 사실은 이래서 이렇게 해봤다, 하고 이유를 말해주며 네가 그걸 당하면 너도 기분이 나쁘듯, 다른 사람들도 똑같지 않겠냐고 당신은 물을 테고, 하지만 상대방은 그 순간 무엇인가를 느끼고 깨닫게 되기보다 당신이 선택한 방식에 대한 비난과 공격을 할 뿐일 테고, 그러니까 그런 식으로 변화를 주고자 하는 건 네 인격에 문제가 있는 거다, 하는 식의 말을 할 뿐일 테고, 그래서 그때도 당신은 알게 될 뿐이겠죠. 사람은 스스로 마음먹기 전엔 결코 변화를 추구하지 않으며, 그래서 변화를 요구하는 모든 시도는 상대방에게 압박감과 저항감, 공격과 방어의 태도를 심어줄 뿐이라는 것을. 정말로 변화를 요구했던 모든 시도 앞에서 여태까지도 그것을 알아왔고, 앞으로도 그것을 알아가게 될 뿐일 텐데, 그렇다면 더 이상 그러한 일에 시간과 감정을 낭비할 이유가 있을까요.

그러니 마지막으로 아세요. 정말 스스로 때가 무르익고 변화에 간절해지기 전까지, 당신은 그 누구도 도울 수 없다는 것을 말이에요. 물론 수용하고, 빠르게 인정한 채 아름다움을 향해 곧장 나아가는 사람도 드물게 있기는 하겠죠. 그리고 누군가가 그런 수용력 있는 사람인지 아닌지는 한 번의 설득과 권유만 해봐도 알 수 있는 거예요. 처음 예쁜 마음으로 변화를 권유했을 때 그걸 예쁘게 받아들이는 사람은 앞으로도 그럴 사람이겠지만, 처음부터 저항하는 사람은 마찬가지로 앞으로도 그럴 사람일 테니까요. 그러니 한두 번 말한 뒤에 그 사람이 수용하기보다 저항한다면 세네 번은 말하지 않기로 해요. 그건 둘 모두에게 엄청난 스트레스만을 안겨주는 일이 될 뿐일 테니까요. 한쪽은 변화를 바라고, 한쪽은 고집을 부리고, 그 끝없지만 아무런 의미도 없는 일이 반복되며 감정의 골만 깊어질 뿐일 테니까요. 때로는 머리가 하얘질 만큼 분노가 치밀어오를 테고, 하지만 그건 상대방 또한 마찬가지일 테니까요. 그래서 그때는 이제 당신의 선택만이 남은 거예요. 변화를 바라고 강요하기보다 다만 기다려주고, 인내하고, 오래 걸리더라도 최선을 다해 다정한 방식으로 모범을 보이며 이끌어줄 것이냐, 아니면 이제는 이 관계를 뒤로한 채 서로에게 맞는 관계를 향해 나아갈 것이냐, 하는 선택 말이에요.

때로 사람은 힘들고 아픈 환경에 놓일 때만 성숙을 향해 나아가고자 마음먹게 되기에 시련이 꼭 필요할 때도 있는 거예요. 항상 다정한 환경에 있을 때 사람은 결코 성숙하길 마음먹지 않으니까요. 그래서 불편함과 어려움, 시련이 반드시 필요한 성숙의 수준 또한 있기 마련인 거예요. 그러니 만약 당신이 그 관계를 접는 것을 선택했다고 해도, 너무 죄책감을 가지진 않았으면 해요. 늘 다정함으로 상대방을 대하는 당신과 함께할 때, 상대방은 불편한 환경에 있는 것보다 더 오랜 시간 성숙하지 못한 채 그곳에 머무르게 될 수도 있는 거니까요. 늘 약속을 못 지키는 책임감 없고 게으른 사람이 회사를 다닐 때, 그걸 다 이해해주고 안아주는 회사보다 늘 나무라고 될 때까지 다그치는 회사가 그의 성숙에는 때로 더욱 이로운 것처럼 말이에요. 그리고 그런 곳에서 많은 것을 배우고 성숙한 뒤에야 비로소 사랑의 마음으로 자신을 대해주는 회사, 혹은 사람을 만났을 때 마음 깊이 감사하고 기뻐할 수 있게 되는 게 사람의 마음이기에, 그때가 되어서야 모두가 함께하며 아름다울 수도, 행복할 수도 있을 테니까요. 그리고 아마도 당신은, 될 때까지 나무라고 그를 공격하기에 너무나도 큰 죄책감과 스트레스를 가져야 할 만큼, 여리고 착한 당신일 테니까요.

그러니 그 역할은 그것이 자연스러운 어떤 이들에게 넘겨주고, 당신은 당신의 선하고 예쁜 마음이 지켜지는 곳에서 당신이 추구할 수 있는 최선의 성숙과 행복을 완성하며 나아가길 바라요. 더 이상 마음에 증오와 분노를 품으며 하루를 힘겨워하며 아파하지는 않는 당신이었으면 해요. 그러기에 당신은 너무나 예쁘고, 지금도 충분히 많이 소중하고 아름다운 사람이니까요. 그러니 꼭, 있는 그대로 함께하기에 충분히 안전하고 무해한 사람과 함께하는 당신이길. 그렇지 못해 변화를 강요해야만 한다면 그건 서로에게 너무나 가혹한 고통을 안겨줄 뿐일 테니까. 아무리 예쁘고 다정한 의도로 말을 건네었다고 한들, 그 끝은 결국 서운함과 상처, 서로를 향한 원망과 분노일 테니까. 그래서 애초에 사랑받을 만한 사람과 함께하는 것이 중요한 것이고, 그러기 위해 나를 스스로 지켜낼 줄 아는 반듯한 지혜가 있어야 하는 거니까. 다만, 때로 내가 너무나 미성숙할 때, 그때는 내가 있는 그대로 사랑해도 될 만하다고 여기는 사람 또한 미성숙한 사람일 수도 있으며, 그러니까 내가 쉽게 험담하고 비난하는 사람일 때 그때의 나는 그런 나의 미움에 동참해주고 편들어주는 사람과 함께할 때 편안함을 느낄 테고, 오히려 나에게 이해와 다정함을 권하는 사람과 함께할 땐 자주 불편해지고 서운함과 미움을 품게 될 테고, 그러니 무엇보다 예쁜 나를 먼저 만들어가길.

그러니까 내가 있는 그대로 사랑해도 될 만하다고 여기는 사람이 사실은 전혀 예쁘지도 아름답지도 않은 사람이지는 않게 최선을 다해 예쁜 성숙을 완성함으로써 지혜와 진실한 시선을 갖추길. 내가 성숙한 만큼, 내가 사랑하게 될 사람 또한 성숙한 사람일 테니까. 내가 성숙한 만큼, 나는 예쁘지 않거나 다정하지 않은 사람을 예쁘거나 다정하다고 오해하지 않게 될 것이므로. 그리고 그게, 오직 성숙만이 나를 지켜주고 나를 예쁘게 안내해줄 수 있는 나의 유일하고도 영원한 보호막이라는 말의 참뜻인 거니까. 그러니 성숙으로부터 지켜지고 보호받길. 사실 당신이 미성숙해서 미성숙한 사람을 만날 때만 서로가 서로에게 변화를 강요하고 싸우는 관계를 맺을 수 있을 뿐, 당신이 성숙하고 나면 그런 관계를 맺으려고 해도 더 이상 맺을 수 없게 되는 것이고, 왜냐면 성숙한 사람에게 있어 사람과 세상을 마주하는 가장 기본적인 태도가 바로 이해와 존중이기 때문인 거니까. 그래서 변화를 강요하지 말라는 말보다 당신에게 더욱 필요한 말은 성숙하라는 말인 것이고, 왜냐면 성숙하고 나면 당신, 알아서 타인을 존중과 이해로 기다려주고 예쁘게 이끌어주는 사람이 되어있을 테니까. 또한 당신이 구태여 선택하지 않아도 당신의 성숙한 본능이 그때는 알아서 당신이 함께할 사람과 함께하지 않을 사람을 구분하고 있을 테니까. 사랑하길 구분하진 않을 테지만 함께하는 것은 언제나 구분하고 있을 테니까. 그러니까 그때는 더욱 무분별하게 사랑하지만, 또한 더욱 분별력 있게 함께할 사람을 선택하고 있을 테니까.

　　당신이 성숙한 만큼 당신에겐 다정함과 사랑이 자연스러운 것이 될 테고, 그렇지 않은 것은 불편한 것이 될 테고, 그러니까 그 본능이 당신이 계산하거나 판단하기도 전에 이미 선택하고 있게 만들 테니까. 그러니 당신, 최선을 다해 예쁜 성숙을 완성함으로써 당신을 지켜주는 예쁜 본능과 함께하길. 그렇게, 예쁘고 다정한 곁과 함께하길. 그런 곁으로 가득 채워지길. 그러니까 당신의 예쁜 마음을 함부로 당연하게 여기기보다 그 마음에 깊이 감사하기에 더욱 예쁜 마음으로 보답하고자 하는 게 또한 본능인 사람들과 함께하길. 무엇보다 당신 또한 그런 사람일 것이기에 둘은 늘 서로에게 더 예쁜 마음을 주고자 당연하게 노력할 뿐일 테고, 그래서 매일을 더해 예쁨을 서로의 마음에 가득 쌓으며 더욱 아름답게 빛날 뿐일 테니까. 더욱 예쁜 사랑의 꽃을 피우게 될 뿐일 테니까. 미성숙한 이들이 서로가 서로를 늘 원망한 채 깎아내리고 비난하고, 공격과 방어를 주고받고, 앙갚음의 마음을 품은 채 감정적으로 복수하고자 하고, 그렇게 사랑에 더욱 인색해진 채 사랑을 아끼며 내내 더욱 못나지고 시들어가고 있을 동안에도. 그러니 하루를 더해갈수록 부정적인 감정만을 더욱 쌓게 될 뿐인, 함께함으로써 지치고 소진되기만 하는 관계는 더 이상 맺지 말길. 그러기 위해 다만, 오늘을 최선을 다해 예쁘고 반듯하게 보낼 뿐인 당신이길. 그 매일이 쌓이고 쌓일 때 어느 순간 당신, 예쁘지 않은 관계를 맺는 게 불가능해서 예쁜 관계를 맺고 있을 수밖에 없게 될 테니까. 그러니까 어느 순간 못남이 아니라 예쁨이 당연해져 있는 당신을 꼭, 발견하게 될 테니까.

성숙하기 위해 태어나 이곳에 존재하는 우리 모두이기에 성숙은 모두에게 당연한 숙명인 것이고, 그래서 영원히 제자리에 머물러 있는 사람은 없는 것이고, 그러니까 사람은 영원히 바뀌지 않는다는 말은 그 자체로 결코 성립될 수 없는 거짓의 말인 것이고, 하지만 짧게 보면 그런 구석이 아주 없지는 않은 것임을. 성숙에도 부익부 빈익빈이 적용되기에 이미 성숙한 사람일수록 더 빠르게, 더 많이 성숙하며 나아가는 것이고, 반면에 미성숙한 사람일수록 더 느리게, 아주 조금씩만 성숙하며 나아가는 것이고, 때로는 평생 동안 눈으로 확인할 수조차 없을 만큼의 미세한 성숙만을 완성할 뿐인 것이고, 그래서 당신이 미성숙한 사람과 함께하게 되었을 때 그가 당신과 함께하는 그 짧은 시간 안에 예쁜 변화를 완성하게 될 확률은 아주 낮은 거니까. 그러니 잊지 말길. 당신이 어떤 사람으로 인해 자주 상처받고 있다면, 그만큼 그는 미성숙한 사람인 것이고, 왜냐면 성숙한 사람과 함께할 때는 상처를 받는 게 불가능하기 때문이고, 그렇다면 그가 그 미성숙에서부터 더 이상 상처를 주지 않을 만큼의 성숙을 완성하기까지는 아주 오랜 시간이 걸릴지도 모른다는 것을. 아주 큰 상처를 주는 것에서 이제는 그보다는 작은 상처를 주는 사람이 되는 성숙을 완성하는 데에만 몇 년이, 어쩌면 수십 년이 걸릴지도 모른다는 것을. 그러니 마지막으로 말하니, 다만 예쁜 사람과 함께하길. 함께하는 게 막 엄청난 기쁨을 주지는 않을지라도, 그렇다고 해서 엄청난 불행을 주지도 않는 최소한의 성숙 정도는 완성한 사람과 함께하길. 그러기 위해 먼저 지혜롭고 예쁜 당신이 되길.

당신이 어떤 사람이 되어 누구와 함께하느냐에 따라 평생을 기쁨과 사랑스러움으로 보내게 될지, 아니면 못남과 시들어짐, 미움과 분노, 고통과 아픔으로 보내게 될지, 그게 결정되는 거니까. 그러니 그 앞에서는 늘 최선을 다해 신중하길. 어쩌면 당신의 인생을 통틀어 그보다 중요한 결정은 없는 것이며, 하지만 당신은 그 어떤 결정보다 그 결정을 너무나도 쉽게 내리는 경향이 있으며, 그러니까 이제는 그러지 말길. 그러기 위해 당신이 얼마나 예쁘고 소중한 사람인지, 사랑받아 마땅한 사람인지를 스스로 충분히 알길. 그것을 앎으로써 당신에게 어울리는 존중과 사랑을 주는 사람과 함께하길. 결국 당신이 당신에게 함부로인 사람과 함께하길 선택하는 것도, 그런 사람과 함께하는 시간의 고통스러움을 기꺼이 감내해내는 것도 당신이 얼마나 사랑인지를 스스로 충분히 모르기 때문인 거니까. 그 정도의 사랑을 받는 게 마땅한 사람이라고 자신도 모르게 자신을 여기고 있기 때문인 거니까. 그리고 사람은 자신이 성숙한 만큼만 자기 자신을 진실하게 사랑할 수 있는 것이니, 자기 자신이 얼마나 빛이고 예쁨이고 아름다움이고 사랑인지를 바라볼 수 있게 되는 것이니 당신, 이제는 기필코 성숙을 마음먹길. 하여 그 성숙으로부터 반드시 보호받길. 그렇게 당신, 이 세상 그 무엇보다 사랑인 당신을 이 세상 무엇보다 사랑으로 여긴 채 이 세상 무엇보다 깊고도 진심인 사랑으로 마주하고 아껴주는 사람과 함께하길.

그러니까 진짜 당신만큼만, 존중받고 사랑받길. 진짜 당신이 얼마나 사랑인지, 얼마나 소중함이고 예쁨인지를 스스로 앎으로써. 그것을 알아볼 만큼 미성숙을 극복하고 성숙을 완성해냄으로써. 그렇게 꼭, 변화를 바라고 강요할 필요가 없을 만큼의 예쁜 둘이 만나 있는 그대로의 사랑을 하길. 그때는 둘 모두에게 성숙을 향한 지향이 있을 것이기에 둘, 서로가 강요하지 않아도 자신에게 부족한 게 무엇인지,

자신이 어떤 것을 채우면 상대방이 더 행복해질지를 늘 고민하고 있을 것이며, 하여 둘, 그것들을 늘, 스스로, 알아서 채워가고 있을 테니까. 상대방의 표정과 눈빛만 봐도 자신이 채워야 할 것이 무엇인지 곧장 느낄 수 있을 만큼 섬세하고도 깊게 서로를 사랑하고 있을 테니까. 그러니까 나를 위해 상대방을 사랑하기 때문에 오직 나의 입장, 나의 욕구, 나의 생각, 나의 시선만을 앞세우는 게 아니라 상대방을 위해 상대방을 사랑하기 때문에 이제는 상대방을 진짜, 바라보고 있을 테니까. 그러니까 나의 생각과 이기심과 계산의 먹구름으로 인해 잔뜩 흐려져서 바라는 보지만 아무것도 느끼지 못하는 미성숙이 아니라 또렷하고 오롯이 상대방을 바라보고 가득 느끼는 그, 예쁜 성숙의 빛으로 상대방을 내내 마주하고 있을 서로일 테니까. 그러니 그 사랑을 위해, 내가 얼마나 사랑인지를 꼭, 가장 먼저 알길. 내가 나를 사랑이라 여기는 그만큼, 나를 사랑해주는 사람을 만날 당신일 테니.

 그러니 되도록 단 히니의 오해도 없이 알길. 당신이 얼마나 벅차고 충분한 사랑이며, 있는 그대로 완전한 사랑인지. 얼마나 빛나는 아름다움인지, 예쁨이고 사랑스러움인지. 그저 제대로 바라보기만 한다면 사랑 그 자체의 사랑이 바로 당신임을 모를 수가 없을 만큼 사랑인 당신이니까. 그러니 다만 오해 없이 바라만 보길. 그리하여 그런 사랑을 받길. 자신이 얼마나 사랑인지 스스로 몰라 모자라거나 적당한 사랑만을 받으며 아파하는 당신을 보고 있자면, 고작 그런 사랑에라도 만족하고자 스스로 애쓰고 마음먹는 당신을 보고 있자면 내 가슴에선 그치지 않는 비가 쏟아져 속상함과 아픔이 홍수가 되어 범람하기 시작하니까. 그러니 당신을 아프게 하고 당신에게 상처를 주고 당신을 함부로 가볍게 여기고 당신을 존중과 다정함의 눈빛이 아닌 다른 눈빛으로 바라보는 그런 사람의 사랑에 결코 스스로 만족하지 말길. 만족하지 않기에 누구보다 성숙에 욕심을 낼 것이며, 그렇게 예쁘고 소중한 당신을, 있는 그대로 사랑받아 마땅한 진짜 당신의 정체성인 완전한 사랑을 기억해내길. 전부는 아닐지라도 최소한, 당신을 진심으로 아끼고 사랑해주는 사람의 사랑에만 만족할 수 있을 만큼은 기억해내길. 아마도 전부를 기억해내게 된다면 당신, 사람과 사람의 사랑에는 결코 만족하지 못하게 될 테니까. 그래서 대부분의 사람들과는 다른 모양의 사랑에 관심을 가진 채 그 사랑만을 위해 살아가고 당신 삶을 바치게 될 테니까. 당신은 사실 그런 천사 같은 사람, 사랑이니까.

그러니 그 정도는 아닐지라도 다만, 기쁨과 행복과 웃음과 예쁨과 아름다움만이 어울리는 사랑이라는 것 정도는 기억해내길. 적어도 미움이나 서운함이나 상처나 아픔이 어울리지는 않는 사랑이라는 것 정도는 기억해내길. 그러하여 꼭, 누가 봐도 예쁘고 행복한 사랑을 하길. 누가 봐도 그런 사랑만이 어울리는 참 아깝고 소중한 당신은. 닳도록 사랑인 당신은. 무엇보다 그런 사랑을 하는 당신을 보며 나도 이제는 안심한 채 깊고도 편안하게 잠잘 수 있게.

## 고민이 많은 사람

무엇을 하든 다른 사람에 비해 고민을 많이 하는 나라는 것을 알게 되어 가슴이 무겁다면, 그 무거움을 아름다움으로 변화시켜 봐요. 당신은 그만큼 타인의 감정에 깊이 공감하는 사람이라서, 또 다정하고 예쁜 마음을 지닌 사람이라서, 그래서 최선을 다해 모든 사람에게 좋은 결과를 가져오게 하기 위해 고민하는 사람이잖아요. 그러니 그런 자신에 대해 아름다운 시선을 간직할 줄 알았으면 해요. 선택의 결과가 가져오게 될 영향력에 대한 책임감이 깊고, 사려 깊은 당신이라서 그토록이나 고민하는 당신이니까요. 내 삶에 대해서도 그만큼 신중하기 때문에, 최선을 다해 좋은 결정을 내리고자 하기 때문에, 더 잘 해내고 싶은 마음 때문에 대충 임할 수가 없어서, 그래서 이토록이나 고민하고 있는 당신인 거잖아요. 그러니 고민 앞에서까지 고민하진 않길 바라요. 당신, 충분히 잘하고 있고, 또 자랑스러운 날들을 보내고 있으니까요. 다만 나의 예쁜 고민이 나를 불행하게 할 만큼 무겁고 짙은 고민이 되지는 않게 고민이 필요하지 않은 순간에는 잠시 스위치를 꺼둔 채 쉬어갈 줄 아는 연습은 매일 해나가기로 해요. 결국 고민이 많아 고민이라서, 당신 마음을 위해 무엇을 할 수 있을지를 또한 고민하게 된 거니까 고민을 너무 미워하진 않으면서 말이에요. 그 미움이 결국 당신을 아프게 하고 있는 거니까.

저 또한 얼마나 고민을 많이 하는지 몰라요. 제가 키우는 강아지는 낮만 되면 집 아래에 뚫린 구멍으로 들어가 오래도록 쉬었다 오곤 해요. 안을 제대로 볼 수조차 없을 만큼의 구멍으로 힘겹게 들어가 쉬었다 오곤 하는데, 그곳이 자신만의 동굴처럼 안락하고 시원한 거겠죠. 그런데 사람의 손길이 닿지 않는 곳이니 청소를 할 수도 없고, 위생이 걱정되기 시작하는 거예요. 누군가는 곧장 그 구멍을 막아 강아지가 들어가지 못하게 했을 텐데, 혹은 둔감한 누군가는 그저 그러거나 말거나 신경조차 쓰지 않았을 텐데, 저는 그것을 두고 몇 날 며칠을 고민했었죠. 강아지의 소중한 공간을 지켜줄 것이냐, 아니면 혹시 모를 위생적인 문제에 대비해 그 공간을 막을 것이냐, 하는 것을 말이에요. 그렇게 고민을 하다 끝내 그 동굴을 막기로 했어요. 대신 강아지가 쉴 수 있는 시원하고 그늘진 다른 공간을 만들어줬죠. 그렇다면 제가 고민했던 이 모든 시간이 무겁고 지치기만 한 의미 없는 시간이었을까요? 그 고민의 바탕에는 다정함과 사랑이 가득 깔려있었는데 말이에요. 그만큼 깊이 고민해서 내린 결정이었기에 강아지와 저 모두 그 고민의 결과로 더욱 행복해질 수 있었는데 말이에요. 사랑한 만큼, 진심으로 걱정한 만큼 길게, 깊게 고민할 수밖에 없었던 건데, 그렇다면 아름답고 예쁘게, 기특하고 소중하게 생각하기에도 충분하지 않을까요? 그리고 스스로 그런 마음으로 고민을 마주한다면, 더 이상 고민이 아프고 고통스럽게만 느껴지진 않지 않을까요?

그러니 그런 자신에 대한 아름다움을 간직할 줄 아는 당신이었으면 해요. 충분히 이기적일 수 있었는데, 그것이 아무래도 아닌 것 같아 고민하는 거잖아요. 나의 편의와 나의 이로움만을 생각하는 당신이었다면 고민하지도 않았겠죠. 그래서 저는 그 고민으로 인해 당신의 삶, 보다 아름답게 꽃 피고 사랑의 색으로 가득 물들고 있는 거라고 생각해요. 타인이 당신에게 어떤 말을 했을 때, 그리고 그 말이 그저 일상적인 주제가 아니라 서로의 마음을 상하게도 할 수 있을 법한 주제일 때, 그때도 당신은 곧장 답하지 않은 채 당신의 말이 어떤 결과를 낳을지를 한참을 생각한 뒤에 말을 건네잖아요. 그리고 그런 예쁜 신중함을 지닌 당신이라서 당신은 참 멋진 사람인 거예요. 그게 때로 당신 자신을 무겁게 해서 당신, 지치는 순간도 분명 있겠죠. 하지만 그렇다고 해서 함부로 이기적일 수도, 가벼울 수도 없는 어차피 다정한, 다정할 당신이잖아요. 그러니 어차피 그럴 수밖에 없는 참 예쁜 당신이라면 그 시간, 스스로 참 아름답게 생각하고 간직해줘요. 그게 당신을 소진됨과 고단함으로부터 분명 지켜줄 거예요. 당신을 이토록 지치게 하고 아프게 하는 건 사실 고민이 아니라, 고민하고 있는 자신을 미워하고 책하는, 아껴주고 사랑해주지 못하는 당신 자신의 마음인 거니까.

어떻게 해서든 남에게 상처 주기 위해 고민하고, 어떻게 해서든 남을 이용하기 위해 고민하고, 나의 이득을 참 많이 계산하느라 고민하고, 그런 갈등이 아니라면 그 고민조차도 사랑일 텐데, 그 사랑의 시간을 스스로 자책하며 힘겨워할 필요는 없는 거니까요. 때로 이기적인 갈등을 하는 순간에도, 그런 갈등 자체를 당연하게 생각하지 않고 자신 마음에 있는 그 욕망의 일렁임을 어떻게든 말려보려 노력하느라 깊은 고민에 빠진 거라면, 그 또한 아름다움이기에 스스로 자책하며 힘겨워할 필요는 없는 거니까요. 그러니 그 사랑의 고민을 당신 스스로도 충분히 아름답게 생각하고 간직함으로써 지금의 무거움을 아름다움과 찬란함으로 변화시켜보길 바라요. 당신 스스로 고민을 무거워하고 미워하느라 당신을 고통과 아픔으로 내몰지는 않길 바라요. 그 모든 고민의 시간을 더해 언젠가의 당신은 고민 없이 가장 예쁜 사랑의 결론을 내릴 만큼 다정한 지혜를 지닌 당신이 되어있을 거라 믿어요. 서서히, 그리고 반드시 그렇게 될 거예요. 그러니 그렇게 되어가는 그 모든 아름다운 과정을 예쁘고 사랑스럽게 생각하며 미소 지을 줄 아는 당신이길 바라요. 오늘 밤은 꼭, 당신의 고민이 당신에게 그런 기쁨을 주기를. 스스로를 충분히 기특하고 자랑스럽게 여기고 안아주며 꼭 포근하고 따듯한 밤 보내기를. 예쁜 자신을 스스로 예쁘게 여기지 못해 잠 못 들지는 않기를.

그러기 위해 언제나 떳떳한 고민을 하는 당신이 되길. 그러니까 더 미워하지 못해 고민하기보다, 어떻게 용서할지를 고민할 것이며, 더 이해하고 사랑하기 위해 고민하길. 그런 고민이라면 얼마나 오래하든, 깊게 하든 충분히 예쁘고 소중한 거니까. 나를 예쁘고 아름답게, 사랑스럽고 행복하게 만들어주기만 할 뿐일 테니까. 그리고 고민을 하지 않아야 하는 순간에는 고민을 잠시 내려놓고 쉬어갈 줄도 알길. 이를테면 자야 할 시간이라든지, 누군가와 함께 소중한 시간을 보낼 때라든지, 잠시 쉼이 필요할 때라든지. 고민이 필요할 땐 하고, 필요하지 않을 땐 하지 않을 줄 아는 마음이야말로 내가 스스로 고민하는 힘 있는 마음인 거니까. 그러지 못해 고민하고 싶지 않은 순간에도 고민에 탐닉하는 건 고민에 지배당한 주권 없는 나약함일 뿐인 거니까. 그러니 고민에 의해 휘둘리기보다, 스스로 선택해서 고민할 줄 아는 힘 있는 당신이 되길. 그런 당신을 만들어가길. 그러기 위해 자주 명상할 것이며, 자주 깨어있길. 그 어떤 깊은 고민에 빠진 순간에도 꾸준히 명상을 하다 보면 명상할 때만큼은 고민을 잠시 내려놓을 수 있게 될 것이고, 어느 순간이 되면 일상을 살아가는 도중에도 문득문득 깨어나 내 마음에 빛을 비출 수 있게 될 테니까. 그러니 나의 의지와 관계없이 일어난 고민 앞에서는 언제나 그 빛을 비출 줄 알길. 비춤으로써 고민을 내려놓을 줄 알길.

그렇게 고민을 자유롭게 할 줄 아는 당신이 되어, 또 예쁘고 사랑스러운 고민만을 하는 당신이 되어 당신, 매일을 더욱 건강하고 풍요롭게 살아가고 누리게 되길. 고민으로 인해 빛과 생명력을 잃은 채 시들어지고, 미소를 잃고, 그렇게 삶의 기쁨과 의미를 상실한 채 하루를 아프게 보내기에 당신, 단 하루도 빠짐없이 기뻐하고 웃고 즐기고 사랑하기에도 모자란 너무나 소중한 사람이니까. 그러니 고민으로 인해 시들어지기보다 고민 덕분에 더욱 예쁘고 사랑스러워지는 당신이길. 언제나 당신 표정을 살펴보길. 당신이 예쁜 고민을 하고 있을 땐 당신의 표정엔 미소와 아름다움이 반짝일 테고, 당신이 당신을 전혀 닮지 않은 사랑 없는 고민을 하고 있을 땐 불안함과 갈등의 어둠이 잔뜩 드리워지게 될 테니까. 그러니 당신을 웃게 하는 고민과 가까이하고, 당신을 찌푸리게 하는 고민은 멀리하길. 당신, 사랑의 힘으로 고민을 가까이하고 멀리할 줄 알길. 그러지 못해 고민에 사로잡혀 고민에 지배당할 때 당신의 삶, 반드시 피폐해지고 말 테니까. 사람을 만나서도, 당신 혼자 있을 때도 늘 어떤 고민만을 생각하고 잔뜩 곱씹느라 하루의 빛과 평화를 완전히 상실하고야 말 테니까. 그러니 언제나 고민 위에 있는 오롯하고 힘 있는 당신이길.

그리고 알길. 당신이 행복하기만을 늘 바라고 고민하는 내가 있다는걸. 당신이 고민 때문에 잠 못 드는 순간이면 미소와 함께 깊은 잠을 잔 뒤에 미소와 함께 일어나 새로운 오늘이 시작되고 나서 다시 고민하길 늘 기도하는 내가 있다는걸. 고민으로 인해 당신 삶이 피폐해지고, 무거워지고, 생명력과 활기를 잃게 되고, 기쁨을 온통 상실하게 되고, 그렇게 그늘진 얼굴로 하루를 살아가게 되고, 그러진 않았으면 좋겠다고 온 마음의 진심을 다해 바라고 소원하는 내가 있다는걸. 부디 당신에게 어울리는 예쁘고 사랑스러운 고민만을 하며 당신이 행복하길, 자주 예쁘게 웃길, 무엇보다 고민이 필요치 않은 순간엔 언제든 고민을 옆으로 치워둘 수 있길, 그렇게 온전히 당신 삶을 누리고 즐기길 당신 자신보다 더 걱정하고 염려하는 내가 있다는걸. 그러니 혼자라는 생각에 너무 아파하진 말고 부디 씩씩하게 하루를 잘 보내길. 다만 당신을 향한 내 마음에 대한 보답으로 예쁜 고민만을 하기 위해 노력할 것이며, 주체적으로 고민할 줄 아는 마음의 힘을 되찾기 위해 늘 연습하길. 그로 인해 당신이 하루하루 행복해진다면 그걸로 나는 모든 보답을 받은 거니까.

  그러니 부디 당신은 눈을 감은 채 당신이 얼마나 사랑인지, 예쁨이고 아름다움인지를 생각하고 느껴보는 명상을 되도록 자주, 많이 할 것이며, 그렇게 당신, 사랑의 힘을 되찾아 꼭, 고민의 스위치를 자유롭게 껐다 켰다 할 줄 알게 되기를. 하여 이제는 부디 당신의 사랑스러움을 온 몸과 마음으로 음미하며 사랑스러운 미소와 함께 잠들길. 당신의 밤이 끔찍하게도 길지는 않길. 어렵고 힘든 순간마다 당신이 얼마나 사랑인지를 깨어나 바라볼 수 있길. 그리고 당신이 얼마나 사랑인지를 스스로 알기에, 다만 예쁘고 사랑스러운 고민만을 하길. 그래서 매일이 아름답고 자랑스러울 뿐이길. 그리하여 죄책감을, 불안함과 두려움을 가질 필요가 없을 만큼 당신은 완전한 사랑일 뿐이길.

그 사랑을 되찾기 위해 고민하길. 고민하기가 귀찮고 어렵다면 나의 글을 읽어보길. 당신의 귀찮음과 시간 낭비를 아껴주기 위해 내가 기꺼이 내 모든 감정과 시간을 써서 글을 썼으니. 그러니 그런 나를 위해 이제는 다만 행복하길. 예쁘고 사랑스럽길. 내내 아름답고 소중할 뿐이길. 당신, 내가 참 많이 아끼고 걱정하는 사람, 내게 유일한 고민거리인 사람, 자신만 모를 뿐 온통 사랑이며, 지금도 웃고 행복하기에 충분한, 참 예쁜 사람, 사랑은. 무엇보다 더 예쁘고 사랑스럽게 피어나기 위해, 더 잘 해내기 위해 이 삶, 온 마음의 진심을 다해 끌어안느라 이토록 고민하고 있는 참 자랑스럽고 기특한 사람, 사랑은.

## 충분히 감사할 것

충분히 감사하세요. 지금 내가 지루함을 느끼는 것도, 내 삶에 대해 불평하는 것도, 누군가를 미워하는 것도, 그 모든 것이 내가 충분히 감사하고 있지 않기 때문에 일어나는 일이에요. 진실로 그 모든 것, 지금 이 순간을 온전히 받아들이고, 지금 이 순간에 오롯이 머무는 것에 대한 내 저항의 표현이니까요. 내가 나의 지금에 충분히 감사하고 있다면 온몸과 마음을 비틀어대며 지금이 지루해서 견디지 못할 것 같다는 표현을 할 필요가 어디에 있나요. 살아 숨 쉬고 있다는 것만으로, 그 존재의 기적이 일어났다는 것만으로 나, 이미 아름다움에 겨워 매 순간을 기뻐하며 보내기에도 여념이 없을 텐데 말이에요. 하물며 불평은 어떤가요. 이래서 불만족스럽고, 저래서 불만족스럽고, 그래서 이런 게 바뀌어야 하고, 저런 게 바뀌어야 하고, 그런 마음이 생길 틈이라는 게 더 이상 어떻게 있을 수 있겠어요. 그 어떤 상황이 내게 주어졌다 해도 나는 그 모든 순간 안에서 감사할 점만을 바라본 채 가득 만족하고 있을 뿐일 텐데 말이에요. 그래서 미움이 싹틀 잠깐의 여유도 없겠죠. 누군가를 미워하려면 누군가의 어떤 점이 내 마음에 들지 않아야 하는데 나는 백 가지의 단점을 바라보기보다 한 가지의 장점에 충분히 집중한 채 다만 감사하고 있을 뿐일 테니까요. 그 어떤 형태의 불평도, 불만도 내게 드리워지기도 전에 나는 감사의 빛으로 그 모든 어둠을 비추어 몰아내고 있을 뿐일 테니까요.

그러니 다만 충분히 감사하기로 해요. 당신 자신으로 존재하고 있는 기적 자체에 이미 다른 어떤 것보다도 크고 깊게 감사하고 있기에 그 기적 앞에서 감사의 표현이 아닌 다른 어떤 것도 드리워지지 못하게 말이에요. 감사하지 않고서는 사랑할 수도 없는 것이기에 진실하게 사랑하기 위해서라도 당신, 이제는 감사해야 하는 거예요. 감사를 배워야 하고, 감사를 가득 채워내야 하는 거예요. 감사함 없이 사랑이 있을 수 없는 건 감사는 있음을 바라보는 능력이기 때문이고, 그러니까 내가 너에게 감사한다는 건 네 존재의 수많은 빛과 사랑스러움, 그 있음 자체에만 나의 시선을 둔 채 너를 충분히 바라보고 존중하겠다고 마음먹는 일과도 같은 것이기 때문이에요. 그래서 있음이 아닌 없음, 빛이 아닌 어둠, 사랑이 아닌 단점과 연약함, 그 결핍에 시선을 두는 불만족의 늪에 빠진 사람은 결코 누군가를 진실하게 사랑할 수 없는 거예요. 사랑한다면서 끝없이 단점을 바라보며 센다면 그게 어떻게 사랑일 수 있겠어요. 사랑한다면서 충분히 존중하지 않는다면 그게 어떻게 사랑일 수 있겠어요. 그래서 함께하는 관계 안에 충분한 감사가 없을 때, 그 관계 안에는 반드시 갈등과 상처, 울분과 증오, 서운함과 미움, 비난과 깎아내림, 그 모든 사랑 아닌 것들이 피어나기 마련이기에 그 모든 형태의 함께함은 함께하고 있다고는 말할 수 있을지라도 결코 서로를 사랑하고 있다고 말할 수는 없는 거예요. 감사를 통하지 않고는 어떻게도 사랑에 닿을 수 없는 거니까. 부재와 결핍이 아니라 있음과 존재함에 충분히 눈과 마음을 기울이는 사람만이 진정 사랑할 수도 있는 거니까.

그러니 내 온 마음을 다해 내 삶을, 내 존재를, 나의 지금을 가득 끌어안은 채 감사해요. 더 이상 불평과 불만족을 품느라 기뻐하고 누리기에도 모자란 내 소중한 하루를 낭비하지 말아요. 그렇게 하품하고, 지루해하고, 짜증내고, 분노하고, 미워하는 식의 지금을 견디지 못해 저항하는 이 모든 표현들을 내게서 지워내고 사뿐하고 예쁜 미소와 함께 지금을 걸어가는 거예요. 지금에 대한 저항감이 찾아오는 그 어떤 순간 앞에서도 이제는 온화한 미소를 띠어 보이며 모든 불만을 몰아내는 거예요. 그저 미소와 함께 오롯이 바라보면 그 순간 당신의 존재함을, 있음을, 빛을, 그 강렬한 기적을 견디지 못해 사라질 저항과 불만들이니까요. 없음은 있음을, 어둠을 빛을, 부재는 존재를 결코 이겨낼 수가 없는 거니까요. 그러니까 사랑은 이 세상에서 가장 가장 힘이기에 그 무엇도 거뜬히 견뎌내고 이겨낼 수 있는 거니까요. 그러니 이제는 충분히 감사해요. 그러니까 충분히 사랑해요. 진정으로 감사하는 마음은 감내하고 감수하는 마음이 아니에요. 온 마음을 다해 받아들이고 즐기고 환영하는 마음이에요. 진정 사랑하는 사람이 희생을 겪을 수 없는 것처럼, 모든 왜소함을 넘어서 진심을 다해 기쁨으로 지금을 누리는 마음인 거예요. 그러니 이제는 진짜, 감사하기로 해요. 진짜, 사랑하기로 해요.

많은 사람들이 감사에 조건을 달곤 하지만, 그러니까 네가 내게 이렇게 해줄 때 감사할 것이고, 삶이 이렇게 흘러갈 때 감사할 것이고, 신이 내게 이것을 줄 때 감사할 것이고, 이런 식으로 어떨 때는 감사하고 어떨 때는 전혀 감사하지 않은 채 불만을 품곤 하지만, 그건 감사가 아니라 한낱 이기적 마음의 표현일 뿐, 그 이상도 그 이하도 아닌 거예요. 네가 내게 이렇게 해줄 때는 감사할 테지만 그렇지 않을 때는 불만 가득한 표정으로 널 바라볼 테니, 내게 감사를 받고 싶다면, 사랑을 받고 싶다면 넌 내게 이렇게 해야 해, 하는 식의 감정적인 협박에 불과한 것이 어떻게 감사가 될 수 있고 사랑이 될 수 있겠어요. 그러니까 진정한 감사는 조건을 달지 않는, 셈하지 않는 있는 그대로의 만족감인 거예요. 네가 내게 어떤 존재든, 너라는 존재 자체에 고마워, 라고 말할 줄 아는 진짜 사랑의 마음인 거예요. 그래서 진정으로 감사할 줄 아는 사람과 함께할 때 우리, 가득 위로받을 수밖에 없는 거예요. 자신의 그 무엇에도 불구하고 자신을 존중해주고 아껴주고 사랑해주는 그 마음 앞에서 사랑받지 못했던 지난날의 모든 상처들, 녹아내리게 될 테니까요. 그렇다면 그 위로를 전해줄 기회를, 고작 불만 따위를 품느라 놓칠 건가요. 고작 미워하고 비난하느라 놓칠 건가요. 고작 이기적이느라 놓칠 건가요. 그 절대적 사랑의 마음을 전해줌으로써 내가 얼마나 사랑의 존재인지, 다정하고 관대한 존재인지를 알게 될 이 소중한 기회를 말이에요.

  그러니 이제는 감사함으로써 진짜, 사랑하기로 해요. 사랑함으로써 진짜 내가 누군인지를 알아가기로 해요. 불만을 모르고, 불평을 모르고, 이기심을 모르고, 왜소함을 모르고, 미움을 모르고, 지루함을 모르고, 슬픔을 모르는, 하지만 기쁨만은 아는, 완전함만은 아는, 이해와 사랑, 다정함만은 아는, 용서와 존중만은 아는, 만족과 감사만은 아는 그, 진짜 나를 말이에요. 당신이 완전한 사랑인 당신 자신을 앎으로써 그런 사랑을 주는 사람이 될 때, 그로 인해 당신, 얼마나 빛나고 행복해지겠어요. 늘 잃음을 걱정하느라 사랑을 아껴야 했고, 그 왜소함과 인색함에 의해 두려움과 불안에 시달려야 했고, 이제는 그럴 필요가 전혀 없게 되는 거예요. 주면 줄수록 가득 채워줄 뿐인 무한한 사랑의 존재가 바로 나라는 것을 단 하나의 오해도 없이 알게 되었으니까요. 그것을 진정으로 알기에, 더 이상은 사랑하길 두려워할 필요가 없게 되었으니까요. 그러니 지금, 감사함으로써 당신이 얼마나 사랑인지를 당신 자신에게 보여주고 들려주기로 해요. 그 기회를 놓치지 않기로 해요. 더 이상 머뭇거리거나 망설이지 않기로 해요. 도무지 감사하지 못할 것만 같은 지금이라 느껴질지라도, 그럼에도 불구하고 감사를 해내기로 해요. 지금 이곳에 서서 살아 숨 쉬고 있다는 그 기적에 기대어, 그 당신 존재라는 선물에 의지하여 꼭, 감사를 해내기로 해요. 정말로 당신은 그런 기적이니까. 그런 선물이자, 사랑이니까.

그러니 더 이상 나로 살아가는 기쁨을 놓치며 살아가는 안타까운 당신은 아니기를. 매 순간이 그럼에도 불구하고 감사할 기회임을 이제는 진정 알기를. 감사를 실현함으로써 행복할, 기쁨에 겨울, 아름다울, 사랑이 될 진정으로 놓치기 아까운 기회이자 선물이라는 것을. 그것을 앎으로써 다만 감사하길. 더 이상 그 선물을 바라보지 못한 채 어제처럼 불만을, 불평을, 미움을, 험담을, 지루함을, 무기력함을 선택하는 당신은 아니기를. 결국 불만도, 감사도 습관이며, 그래서 불만하는 습관을 지닌 사람은 무엇에도 불만을 품기 마련이고, 감사하는 습관을 지닌 사람은 무엇에도 감사를 품기 마련인 거니까. 그러니 이제는 감사의 습관이 있길. 하여 당신 소중한 곁의 존재에도 더욱 감사하게 되길. 그 사람의 있음과 장점과 빛에 당신 초점을 맞춘 채 다만 있는 그대로를 더욱 예쁘고 사랑스럽게 바라봐주길. 조건 없이 감사함으로써 조건 없이 안아주고 사랑해주길. 그 예쁜 사랑의 빛으로부터 당신 또한 그런 사랑을 받길. 당신이 진정한 사랑에 의해 상대방을 마주할 때 그 사랑은 반드시 상대방의 마음에도 사랑을 불러일으키기 마련이고, 마찬가지로 당신이 불만과 결핍, 이기심으로 상대방을 마주할 때 그 불만은 반드시 상대방의 마음에도 그와 같은 것을 불러일으키기 마련임을 잊지 말길. 하여 당신이 건넨 말과 마음에 대한 상대방의 반응을 통해 당신의 진심을 돌아볼 줄 알길. 그때, 당신은 분명 당신의 어떤 결핍과 이기심을 발견하게 될 테니까. 그리하여 당신, 다음에는 더욱 새로운 마음으로, 진심을 다한 사랑의 마음으로 상대방을 마주하겠다고 각오하게 될 테고, 그렇게 조금씩 더 진짜, 사랑이 되어갈 테니까.

그러니 당신의 관계를 그 사랑을 배울 소중한 선물로 여기길. 하여 당신에게 감사를, 이해를, 용서를, 존중을 가르쳐주는 소중한 선물인 것 자체로 상대방은 당신에게 감사와 사랑을 받아 마땅한 존재임을 잊지 말길. 당신이 혼자서 감사와 사랑을 완성하며 나아갈 때, 당신은 당신의 감사와 사랑이 이느 정도 무르익고 완성되있는지 알 길이 없을 테고, 그래서 당신에겐 당신의 마음을 비춰줄 거울이 필요한 거니까. 그렇다면 그 거울이 되어주는 당신의 소중한 사람은 말 그대로 얼마나 소중함이고, 감사함이고, 사랑스러움인지, 그것을 잊지 않은 채 나아가길. 그렇게 매 순간 결핍과 불만을 감사와 사랑으로 대체해나감으로써 당신 자신의 진짜 정체성을 더욱 되찾아나가길. 그 모든 길 위에서 당신, 반드시 더욱 아름다워질 테고, 사랑스러워질 테고, 기쁨 가득해질 테고, 결핍과 불만을 모르는 완전함을 잔뜩 누리게 될 테고, 그러니까 서서히 당신 자신의 진짜 모습인 완전한 사랑에 닿아갈 테니까. 무엇보다 그 사랑으로 돌아가기 위해 태어나 존재하는 나라는 것을 잊지 않은 채 오직 그 사랑에 우선순위를 두길. 그리하여 아무리 정당하고 마땅해 보이는 미움과 불만과 결핍과 이기심일지라도, 그 모든 마음, 내가 사랑이 되는 것에 전혀 도움이 안 되고 다만 나를 멈춰 세울 뿐이라는 것, 그 이유 하나만으로 적어도 내게는 정당할 수도, 마땅할 수도 없다는 것을 되새기길. 그렇게 정당한 불만족의 유혹에 빠지지 말 것이며, 다만 당신을 그 유혹에서부터 스스로 지켜내고 구해내길.

정말로 당신의 행복이, 기쁨이 가장 중요한 것이며, 그래서 당신을 전혀 행복하게 만들 힘이 없는 불만과 미움이라는 것 자체로 당신에겐 그것들에 잠시라도 눈길을 줄 이유가 없는 거니까. 그러니 당신의 행복과 기쁨을 스스로 챙길 줄 아는 지혜가 당신에게 있길. 누군가를 미워하는 순간, 무엇인가에 불만족을 품는 순간 당신이 증오와 분노에 휘둘리게 되고, 결핍에 잔뜩 사로잡히게 될 뿐임을, 그러니까 이제는 모르지 않길. 늘, 이것이 진정 나를 위한 것이 맞는지를 물어보는 습관을 가져보길. 그럼에도 구태여 미워하길, 감사하지 않은 채 불평하길 선택하는 건 당신 자신을 스스로 불행에 빠뜨리는 일이 될 뿐이니까. 그러니 이제는 다만 당신의 행복과 기쁨만을 위해 오늘을 보내길. 그러기 위해 당신, 온 마음의 진심을 다해 감사하고 사랑할 뿐이길. 그 어떤 순간 안에서도 다만 감사하고 사랑할 뿐이길. 정말로 당신이 얼마나 사랑인지, 얼마나 기쁨을 누리기 위해 태어난 존재인지, 존재 자체만으로 얼마나 기적이고 소중함인지, 그걸 스스로 몰라 지루해하고, 피곤해하고, 잔뜩 찌푸린 채 불만을 온통 표현하고, 미워하고 화내는 모습을 보고 있자면 내 마음이 문드러지는 것 같으니까. 자신이 누구인지만을 알면 그러고 싶어도 그럴 수가 없을 당신일 텐데, 그걸 전혀 몰라 그러고 있는 걸 보고 있자면 내 마음이 너무 아파 숨을 쉴 수 없을 만큼 아리니까.

　　그러니 이제는 모르지 않길. 알기 위해서라도 매 순간의 감사하고 사랑할 기회 앞에서, 그 선물 앞에서 다만 감사하고 사랑하길. 그렇게 내내 예쁘고 사랑스럽게 웃는, 진짜 행복한 당신이 되길. 무엇보다 당신 자신을 스스로 아끼고 사랑하는 그 마음 하나로. 그리고 때로는 당신을 당신 자신보다 더 걱정하고 염려하느라, 당신을 나 자신보다 더 걱정하고 염려하느라 매 순간 마음 졸이며 당신을 위해 기도하고 소원하고 바라는 나를 위한 마음으로도. 정말 한 번에는 아니더라도 당신이 이제는 조금씩이라도, 다만 어제보다 오늘 한 번만이라도 더 당신의 기쁨을 챙기며 당신을 위한 선택을 하기 위해 노력하고 애쓴다면 그걸로 나, 정말 세상을 다 가진 듯 행복할 테니까. 그러니 이제는 당신의 기쁨을 위한 선택을 해나가길. 그렇게 어제보다 오늘 더, 오늘보다 내일 더 사랑스럽게 웃는, 그런 매일을 영원히 쌓아가는 기특한 당신이길. 생각보다 당신 마음 안에는 불행이 별로 없고, 난 몇 가지의 불행 때문에 이토록이나 아파하고 있는 것뿐이며, 그러니까 그 불행이 당신 삶의 전부라도 되는 것처럼 그 불행에 온통 시선을 빼앗긴 채 휘둘리고 있는 것뿐이고, 그래서 하루에 아주 조금씩만 더 감사하고 사랑해도 당신, 얼마 지나지도 않아 완전한 사랑의 꽃이 되어 이 세상 무엇보다 예쁘고 아름답게 피어날 테니까. 그러니 부디 내일이 아니라 오늘, 사랑의 한 걸음을 내디디길. 사실은 어제도 사랑이었고, 오늘도 사랑인, 내일도 사랑일, 당신, 영원한 사랑은.

## 미워할 '필요'

　미워하지 마세요. 미워하지 않을 것을 선택하는 건, 미워할 '필요'가 전혀 없기 때문이에요. 그것에 어떤 필요성이 있나요. 당신의 미움은 대체로 지난 과거에 대한 것이고, 그래서 지금 이 순간을 온전히 살아가는 마음에게는 미워할 필요라는 게 전혀 없을 텐데 말이에요. 미워한다고 해서 이미 일어난 일이 변하는 것도 아니며, 하지만 내 마음은 그 미움으로 인해 괴롭고 아플 뿐이고, 그래서 그건 정말로 무의미한 일일 뿐일 텐데 말이에요. 그러니 더 이상은 미워하지 않기로 해요. 이제는 결정을 내리고, 뒤돌아보지 않을 것을 선택하기로 해요. 뒤를 돌아보지 말라는 건, 더 이상 지난 일을 곱씹으며 비난하거나 미워하지 말라는 이야기에요. 그저 지금 당신이 할 수 있는 최선의 결정을 하고, 그 결정을 잘 해내기 위해 최선을 다해 나아가는 것, 그것만이 당신에게 예쁜 미래를 가져다줄 수 있는 유일하게 유의미하고 필요한 행동이니까요. 정말로 미워하는 게 무슨 의미가 있고, 무슨 필요가 있나요. 당신이 만약 스스로 불행하고 괴롭고 싶어 안달이 난 사람이라면 당신을 말리지는 않겠어요. 하지만 그게 아니라면, 이제는 미움의 무의미함을 깨닫고 다만 그 무거운 짐을 내려놓기로 해요. 더 이상은 스스로 불행과 괴로움에 간절한 사람처럼 행동하지 않기로 해요. 미움이 가져다줄 수 있는 건 오직 불행과 아픔, 상처와 고통뿐이라는 걸 명심하면서 말이에요.

　하루가 온통 미움이라는 어두운 색의 물감에 젖어 당신의 삶, 얼마나 피폐해지고 아름다운 빛과 색을 잃어왔나요. 예쁜 표정과 아름다운 기분을 잊고 잃은 채 미움의 고단함에 지쳐 고개를 푹 숙이고는 무기력하게 한숨만 쉬고 있죠. 미움에 당신 모든 힘과 감정을 온통 빼앗긴 채 가련한 피해자가 되어 불쌍하게도 존재하고 있죠. 당신이 유일하게 힘을 내는 순간은 인상을 잔뜩 찌푸린 채 분노하고 미움을 쏟아내는 시간밖에 없게 되었죠. 그러느라 얼마나 아파왔나요. 얼마나 자주 밤을 지새웠으며, 얼마나 많은 사람들에게 그 미움만을 털어놓느라 기피당해왔나요. 그러니 이제는 그만해요. 그 또한 당신의 선택이기에 오직 당신 자신만이 그 미움을 말릴 수 있고, 그 미움에서부터 당신을 구해낼 수 있는 거예요. 그러니 이제는 선택해요. 미움을 멈추길, 다만 이제는 행복하고 예쁜 하루를 살아가기를. 그러기 위해 용서를 통해요. 상대방이 아니라 당신을 위해 용서를 마음먹어요. 당신이 어떤 일을 겪었든, 얼마나 분하고 억울한 일을 겪었든, 그것을 곱씹는 것으로 당신이 이루어낼 수 있는 일이란 오직 당신의 고통과 아픔밖에 없다는 것을 명심함으로써요. 정말로 얼마나 아픈 일을 겪었든, 이제는 더 이상 아프지 않기 위해서 용서해야 하는 거니까.

　그렇게, 용서의 빛으로 당신 존재를 온통 휘감기로 해요. 당신이 입은 겉옷 위에 용서라는 옷을 한 겹 더 껴입는 거예요. 당신이 휘감은 그 용서의 빛에 의해 미움이 당신에게 다가서자마자 흩어져 사라질 수 있게. 그런 식으로 하루를 보내는 중에 되도록 자주 그 빛으로 가득 둘러싸인 당신의 모습을 상상해보는 거예요. 그렇게 그 빛의 옷을 입고 있는 당신을 그리며 이제는 용서의 빛으로부터 가득, 보호받는 거예요. 그리고 마음속으로 기도하세요. 이것을 다르게 보게 해달라고. 진심으로 간절히 그 말을 외치는 순간 당신은 그것을 다르게 보게 될 거예요. 당신은 지금 진짜 당신에게 그것을 청하고 있는 것이고, 진짜 당신인 사랑은 당신이 지어낸 거짓된 당신과는 달리 여전히 무한한 주권과 힘을 잃지 않았기에 무엇이든 마음먹은 대로 선택하고 해낼 수 있으니까요. 그러니 고요한 가운데 당신 자신에게 청해봐요. 이것을 다르게 보게 해달라고, 이것을 용서하게 해달라고. 그렇게 내려놓는 거예요. 그 어떤 미운 생각이 들든 그 순간 곧장 용서함으로써. 미운 생각이 문장으로 완성되기도 전에 그 순간 곧장 내려놓음으로써. 그렇게 하는 순간 당신 가슴이 홀가분해질 테고, 때로는 기쁨에 가득 진동하는 전율을 느끼게 될 테고, 그래서 당신, 무엇이 진정 당신을 위한 것인지 너무나도 분명하게 알게 되었기에 앞으로는 더 쉽게 용서할 수 있게 될 거예요. 용서하면 당신이 행복해지는 것이고, 그렇지 못하면 당신이 불행해지는 것이라는 걸 몸과 마음으로 너무나 확실하게 알게 된 당신이니까.

무엇보다 여태 무의미하고 필요도 없는 미움에 빠져 당신에게 고통과 아픔만을 줘왔던 당신 자신을 또한 용서해줘요. 사랑하고, 사랑받고, 기뻐하고, 가득 웃으며 행복하게 하루를 보내기에도 모자란 당신에게 여태 그 행복을 전혀 선물해주지 못했음을 미안해, 하고 사과하며 어루만져주는 거예요. 그 순간 당신의 마음에 있던 당신과는 전혀 어울리지도 않는 분노와, 악의와, 미움과, 증오와, 그 모든 거친 감정들, 단번에 녹아내릴 거예요. 당신의 다정한 사랑 한 번에, 사과 한 번에, 어루만짐 한 번에 그렇게 되는 거예요. 당신이 이제는 그만 용서하기만을 참 애타게도 기다려왔던 당신 마음이고, 무엇보다 당신이 어떤 선택을 하든 그럼에도 당신을 변함없이 사랑해왔던 당신 마음이고, 그래서 당신이 당신 마음을 얼마나 아프게 해왔든 그걸 용서해주는 일이란 당신 마음에게 있어 아무런 노력도 들지 않을 만큼 당연한 일이니까요. 그렇다면 그런 당신 마음에게 용서를 선물하는 게, 타인을 미워하고 저주하는 것에서부터 오는 고통을 선물하는 것보다 당연히 더 마땅하고, 더 가치 있고, 의미 있는 일 아닐까요. 그러니까 당신에게 있어 이제는 중요하지도 않은 누군가를 잠시라도 미워하는 일에 시간과 감정을 쓰느니, 당신을 가장 아끼고 사랑해주는, 당신과 영원히 함께할 당신 마음에게 기쁨과 사랑을 선물해주는 일에 당신의 귀한 시간과 감정을 쓰는 게 당신에게 더욱 중요하고, 진정으로 필요한 일 아닐까요.

그러니 이제는 그런 당신 마음을 위해 무엇보다 기꺼이, 흔쾌히 용서하기로 해요. 그 용서의 기쁨을 선물함으로써, 용서받기로 해요. 그렇게 내내 당신의 악의적이고 사랑 없는 목소리를 듣느라 잔뜩 웅크린 채 불안에 떨어왔던 당신 마음을 안아주고, 이제는 괜찮다고, 그동안 미안했다고 꼭 말해주길 바라요. 그렇게, 미움으로 온통 검게 물들어왔던 당신의 하루를 이제는 예쁨과 사랑과 용서와 이해와 다정함과 기쁨과 미소의 예쁘고 찬연한 색들로 칠해가는 거예요. 그렇게 다시, 행복과 사랑을 회복해나가는 거예요. 그 모든 하루 안에서도 언제나 당신 마음에게 용서를 청하며, 또 당신 마음에게 용서를 선물해주며, 늘 용서의 빛으로부터 보호받는 자신을 상상하며, 그렇게 나아가는 거예요. 그러니까 용서하는 습관과 함께 매 순간을 살아가는 거예요. 그런 날을 쌓아가다 보면 어느 순간 더 이상 그 누구도 미워하지 않고 있는 당신을 발견하게 될 거예요. 용서의 빛을 비출 필요조차 없을 만큼 미움의 문장이 만들어지려는 시도조차 일어나지 않고 있다는 걸 알게 될 거예요. 그리고 그때 당신은 알게 될 거예요. 용서조차도 사실은 환상이었다는 것을. 애초에 미움 자체가 환상이므로, 사실 용서 또한 환상의 세계에서만 성립 가능한 환상이었다는 것을. 그러니까 환상의 세계 안에서 유일하게 필요하고 의미 있는 환상이 바로 용서였고, 하지만 그 환상의 세계를 지나 진짜 세계에 도착한 당신에게 있어 이제는 용서라는 환상 또한 불필요한 게 되었음을. 그러니까 사실 용서란, 내게 일어난 어떤 일을 용서하는 게 아니라 어떤 일이 일어난 적조차 없음을 알아보는 일이었음을. 그 모든 미움, 내가 미워하길 선택했기에 생긴 그 자체의 환상이었으므로.

그러니 사랑밖에 모르는 사랑인 당신을 되찾기 위해, 무엇보다 환상이 단 하나도 없는 진짜 세계인 천국으로 돌아가기 위해 당신, 용서하기로 해요. 그 위대한 일 앞에서 미움 따위에 아주 잠시라도 시간을 쓸 '필요'라는 게 당신에게 도대체 어디에 있나요. 당신은 고작 미워하기 위해서가 아니라 오직 위대하게 사랑하고 아름답게 존재하기 위해서 태어난 영원한 사랑의 영인데 말이에요. 그러니 당신이 얼마나 위대하게 반짝이는 빛이며 사랑인지, 그것을 잊지 않기로 해요. 자신이 얼마나 위대한 꿈을 이루게 될 사람인지를 아는 사람에게는 이 세상 모든 일이 너무나 사소하게 느껴져 그 사람, 아주 잠시라도 두려움을 느끼지 않는 것처럼, 고작 이런 일에 두려움을 느낄 자신이 아니라고 생각하는 것처럼, 자신이 얼마나 위대한 사랑인지를 아는 사람은 아주 잠시라도 미움에 머무르지 않는 거예요. 고작 이런 일 따위에 미움을 느낄 만큼 왜소하고 작은 사람으로 자신을 여기지 않으니까요. 그리고 당신은 정말로 그런 사랑인 거예요. 당신이 마음을 열고 당신이 사랑임을 받아들이는 만큼, 당신은 사랑인 거예요. 그리고 여태까지 당신은 당신이 사랑이라는 것을 아주 조금만 받아들였거나 거의 받아들이지 않은 상태였죠. 하지만 지금부터는 다른 거예요. 용서한 만큼, 미움을 내려놓은 만큼 사랑 앞에서 자연히 마음을 열게 되는 당신이고, 그리고 당신은 이제 용서하기로 마음먹었으니까. 그렇게 더욱 활짝 마음을 연 채 할 수 있는 한 최대로 사랑을 받아들이고 당신 마음에 사랑을 가득 채워 넣게 될 당신이니까.

　당신, 이 모든 이야기를 듣고도 여전히 미워할 필요성을 느끼고 있나요. 아마도 미움이 너무나 무가치하게 느껴져 더 이상은 미워하고 싶지도 않을 테죠. 미움이 너무나 지겹게만 느껴질 뿐일 테죠. 정말로 잠깐이라도 미움의 목소리에 귀를 기울이는 일이란 지루해서 견딜 수가 없을 만큼 의미 없고 가치 없는 일일 뿐이니까요. 그러니 이제는 미움이 아니라 사랑에, 그 무한하고도 깊은 고요함에 당신 귀를 기울일 뿐이길. 그 사랑의 고요함이 무엇보다 즐겁게 여겨지는 당신이 되길. 사랑의 고요가 두렵고 지루해서 최선을 다해 피한 채 늘 미움을 채우고, 이기심을 채우고, 욕망을, 슬픔을, 온갖 산만함을 채워왔던 당신을 넘어서. 그러기 위해 용서를 통해 사랑 아닌 당신의 모든 목소리들을 하나 둘 지워나가길. 그러니까 진짜 당신이 아닌 모든 환상들을. 그렇게 당신 마음에게 더욱 가까이 다가서길. 그리하여 마침내 두 팔을 벌리면 닿을 거리까지 닿아 당신 마음을 꼭 안아주며 말해주길. 정말 미안했다고, 그런 나를 용서해달라고, 그럼에도 네가 여전히 나를 사랑하듯, 나 또한 너를 사랑한다고, 앞으로도 영원히 그럴 거라고, 정말 미안했다고. 그리고 그 말 그대로 앞으로도 영원히 나를 사랑하기 위해, 앞으로는 영원히 미워하지 말길. 다른 모든 이유를 떠나 미움이 너무나 무의미하고 불필요함을 이제는 알기에.

그렇게, 당신 마음과 함께 이제는 사랑에, 두 팔을 벌리면 닿을 거리까지 다가서길. 끝없이 용서하고 또 용서함으로써. 미움이 잠잠해지자 당신 마음이 보였듯, 미움이 완전히 사라지고 나면 당신 사랑이 보이기 시작할 테고, 그때는 당신이 사랑에 다가서지 않아도 사랑이 당신을 끌어당기기 시작할 테고, 그렇게 당신의 운명, 사랑으로 완전히 되돌아갈 것으로 정해질 테고, 그러니 보다 더 완전하게 용서해내길. 당신의 하루가 온통 검게 물들어있을 때는 얼마나 더 많이 미워한들 크게 달라지는 것 하나 없게 느껴졌을 테지만, 지금처럼 밝게 반짝이는 당신의 하루에는 아주 작은 미움의 점조차도 너무나 신경 쓰일 만큼 당신 눈에 선명하게 보일 테고, 그러니까 바로 지금이 당신에게 있어 용서라는 환상조차도 넘어설 기회의 순간인 거니까. 그러니까 완전한 사랑이 될, 완전한 사랑으로 돌아갈, 완전한 사랑을 회복할. 그리고 또한 지금이 미움이 자신의 마지막을 직감한 채 할 수 있는 최선을 다해 저항하고 발악할 시간이니, 부디, 이 시험을 잘 이겨내길. 그러니까 다만 시험에 빠지지 말 것이며, 미움에서부터 당신을 완전히 구해내길. 그 미움의 선명하고도 거대한 유혹을, 그리하여 꼭, 거절해내길. 언제나 이것을 기억하길. 아무리 정당한 이유를 가진 미움일지라도, 합리적인 논리를 갖춘 미움일지라도, 그것이 불필요하고 무의미한 미움이라는 것 자체로 미움은 내게 재고의 여지가 있을 수 없다는 것을.

그렇게, 미움을 완전히 넘어선 오롯한 사랑이 되어 이제는 매일의 천국을 살아가는 당신이 되길. 처음부터 영원히 완전한 사랑이었던 당신, 그리고 당신의 영원한 고향이었던 천국, 그러니까 원래부터 당신의 재산이었던 그 모든 것들을 되찾길. 용서하고 또 용서함으로써. 그리하여 미움이 없는 곳엔 용서조차 없다는 것을, 그러니까 용서조차도 사실은 환상이었음을 끝내 완전히 이해하게 됨으로써. 처음부터 영원히 사랑이 아니었던 적이 없었던 당신에게 있어 그보다 진실인 것은 없으니까. 그러니 부디, 지금의 모든 환상에서부터 깨어나길. 깨어나 당신이 얼마나 빛이며, 사랑이며, 완전함인지를 바라보길. 그것을 바라보는 순간 더 이상의 미움은 불가능해질 테니까. 그러니 내가 당신을 바라보듯, 당신 또한 당신을 바라보게 되길. 이처럼 완전한 사랑이 또 있을까 싶어 보고 있자면 자꾸만 가슴이 뛰고 눈물이 날 만큼, 때로는 눈이 부셔 제대로 바라볼 수조차 없을 만큼 빛나게 사랑스럽고 소중해서 너무나 아껴주고 싶고 사랑해주고 싶단 생각이 자연스레 드는 사람, 그게 바로 나에게 있어 당신이란 사랑이니까. 나는 늘, 당신이 그렇게밖에 보이질 않으니까. 그러니 이제는 당신 또한 당신 자신을 그렇게 바라보고 여기길. 정말 단 하나의 오해도 없이, 단 하나의 보탬도 없이 당신은 그런 사람이자, 사랑이니까. 내게만 그런 게 아니라 온 우주에게 있어 그런 사람이자 사랑이 바로 당신이란 존재니까. 정말 그게 바로 당신, 사랑의 진짜 모습이니까. 이 세상 무엇보다 진실하게 사랑인, 아름답게 사랑인, 영원하게 사랑인, 완전하게 사랑인, 기특하고 예쁘게 사랑인, 소중하고 아깝게 사랑인, 무엇보다 눈부시게 반짝이는 사랑인 사람, 당신, 사랑이.

## 아름다운 후회

아름다운 후회를 하는 사람이 되세요. 그러니까 아 그때, 그 자식 한 대 더 때려서 다시는 내 눈도 제대로 못 마주치게 아주 짓밟아놨어야 하는 건데, 하는 후회를 하기보다 그때 조금만 더 참고 이해해줄걸, 아무리 분하고 원망스러웠더라도 나만큼은 사랑과 용서의 행동을 할 걸, 그게 더 어른스럽고 성숙한 방식이었을 텐데, 하는 아름다운 후회를 하는 사람이 되는 거예요. 당신이 그런 식으로 아름다운 후회를 하는 습관을 지닌 채 나아갈 때 당신, 그 매일의 후회를 통해 자연스레 더욱 아름다운 성숙을 이루어가게 될 테고, 하여 더 기쁨 가득하게 예쁜 사람이, 사랑스럽게 다정한 사람이 되어갈 테니까요. 여태 얼마나 많은 순간들 앞에서 아름답지 않은 후회를 하며 복수심에 불탔고, 미움과 증오에 허덕여왔나요. 그로 인해 얼마나 괴로웠으며, 얼마나 불안에 떨어왔나요. 그것이 옳다 믿었기에 늘 아름답지 않은 후회를 해왔지만, 그럼에도 당신의 마음은 그것이 옳지 않음을 진작부터 알고 있었기에 고통과 함께할 수밖에 없었던 거예요. 하지만 그럼에도 당신은 그 마음의 소리를 끝내 외면한 채 스스로 아름답지 않기 위해 당신 마음의 소리보다 더 큰 소리로 정당화하고 합리화하며 당신의 그 아름답지 않은 생각들을 고집스럽게도 지켜왔던 거예요. 그리고 지금 당신의 마음에 가득 피어난 소란스러움과 갈등, 평화와 고요를 잃은 불안함이 그 모든 생각이 아름답지 않음이며, 당신의 불행만을 위할 수 있을 뿐인 생각들이라는 것의 증거인 거예요.

왜냐면 그게 진정 아름답고 진실한 것이었다면, 당신의 행복을 위한 것이었다면 당신은 곱씹을 필요조차 없이, 정당화하기 위해 생각으로 늘 옳음을 주장할 필요도 없이, 그렇게 당신 자신을 설득시키고 납득시키고자 애쓸 필요조차 없이 그저 고요할 수 있었을 테니까요. 진정 옳은 것에는 정당화와 변명, 설득이 전혀 필요하지 않으니까요. 그러니까 누군가를 미워하는 사람은 그 미움의 이유와 정당성을 자기 자신을 포함한 타인들에게 끝없이 이야기하며 그래서 미워할 수밖에 없는 거라며 사람들을 설득하고 납득시키고자 하고, 왜냐면 사실 자기 자신도 그 미움이 옳지 않다는 것을 스스로 알고 있기 때문이며, 그러니까 사실 그 모든 설득과 정당화는 미워하는 자신이 스스로 떳떳하지 않아서 자기 자신에게 미움의 이유를 변명하고자 하는 행동인 기니까요. 그래서 누군가를 사랑하는 사람은 그 사랑의 이유를 미움처럼 끈질기게, 길게 설명하는 법이 없는 거예요. 왜냐면 사랑은 그 자체로 옳고 정당하기 때문이며, 그래서 그 행위의 이유를 구태여 설명하거나 설득할 필요가 전혀 없는 거니까요. 그러니 당신, 그저 꿋꿋이 진실하고 고요하게 아름다운 사람이 되기로 해요. 그러기 위해 이제는 아름다운 후회를 하며 내일의 예쁜 성숙을 향해 나아가기로 해요. 나의 진정한 기쁨과 행복만을 위해, 오늘을 보내기로 해요.

아름답지 않은 후회가 우리를 늘 제자리에 머무르게 만든다면 아름다운 후회는 우리를 늘 앞으로 나아가게 만들어줄 거예요. 왜냐면 아름답지 않은 후회가 선택하는 방식은 늘 같은 미움과 같은 증오, 같은 욕망과 같은 이기심이지만, 아름다운 후회가 선택하는 방식은 그와 달리 이제는 변화의 필요성을 마음 깊숙한 곳에서부터 말하고 일깨워줌으로써 나로 하여금 전과는 다른 내가 되어야겠다고 간절히 다짐하게 만들어주는 것이니까요. 그러니 이제는 아름다운 눈물을 흘리며, 전과는 달리 더 다정해야겠다고, 더 이해해야겠다고, 더 사랑해야겠다고, 더 용서해야겠다고 다짐하며 나아가는 내가 되기로 해요. 그러고 나서 같은 후회를 다시는 반복하지 않기 위해 최선을 다해 내게 다가오는 모든 순간들 앞에서 나의 결심을 실현하기 위해 노력하기로 해요. 후회했음에도 여전히 전과 같다면, 나의 생각과 행동에 전혀 변화가 없다면, 그래서 후회만을 늘려가고 있을 뿐이라면, 그건 여전히 후회와 죄책감에 탐닉하는 식의 미성숙일 뿐인 것이고, 그러니까 진정으로 배우고 느끼고 깨달은 마음은 결코 아닐 테니까요. 그러니 정말 진심으로, 내 모든 마음을 다해 후회한 뒤에 다시는 지금과 같은 후회를 반복하지 않겠다는 그 간절함으로 나아가길 바라요. 그리하여 당신의 마음과 생각과 행동이 비로소 새롭게 거듭나게 된다면, 그것으로 지난 후회의 몫과 의미는 자신의 역할을 다한 것일 테니까요.

무엇보다 정말로 후회되는 일이 있다면, 앞으로의 변화로 내 지난 행동에 대한 책임을 다하는 것, 그것이 나의 후회를 회복하고 지난 시간의 실수를 갚아나가는 가장 아름다운 방식이라는 걸 잊지 않기로 해요. 여기서 잘못이 아니라 실수라고 말하는 건, 정말로 그건 잘못이 아니기 때문이에요. 그때는 그게 최선인 줄 알았고, 좋은 일인 줄만 알았고, 그래서 그 선택을 했던 당신일 뿐인 거니까요. 모두가 그렇게 배우고 성숙하고 있는 거니까요. 그러니 부디 너무 깊이 자책하지 말길. 자신을 탓하지 말길. 자신의 실수를 용서할 줄 아는 사람만이 타인의 실수 앞에서도 기꺼이 용서와 이해를, 다정함을 건넬 수 있는 거니까. 그리고 알고 있길. 당신이 당신 자신의 예쁜 성숙으로 지난 시간의 실수를 회복하고 갚아나갈 때, 비록 그게 당신이 아프게 했던 그 당사자에게 그 치유와 회복을 전해주지는 못하게 될지라도, 그럼에도 그로 인해 새로운 사람, 새로운 생명에게 당신의 아름다운 변화를 보여주고 전해주게 된다면 정말, 그것으로 된 거라는 것을. 그것으로 지난 시간의 연은 그 아름다운 몫을 다한 것이라는 것을. 그 사람에게 진 마음의 빚을 그 사람과는 연이 끊어져 이제는 갚지 못하게 되었을지라도, 당신이 다른 모든 사람들에게 최선을 다해 아름답고 다정한 변화로 그 빚을 갚아나간다면 그건 그 사람에게도 축복과 은혜가 되는 거니까. 당신이 누군가를 돕게 된 것에 그 사람의 역할이 있었다면, 당신의 모든 도움은 그 사람의 도움이기도 한 것이고, 그래서 우주는 반드시 그 사람에게도 예쁜 선물로 보답해줄 테니까. 당신을 통하지 않은 다른 방식으로리도, 반드시.

    그러니 지난 시간의 후회에 너무 아파하기보다, 다만 그 후회를 통해 충분히 배우고 느껴서 이제는 아름다운 변화와 예쁜 존재의 방식으로 당신 자신과 당신을 둘러싼 모든 사람들, 그리고 생명들에게 기쁨과 행복을 전해주는 당신이 되기로 해요. 그러기 위해 부디 당신의 후회는 늘 아름다운 후회이길. 늘 더 사랑이지 못했음을, 더 사랑하지 못했음을 아파하고 뉘우치는 당신이길. 그렇게 당신에게 주어진 모든 순간들을 통해 아름다움에 물들고, 사랑에 젖고, 빛에 둘러싸임으로써 매 하루를 더해 더욱 반짝이게 행복하고 예쁘게 기뻐하는 당신이 되길. 무엇보다 하나의 후회에 너무 오래 머물러있진 말길.

후회하고 자책하는 것도 습관이 되니. 그러니 후회에 탐닉하고 자신을 책하기 위해 후회하기보다, 오직 예쁜 성숙을 완성하기 위한 통로와 선물로써 후회하길. 그러기 위해 다만 나 자신을 먼저 용서하길. 그때는 그게 최선이었고, 하여 그때로 다시 돌아간다 해도 그때의 나는 그 선택을 했을 것임을 받아들임으로써. 모두가 그렇게 배우고 나아가고 있다는 것을 진정 이해함으로써. 사실 후회란, 성숙의 증거이며, 왜냐면 그때는 그게 최선이었는데 이제는 그 최선이 달라졌기에 후회할 수 있게 된 것이기 때문이고, 그러니 나의 그, 찬란하고 아름다운 성숙의 증거에 오직 감사함으로써. 그렇게, 나를 용서해주고 또한 타인을 용서해주길. 그리하여 탓하고 책하기보다 다만 매일을 더해 더욱 아름답게 빛날 뿐인 당신이길. 더욱 사랑으로서 사랑하게 될 뿐인 당신이길.

또한 잊지 말길. 누군가를 미워할 때 그토록이나 미움의 이유를 설명하게 되는 건, 결국 누군가를 미워하고 있는 자신을 스스로 떳떳하게 여길 수 없기 때문인 것이고, 그러니까 나를 전혀 위하지 않는, 위할 수조차 없는 그 미움을 스스로 선택하고 있는 것에 대해 의식적, 무의식적 죄책감을 갖게 되기 때문인 것이고, 그래서 스스로 떳떳하기 위해, 자신 마음에 있는 고통스런 죄책감을 해소하기 위해 미움의 정당성을 주장하게 되는 것이고, 하지만 미움은 애초에 미성숙이기에 그게 미움이라는 것 자체로 결코 떳떳할 수 없으며, 자기 자신을 사랑하는 사람이라면 선택할 수조차 없는 불행이기에 죄책감을 가져다줄 수밖에 없으며, 그래서 진정 지혜로운 사람은 그 끝나지 않을 악몽에서 깨어나 이제는 눈을 뜨는 사람이라는 것을. 그게 미움이든, 욕망이든, 이기심이든, 이 세상 모든 미성숙한 감정은 그래서 성숙함으로써만 극복할 수 있는 것이라는 것을. 그래서 아름다운 후회가 필요한 것이라는 것을. 후회하지 않는 사람은 성숙할 마음조차 먹지 않을 테고, 아름답지 않은 후회를 하는 사람은 스스로 더욱 미성숙을 향해 걸어 들어갈 뿐이니까. 그러니 이제는 떳떳한 내가 되기 위해 아름다운 후회를 통하길. 부디, 제자리에 머물러있지 말길. 매일을 더해 새롭게 거듭나길. 더 이상 나의 생각과 마음과 행동에 그 어떤 설명도 건넬 필요가 없을 만큼 진실하기 위해. 그 진실함으로부터 고요하기 위해.

누군가에게 상처를 주는 행동을 한 사람이 오히려 더 화를 내고 상대방을 깎아내리고자 애쓰는 모습에서부터, 무엇인가를 느끼고 배워보길. 결국 그는 자기 자신을 용서하지 못해, 스스로 떳떳하지 못해 그런 식으로 자신의 말과 행동을 정당화하고 있는 것이고, 그러니까 자기 자신에게 자신의 행동을 설득시키고 있는 것이고, 그러니까 끝없이 자기 자신과 사람들에게 그 미움을 곱씹으며 이야기하는 건 스스로도 그 행동이 잘못됐음을 알고 있기 때문이라는 것을. 그러니 당신은 더 이상 자기 자신에게 어떤 행동의 이유와 정당성을 설명하고 설득해야 할 만큼 스스로 미성숙을 선택하지 말길. 그러고 있는 자신을 발견할 때마다 설득을 멈추고 다만, 아름다운 후회를 통하길. 그렇게 꿈에서 깨어나 다만, 앞으로 나아가길. 미움이, 이기심이, 누군가에게 상처를 주는 게, 누군가를 아프게 하는 게, 이용하는 게 애초에 불가능한 완전한 사랑인 당신에게 그렇게 하자고 설득할 때, 그게 가능할 리가 없기에 당신은 정말로 끝없이 설득해야만 할 테고, 그렇게 당신, 당신의 소중한 삶을 무의미하게 낭비하게 될 테니까. 그게 대부분의 사람들이 미움의 이유를, 자신의 미성숙했던 행동의 정당성을 자기 자신과 사람들에게 끝없이 설득하며 다니는 이유이니까.
　　하지만 누군가를 진정으로 사랑하는 사람, 자신의 삶에 완전히 만족하는 사람, 그런 빛과 평화와 함께하고 있는 사람은 자신의 상태를 설득하는 법이 없으니까. 그저 사랑할 뿐이고, 그저 감사할 뿐이고, 그저 이해할 뿐이고, 그저 존중할 뿐이고, 그저 아름다울 뿐이니까. 그러니 당신 또한 그저 고요하게 당신 자신일 뿐이길. 그러니까 내내 사랑일 뿐이길. 당신이 당신인 것에는, 당신이 사랑인 것에는, 사랑이 당신인 것에는 진실로 그 어떤 설명도 납득도 필요하지 않은 거니까. 그러니 더 이상 당신 자신에게 당신이 사랑이 아니라고 설득하지 말길. 그 말도 안 되는 설득을 하느라 시간과 감정을 낭비하며 헛되이 지치지 말길. 당신 마음속 깊숙한 곳에서 여전히 자신이 사랑임을 완전히 알고 이해하고 있는 진짜 당신은 그것에 설득될 리가 없으니까. 하지만 당신은 애초에 거짓을 말하고 있기에 충분히 설득될 수 있고, 그러니 당신이 설득되길. 당신이 사랑이라는 것에, 당신이 고요함이라는 것에, 당신이 결핍을 모르는 완전함이라는 것에, 당신이 만족하고 감사할 줄밖에 모르는 기쁨이라는 것에. 당신의 진짜 마음이 당신에게, 그리고 내가 당신에게 설득하니, 이제는 영원히 바뀌지 않을 이 진실 앞에서 치열하게도 저항하고 애쓰며 소진되기보다 다만 받아들이길. 바뀌지 않을 진실을 바꾸고자 설득하기보다, 진실이 진실임을 알고는 고요해지길. 정말로 당신은 처음부터 영원히, 미움이, 이기심이, 결핍이, 불만족이, 슬픔이, 무기력이 불가능한 완전한 사랑이니까. 그것만이 유일하게 영원한 진실이니까. 그러니 당신은 다만, 당신이 사랑이 아니라는 그 깊고도 어두운 꿈에서부터 이제는 깨어나길. 그것만을 위해 매일을 살아가길. 당신, 사랑일 수밖에 없어 사랑인 사랑은.

## 현재의 빛

영원한 지금을 살아가세요. 우리는 때로 지금 이 순간에 존재하면서 과거나 미래에 사로잡혀 그 지금을 단 한 차례도 느끼지 못한 채 흘려보낼 때가 많아요. 누군가를 미워하는 생각이나, 과거의 일에 대한 자책과 편집, 또 무엇인가에 대한 욕망이나, 미래에 대한 걱정과 두려움, 그 모든 곱씹음에 머무른 채 가득 아파하느라 지금 이 순간을 지워가며 보내는 것이죠. 하지만 좋은 미래를 맞이하기 위해, 과거의 내 행동을 개선하고 취소하기 위해 우리에게 필요한 건 온전히 지금에 집중하며 지금을 잘 보내는 일밖에 없는 거예요. 그러니 지난 모든 과거와 미래에 대한 생각에서부터 충분히 배우고, 이제는 지금을 잘 살아가기로 해요. 과거와 미래의 그림자가 내게 드리워질 때마다 현재의 빛으로 그 모든 어둠을 거두어내면서 말이에요. 그렇게 매 순간 현재에 온전히 머물기 위해 노력하며 나아가다 보면 결국 영원한 지금을 살아가는 내가 될 거예요. 그렇게 되어가는 모든 과정 안에서 나, 무척이나 사랑스럽고 행복해지고 있다는 것을 꼭 알게 될 거예요. 결국 아름다운 미래를 만들어가는 것은 그 미래를 욕망하고 그 미래에 끝없이 집착하는 태도가 아니라 예쁜 미래를 마음에 품은 채 그저 사랑스럽게 오늘을 보내는 일이라는 것을 그렇게, 반드시 알게 될 거예요.

지금 이 순간에 어떤 문제가 있나요. 당신의 지금 이 순간은 완벽하게 아름답고 안전해요. 진실로 당신이 과거나 미래에 대한 생각에서부터 벗어나 온전히 지금에 머무른다면, 그 어떤 것도 당신의 안전과 평화를 훼손할 수 없는 거예요. 과거에 대한 미움이나 후회에서 완전히 벗어난, 미래에 대한 걱정과 두려움에서 완전히 벗어난 당신의 빛나는 지금은 오직 완전할 뿐이니까요. 당신이 사형장에 끌려가고 있는 죄수라고 해도 이건 변함없는 진실이에요. 당신이 걸어가는 동안 당신이 온전히 지금에 머무르고 있다면 당신의 지금엔 전혀 문제가 없겠죠. 당신의 목에 밧줄이 걸리는 순간에도 당신이 온전히 지금에 머무르고 있다면 당신의 지금엔 전혀 문제가 없겠죠. 당신의 발이 허공에 뜨기 시작해 목이 조여오는 순간에도 당신이 온전히 지금에 머무르고 있다면 당신의 지금엔 전혀 문제가 없겠죠. 그리고 당신의 생명이 다하는 순간 당신은 당신의 육체에서 벗어나 영혼으로 존재하게 될 것이고, 그 영혼으로서 또한 온전히 지금에 머무르고 있다면 당신의 지금엔 전혀 문제가 없겠죠. 그러니까 과거의 어떤 일에 대한 미움이나 후회가 전혀 없는, 미래의 어떤 일에 대한 두려움과 걱정이 전혀 없는 오직 완전하고도 영원한 현재만을 살아가는 사람에겐 그 어떤 문제도 생길 수가 없는 거예요. 그는 그저 살아있는 매 순간 영원한 지금을 지켜낸 채 순간을 만끽하고 음미하며 존재하고 있을 뿐일 테니까요. 하물며 사형수에게조차 그럴 텐데, 그렇다면 당신의 지금은 그러기에 얼마나 충분하고 완전한가요.

  그러니 이제는 과거와 미래에서부터 안전함을 찾는 헛된 환상에서부터 벗어나 영원한 지금의 안전으로부터 보호받기로 해요. 누군가가 내게 상처 주는 말을 했던 것도 결국 과거고, 지금 이 순간 당신에게는 그 어떤 일도 일어나지 않았잖아요. 완전한 지금에는, 영원한 지금에는, 그래서 어떤 문제도 존재할 수가 없는 거예요. 오직 완벽한 아름다움만이 있을 뿐인 거예요. 그렇게 당신이 하루 중 얼마간을 할애해서 지금 이 순간에 완전히 머무르는 시간을 가진다면, 당신 삶의 행복과 빛이 당신의 내면에서 서서히 커져나가 당신을 지켜주기 시작할 거예요. 과거에 더 이상 사로잡히지 않을 수 있는 그 힘을 그 빛이 당신에게 가져다줄 거예요. 다가오지 않은 미래를 걱정하며 두려워하는 그 절망감에서부터 당신을 꼭 구원해줄 거예요. 그리고 그때는 알게 될 거예요. 시간이란 것 또한 결국은 환상이며, 시간이 내게 의미를 가지는 것은 그것이 환상이라는 것을 배우고 깨닫는 동안만이라는 것을요. 그러니 자주 지금에 머무르며 과거와 미래의 구름을 현재의 빛으로 거두어내는 연습을 하길 바라요. 지금 이 순간에는 그 어떤 어려움과 문제도 가지고 있지 않은 완전한 사랑인 당신이라는 것을 명심하면서 말이에요. 그렇게 꼭, 시간이라는 수업을 졸업한 채 영원한 현재에 닿는 당신이길 바라요. 그 오늘 안에서 다만 숨 쉬고 기뻐하고 존재하고 살아가고 사랑하고 감사할 뿐인 당신이길.

때로 당신은 과거의 상처를 곱씹는 일이, 누군가에 대한 미움을 끝없이 생각하며 복수심을 품는 일이 당신에게 안전을 가져다줄 것이라 착각하고, 미래를 두려워하고 걱정한 채 계획을 세우고, 어떤 미래를 잔뜩 욕망하는 일이 당신에게 안전을 가져다줄 것이라 착각하곤 하지만 그 모든 것들이 당신에게 주는 건 시간이라는 환상을 더욱 짙게 만듦으로써 당신을 시간의 노예가 되게 하고, 그렇게 힘과 주권을 잃은 채 왜소하고도 공허하게, 불행하고도 빛 없이 존재하게 만드는 것뿐이라는 것을. 그러니 이제는 현재의 빛으로 과거와 미래의 환상, 그 모든 시간의 먹구름을 비추어 몰아내길. 그렇게 온전히 지금에 거하길. 그 영원한 지금 안에서 다만 영원히 만족하고 감사하고 살아가고 사랑할 뿐이길. 그렇게 범사에 기뻐할 뿐이길. 사랑은 오직 지금 이 순간에만 가능한 것이고, 누군가를 바라보는 일 또한 지금 이 순간에만 가능한 것이니 당신은 다만 지금 이 순간 당신 곁에 있는 사람을 가득 바라볼 뿐이길. 그 바라봄의 빛이라는 진정한 사랑을 전해줄 뿐이길. 누군가를 바라보면서도 그 사람의 과거를 통해 그 사람을 바라보거나, 머릿속으로 어떤 과거와 미래를 가득 상상하며 공허하게 바라볼 뿐이거나, 그렇게 사랑 없이 바라만 보고 있을 뿐이기보다. 그러니까 그가 당신에게 어떻게 했다는, 어떤 사람이라는 그 모든 편견을 넘어선 있는 그대로의 그 사람을 바라봐주길. 그 사랑을 전해주길. 다만 그 사람의 영원한 현재만을 바라봄으로써.

    타인의 지금을 바라보는 일은, 사랑하는 일은 결국 나를 시간의 환상에서 벗어나게 해주는 일이기도 하기에 그건 곧, 나를 사랑하는 일이기도 한 거니까. 진실로 타인을 사랑으로 바라보는 그 순간 나, 곧장 영원한 현재에 거하게 되니까. 그러니 당신은 다만 사랑함으로써 당신이 얼마나 사랑인지를 기억해내길. 당신의 사랑, 당신이란 사랑을 되찾길. 누군가와 함께할 때는 되도록 자주 그 바라봄을 연습할 것이며, 혼자 있을 때는 당신 머릿속에서 끝없이 일어나는 과거와 미래의 찌꺼기들을 바라봄으로써 거두어내는 연습을 되도록 자주 하길. 그렇게, 매 순간 진짜, 살아가고 사랑하길. 당신이 지금 안에서만 완전하게 머무를 때, 그 무엇도 당신을 해칠 수 없을 테고, 당신에게 영향력을 행사할 수 없을 테고, 그래서 그게 바로 당신의 영원하고도 진정한 안전인 거니까. 그러니 무엇인가가 불안해서 과거와 미래로 도망가기보다, 그렇게 그 불안이 더욱 현실이 되게 하는 모순을 저지르기보다, 이제는 그 불안을 진정으로 쫓아낼 수 있는 영원한 현재라는 확고한 안전에 다만 거하고 머무르길. 그렇게 당신 자신의 평화와 기쁨과 행복과 사랑스러움을 지켜내길. 만약 당신이 지금부터 영원히 단 한 순간도 빼놓지 않고 현재에 머무른다면, 그것이 바로 천국의 마음인 것이며, 깨달은 마음인 것이며, 그러니까 언젠가는 꼭 그 빛에 닿길. 그 순간이 바로 당신이란 사랑을 완전히 되찾고 회복하는 순간일 테니까. 처음부터 영원히 사랑이었던 당신을, 그 어떤 오해도 없이 있는 그대로 바라보게 되는 순간일 테니까. 그러니 당신은 다만 매일을 더해 당신이란 사랑에 닿길. 오직 완전하게 평화로우며, 고요하게 안전하고, 아름답게 빛나며, 사랑스럽게 예쁠 뿐인 그 사랑에. 단 하나의 오해도 없는 그, 진짜 당신에.

## 서로에게 '만' 좋은 사람

함께함으로써 더욱 강해지는 이기심을 조심하세요. 우리는 때로 함께하면서 서로에게 '만' 좋은 사람이 되기도 하는데, 그렇게 되길 선택하는 순간 더 이상 성숙할 수 없어요. 성숙할 수 없기에 마찬가지로 그 관계의 행복과 빛은 시간과 함께 줄어들 수밖에 없을 거예요. 그러니 함께하며 이 세상과 모든 사람을 향해 더욱 좋은 사람이 되고자 노력하며, 그런 서로를 지지하고 응원하며, 그렇게 서로가 서로를 당겨주고 밀어주면서 늘, 예쁜 성숙을 향해 나아가는 관계를 맺기로 해요. 그때, 성숙의 기쁨이 서로의 마음에 있는 모든 공허와 상실감의 어둠을 몰아낸 채 함께하며 영원히 행복한 둘이 될 수 있도록 지켜줄 거예요. 둘이 함께하며 누군가를 속여 이득을 봤다면, 그리고 그것에 둘 모두가 기뻐한다면, 그것이 바로 서로에게 '만' 좋은 사람이 되는 이기심인 거예요. 그리고 그건 각자의 이기심과 미성숙이 만나 더 크고 깊은 둘의 이기심과 미성숙이 되었을 뿐인, 사실 서로에게 '도' 전혀 좋은 사람이 되어주지 못한 왜소함일 뿐인 거예요. 둘만, 그로 인해 서로에게 좋은 사람이 되었다고 믿고 착각하는 것일 뿐, 사실 그로 인해 둘은 더욱 공허하고 불행해졌을 뿐이니까요. 그러니까 나의 미성숙함과 이기심을 좋아해주고 지지해주는 상대방이 있기에 더욱 쉽게 이기적이고, 더욱 무책임하게 미성숙한 내가 될 수 있는 그런 정당화와 합리화를 얻게 되고, 그래서 미성숙의 한계를 깨기가 더욱 힘들어졌을 뿐이고, 그러니까 함께함으로써 둘, 더욱 오래도록 미성숙과 이기심의 불행에 갇혀 있을 운명을 지닌 서로가 되었을 뿐이니까요.

내가 누군가를 미워할 때 상대방은 나의 그 미움, 너무나 당연하고 정당한 것이라 말해주고, 그렇게 둘이서 함께 그 누군가를 미워하게 되고, 그로 인해 미움에 더욱 깊이 사로잡히고 빠지게 되고, 하지만 둘은 그래서 서로에게 좋은 서로라고 믿고 있을 뿐이고, 그런 식으로 함께할 뿐인 관계가 어떻게 아름다울 수 있겠어요. 그 관계 안에 어떻게 진정한 기쁨과 만족이 함께할 수 있겠어요. 함께 이용하고, 함께 미워하고, 함께 분노하고, 함께 이기적이고, 그러고만 있을 뿐인, 자신의 수준에서 단 한 걸음도 더 나아가지 못한 채 고집스럽게도 제자리에 머무르는 그 관계일 뿐일 텐데 말이에요. 함께 용서를 향해 나아갈 수도, 함께 이해를 향해 나아갈 수도, 사랑과 다정함을 향해, 생명을 향한 봉사를 향해, 그 모든 진정한 기쁨을 향해 나아갈 수도 있었는데, 그렇게 성숙하며 아름다워질 수 있었는데, 그 모든 기회를 함께함으로써 더욱 당연하게 놓치고 있을 뿐인 그 관계일 텐데 말이에요. 결국 성숙하기 위해 태어나 존재하고 살아가고 있는 우리인 것인데, 그때는 존재의 목적을 둘 모두가 외면하고 저버렸기에 목적을 잃고 상실한 공허와 불만족만이 둘 마음 안에 가득할 뿐일 테고, 하지만 둘은 그 공허와 불행의 진정한 이유를 여전히 몰라 자신의 텅 빈 마음, 더욱 세상으로부터 채우고자 헛되이 애쓰고 있을 뿐일 것이고, 그러니까 그런 관계가 어떻게 아름다울 수가, 빛날 수가, 예쁘고 사랑스러울 수가 있겠어요. 여전히 사랑이 없어 시들어져있을 뿐이고, 또 사실은 서로의 기쁨이 아닌, 서로의 불행만을 위해 헌신하고 있을 뿐인 관계가 바로 그 관계일 텐데 말이에요.

　그러니 이제는 둘이 함께하며 더욱 사랑을 배워가기로 해요. 더 큰 사랑을 향해 나아가기로 해요. 오늘 내가 누군가에게 조금 불친절했다면, 그 불친절을 정당화하며 함께 누군가를 미워해주는 서로에게 '만' 좋은 관계가 아니라, 그것을 충분히 들어주고는 사람이니까 그럴 수도 있지, 내일은 조금 더 노력해서 오늘보다 더 큰 용서와 다정함으로 나아가보자, 나도 옆에서 함께하고 응원할게, 라고 다정하게 말한 채 성숙을 지지하고 북돋아 주는 진짜, 사랑의 관계를 향해 말이에요. 누군가를 속여 이득을 봤다고 한쪽이 자랑할 때 함께 기뻐하고 축하하기보다, 상대방이 더욱 온전한 양심을 향해 나아갈 수 있도록 이끌어줌으로써 온전함의 기쁨을 알려주는 진짜, 아름다운 관계를 향해 말이에요. 내가 누군가를 속여서 이득을 봤다면, 누군가는 나에게 속아 손해를 봤을 텐데, 그렇다면 그곳에 어떤 삶의 아름다운 가치가 있을 수 있겠어요. 그 사랑 없는 미성숙이 기쁨이라 믿는 둘이라면, 그 둘, 아름다움이 하나도 없어 얼마나 불행할 뿐이겠어요. 자신들은 그것이 불행이 아니라 굳게 믿고 있을지라도 말이에요. 내가 소중하듯 타인의 소중함을 알고, 내가 사랑받길, 진실함으로부터 지켜지길 바라듯, 타인의 그런 권리를 또한 소중히 여길 줄 알고, 사랑받기 위해 태어난 모든 생명의 보편적 권리를 존중할 줄 아는 그 넓고 깊은 사랑으로 함께 나아가는 기쁨과 비교하면, 그러니까 그건 얼마나 작고 왜소한, 기쁨이라 할 수도 없는 그 자체의 불행이겠어요. 그리고 함께하는 영원히, 그 불행을 위해 살아가는 것으로 그 관계의 운명을 정해둔 둘이라면 그건 얼마나 안타깝기 그지없는 일이겠어요.

그러니 이제는 이기심과 미성숙의 한계에 갇혀 서로에게 '만' 좋은 서로가 되기보다, 사실은 서로에게 '조차' 좋은 서로가 되어주지도 못하기보다, 함께함으로써 그 한계를 깨고 진짜 사랑을 향해 더욱 나아가는, 그리하여 이 세상 모든 생명과 사람들에게 빛과 선물이 되어주는, 그 예쁜 성숙을 내내 함께하고 지지해주는 서로에게 참 기특하고 고마운 서로가 되어주길 바라요. 그 모든 사랑의 여정 안에서 내게 주어질 마음 꽉 찬 기쁨과 만족감을 꼭, 알아가길 바라요. 또한 그 사랑의 여정을 함께하며 인간이기에 여전히 서툴고 부족할 수밖에 없는 서로를 가득 토닥여주고 응원해주고 지지해주는, 그래서 혼자일 때보다 둘이라서 더욱 든든하게 사랑을 향해 나아갈 수 있는, 그런 위로와 의지의 존재가 서로에게 되어주길 바라요. 그 모든 사랑의 마음으로 서로를 마주할 때 둘, 무엇보다 서로를 신뢰할 수 있을 것이고, 무엇보다 서로를 존경할 수 있을 것이고, 그래서 무엇보다 둘 관계 안에는 영원한 위로와 기쁨이 반드시 함께할 테니까요. 고작 이기적이기 위해 태어난 당신이 아니라 정말 예쁘게 사랑하고 아름답게 사랑하기 위해 태어난 존재가 바로 당신이니까요. 그래서 그런 사랑을 함께할 때라야 진정으로 만족할 수 있을 당신이니까요. 당신이 이기적이고 왜소한 사랑의 관계 안에 있을 때 늘 공허하고 불안했던 건, 고작 그런 사랑 따위에 채워지고 만족할 수 있을 만큼의 사랑 아닌 당신이 아니기 때문인 거니까요. 그러니 이제는 부디 당신이 당신 자신을 알기를. 무엇으로만 채워질 수 있고, 무엇으로만 기뻐하고 만족할 수 있는 사람인지를, 사랑인지를.

그것을 앎으로써 부디, 이제는 같이의 가치가 있는 사랑을 하길. 함께하는 내내 서로만을 바라보느라 여념이 없는 집착하고 간섭하기에 바쁜 사랑 아닌 사랑을 하며 이곳, 지구에 존재하는 아까운 시간을 낭비하지 말길. 함께하는 사람이 내게 가장 중요하다는 건, 다른 사람보다 이 사람이 더 존중받아야 한다고 믿고, 다른 사람보다 이 사람이 더 이득을 봐야 한다고 믿고, 다른 사람보다 이 사람이 더 높이 서야 한다고 믿어서가 아니라 이 사람을 통해 다른 사람도 존중받아 마땅한 존재라는 걸 알아가게 되어서, 이 사람을 통해 진실함을 지키는 가치의 아름다움을 알아가게 되어서, 이 사람을 통해 모든 사람에게 더욱 친절하고 다정한 내가 되어가게 되어서, 그러니까 그런 기쁨과 사랑을 내게 알려주고 이끌어주는 사람이라서, 가 되어야 마땅한 거니까. 그 같이의 가치 때문에, 서로에게 더없이 소중하고 중요한 서로라고 여겨져야 하는 거니까. 그러니 더 이상은 이기심을, 미성숙을, 그 우상을 숭배하지 말기를. 가치 없는 것을, 중요하지 않은 것을 가치 있게 여기고 중요하게 여기지 말기를. 다만 소중한 것을 소중하게 여길 것이며, 그것에 당신 마음을 바치고 헌신하기를. 그렇게 함께하는 매일을 더해 더욱 큰 기쁨과 빛을 향해 나아갈 뿐이길. 그 모든 과정 안에서 더 커져가는 마음의 기쁨과 빛을 선물로 받으며 나아갈 뿐이길. 오직 그 선물만을 이 삶에서 당신에게 가치를 가지는 유일한 선물로 여기길. 사실 애쓰지 않아도 그렇게 될 것이며, 왜냐면 그것만이 당신이란 사랑을 만족시키고 채워줄 수 있는 유일한 진짜 기쁨이기 때문이니까.

그러니 언제나 당신 마음 안에 진짜 기쁨이 함께하고 있는지, 아니면 공허하고 왜소한 거짓 기쁨이 함께하고 있을 뿐인지, 그것을 살펴보며 나아가길. 당신 얼굴에 피어난 미소가 고요하고도 온화하게 빛나는 미소인지, 아니면 이기심이 충족되었음에서부터 피어난 산만하고 얄팍한, 비열하고도 경박스러운 미소인지, 그것을 바라봄으로써 당신 마음을 점검해보길. 성숙하기 위해 태어난 당신이고, 하여 성숙함으로써만 기쁘고 행복할 수 있는 게 당신 존재라면, 당신에게 진정으로 기쁨이 되는, 기쁨이 되어줄 수 있는 사람은 어떤 사람인지를 생각해보길. 당신의 이기심을 충족시켜주고, 당신의 이기심에 아첨하는 사람인지, 그래서 당신을 그 이기심에 더욱 오래도록 머무르게 하는 사람인지, 아니면 당신을 그 이기심의 바깥으로 계속해서 불러내는 사람인지, 하여 끝내 당신에게 성숙의 기쁨을 가르쳐주는 사람인지, 하는 것을. 그리하여 진짜 기쁨을 당신에게 선물해주는 사람, 그런 사람과 함께하길. 그러기 위해 다른 무엇보다도 성숙을 당신 삶의 으뜸가는 가치로 스스로 여기길. 당신은 결국 당신이 스스로 소중히 여기는 것, 그것을 채워주는 사람에게 끌릴 수밖에 없을 테니까. 그러니 당신이 당신 자신을 지켜내길. 오직 진정으로 예쁘고 아름다운 것만을 가치 있게 여김으로써. 그렇게 당신, 이제는 함께함으로써 예쁜 성숙을 향해 더욱 나아갈 뿐인 진짜, 사랑을 하길. 그러니까 연애 말고, 사랑을 하길.

  서로에게 간섭하고 집착하기보다 서로를 존중하고 이해할 뿐인, 사랑을. 서로를 지치게 하고 소진시키기보다 서로를 채워주고 고취시켜줄 뿐인, 사랑을. 어제는 이만큼만 사랑했다, 오늘은 저만큼만 사랑했다, 하는 식으로 사랑의 양을 조절하며 상대방을 자신에게 더욱 붙들어두려 하기보다 그저 매 순간 할 수 있는 최대한의 다정함으로 사랑할 뿐인, 사랑을. 나는 너에게 이렇게나 잘해줬는데, 네가 어떻게 내게 이럴 수가 있냐는 식으로 생색을 내거나 죄책감을 심음으로써 상대방의 사랑을 이끌어내려 하기보다, 그렇게 자신의 사랑에 늘 영수증을 달아두기보다 다만 너의 기쁨이 나의 기쁨이기에 그 어떤 대가도 바라지 않고 나의 만족을 위해 너에게 헌신할 뿐인, 사랑을. 남자는 이래야 하고, 여자는 이래야 한다는 세상의 관념 안에 서로를 맞추려 하기보다 너는 이런 사람이고, 나는 이런 사람이니 우리, 서로의 그런 점을 존중한 채 우리에게 가장 편안하고 잘 맞는 사랑을 만들어가 보자, 하고 다정하게 말해주는, 사랑을. 그러니까 이제는 연애 말고, 사랑을 하길. 여태 함께하며 당신이 늘 불안함과 함께해야 했고, 자주 상대방의 잘못을 곱씹어야 했고, 상대방을 통제하고자 해야 했고, 자주 감정싸움을 하느라 지치고 소진돼야 했고, 그랬던 건 결국 사랑이 아니라 세상이 말하는 연애를 했기 때문인 거니까. 그러니 이제 연애는 졸업하길. 그러고 나서 함께함으로써 서로를 존중하고 이해하고 배려하고 아껴줄 뿐인, 상대방의 기쁨만을 최대한으로 염려할 뿐인 사랑에 입학하길. 세상의 그 무엇으로도, 사랑 아닌 그 무엇으로도 채워질 수 없는, 오직 사랑하기 위해 태어나 존재하는 낭신, 사랑은.

 그러니까 우리, 이제는 연애 말고, 사랑할래요? 함께하다 지쳐 미움과 함께 헤어지고는 영원히 남으로 지내는, 사랑을 닮은 구석이라고는 하나도 없는 연애 말고, 영원함에 기반을 둔 진짜, 사랑을 말이에요. 그러니까 우리, 사랑할래요?

## 습관적 반응

우리는 숨을 쉬지 않고는 살아갈 수 없지만, 너무나 당연하게 숨을 쉬기에 또한 숨 쉬고 있음을 의식하지 않은 채 살아가곤 해요. 이와 같이 우리는 매 순간 무엇인가에 대해 어떠한 반응을 하지만, 그 반응이 너무나 당연한 습관이 된 경우에는 그것을 의식하지도 못한 채, 그러니까 내가 그러고 있다는 것을 스스로는 알지도 못한 채 어떠한 반응을 하곤 해요. 그리고 그 반응이 바로 나라는 사람의 존재이자 수준인 거예요. 그러니 지금 내가 어떠한 사람인지 궁금하다면 내가 어떤 반응을 하는 사람인지를 살펴보기로 해요. 운전을 하다가 내 앞으로 끼어든 차를 보며 우리는 본능적으로 분노를 하기도 하고, 또 관대하고 초연하게 그 일을 넘어가기도 하죠. 그리고 그 두 반응의 차이는 그 사람이 삶을 마주하는 습관적인 자세가 무엇인가에 따라 달라지는 거고요. 그리고 그 자세가, 세상과 타인에게 비칠 나라는 존재의 결인 거예요. 그러니까 습관적으로 분노하는 사람은 그게 숨처럼 당연한 자신의 본성이기에 스스로는 그게 얼마나 타인을 힘들게 하고 상처 주는지를 충분히 자각하지 못하지만, 그로 인해 주변 사람들과 자신까지도 늘 행복에서 멀어진 채 시들어져가고 있는 거예요. 그래서 이제는 행복하고 싶다면, 변화하고 싶다면, 성숙하고 싶다면, 나의 반응을 예쁘고 다정하게 바꿔나갈 필요가 있는 거예요.

그러니 나의 반응을 꾸준히 변화시켜, 숨처럼 당연한 나의 습관이 이제는 다정함이자 예쁨이 될 수 있도록 매 순간 살피며 나아가기로 해요. 그게 무엇보다 나를 더욱 사랑받는 사람, 행복한 사람으로 만들어줄 테니까요. 어떤 일 앞에서 습관적으로 우울한 반응을 하거나 화내는 반응을 하는 사람이 어떻게 사랑받을 수 있겠으며, 또 어떻게 행복할 수 있겠어요. 내가 여태 선택해왔던 그 숨처럼 당연한 나의 반응들이 나라는 사람의 운명이 되어 그렇게 나를 움직이고 있는 거예요. 일을 할 때도 늘 귀찮아하고 불평하고 저항하고, 그런 사람이 있고, 늘 기쁨 가득한 마음으로 웃으며 자발적으로 일을 하는 사람이 있죠. 그렇다면 그 둘 중 누가 더 좋은 운명을 지니게 될까요. 더 예쁜 오늘과 미래를 맞이하게 될까요. 그리고 그 자신의 운명이 어떤 모양이 되도록 선택한 것은 다름 아닌 그 자신이 아닌가요. 그래서 내 삶이 가난하거나 슬프거나 사랑받지 못하거나 외롭다면, 또 늘 화가 나는 일투성이라면 이제는 나의 반응을 점검하고 살핀 채 새로운 운명을 선택하고자 마음먹어야 하는 거예요. 최선을 다해 오늘을 사랑스럽고 예쁘게, 빛나도록 진실하게, 성실하고도 부지런하게 보냄으로써 말이에요.

드라마를 보면 어떤 사람이 악역이고 어떤 사람이 주인공인지 우리는 금방 알아차리죠. 그리고 마음속으로 나도 모르게 악역을 미워하고 선한 주인공이 잘 되길 응원하고 있다는 것을 알게 되죠. 그러니까 이미 우리는 알고 있는 거예요. 무엇이 사랑받는 자세인지, 또 무엇이 왜소하고 가난한 자세인지를 말이에요. 그러니 더 이상 나의 왜소한 면을 마주하는 게 불편하다고 해서 외면하지 말아요. 세상에서 가장 어렵고 불편한 일이 진실한 나를 마주하는 일이라고 할지라도,

그럼에도 나는 용기를 내어 나를 마주하고, 마주해내고, 그런 나를 딛고 충분히 사랑받을 만한 예쁜 나로 서서히 바꾸어나가야 하는 거예요. 어떤 일 앞에서 인상을 찌푸리는 게 나의 습관적인 반응이었다면 이제는 미소 짓는 반응으로, 늘 하기 싫어하고 비협조적으로 구는 게 나의 습관적인 반응이었다면 이제는 기쁨을 다해 참여하는 반응으로, 늘 외로움을 느낀 채 우울해하는 게 나의 습관적인 반응이었다면 이제는 내가 먼저 마음을 열고 사랑하는 반응으로, 쉽게 분노하고 미워하는 게 나의 습관적인 반응이었다면 이제는 관대하게 용서하고 이해하는 반응으로, 그렇게 하나둘 바꿔나가는 거예요. 그 과정 안에서 서서히, 그리고 반드시 내 삶이라는 드라마에서 나는 참 반듯하고 예쁜 주인공이 되어갈 거예요. 참 많은 사람들에게 사랑받고, 또 응원받는 그런 사랑스러운 사람이 되어갈 거예요.

    그렇다면 그럴 수 있는데, 왜 그러지 않고 살아가나요. 충분히 사랑받을 수 있고, 충분히 행복할 수 있고, 충분히 꿈을 이룰 수 있고, 충분히 성공할 수 있는데, 그러겠다고 마음먹고 선택하기만 하면 되는데 말이에요. 오늘 무엇을 선택할지를 결정할 모든 힘과 권능이 이미 당신의 마음 안에 있는데 말이에요. 살아가는 자세와 태도를, 습관과 반응을 선택할 수 있는 자유가 이미 당신의 마음 안에 있는데 말이에요. 그 모든 것들이 다만, 당신이 자신을 선택하여 사용해주기만을 기다리고 있을 뿐인데 말이에요. 그러니 이제는 그 힘을 사용하길 바라요. 그렇게 당신의 습관적인 반응을 예쁨으로, 사랑으로, 아름다움으로 바꾸어나가길 바라요. 그, 지금의 당신의 선택으로 인해 당신이 꼭, 반드시 가득 사랑받고 행복해지길 바라요. 그런 예쁜 운명을 지닌 당신이 되어가길 바라요. 그러기 위해 다만, 있는 그대로의 진실한 당신을 마주하길 두려워하지 말길. 정직하고 겸손한 눈과 마음으로 당신 자신을 살펴볼 것이며, 그렇게 매일의 반응을 살피며 그 반응을 바꾸어나가길. 당신의 단점과 약점, 못난 습관에 대해 가장 잘 아는 게 당신 자신일 것이며, 당신 자신의 그런 모습들을 스스로 또렷하게 인정할 줄 아는 겸허와 용기가 있길. 그리고 잊지 말길. 모든 처음이 힘든 것처럼 습관을 바꾸어가는 일 또한 쉽지는 않겠지만, 예쁜 변화에 관성이 붙고 나면 그것이 무엇보다 자연스럽게 느껴지기 시작할 테고, 그러다 어느새 예쁨과 사랑스러움이 가장 당연한 당신이 되어있을 거라는 것을. 그러니 포기하지 말고 부지런히 나아가길. 당신 자신을 스스로 아끼고 사랑하는 그 마음 하나로.

그리고 어느새 사랑과 다정함의 반응이 습관이 된 당신이 되고 나면, 그때는 그 사랑과 다정함이 바로 당신 자신의 존재와도 같다는 것을 알게 될 것임을. 결국 사람의 성격과 결을 결정짓는 건 그 사람이 짓고 완성한 성숙의 수준인 거니까. 그러니까 분노의 수준 안에 있는 사람은 그 수준 안에 있기 때문에 분노할 수밖에 없는 것이고, 사랑의 수준에 있는 사람은 그 수준 안에 있기 때문에 사랑할 수밖에 없는 거니까. 각자는 자신이 어떤 이유로 분노하고 사랑하고 있다는 나름의 정당한 이유와 논리를 가지고 있겠지만. 그래서 어떤 사람이 예민하고 까칠하다는 건 그만큼 그가 그 미성숙의 수준을 오래도록 정당화하며 그곳에 머물러왔다는 뜻일 뿐이며, 그래서 그저 그의 개성이 아니라 그가 머무르고 있는 성숙의 수준이 예민함과 까칠함이라는 걸 뜻할 뿐인 것임을. 그러니 당신은 다만 지금 당신이 지닌 성격과 결을 당신의 타고난 개성으로 착각하기보다 당신 성숙의 위치를 점검할 지표로 여길 뿐이길. 그리고 드라마를 보듯 당신의 성격과 결을 들여다봐 보길. 당신의 마음은 이미 당신이 어디로 가야 할지를 모두 알고 있으니까. 무엇이 선이고, 무엇이 진실이고, 무엇이 아름다움이고, 무엇이 옳음인지, 누구보다 잘 알고 있는 당신이니까. 그러니 늘, 드라마를 보듯 객관적으로 당신이란 이 삶의 주인공을 바라봐보길. 바라보는 것만으로 당신은 마음먹기 시작할 테니까. 예쁘길, 사랑스럽길, 행복하길, 가득 기뻐하길.

그렇게 꼭, 사랑을 향해 부지런히 나아가길. 그리하여 마침내 당신의 습관적인 반응이 사랑이 되게 하길. 그러니까 당신 자신이 사랑이라서, 사랑할 수밖에 없는 당신이 되길. 결국 당신이 당연한 것처럼 선택하는 습관적인 반응, 그게 곧 당신 자신인 거니까. 표지는 책이 아니고, 내용이 그 책의 본질인 것처럼. 그러니 당신이라는 책은 부디 그 내용이 아름답고 예뻐서 계속해서 곁에 두고 펼쳐보게 되는 그런 책이길. 당신을 곁에 두고 읽는 사람들에게 부정적이고 해로운 영향을 주기보다, 선하고 예쁜 영향을 주는, 그들의 마음에 또한 사랑을 심어주는 그런 감동 어린 책이길. 충분히 이기적일 수 있었음에도 끝끝내 사랑이길 선택했던 당신의 어떤 순간 앞에서는 내내 밑줄을 그은 채 나도 그래야겠다고 다짐하게 되는, 그러니까 그런 아름다움이 가득 담겨있는 책이길. 아직 쓰여지지 않은 다음 이야기들이 궁금해 계속해서 기다리게 될 만큼의 간절한 책이길. 그런 책이자 예쁜 존재가 당신이기 위하여, 오늘을 반듯하고 예쁘게 살아가길. 그렇게 매일, 예쁜 페이지를 써내려가길. 어제는 그러지 못했지만 오늘은 끝끝내 해내는, 그런 성숙의 스토리를 매 페이지에 담아내길. 그래서 그 책에 가장 잘 어울리는 제목이 사랑이 되게 하길. 당신이란 존재에 가장 잘 어울리는 게 바로 사랑이니까. 그러기 위해 지금, 사랑하길, 사랑을 해내길. 이전의 모든 사랑 아닌 습관적인 반응들을 기꺼이 포기함으로써. 사랑 앞에 놓아줌으로써. 당신, 사랑이라는 제목의 책에 사랑이라는 주인공이 될 것으로 이미 각본이 정해진 영원한 사랑은, 사랑이 운명일 수밖에 없는 당연한 사랑은.

## 사랑이 부족해서

　결국 내가 겪고 있는 모든 어려움은 내 마음 안에 사랑이 부족해서 생기는 거예요. 그러니까 모든 어려움은 사실 나의 마음속 깊숙한 곳에서 나에게 사랑을 갈구하는 요청인 거예요. 그러니 지금 내가 어떤 불편함과 함께하고 있다면 내가 어떤 식으로든 사랑하지 않길 선택했고, 선택하고 있다는 것을 기억한 채 내가 어떤 부분에서 사랑을 아껴왔고, 또 아끼고 있는지를 살펴보기로 해요. 지금 내가 누군가에게 서운함을 느낀 채 인색함에 사로잡히게 된 것도, 하여 마음 주길 아까워하는 왜소함에 갇히게 된 것도, 결국 사랑이 부족해서인걸요. 지금 내가 누군가에게 최대한 덜 줌으로써 나의 이득을 늘려나가고자 고민하는 것도, 그 갈등 앞에서 치열하게도 셈하느라 인상을 찌푸린 채 아파하게 된 것도 결국 사랑이 부족해서인걸요. 그래서 조금만 더 사랑한다면, 모든 게 좋아질 거예요. 왜냐면 사랑은 상대방의 입장과 나의 입장을 분리시키는 이기심이 아니라, 그것을 동일하게 여기는 하나의 마음이니까요. 그리고 상대방의 입장에서 생각해 볼 때 이해하지 못할 건 없는 거니까요. 그러니까 사랑은 늘, 이걸 생각해 보니까요. 만약 이 사람이 나였다면 나는 나를 비난할 것인가, 하는 것을요. 그래서 나의 입장에 갇힌 이기심에서 생기는 모든 갈등이 사랑 앞에선 녹아내리게 되고, 하여 갈등과 불편함 또한 사라지게 되는 거예요. 이해하는 척하는 내가 아니라, 이제는 진짜 이해하는 내가 되었으니까요.

　그리고 늘 갈등과 함께할 때는 몰랐지만, 갈등이 사라지고 나면 갈등 없는 하루가 얼마나 가볍고 평화로운 하루인지를 당신, 비로소 알게 될 테고, 왜냐면 갈등에 쓰던 그 어마어마한 에너지들을 이제는 더 이상 그곳에 쓰지 않게 되었기 때문이고, 그래서 당신, 이제는 매일을 기쁨 가득한 기분과 함께 사뿐하고 수월하게 보내게 되는 거예요. 그러니 모든 일을 잘 해낼 수밖에요. 모든 일이 잘 풀릴 수밖에요. 무한하게 일하고도 에너지가 남아돌 수밖에요. 그래서 삶의 모든 부분이 아름다운 조화를 회복하게 되고 풍요와 기쁨을 가득 누리게 될 수밖에요. 그러니 이제는 사랑을 아끼지 말기로 해요. 상대방의 입장에서 생각해 봄으로써 사랑을 해내기로 해요. 내가 받고자 하는 것을, 먼저 주고자 할 것이며, 무엇보다 내가 받고자 하는 건 사실 유일하게 사랑일 뿐임을 알기로 해요. 그 형태가 어떠하든 결국 내가 삶과 사람들에게 외쳤던 모든 요구와 바람은 나를 좀 사랑해달라는 요청이었음을. 그러니 그 사랑을, 먼저 주는 내가 되기로 해요. 얼마나 많은 사람들이 사랑받길 내게 요청하고 있나요. 이기심을 통해, 분노를 통해, 미움을 통해, 슬픔을 통해, 그 가지각색의 언어들을 통해 내게 자신을 좀 바라봐달라고 외치고 있죠. 그리고 그 모든 언어, 진실로 사랑을 갈구하는 마음의 애처로운 울림이었던 거예요.

　그러니 그 사랑을 줌으로써 사람들을 안아주고 치유해주기로 해요. 제가 늘 말했듯, 사랑을 주고자 할 때 그 사랑이 담기는 곳은 당신 마음 안이기에 당신이 누군가를 사랑하는 건 결국 당신 자신을 스스로 사랑하는 일인 것이고, 그러니까 이제는 당신 자신을 사랑해주기로 해요. 결국 그 사랑이 마음에 부재해 이토록이나 어려움을 겪고 있는 당신이니까. 그게 마음의 어려움이든, 외부적인 어려움이든, 그 무엇이든 말이에요. 그래서 당신이 비로소 사랑을 선택할 때, 그 무엇으로도 이겨낼 수 없을 것만 같았던 그 모든 어려움, 서서히 녹아내리고 사라지기 시작할 거예요. 그때는 당신 스스로 당신을 사랑받아 마땅한 존재로 여기고 있을 것이기에 그것에 마땅한 현실이 당신에게 주어질 테니까요. 사랑엔 어려움과 고통이, 왜소함이 전혀 어울리지 않으니까요. 그러니 이제는 사랑에 기대어 회복되기로 해요. 당신이 어렵다고 해서 어제와 같이 계속해서 불평하고, 분노하고, 미워하고, 탓하고, 우울해하고, 무기력해하고, 그럴 때 당신의 지금이 어떻게 좋아질 수 있겠어요. 그 모든 부정적인 감정을 견뎌내는 것만으로 벅차 그때는 온전히 감당하고 견뎌내는 일에만 당신의 모든 에너지가 쓰여지고 있을 텐데 말이에요. 그래서 지혜로운 생각을 할 수조차 없게 될 테고, 하루하루를 더해 더욱 생명력 없이 시들어져갈 뿐일 텐데 말이에요. 그러니 이제는 사랑에 기대어 당신의 위대함과 완전함을 회복하기로 해요. 그렇게 여태 지독하게 고통받아왔던 당신 자신을 스스로 안아주고 어루만져주기로 해요.

그 사랑을 위해, 이제는 이해를 통하기로 해요. 이해할 때, 용서하지 못할 것이 없고, 용서하는 순간 당신은 이미 사랑하고 있을 테니까요. 이해한다는 건 옳고 그름을 따지고자 하는 마음의 욕구를 내려놓는 일이에요. 내가 옳다고 믿는 가치와 상대방의 가치가 충돌할 때, 내 관점을 고집스럽게 고수할 수도 있지만 너의 상황과 네가 살아온 관점에서는 그런 가치가 생길 수도 있겠다는 걸 이제는 충분히 존중하고 알아줌으로써 집착과 강요를 내려놓는 일인 거예요. 그래서 우리는 이해하는 동시에 용서할 수 있게 되고, 용서하는 동시에 절대로 사랑할 수 없을 것만 같았던 누군가를 사랑할 수 있게 되는 거예요. 결국 사랑이란 모든 입장을 벗어던지고 온전한 너를 바라보겠다고 다짐하는 일이니까요. 무엇보다 이해할 때, 내 마음 안에서 상대방에게 끝없이 무엇인가를 강요하고자 하는 욕구가 녹아내리게 되기에 그건 곧 나의 평화를 위한 일인 것이고, 그러니까 그로 인해 궁극적으로 내가 행복을 되찾게 되는 거예요. 그러니 이제는 상대방의 입장에서 생각해볼 줄 아는 그 이해를 통해 세상과 사람들을 바라보기로 해요. 그리하여 서서히 이기심을 내 마음 안에서 벗겨내고 보다 진정한 사랑을 향해 나아가기로 해요. 나의 입장에서만 생각하는 그 이기심 때문에 당신, 여태 사랑을 그토록이나 아끼게 되었고, 사랑 앞에서 인색하게 굴게 되었던 거니까요. 늘 계산하게 되었고, 그 마음의 산만함 때문에 평화를 잃게 되었고, 그 분리감 때문에 갈등과 미움에 이토록이나 잔뜩, 사로잡히게 된 거니까요. 그로 인해 지금의 어려움에까지 이르게 된 거니까요.

보통의 경우 사람들은 자신이 만약 고용주라면 직원에게 최대한 일은 많이 시키고 월급은 조금 주는 게 이득이라고 생각한 채 그렇게 하고자 하고, 하지만 정작 자신이 직원이 된다면 그 순간 그와는 완전히 반대되는 입장을 가지게 되고, 정말로 대부분의 사람들이 그 이기심에 갇혀 평생을 살아가고 있는 거예요. 그로 인해 자신이 행복해질 거라고, 유리해질 거라고 굳게 믿은 채, 사실은 그로 인해 자신이 점점 더 불행해지고 있는 줄은 꿈에도 모르는 채 말이에요. 하지만 이제 당신은 다른 거예요. 당신은 내가 만약 직원이라면, 내가 만약 고용주라면, 하는 상대방의 입장에서 생각해 볼 줄 아는 사람이 되었으니까요. 그렇다고 해서 상대방의 이기심에 완전히 자신을 헌신하진 않겠지만, 그로 인해 당신, 적어도 상대방의 입장을 미워하기보다 충분히 이해하게 되었으며, 그래서 과한 이기심에 의해 굳이 서운해지기보다, 굳이 미워하기보다, 자신의 평화를 꿋꿋이 지켜내며 나아갈 수 있게 된 거예요. 때로 조금의 유감스러움을 느낄 순 있을지라도, 안타까움을 느낄 순 있을지라도, 이제 결코 미움에 빠지지는 않게 된 것이죠. 그래서 당신의 마음은 이기심과 미움에서부터 오는 소란스러운 일렁임을 겪지 않게 될 테고, 그 모든 부정적인 울림으로부터 다만 당신 자신을 지켜낸 채 하루를 예쁘고 사랑스럽게만 보내게 되는 거예요. 이해심으로, 상대방의 입장을 충분히 이해하게 되는 순간 당신의 마음엔 미움이나 갈등, 계산이나 인색함, 왜소함, 서운함, 그 모든 곱씹음이 생길 틈이라는 게 없어지니까요. 그러니까 이해심은 이기심의 모든 벽을 허문 사랑의 행복과 함께하기에 여전히 그 벽을 허물지 못하고 있는 상대방의 망설임을, 이 진정한 행복을 모르는 그 무지를 진정으로 안타깝게만 여길 뿐이니까요.

 그래서 당신은 이제 나의 입장이 아니라 이 세상의 선, 아름다움에서 무엇이 가장 균형 있고 올바른 관점인지를 생각해보고, 그 관점에서 말하며 상대방을 설득하게 될 거예요. 그렇게 상대방에게도 사랑할 기회를 제공해주고자 할 거예요. 적당한 월급을 주지 않는 사장에게, 적당한 월급을 요청하는 건 인색함과 왜소함에서부터 벗어나 이제는 사랑할 기회를 주는 일이니까요. 적당한 월급을 받고는 늘 대충 시간만 때우고 있는 직원에게 성실하게 일하길 요청하는 것 또한 마찬가지로 그런 거니까요. 하지만 상대방이 사랑 앞에서 아직은 마음의 문이 크게 닫혀있는 사람이라면 그 사람의 배움의 과정을 또한 충분히 존중한 채 기다려주거나, 혹은 오직 서로의 성숙을 위한 결정으로 미움 없이 내가 있을 장소와 환경을 바꾸거나, 그럴 거예요. 왜냐면 나는 그 사람의 입장을 완전히 이해하고, 그 사람 또한 인간이기에 이기적인 생각에 갇혀 그곳에서 행복을 찾는 것도 완전히 이해하고, 하지만 그 사람을 이해하고 사랑하는 만큼 나 자신을 또한 이해하고 사랑하니까요. 그래서 미워하지는 않지만, 나를 위한 사랑으로 내가 있을 장소를 옮기길 선택할 수도 있는 것이죠. 그래서 당신이 사랑할 때, 당신은 미움에 의존하여 무엇인가를 결정하는 불행에서부터 완전히 벗어나게 되는 거예요. 또한 더 이상 미움과 같은 부정성에 당신의 에너지를 쓰지 않기에 당신의 삶, 모든 면에서 좋아지게 되는 거예요. 그러니 이제는 나의 입장만을 앞세우는 이기심의 모든 벽을 허물고 더욱 이해를 향해 나아가요. 나의 행복 앞에서는 아무런 중요성도 가지고 있지 잃은 나의 입장이라는 것을 잊지 않으면서요. 그러니까 입장을 지키느라 사랑을 아끼게 되고 사랑 앞에서 인색하게 굴게 된다면, 그 입장은 나의 불행만을 위할 수 있을 뿐인 불필요한 입장이라는 것을 잊지 않으면서요.

그렇게 이제는 내 마음 어딘가에서 불편함이 느껴진다면, 그 불편함이 증오든, 원망이든, 욕망이든, 이기심이든, 슬픔이든, 그것이 무엇이든 그러한 갈등이 느껴질 때마다 내가 어떤 부분에서 사랑이 부족했는지, 사랑하지 않길 선택해왔는지를 생각해볼 줄 아는 내가 되기로 해요. 늘 그랬던 것처럼 모든 것을 상대방과 세상의 잘못으로 여긴 채 탓하고, 비난하고, 미워하기보다 말이에요. 탓하는 순간 나는 내 마음의 주권을 외부에 스스로 떠넘겨주는 것과 다르지 않아요.

왜냐면 탓한다는 건 외부가 나를 불행하게 만들 수 있고, 또 나를 미움에 빠뜨릴 수 있고, 나에게 위해를 가할 수 있고, 그럴 수 있다는 믿음에서 비롯되는 마음인 거니까요. 그러니 이제는 탓하기보다 책임지는 사람이 되기로 해요. 그렇게 사랑할 기회를, 성숙할 기회를 스스로 잃지 않는 반듯한 나로서 존재하고 살아가기로 해요. 무엇보다 내 존재에 대한 책임으로, 또 내가 이곳에 태어나 존재하는 유일한 목적인 사랑, 그 사랑에 대한 책임으로 내 마음의 힘을 스스로 챙기는 그 기특하고 예쁜 마음으로요. 그렇게 내 마음의 진정한 힘과 함께 내가 삶을 마주하고 살아가는 시선과 마음가짐을 변화시키며 나아가는 거예요. 그러니까 사랑이 부족한 곳에 사랑을 채우며 나아가는 거예요. 결국 모든 마음의 어려움은 사랑의 결핍에서부터 비롯된다는 것을 잊지 않으면서 말이에요. 사랑만이, 나에게 진정한 기쁨과 즐거움을 줄 수 있다는 것을 잊지 않으면서 말이에요. 그러니까 지금 내가 두려움을 느끼는 것도, 외로움을 느끼는 것도, 슬픔을 느끼는 것도, 증오를, 미움을, 분노를, 공허를 느끼는 것도, 결국 사랑이 부족해서라는 것을 잊지 않으면서 말이에요.

정말 그렇지 않나요? 사실 모두가 사랑을 찾아 이토록이나 헤매고 있는 거잖아요. 하지만 그 사랑을 결코 내게 사랑을 가져다줄 수 없는 곳에서 찾고 있기 때문에 늘 실패하고 있는 거잖아요. 그래서 기쁘지도, 행복하지도 않기에 더욱 사랑을 느끼기 위해 집착하며 고통스럽게도 나아가고 있는 거잖아요. 오직 사랑에 의해서만 진정 채워질 수도, 만족감을 느낄 수도 있는 우리인 거니까. 모든 불만족과 불편함과 불행한 느낌은, 그래서 이제는 사랑을 선택해달라는 마음의 울림인 거니까. 그러니 당신은 당신에게 사랑을 가져다줄 수 있는 곳에서, 오직 그곳에서만 사랑을 찾기로 해요. 더 이상 허투루, 사랑하지 말아요. 소유를 늘려가는 것에서부터 사랑을 느끼고자 하고, 타인과의 강한 유대감 속에서 사랑을 느끼고자 하고, 나의 욕망을 충족시키는 그 이기심에서부터 사랑을 느끼고자 하고, 그럴 때 사실 당신은 사랑하는 게 아니라 집착하고 있는 것이고, 그래서 즐거움과 기쁨이 아닌 불안함과 두려움과 함께하게 될 테니까요. 그러니 지금 당신의 마음 안에 진정한 즐거움과 기쁨이 함께하고 있는지, 당신의 표정은 고요하고 온화한지, 그것을 살피며 나아가요. 당신이 진정 사랑하고 있다면, 사랑이 있는 곳에서 사랑을 찾고 있는 게 맞다면 당신, 오직 평화와 기쁨과 즐거움과 함께하고 있을 수밖에 없을 테니까요. 왜냐면 당신이 사랑이 아닌 곳에서부터, 애초에 사랑일 수 없는 곳에서부터 사랑을 찾고자 계속해서 몰두할 때, 그때만 당신의 마음은, 그리고 우주와 삶은 그곳에서부터 당신을 구해주기 위해 당신에게 온갖 어려움과 불편함을 가져다주는 것이고, 그로부터 지금 무엇인가가 잘못됐음을 분명하게 알려주고자 하는 거니까요. 당신이 결코 그냥 지나칠 수 없을 만큼의 아주 깊고 큰 어려움을 가져다줌으로써 말이에요.

 그러니 다만 진짜, 사랑해요. 외부를, 환경을, 사람을 탓하기보다 내가 어떤 부분에서 사랑이 부족했는지, 또 사랑을 오해했는지, 그것을 살펴보며 나아가는 지혜로운 내가 되기로 해요. 결국 내가 누군가를 미워하는 것도, 또 미워하면서도 계속 그 관계를 놓지 못해 끌려다니는 것도 상대방에 대한 사랑이 부족하거나, 나 자신에 대한 사랑이 부족하거나, 그런 거겠죠. 내가 상대방을 충분히 사랑했다면 애초에 이 관계 안에서 불만을 느끼지 않았을 것이고, 또 나를 충분히 사랑했다면 진실하게 보아도 나와 맞지 않는 그런 관계 속에 나를 계속 두지도 않았을 것이고, 그래서 미워할 필요조차 없었을 테니까요. 무엇보다 내가 나를 충분히 사랑한다면 내 마음 안에 미움이 찾아오는 순간 그 미움에 빠지기보다 그 미움을 해결하기 위해 다만 최선을 다할 뿐일 테고, 하여 금방이면 평화로운 마음을 되찾고 회복했을 테니까요. 그리고 무엇보다 내 마음에 충분한 사랑이 함께할 때 나는 나를 사랑하듯 상대방을 사랑하고 있을 것이기에 더욱 인내하는 사랑, 더욱 이해하는 사랑을 하고 있는 채일 것이고, 하여 사소한 일 하나에 세상 전부를 잃은 사람처럼 서운해하고 불행해하거나, 상대방을 미워하거나, 그러지도 않을 테니까요. 내가 나를 충분히 사랑하고, 또 상대방을 나 자신처럼 아끼고 사랑한다면 말이에요. 그러니까 결국 사랑이 부족했던 탓이고, 무엇보다 그 사랑을 나에게 구하고 요청하기 위해 지금의 어려움과 불편함이 내게 닥친 거라는 것을. 그래서 사실 모든 어려움과 불편함은 이제는 사랑할, 사랑을 되찾을 기회이자 선물이라는 것을.

그러니 이제는 사랑해요. 그때, 삶의 모든 부분이 좋아지기 시작할 거예요. 관계가 좋아지고, 피부와 혈색이 좋아지고, 건강이 회복되고, 회사에서도 더욱 인정받게 되고, 물질적으로 또한 더욱 풍요로워지고, 정말 그렇게 될 거예요. 당신의 눈에는 그렇게 보이지 않을지라도, 진실로 당신의 모든 어려움은 당신에게 사랑을 구하기 위해 찾아온 거니까요. 그게 경제적인 어려움이든, 육체적인 어려움이든, 정말로 그게 어떤 어려움이든지 말이에요. 정말 사랑의 상태에 푹 빠져 있는 사람을 봐요. 언제나 채워져 있고, 언제나 빛나고, 언제나 다정하고, 언제나 무기력함 없는 생명력으로 가득 차 있고, 온갖 풍요를 누리며 나아가잖아요. 단순한 삶이 좋아서 스스로 소박하게 살아가길 선택할 순 있지만, 그렇지 않은데 가난과 결핍을 겪을 순 없는 거예요. 왜냐면 우주와 사람들이 그를 그렇게 내버려두지 않을 테니까요. 늘 찾아와 그를 채워줄 테니까요. 고작 욕망에 의존하여 나아갈 때는 그렇게나 애쓰고 소진돼가며 치열하게도 쫓고 추구해야 했지만, 사랑은 그 어떤 수고도 없이 그저 끌어당기며 모든 것을 수월하게 해내니까요. 무엇보다 내 모든 어려움의 근원은 사랑의 부재에서부터 오는 것이었는데, 이제는 사랑이 가득 채워져 나, 어려움을 겪을 필요라는 게 더 이상 없게 되어버렸으니까요. 그러니 이제는 모든 어려움과 불편함 앞에서, 다만 사랑하길, 사랑이길 선택하길 바라요. 그렇게 사랑의 힘과 빛으로 모든 어려움을 딛으며 나아가길 바라요.

사랑은 그 어떤 애씀과 수고도 없이 모든 것을 해낸다는 점에서 도로 무르는 일이에요. 사랑 아닌 모든 것들이 나를 나의 원래 상태에서부터 더욱 벗어나게 하고, 그래서 더욱 큰 갈등과 어려움 안에 나를 놓이게 하는 것과는 달리 사랑을 선택하는 건 사랑 아니었던 이전의 모든 선택들을 도로 물러 나를 다시 사랑 앞에 데려다주니까요. 그러니까 사랑은 더 이상 환상을 쫓길 그만둠으로써 그저 모든 환상들이 먼지처럼 가라앉게 하는 일인 거예요. 그리고 사라진 환상 뒤에는 처음부터 영원히 그곳에 있었던 사랑이라는 나의 진짜 모습이 드러나 나를 반겨주겠죠. 그러니까 자신이 사랑이 아닐 수 있다고 믿는 모든 마음들에게 사랑은 조용히 다가가 그 마음을 사랑으로 채우고 어루만지고, 그렇게 함으로써 그 모든 갈등의 생각들을 평화와 다정한 생각들로 바꿔주는 거예요. 그래서 내가 할 일은 사랑이 아니고자 애쓰는 일을 그만두는 것, 그리하여 사랑이 나를 가득 채우길 허락하는 것, 그뿐인 거예요. 그리고 이제는 부디 그래 달라고, 당신 마음이 당신에게 모든 어려움과 불편함으로 호소하고 있는 거예요. 무언가 잘못됐음을, 잘못하고 있음을, 그렇게 알려주는 거예요. 그러니 이제는 그 마음의 다정한 소리를 듣길. 그 울림에 귀를 기울이길. 그리하여 더 이상 고통을 인내하지 말길. 그러니까 싸우고, 미워하고, 원망하고, 욕망하고, 그 모든 일이 너무나 고통스럽다면서 여전히 그 고통을 인내하길 선택하는 모순을 저지르지 말길. 다만 깨어나 사랑이길 선택하길. 그저 사랑을 허용할 뿐이길. 그러기 위해 이해를 통하길. 이해심의 관대함과 자비로움과 늘 함께하며 이기심의 벽을 허물고 하나 됨의 빛으로 나아가길. 이해의 미소 지음과 가장 잘 어울리는 당신, 사랑이니까.

그렇게 비로소 사랑의 빛이 당신의 마음 안에서 가득 차오르기 시작할 때, 사랑이 당신을 위해 모든 일을 대신하기 시작할 것임을. 당신이 지치지 않도록 늘 기쁨과 설렘을 당신 마음에 가득 채워줄 것이며, 당신이 가장 지혜로운 결정을 내릴 수 있도록 늘 최고의 선이 무엇인지를 알려줄 것이며, 당신이 마주하는 모든 관계가 치유되고 회복되도록 용서와 다정함의 빛을 잔뜩 내려줄 것임을. 그리고 그때, 당신은 또한 알게 될 것임을. 여태 이 사랑만을 찾아 헤매왔음을. 다만 사랑이 없는 곳에서 사랑을 찾고자 했기에 그토록이나 방황해야 했던 것임을. 그리고 모든 어려움은 그래왔던 나에게 이제는 사랑을 되찾아달라는 마음의, 나를 향한 사랑의 속삭임일 뿐이었음을. 그러니 이제는 사랑을 허용하길. 사랑 앞에서 치열하게도 저항하길 멈춤으로써. 고통을 스스로 인내한 채 붙드는 시도를 그만둠으로써. 그렇게, 사랑의 인도 앞에 나를 놓아두길. 사랑에 나를 내맡기길. 나를 위한 가장 최선의 선택이 무엇인지를 무엇보다 가장 잘 알고 있는 사랑에게. 그리하여 매일을 기쁨과 즐거움과 평화와 다정함과 예쁨과 아름다움과 풍요와 채워짐과 함께 보낼 뿐이길. 이해가 가져다주는 온화하고 따뜻한 기분과 함께 행복하게 보낼 뿐이길. 영원히 나의 것이었던 그 행복을, 이제는 진정 나의 것으로 소유해내길. 그렇게, 사랑을 내 품 안에 품은 채 사랑스럽게 나아가길. 그리하여 온갖 사랑 없는 마음에서부터 오는 불행으로부터 보호받길. 나에게 이득이 될 거라 여기지만 사실은 손해뿐인 그 이기적인 관점으로부터 지켜지길. 그렇게, 미움 없이 선택할 줄 아는 지혜로 나아가길.

다만 모든 어려움을 사랑 앞에 사뿐히 놓아두길 선택함으로써. 그렇게 사랑이, 모든 환상을 내게서 녹여내게 놓아둠으로써. 그러니까 당신 스스로의 모습으로 존재하는 것 앞에서 더 이상 스스로 저항하지 않음으로써. 여태 사랑을 찾아 그토록이나 헤맸지만, 사실 당신 자신이 사랑이었고, 그래서 당신에겐 다만 멈춰선 채 당신 자신을 바라볼 필요가 있었을 뿐임을, 그러니까 이제는 진정 앎으로써. 사랑이 아닌 그 무엇으로도 채워질 수 없는, 만족할 수도 없는 영원하고도 완전한 사랑이 바로 있는 그대로의 당신임을, 그러니까 이제는 진정 앎으로써. 그렇게 이제는 내가 완전히 사랑임을 아는 예쁜 기분과 함께 눈 뜨고, 그 사랑의 확신으로 매 순간을 보내고, 그 사랑의 다정한 포옹을 느끼며 미소와 함께 잠드는 당신이길. 결국 모든 갈등과 불편함과 어려움은, 그래서 당신을 고통스럽게 하고 괴롭게 했던, 잠에서 깨기 싫게 만들었고, 잠들기 어렵게 만들었던 그 모든 평화 없는 마음은 당신이 얼마나 사랑인지 모르는 불확신에서부터 온 일렁임이었으니까. 그러니 이제는 그 일렁임을 사랑으로 고요히 잠재우길. 그리하여 내가 얼마나 사랑인지를 누구보다 명확히 아는 그 단순한 확신으로 매일을 평화롭게 보내길. 그 사랑의 확신으로부터 모든 일을 해내길. 온갖 선한 일과 행복과 풍요와 사랑스러움을 끌어당길 뿐이길. 이제는 고통에 지친, 그리하여 더 이상 고통에 머무르고 싶지 않은, 사랑에 간절해진 당신, 사랑이길 선택하기만 하면 되면 영원한 사랑은. 고통에 잔뜩 찌푸려진 얼굴보다 예쁜 미소가 가장 잘 어울리는, 참 예쁘고 사랑스러운 그 자체의 사랑은. 부디 이제는 자신이 얼마나 사랑인지를 알았으면 좋겠다고, 내가 늘 간절히 기도하고 염려하고 바라고 소원하는, 내가 참 많이 아끼고 걱정하는 사람, 이토록이나 소중한 사랑은.

# 심판

　심판하지 마세요. 심판은 내 마음에 있다고 인정하기에 너무나 두렵고 죄스러운 것들을 모두 바깥에 투사하고는 그것을 공격함으로써 내 마음 안에는 그런 것들이 전혀 없다고 믿고자 하는, 그렇게 함으로써 내 내면에 있는 아름답지 않은 면들의 죄책감을 덜고자 하는 시도에 불과한 거예요. 그래서 사실 내가 비난하고 있는 모든 면들은 내 마음 안에도 있는 면들이며, 그것을 아주 겸손하게, 정직하게, 두려움 없이, 숨김없이, 오직 진실한 마음으로 바라본다면 그것이 정말로 사실임을 알게 될 거예요. 그러니 이제는 누군가에게서 미운 점, 비난할 만한 점이 보일 때마다 그것을 고스란히 미워하고 비난할 계기로 삼기보다 용서함으로써 나의 순수함을 회복할 예쁜 기회이자 계기로 만들며 나아가기로 해요. 그렇게 내 마음 안에 작게나마 있는 그 면들을 모두 용서함으로써 나의 순수함을 회복하며 나아가는 거예요. 그때 내가 용서하는 것들이란, 사실 내 마음 안에 있는 그런 면들이라는 것을 기억하면서 말이에요. 결국 진정으로 결백한 사람, 자신의 무죄를 완전히 확신하는 사람은 이 세상에서 그 어떤 미운 점도 찾지 못하니까요. 그러니까 내가 완전히 맑고 깨끗해졌을 때, 하여 내 마음 안에 숨기거나 가리고 싶은 어떤 죄스러운 점도 없을 때, 그때의 나는 이 세상에서 온통 무죄와 결백의 빛만을 바라볼 뿐일 테니까요. 그러니까 그때는 이 세상이 온통 아름답다는, 나와 함께하는 당신이 참 사랑스럽다는, 그 사랑의 심판만을 할 뿐인 당신일 테니까요.

그렇게 당신은 누군가를 심판하고 비난하고 깎아내리기보다, 최대한 좋은 점을 보고자 노력하는 사람이 되어갈 거예요. 좋은 점이 하나도 없는 것처럼 여겨지는 사람일지라도 구태여 미워하기보다 차라리 침묵하는 지혜와 함께하게 될 거예요. 사실 그의 모든 것 뒤에 있는 빛나는 사랑스러움만을 바라보고 있을 당신이기에, 그럼에도 당신은 그를 예쁘고 귀엽게만 바라볼 수 있을 테고, 하지만 그의 수준이 당신과는 너무나 다르다고 느껴진다면 그때는 예쁘고 사랑스럽게 바라볼 뿐, 또한 가까이서 함께하지는 않을 거예요. 길을 지나가는 모든 사람들이 사랑스러움으로 빛나고 있다고 해서 그들을 사랑스럽게 뻔히 바라볼 때, 그것을 자신에 대한 위협으로 느낀 채 나를 공격하고자 하는 사람도 있을 수 있는 것처럼, 서로의 수준이 너무나 다름에도 함께하는 선 둘 모두에게 아픔과 불편함만을 줄 뿐이라는 걸 이세는 아니까요. 그렇게 당신은 더 이상 죄와 미움을 바라보지 않는 다정함과, 하지만 순진하지는 않는 지혜와 함께하게 되는 거예요. 이제 당신 마음 안엔 당신이 감당하기에 너무나 죄스럽고 고통스러운 감정이 더 이상 남아있지 않으니까요. 그래서 바깥으로 투사할 부정성이 더 이상 없으니까요. 그 모든 것, 용서를 통해 털어내고 지워낸 당신이니까요. 그래서 오직 사랑하고 싶을 뿐인 당신이니까요. 다만 당신의 예쁜 마음이 불편함으로 닿지는 않는 곳에서만 말이에요.

결국 타인이 남의 지적을 수용하지 못할 만큼 작은 사람이라 비난하는 사람은 자기 자신이 타인의 지적을 들을 때 견딜 수 없을 만큼 불편해하는 사람인 것이고, 겉으로는 관대하게 수용하는 척할지라도 속은 전혀 그렇지 못한 사람인 것이고, 타인을 잘 믿지 못해 늘 의심하는 사람은 자신의 마음 안에 믿을만하지 못한 생각을 너무나 많이 품고 있는 사람인 것이고, 타인이 사랑 앞에서 인색하다고 생각하는 사람은, 사랑을 받으려고만 할 뿐 주고자 하지는 않는, 사실은 자기 자신이 사랑 앞에서 인색한 사람이며, 세상이 이기적이고 차갑다며 외로움에 빠진 사람은, 누구보다 그 자신이 이기적이고 차가운 사람이며, 왜냐면 이미 예쁘고 따듯한 마음과 함께하고 있는 사람은 그저 사랑을 주고자 할 뿐이니까요. 남을 비난하는 데 시선을 돌릴 잠깐의 시간과 감정도 아깝게 여길 뿐이니까요. 그러니 외부가 이렇다고 말하는 내면의 목소리가 들릴 때마다 이제는 그 목소리대로 고스란히 생각하고 미워하기보다, 나의 내면을 살피며 나아가기로 해요. 그렇게 내가 비난해왔던 면을 또한 가지고 있는 나를, 내가 먼저 용서해주기로 해요. 아주 작게라도 그런 면이 있기 때문에 세상에서도 그런 면을 바라보게 되는 것이고, 그래서 그런 세상을 미워하고 비난하는 건 사실 나 자신을 미워하고 비난하는 것과도 같은 것임을. 그러니 이제는 용서함으로써 용서받길 바라요. 내가 타인의 어떤 부분을 용서하는 건, 내 마음 안에 있는 그 부분을 용서하는 것과도 같으며, 내가 타인에게서 긍정하는 건 내 마음 안의 그 부분 또한 고스란히 긍정하는 것과도 같은 것임을 잊지 않으면서요.

 그래서 진정 강한 사람은 타인에게서 장점을 발견하고 그것을 긍정하는 사람인 것이고, 그것을 통해 자기 자신을 긍정해주는 사람인 거예요. 그리고 그 예쁜 시선과 늘 함께하기에 그는 매일을 더할수록 더욱 강해지고, 더욱 자신을 사랑하게 되고, 그래서 기쁨과 행복을 누릴 수밖에 없게 되는 거예요. 하지만 약한 사람은 그 와중에도 어떻게든 타인을 비난하고 깎아내림으로써 자신의 결백과 무죄를 증명하고자 헛되이 애쓰고 있을 뿐이겠죠. 저 사람은 이렇게나 못났다고 말함으로써 자신은 그와 같이 못나지 않았음을 증명하고자 하고, 그렇게 타인을 깎아내림으로써 높아지고자 하는 식으로 말이에요. 사실은 그것을 통해 스스로만 더욱 못나지고 있을 뿐이고, 더욱 큰 불행과 왜소함과 함께하게 될 뿐이고, 하지만 스스로만 그것을 모르는 채 말이에요. 그렇다면 모든 것이 선택이라면 그 모든 왜소함 대신에 이왕이면 기쁨을, 강함을, 위대함을, 사랑을, 이해를, 용서를, 행복을 선택하는 게 진정 지혜로운 삶의 태도가 아닐까요? 거울을 한 번 봐요. 내가 누군가를 긍정해주고 칭찬해줄 때 어떤 모습을 하고 있는지, 내가 누군가를 비난할 때는 또 어떤 모습을 하고 있는지를 한 번 봐보는 거예요. 그리고 세상을 한 번 둘러봐요. 누군가를 긍정하는 위대한 사람의 삶은 어떤 모양인지, 누군가를 내내 비난하고 깎아내리는 데 혈안이 된 왜소한 사람의 삶은 어떤 모양인지, 그것을 느껴보면서요. 그리고 당신은 어떤 미래를 맞이하고 싶은지를 속으로 그려보는 거예요.

당신이 가난하고, 외롭고, 매사에 삐뚤어져있고, 늘 분노와 미움과 함께하고 있고, 고통스러운 표정으로 매일을 보내고 있고, 그런 삶을 살아가고 싶다면 지금처럼 계속 비난한다고 해도 당신을 말리진 않을게요. 하지만 그게 아니라면, 이제는 세상을 바라보는 당신의 관점 안에서 당신의 성숙이 어떤 위치에 있는지를 점검해본 채 더욱 예쁘길, 아름답길, 이해하고 사랑하길, 용서하고 안아주길 선택하며 나아가기로 해요. 내면에 사랑이 가득 찬 사람은 세상을 사랑스럽고 따뜻한 곳으로, 내면에 두려움이 가득 찬 사람은 세상을 위험천만한 곳으로 여기기 마련인 것이고, 그러니까 그 모든 것이 결국 자기 내면의 투사인 거니까요. 자기 내면의 투사가 아니라 실제로 어떤 사람이 이러해서 이렇다고 진실하게 말하는 경우도 분명히 있겠죠. 하지만 그때는 결코 미움이나 분노의 감정이 함께하고 있지 않을 거예요. 그저 차분함과 다정함과 함께 있는 그대로의 진실을 이야기할 뿐일 테니까요. 그러니 그 진실함을 갖출 때까지 당신이 미워하고 비난하는 것, 정확히 그곳에서 세상에 대한 당신의 해석을 발견하고, 그 해석을 통해 당신 자신의 내면의 목소리를 발견하고, 그렇게 드러난 당신의 미성숙과 아픔들을 용서하고 치유하며 나아가기로 해요. 당신이 당신이라 여기길 끔찍이도 두려워하고 견디기 어려워하는 그 모습을 용서하고 안아주는 것에서부터 시작하는 거예요. 그러지 못할 때, 당신은 반드시 그것을 견디지 못해 외부로 투사하고야 말 테니까요. 하여 불행과 왜소함이 당연한 당신으로 굳어지고야 말 테니까요.

그러니 매일을 내 마음을 진실하게 들여다보며 사랑과 함께하고 있지 않은 나의 결과 성향을 발견하고 용서하는 마음과 함께 보내기로 해요. 그렇게 매 순간 당신 자신의 순수함과 결백, 무죄를 되찾고 회복하며 나아가기로 해요. 그 모든 과정 안에서 순수하되, 또한 순진하진 않기로 해요. 정말로 타고나길 순수한 사람들은, 마찬가지로 자신의 순수함을 외부에 투사하기에 이 세상 모든 사람이 자신과 같이 순수하다고 믿고 추정하기 마련이니까요. 하지만 세상은 정말로 가지각색의 다양한 사람들이 어우러져 살아가는 곳이기에 그건 순진함에 그칠 테고, 무엇보다 그 순진함은 나에게 상처가 되는 사람 곁에 나를 두게 할 것이고, 그래서 끝끝내 나, 미움의 영역으로 추락하게 될 테니까요. 그러니 언제나 진실하고 온전한 눈과 마음으로 세상을 바라보기 위해 노력할 것이며, 그 지혜로움으로 스스로를 지켜내길 바라요. 그러지 못해 스스로를 위험에 빠뜨리고, 하여 끝끝내 훼손되고선 다정함과 온전함을 잃은 채 미워하고 원망하고, 그러기보다 애초에 거절할 줄 아는 용기와 함께 나아가는 거예요. 그렇게 훗날 누군가를 미워하게 될 여지조차 남기지 않은 채 나아가는 거예요. 전에도 말했듯, 한눈에 보아도 폭력적이거나 이기적인 사람은 결코 위험한 사람이 아니에요. 다정한 척, 지혜로운 척 은밀하게 당신을 속이고 이용하는 사람, 조종하는 사람, 그런 사람이 진정으로 위험한 사람인 것이죠. 그리고 그런 사람을 구별하기 위해 저는 그 사람이 진정으로 당신의 마음 안에 기쁨과 평화를 가져다주고 있느냐, 그것을 진실하게 느껴보라고 했죠. 그러니 다시 한 번 그것을 되새긴 채 꼭, 당신을 지켜내길 바라요.

그렇게 당신은 당신의 순수함을 회복하고도 여전히 순진하지는 않아서 그 순수함을 영원히 지켜낼 줄 아는 단단하게 다징한 사람이길 바라요. 당신 마음 안에 있는 모든 부정적인 면들을 두려워하지 않고 마주했고, 진실하게 인정했고, 끝끝내 용서했기에 얻은 사랑의 눈빛과 진실함으로 매일을 미움 없는 기쁨과 생명력 가득한 행복과 함께 보내길. 그러고 나서도 언제나 지혜롭게 선택하며 나아가길. 누구와 함께할지, 누구와 함께하지 않을지를. 그때는 더 이상 미움이나 분노, 비난이나 앙갚음의 마음 없는 있는 그대로의 판단으로 선택할 당신일 테고, 하여 그건 심판이 아니라 여전히 사랑일 테니까. 그 모든 지혜와 순수함과 사랑을 위해, 지금은 다만 세상에서 보이는 모든 미운 점들을 용서하며 나아갈 뿐이길. 그렇게, 당신 자신을 용서함으로써 당신을 죄책감과 미움의 지옥에서 구해주길. 그리하여 당신은 누군가에게 없는 무엇인가를 바라보기보다 누군가에게 있는 무엇인가만을 바라보는 힘 있고 강한 사람이 되길. 그러니까 이렇지 않아서 미워하기보다, 이래서 사랑하는 당신이길. 결국 타인에게서 바라보길 선택한 모든 것을 고스란히 당신 마음 안에서 인정하게 될 당신이니까. 그러니까 누군가가 이래서 밉다고 할 때, 당신은 당신의 그런 점을 미워하는 것이고, 누군가가 이래서 참 좋다고 말할 때, 당신은 당신의 그런 점을 당신의 내면에서 인정하고 빛나게 하는 거니까. 그러니 빛과 사랑만을 바라봄으로써, 빛과 사랑만을 당신 마음에 가득 채우며 나아가길. 그 사랑의 눈빛이, 당신이 사랑을 잃기 전 당연하게 당신의 것으로 지니고 있었던 가장 본연의 눈빛인 거니까.

그러니 이제는 처음부터 영원히 비난을 모르고 미움을 모르고 죄를 모르는 당신 자신의 본연으로, 그 완전한 결백과 순수한 사랑스러움으로 돌아가길. 그 돌아감을 더욱 앞당겨주는 모든 선물들을 놓치지 말고 끌어안길. 바로 비난하고 싶은 마음, 미워하고 싶은 마음이라는 용서함으로써 내게 사랑을 되찾게 해주는 선물을. 그리하여 당신의 마음 안에서 그 선물들이 떠오르는 즉시 당신은 그 모든 것들을 다만 용서하길. 용서함으로써 용서받길. 더 이상 타인을 미워하고 비난하는 것으로 당신 마음에 있는 죄책감과 왜소함들을 보호하려고 하지 말길. 그것을 통해 얻을 수 있는 건 무죄가 아니라 더욱 큰 죄의 책임과 왜소함의 불행일 뿐이니까. 누군가를 죄인으로 만드는 건, 이 세상에 죄가 있음을 인정하는 것과 다르지 않으며, 그래서 그건 곧 내게도 죄가 있을 수 있음을 인정하는 것이기에 나를 늘 두려움에 떨게 할 테니까. 하지만 완전하고도 영원한 사랑인 우리 모두에게 죄란 애초에 있을 수 없는 허상에 불과한 거니까. 그러니 더 이상 허상을 바라봄으로써 허상을 부풀리지 말길. 다만 진실의 빛 앞에 고요히 데려가 놓아둠으로써 진실의 빛이 그 허상을 녹아내리게 하길. 그리하여 죄의 전가를 통해 죄 없음을 인정받고자 하는 오해에서부터 벗어나 무죄와 사랑만이 있기에 죄 자체가 환상임을 아는 진실로 나아가길. 그렇게 죄책을 벗고 결백을 깨닫길. 또한 매 순간 내게 그 선물을 주고 있는 타인에게 늘 감사하는 마음으로 나아가길. 감사하기에 미워하기보다 다만 용서하고 사랑할 뿐이길.

    당신이 용서하길 선택할 때, 사실 용서받는 건 당신 자신임을. 용서를 필요로 했던 죄의 환상을 용서를 통해 풀어줌으로써 당신을 그 죄라는 환상에서부터 완전히 건져내는 게 바로 용서인 거니까. 그러니까 애초에 미움 자체가 환상이었고, 모두가 있는 그대로 사랑이었을 뿐이니까. 그러니 사랑에게 죄가 있을 수 있다는 그 무지함을 이제는 용서함으로써 엉원한 결백을 되찾길. 사람들이 그토록이나 자신이 마치 사랑이 아닌 것처럼 말하고 행동하며 존재하는 건, 결국 그들 또한 죄라는 환상의 노예로서 살아가고 있을 뿐이기 때문이며, 그 죄의 고통스러움이 너무나 무거워 바깥으로 온통 투사하고 있는 것뿐이며, 그래서 사실 그들을 용서하기에 그들은 너무나 가련하고 애처로운 존재들일 뿐인 것임을. 그러니까 미워하기엔, 이미 그들이 감당하고 있는 불행이 너무나 크고 깊기에 다만 안타깝게 여길 필요가 있을 뿐인 것임을. 그러니 그들의 무지를 다만 안타깝게 여기길. 하여 미워한 적도 없기에 용서할 필요조차 없는 연민의 따스함으로 나아가길. 그렇게, 당신 내면에 있는 무지를 따스하게 안아주길. 당신이 무지의 상태에 있을 때 당신에게 필요했던 건 타인의 미움이 아니라 따스한 눈빛이었듯, 이미 고통스러워하고 있는 이들을 당신 또한 미워하지 말길. 그렇게 당신 자신에게, 미움 없는 평화와 행복을, 연민 가득한 따스함과 순수한 기쁨을 선물해주길. 그 모든 일을 위해, 이제는 미움과 비난을 나의 순수함을 회복할 기회이자 계기로 여기며 매일을 사랑스럽게 보낼 뿐이길. 미워하는 일보다 사랑하는 일을 훨씬 더 잘 해낼, 당신, 사랑의 능력을 타고난 사랑은. 완전한 순수함과 결백함과 사랑만을 알고 있을 뿐인, 처음부터 영원히, 하여 지금도 여전히 사랑인 당신, 사랑이었고, 사랑이고, 내내 사랑일, 그 자체의 사랑은.

# 정말 위험한 사람

　　내게 정말 위험한 사람은 겉으로 보이게 화내고, 이득을 추구하고, 뻔뻔하고, 무관심하고, 그런 사람이 아니에요. 그런 사람은 그 사람 마음의 의도가 뻔히 보이기에 내가 대처할 수도, 피해갈 수도 있으니까요. 그래서 정말로 위험한 사람은 은밀하고도 교묘한 사람이에요. 겉으로는 친절하지만 속으로는 어떤 욕망을 채우기 위해 나를 이용하고 있는 사람, 겉으로는 베풀지만 사실은 그 베풂을 통해 나를 조종하고자 하는 사람, 은근히 나에게 죄책감을 심어줌으로써 내가 그에게 더 잘해야 한다는 강박을 심어주는 사람, 하여 내가 대처할 수도, 피해갈 수도 없이 장기적으로 그에게 피해를 입을 수밖에 없는 상황을 만드는 철저한 사람, 바로 그런 사람 말이에요. 그리고 그런 사람이 바로 전통적으로 일컫는 양의 탈을 쓴 늑대인 거예요. 그러니 양의 탈을 쓸 늑대를 피하세요. 정말로 순수하고 사랑이 많아 다정하고 친절한 사람은 그 사랑의 대가로 결코 내게 무엇인가를 바라거나 요구하지 않을 거예요. 그것을 통해 내가 그에게 더 의존하게 만들기보다, 그렇게 나에게 은밀한 지배력을 행사하고자 하기보다 그저 내가 더 잘되길 바라는 그 마음의 예쁜 순수함 하나로 내게 선의를 베푸는 사람일 거예요. 그러니 내게 그런 순수한 마음을 전해주는 예쁜 사람과 함께해요. 순수해서 그 사람과 함께 있자면 내가 자주 순수하게 웃게 되는 사람 말이에요.

아마도 양의 탈을 쓴 늑대와 같은 사람과 함께할 때 나는 아이처럼 천진난만한 순수한 웃음을 짓게 되지는 않을 거예요. 어딘지 모르게 인간적으로 그를 좋아하지는 않게 되는, 친근감을 느끼지는 못하는 나를 발견할 수 있을 거예요. 아무리 겉으로 꼭꼭 숨기고 미화한 마음일지라도 그 마음 안에 숨겨진 의도가 있다면 그걸 느낄 수밖에 없는 게 사람의 본능이니까요. 하물며 동물도 자신을 진심으로 사랑하는 사람과 겉으로만 사랑하는 사람의 차이를 곧장 알아차리는걸요. 그러니 어딘지 모르게 교묘하고 친절과 다정함으로 나를 조종한다는 알 수 없는 의구심이 드는 불편한 사람을 피해요. 그들이야말로 나를 시험에 들게 하는, 내게 정말로 위험한 사람이니까요. 그와 함께하는 시간 동안 내가 그의 말과 겉모습에 속아 선함에서 벗어나고 있지는 않은지, 그걸 잘 살펴보기로 해요. 그들은 은근히 이간질하길 좋아하고, 그렇게 애정을 자신에게만 쏟길 바라지만 그걸 티 내지 않은 채 교묘하게 좋은 사람인 척 나를 구슬릴 테니까요. 내가 잘못된 행동에 빠지도록 은근히 나를 부추기고, 또 그렇게 함으로써 내 삶이 그들의 삶보다 못한 삶이 되도록, 하여 자신이 언제나 더 나은 삶을 사는 사람일 수 있도록 조종할 테니까요.

그리고 마침내 내 삶이 어려워지면 또 좋은 사람인 척 다가와 나의 편을 들어주며 위로를 건네겠죠. 그리고 그 순간 내가 순진하다면 그들의 그런 면에 속아 그들을 더 따르게 될 테고요. 그러니 그들이 결코 속일 수 없는, 그들과 함께하는 시간 안에서 내가 진정 아름다운 내면의 성숙을 완성하고 있는지를 잘 살펴봐요. 그들과 함께함으로써 내가 삶을 더 아름다운 가치관으로 살아가게 되었는지, 또 사람들을 더 진실하게 사랑하게 되었는지, 그런 것을 말이에요. 그들로 인해 누군가를 미워하게 되지는 않았는지, 잘 살고 있던 삶에 없던 불평이 생기지는 않았는지, 그런 것을 말이에요. 정말 좋은 사람과 함께할 때, 내 삶은 반드시 더욱 이해로, 용서로, 사랑으로, 아름다움으로, 빛으로, 기쁨과 평화로, 그 모든 선함을 향해 나아갈 수밖에 없는 것이고, 그래서 함께함으로써 그 반대 방향으로 나아가게 하는 사람은 나를 단 한 번도 진심으로 아끼거나 사랑한 적이 없는 사람인 거니까요. 그러니 정말로 순수한 사람은 투박하고 서툴더라도 반드시 진심을 내게 전해주기 마련이고, 내가 더 좋은 방향으로 나아가길 예쁜 마음으로 간절히 바라주며 이끌어주기 마련이고, 그러니까 그런 사람이 나를 정말 사랑하는 사람이라는 것을 꼭, 잊지 않기로 해요.

내가 진심으로 더 잘 되길 바라기에 이간질하기보다는 이해와 용서의 마음을 가질 수 있도록 응원하고 지지해주고, 어려움에 빠져 있을 때는 말이 아닌 따뜻한 손으로 나의 손을 잡아준 채 함께 그곳에서 벗어나기 위해 노력하고, 또 언제나 마음 한편의 아름다움을 지켜내고 순수하게 웃음 지을 수 있도록 곁에서 있는 그대로의 인간적임으로 나와 함께하고, 또 여전히 완벽하지 않은 서로이기에 때로 실수도 하고 그 실수 앞에서 민망해하기도 하고, 때로는 서로 씩씩거리며 말다툼을 하기도 하지만, 그 모든 순간 안에서 그래도 이 사람은 나를 사랑하는 사람이라는 믿음을 주고, 그래서 함께하는 동안 따듯한 온기를 끝없이 느끼게 되는 사람, 그러니까 그런 사람이 진짜 내가 함께해야 할 사람이라는 것을요. 바로 있는 그대로의 인간적임에서 오는 순수함과 사랑의 빛이 반짝이는 사람 말이에요. 그래서 매혹되는 느낌이 아니라, 사랑스럽고 귀엽다는 느낌을 내게 자꾸 전해주는 사람 말이에요. 위아래가 아니라 옆에서 나란히 함께하고 있다는 기분을 전해주는 사람, 나를 바라보는 눈빛에 사랑이 가득 묻어나 내가 더 애교 넘치게 존재하게 해주는 사람, 무엇보다 함께하는 게 누구보다 편안하게 느껴지는 그런 사람 말이에요.

    그러니 당신은 꼭, 그런 예쁜 사람과 함께함으로써 오래도록 이용당하고 조종당했다는 것을 언젠가 알게 되어 씻을 수 없는 상처를 가슴에 품은 채 세상과 사람에게 마음의 문을 완전히 닫게 되는, 그런 힘든 시간을 보내지는 않을 수 있길 바라요. 그러기 위해 양의 탈을 쓴 늑대를 지혜롭게 구분한 채 피하고, 늑대인 것이 뻔히 드러나 보이는 늑대는 당연히 피하고, 그렇게 함으로써 순수하고 진심 가득한 양들과만 함께하기를. 그러니까 부디 시험에 빠지지 말고 다만 악을 피해갈 수 있기를. 그리하여 당신의 평화와 사랑을 되찾는 여정을 오래도록 가로막는 사람 곁에 당신을 두는 실수를 하며 시간과 감정을 낭비하지 말 것이며, 다만 그 평화와 사랑을 향해 두 손을 잡은 채 함께 나아갈 수 있는 예쁜 사람들과 함께하길. 당신이 어렵고 힘든 사람에게 봉사해야 하는 순간에는 봉사자의 역할로서 보호받을 것이며, 그러니까 그 사람들과 역할을 벗은 순간에도 특별하게 함께하지는 말길. 테레사 수녀님이 가난한 사람들을 위해 평생을 봉사하며 살았지만, 그들에게 자신의 깊숙한 고민을 나누지는 않았듯, 그들을 누구보다 사랑했지만 그럼에도 특별하게 함께하지는 않았듯, 당신에게도 그런 지혜가 있길. 그 지혜로부터 늘 지켜지고 보호받는 당신이길.

    당신은 누구에게나 기꺼이 사랑을 주고자 할 만큼 참 순수하고 좋은 사람이니까. 그래서 누구보다 예쁜 사람과 함께할 자격이 있고,

무엇보다 그 순수함을 영원히 잘 지켜내 이 세상의 빛과 아름다움을 더욱 반짝이게 할 책임이 있는 드물게 위대한 사람이니까. 그러니 부디, 최선을 다해 사랑하되 순진하진 말길. 그렇게 당신 마음의 예쁜 사랑의 빛을 스스로 잘 지켜내길. 당신 자신만이 아니라 이 세상 모두를 위해서. 안 그래도 몇 없는 예쁜 마음인데, 당신마저 그 마음을 잃어버린다면 이 세상은 그만큼 빛과 아름다움을 지켜낼 단단한 기둥을 잃게 되는 거니까. 당신은 말과 행동이 아니라 존재만으로 그 빛과 아름다움에 이바지하는 사랑이며, 그러니까 당신, 아무것도 하지 않더라도 그저 사랑과 평화를 마음에 한가득 품은 채 숨 쉬고 존재하기만 해도 그 빛나는 마음으로부터 누군가를 치유하고 웃게 하는 사람, 사랑이니까. 오늘도 절망에 빠져있는 수없이 많은 사람들이 당신의 그 예쁜 마음으로 인해 그런 힘과 응원을 받고 있는 거니까. 비록 당신 눈엔 보이지 않을지라도, 당신이 한 번도 보지 못한 사람일지라도, 당신 사랑의 힘은 매 순간 그런 영향력을 미치고 있는 거니까. 그러니 눈에 보이지 않는 사랑의 힘을 간과하지 말길. 사랑스럽게 존재하는 것만으로, 그 힘을 온통 행사하고 있는 당신이라는 걸 잊지 말길. 그러니 그 사랑의 마음을 꼭, 잘 지켜내길. 그 사랑의 마음을 갉아먹고 소진시키기보다 지켜주고 고취시켜주는 예쁜 사람과 함께함으로써, 꼭.

## 고마워할 줄 아는 사람

고마워할 줄 아는 사람과 함께하세요. 때로 이 세상에는 감사하는 마음에 인색해서, 쉽게 감사하려 하지 않고, 또 타인의 감사할 줄 아는 예쁜 태도를 그 사람을 쉽게 조종할 약점으로만 여긴 채 존재하는 사람들도 있어요. 그런 세상이라서, 쉽게 고마워할 줄 아는 빛나는 성향을 두고 바보 같은 것이라 말하기도 해요. 하지만 쉽게 감동하고, 쉽게 감사할 줄 아는 마음처럼 빛과 행복에 가까운 아름다운 마음이 또 어디에 있나요. 행복은 욕망 분의 만족이고, 그래서 더 자주, 더 쉽게 감사할수록 그만큼 더 행복하게 존재하게 되는 것인 걸요. 다만, 아직은 미성숙하고 이기적인 사람들도 많은 게 이 세상인지라 나의 그런 소중한 마음을 예쁘게 여길 줄 아는 사람, 또 고마워하며 고마움으로 보답하고자 하는 사람, 그런 친절하고 다정한, 따뜻한 사람을 만날 필요가 있을 뿐인 거예요. 슬프게도 그런 구분을 하지 않으면 안 될 만큼 나의 순수함을 이용하고자 하는 미성숙한 사람들 또한 참 많은 게 이 세상이니까요. 그러니 당신은 꿋꿋이 감사하되, 다만 당신의 예쁜 마음을 스스로 잘 지켜내며 나아가길 바라요. 자주 차갑고 이기적인 세상이라고 해서, 당신의 예쁜 마음을 오히려 책하진 않길 바라요. 감사할 줄 아는 마음이 무엇보다 옳은 마음이고, 성숙한 마음이고, 그래서 누구보다 잘하고 있고 기특한 당신이니까.

누군가가 청소를 하고 있을 때 나도 좀 도와줄까? 라고 말한다면, 그 예쁜 선의를 당연하게 여긴 채 나를 부려 먹으려고 하는 사람도, 내가 불편해질 만큼의 냉담한 태도로 나를 거절하는 사람도 있겠죠. 하지만 정말? 넌 어쩜 그렇게 착해, 라고 말하며 진심으로 환하게 웃으며 함께 청소를 하고, 또 그런 나의 도움에 감동을 받은 채 나를 더 좋아해주고, 그것에 그치지 않고 자신 또한 나에게 어떤 식으로든 도움을 주고자 살피는 그런 사람도 있는 거예요. 그리고 내가 그런 사람의 맑게 빛나는 순수함을 이용하고자 하지 않는 선한 사람이라면, 그때는 그런 서로라서 이 세상 그 어떤 관계보다 아름답게 빛나는 관계를 맺게 될 거예요. 그런 사람과 함께할 때 얼마나 기분이 좋아지고, 또 편해지던가요. 쉽게 감사하기에 또한 쉽게 칭찬해주고, 그래서 얼마나 기특하고 소중한 사람이 된 기분이 들게 되던가요. 그러니 그런 고마워할 줄 아는 사람과 함께해요. 그리고 그 고마움에 고마워할 줄 아는 내가 되기로 해요. 구태여 그렇지 못한 세상 속에 나를 둔 채 감사를 아끼고, 사랑을 아끼고, 그렇게 무관심하게 존재하며 시들어지기보다 말이에요.

고마워할 줄 안다는 건 타인의 친절과 선의를 참 세심하게도 알아주는 마음이에요. 내가 실컷 집을 예쁘게 꾸며놨는데 그 누구도 그것을 알아주지도 않고, 그것에 감사를 표현하지도 않는다면 얼마나 외롭고 속상하겠어요. 그래서 서운한 기분이 몰려와 내 마음과 말의 문을 닫게 되겠죠. 하지만 환하게 웃으며 어쩜 이렇게 예쁘게 꾸몄대, 하며 고마워한다면 그것만으로 얼마나 행복한 기분이 들겠어요. 그 고마움 하나면 아마 하루를 넘어 며칠 동안 행복하기에도 충분할 거예요. 계속해서 그 예쁜 기억을 떠올리며 웃음 짓게 될 테니까요. 그래서 앞으로도 집을 더 예쁘게 꾸미게 되겠죠. 칭찬은 고래도 춤추게 하니까요. 그리고 그런 사람에게는 나 또한 얼마나 마음껏 감사를 표할 수 있나요. 내가 감사할 때마다 감동받은 채 그 감사에 고마워할 줄 아는 사람이라면 말이에요. 그러니 내게 서운함을 곱씹게 하기보다, 예쁜 기분을 곱씹게 하는 다정하고, 섬세하고, 예쁜 사람과 함께하길 바라요. 억지로 애쓰지 않아도 기쁨과 감사한 마음으로 자연스럽게 더 좋은 사람이 되고자 노력하게 만드는 사람, 내가 참 소중한 사람이고 존중받아 마땅한 사람이라는 걸 함께하는 내내 알려주는 사람, 그런 사람과 말이에요.

그러니까 마음껏 감사해도 되는, 감사를 아낄 필요가 없는 사람, 고마운 마음으로 행복하게 그 사람을 위해 무엇인가를 하게 만드는 사람, 방어할 필요 없이 사랑해도 된다는 믿음을 주는 사람, 감사할 줄 아는 마음이 잘못된 게 아니라는 것을, 그 마음은 무엇보다 기특하고 예쁜 마음이라는 것을 확신하게 해주는 사람, 함께하고 있자면 함께하고 있다는 사실 하나만으로 마음이 따듯하고 편안해지는 사람, 내가 어떤 행동을 해도 귀엽고 사랑스럽게 바라봐줄 것을 알아서 괜히 더 사랑스럽게 행동하게 되는 사람, 자신의 결핍으로 나를 바라보기에 자꾸만 내가 부족한 사람이라는 기분이 들게 하기보다 있는 그대로의 나에 만족하기에 나, 사랑받아 마땅한 사람이라는 기분이 들게 하는 사람, 이 세상, 그래도 아직 따듯하고 살아갈 만한 곳이다, 라는 생각을 하게 만들어주는 사람, 함께하는 내내 주고받는 감사함에 의해 시간을 더할수록 더 사랑하게 되는 사람, 내가 고마워, 라고 말하면, 고마워해 줘서 고마워, 라고 말해주는 고마움의 기특함을 알아주는 사람, 그래서 이 사람과는 영원히 함께하고 싶고, 또 함께해도 되겠다는 진짜 사랑의 마음을 갖게 해주는 사람, 그래서 잊고 잃었던 사랑을, 그, 나의 진짜 모습을 다시 기억하게 해주는 사람, 그런 사람과 말이에요.

    그리고 그렇지 못한 사람과 함께할 때는 감사해야 할 때와 감사하지 않아야 할 때를 지혜롭게 구분할 줄 아는 당신이길. 너무 쉽게, 자주 감사할 때 나를 쉬운 사람이라 여기는 사람도 있을 테고, 너무 감사하지 않으면 나를 예의 없는 사람이라 여기는 사람도 있을 테고, 그러니까 때와 장소에 맞게, 사람에 맞게 감사를 조절할 줄 알길. 그러니까 감사에 인색한, 감사를 나약함으로 보는 이 세상을 탓하기보다, 그런 세상을 살아갈 때는 그 세상에 맞게 내가 더 잘하길. 그 지혜가, 서운함과 상처로부터 당신을 지켜줄 테니까. 그러나 마음껏 감사해도 되는 사람을 찾는 일 또한 꾸준히 계속하길. 그리고 그런 사람과만 특별하고도 깊게 함께하길. 그러니까 마음속으로는 모든 이들을 사랑하지만, 그 사랑을 쉽게 표현하지는 말 것이며, 그 사랑을 마음껏 표현해도 되는 사람에게만 아낌없이 표현하길. 그리하여 당신 마음 안에는 감사와 사랑만이 빛나게 하길. 때로 겉으로는 아낄 때와 아끼지 않을 때를 구분할지라도. 그렇게, 매일을 깊은 감사와 함께 기쁨 가득 보낼 뿐인 당신이길. 감사하는 마음이 곧 사랑하는 마음이므로, 하여 더욱 빛나게 사랑할 뿐인 당신이길. 그렇게 사랑인 당신을 되찾으며, 당신이 이곳, 지구에 태어난 숭고한 사명을 완성하며 나아가길.

    그 성숙을 위해 존재하는 당신이기에, 감사할 줄 모르는 마음이라는 미성숙을 지혜라고 포장하고 미화하는 세상의 거짓된 소리에 귀를 기울이지 말길. 범사에 감사하지만, 감사를 마음껏 표현하는 일 앞에서는 무분별하지 않을 줄 아는 신중함, 그게 진짜 지혜니까. 그러니 당신은 다만 지혜롭게 감사하길. 자신의 이득을 위해 책임질 수 없는 말을 참 함부로도 내뱉으며 당신을 미성숙으로 몰고 가는 사람, 그런 사람들을 피하길. 그러니까 당신을 사랑과 감사와 용서와 이해가 아닌, 미움과 외로움과 분리와 이기심과 분노로 이끄는 사람, 그런 사람들의 말과 글을 조심할 것이며, 그들에게 유혹받지 말길. 그렇게 당신은 당신의 예쁜 마음을 잘 지켜내길. 매일을 더해 감사와 사랑의 마음을 더욱 키워가고 빛낼 뿐이길. 오직 그것만이 당신의 사명이고, 존재의 이유인 거니까. 그러니 부디, 당신이 존재만으로 얼마나 기적이고, 사랑이고, 감사함인지를 알길. 감사가 아닌 불만을 단 한 순간도 품을 수조차 없을 만큼의 사랑이 바로 당신이니까. 그래서 당신에게서 나, 감사한 점 말고는 찾을 수가 없으니까. 이토록 사랑스러움에, 이토록 기특함에, 이토록 예쁨에, 이토록 아름다움에 오직 감사할 뿐이니까. 그러니 당신 또한 당신을, 그런 사랑이자 기적으로 바라보게 되길. 그러니까 있는 그대로의 당신을 꼭, 마주하게 되길. 영원하고도 완전한 사랑이라는 이름의 진짜, 당신을.

## 사랑받을 만한 사람

사랑받을 만한 사람이 되세요. 정작 사랑받을 만한 사람이 되고자 노력은 하지도 않은 채 세상이 나를 사랑해주지 않는다며 투정 부리고 슬퍼하기보다 말이에요. 말을 할 때는 최대한 삐딱하게 타인의 감정과 마음을 왜곡하고, 그렇게 상처 주는 가시 돋친 말들을 참 쉽게도 하면서 자신이 왜 사람들로부터 기피당한 채 외로워졌는지는 생각하지 못하고, 그렇게 세상과 사람들을 탓하고 원망만 하는 사람이 어떻게 사랑받을 수 있을까요. 정작 자신은 타인에게 단 한 번도 관심을 기울인 적조차 없으면서 늘 왜 내게 관심이 없냐며 따지듯 관심을 강요하며 외로워하고 원망하는 사람이 어떻게 사랑받을 수 있을까요. 그래서 모든 외로움의 유일한 원인은 바로 사랑받을 만한 성숙의 수준을 완성하지 못한 것, 바로 그것인 거예요. 내가 타인들의 마음을 깊이 헤아리고 그들에게 최대한 다정한 말을 건넨 채 그들 하루의 행복과 기쁨을 고취시켜주는 사람일 때, 나는 결코 외로울 수 없을 테니까요. 내가 타인에게 늘 먼저 다가가 관심을 가져주고, 자발성 가득 손과 마음을 건네는 사람일 때, 나는 결코 외로울 수 없을 테니까요. 사랑받을 수밖에 없어 사랑받을 테니까요. 그러니 사랑받을 만한 내가 되어 사랑받아요. 그런 나를 준비해놓지도 않은 채 사랑해달라고 떼쓰기보다 말이에요.

그리고 반대로 내가 어떤 다정함을 건네도 그 다정함을 다정하게 받아들이지 못하는 사랑받을만하지 못한 사람은 피하기로 해요. 내가 아무리 그들에게 예쁜 보석과도 같은 말과 행동을 건네도, 돌아오는 건 못난 모양의 말과 행동이라는 돌뿐일 테니까요. 그래서 정말로 그건 내 시간과 감정을 낭비하는 일이 될 뿐일 테니까요. 삐딱한 마음으로 내 모든 말과 감정을 왜곡한 채 내게 따지는 사람에게 내 마음을 아무리 설명한들, 그들에게 중요한 건 내 감정이 아니라 자신이 옳다는 증명이고, 또 자기 자신의 부정적인 감정의 희생양이 될 사람을 찾는 것일 뿐이기에 그 사람, 어떤 말을 해도 알아듣지 못할 테니까요. 매 순간 자신의 욕망과 필요를 채우기 위한 마음으로 하루를 살아가고 있는 사람에게 내가 아무리 다정해도, 그들은 나의 다정함을 잘 차려진 한 끼 식사쯤으로 여긴 채 나를 이용하기 바쁠 테니까요. 그러니 그 사실을 배우고자 함께 해보는 게 아니라면, 피하기로 해요. 수많은 아픔과 상처를 얻은 채 뒤늦게 후회하고 미워하기보다 말이에요. 미움으로부터 나를 지켜내는 것, 미움의 유혹에 빠지지 않게 나를 시험에 들게 하지 않는 것, 그 또한 나를 향한 사랑이니까 말이에요. 그러니 부디, 당신 자신을 아끼고 사랑해주길. 무엇보다 당신 자신에게 가장 다정한 당신이길.

세상은 참 공평해서 사랑받을 만한 사람에게는 그 어떤 사랑도 아까워하지 않고 주고, 그렇지 못한 사람에게는 그 어떤 사랑도 아낀 채 주지 않는 거예요. 그러니 지금 내 마음이 어떻게 생겼는지, 내가 삶을 살아가는 자세가 반듯한지, 그걸 늘 살펴보며 나아가기로 해요. 내가 삐딱하게 앉아 있기에 온 세상이 내게 기울어져 보이는 것인데, 정작 자세를 고쳐 앉을 생각은 하지도 않은 채 세상이 너무나 삐딱하다고 탓하고 불평하는 것만큼 어리석은 마음가짐도 없는 거니까요. 늘 미소를 머금은 온화한 태도로, 그 따뜻한 빛과 같은 마음으로 세상을 마주하고 사람들을 대해 봐요. 타인의 슬픔에 깊이 공감하면서 함께 슬퍼해주고, 해결책을 함께 찾아봐주고, 응원과 지지를 기꺼이 건네주고, 잘 해낼 거라는 격려의 말을 아끼지 않는 내가 되어보는 거예요. 그때는 내가 외롭고 싶어도, 사람들이 나를 가만히 두지 않을 거예요. 늘 찾아와 나를 귀찮게 할 거예요. 보통의 상식적인 사람이라면 모두 나를 사랑해주고 아껴줄 거예요. 그리고 보통의 상식을 지니지 않은 악의적이고 삐딱한 사람은 구분해서 피하면 그만인 거예요. 사랑이 작지도 크지도 않은 보통의 사람은 오래도록 함께해봐야 비로소 그 결을 알게 되겠지만, 그렇게 삐딱한 사람은 몇 마디의 말만 주고받아 봐도 훤히 알 수 있는 법이니까요.

  결국 극도의 삐딱함과 힘께하는 다징함이 없는 사람들은 기피당하고 당하다, 감옥과 같은 곳에서 이 세상과 완전히 고립된 채 그 수준이 비슷한 사람들끼리 함께하게 되겠죠. 결국 사람은 끼리끼리 모이게 되어있고, 극도의 욕망과 이기심, 극도의 분노와 원망, 그 모든 어둠으로 잔뜩 치우쳐진 마음은 세상이 허용하지 않는 범죄로까지 이어지기 마련일 테니까요. 그러니 좋은 내가 되어 좋은 곁들과 함께하길 바라요. 당신이 먼저 좋은 사람이 되면, 당신이 애쓰지 않아도 알아서 당신의 수준과 맞지 않는 사람은 당신에게서 떨어져나갈 거예요. 서로가 서로에게 흥미를 못 느낄 테고, 대화도 잘 통하지 않을 테고, 함께하는 시간이 지루할 테고, 그러니까 더 이상 같이의 가치를 느끼지 못할 테니까요. 그러니 좋은 내가 됨으로써, 선하지 않은 사람들로부터 나를 보호해주길 바라요. 그렇게, 예쁜 사람들로 내 곁을 가득 채우길 바라요. 그것이, 먼저 사랑받을 만한 내가 되어야 할 모든 이유인 거예요. 더 이상 어떤 이유가 필요할까요. 그러니 꼭, 예쁘고 사랑스러운 마음을 지닌 당신이 되어 그런 사람과 함께하길 바라요. 그렇게 당신 자신을 선하지 않음으로부터 지켜내고, 늘 진실하게 당신을 아껴주는 사람 곁에 당신을 두는 당신이길.

무엇보다 그건 당신 자신에게 스스로 좋은 사람이 되어주는 일과도 같은 것임을 또한 잊지 말길. 나를 진심으로 아껴주고 사랑해주는 사람들로 내 곁을 채우는 건 내게도 선물이 되는 일인 거니까. 그러니 이제는 나를 사랑해주지 않는 세상과 타인을 탓하기보다, 나 자신의 지금 모습을 돌아볼 줄 알길. 돌아봄으로써 나의 마음을 예쁘게 가꾸며 나아가길. 그렇게 예쁜 향기로 당신 존재를 가득 채우길. 그 향기에 이끌려 예쁜 사람이 당신에게 다가올 수 있게. 그 모든 예쁜 당신을 만들어가는 과정 안에서 당신 마음 안에는 전과 같은 미움이나 삐딱함, 예민함, 결핍, 우울, 이기심, 그러한 것들이 서서히 사라지기 시작할 테고, 그래서 매 순간 어제보다 더 큰 기쁨을 누리고 있는 당신이 될 테고, 그것만으로 그렇게 할 이유는 충분한 것임을 잊지 말길. 내가 예쁜 마음으로 하루를 보낼 때, 그 마음과 매 순간을 함께하는 내가 그로 인해 더 자주 기쁨을 누리게 되는 것임을. 그러니 당신을 아끼고 사랑하는 마음에서라도 이제는 예쁜 당신을, 사랑받을 만한 당신을 만들어가길. 그렇게 사랑받는 게 당연한, 기쁨을 누리는 게 당연한, 당신의 진짜 모습을 되찾고 회복하길. 미성숙과 왜소함, 이기심, 인색함이 아닌 위대함과 빛, 아름다움, 기쁨과 예쁨이 가장 잘 어울리는 사랑이라는 당신의 본 모습을.

　사랑을 강요하거나 사랑해달라 떼쓸 필요조차 없이 사랑받는 게 너무나 당연한 당신이니까. 사랑이 사랑을 받는 것보다 자연스럽고 당연한 일은 없는 거니까. 그러니 다만 당신이 누군인지를 알길. 누구인지를 알기 위해, 누가 아닌지를 알길. 미움이 아니고, 이기심이 아니고, 욕망이 아니고, 결핍이 아니고, 불완전이 아니고, 원망과 분노가 아니고, 왜소함과 무기력함이 아니고, 우울과 슬픔이 아닌, 애초에 그런 것들일 수조차 없는 완전한 사랑이 바로 당신이니까. 그러니 더 이상 당신일 수 없는 것들이 당신이라고 믿는 환상을 추구하지 말길. 그 모든 환상의 모습이 당신에게서 보일 때마다 다만 옆으로 치워내길. 허락하기보다 거절하길. 그저 당신이 누가 아닌지만 알면, 누구인지는 분명해질 테고, 그러니 당신은 사랑 아닌 모든 것들을 더 이상 쫓지 않음으로써 사랑인 당신이 드러나게 할 뿐이길. 그렇게, 사랑스러워서 사랑받는 당신이 되길. 하물며 강아지도 사나운 강아지보다 다정한 강아지가 더 사랑받기 마련이고, 먹을 것이라도 하나 더 선물 받게 되고, 손길이라도 한 번 더 받게 되기 마련이고, 사나움이 극도로 심한 강아지는 결국 기피당하기 마련이라는 것을. 그러니까 그게 바로 세상이 돌아가는 방식이라는 것을. 그러니 당신은, 사랑이라서 사랑받을 뿐이길. 당신이라서 사랑받을 뿐이길. 너무나 기특하고 예뻐서 사랑하지 않기가 불가능할 만큼 사랑스러운 게 바로 당신의 진짜 모습이라는걸, 지금부터 영원히 잊지 말길. 당신은 정말 그런, 사랑이니까.

## 먼저 최대치로 용서하기

온전하지 않은 사람을 거절한 채 함께함과 함께하지 않음을 적절하게 선택하는, 그 모든 기준을 바로 세우기 전에, 먼저 내가 할 수 있는 최대치로 세상과 사람들을 용서하도록 해봐요. 옳고 그름의 기준, 적당함과 적당하지 않음에 대한 판단, 적절함과 적절하지 않음에 대한 고민, 그 모든 것을 뒤로한 채 일단은 먼저 모든 것을 용서하는 자세가 필요할 때도 있는 거예요. 요가를 할 때는 올바른 정렬과 자세, 힘의 균형이 매우 중요하지만 때로는 그 모든 것을 무시한 채 한계치로 근육을 늘리기 위한 시간을 갖기도 해요. 그리고 그렇게 보다 유연해진 몸을 완성한 다음에야 다시 올바른 정렬과 자세, 힘의 균형을 알맞게 사용하여 요가를 하기 시작하죠. 그처럼 때로는, 우리의 용서에도 그 모든 옳고 그름과 판단의 기준, 적절한 균형을 넘은 절대적인 용서의 마음이 필요할 때가 있는 거예요. 그렇게 완전한 용서를 완성하여 백지처럼 하얗고 순수한 마음을 되찾은 뒤에야 함께함과 함께하지 않음의 기준을 바로 세우고, 온전하지 않음을 판단한 채 거절하는 그 마음의 균형을 찾아가는 거죠. 왜냐면 내 마음 안에 이미 뿌리 깊게 자리 잡은 관념과 편견들이 함께하고 있을 땐 아무리 내가 지혜롭게 균형을 잡고자 해도 그 틀을 벗어나기가 쉽진 않을 것이기 때문이며, 그래서 이때 내가 용서하는 외부는 사실 내 내면의 편견과 관념들일 테니까요.

그러니 잘못되었다는 생각이 드는 타인을 용서함으로써, 그것이 잘못되었다 믿는 내 마음의 관념과 편견, 옳고 그름을 먼저 용서하기로 해요. 어떤 자세를 위한 유연성이 전혀 갖춰지지 않은 상태에서는 요가에 있어서의 정렬과 균형이 전혀 무의미할 만큼 그 자세를 완성하기조차 어렵게 되는 것처럼, 먼저 지혜가 깃들 내 마음의 예쁜 틀을 만들어내는 거예요. 용서하지 않은 게 너무 많아 미움이 가득한 마음에는 애초에 올바른 판단의 기준과 온전함, 적절함이 바로 세워질 수가 없을 테고, 하여 그때의 판단은 결코 완전할 수 없을 테니까요. 유연성이 갖춰지지 않은 상태에서 어떤 동작을 예쁘게 펼쳐내기 위해 아무리 노력한들, 그때는 결코 완성된 동작을 펼쳐낼 수 없는 것처럼 말이에요. 누군가와 함께할지, 함께하지 않을지를 오직 지혜와 사랑으로 구분하는 마음 안에는 그 어떤 미움도 함께할 수 없을 거예요. 그래서 아주 작게라도 미움으로 그것을 판단한다면, 그 판단은 온전한 게 될 수 없는 것이고, 미움이 일으킨 오해일 확률 또한 무시할 수 없는 게 되는 거예요. 그러니 지금은 다만 용서에만 집중하기로 해요. 용서를 완성하는 일에만 전념하기로 해요. 그렇게 완전한 평화와 사랑의 마음을 되찾은 뒤에, 모든 미움의 근원이 되는 옳고 그름에 대한 편견과 관념을 완전히 지워낸 뒤에 누구와 함께하고 함께하지 않을지를 선택하기로 해요. 그때는 단 하나의 미움도, 죄책감도 없이, 여전히 평화와 사랑의 마음 안에 거하고 있는 채로 선택하게 될 당신일 테니까.

그게 얼마나 어려운지 제가 왜 모르겠어요. 저런 사람을 용서하라고? 하는 갈등이 마음 안에서 샘솟아 정신이 아득해질 만큼 휘청거리게 될 때도 많겠죠. 하지만 그럼에도, 그게 필요한 거예요. 그 사람을 위해서가 아니라, 나를 위해서 필요한 거예요. 미래의 더 완전하고 오롯한, 그 고요하고 행복한 나를 맞이하기 위해서 말이에요. 어쩌면 자신의 쓰레기를 자기 집이 아니라 우리 집 앞에 버리는 사람을 용서해야 할 수도 있겠죠. 끝없이 약속을 지키지 않아 나의 소중한 시간을 갉아먹는 사람을 용서해야 할 수도 있겠죠. 지금에 대한 간절함이 없어 늘 다음을 말하는 사람을 용서해야 할 수도 있겠죠. 인정하고 사과하기보다 늘 변명하고 합리화하는 뻔뻔한 사람을 용서해야 할 수도 있겠죠. 나에게 끔찍한 물질적인 손해를 입힌 사람을 용서해야 할 수도 있겠죠. 그 모든 용서 앞에서, 나는 내 인생이 송두리째 흔들리고 휘청거리는 것만큼 거대한 갈등과 위기를 느끼게 될 수도 있겠죠. 그 내면의 갈등 때문에 용서를 마음먹기 전보다 훨씬 더 크게 불행하고 고통스러운 시간을 보내게 될 수도 있겠죠. 하지만 그 시간을 지나지 않으면, 결코 행복한 내가 될 수 없는 기예요. 그래서 나를 위해 기꺼이 보내고 디뎌내야 하는 시간인 거예요. 용서하고자 마음먹을 때, 그래서 하나둘 용서하며 나아갈 때, 평생을 걸쳐 해야 할 용서거리들이 한 번에 밀려와 당신의 삶을 지옥으로 몰고 가는 것만 같은 순간이 찾아올지도 모르고, 아마도 그럴 테지만, 그래서 당신, 그때도 오직 나를 위한 사랑의 마음으로 그 용서를 완성해내야 하는 거예요.

그게 얼마나 끔찍한 지옥과도 같은 시간인지, 제가 왜 모르겠어요. 저도 다 느껴 본 일인걸요. 하지만 그럼에도 나를 위해서 해냈던 일인걸요. 포기한 채 다시 미움에 빠졌던 적도 셀 수 없을 만큼이었던 걸요. 그럼에도 다시 일어서서 이 세상 모든 옳고 그름을 넘어서 그 어떤 일이든 용서하겠다고 수없이 다짐하고 또 다짐하며 나아왔던걸요.

왜냐면 이제는 아주 분명하게 알게 되었으니까요. 제 마음 안에 아주 희미하게라도 미움과 분노가 있다면, 그리고 그 미움과 분노에 의해 제가 세상을 바라보고 판단한다면, 그게 반드시 제 마음의 평화를 해치리라는 것을 말이에요. 그걸 알았기에, 하여 방향이 분명했기에 몇 번을 무너져도 다시 일어서며 나아간 거예요. 그, 저의 행복을 위한 간절함으로 끝없이 용서하고 또 용서했던 거예요. 그리고 그 용서를 완성한 뒤에야, 저는 그 어떤 미움도 분노도 없이 아닌 것은 아니다, 라고 말할 수 있게 되었죠. 그리고 제가 충분히 숙고한 뒤에 허락한, 허용한 만남과 일이라면 중간에 뒤를 돌아보며 후회와 미움을 곱씹기보다 오직 굳건한 기쁨과 함께 임할 수 있게 되었죠. 가끔 새로운 미움이 올라오기도 하지만, 전처럼 미움의 양이 많아 압도될 만큼은 결코 아니기에 사뿐히 용서할 수도 있게 되었죠. 그래서 늘 미움 없는 평화와 기쁨의 빛과 함께 하루를 보낼 수 있게 되었죠.

  그렇다면 미움과 함께하는 마음은 어떤가요. 할 말이 있어도 그저 말하지 못해 그 사람의 개념 없음에 대해 수도 없이 곱씹어야만 하고, 내가 그 사람에게 어떻게 말할지에 대해 또한 수도 없이 편집해야만 하고, 그렇게 끝내 분노가 가득 차올랐을 때 그 분노의 힘을 빌려 용기를 내 말하는 그때의 우리이죠. 무엇보다 나, 깊은 마음으로는 분노보다 이해와 사랑이, 용서와 다정함이 옳다는 걸 알기에 그때마다 죄책감을 느껴야 했고, 그 죄책감이 너무나 고통스러운 나머지 어떻게든 외면하기 위해 상대방을 더욱 미운 사람으로 만들어야 했죠. 내 미움이 정당한 만큼, 죄책감을 느끼지 않을 수 있을 거라는 헛된 환상에 사로잡힌 채로 말이에요. 하지만 그 어떤 미움이든, 사랑하기 위해 태어난 내 삶의 목적과 이유 앞에선 결코 정당화될 수 없는 것이고, 그래서 죄책감은 더욱 깊어지고 커져 왔을 뿐이고, 또 그럴수록 나의 투사와 정당화 또한 더욱 강렬해져 왔을 뿐이었던 거죠. 그렇게 그 모든 시간을 더해 끝끝내 나, 삶의 모든 기쁨을 잃은 지금에 이르게 된 것이죠. 그렇다면 이제는 더 이상 그러지 않아도 된다는 것, 그 안도감이 주는 평화를 그 어떤 말로 표현할 수 있을까요. 상대방이 그러거나 말거나 나는 나의 평화, 그 중심을 지킨 채 말할 수 있고, 또 그가 어떤 반응을 내게 보이든 흔들림 없이 적절하고 온전한 대처를 할 수 있다는 것에서부터 오는 안도를 말이에요. 더 이상 외부에 의해 마음이 다치거나 상처받지 않아도 된다는 그 믿음에서부터 오는 진정한 평화를 말이에요.

    세상엔 정말 사랑하기가 힘들다고 여겨질 만큼 이기적이고 올바르지 않은 사람도 참 많아요. 그래서 이 세상을 살아가며 함께할 사람과 함께하지 않을 사람을 잘 구분하는 것만큼, 또 그런 세상을 살아가며 내 마음의 평화를 스스로 지켜내는 완전함을 키우는 것만큼 내가 나에게 줄 수 있는 소중한 선물은 없는 거예요. 그러니 이제는 그 선물을 스스로에게 주는 내가 되기로 해요. 내가 그 마음을 내게 선물해주지 못할 때, 이 세상을 살아가며 가장 자주 흔들리고 아파할, 상처받은 채 마음의 고요를 잃게 될 나니까요. 그러니 지금은, 미움보다는, 옳고 그름보다는 먼저 완전한 용서를 배우기로 해요. 그러기 위해 용서가 도무지 불가능할 것만 같은 사람들조차도 용서하기로 해요. 다름 아닌 내가 마주하게 될 그 내일의 찬란한 평화를 위해서 말이에요. 그렇게 부디 이 세상을 살아가며 무탈하게 평화롭고, 흔들림 없이 행복한 당신이 되길 바라요. 먼저 타인을 미워하는 데 주로 사용되어왔던 내 모든 관념과 판단의 고리를 용서를 통해 완전히 지워냄으로써. 그렇게 깨끗해진 내 마음의 석판 위에 사랑과 이해라는 새로운 글자를 새겨넣음으로써. 그렇게, 미움 없는 사랑으로 함께할 사람과 함께하지 않을 사람을 구분하는 지혜를 완전히 회복함으로써. 그리하여 오직 사랑하되, 다만 사랑을 편안하게 느끼는 사람과만 특별하게 함께하게 되길 바라요. 그러니까 사랑의 가치를 돌이 아닌 보석처럼 귀하고 소중하게 여길 줄 아는 사람과만 깊은 관계로 맺어지길 바라요. 그렇게 당신은 당신이라는 사랑을, 사랑으로 바라봐주는 아름다운 같이의 가치가 있는 사람과만 인연이라는 이름의 틀로 메일 뿐이길.

그렇게, 죄책감과 미움 없는 완전한 결백과 평화와 함께 매 삶의 순간을 마주하길. 그 사랑의 진정한 안도 속에서, 그저 사랑하고 사랑스러울 뿐이길. 그 사랑의 지혜로, 아낌없이 사랑해도 안전하고 무해한 예쁜 사람과만 함께하길. 그렇게 나를 스스로 잘 지켜주길. 그러기 위해 지혜로운 시선을 반드시 얻어내길. 용서하고 또 용서함으로써. 결국 지금 예쁜 인연을 맺는 것보다 중요한 건 예쁜 내가 되는 것이며, 그러니까 예쁜 인연을 영원히 지켜낼 만큼의 예쁜 나를 준비해두는 것이니까. 완전하지 않은 시선으로 예쁜 인연을 맺기만을 고집할 때, 예쁘지 않은 상대방을 예쁘다고 오해할 수도 있는 것이고, 예쁜 상대방을 예쁘지 않다고 오해할 수도 있는 것이고, 무엇보다 진짜 예쁜 상대방이라고 할지라도 내 미성숙하고 위태로운 시선으로 인해 그 인연을 지켜낼 수 없게 될 수도 있는 거니까. 그러니 흔들림 없는 지혜 위에 굳건히 설 때까지, 지금은 나를 완성하는 시간을 가지길. 그리고 그 모든 인내하는 시간을 통해 당신, 끝내는 미움 없는 오롯함과 아름다움, 사랑으로만 선택하는 천국의 지혜에 닿길. 그 아름다운 지혜를 당신 것으로 완전히 소유해내길. 사자를 미워하지 않고 사랑스럽게 여기지만, 그렇다고 해서 특별하게 함께하지는 않는 것처럼, 그렇게 당신은 다만 지혜로울 뿐이길. 그 지혜를 당신에게 선물해주기 위한 오직 그 사랑의 마음 하나로 용서하고 또 용서할 뿐이길. 미움을 모르기에 사실은 용서조차 모르는 완전한 사랑인 당신은. 하지만 미움이란 환상을 새겼기에 잠시 용서를 통해야 할 뿐인 당신, 사랑은. 내가 참 많이 아끼고 걱정하는 사람, 사랑, 당신은.

## 희생 없는 사랑

흔히 사랑은 희생이라고 하지만, 사실 사랑에 있어 희생은 불가능해요. 희생하려면 잃는 것이 있어야 하는데, 진정한 사랑을 주는 사람은 그 어떤 잃음도, 상실도 겪지 않으니까요. 줌으로써 자신이 더 많은 것을 받고 있음을 아는 것, 하여 늘 주지만 여전히 무한히 채워져 있는 것, 그래서 줄수록 스스로 더 큰 기쁨과 행복을 간직하게 되는 것, 그게 바로 진정한 사랑의 속성이니까요. 그러니 그, 희생이 불가능한 사랑을 하기로 해요. 사실, 당신이 사랑한다면서 여전히 무엇인가를 잃고 있고 손해를 보고 있다고 느낀다면, 그래서 상처받거나 상실감을 느낀다면, 지금은 이 말이 참 속상하게 들리겠지만 당신은 사랑을 하고 있는 게 아니라 무엇인가를 얻기 위한 거래를 하고 있는 것일 뿐이에요. 내가 해준 만큼 저 사람이 무엇인가를 해주길 바라는 마음, 내가 저 사람의 어떤 부족함을 채워주는 대신 저 사람이 나의 어떤 부족함을 채워주길 바라는 마음, 그 필요의 마음으로 함께함을 선택하는 것, 그건 결국 받기 위해 주는 거래와도 같은 거니까요. 여태 참 예쁘고 낭만적인 단어들로 그 필요의 마음들을 사랑이라 위장하고 포장해왔지만, 결국 그건 사랑이 아니었고, 그래서 당신은 사랑하는 동시에 미워한다고 말하는 거예요. 사랑하는 동시에 원망스럽고, 속상하고, 고통스럽다고 말하는 거예요. 때로 내게 만족스러운 거래였다고 여겨지는 그 순간에는 잠시 이기심이 채워져서 작은 기쁨을 느낀 적도 있었을 테지만요.

줌으로써 내게 결핍된 무엇인가를 돌려받길 기대하는 마음은 반드시 고통과 실망감, 서운함, 분노와 억울함과 함께하게 될 수밖에 없어요. 왜냐면 내가 원하는 그것과 완전히 같은 것을 내게 주는 사람은 이 세상에 결코 존재하지 않을 테니까요. 그래서 그때는 어느 정도 흥정을 하기 시작하죠. 완벽한 거래는 아니었지만, 그래도 만족스러운 거래였다고. 하지만 다음번엔 내가 조금 양보한 만큼 더 받아내야겠다고. 그래서 손해 본 느낌을 채우기 위해 협상을 시작하고, 그 협상을 성공적으로 치르기 위해 죄책감을 이용하고, 은밀한 조종을 통하고, 서운함과 분노에 기대고, 그런 식으로 마음의 거래를 시작하는 거예요. 그렇다면 그곳 어디에 사랑이 있나요. 다만 나를 위해 사랑이라는 거룩한 이름을 빌려 상대방을 이용하는 이기심만이 있을 뿐이죠. 정말 사랑한다면 나는 결코 셈하거나 계획하지 않았을 테고, 다만 상대방의 있는 그대로를 아껴주기 바빴을 테니까요. 상대방을 통해 나의 필요를 채우려 하기보다 상대방을 채워주기 위해 오직 마음을 쓰고 염려하고 있었을 뿐일 테니까요. 하지만 내가 받길 기대하고 주는 만큼, 나의 필요를 거의 비슷하게 채워주는 사람을 만나는 것, 나에게 없는 것을 가진 상대방을 만나 그 사람으로부터 나의 결핍을 채우고자 관계를 맺는 것, 그러한 만남을 하늘이 맺어준 운명 같은 인연이라고 부를 만큼 사랑의 순수한 의미는 퇴색되어버린 거예요. 그래서 늘 더 좋은 조건의 사람을 만나길 바라고 기대하게 됐죠. 함께하는 사람과의 만남 안에서 과연 이 사람이 오래도록 나의 필요를 채워줄 수 있는 사람인지를 늘 가늠하고 있게 되었죠.

그래서 만남과 만남을 더해 더욱 아름답고 진실한 사랑을 향해 나아가는 게 아니라, 만남과 만남을 더해 더욱 자신의 필요를 잘 채워주는 사람을 만나는 것이 만남의 유일한 목적이 되어버린 거예요. 그러니까 이 사람과의 사랑에서는 나의 이런 점이 조금 미성숙했으니, 다음 사랑은 꼭 더 성숙한 마음으로 마주해야지, 그래서 더 행복하게 해주고 채워주는 사랑을 해야지, 가 아니라 이 사람과의 사랑에서는 이런 점이 잘 채워지지 않아 불만족스러웠으니, 다음 사랑은 꼭 그 필요를 잘 채워주는 사람을 만나야지, 가 되어버린 거예요. 그렇게, 아름다움을, 존재의 이유와 목적인 성숙과 사랑을, 진실함을 더욱 잃어가고만 있는 거예요. 그리하여 결혼을 할 때도 이 사람과 평생토록 예쁜 성숙을 향해 두 손을 잡고 나아갈 수 있을까, 그걸 생각해보는 게 아니라 서로의 필요를 그나마 잘 채워주는 사람을 만난다고 했을 때 이 사람이 최선이 맞을까, 하는 것을 가장 중요하게 생각해보는 지경까지 이르게 된 거예요. 그리고 내가 만날 수 있는 사람 중엔 가장 최선이라는 생각이 들면, 그때부터는 함께하지만, 내가 원하는 완벽한 이상에 맞추기 위해 상대방을 끝없이 조종하고 변화시키고자 하는, 그 사랑 없는 마음으로 내내 서로를 마주하며 함께할 뿐인 거예요. 그러니까 함께만 할 뿐, 결코 사랑하지는 않으면서.

그러한 필요의 마음으로 내내 함께하기에 자신의 필요가 제대로 충족되지 않은 순간을 자신이 희생한 순간이라고 여기게 됐고, 그 희생을, 사랑이라 오해하게 된 것이죠. 그 마음이 사랑이 되려면 그 희생을 바탕으로 포기했어야 하는데, 그 희생을 바탕으로 결국엔 분노하거나 서운해하며 또다시 상대방과의 협상에 들어갈 것이기에 그건 사랑이 아니라, 여전히 거래일 뿐인 것이죠. 그래서 고요함을 잃은 지 오래죠. 계산하고, 곱씹고, 계획하고, 조종하고자 하고, 그러한 생각들로 마음이 매 순간 가득 차 있으니까요. 그래서, 행복을 잃은 지 또한 오래죠. 행복은 고요함과 함께하는 것이고, 이기심의 목소리가 아닌 사랑의 목소리에 귀를 기울일 때 내게 찾아오는 선물이니까요. 나의 필요를 채우기 위해 상대방을 마주하던 그 모든 일, 무엇보다 나의 행복을 위해 선택한 일이었는데, 그로 인해 나는 결국 더욱 깊게 불행한 사람이 되었을 뿐인 거예요. 더욱 사랑에서부터 멀어졌고, 아름다움에서부터 멀어졌고, 진실함에서부터 멀어졌고, 다만 왜소함과 이기심, 공허함과 산만함과만 더욱 가까워졌을 뿐인 거예요. 그렇다면 어떤 거래로도 행복할 수 없다면, 행복하기 위해 거래를 포기하는 게 어떤가요? 나의 행복을 위해 그렇게 존재해왔지만, 그곳에서는 행복을 찾을 수 없음을 알았다면, 이제는 행복이 있는 곳에서 행복을 찾기 위해 시선과 마음을 옮기는 게 어떨까요? 진짜 사랑하길 선택함으로써, 그 사랑을 배워나가겠다는 마음 하나로 삶을 마주함으로써.

 그렇게 이제는 세상이 말하는 운명 같은 인연이 아니라, 하늘이 말하는 운명 같은 인연을 향해 나아가는 거예요. 그러니까 함께함으로써 더욱 예쁜 서로를 만들어가는 인연, 진짜 사랑을 배우고 완성해나가는 인연, 그 성숙을 향해 두 손을 맞잡은 채 나아가는 인연을 맺는 거예요. 받는 것을 기대하며 주기보다, 그렇게 사랑을 통해 내 마음의 필요를 채우고자 하기보다, 그러기 위해 상대방을 조종하고자 한다거나, 그 사람이 내게 의존하여 내 곁에 더욱 강렬히 붙어있길 바란다거나, 죄책감을 심어줌으로써 조금 더 쉽게 나의 부탁을 들어주게 만들려고 한다거나, 그러기보다 그저 사랑하기 때문에 주는, 주는 동시에 내 마음의 기쁨과 만족이 채워지는, 그 진짜 사랑의 마음으로 관계를 마주함으로써 말이에요. 그게 바로 진짜, 운명 같은 인연인 거니까. 함께하는 시간을 더해갈수록 진짜 기쁨과 행복을 찾고 발견하게 되는, 또한 나를 위할 수 있는 유일한 인연인 거니까. 그리고 그런 관계를 맺을 때 당신은 꼭 알게 될 거예요. 당신은 당신 자신을 위해서 주고 있을 뿐이고, 당신 자신의 기쁨과 만족을 위해 사랑하고 있을 뿐이고, 당신 자신의 성숙을 위해 최선을 다해 다정함을 연습하고 있을 뿐이기에 희생한 적이 진실로 단 한 번도 없다는 것을. 그로 인해 내가 왜소함을 넘어 위대해졌고, 사랑을 회복하게 됐고, 기쁨과 행복을 되찾게 되었을 뿐이니까. 그러니까 줌으로써 사실은 내가 흘러넘치게 받았을 뿐이니까.

그러니 더 이상 당신의 성숙에 기여하는 바도, 사랑의 완성에 기여하는 바도, 당신의 기쁨과 행복에 기여하는 바도 전혀 없는, 하지만 오직 당신의 이기심과 환상에는, 그로 인한 당신의 불행에는 끝없이 기여하고 있을 뿐인 필요의 마음으로 관계를 마주하지 말아요. 그때 당신은 당신이 희생하고 있다는 서운하고 억울한 감정과 늘 함께할 수밖에 없을 테고, 혹여나 당신이 그러한 것을 느끼지 않고 있다면 상대방이 그러한 것을 잔뜩 느끼고 있을 테니까요. 사랑하기 위해 태어난 당신이기에 그러한 마음으로 관계를 맺을 때, 당신은 존재의 목적을 잃은 공허와 채워지지 않는 갈증과 결핍, 주체할 수 없는 외로움과 우울함과 늘 함께할 수밖에 없을 거예요. 그리고 그 빈 마음을 메우기 위해 당신은 상대방에게 더욱 집착하고, 상대방을 더욱 통제하고자 하고, 그로부터 더 많은 것을 얻고자 바라고 기대하게 될 테고, 그럴수록 더욱 실망하게 될 테고, 그래서 더 집착하게 될 테고, 그 영원한 악순환 속에서 시들어져만 갈 뿐일 거예요. 그리고 그 시들어짐을 끝낼 유일한 해결책은 이제는 진심을 다해 사랑하는 것, 그것밖에 없는 거예요. 그러니 이제는 진짜, 사랑해요. 여태 타인을 통해 내 필요를 채움으로써 존재의 시들어짐을 해결하려고 했던 모든 시도 안에서 나, 단 한 번도 충족됐던 적이 없음을 진실하게 인정하고 마주함으로써. 그때마다 희생했다는 느낌만 더욱 커졌을 뿐이고, 그로 인해 내 마음 안엔 잠재울 수 없을 만큼 서운함과 분노가 일렁이게 됐고, 그 마음을 곱씹느라 기쁨과 행복을 온통 잃어야만 했고, 그래서 지금의 이 끔찍한 불행에 이르게 되었음을 다시 한 번 기억함으로써.

늘 그런 식이었죠. 내가 너에게 이만큼 희생했으니, 넌 나에게 이렇게 해줘야 돼, 라고 끝없이 말하는 식으로 상대방으로부터 내가 원하는 것을 얻고자 하고, 말하지 않더라도 그런 당연한 기대감과 보상심리와 늘 함께하고 있기에 사소한 일 앞에서도 시운한 반응을 하게 될 수밖에 없게 되고, 그래서 늘 분노하고 싸우느라 다정한 대화를 완전히 잃게 되고, 하여 서로가 희생의 논리를 통해 서로의 죄책감을 자극하는 식으로 서로에게 변화를 요구하는 것만이 유일한 대화로 굳어지게 되고, 그렇게 울분을 가득 담은 채 내가 너한테 어떻게 했는데, 하고 한쪽은 따지고, 또 한쪽은 그럼 나는 너한테 어떻게 했는데, 하는 식으로 방어하고, 서로를 마주칠 때마다 그 끝없는 공격과 방어만을 주고받을 뿐이게 되고, 그래왔던 거죠. 그렇게 서로의 감정을 채워주기보다 완전히 소진시키는, 그런 시들어짐의 관계를 맺어왔던 거죠. 그렇다면 그러느라 당신은 얼마나 당신 자신을 기쁘게 할 기회를 놓쳐왔나요. 그러니까 충분히 사랑할 수 있었고, 관대할 수 있었고, 이해할 수 있었고, 다정할 수 있었고, 아름다울 수 있었고, 진실할 수 있었는데, 그렇게 성숙함으로써 당신 자신을 기쁘게 할 수 있었는데, 그 기회를 스스로 얼마나 많이 놓쳐왔나요. 고작 희생했다는 기분에 사로잡혀 서운함과 억울함, 분노와 원망을 곱씹느라 매일의 기쁨을 놓치기에 바빴죠. 그게 아무리 서운하고 분하고 억울하더라도 당신 자신을 위해 그럼에도 충분히 예쁜 곳에 시선을 둘 수도 있었고, 그렇게 기뻐할 수도 있었는데 말이에요. 그 모든 왜소함을 너머 그저 사랑하길 선택할 수도 있었고, 그렇게 당신의 마음에 위대함과 사랑의 빛을 가득 채워줄 수도 있었는데 말이에요. 하여 시들어지기보다, 내내 피어날 수도 있었는데 말이에요.

그러니 이제는 당신이 희생할 수 있는 오직 유일한 것을 희생하기로 해요. 바로 이기심을, 왜소함을, 미성숙한 마음을, 미움을, 욕망을 말이에요. 그 모든 거짓에 진실을 희생시키려는 불가능한 시도를 멈추고, 이제는 기꺼이 진실에 거짓을 희생시켜 더욱 진실한 내가 되어 피어나길 선택하는 거예요. 그 진정한 희생으로 인해 당신은, 이제 상대방에게도 더욱 오롯하고 온전한 사랑을 주는 사람이 될 거예요. 내가 이만큼 너에게 희생해줬으니, 너도 나에게 희생해줘, 라는 결핍의 관점에서 벗어나 이제는 그저 주는, 그렇게 줌으로써 다름 아닌 나 자신이 채워짐을 알 뿐인 그, 무한한 기쁨과 함께하는 사랑의 관점으로 다만 진짜, 사랑하는 당신일 테니까요. 그러니 이제는 희생할 수 있는, 희생할 필요가 있는 오직 유일한 것을 희생하길. 그렇게 희생할 수 있는 유일하고도 마지막 것을 희생함으로써 희생이라는 왜소한 관념 자체를 당신에게서 지워내길. 그러기 위해 지금 마주하고 있는 관계를 그 배움의 장과 선물로 여긴 채 나아갈 뿐이길. 당신이 함께하고 있는 관계 안에서 당신의 마음 안에서 꽃피는 이기심과 미성숙, 결핍과 어떤 고통스러운 감정들, 서운함, 분노와 원망, 억울함, 그 모든 왜소함이 발견될 때마다 그것들을 기꺼이 희생하길 선택함으로써. 그렇게 희생이라는 환상을 녹여내고 그 자리에 진정한 사랑이라는 진실의 꽃을 피워내겠다고 다짐함으로써. 오직 그 마음 하나로 당신이 관계를 마주할 때, 그 관계는 어떤 순간에도 당신에게 은혜로운 선물이 될 뿐일 테니까.

그렇게, 관계 안에서 당신 자신의 성숙과 진정한 사랑을 완성하며 나아갈 뿐이길. 또한 함께 그 성숙을 추구할 수 있을 만한 사람과 함께하길. 오직 그 성숙만이 당신 마음의 갈증을 채울 수 있는 유일한 당신의 필요임을 앎으로써. 그리고 그 성숙을 함께 완성하며 나아갈 수 있는 관계만이 운명 같은 인연이라 할 수 있는 오직 유일한 인연임을 앎으로써. 그렇게 꼭, 진짜 운명 같은 인연을 만나 아름다운 성숙을 완성하며 나아가길. 매 순간 서로를 통해 사랑을 배우고, 사랑에 닿아가길. 그러니까 주는 동시에 받는 그 진짜 사랑의 마음을 배워내길. 그리하여 희생이란 환상을 그 사랑 아래에 살포시 놓아 지워내길. 잊지 말길. 당신의 유일한 필요란 사랑이며, 그러니까 사랑만이 당신을 채울 수 있음을. 그러므로 사랑이 아닌 다른 필요를 추구하는 모든 결핍의 마음은 그 자체로 충족될 수 없는 환상임을. 그래서 그 환상에 사로잡힐 때 당신, 그 무엇으로도 채워지지 않아 더 큰 환상을 바라게 되고, 그리하여 사랑의 대체물을 구하게 되고, 그런 식으로 사랑을 거래의 관점으로 보게 되고, 그렇게 사람을 당신의 충족되지 못할 필요를 위해 이용하기만 하는 거짓의 늪에 더욱 깊이 빠져들게 될 뿐임을. 그러니까 나의 이게 부족하니까 저 사람을 통해 이걸 채워야지, 하는 마음은 결코 사랑이 될 수 없는 것임을. 사랑이 될 수 없기에 당신을 채워줄 수도 없는 것임을. 그래서 영원히 당신, 왜소하고도 공허하게, 불행하고도 고통스럽게 매일을 보내게 될 뿐임을. 그러니 이제는 환상을 벗어내고 다만, 사랑하길. 사랑함으로써 당신의 유일한 필요를 채워주길.

오직 사랑하기 위해 태어나 존재하는 당신이니까. 그래서 그 사랑을 잃을 때 누구보다 절망과 공허함에 빠져든 채 방황하고 아파하는 당신이니까. 그러니 당신의 마음을 어루만져줄 수 있는 유일한 포옹인 사랑에 안기길. 그 사랑의 따듯하고 다정한 품 안에서 늘 채워지고 빛나길. 사랑에서 벗어났기에 결핍이 생겼는데, 그걸 더욱 사랑 아닌 것들로 채우고자 할 때 당신이 어떻게 채워질 수 있을지에 대해 한 번 생각해보길. 그게 채워질 수 없다면, 당신이 타인을 통해 당신의 결핍을 채우고자 하는 시도가 애초에 성립될 수 있는 것인지에 대해서도 한 번 생각해보길. 그게 성립될 수 없다면, 무엇을 위해서 그렇게 해왔는지에 대해서도 한 번 생각해보길. 그 자체가 환상이기에 그건 그 누구도, 그 무엇도 위할 수 없는 것이며, 그래서 당신에겐 오직 완전하게 사랑하는 마음이 필요한 것일 뿐임을. 그러니 이제는 그것을 진정 앎으로써, 다만 모든 순간 사랑할 뿐이길. 그리하여 지금도, 1초 뒤의 지금도 매 순간 당신을 향해 별처럼 쏟아지고 있는 사랑할 기회를 놓치지 말길. 하루의 마지막엔 늘 스스로에게 묻길. 오늘도 나에겐 사랑함으로써 나를 기쁘게 할 기회가 얼마나 많았으며, 또 나는 그 기회를 얼마나 많이 놓쳐왔는가, 하고. 그리하여 내일은 기필코 사랑할 기회를 더 많이 붙잡겠노라고 다짐하며 잠들길. 그렇게, 매일을 더해 더욱 사랑할 뿐이길. 사랑함으로써 당신의 마음 안에 사랑만을 가득 채울 뿐이길. 또한 그 사랑을 함께할 수 있는, 같이의 가치가 있는 사람과 함께하길. 그러니까 이제는 진짜, 사랑하길. 더 이상 허투루 사랑하지 말길. 희생이라는 게 애초에 불가능한, 아무리 주고 또 줘도 무한한 사랑으로 채워져만 있을 뿐인 영원하고도 완전한 사랑인 당신은. 사랑할수록 더욱 자신이 사랑임을 기억하게 되는, 사실은 사랑만을 알 뿐인 당연한 사랑인 당신은. 다만 사랑하지 않길 그만둘 필요가 있을 뿐인, 사랑이 아닌 것들을 내려놓을 필요가 있을 뿐인, 사실은 지금도 여전히 반짝이는 사랑인 당신은.

## 최선이 고작 악랄함인 사람

굳이 나와 의견이 다른 사람을 일일이 설득하며 나와 같은 생각을 지닌 사람으로 바꾸려고 하지 마세요. 그저 그들은 그들의 생각대로 살게 두고, 나는 내 생각대로 살아가면 되는 거예요. 그들은 그들의 생각과 최선이 선한 곳으로 여겨지는 곳에서 살아가게 될 거예요. 그리고 당신 또한 그렇게 나아가면 되는 거예요. 때로 자신의 생각과 최선의 결과로 외로움과 소외됨을 겪을 것이 뻔히 보이는 사람이 있어서 너무나 안타까운 마음이 들 때도 있겠지만, 지금의 그들에겐 그게 그들의 최선인 거예요. 그들은 자신이 생각하기에 최고의 행복이라 믿고 있는 것을 추구하고 있는 것일 뿐이고, 그러니까 그게 그들이 아름답게 여길 수 있는 가장 최선의 아름다운 가치인 거예요. 그게 아니라면, 그들 스스로 이미 다른 생각과 최선으로 자신의 위치를 옮겼을 거예요. 그러니 모든 사람이 각자 자신의 위치에서 자신에게 최선의 행복이자 이득이라 믿는 것을 추구하며 존재하고 있다는 것을 이제는 받아들이기로 해요. 그게 행복이라 믿고 있기에 그렇게 존재하고 있는 것이며, 그보다 나은 행복이 있음을 알았더라면 누가 말하지 않아도 이미 스스로 그것을 추구하고 있을 거라는 것을 말이에요. 그래서 그게 아무리 안타깝더라도, 그들 스스로 다른 최선을 받아들이기 전까지 그들은 결코 변하지 않을 거라는 것을 말이에요.

때로 모두가 보는 곳에 악랄한 댓글을 남기는 것이, 언제 어디서든 타인을 깎아내리고 험담하는 것이, 말 한마디도 삐딱하게 왜곡해서 오해하고 공격하는 것이 자신이 추구할 수 있는 가장 최고의 행복으로, 가장 최선의 표현으로 굳어진 사람들도 있죠. 그리고 그 결과로 기피당하여 소외된 사람들이 있죠. 타인의 마음을 불편하게 하는 사람은, 타인의 마음을 존중하는 이들이 함께 머무르는 공간에서는 자연히 기피당할 수밖에 없는 것이고, 무엇보다 그들 스스로도 자신과 같은 최선을 지닌 사람과는 함께하고 싶지 않아 할 것이고, 그래서 그토록 혼자가 된 거예요. 하지만 그들은 그 소외됨의 이유를 완전히 다른 방식으로 해석하고 있겠죠. 자신의 문제로 여기기보다 타인의 문제로 만든 채 탓하고 원망하는 식으로 말이에요. 그저 자신이 사람들을 불편하게 하기에 기피당했을 뿐이라는 것, 자신 또한 자신과 같은 사람을 만난다면 그게 불편해서 피할 거라는 것, 그것은 결코 바라보지 못한 채 말이에요. 그래서 그들은 아직 변화의 순간을 맞이할 수 없는 거예요. 그들은 자신의 입장을 정당화하고 방어하는 일에만 급급할 것이고, 그래서 내가 그들이 안타까워 그들의 변화의 순간을 앞당기기 위해 애쓴들, 그건 그들에겐 또 하나의 공격거리가 될 뿐일 테니까요. 정말로 그들은 공격을 위한 공격을 일삼는 사람들이니까요. 그러니 그저 그들은 그곳에 살게 하고, 나는 지금의 내가 편안함을 느끼는 곳에서 나와 잘 맞는 사람들과 함께 나아가면 되는 거예요.

당신이 구태여 자신의 본성이 잔인함이라 자신을 보호하기 위해 독을 품고 살아가는 코모도 도마뱀과 같은 사람과 함께하겠다면 말리진 않겠어요. 하지만 코모도 도마뱀의 본성은 타인을 독으로 해치는 것이고, 타인을 해침으로써 자신이 생존하는 것이고, 그게 당신에게만 예외가 되지는 않을 거예요. 그래서 저라면 그저 코모도 도마뱀의 서식지에서 멀리 떨어진 곳에 제가 머물 곳을 찾겠어요. 그게 바로, 그들은 그들대로 살게 하고, 나는 나대로 사는 거니까요. 그리고 그게 그들에 대한 내, 최선의 존중이니까요. 그러니 코모도 도마뱀에게 그가 살아가기 위한 최선이 있듯, 모두에게는 모두의 최선이 있다는 것을 존중하고 받아들임으로써 더 이상 그 최선을 일일이 바꾸고자 하며 당신 자신을 소진시키진 않길 바라요. 그저 그렇게 태어나, 그곳에서부터 자신에게 주어진 성숙을 완성하며 살아가고 있는 것이고, 그래서 그것에 불완전은 없는 거니까요. 치사량을 아득히 넘어선 독 하나만으로도 부족해 여러 가지의 독을 품은 채 살아가는, 하나의 독만으로 생명이 이미 죽었음에도 계속해서 분풀이하듯 여러 가지의 맹독을 쏘는, 그런 잔인함이 본성인 생명도 이 세상엔 있는 것이며, 그렇다면 그 생명의 본성을, 당신이 어떻게 바꾸겠어요.

　　그저 하나만 알고 있으면 돼요. 예쁘고 선한 사람은 그 예쁨과 선함이 존중받는 곳에서 그런 이들과 함께 살아갈 것이고, 그곳에서는 악랄함과 이기심, 타인에 대한 무례, 이러한 것들은 불편함으로 여겨질 것이게 의도하지 않아도 그런 것을 최선으로 여기고 있는 사람은 그곳에서는 자연히 기피될 거라는 것. 그리고 그 불편함의 정도에 따라, 대부분의 사람들에게 허용되지 않는 아픔이자 무례함을 전해주는 사람은 교도소와 같은 곳에서 세상으로부터 완전히 기피될 거라는 것. 그곳에서 끼리끼리 모여 함께하게 될 거라는 것. 그래서 나를 위해 내가 할 수 있는 최선은 그들을 설득하고 그들과 언쟁하는 것이 아니라 내 내면의 예쁨과 선함을 최대한으로 완성하는 일이라는 것. 마침내 그들이 스스로 준비되었을 때 나의 행복이 부러워 그들 또한 그런 행복을 찾을 수 있게 미리 길을 닦아놓는 일이라는 것. 바로 그것을요. 당신이 매일을 살아가며 완성한 예쁜 성숙과 그로 인한 당신의 행복만이 언젠가 그들에게 변화의 영향력을 끼칠 수 있는 유일한 것이니까요. 지금 당신이 존재하고 있는 방식을 두고 그건 잘못됐다며 당신을 바꾸고자 하는 사람이 있다면, 당신은 그 사람의 말대로 당신을 바꿀 준비가 되어있나요? 그걸 당신 자신에게 스스로 물어본다면, 당신 또한 타인의 최선을 받아들이기가 훨씬 쉬워질 거예요. 그러니 다만 당신은 당신이 있는 곳에서 최선을 다해 성숙하며 나아가길 바라요.

그러니까 지금 충분히 준비되지 않아 끝없이 당신에게 자신의 미성숙함을 거침없이 표현하며 당신을 어떻게든 아프게 하는 것에서 자신의 기쁨을 찾는 이가 있다면, 어차피 그들은 당분간은, 어쩌면 제법 오랜 시간 동안 그렇게 살 것이고, 또 당신이 그들을 멀리하면 다른 곳에서 그릇게 할 것이고, 그럴 것이니 코모도 도마뱀을 멀리하듯 그저 멀리하고, 당신은 그저 하루를 최선을 다해 예쁘게 보내길 바라요. 아마도 당신이 어떤 말을 해도, 그들은 그들의 생각 안에서만 당신의 말을 들으려 할 테고, 그러니까 그들의 수준이 잔인함이라면 당신의 의도를 왜곡해 자신의 잔인함을 표현하기 위한 계기로만 삼을 뿐일 것이고, 그게 욕망이든, 분노든, 가난한 마음이든, 그게 무엇이든 그럴 테니, 당신의 소중한 마음과 말을 굳이 건네어 스스로 아프길 자처하지 않길 바라요. 당신의 소중함이 지켜지는 곳에서, 당신의 소중함을 지켜주는 이들과 함께하길 바라요. 어쩔 수 없는 함께함이고, 그 함께함 안에서 꼭 배워야 할 용서가 있다고 느껴지는, 삶이 당신에게 준 선물의 시간이 아니라면 말이에요. 지난 글에서도 말했듯, 사람은 반드시 변하게 되어있고, 그것이 인간의 숙명인 것이지만, 짧게 보면 결코 변하지 않는 게 또한 사람이라는 것을 다시 한 번 명심함으로써요. 오늘의 당신과 내일의 당신은 크게 다르지 않겠지만 지금의 당신과 10년 뒤의 당신은 무척이나 다를 수 있는 것처럼, 하지만 성숙을 향한 지향이 아예 없는 사람들은 평생토록 아주 조금의 변화만을 완성하게 될 수도 있는 것처럼, 지금 이런 사람이 당장 조금 있다 저런 사람이 될 수는 없는 거니까.

그러니 당신은 다만 지금 예쁜 사람들과 함께하길. 최소한, 성숙을 향한 지향이 있어서 내일은 더 예뻐질 거라는 기대를 품게 하는 사람들과 함께하길. 당신이 용서에 관심이 있다면 당신과 같이 용서에 관심이 있는 사람들과 함께해야 당신의 목표가 성취될 수 있을 것이고, 하지만 미움에만 관심이 있는 사람과 함께할 때 당신은 혼자서 나아가는 것보다 훨씬 더 느리게 나아가게 될 테니까. 때로는 지금보다 더 미성숙한 모습을 하고 있는 자신을 발견하게 될지도 모르는 거니까. 왜냐면 그들은 당신과 달리 늘 어제처럼 미워만 하는 사람들이고, 그래서 그들과 함께할 때 당신 마음 안엔 갈등이 생길 수밖에 없을 테고, 그게 당신을 미성숙으로 계속해서 내몰기 마련일 테니까. 성숙한 사람일수록 성숙에 더욱 열려있기에 그만큼 더 매일을 더해 아름다운 성숙을 향해 나아갈 뿐이지만, 미성숙한 사람일수록 오히려 한 걸음조차 내딛지 않으려고 하기 마련인 거니까. 그러니까 코모도 도마뱀에게 이제는 독을 버리라고 말하는 것보다, 어쩌다 한 번씩 화를 내는 사슴에게 어쩌다 한 번이라도 화를 내지 말라고 말하는 게 훨씬 더 가능성 있는 변화의 요구인 거니까. 이처럼 사랑에 관심은 있지만 여전히 완전히 사랑하고 있지는 않은 당신이 완전하게 사랑하게 되는 게, 사랑에 아예 관심이 없는 사람이 아주 조금이라도 미움을 내려놓는 것보다 훨씬 더 빨리 이루어지기 마련인 것이고, 아마도 당신은 하루가 다르게 성숙할 테지만 그들은 평생토록 한 걸음 정도만을 겨우 내디딜 뿐일 테니까. 그러니 성숙에 관심이 있는 사람들과 함께하길. 당신과 내적 목표가 같은 사람들과 함께하길. 더 이상, 당신과 살아가는 이유와 목적이 너무나도 다른 사람들과 함께하며 시간과 감정을 낭비하지 말길. 그건 정말로 갈등만 낳을 뿐, 서로에게 어떤 아름다움도 선물해주지 않을 테니까.

그리고 그게, 당신을 미움의 유혹에서 구하는 지혜이기도 한 거니까. 최선이 고작 악랄함인 사람과 함께할 때 당신이 아무리 노력해도 당신은 결국 그 사람을 미워하게 될 수밖에 없을 테고, 하지만 당신이 애초에 함께하길 선택하지 않는다면 당신은 여전히 그를 사랑할 수 있을 테니까. 텔레비전에서 나오는 코모도 도마뱀을 보고 귀엽다, 사랑스럽다, 생각할 수는 있는 것처럼. 하지만 그 귀여움과 사랑스러움에 호기심이 생겨 직접 코모도 도마뱀을 보러 간다면 그 생명의 잔인함에 코모도 도마뱀을 미워하게 될 수밖에 없는 것처럼. 그러니 눈을 감은 채 미래를 그려보고, 미워하게 될 수밖에 없을 것만 같은 본성을 지닌 사람이 있다면 사랑하되, 가까이서 함께하진 말길. 그렇게 미움의 유혹에서부터 당신을 지켜내길. 이기심, 허영, 분노, 미움, 무기력함, 원망, 인색함, 왜소함, 그러한 것이 최선인 사람들과 가까이서 함께할 때 당신은 결국 지치고 소진될 수밖에 없을 테고, 하여 지금의 넉넉하고 다정한 마음을 잃은 채 쉽게 예민해질 수밖에 없을 테고, 그로 인해 언제든 미움으로 추락할 수 있게 될 것이니 그런 본성을 지닌 사람들을 피하길. 오직 다정하고 온유한 사람들, 내면에 밝고 순수한 빛이 반짝이고 있는 사람들, 분노와 미움과 같은 것들을 보면 부담스러워하며 살짝이 물러나는 사람들, 그런 사람들과 함께하길. 그들과 함께, 지금보다 더 멋지고 예쁜 사랑을 완성하며 나아가길. 그렇게 꼭, 사랑을 되찾길.

　　태어나길 사랑스럽게 태어나 참 따듯하고 선한 마음을 지니고 있는 당신, 때로 미워하기도 하지만 그런 자신이 못마땅해 죄책감을 느낄 만큼 사랑이 자신의 길임을 아는 당신, 당신을 아무리 아프게 하고 지치게 하고 소진되게 하는 사람이 있다고 해도 쉽게 내치지 못할 만큼 여리고 다정한 당신, 그래서 당신 자신을 더욱 아끼고 사랑할 필요가 있는 당신, 그 당신 자신을 향한 사랑으로부터 당신을 지켜낼 필요가 조금 있을 뿐인 당신, 미움과 용서 사이에서 내내 갈등하기보다 마지막으로 한 번만 더 용서한 뒤에 용서할 필요가 없을 만큼 예쁜 사람들과 함께하길 선택함으로써 더 자주 웃을 필요가 있는 당신, 당신을 소중히 여기지도 않는 사람 곁에서 시들어지는 걸 보고 있자면 내 가슴이 미어지게 아플 만큼 소중하고 귀한 당신, 이제는 흐드러지게 피어나고, 마음껏 사랑하고, 활짝 웃고, 반짝이게 빛날 때가 된 당신, 그러니까 당신 자신으로 돌아갈 때가 무르익은 당신, 사랑은 그러니 이제는 다만 사랑이 되길. 사랑이 되는 것, 사랑을 되찾는 것, 사랑으로 돌아가는 것만을 위해 매일을 살아가길. 그게 유일한 목표이기에, 그 목표를 가로막는 사람들이 있다면 단호히 지나치길. 당신을 진정 사랑한다면, 당신의 행복과 기쁨의 여정을 가로막기보다 지지하고 응원해줬을 테니까. 그러니 더 이상은 당신을 사랑하지도 않는 사람들 곁에서 머뭇거리고 망설이느라 시들어지지 말길. 그들마저도 기꺼이 사랑하기 위해 그들을 피해가길.

오직 사랑스럽게 웃고 기뻐하고 행복하기 위해 태어난 당신이니까. 그 사랑스러움이 바로, 당신 자신의 진짜 모습이자 당신이 이곳에 태어나 존재하는 이유이니까. 그러니 당신, 이제는 내내 사랑이길. 당신과 어울리는 사랑과 함께하고, 어울리지 않는 사랑 아닌 것들은 기꺼이 멀리함으로써. 모든 이에게 각자의 최선이 있다는 것을 진정으로 이해하고 받아들임으로써 존중해주고, 그렇기에 그들은 그들대로 살게 하고 당신은 당신대로 살고, 사랑함으로써. 코모도 도마뱀을 아무리 사랑해도, 당신이 코모도 도마뱀 앞에 선다면 코모도 도마뱀은 당신에게 독을 쏠 것이 분명하다는 것을 분명하게 이해함으로써. 이해하기에 존중하고, 존중하기에 피해감으로써. 늘 말하지만 있는 그대로 사랑하는 일이란, 상대방의 있는 그대로를 바라보고 존중하는 일이지, 그보다 더 나쁘게, 혹은 더 좋게 꾸며내어 바라보는 일이 아니며, 그러니까 그것을 다시 한 번 명심함으로써. 도둑에게는 도둑의 본성이, 살인자에겐 살인자의 본성이, 사기꾼에겐 사기꾼의 본성이 있는 것이며, 그래서 그들을 있는 그대로 바라보는 일이란 그들에게 그런 성향이 있음을 분명하게 인지하는 일이며, 그들을 사랑하는 일이란 그들에게 당신의 것을 훔치거나 당신을 해치거나 당신을 이용할 유혹을 제공하지 않는 일인 거니까. 그렇게 그들을 지켜주고, 당신 자신을 또한 그들을 미워하게 될 유혹으로부터 지켜내는 일인 거니까. 그리하여 여전히 사랑하는 일인 거니까.

그러니 당신은 그렇게, 지혜롭게 사랑하길. 영원토록 완전히 사랑하기 위해 그 지혜를 지금, 배워내길. 그리하여 영원하고 완전한 사랑으로 이제는 돌아가길. 오직 사랑이 됨으로써만 사랑을 가르칠 수 있고, 사랑의 영향력을 전해줄 수 있기에 사랑이 되기만 하면 되는 당신은. 지금의 언쟁과 설득이 아니라 그 사랑으로부터, 반드시 그들에게 빛을 전해주게 될 당신은. 그러니 이제는 다만 사랑의 길을 걷길. 반드시 사랑을 되찾을 것으로 이미 운명이 정해진, 타고나길 사랑인, 참 따듯하고 예쁘고 다정한 당신은. 그래서 내가 진심으로 걱정하고 응원하게 되는 당신은. 그러니 바라만 보고 있어도 내 마음에 사랑스러움이 가득 피어나게 하는 당신, 이제는 그런 당신을 스스로 가장 많이 아껴주고 사랑해주길. 더욱 사랑스럽게 피어나는 것만으로, 너무나 많은 이들에게 사랑스러운 기분과 예쁜 설렘을 전해주게 될 당신이니까. 그러니 많은 이들이 누리게 될 그 당신의 사랑스러움을, 더 이상 미워하느라 지연시키지 말길. 하루를 더해 더욱 피어나고 가득 반짝일 뿐이길. 오늘 참 지치고 힘든 하루를 보냈음에도, 누군가가 미워 잔뜩 속상한 날을 보냈음에도, 당신 생각만 하면 그 모든 아픔이 사랑스러움으로 바뀌는 나니까. 지금도 그런데, 앞으로는 얼마나 더 그럴 것이며, 그렇다면 그것만으로 얼마나 위로이자 치유인지 알길. 그것을 알기에, 안타까운 타인에게 예쁜 변화를 일으키기 위해 당신은 다만 당신의 사랑을 완성하며 나아갈 뿐이길. 존재만으로 모든 이들에게 위로와 기쁨과 응원과 치유와 사랑스러움과 예쁨과 아름다움을 전해줄, 참 귀하고 소중한 당신이니까. 정말로 당신은 그런 운명을 타고 태어난 사랑 그 자체의 사랑이니까.

## 내가 원하는 마음의 것

나는 내가 원하는 마음의 것은 무엇이든 받을 수 있다는 걸 잊지 마세요. 내가 진정으로 평화를 원한다면, 나는 평화를 받을 테고, 기쁨을, 행복을 원한다면 그것들을 받을 테고, 마찬가지로 내가 진정으로 분노와 미움을 원한다면, 나는 분노와 미움을 받을 테고, 불행과 우울, 공허와 무기력을 원한다면 또한 그것들을 받을 거예요. 그러니 지금이 너무나 우울하고 힘들다면, 갈등 속에서 방황하고 있다면, 분노와 원망을 떨쳐내지 못해 일렁이고 있다면, 그래서 너무나 불안하고 불행하다면 당신에게 진실하게 물어보세요. 나는 지금 진정으로 그곳에서부터 벗어나길 원하고 있는지를. 그러니까 평화를, 기쁨을, 행복을 원하고 있는 게 맞는지를. 아마도 당신은 스스로 그 불행들을 너무나 간절히 원하고 붙들고 있겠죠. 그러니까 미움 때문에 힘들다고 말하면서도, 여전히 미움을 내려놓길 선택하고자 하지는 않죠. 진정으로 원했다면, 그것들을 내려놓는 일 앞에서 잠깐의 망설임도 없었을 테니까요. 다만 고요히 앉아서 마음을 차분히 가라앉히고 모든 생각을 뒤로한 채 평화만을 원해봐요. 그러면 반드시 평화를 얻게 될 테지만, 아마도 당신은 아주 잠깐도 그 평화의 시간을 견디지 못할 거예요. 곧장 그 고요함에서부터 뛰쳐나와 다시 마음에 당신이 벗어나길 그토록이나 원한다는 것들을 가득 담고 품을 테니까요. 그것들과 어울리고, 그것들과 시간을 함께할 테니까요. 그러니 당신이 지금 행복하지 않다면, 그건 당신이 스스로 행복을 원하지 않아서라는 걸 잊지 마세요.

　　그러니 이제는 진심으로, 마음을 다해, 간절하게, 정말 진실한 마음으로 평화를, 이해를, 사랑을, 기쁨을, 행복을 원하기로 해요. 당신이 진정으로 그것들을 원한다면 아무리 미운 일이 있었다고 해도 당신은 그 미움에 아주 잠깐도 머무르지 않을 거예요. 당신은 미움이 아니라 평화를 원하니까요. 아무리 지치고 힘든 순간에도 우울함이나 절망에도 머무르지 않을 거예요. 그 대신에 믿음과 용기, 격려와 지지를 선택함으로써 그럼에도 불구하고 기쁨에 머무르겠죠. 그게 바로 당신이 원하는 것이니까요. 그렇다면 여태 당신은 무엇을 원해왔나요. 지금 당신의 마음 안에 가득 담겨있는 감정들, 그게 바로 당신이 원해왔던 것들의 결과일 거예요. 그러니 지금의 마음을 살펴보며 당신이 원해왔던 것이 무엇인지를 진실하게 알아보기로 해요. 그것을 알아보고 인정함으로써, 그것이 당신에게 행사해왔던 지배력을 약화시키기로 해요. 진실하게 인정할 때, 그것만으로 우리는 곧장 마음의 힘과 주권을 내게로 다시 가져오게 되니까요. 그렇게, 내가 내 마음에 품게 된 것은 내가 원한 채 선택했던 것의 결과라는 것을 진실하게 인정함으로써 내 마음의 힘과 주권을 완전히 회복하고, 그 권능으로 이제는 나를 위한 행복을 선택하며 나아가기로 해요. 당신은 외부의 무엇 때문에 당신이 이런 감정을 느끼게 되었다고 참 왜소하게도 생각해왔고, 그 결과 힘없이 존재하게 되었고, 하여 그곳에서 벗어날 선택권 자체를 잃게 되었고, 그래서 이토록이나 불행 앞에서 무기력하게 존재하게 되었고, 하지만 이제는, 오늘부터는 다른 거예요.

오늘부터는, 당신이 경험하고 마주하게 될 세상을 결정하는 건 오직 당신 자신이라는 것을 진실하고 분명하게 알고 인정함으로써 그 힘과 주권으로 하루를 주체적으로 살아가고 마주하게 될 당신이니까. 그러니 이제는 그것을 인정함으로써 마음의 결과를 당신 것으로 소유해내길 바라요. 당신에게 어떤 일이 일어났다고 해도 당신 마음에 품는 것을 결정할 힘은 오직 당신에게만 있다는 것을 진정으로 이해하고 분명하게 앎으로써. 그리하여 그 이해와 앎으로부터 기쁨을, 사랑을, 이해를, 용서를, 평화를, 행복을, 웃음을, 자유를, 내려놓음을, 감사를, 받아들임을 선택하며 나아가는 거예요. 외부의 무엇 때문에 어쩔 수 없다는 정당화가 당신 마음 안에서 일어나도록 더 이상 허락하지 않음으로서. 그렇게, 매 순간을 통해 마음의 힘을 되찾고 회복하길 바라요. 그리하여 더 이상은 당신이 왜소하게 존재하고 무기력하게 불행하게 방치하지 않길 바라요. 당신이 원하는 것을 반드시 당신 마음 안에서 소유하게 될 당신이라는 것을 잊지 않음으로써 불행이 느껴지는 순간 내가 스스로 불행을 원했다는 것을 알아차리고, 하여 불행 대신 기쁨과 행복을 원하고, 그런 식으로 진짜 행복을 향해 나아가는 거예요. 그렇게 행복한 당신을 만들어가는 거예요. 당신을 행복하게, 혹은 불행하게 만들 수 있는 힘이 있는 사람은 오직 당신 자신밖에 없다는 것을 명심하고 또 명심함으로써. 그리하여 그 힘을 평화와 기쁨과 행복을 지켜내는 일에만 사용함으로써.

당신은 지금 당신의 상태가 어떻길 원하고 바라나요. 누군가를 강렬하게 미워하고 저주하고, 복수에 성공하는 일을 상상하고, 그렇게 함으로써 어떤 통쾌한 기쁨을 느끼길 바라나요. 아니면 용서한 채 아름답고 예쁜 세상을 향해 이제는 눈과 마음을 돌리길 바라나요. 나는 못 해낼 거야, 라는 생각에 빠진 채 의기소침하고, 그렇게 우울에 빠지고, 하여 더욱 현실로부터 도피하고, 그런 자신의 지금이 부끄러워 숨기기 위해 더욱 세상을 탓하고, 그렇게 존재하길 바라나요. 아니면 이제는 해낼 수 있다는 믿음과 확신으로 세상을 향해 새롭게 한 발을 내디디고, 누가 나의 지금을 어떻게 바라보든 진실하게 인정하는 용기로 부끄러움을 극복해내고, 그렇게 오늘과는 다른 미래를 만들어가기 위해 노력하며 존재하길 바라나요. 먼저, 당신 자신에게 묻기로 해요. 지금 당신이 원하고 바라는 당신의 모습은 무엇인지를. 그것을 먼저 정해야 하는 거예요. 그래야만 그 결정을 바탕으로 당신이 원하지 않는 모습의 당신이 나타날 때는 그것을 허락하지 않은 채 서서히 지워낼 수 있을 테니까요. 그리고 저는 당신에게 바라요. 이제는 당신이 미워하는 타인이 잘못되는 일을 상상하고, 그곳에서부터 위로와 기쁨을 얻길 바라기보다 미움을 내려놓고 당신이 행복한 사람이 되는 일에만 오롯이 집중하기를. 이제는 지독한 우울과 무기력에서 벗어나 예쁜 오늘을 짓고 만들어가는 빛나는 당신이 되기를. 그게 미움이든, 우울이든, 그 무엇이든 그 모든 왜소함과 불행이 아닌 기쁨과 행복을, 당신에게 어울리는 사랑스러움과 예쁜 미소를 원하고 바라는 당신이 되기를. 하고.

그러니 이제는 기쁨과 사랑스러움을, 위대함과 평화를, 용서와 이해를 원하며 나아가기로 해요. 그것만을 간절히 원하기에, 그것들 외에 다른 것들은 기꺼이 내려놓고 떨쳐내기로 해요. 우울이든, 미움이든, 그 무엇이 당신을 향해 찾아와도 그곳엔 단 한 순간도 시선을 두지 않는 거예요. 당신이 시선을 두지 않는다는 건, 당신이 원하지 않는다는 것이고, 당신은 당신이 원하는 것만을 얻게 되므로 그 모든 것, 그 순간 반드시 사라지게 될 거예요. 마찬가지로 당신이 그것을 곱씹는 순간, 그것에 시선과 감정을 두는 순간 그것은 당신을 반드시 사로잡게 될 거예요. 당신이 재밌는 프로그램을 볼 때 그곳에 모든 신경을 집중한 채 시선과 마음을 두는 것처럼, 하지만 그렇지 않은 프로그램을 볼 때는 지루해하며 채널을 돌리는 것처럼, 당신은 당신이 원하는 것에 당신의 흥미와 마음과 감정과 시선을 두게 되어있으니까요. 당신이 아무리 당신 자신을 속이고자 해도, 그것은 속이지 못하는 거니까요. 그러니까 당신이 나는 미움을 원하지 않는다고 아무리 말해도, 당신이 스스로 미움을 사랑하는 듯 그것에 집중하고 시선을 둔다면 당신은 미움을 스스로 원하는 게 맞는 거니까요. 당신이 아무리 아니라고, 나는 기쁨과 행복을 원한다고, 더 이상의 미움은 싫다고 당신을 스스로 속이고자 해도, 당신의 마음은 속이지 못하는 거니까요. 그러니 더 이상은 속지 말길. 속이지 말길. 신실하게 살피고, 신성으로 원하는 것만을 추구하길.

    그러기 위해 진정으로 당신이 원하는 것, 부디 그곳에만 당신의 시선과 마음과 감정과 진심을 두길. 원하는 것을 먼저 세우고, 그것에 대한 마음을 확실히 하고, 그 뒤에는 당신이 원하지 않는 것이 당신의 마음에 떠오르거나 나타나는 그 순간 그 즉시 일말의 망설임도 없이 그것들을 내려놓고 떨쳐내길. 그렇게, 당신의 힘과 주권을 회복하길. 매 순간을 당신의 권능을 되찾을 기회이자 선물로 여긴 채 나아가길. 그러니까 용서를 원한다고 결정했는데, 용서가 아닌 다른 것이 당신의 마음에 떠오른다면 이제는 그것을 미움의 유혹으로 보기보다, 용서함으로써 마음의 힘과 주권을 되찾을 기회이자 선물로 여긴 채 바라보길. 그런 마음으로 마주한다면 더욱 기쁘고 설레는 마음으로 매 순간의 유혹을 딛고 일어설 수 있을 테니까. 또한 자신에 대한 객관적인 시선을 길러보길. 누군가가 미움 때문에 너무 힘들다면서, 계속해서 누군가를 끝없이 원망하고 미워하고 있을 때, 당신은 문득 미움 때문에 힘든데 왜 스스로 이토록이나 미움을 붙들고 있을까, 그저 내려놓으면 안 되나, 하고 생각한 적이 있을 테고, 우리는 타인에게는 이렇듯 늘 객관적이고 지혜로우며, 하지만 정작 자신에게는 그렇지 못할 때가 많으니까. 그러니 타인을 바라보듯, 한 걸음 물러나 나 자신을 바라보는 연습을 매 순간 하며 나아가길. 한 걸음 물러나 자신을 바라볼 줄 아는 그 시선이 바로 진짜 힘 있는 사람의 시선인 거니까.

    그리고 기억하길. 그 어떤 고통도 당신을 붙잡지 못한다는 것을. 오직 당신만이 고통을 붙잡을 수 있을 뿐이라는 것을. 그러니 지금 무언가로 인해 고통스럽다면, 당신이 그 고통을 붙들고 있는 것이며, 그렇다는 건 당신이 원한다면 지금 이 순간 곧장 그 고통을 떨쳐내길 선택할 수도 있다는 것이며, 그것을 아는 힘 있는 마음으로 이제는 고통을 붙잡지 말길. 다시 한 번 말하지만 평화를 원하면, 평화를 받을 것이요, 기쁨을 원하면, 기쁨을 받을 것이요, 사랑을 원하면, 사랑을 받을 것이니, 오직 당신을 웃게 하고 자유롭게 해주는 것들만을 원하길. 당신이 원한다고 선언하는 것, 그것이 곧 당신 것이 될 것이니 당신의 말과 마음과 생각의 힘을 무시하지 말길. 지금의 당신을 만들어 온 것도 결국 당신 자신이라는 것을, 그리하여 깨닫길. 그렇게, 지금부터는 보다 행복하고 사랑스러운 나를 만들어나가길. 더 이상 누구 때문에, 세상 때문에, 하는 식의 왜소한 목소리에 속아 넘어가지 말길.

다만 오롯한 중심을 지킨 채 당신이 선택하고, 당신이 결정해나가길. 당신의 운명과, 당신의 감정과, 당신의 기쁨과 행복을. 누군가를 미워하게 되는 순간에는 스스로에게 물어보길. 내려놓는 것도, 계속해서 미워하는 것도 나의 선택이라면, 나는 나의 행복을 위해 무엇을 하겠는가, 하고. 그 순간에도 내려놓지 않는다면 결국 스스로 불행을 원하는 것일 텐데, 그렇다면 그게 과연 진정으로 나를 위한 것이 맞겠는가, 하고. 그것을 미움뿐만이 아니라 당신의 기쁨을 방해하는 모든 감정들 앞에서 늘 물어보길. 그런 습관을 가져보길.

    그 질문이 중요한 건, 당신이 설령 미움을 내려놓지 못하더라도 그것을 자신에게 물어보는 순간 더 이상 그 미움을 타인이나 세상의 탓으로 돌리진 않게 될 것이기 때문이며, 그러니까 그럼에도 미움을 선택하고 있는 건 나라는 것을 이제는 알고 있는 채로 미워할 것이기 때문이며, 그 자체로 당신은 당신의 힘을 되찾게 되는 거니까. 그러니까 미워할 수밖에 없어서 미워한다고 말하는 것과, 내가 미움을 선택해서 미워하고 있다고 말하는 것은 그것이 주는 의미가 사뭇 다른 거니까. 그리고 드디어 선택하고 있음을 알게 된 자는, 반드시 자신을 위해 예쁨을, 기쁨을, 행복을, 미소를 선택해내게 될 테니까. 그러니 지금 당장 미움을 모두 내려놓진 못하더라도, 그 또한 나의 선택이라는 것을 알고는 있길. 또한 그런 자신을 너무 책하진 말길. 그렇게 나아가고 있는 것 자체로 이미 너무나 잘하고 있고, 기특한 당신이니까. 그래서 당신에겐 스스로를 격려하고 가득 안아줄 필요가 있을 뿐인 거니까. 그렇게, 매일을 더해 기쁨을, 행복을, 평화를, 사랑스러움을, 아름다움을, 힘과 주권을 회복하며 나아가길. 그 모든 나아감 안에서 당신 자신을 기특하고 자랑스럽게 여겨주길. 때로 당신이 스스로에게 다정한 말을 건네지 못하는 순간에는 내가 그렇게 해줄 것이며, 언제나 당신을 지지하고 격려하고 응원할 것이니, 그런 내가 있다는 것을 잊지 말고 꿋꿋이 나아가길.

해와 달과 별과 바다와 노을과 바람과 꽃과 나무와 새와 비와 눈을 바라봐보길. 얼마나 예쁘고 소중한지, 벅차게 아름다운지를. 그리고 알길. 당신은 그보다 훨씬 더 예쁘고 소중한 존재이며, 벅차게 아름다운 존재이며, 사랑스러워 눈을 뗄 수가 없을 만큼 빛나는 존재라는 것을. 매 순간 지치고 힘든 순간에는 잠시 멈춰선 채 그것에 대해 생각해 보길. 당신은 정말 그런 소중함이고, 사랑스러움이니까. 그렇게 자신의 사랑스러움에 대해 생각해 보는 것만으로 당신은 이미 사랑스러움에 흠뻑 젖게 될 테고, 그 사랑스러움에 의해 치유받게 될 테니까. 당신이 시선과 마음을 두는 것, 그것이 당신이 원하는 것이며, 하여 당신이 받게 될 것이라고 말했듯, 당신이 사랑스러움에 시선과 마음을 뒀다는 건 당신이 그것을 원했다는 것이며, 하여 당신, 사랑스러움을 받게 될 수밖에 없어 온통 받을 테니까. 그렇게, 예쁨과 기쁨과 사랑스러움과 아름다움에만 마음과 시선을 가득 둔 채 나아가길. 지치고 어려운 순간일수록 더더욱 그렇게 하길. 그렇게 참 소중하고 예쁜 당신에게 스스로 기쁨과 예쁜 웃음을 자주 선물해주는 당신이길. 그런 행복한 습관과 매 순간 함께하길. 그러기 위해 오늘, 그것들을 원하길. 지금 한 번 미소를 지어보길. 어떤 상황 안에서도 당신이 원한다면 당신은 웃을 수 있고, 그러니까 지금 당신이 피워낸 이 예쁜 미소가 그 힘과 권능이 진정으로 당신에게 있다는 것의 증거임을 잊지 말길. 그것을 기억하기 위해 자주 활짝, 예쁘게 웃길.

그 어떤 모습도 예쁘지만, 웃는 모습이 가장 예쁜 당신이니까. 그러니 당신을 위해서도, 세상을 위해서도, 나를 위해서도 자주 웃길. 당신이 노을을 보며 참 아름답다, 예쁘다, 하며 감동을 받듯, 그렇게 위로를 받듯, 당신의 미소 또한 그런 아름다움이니까. 그러니 그 미소의 꽃을 가슴에 심고 내내 피워낸 채 언제나 사랑스럽게, 예쁘게, 아름답게, 무엇보다 힘 있게 하루를 마주하는 당신이길. 당신이 당신의 얼굴에서 미소를 피울 때마다 당신이 얼마나 힘 있는 존재인지 그 미소의 꽃이 당신에게 알려줄 테고, 그 꽃의 향기가 당신의 마음 안에 스며 진실의 빛, 그 짙은 아름다움을 가득 채워줄 테니까. 그러니 웃을 때마다 기억하길. 당신은 언제 어디서든, 어떤 상황 속에서든 당신 자신의 감정을 결정할 힘이 있는 존재고, 무엇보다 매 순간 사랑스럽고 예쁘게 피어날 수 있는 존재라는 것을. 그렇게, 이제는 왜소함을 넘어 진정한 당신, 그 위대한 사랑을 향해 다가서기를. 그 어떤 순간에도 사랑하겠다고 마음만 먹으면 사랑할 수 있는 당신이니까. 결국 이 모든 것, 당신이 그토록이나 사랑의 존재였음을 알아가기 위한 수업인 거니까. 그러니까 기쁨을, 행복을, 완전함을, 평화를, 아름다움을, 사랑스러움을 되찾고 회복한다는 건 결국 사랑인 나로 돌아가는 일이며, 왜냐면 그 모든 것, 처음부터 영원히 사랑의 당연한 소유였기 때문이니까.

그러니 원래부터 당신 것으로 정해진 그 모든 예쁨과 사랑스러움들, 이제는 되찾길. 그렇게 사랑답게 행복하고 사랑답게 존재하길. 처음부터 영원히 사랑이라서, 웃는 모습이 이토록이나 예쁜 당신, 사랑은. 그러니까 그 모든 당신의 미소, 사실은 당신이 사랑이라는 태고의 증거이며, 당신이 사랑일 때 내내 지니고 있었던 당신 가슴과 얼굴의 꽃인 거니까. 그러니 더 자주 웃으며, 더 자주 사랑스럽길. 미소가

가장 예쁜 당신인 건, 미소가 가장 자연스러운 당신의 표정이었기 때문이며, 그러니까 그게 바로 있는 그대로의 당신의 모습이었기 때문이며, 그러니까 있는 그대로가 가장 예쁘고 아름다운 당신, 사랑은. 내가 참 많이 아끼고 걱정하는 사람, 하지만 걱정할 필요조차 없을 만큼 매 순간 잘 해내고 있는 사람, 그래서 기특하고 고마운 사람, 참 사랑스럽고 설레는 사람, 때로 웃을 때는 내 모든 마음에 있던 아픔과 어려움을 그 순간 사라지게 할 만큼 벅차게 아름다운 사람, 그래서 나도 자주 위로해주고 싶고 힘이 되어주고 싶은 사람, 사랑이었고, 사랑이고, 앞으로도 영원히, 사랑일 사람, 때로 자신이 그런 존재인지를, 자신이 가장 모른 채 살아갈 때가 많은 사람, 하지만 그 순간에도 여전히 사랑인 사람, 사랑, 당신은 그러니 당신 자신의 있는 그대로의 모습만을 원하길. 예쁜 미소가 가장 잘 어울리는 사랑이라는, 처음부터 영원히 사랑이 아니었던 적이 없었던 사랑이라는, 하여 매 순간 사랑스럽고, 아름답고, 기쁘고 행복하기만 할 뿐인 사랑이라는, 그 당신 자신의 모습만을. 사랑, 그리고 사랑, 그리고 또 사랑이라는.

## 미움 거절하기

다만 미움을 사양하세요. 당신이 하루 종일 어떤 미움을 간직하고 있을 때, 당신의 하루가 그 미움으로 인해 얼마나 피폐해질지를 조금이라도 안다면 당신은 미움을 사양할 수밖에 없을 거예요. 하루 온종일 미움을 잊기 위해, 미움을 외면하기 위해 다른 일에 골몰하거나 재밌는 영상이나 친구들과의 수다로 도망치거나, 그래왔죠. 그렇게 온통 탐닉하며 어떻게든 미움을 느끼지 않기 위해 애써왔지만, 결국 미움은 나를 가득 사로잡기 마련이었고, 그래서 혼자가 된 매일을 고통스럽고도 무겁게 보내며 아파 왔죠. 그러느라 잠 못 드는 날들을 보낸 지는 또 얼마나 오래됐나요. 그게 너무 힘겨워 몸이 완전히 지치고 소진되어 잠들 수밖에 없을 때까지 무엇인가에 탐닉하며 밤을 보내왔죠. 그렇게 소중하게 보내기에도 아까운 하루들을 낭비해왔고, 그런 식으로 하루를 보내고 있다는 의식적, 무의식적 죄책감에 시달리느라 사랑으로부터는 더욱 멀어져 왔죠. 그런 날들을 보내느라 얼마나 아파 왔나요. 삶과 하나로 연결된 일체감에서부터 오는 평화를 느껴본 지는 또 얼마나 오래되어 왔나요. 미운 생각에 빠진 당신 자신을 느껴봐요. 양미간은 가득 찌푸려졌고, 어깨는 잔뜩 경직됐고, 마음엔 독이 가득 차올랐고, 생각은 아름다움을 완전히 잃었고, 그러니까 그 모든 고통이 바로 미움이 당신에게 줄 수 있는 유일한 영향력인 거예요. 당신은 미운 생각을 하는 동안 채울 수 있는 복수심으로 당신이 조금이나마 행복해질 수 있을 거라고 착각해왔을지라도 말이에요.

　당신이 얼마나 힘들고 고통스러운 날들을 보내고 있는지, 그걸 스스로는 자각하고 있지도 못할 만큼 미움과 완전히 하나 된 채 미움의 지배를 받아왔을지도 모르죠. 하지만 이제는 느낄 때예요. 당신의 몸과 마음을, 그 모든 고통스러움과 평화를 잃고 방황하는 슬픔과 공허함을. 그렇게, 이제는 미움이 고통스럽고 두렵다고 해서 도망가지 말아요. 오롯이 마주하고 가득 느껴내기로 해요. 미움과 하나 되기보다 조금은 떨어진 채 초연하게 바라보는 거예요. 미움이 어떤 생각을 당신에게 강요하고 있는지, 그리고 미워하는 동안 당신의 표정과 당신의 근육과 당신의 마음은 어떤 상태가 되는지를. 그렇게 차분하게 호흡하며 바라보기로 해요. 찌푸려진 인상을 그 예쁜 숨결과 함께 풀어주고, 경직된 몸과 마음을 이완시키고, 그렇게 그저 바라보는 거예요. 이제는 미움이 두려워 더욱 어둠 속으로 도망가기보다, 당신이 그 바라봄의 빛으로 미움을 비추는 거예요. 그렇게 미움 위에 선 채 미움을 마주할 때, 이제 미움이 당신을 두려워하며 당신에게서 도망치기 시작할 테니까. 그렇게 완전히 소멸되고 사라지기 시작할 테니까. 그리하여 미움이 자기 멋대로 당신을 조종하곤 하던 그 힘 없는 마음에서부터 당신, 완전한 자유를 얻을 수 있을 테니까. 그러니 더 이상 미움이 무겁고 고통스럽다고 해서 미움으로부터 도망가기 위해 애쓰지 말아요. 이제는 느끼고, 마주하고, 완전히 털어내기로 해요. 미움은 당신의 오롯한 마주함을 결코 감당할 수 없을 만큼 아무런 힘없는 것이며, 그만큼 당신 존재의 빛은 강렬하고도 위대한 것이니까.

당신의 미움에는 언제나 정당함이 있었을 것이고, 또 그럴만한 사연 또한 충분히 있었을 거예요. 참 여리고 예쁜 당신이 누군가를 미워하게 된 데까지, 얼마나 상처받는 일, 억울하고 분한 일이 있었겠어요. 당신이 말하지 않아도 단숨에 그걸 알 만큼, 당신의 삶과 매일의 하루만 보아도 그걸 느낄 수 있는걸요. 당신은 그런 믿음을 줄 만큼 여태 너무나 반듯하고 예쁘게 살아왔고 존재해왔으니까요. 하지만 그렇기에 더더욱 미움에 빠지지 않길 바라는 거예요. 그런 예쁜 당신의 모습을 미움으로부터 지켜내길 바라는 거예요. 조금씩 미워하다 보면 어느새 예쁜 미소와 존재의 향기와 빛을 완전히 잃게 될 만큼 당신, 피폐해질 테고 때로는 악스러워지기까지 할 테니까요. 사람들을 만날 때마다 가득 분해하고 억울해하고 분노하며 미움을 쏟아내는 당신이 되어있을지도 모르는 거니까요. 지금, 잘 다스리지 못하면 정말 어느새 그렇게 되어버릴지도 모르는 거예요. 그래서 나, 당신의 미움에 공감하지 못하거나, 당신의 미움을 이해하지 못해서가 아니라, 당신의 기쁨과 행복을 위해서 미움을 내려놓아달라고 말하는 거예요. 당신이 아픈 모습을 보는 게 너무나 속상해서, 내 가슴이 찢어질 것 같아서 미움을 내려놓아달라고 말하는 거예요. 미움으로는 결코 행복해질 수 없을 당신이고, 더욱 큰 아픔과 고통스러움만을 마주하게 될 당신이고, 그래서 당신 자신을 위해 내려놓아야 하는 거니까. 오직 당신 자신의 행복과 예쁨과 사랑스러움을 지켜내기 위해서. 정말 그 이유 하나로.

 타고나길 참 예쁘고 다정한 당신이라, 아무리 정당한 미움이라고 해도 결국 누군가를 미워하고 있다는 사실 자체로 죄책감을 느낄 당신이잖아요. 미움을 떨쳐내지 못해 사람들에게 털어놓기도 하지만,

소중한 사람들과의 시간을 자신의 미움을 털어놓기 위해 썼다는 것만으로 속상해하고 아파할 당신이잖아요. 여태 한 번도 그렇지 않은 적이 없었잖아요. 그러니 예쁘고 다정한 당신은 그저 당신답게, 당신과 어울리게 살아가기로 해요. 굳이 어울리지도 않고, 감당하지도 못할 미움과 함께하느라 속상해하고 아파하기보다 말이에요. 이토록 예쁘고 다정한 당신을 아프게 한다는 이유 하나만으로 그 어떤 미움도 정당화될 수 없는 거예요. 당신의 사랑스러움과 아름다움에서부터 당신이 더욱 멀어지게 한다는 이유 하나만으로도 그런 거예요. 그러니 더 이상 미련을 갖지 말아요. 당신 자신을 위해 내려놓는 것이라는 걸 분명하게 하고, 이제는 망설임 없이 내려놓기로 해요. 한 번 잘 생각해봐요. 미움이 당신의 생각과 마음에 찾아오는 그 순간을. 당신은 당신이 생각해서, 당신의 의지로 미워하고 있다고 생각하지만 사실 당신의 의지와는 전혀 관계없이 미움이 당신을 사로잡은 거잖아요. 그저 다른 일을 하고 있던 순간에 갑자기 미움이 찾아온 것이고, 이윽고 그 미움을 곱씹게 된 당신이잖아요. 그게 바로 미움은 온전한 당신의 생각이 아니라는 증거고, 다만 미움이 당신을 조종하고 지배하고 있을 뿐이라는 증거인 거예요.

  그게 아니라 당신이 당신의 의지대로 미워하는 것이라면, 당신은 어느 순간에도 미워하고 싶지 않을 때는 미운 생각을 그 즉시 멈출 수 있어야 하는 거잖아요. 하지만 당신이 아무리 그걸 원해도, 미움은 멈출 생각이 없죠. 끝없이 당신의 머릿속에서 쏟아질 뿐이죠. 그저 당신이 따뜻한 햇볕을 쬐며 잠시 휴식하고 있던 순간에도 갑자기 당신을 찾아와 당신을 사로잡곤 하죠. 그렇다면, 그것만으로 이제는 미움을 떨쳐낼 이유로 충분한 거예요. 왜냐면 처음부터 끝까지 미움은 당신의 의지와는 전혀 관계없는, 오직 당신을 지배함으로써 자신이 살아남기 위해 당신을 찾아와 당신을 사로잡고 유혹하고자 할 뿐인 당신과는 전혀 관련이 없는 감정인 거니까요. 그러니 이제는 다만, 미움을 사양하기로 해요. 그건 당신의 뜻도 아니며, 당신의 것도 아니며, 당신에게 단 하나의 기쁨도 주지는 않으면서 당신을 오직 불행하게만 할 뿐인 완전한 타인이니까요. 그저 왜 갑자기 이 생각이 나를 찾아왔을까? 하는 의심과 함께 미움을 바라보기만 한다면, 미움은 그 자신의 힘을 잃은 채 당신을 더 이상 어떻게 하지 못할 거예요. 그걸 물어본다는 것은 미움을 바라보고 있다는 것이며, 미움은 그 바라봄의 빛을 결코 견뎌내지 못할 테니까요. 처음 얼마간은 여전히 당신의 곁에 서성이며 당신이 방심한 틈을 노리려고 할지도 모르죠. 하지만 그때마다 당신이 의심한다면, 그렇게 미움의 정당성과 존재의 이유를 부정한다면 미움은 결국 그 빛에 의해, 당신의 주권과 권능, 그 힘에 의해 자신이 설 자리를 잃고 흩어질 수밖에 없을 거예요.

그러니 더 이상은, 정당한 미움의 유혹에 빠지지 말아요. 그 어떤 미움도 당신의 감정을 아프게 하고, 당신의 인상을 찌푸리게 하고, 당신의 평화를 잃게 한다는 그 이유만으로, 무엇보다 당신의 의지와 전혀 관련이 없는 미움이라는 것 자체로 결코 정당할 수 없는 것임을, 정당한 미움의 유혹이 찾아올 때마다 당신에게 말해줘요. 당신이 당신 자신을 아끼고 사랑한다면, 당신에겐 당신을 기쁘고 평화롭게 할 책임만이 있을 뿐이고, 그래서 그것만이 정당할 수 있는 거니까요. 누군가에게 폭행을 가한 사람의 이야기를 들어봐요. 그 사람에게도 그 폭력에 대한 나름의 정당성이 있음을 알게 될 거예요. 그게 어떤 부정적인 감정이든, 부정적인 감정엔 늘 그렇듯 나름의 정당성이 있기 마련인 거예요. 그리고 그 정당성을 통해 부정적인 감정은 우리를 끝없이 유혹하고자 하죠. 그리고 당신이 누군가를 미워할 때, 당신이 속아 넘어간 정당성 또한 그것과 결코 다르지 않은 거예요. 정당성에도 정도의 차이가 있다고 생각할지 모르겠지만, 그리고 그걸 부정하는 게 너무나도 차갑게 느껴질지 모르겠지만, 사실 진실은 그 어떤 사소함도 허용하지 않으니까요. 그러니까 그 어떤 미움도 미움일 뿐이며, 그것에 작은 미움, 큰 미움은 없는 거니까요. 왜냐면 더 이상 미워하지 않겠다고 각오한 사람은, 어떤 미움에도 결코 유혹받지 않기 때문이에요. 그것이 얼마나 깊은 사연이 있는 것이든, 정당함을 주장할 만한 이유를 가진 것이든, 그것에 관계없이. 그리고 누군가는 그랬다는 것이 미움은 어떤 경우에도 결코 정당할 수 없다는 그 자체의 증명인 거예요.

    그리고 당신이 지금의 연습을, 그러니까 미움을 바라봄의 빛으로 소멸시킴으로써 미움을 내려놓는 이 연습을 꾸준히 계속해서 해나간다면 이 말이 무슨 말인지, 꼭 이해하게 되는 순간이 올 거예요. 아주 조그마한 미움조차 당신의 평화를 상실시킨다는 것을 그때는 알게 될 것이기에, 그리고 당신 자신의 평화를 지켜내는 것보다 더 당신 자신을 위해 중요한 일은 없음을 그때는 알고 있을 것이기에. 무엇보다 그때의 당신은 당신 자신의 행복을 진정으로 염려하고 보살피는 그, 당신 자신을 향한 사랑으로 사소한 미움조차 허용하지 않는 완전한 사랑을 향해 오직 전념하며 나아가고 있을 뿐일 것이기에 미움에 머무를 아주 조금의 정당성도, 아주 잠깐의 여유도 느끼지 못하는 채일 거예요. 그러니까 그때는 아주 작은 미움조차, 어떤 합리적이고 정당한 이유를 가진 미움조차 당신의 나아감을 방해한다는 그 자체로 너무나 불편하게 느껴질 것이기에 당신은 당신을 위해 그 미움을 이미 아주 단호하게 사양하고 있는 채일 거예요. 이미 더럽혀진 천에 묻은 큰 얼룩은 신경 쓰이지 않지만 새하얀 천에 묻은 작은 얼룩은 신경 쓰이기 마련이니까요. 그렇게 당신은, 완전한 빛을 향해 온 마음을 다해 나아가고 있을 뿐일 거예요. 아주 작은 예민함이나 불친절조차도 허용하지 않은 채로 말이에요. 그리고 그 순간을 맞이하기 위해 지금은 다만 미움으로부터 도망가기보다 미움을 오롯이 느끼고, 마주하고, 바라볼 필요가 있을 뿐인 거예요. 그렇게 당신을 향한 미움의 지배력을 약화시켜 나갈 필요가 있을 뿐인 거예요. 그, 오늘의 한 걸음이, 당신을 반드시 단 하나의 미움도 품고 있지 않은 완전한 평화와 기쁨의 빛으로 데려다줄 테니까.

그렇게, 미움 없는 마음이 내게 선물해주는 완전한 기쁨을 알아가는 오늘의 당신이 되기를 바라요. 그러기 위해 미움을 당신 자신의 것으로 여기기보다, 다만 당신에게 아픔과 슬픔만을 줄 뿐인 완전한 타인, 오직 유해한 타인으로 여긴 채 경계하길 바라요. 그렇게 의심 가득 바라보고, 온전한 당신 자신의 빛으로 바라봄으로써 몰아내고 내려놓기를. 무엇보다 나로 살아가는 게 더 이상 슬픔이거나 고통이거나 아픔이지 않게, 무엇보다 자랑스러움이고, 예쁨이고, 아름다움이고, 기쁨이자 행복일 수 있게 하기 위해서 그렇게 하길. 여태 나로 살아가는 게 자랑스럽고 기특하고 행복하기보다, 한 줌의 빛조차 느끼지 못할 만큼 가득 절망스럽게 느껴졌던 당신이니까. 그래서 나로 살아가는 앞으로의 날들이 전혀 기대가 되지 않을 만큼 지치고 소진되어 온 당신이니까. 그러니 이제는 다만 당신 자신에게 기쁨을 선물해주기를. 자랑스러움과 사랑스러움과 아름다움과 예쁜 웃음을 전해주기를. 그러기 위해 이제는 기꺼이 미움을 포기하기를. 당신에게 아픔과 상처만을 주는 타인을 멀리하듯, 미움이라는 타인 또한 멀리하길. 그렇게 당신 자신을 지켜내기를. 잠깐만 떨어져 바라본다면, 그게 얼마나 유해한 타인인지 당신, 꼭 알게 될 테고, 그때는 누가 권하거나 말하지 않아도 스스로 미움을 멀리하게 될 당신이니까.

    어둠은 빛을 결코 이길 수 없으며, 그건 아주 거대한 어둠조차 아주 작은 촛불도 꺼뜨려내지 못한다는 것을 보면 알 수 있으며, 미움 또한 그렇다는 것을. 그러니 이제는 당신 존재의 빛을 밝히길. 호흡하며 당신 자신으로 존재하기를. 당신이라는 존재 자체가 이미 빛이자 사랑이기에, 당신이 온전히 당신으로 존재하기만 하면 그 어떤 미움도 감히 당신 곁에 다가서지 못할 테니까. 그러니 늘 깨어있길. 당신이 가만히 앉아서 자, 이제 미워해 볼까, 미움을 곱씹어 볼까, 하고 계획했기에 미워하게 되었는지, 아니면 미워할 마음도 없던 어떤 순간에 미움이 갑자기 찾아와 당신을 가득 사로잡았던 것인지, 그것에 대해 생각해 보길. 전혀 미움 없는 시간을 보내고 있던 어떤 순간에 문득 미운 생각 하나가 당신의 머릿속에 찾아왔을 것이고, 그때부터 마치 당신 내면에서 그 미운 생각이 피어오른 것이라는 착각에 빠져 미워해 왔을 당신일 테니까. 하지만 미움은 당신 내면이 아니라 바깥에서 당신을 찾아온 낯선 타인이었던 것이고, 그래서 그건 미움의 유혹일 뿐인 거니까. 그것을 앎으로써 이제는 미움을 멀리하길. 그 어떤 정당한 미움의 유혹에도 속아 넘어가지 말길. 당신은 처음부터 영원히 사랑이며, 그래서 당신의 마음에서부터는 사랑의 생각만이 피어날 수 있을 뿐이며, 하여 사랑 아닌 모든 생각은 당신에게 있어 완벽한 타인이라는 것을 잊지 말길. 그리하여 이제는 사랑이 아닌 모든 생각들을 향해 의문을 품길. 이 생각이 어디에서부터 왔는지, 왜 갑자기 이 생각이 찾아왔는지, 하고.

그, 질문의 빛과 바라봄의 빛으로 사랑 아닌 모든 생각을 비추길. 그 빛 비춤의 습관이 당신에게 있길. 그런 매일을 보냄으로써 오직 빛과 사랑만을 당신 마음에 품고 있는 당신이 될 것이며, 그렇게 완전한 하얀색으로 돌아가길. 서서히 더욱 하얀색이 되어가기 시작하면서부터는 검정색이 더욱 눈에 띄어 신경 쓰일 테고, 하여 아주 사소한 검정조차 허용하지 않는 당신이 될 테고, 그 순간 즉각적으로 얼룩을 지워낼 것이며, 그때부터는 빛과 사랑의 회복이 당신의 가장 자연스러운 상태가 되어있을 것이기에 당신, 더 이상 애쓸 필요도 없이 사랑과 기쁨과 평화를 향해 나아가게 될 테니까. 그렇게 당신, 서서히 미움 없는 하루를 살아가는 기쁨을 몸과 마음으로 체감하게 될 테고, 그 진정하고도 유일한 기쁨을 알게 되었기에 이제 다른 곳에서는 기쁨을 찾을 수가 없게 될 테고, 하여 당연한 것처럼 빛과 사랑의 회복 자체에만 전념하며 하루를 보내며 나아가게 될 테니까. 오늘의 단 한 번의 바라봄이, 당신을 그 완전한 사랑까지 이끌 것이며, 당신의 운명을 그 사랑으로 확정지을 것이며, 그러니 이제는 더 이상 망설이지 말길. 여태까지 과거에 의해 지금의 불행까지 내몰려왔던 당신이었다면, 이제는 사랑과 완전한 기쁨이라는 미래에 의해 끌어당겨지는 당신이 될 테고, 그 모든 것이 지금, 당신이 여전히 미워할지, 아니면 이제는 미움을 바라봄으로써 몰아낼지, 그 선택 하나에 달려있는 거니까.

그러니 이제는 흔쾌히, 기꺼이, 너무나 당연하게 바라봄을 선택하길. 사랑인 당신이 자신이 전혀 사랑인 줄 모르며 하루를 보내는 것만큼 내 마음을 아프게 하는 일은 없으니까. 마치 자신이 미워하기 위해 태어나기라도 한 것처럼 미움에 빠져든 당신을 보고 있자면 내 숨이 멎을 만큼 미어지게 아픈 나니까. 왜냐면 그럼에도 당신은 사랑이며, 기쁨을 누리기 위해 태어난 존재며, 오직 아름다운 빛임이 내 눈엔 너무나 선명하게 보이니까. 그래서 그저 마음먹기만 하면 곧장 그렇게 존재하게 될 당신인데, 그 마음을 먹길 늘 미루고 망설이고 머뭇거리는 게, 그렇게 사랑스럽고 찬란하게 살아가고 누릴 당신의 날들을 스스로 소진시키고 깎아먹는 게 너무나 답답하고 안타까워 가슴이 옥죄어지는 것 같으니까. 그래서 너무나 알려주고 싶으니까. 당신이 얼마나 사랑이고, 기쁨이고, 행복이고, 평화고, 기특함이고, 예쁨이고, 자랑스러움인지를. 당신 자신으로 존재하고 살아가는 날들 중 단 하루도 결코 불행할 수가 없을 만큼 당신이 얼마나 완전한 빛이자 사랑인지를. 그러니 이제는 알길. 딩신이 누구이며, 또 누가 당신이 아닌지를. 그러니까 당신은 오직 사랑이며, 미움은 당신에게 있어 완전한 이방인일 뿐임을. 그리하여 나로 살아가는 기쁨을 회복해나가길. 미움 하나만 없어도 당신 삶의 기쁨은 곧장 천국의 기쁨과도 같아질 테니까. 그러니 잊지 말길. 오직 사랑인 당신에게 있어 사랑만이 당신의 생각이며, 사랑 아닌 모든 생각은 완벽한 타인임을. 그리하여 사랑의 생각만이 당신에게 있어 정당할 수 있으며, 사랑 아닌 모든 생각은 그것이 사랑이 아니라는 것 자체로 정당할 수 없는 것임을. 그것을 분명하고도 완전하게 앎으로써, 이제는 사랑만을 품고 사랑과만 함께하길.

  그렇게, 매일을 사랑이 주는 기쁨과 행복과 함께 예쁘고 빛나게 웃으며 보낼 뿐이길. 아주 먼 옛날부터 당신 것으로 정해진 그 모든 기쁨과 행복을, 다만 누릴 뿐이길. 사랑이, 사랑으로 존재하는 그 당연한 기쁨을. 사랑이, 사랑이 아닐 수 있다고 믿은 채 사랑이 아닌 것처럼 존재함으로써 느끼게 되는 불일치와 갈등과 불안과 공허와 슬픔과 아픔과 불행 안에 더 이상 스스로를 가둬두지 않음으로써. 사랑인 당신이 사랑이기 위해 해야 할 일은 다른 무엇이 아니라 당신이 사랑이라는 것을 스스로 느끼는 것에 방해가 되는 사랑이지 않은 것들을 더 이상 선택하지 않음으로써 약화시켜 나가는 일뿐이니까. 그러니까 당신은 당신이 선택한 것을 강화하게 되어있고, 오래도록 선택하지 않은 것들은 약화시키게 되어있으므로 더 자주 사랑을 선택하고, 더 자주 사랑이 아닌 것들을 선택하지 않을 필요가 있을 뿐이니까. 그러니 이제는 미움이라는 이방인이 찾아오는 순간 그 즉시 바라봄으로써 당신에게서 미움을 지워내며 나아갈 뿐이길. 더 이상 미움을 선택하지 않는 것, 그조차 당신 자신을 향한 사랑이기에 그 순간 이미 당신은 당신을 사랑한 것이며, 하여 더욱 사랑으로 존재하게 될 테니까. 그리고 오직 사랑만이 당신을 기쁘게 할 수 있으므로 당신, 그 순간 진정한 기쁨을 느끼게 될 테고, 하여 그 다음번의 선택은 자동적으로 사랑이 될 테니까. 그러니 당신 자신을 향한 사랑으로, 이제는 다만 당신 자신으로 존재하길. 당신 자신인 것만을 선택하길. 영원한 사랑인 당신이 사랑이 되는 데 필요한 건 당신 자신으로 존재하길 선택하는 것, 당신 자신이 아닌 것들은 더 이상 선택하지 않는 것, 그뿐이니까. 사랑이, 가장 자연스러운 당신의 상태이자, 당신의 본 모습이기에. 그러니까 당신이 곧, 사랑이기에.

## 늘, 예쁘게 말하는 사람

　말 한마디를 내가 할 수 있는 가장 최대한으로 예쁘고 다정하게 하도록 하세요. 말은 내가 상대방에게 가장 먼저 보여주게 되는 나라는 사람의 역사이자 성숙의 수준이에요. 누군가가 어떤 일로 힘들어하고 있을 때 내가 그 사람에게 건네는 말, 그러니까 그건 곧 내가 내 마음에 품고 있는 성숙과 존재의 역사를 그에게 보여주는 일과도 같은 거니까요. 그 순간 내가 편견으로 상대방을 대함으로써 상대방을 의기소침하게 만든다면, 깎아내리거나 비난하는 말을 함으로써 미움과 상처를 심는다면, 생명력 없는 부관심을 건넴으로써 상대방의 마음에 무기력함과 우울함, 외로움을 심는다면, 그 모든 말, 평소에 내가 내 마음 안에 가득 품고 있는 생각들일 테고, 내가 나에게 가장 자주 사용하는 언어들일 테고, 하여 그건 내 모든 삶을 통해 완성한 내 존재의 결과 수준을 되비추는 것이고, 그러니까 그 모든 말을 통해 우리는 나라는 사람이 여태까지 살아온 삶의 결과 향기를 상대방에게 보여주고 알려주게 되는 거니까요. 그러니 내가 상대방에게 보여줄 내 삶의 역사가, 아름다움이자 예쁨이 될 수 있게 한마디의 말에도 내가 담을 수 있는 가장 거대한 사랑과 다정함을 담아 건네기로 해요. 그럴 수 있게, 늘 예쁘고 고운 생각을 품은 채 살아가기로 해요. 평소에 내가 나에게 건네는 말, 그러니까 내 마음 안에 품는 감정과 생각들,

결국 그걸 상대방에게 또한 건네게 될 우리니까.

　　　세상에는 말 한마디를 예쁘게 해서 그 말의 기억과 추억으로 평생을 감사와 사랑을 받으며 살아가는 사람이 있고, 또 말 한마디를 못나게 해서 그 말의 기억과 추억으로 평생을 미움과 복수심을 받으며 살아가는 사람도 있어요. 말을 할 때마다 천 냥 빚을 갚는 사람이 있는가 하면, 말을 할 때마다 만 냥 빚을 지는 사람도 있는 것이죠. 그래서 말을 예쁘게 하는 사람은, 사랑받을 수밖에 없어 사랑받는 사람이며, 그 너그러움과 다정함으로 풍족한 인생을 살아갈 수밖에 없는 사람인 거예요. 나에게 말 한마디로 만 냥 빚을 진 사람을 위해 내가 그 어떤 도움이나 응원을 주고자 하겠어요. 언젠가 꼭 망하라는 저주를 마음속으로 품지 않는 것만으로도 대단한 친절과 사랑의 마음이 될 만큼일 텐데요. 그와 반대로 나에게 예쁜 말로 고마움과 사랑의 꽃을 피우는 사람이라면, 위로와 응원의 나무를 심는 사람이라면, 나는 상대방을 위해 무엇이든 기꺼이 하고자 하며 그를 지지하고 돕고자 할 거예요. 꼭 그게 겉으로 드러나는 도움은 아닐지라도 마음속으로라도 가득 말이에요. 그렇다면 둘 중 누가 더 사랑스럽고 풍족한 삶을 살아가고 경험하게 될까요. 당신은 어떤 사람과 함께하고 싶고, 또 어떤 사람을 멀리하고 싶나요. 그러니까 당신은, 어떤 사람이 되고 싶나요. 무엇보다 한마디의 말로 천 냥 빚을 갚을 수도 있는데, 구태여 만 냥 빚을 질 필요가 있나요.

　　　그러니 내가 건네는 말에 내가 담을 수 있는 가장 큰 사랑과 다정함, 예쁨과 아름다움의 감정을 정성을 다해 담아 말하기로 해요. 그러기 위해 내가 나와 혼자 있을 때 나를 향해서도 늘 사랑과 예쁜 결을 지닌 말을 해주기로 해요. 결국 내가 어떤 상황을 마주하게 되었을 때 내가 나 자신에게 건네는 말들, 그것이 곧 내가 타인에게 건네게 될 말이 될 테니까요. 그러니까 나에게 넌 잘 해낼 거야, 나는 너를 믿어, 사랑해, 라고 말했다면 상대방이 힘들 때도 그 말을 건네게 될 나이니까요. 그래서 말은 곧 나라는 사람을 되비추는 거울과도 같은 거예요. 그러니 당신이 상대방이란 거울을 통해 마주하게 될 당신의 모습이 꼭 예쁨이자 사랑스러움이길 바라요. 한 사람의 생명을 살릴 수도, 또 죽일 수도 있을 만큼 강한 힘을 가진 것이 말이라면, 그 말을 가장 가까이서 가장 자주 듣고 있는 당신에겐 얼마나 자주 예쁘고 고운 말들을 해줘야 하겠어요. 늘 나는 못 해낼 거야, 나는 죄인이야, 나는 사랑받을 자격이 없어, 나는 못났어, 나는 살아갈 가치가 없어, 나에겐 희망이 없어, 라는 말을 건넨 채 하루를 보낸다면, 그 하루를 쌓아 평생을 보낸다면, 나라는 존재의 생명력은 얼마나 피폐해지고 시들어질까요. 그걸 한 번 생각해봐요. 그리고 그런 당신 곁에서 함께하는 사람들 또한 그런 당신 존재의 습관으로 인해 얼마나 시치고 소진될지를.

    지금 고마워, 사랑해, 너는 충분히 사랑받을 자격이 있는 사람이야, 지금도 벅차게 행복한 사람이고, 존재하는 것만으로 이미 기적인 사람이야, 라고 스스로에게 말해요. 벌써부터 예쁜 빛과 사랑스러운 기분이 당신 마음을 가득 채우기 시작할 거예요. 그리고 입에 담을 수 없는 욕을 하며 분노해봐요. 연습 삼아 해보는 것인데도 심장이 빠르게 뛰기 시작하고 온몸이 긴장되기 시작할 거예요. 이 짧은 시간의 연습 동안에도 몸과 마음이 이렇게나 달라지는데 매 순간 당신의 마음에 미움이나 분노, 우울이나 낙담, 그런 것들을 품고 살아간다면 당신, 어떻게 행복할 수 있겠어요. 또 매 순간 예쁜 말과 생각들을 품은 채 하루를 보낸다면 당신이 어떻게 불행할 수 있겠어요. 그러니 이제는 당신을 살려줘요. 여태 못나고 삐딱한 말들만 들으며 잔뜩 메말라버리고 온통 시들어버린 당신이란 꽃을, 피어나게 해줘요. 그 예쁜 생명력으로 매일을 살아가줘요. 그렇게 타인을 또한 살려주는 당신이 되어줘요. 정말로 죽고 싶다는 생각을 할 만큼 벼랑 끝에 몰린 사람도, 당신의 모든 진심을 담은 말 한마디로 인해 다시 살아갈 힘과 의지를 얻게 될 수도 있는 거예요. 그리고 어쩌면 무탈하게 잘 살아가고 있던 사람도 당신의 말 한마디로 인해 벼랑 끝에 몰리게 될 수도 있는 거예요. 그러니 더 이상은 당신 말의 힘과 영향력을 함부로 과소평가하지 말아요. 진실로 당신의 모든 말 안에는 한 사람의 생명을 죽일 수도, 살릴 수도 있을 만큼의 영향력이 있는 것임을.

그러니 이왕 같은 음절의 말을 하는 것이라면, 구태여 못난 말을 하기보다 예쁘고 사랑스러운 말을 하기를. 그 말을 모두 다 건네는 데까지 걸리는 시간은 모두 같지만, 그 말이 낳을 영향력은 결코 같지 않을 테니까. 어떤 말은 사람을 웃게 하고, 활짝 피어나게 하고, 그 말 한마디로 인해 하루를 예쁘게 살아가게 하고, 사소한 일 정도는 그저 지나칠 만큼 예민함 없는 날을 보내게 하고, 응원과 힘을 얻어 그 즉시 우울함에서 벗어나게 하고, 자신이 얼마나 가치 있고 소중한 사람인지를 알게 되어 사랑스럽게 존재하게 하고, 그 모든 생명력과 빛을 전해주지만, 어떤 말은 축 처지게 만들고, 시들어지게 하고, 미움을 곱씹게 하고, 평화를 잃게 하고, 그 말 한마디로 인해 하루를 고통스럽게 살아가게 하고, 사소한 일도 그냥 지나치지 못해 짜증을 내고 화를 내야 할 만큼 예민하게 보내게 하고, 살아갈 가치를 잃게 해서 그 즉시 우울함과 무기력함에 빠지게 만들고, 그 모든 시들어짐과 어둠을 전해주는 거니까. 무엇보다 당신 자신에게도 똑같이 그런 영향력을 전해주게 될 테고, 그 영향력은 타인에게보다 당신 자신에게 더욱 크고 깊을 테니까. 그러니 이제는 간과하지 말길. 정성과 최선을 다해 예쁨과 사랑스러움을 품고 말하길. 당신이 건네는 모든 언어는 결국 당신 마음 안에서부터 솟아나는 것이기에 그건 곧 당신 자신에게 하는 말과도 같은 것임을 결코 잊지 말길. 그 말을 가장 먼저, 가장 가까이서 듣게 되는 건 다름 아닌 당신 자신이라는 것을.

결국 당신이 습관처럼 품는 생각과 감정들, 그걸 상대방에게도 건네게 될 당신이니 당신은 매일 예쁜 생각과 감정의 습관을 지니기 위해 노력하며 나아가길. 매 순간, 단 1초도 빼놓지 않고 당신과 함께하는 건 다름 아닌 당신 자신이기에 그 습관이 당신에게 건넬 영향력에 대해서도 생각해보길. 그리고 선택하길. 당신은 당신에게 기쁨을 선물해주는 사람이 될지, 아픔과 불행을 선물해주는 사람이 될지를. 선택했다면 더 이상은 방심하지 말기를. 무의식중에라도 불행하고 아픈 말들을 당신 자신에게 건네지 않게, 늘 깨어나 바라보길. 그렇게 당신 자신을 돌보는 일에 소홀함이 없기를. 최선을 다해 예쁘고 사랑스러운 매일을 보냄으로써 당신을 다정하게 보살펴주길. 결국 그 매일을 쌓고 쌓아 완성한 당신의 성숙이 당신 생각과 감정의 습관을 결정할 테고, 그 습관이 당신 입 밖으로 나오게 될 말의 결을 결정하게 될 테니까. 그리고 알고 있길. 그런 내가 되기 위해 노력하고 있다는 것, 하여 조금씩이라도 나아가고 있다는 것, 그것만으로도 이미 충분히 기특하고 사랑스러운 것임을. 그러니 기특하다고, 잘하고 있다고 늘 스스로에게 말해주길. 그 또한 언젠가 타인에게 말해주게 될 당신의 결이 되어 굳어질 테니까. 그렇게 당신, 매일을 더해 예쁘고 사랑스럽게 빛나는 존재가 되길. 그리고 그 존재의 빛을 말에 가득 담아 온 세상에 예쁜 꽃을 심고 피우는 당신이 되기를. 무엇보다 당신 자신의 예쁜 운명과 행복을 위해서.

 상대방의 마음에 최대한 공감하고, 그의 마음을 최대한 배려하고자 하고, 그의 기분을 최대한 염려하고 살피고 고취시켜주고자 하는 마음, 그 예쁘고 아까운 다정함에서부터 비롯된 말, 그게 바로 내가 나에게 평소에 해주는 말과 생각들이며, 하여 그게 바로 내가 살아온 삶의 모든 축적된 역사와 아름다운 성숙의 빛들인 것임을. 그러니까 나의 말은 그 역사와 빛을 타인에게 보여주는 일이며, 나라는 사람은 이런 사람이다, 하고 알리는 일인 것임을. 그러니 부디 당신이 전하게 될 당신의 역사와 빛은 당신을 꼭 닮은 사랑스러움이자 눈부신 예쁨이길. 결국 말은 사랑을 표현하기 위한 도구로써 오직 만들어진 것이며, 왜냐면 우리는 사랑 외에 그 어떤 것도 모르는 사랑 그 자체의 존재였기 때문이니까. 그러니 이제는 당신이라는 영원한 사랑을 표현하는 수단으로써만 말을 사용하길. 그렇게 당신이라는 사랑을 되찾고 기억해나가길. 그 기회이자 선물로써 말을 바라보길. 정말로 매 순간의 말할 기회는, 정확히 사랑을 말함으로써 내가 얼마나 사랑인지를 기억해낼 선물이니까. 그렇게, 기쁨만을 주고, 미소만을 피어나게 하고, 사랑스러운 기분만을 전해주고, 위로하고 응원할 줄밖에 모르던 당신, 사랑으로 되돌아가길. 그리하여 당신 자신을 또한 사랑해주길. 그렇게, 당신이 얼마나 사랑인지를 보여줌으로써, 상대방 또한 나와 같은 사랑임을 알려주는 당신이길. 당신이란 존재의 역사와 빛은 처음부터 영원히 사랑이었고, 지금도 사랑이니까. 당신이 그 사랑의 역사를 왜곡하고자 했던 그 모든 시도에도 불구하고 여전히 거뜬하게도 사랑이니까.

그러니 이제는 당신도 알길. 당신이 얼마나 사랑이며, 사랑이지 않게 존재하는 게 애초에 불가능한 그 자체의 사랑인지를. 그리하여 내내 사랑으로서, 사랑만을 품고 말하길. 그렇게, 사랑받는 게 당연해서 사랑받는, 사랑스러워서 사랑받을 수밖에 없는, 온갖 풍요와 사랑과 기쁨과 예쁨을 누리는 당신이길. 당신의 깊은 마음은 어떤 순간에도 사랑만을 말하고, 사랑만을 표현함으로써 사람들에게 당신이 얼마나 완전한 사랑인지를 알려주기만을 내내 기다려왔고, 그 사랑의 전일성을 보여줌으로써 상대방 또한 그런 사랑임을 알려주고 싶은 마음에 이토록이나 애타왔음을. 그래서 사랑이 아닌 다른 것들을 당신이 말하고 표현할 때 불안함과 공허함, 슬픔과 외로움으로 자신의 깊고도 간절한 바람을 알려왔던 것임을. 그러니 이제는 당신 마음을 안아주길. 그리하여 당신 마음의, 결코 치유될 수 없을 것 같았던 짙은 불안힘과 공허, 슬픔과 외로움을 또한 거두어내수길. 그렇게 당신, 사랑답게, 사랑, 당신답게 완전하게 행복하길. 당신이 상처받았다고 여겨지는 그 순간에도, 그래서 화내고 분노하고 미워하고 싶은 그 순간에도 당신 마음의 오랜 염원을 기억해주길. 그 순간에도 사랑으로 존재하고, 사랑만을 표현함으로써 당신이 얼마나 완전한 사랑인지를, 결코 훼손당할 수 없는, 무너질 수 없는 사랑인지를 온 세상에 보여주고 싶어 하는 그 마음의 염원을. 그리하여 사랑의 표현을 해내길. 어떤 순간에도 그렇게 하길. 당신은 정말, 사랑만을 표현하고 말하기 위해 태어난, 그렇게 함으로써 모든 생명에게 그들이 얼마나 사랑인지를 알려주기 위해 태어난 이 세상의 빛이자 기적이니까. 그런 사랑이자, 사랑, 또 사랑이니까.

## 가장 최선의 복수

내가 도무지 이해하지 못할 만큼의 미성숙한 태도로 세상을 살아가는 사람이 있고, 또 그를 바라보는 게 너무나 답답하고 화가 난다면, 그럼에도 당신은 그와 함께 불행에 빠지기보다 다만 당신 자신을 지켜내세요. 그가 당신에게 고통과 상처를 준다고 해서 그 아픔의 감정을 곱씹으며 당신 또한 불행에 빠진다면, 그것만큼 스스로 당신을 미워하는 일도 없을 거예요. 당신은 그가 미워서 밉다고 하지만, 사실 그 미움으로 인해 가장 힘들고 아플 사람이 바로 당신 자신이기에 그건 당신 자신을 향한 스스로의 미움이기도 한 거니까요. 그 미움으로 인해 마음이 뒤틀리고, 하루의 삶이 휘청거리게 되고, 가득 소진되는 건 오직 당신일 뿐이지 상대방은 그러거나 말거나 자신의 하루를 잘 살아가고 있을 뿐일 테니까요. 그러니 당신은 다만, 당신 자신을 지켜내기로 해요. 이미 불행한 그와 함께 당신 또한 불행해지기보다, 당신은 당신의 기쁨과 행복을 꿋꿋이 지켜내기로 해요. 어쩔 수 없이 함께 해야만 하는 사람이라면 그의 삶에 깊숙이 관여하기보다 그저 초연히 그를 대하고, 그가 당신에게 어떤 해로움을 주든 미움의 유혹에 빠지기보다 당신 자신을 위한 지혜와 사랑으로 스쳐 지나면서 말이에요.

당신이 그러지 못해 아주 잠깐이라도 그의 그러한 태도에 대해 곱씹기 시작할 때, 그 잠깐이란 시간의 눈송이는 어느새 눈덩이가 되어 불어나 있을 테고, 당신은 끝내 그 눈사태를 감당하지 못할 거예요. 그렇게 미움에 휘둘리고, 미움에 의해 무너지게 될 거예요. 그러니 아주 잠깐이라도 그의 잘못에 대해 곱씹거나 골몰하는 시간을 가지지 마세요. 그저 그런 사람이구나, 하고 비껴가세요. 함께하지 않아도 되는 선택의 자유가 당신에게 충분히 있는 경우라면, 서로의 행복을 위해 사랑의 마음으로 멀리 떨어져 지내는 것을 선택하기로 해요. 지금의 당신은 그를 멀리하는 것이 과연 사랑이 맞을까, 하는 의구심을 가질지도 모르지만, 그와 함께하며 당신이 그를 미워하고 그와 늘 대적하고 싸워야만 한다면, 그렇게 서로의 마음에 고통과 아픔을 심어줘야만 한다면 그보다는 각자에게는 각자의 최선과 삶이 있음을 존중한 채 멀리하는 것, 결국에는 그게 더 큰 사랑이었음을 당신, 꼭 알게 될 거예요. 그러니 늘 미워하면서, 그럼에도 함께하길 선택하는 것은 사랑하기 위해서가 아니라 미워하기 위해서 함께하는 것과 전혀 다르지 않다는 것, 그것을 잊지 않기로 해요.

 사람들은 복수에 대해 여러 가지 생각을 하며 최대한 상대방의 마음에 큰 상처를 남길 수 있기를 원하고 기대하지만, 사실 그저 행복한 내가 되는 것, 하여 복수를 할 마음을 품을 필요조차 없는 것, 그가 잘살든 못살든 관심조차 가질 필요가 없는 것, 그보다 최선의 복수는 없는 거예요. 그나마 최선의 복수라고 부를 수 있는 게 있다면 그게 가장 최선인 거예요. 그리고 당신이 당신 자신을 충분히 아끼고 사랑한다면 당신은 망설임 없이 그러길 선택할 거예요. 미워하고 복수하기 위해 내 마음 안에 고통과 분노의 감정을 스스로 심는다면, 그건 나에 대한 스스로의 복수라고 할 수 있을진 몰라도, 그게 어떻게 상대방에 대한 복수가 될 수 있겠어요. 그러니 구태여 복수심을 품느라 당신까지도 불행에 빠뜨리지 말고, 다만 당신은 꿋꿋이 행복하기로 해요. 당신이 어떻게 해도 자신의 불행 앞에서 고집을 부린 채 변화의 노력을 하고자 하지 않는 사람이라면, 이제는 그저 멀리서 그를 위해 기도해 주세요. 언젠가 스스로 준비가 되었을 때, 그때라야 자신의 때에 맞게 그런 성숙을 향해 나아가게 될 그 사람인 것이고, 다만 아직은 그, 때라는 게 무르익지 않은 것일 뿐이니까요. 그래서 당신이 그 시기를 앞당기고자 억지를 부린다면, 그는 더욱 거세게 저항하며 고집부릴 뿐일 테니까요. 그래서 그건 말 그대로 함께 불행에 빠지는 일이 될 뿐일 테니까요.

그러니 다만 당신은 꿋꿋이 행복하기로 해요. 늘 당신의 마음 안에 미움이 있을 때, 당신은 그 미움에 적응이 되어서 그게 얼마나 끔찍한 고통인지도 모르는 채 당연하게 미워하며 살아갈지도 모르지만, 당신이 아주 잠깐이라도 미움 없는 평화를 느끼고 나면, 그 진정한 행복을 느끼고 나면, 다시 그 미움의 상태로 돌아가는 게 얼마나 불행이고 고단함인지를 모를 수가 없어 다시는 그곳으로 돌아가고자 하지 않을 거예요. 그래서 다만 저는 당신이 그 미움에서 아주 잠깐이라도 벗어날 수 있기를 바랄 뿐인 거예요. 그때는 다시 미움으로 돌아가는 것이 스스로 너무나 싫고 두려울 만큼, 그래서 행복을 지키기 위해 최선을 다할 수밖에 없을 만큼, 그 잠깐의 평화와 휴식이 당신을 안내할 테니까요. 미워하느라 참 많이 아프고 고단했던 당신, 그러니 이제는 그만 내려놓고 쉬어가기로 해요. 그렇게, 예쁜 미소와 기쁨의 빛을 되찾은 채 무엇보다 자주 웃는 사랑스러운 당신으로 돌아가길 바라요. 여태 정말 고생 많았어요. 그리고 이제는 행복할 때가 온 거예요. 그러기 위해 당신을 미움에 빠뜨릴 수 있는 것도, 복수심에 젖어 하루를 고통과 불행과 함께 살아가게 할 수 있는 것도, 오직 당신 자신밖에 없다는 것을 이제는 분명하게 안 채 다만 선택할 필요가 있을 뿐이에요. 지혜를, 당신 자신을 향한 사랑을, 그, 미움 없는 평화와 행복을, 복수라고 할 수 있는 유일한, 최선의 복수를 말이에요.

그러니 아무리 미워할 만한 일이라고 해도, 미워하는 순간 내가 아픔과 괴로움과 함께하게 된다는 것을 분명하게 아는 빛과 지혜로 미움을 내려놓길. 누군가를 미워하려면 그 미움을 유지하기 위해 계속해서 미움을 붙들어야 하고, 그래서 사실 그건 나를 미움에 스스로 가두어두는 일인 거니까. 그러니 다만 미움으로부터 나를 구해주길. 그렇게, 더 이상 그 누구도 미워하지 않아도 된다는 안도와 미움 없는 평화, 그 아름다움을 내게 선물해주길. 행복한 내가 되는 것, 꿋꿋이 잘 살아가는 것, 사랑받을 수밖에 없는 예쁜 나라서 가득 사랑받는 것, 그게 미움보다 훨씬 나를 위한 일이며, 상대방 또한 그런 나를 보고 아쉬워할 테니까. 물론, 그때의 나는 그런 아쉬움 따위엔 관심조차 없을 만큼 완전한 기쁨과 함께 하루를 보내고 있을 뿐일 테지만. 그러니 잊지 말길. 그 어떤 복수도, 복수라는 의도 자체로 선하지 않으며, 선하지 않기에 선한 나와는 어울리지 않는 것이며, 무엇보다 너무나 소중하고 아까운 존재인 나 자신의 행복과 평화를 해친다는 그 이유만으로 결코 정당할 수 없는 것임을. 그래서 복수심을 품은 채 누군가가 잘못되길 바라고 상상하는 일은 내가 나를 스스로 아프게 하기 위해 매일의 삶을 바쳐 노력하는, 나 자신을 향한 복수가 될 뿐이라는 것을. 그러니 그것을 분명하게 아는 지혜로 이제는 나의 아픔이 아니라 나의 행복과 기쁨, 평화를 위해 최선을 다해 하루를 보내고 나아가길. 그런 반듯함이 당신에게 있기를.

 그리하여 누군가에 대한 복수심이 일렁이는 그 순간을 복수의 계기로 여기기보다 나를 더욱 아끼고 사랑해줄, 오직 아름다운 계기로 여기길. 내가 복수심을 품을 만큼의 태도로 이 세상을 살아간다는 것 자체로 이미 그는 불행할 것이며, 누구에게라도 가득 미움받고 있을 것이며, 그래서 그것에 내가 보탤 미움은 없는 것임을. 그러니 다만 자신으로 살아가는 게 이미 너무나 고단하고 힘들 그를 안타깝게 여길 뿐이길. 복수심을 품는 것 자체로 이미 안타까운 그와 내가 깊고 강렬하게 엮이게 되는 것이니 다만 초연하게 바라보고, 그 어떤 반응도 건네지 않은 채 스쳐 지나가길. 그렇게 나를 지켜내길. 그는 이미 불행하며, 하지만 그를 미워하는 순간 나마저도 불행해지는 것이니, 밉다고 해서 나까지 불행에 빠뜨리는 게 과연 성공적인 복수일 수 있을지에 대해 한 번 생각해보길. 그것을 생각해봄으로써, 복수심을 떨쳐내고 나는 꿋꿋이, 오롯이 행복하길. 미움을 품는 순간 아프고 불행해지고, 사랑을 품는 순간 기쁘고 행복해지는 건 다름 아닌 당신의 가장 자연스러운 본성이 사랑이기 때문인 거니까. 그러니까 당신이란 존재 자체가 사랑이기 때문인 거니까. 그러니 구태여 어울리지도 않는 복수심에 잠시라도 시선을 두기보다, 당신은 다만 당신스럽게 사랑할 뿐이길. 사랑스럽게 당신일 뿐이길.

 이런 나에게 아픔을 준 그가 언젠가 나를 아쉬워하길 바라기보다, 언젠가 이런 나를 보고 나와 같은 사랑이 되고자 마음먹었으면 좋겠다고 오직 바라고 기도할 수 있을 뿐인 참 예쁜 사랑의 존재가 바로 당신이니까. 다만 완전한 사랑으로 존재하고 싶고, 그래서 언제나 완전한 사랑만을 사람들에게 전해주고 싶을 뿐인 참 기특한 사랑의 존재가 바로 당신이니까. 복수가 뭔지도, 미움이 뭔지도 모를 만큼 그 어떤 편견도, 판단도 없는 참 순수한 사랑의 존재가 바로 당신이니까. 그래서 그런 당신이지 않으려고 하는 모든 시도가 당신을 그토록이나 불안하고 아프게 하는 거니까. 그러니 이제는 그만, 사랑이지 않으려고 하는 그 모든 이루어질 수 없는 시도를 멈추길. 그렇게 하느라 고통스럽게도 애쓰고 지치길 멈추길. 단 한 순간도 당신의 원래 마음 상태인 완전한 평화를 해치는 그 어떤 생각과 감정도 허용하지 말길. 그러니까 오직 사랑하고, 끝없이 사랑하길. 사랑하는 순간 당신은 평화로울 것이고, 사랑하지 않는 모든 순간 안에서 당신은 평화롭지 않을 테니까. 그러니 그 평화의 유무를 사랑의 나침반으로 삼고 나아가길. 당신에게 아주 악의적인 사람과 당신이 깊게 함께할 때, 그 또한 당신의 평화를 해칠 것이니, 그래서 그와 함께하는 건 결코 사랑이 아닌 것임을. 그러니 사랑한다면 반드시 평화로울 당신, 사랑이 가장 자연스러운 상태이자 본성인 있는 그내로가 사랑인 당신, 사랑만이 어울리는 그 자체의 사랑인 당신, 이제는 다만 사랑하길. 사랑이길. 사랑답게 지혜롭고, 사랑답게 반듯하고, 사랑답게 당신일 뿐이길.

## 오롯함이 꽃 핀 관계

　타인에게 변화를 강요하지 마세요. 변화를 강요할 때, 그들은 당신이 두려워 눈치를 보며 어떤 행동을 잠깐 바꿀 수는 있어도, 그들의 마음은 여전히 변하지 않았을 것이기에 그건 진정한 변화가 아니라 그저 억누름일 뿐일 거예요. 그래서 그들은 당신과 함께하며 늘 속앓이를 하게 될 거예요. 그리고 그렇게 속으로 어떠한 억울함이나 피해 의식을 쌓아가다가 서서히 방어하기 시작할 테고, 끝내는 공격과 방어를 끝없이 이어가야만 하는 무의미하고 지루한, 시들어진 관계에 닿아있는 당신 둘을 발견하게 될 거예요. 그래서 있는 그대로를 받아들여주고, 존중해주고, 참고 인내하고, 그러한 미덕이 없는 관계는 함께할 가치가 전혀 없을 만큼 상처와 아픔의 가시만이 가득 돋은 불행의 지옥과 같은 관계가 될 뿐인 거예요. 그러니 인내하고 참기에, 변화를 강요하지 않기에 있는 그대로 사랑하기가 너무나 힘든 사람이라면 구태여 함께하기보다 당신이 사랑할 수 있을 만한 사람과 애초부터 함께하길 바라요. 그게 아니라면, 상처를 주고받으며 아프기 위해 함께하는 것이나 다름이 없는 거니까요. 그러니 당신부터가 먼저 인내와 다정함을 키워가기로 해요. 당신이 그 미덕이 없는 사람이라서 쉽게 화내고 쉽게 상대방을 억누르는 것으로 당신 자신의 편의를 누리고자 하는 이기적인 사람이라면 당신은 어느 누구와 관계를 맺더라도 상대방에게 큰 상처를 남길 수밖에 없을 테고, 그래서 어떤 관계든 결코 예쁘게 이어가지 못할 테니까요.

그러니 함께하기에 안전한 내가 먼저 되어요. 다정하고 예쁜 나를 먼저 만들어가요. 그러고 나서 당신 또한 함께하기에 안전한, 다정하고 예쁜 사람을 만나기로 해요. 사람은 누구에게나 결핍이 있고, 결핍이 있기에 어떤 환상과 매력을 투사하며 관계를 맺길 선택하는 경우가 많지만, 당신의 결핍을 메울 수 있는 사람은 사실 이 세상에 오직 하나, 당신 자신밖에 없는 거예요. 그러니까 당신만이 당신을 채울 수 있는 오직 유일한 사람인 거예요. 그리고 당신이 결핍이 거의 없는 사람일 때, 당신은 모든 것에 쉽게 만족하는 사람이 될 테고, 그래서 그때의 당신이 함께할 관계 또한 당신의 그러한 쉽게 만족하는 성향으로 인해 행복해질 수밖에 없게 되는 거예요. 상대방이 너무나 엇나간 사람만 아니라면 말이에요. 그러니 당신의 부족함을 타인을 통해 메우기 위해 애쓰기보다, 그것을 위해 타인을 이용하기보나 이제는 당신 스스로 오롯하기로 해요. 당신이 보다 다정하고 너그러워지고 나면, 당신 하루 안에는 기쁨과 만족감이 자연스레 더 커져 나가기 시작할 테고, 그래서 당신은 그 행복의 빛이 감당이 안 되어 바깥으로 또한 가득 표현하고 내뿜을 수밖에 없게 될 거예요. 그래서 받고자 하기보다는 주고자 하는 사람으로 존재하게 될 거예요. 어떤 목적이 있어서가 아니라, 줌으로써 무엇인가를 얻기 위해서가 아니라, 다정함과 사랑이 넘쳐서 그럴 수밖에 없는 사람으로 말이에요. 그러니 당신 자신의 행복을 위해서라도 오롯하길 바라요.

매 삶의 순간 앞에서 감사와 기쁨을, 만족을 느끼고 누리기 위해 최선을 다해 나아가다 보면 당신, 어느새 오롯한 사람이 되어있을 테고, 그때는 변화를 강요하고, 상처를 주고받고, 공격과 방어의 진흙탕에 빠지고, 그러한 감정적인 다툼들이 당신에겐 너무나 지루하고 의미 없이 느껴질 것이기에 당신, 그곳을 향해서는 아주 잠깐이라도 눈길을 돌리고자 하지 않게 될 거예요. 그러한 식의 싸움을 은근히 원하고 갈망하는 상대방이 당신을 그 싸움의 늪으로 은밀히 유혹하더라도 당신은 당신 자신을 반드시 지켜내게 될 거예요. 당신은 지금이 딱 좋으니까요. 지금 누리고 있는 평화와 기쁨이 여태 당신이 느껴봤던 행복 중 가장 으뜸이고, 그래서 결코 포기하고 싶지 않으니까요. 그래서 당신은 자연히 고요하고 차분한 사람, 온전하고 다정한 사람, 감정이 잘 정화되어있는 사람, 쉽게 만족하고 기뻐할 줄 아는 사람, 그런 사람들과 어울리게 되는 거예요. 그렇지 않은 사람과의 만남은 당신에게 오직 무의미와 무가치의 지루함과 불편함만을 가져다줄 뿐이니까요. 사람은 모두가 자신이 완성한 성숙이 가장 자연스럽고 어울리는 곳에서 머무르게 되어있는 거니까요. 무엇보다 당신, 당신에게 불편함과 지루함을 주는 사람과의 함께함을 애써 감내해낼 만큼 더 이상 혼자인 시간이 외롭거나 불안하지 않은, 오롯한 사람이 되었으니까요. 그러니까 혼자서도 충분히 행복할 줄 아는 사람이 되었고, 하여 구태여 혼자일 때보다 불행한 관계를 맺을 필요라는 게 없게 되었으니까요.

  그래서 이제 당신에게는 함께함이 당신의 온전한 '선택'이 되는 거예요. 외로움이나 결핍에 의해 함께함을 강요받지 않기에 더욱 분별력 있는 지혜의 시선으로 함께함을 다만, 선택할 뿐인 거예요. 그래서 굳이 함께함을 선택한다면, 그 관계는 혼자일 때보다 둘일 때 더욱 아름다운 가치 안에 놓일 수 있고, 또 더욱 큰 성숙을 향해 함께 나아갈 수 있는 관계겠죠. 서로의 있는 그대로를 존중하고, 존경하고, 그래서 함께할 때 내가 더 빛나게 되고, 편안함을 누리게 되고, 기쁨과 행복을 가득 느끼게 되는, 그런 관계겠죠. 서로의 기쁨과 행복을 매사에 염려하고 살피는, 늘 오늘은 상대방을 어떻게 기쁘게 해줄까, 편안하게 해줄까, 그러기 위해 나는 어떤 방식으로 존재해야 할까를 스스로에게 묻는, 예쁜 다정함으로 꽃 핀 관계 말이에요. 때로 깊은 고민에 빠져 있을 때는, 함께 그 고민을 해결하기 위해 의지하고 대화하고, 언제나 그럼에도 당신은 잘하고 있고, 잘 해낼 거라고 눈빛과 마음으로, 예쁜 언어로 말해줌으로써 힘과 응원이 되어주는, 씩씩하게 살아갈 이유가 되어주는 관계, 당신을 존중해요, 존경해요, 그 말의 낭만과 아름다움으로 원래의 나보다 더 예쁘고 사랑스럽게 존재하게 해주는, 존재의 이유를 서로에게 알려주는, 그런 관계 말이에요. 그래서 당신은 당신이 완성한 그 오롯함으로부터 보호받게 되는 거예요. 오롯함이 꽃 핀 관계가 아니라면 당신, 생각하거나 계획하지 않아도 본능적으로 피하게 될 테고, 오직 오롯함에만 끌리게 될 테니까. 그리고 그게, 오롯함을 먼저 완성해야만 하는 모든 이유인 거예요.

그러니 저는 당신이 그 오롯함을 먼저 완성함으로써 꼭 오롯함의 보호 안에 놓이길 바라요. 하여 함께함이 더 이상 당신을 아프게 하지 않는, 혼자일 때보다 당신을 훨씬 더 행복하게 만들고 위대하게 만들어주는, 그런 예쁜 사랑에 끌리고, 하여 그런 사랑을 하기를 바라요. 그리고 그런 당신이 준비된 순간은, 굳이 왜 함께해야 하지, 나는 혼자서도 충분히 행복한데, 라고 스스로 느끼는 순간일 거예요. 굳이 소란스러움 속에 당신을 둠으로써, 혼자일 때 만끽하고 있는 평화와 기쁨을 훼손하고 싶지 않다고 느껴지는 순간 말이에요. 왜냐면 그때는 함께할 때도 평화와 기쁨이 유지가 되는, 혹은 더욱 고취되는 관계가 아니라면 당신, 구태여 함께함을 선택하지 않게 될 테니까요. 그래서 그때는 감정적으로 서로를 원하고 갈망해서 함께하게 된 관계가 아니라, 어떤 성숙의 길을 걸어가다 자연스럽게 동행하게 된 관계, 서로가 믿는 가치와 서로의 성숙을 나누고 공유하는 것이 즐거워서 자연스레 함께하게 된 관계, 그런 관계를 맺게 될 거예요. 이렇게 될지도 모르죠. 당신의 마음 안에 정화되지 않은 채 남아있는 응어리진 감정의 덩이들을 성숙의 길을 걸으며 오롯함과 성숙의 빛으로 조금씩 풀고 정화하며 나아가고 있었을 뿐인데, 여느 날처럼 그저 그런 날을 보내며 살아가고 있었을 뿐인데, 어느 순간 어떤 사람과, 사랑과 함께하고 있는 당신을 발견하게 될지도요. 그런 자연스러운 만남이 성숙의 여정을 걸어가는 이들에겐 늘 찾아오기 마련이고, 왜냐면 그만큼 존재의 빛과 향, 끌어당김의 힘이 더욱 깊고 커졌으니까요.

    그게 무엇이든, 어쨌든 예쁜 사랑하길 바라요. 당신을 존중하고, 존경해요, 라는 말을 서로가 서로에게 사랑의 눈빛과 마음을 가득 담은 채 건네는 진짜, 사랑을요. 사랑하기 위해 태어나 존재하고 살아가는 존재의 이유와 목적을 함께할 수 있는, 같이의 가치가 있는 오직 유일한 사랑을요. 당신은 싸우고 상처를 주고받기 위해서가 아니라, 서로를 이용하고 서로로부터 자신의 결핍을 채우고자 애쓰기 위해서가 아니라 오직 더 많이 사랑하고 더 많이 사랑받기 위해 태어난 참 예쁜 사랑의 영이니까요. 타인에 의해 무엇인가를 채울 필요가 없을 만큼, 결핍을, 불만족을, 이기심을 느끼거나 경험하는 게 애초에 불가능한 이미 모든 것을 다 가진 완전한 사랑의 영이니까요. 육체와 육체가 떨어져 있기에 찾아온다고 믿는 외로움 따위에 결코 속박될 수 없는, 모든 생명과 이미 하나로 연결된 일체감과 함께하고 있을 뿐인 오롯한 사랑의 영이니까요. 타인을 있는 그대로 사랑하지 못해 자꾸만 어떻게 변하길 바라고 기대하고, 집착하고 강요하고, 그렇게 함으로써 사랑받기 위해 태어난 상대방에게 지울 수 없는 상처를 남기는 걸 결코 허락할 수 없는, 오직 사랑을 전하기 위해 태어난 위대한 사랑의 영이니까요. 기쁨 없는, 평화 없는, 미움과 분노, 이기심만이 있는 그 산만함과 갈등이 지루하고 무의미해서 견딜 수가 없는, 애초에 그런 곳에 자신을 두는 걸 허락할 수조차 없는, 지혜롭고 힘 있는 사랑의 영이니까요.

그러니 이제는 나의 진짜 정체성인 사랑을 기억하기 위해 매일을 보내길. 그러기 위해 스스로 온전히 행복할 줄 아는 힘 있는 나를 만들어가길. 내 삶을 향한 완전한 만족과 사랑으로, 흘러넘치는 기쁨으로 내 마음 안의 모든 결핍을 지워나가길. 내 마음 안에서부터 생긴 불만족과 결핍이기에, 그건 오직 내 마음 안에서만 치유할 수 있는 것이며, 그리하여 바깥의 무엇인가로 그것을 채우고자 하는 모든 시도는 그 자체의 환상일 뿐이라는 것을 언제나 기억하고 있길. 그러지 못해 외부를 통해 나를 채우고자 하는 이기심을 선택할 때, 나는 더욱 비워질 것이고, 시들어질 것이고, 피폐해질 것이고, 무엇보다 그런 나와 함께하는 상대방 또한 나와 함께 그렇게 될 것임을. 자기 마음 안에 만족과 사랑이, 다정함과 존중이 없어서 결핍에 시달리는 자가 어떻게 타인에게 만족과 사랑을, 다정함과 존중을 줄 수 있겠으며, 그렇다면 어떻게 상대방에게 기쁨을 줄 수 있을지, 그것에 대해서도 생각해 보길. 나는 내 마음 안에 없는 것을 결코 줄 수 없으며, 그래서 그때의 나는 오직 받기만을 기대하며 상대방의 마음을 빼앗거나 갈취함으로써 상대방을 지치게 하고 소진시킬 수 있을 뿐이라는 것을. 그래서 결핍과 함께하는, 정작 자신은 결코 주고자 하지 않는 사람들이 가장 자주 하는 말이 너는 나한테 왜 그래, 왜 나에게 무엇인가를 안 줘, 하는 말인 것임을. 모든 초점을 상대방이 자신에게 주지 않은 무엇인가에 맞춘 채 서운해하고, 원망하고, 분노하고, 그런 식으로 상대방에게 무엇인가를 강요하고, 강요함으로써 빼앗고자 하고, 늘 그런 식이라는 것을.

하지만 사랑인 당신에게 그런 식의 왜소한 태도가 과연 어울릴 수 있는 것인지 스스로에게 진실하게 물어보길. 당신이 당신을 향해 늘 무엇인가를 바라고 기대하고, 왜 나에게 이런 태도로 대하지 않느냐며 서운해한 채 다그치고, 분노함으로써 압박하고, 그런 사람과 함께할 때 어떤 기분을 느꼈었는지에 대해서도 한 번 떠올려보길. 정작 자신은 단 한 번도 기쁨을, 사랑을 주고자 한 적도 없으면서 늘 바라고 기대하기만 하는 사람, 그렇다면 당신은 진정으로 계속 그렇게 존재하고 싶은지 한 번 물어보길. 세상을 한 번 둘러보길. 사랑을 주는 사람은 그저 고요하게 사랑을 주고 있을 뿐이라는 것을 알게 될 것이고, 사랑을 달라고 떼쓰는 자는 정작 자신은 사랑을 준 적조차 없다는 것을 알게 될 것이고, 사랑뿐만이 아니라 그것이 무엇이든, 세상이 이렇다며 분노하고 비난하는 사람은 정작 자기 자신이 그런 사람이라는 것을 알게 될 것이고, 왜냐면 그렇지 않은 사람은 이미 최선을 다해 예쁘고 다정하게 존재하고 있을 뿐이니까. 그러느라 타인의 태도와 부족함을 바라볼 사치를 부릴 아주 잠깐의 여유조차 느끼고 있지 못하니까. 그러니 내가 바라는 것을 먼저 주는 내가 되길. 내가 줄 수 있다는 건, 그게 내 마음 안에 있다는 것이고, 하여 주는 순간 나는 그게 내 마음 안에 있음을 발견하게 되고, 발견하게 됨으로써 가득 소유하게 되는 거니까. 그게 주는 대로 받는다는 말의 진짜 의미인 거니까.

그러니 다만 줌으로써 채워질 뿐이길. 이미 모든 것을 다 가졌다고 믿는 행복한 자가 어찌 결핍에 시달릴 수 있겠으며, 어찌 받고자 잔뜩 기대하며 서운해하고 분노할 수 있겠으며, 그러니까 그 자체로 완전한 사랑인 당신이 어떻게 자신이 사랑이지 않기라도 한 것처럼 왜소함과 결핍에 시달릴 수 있을지에 대해 생각해 보길. 그러니까 다만 고요하게 멈춰 선 채 당신이 얼마나 사랑인지 알길. 자신이 사랑인지를 분명하게 아는 자는 결코 사랑의 부재에 시달리지 않을 것이며, 그리하여 타인에게 행복을 의존하지 않을 것이며, 하여 네가 이렇게 변해야만 내가 행복해질 수 있다는 식의, 네가 내게 이렇게 대해야만, 이걸 줘야만 내가 행복해질 수 있다는 식의 환상에 잠시라도 탐닉하지 않을 테니까. 누가 나에게 어떻게 대하든, 나는 여전히 사랑이며, 이전부터도 그래왔고, 앞으로도 영원히 그럴 것이라는 알기에 그저 자신이 사랑임을 누린 채 완전하게 기뻐하고 고요하게 평화로울 뿐일 테니까. 그러니 다만 알길. 당신이 얼마나 눈부시게 빛나는 완전한 사랑인지를. 지금 그 모든 걸 다 알 수는 없을 것이기에, 그 사랑을 찾고 발견하는 여정을 함께할 수 있는 사람과 함께하길. 그리하여 함께하는 모든 순간 안에서 그 사랑을 되찾고 배워가길. 그 모든 여정 안에서 서로를 지지하고 응원해주고 격려할 수 있는 사람, 가고자 하는 방향과 목적이 같기에 서로를 뒤에서 붙든 채 늘어지기보다 앞에서 이끌어주고 끌어당겨주고자 할 뿐인 사람, 그런 사람으로서 그런 사람과 함께하길. 그렇게, 매 순간 더욱 사랑을 되찾아나감으로써 더욱 크고 눈부신 사랑으로 빛나길. 그렇게 사랑하고, 오롯함으로 꽃 필 뿐이길. 당신, 오직 사랑하고 사랑받기 위해 태어난 사람, 지금도 있는 그대로 충분히 예쁘고 소중한 사랑인 사람, 가득 사랑이고, 닳도록 사랑이고, 처음부터 영원히 사랑이지 않았던 적이 없는 그 자체의, 영원한 사랑은.

## 늘, 정당화하는 사람

　이 세상에는 결코 배우지도, 성숙하지도 못하는 사람이 있는데, 그건 바로 자신의 어떤 실수 앞에서 늘, 정당화를 일삼는 사람이에요. 어떨 때는 선택적으로 기억을 왜곡하고 바꿔가면서까지 자신의 잘못을 결코 인정하려 하지 않기에, 그들과 함께하는 시간은 우리에게 늘 어떤 답답함과 분노, 지루함을 안겨다 주곤 하죠. 왜냐면 그들은 대화가 통하지 않는, 뻔뻔한 사람이니까요. 그리고 무엇보다 변화를 겪지 않는, 늘 제자리에 머무는 안타까운 사람이죠. 그저 인정만 해도, 그렇게 진심으로 용서를 구하기만 해도 용서하는 일이 얼마나 쉬워지는데, 왜 그들은 구태여 용서받지 않으려고 그렇게나 애쓰는 걸까요. 그런 식의 정당화로 자신을 보호하고자 노력할수록, 보호는커녕 미움만 사게 된다는 걸, 왜 그들은 모르는 걸까요. 그들이 일삼는 그 방어가, 결국 그들 자신을 더욱 공격에 취약한 존재로 만든다는 것을 말이에요. 그러니 나는, 나의 실수 앞에서 정당화하지 않는 사람이 되기로 해요. 때로 지난 시간의 실수를 인정하는 게 나의 겉모습, 이미지를 훼손하는 것처럼 느껴져 당장은 방어하고 싶은 욕구가 샘솟더라도, 내가 정당화하는 것으로 나를 방어하는 것이 오히려 나의 겉모습, 이미지를 더욱 훼손하는 일이라는 것을 이제는 알고 되새김으로써 말이에요.

제 말, 정말 객관적으로 잘못이 없는 일 앞에서도 굽신거리며 사과하라는 그런 자존감 없는 말이 결코 아니에요. 인정하고 사과할 줄 아는 것에도 늘 적절함이라는 게 있는 것이고, 내가 어떤 경우에 사과해야 하는지를 잘 아는 사람은 그래서 늘 사랑받는 법이니까요. 그러니까 어떨 때는 결코 사과하지 않은 채 나를 지켜내야만 하는 경우도 있는 것이고, 다만 나의 실수와 잘못 앞에서 뻔뻔하거나 비겁하지는 말자는 말인 거예요. 그러니 세상을 둘러보며, 어떤 사람이 사과를 적절하게 잘해서 사랑받는지, 어떤 사람이 사과를 남발해서 무시를 당하는지, 어떤 사람이 늘 뻔뻔함으로 일관해서 미움을 사는지, 그것을 잘 관찰하기로 해요. 그렇게 배움으로써, 적절하게 사과를 잘할 줄 아는 내가 되기로 해요. 그리고 다만, 그 모든 일 앞에서 절대적으로 진실하기로 해요. 나의 가슴에 대고, 단 하나의 부끄러움도 없을 수 있는지를 늘 물어보며 나아가는 거예요. 언제나 내 마음은, 그것에 대해 자신의 솔직한 답을 건네줄 테니까요. 그리고 인정과 사과를 약점으로 인식한 채 그것을 빌미로 나를 공격하려 드는 사람, 그런 사람이 있다면 기꺼이 멀리하는 것 또한 잊지 않기로 해요. 그런 사람에게 나의 진실함은, 다정함은, 나약함이자 이용하기 쉬운 먹잇감으로만 여겨질 뿐일 테니까요.

세상에는 그저 진실하게 인정하고 용서를 구하는 것만으로 용서받을 수 있는 일이 참 많아요. 왜냐면 우리는 모두, 그 진실함에는 용기가 필요하다는 것을 알고 있고, 그래서 그 용기를 존중하고 존경할 수 있으니까요. 사실 누군가가 뻔뻔하다며 늘 거칠게 험담하는 사람과 함께해 보면, 그들 자신도 똑같이 뻔뻔한 사람임을 알게 되는 경우가 많은데, 왜냐면 진실의 편에 선 겸손하고 인자한 사람은 설령 누군가에게 그런 뻔뻔함이 있다고 해도 그것에 결코 부정적으로 반응하지는 않는 법이고, 그래서 그런 식으로 부정적인 반응을 일삼는 사람은 그만큼 자신 또한 진실하지 않은 사람인 경우가 많기 때문이에요. 그러니까 자기 자신의 마음에 있다고 여기는 게 너무나 죄스러운 어떤 성향을 온통 바깥으로 투사한 채 남을 공격하는 것으로 벗고자 하고 회피하고자 하는 사람들도 이 세상엔 참 많이 있는 거예요. 사실 그건 자기 자신의 마음에 대고 하는, 스스로에 대한 비난이 될 뿐임을 전혀 모르는 채 말이에요. 하지만 진실한 사람은 그저 남의 잘못을 보며 나에게도 그런 점이 있지는 않은지, 그것만을 정직하게 살펴볼 뿐이죠. 그들은 남의 잘못에서부터도 배우고, 나의 잘못에서부터도 배우는, 매 순간 예쁜 성숙을 향해 나아가는 참 반듯하고 지혜로운 사람들이니까요.

그러니 나는, 더 이상 제자리걸음 하지 않기로 해요. 누군가의 잘못에서부터 나에겐 그런 점이 없는지를 살펴볼 줄 알고, 나의 실수 또한 진실하고 정직하게 살피며 인정할 줄 아는 사람, 하여 성숙하며 나아갈 줄 아는 사람, 그런 기특하고 반듯한 내가 되기로 해요. 무엇보다 내가 나의 잘못을 없는 것으로 만듦으로써 나를 보호하려 할 때, 그건 결코 나를 보호하지 못한다는 것을 명심함으로써 말이에요. 어떤 일이 생겼을 때, 나의 잘못은 이것인데, 그것을 인정하기가 싫어 타인이 잘못한 언젠가의 다른 어떤 일을 꺼내어 공격하고, 그런 식으로 자신의 잘못을 무마하고자 하고, 그런 사람들 또한 얼마나 많던가요. 늘 실수하고 늘 잘못하지만, 늘 정당화하고 변명하는, 그래서 또다시 같은 실수와 잘못을 반복할 수밖에 없는, 전혀 배우고 성숙하지 못하는 지루한 사람들 또한 얼마나 많던가요. 인정하는 순간 아름다운 변화가 시작될 수 있는 것인데, 그 기회를 매번, 스스로 놓치는 사람들 말이에요. 그리고 당신은 그런 이들을 보며, 혹여나 내 안에는 그런 면이 없는지를 살펴보고자 할 뿐인 사람이기로 해요. 내 눈에 보이는 타인의 그런 면들을 비난과 미움에 사용하기보다, 나를 위한 예쁜 성숙의 선물로만 사용한 채 나아가는 사람 말이에요. 그런 내가 될 때, 나의 잘못 앞에서 책임지는 것, 그리고 나의 실수를 기꺼이 인정한 채 사과할 줄 아는 것, 그 앞에서 나, 이제는 용기를 낼 줄 아는 사람일 거예요. 그래서 더욱 사랑받고, 더욱 용서받는 사람이 되어있을 거예요.

그러니 뻔뻔해선 안 돼요. 그 어떤 작은 실수도, 뻔뻔하지만 않았으면 그저 넘어갈 수 있는 아무렇지도 않은 사소한 일도, 내가 뻔뻔해지는 순간 큰일이 되는 거니까요. 그게 나를 보호하기 위해 일삼는 나의 정당화가, 사실은 나를 더욱 큰 위험에 빠뜨릴 뿐인 이유니까요. 결국 사람은 어떤 일 자체가 아니라 그 일에 대한 한 사람의 자세와 태도, 그것에서 그 사람의 결을 느끼고 그 사람을 사랑할지 말지를 결정하는 거니까요. 그러니 나는, 사랑받을 만한 결을 지닌 내가 되어, 가득 사랑받기로 해요. 그러지 않기에, 우리에게 주어진 이 모든 순간, 너무나 아깝고 사랑스러운 순간들이니까요. 무엇보다 당신은 제가 참 많이 아끼고 걱정하는, 제 마음에 별처럼 가득 찬, 제가 늘 응원하고 기도하는 사람이니까요. 그러니 마음만 먹으면 얼마든지 사랑받을 수 있는 참 예쁘고 소중한 당신, 내가 참 많이 아끼고 걱정하는 사람, 그 마음을 먹지 못해 미움받지는 않기를. 그리고 당신 또한 자신의 실수 앞에서 인정하고 사과할 줄 아는 사람과 함께하길. 그렇지 않은 사람과 구태여 함께하며 미워하기보다, 다만 아름다운 곳에 당신을 두고,

아름다운 사람과 함께하길 선택할 뿐이길. 그렇게, 열린 마음으로 함께할 수 있는, 다정하고 진솔하게 말하고 진심과 정성으로 상대방의 마음에 귀를 기울이는 그, 기특하고 아름다운 자세가 갖춰져 있는 사람과 함께하길. 그러니까 알겠어, 그런 점 때문에 속상했구나, 미안해, 라고 말할 줄 아는 사람, 자신의 실수를 개선해나갈 의지가 있는 사람, 자신의 지금이 완벽하지 않으니 자신이 실수를 할 수도 있다는 걸 겸허하게 인정할 줄 아는 겸손한 마음가짐이 되어있는 사람과.

그리고 알고 있길. 사람은 언제나 자기 마음에 있는 죄스러운 점을 바깥에 투사한 채 그것을 공격하고 비난함으로써 자신에게는 문제가 없다고 믿길 바란다는 것을. 그래서 비난하고자 하는 마음이 떠오르는 순간은 미워하고 공격할 기회가 아니라 내 마음을 돌아본 채 더욱 예쁜 나를 만들어갈 소중한 기회라는 것을. 자기 마음 안에 단 하나의 죄스러운 점도 없는 순수한 사람들은 타인들 또한 쉽게 이해하고 사랑해주는 거니까. 그러니 그 모든 순간을 나 자신의 순수함과 결백을 되찾을 기회로 여길 것이며, 그렇게 함으로써 나 자신을 용서하고 사랑해주길. 결국 내가 비난하는 타인의 어떤 점은 내 안에도 아주 작게라도 있는 나의 일부분이기도 한 것이고, 그래서 그걸 비난하는 건 곧 나 자신의 그런 점을 비난하는 것과도 같은 것이며, 그래서 언제나 미움과 공격은 또한 나 자신을 향해 있는 거니까. 그러니 타인을 용서함으로써, 나 자신을 용서해주는 내가 되길. 그렇게 나를 더욱 끌어안아주고 사랑해주길. 그러기 위해 내 마음 안에 있는 죄스럽고 못난 어떤 점들을 진실하게 마주할 줄 아는 용기가 있길. 스스로 인정한 부분에 대해 우리는 면역을 얻게 되고, 하여 공격으로부터 더 이상 취약하지 않게 되고, 그래서 너그러움과 여유를 되찾게 되는 거니까. 그러니 늘 정당화함으로써 성숙할 기회를 놓치기보다, 인정하고 돌아볼 줄 앎으로써 예쁜 성숙을 가득 완성하며 나아가길. 인정할 줄 아는 사람이 진정 힘 있고 용기 있는 사람이라는 걸 잊지 않음으로써. 인정하는 순간 나는 그만큼 강한 사람, 위대한 사람, 진실한 사람이 되는 것이며, 그리하여 나, 그 내면의 힘으로부터 외부에 의해 쉽게 휘둘리거나 상처받지 않는 내면의 단단함을 더욱 확보하게 되는 거니까. 무엇보다 그 모든 길 위에서 나는 내가 얼마나 사랑인지를 알아가게 될 것이고, 그리하여 사랑으로서 가득 사랑받게 될 것임을.

그러니 딱, 당신만큼만 사랑스럽고 예쁘길. 당신이 당신을 당신인 그대로인 사랑으로만 바라봐도, 당신은 인정하는 일을 결코 두려워하지 않게 될 테니까. 왜냐면 그때의 당신은 당신이 그 무엇에도 훼손될 수 없는 완전한 사랑임을 알고 있을 테고, 하여 타인의, 당신을 향한 시선이나 말로 인해 당신이라는 그 사랑의 빛, 결코 작아지거나 줄어들지 않을 것임을 무엇보다 확고하게 알고 있을 테니까. 구름이 꼈다고, 날씨가 흐려졌다고 해서 태양이 사라진 것이 아니듯, 그럼에도 불구하고 태양은 언제나 제자리에서 강렬하게 빛나고 있듯, 당신이라는 사랑 또한 그렇다는 것을. 그러니 당신은 그저 당신답게 사랑스럽고, 사랑일 뿐이길. 뻔뻔하게도 합리화와 정당화를 일삼고, 늘 타인의 잘못만을 크게 부풀린 채 비난에 탐닉하며 전혀 당신답지 않게, 사랑답지 않게 존재하기보다. 당신이 당신에게 부족한 모든 점을 진실하게 인정함으로써 취소하고, 뛰어넘고, 기꺼이 개선해나갈 때 이제 당신에게 남은 유일한 인정은 당신이 사랑이라는 것, 오직 그것일 테니까. 그리하여 자신이 사랑임을 완전히 알게 된 당신은 당신 내면에 있는 사랑만을 바깥으로 투사한 채 세상과 사람들에게 또한 그들이 얼마나 사랑인지를 인정해주는 사람으로 존재하게 될 테고, 그리하여 어루만져주고 치유해주는, 참 따듯하고 다정한 사람으로 당신의 남은 삶을 살아가게 될 테니까.

 사랑이 되어 그 사랑을 전해주는 사람이 되는 것, 그게 바로 당신이 이곳에 태어나 존재하는 유일한 이유며, 그리고 당신은 그 이유를 완성했기에 더 이상 다른 무엇인가를 삶으로부터 바라거나 기대하지 않게 될 테고, 오직 만족하고 기뻐한 채 현재를 가득 누리게 될 테며, 다만 남은 여정은 여전히 자신이 얼마나 사랑인지를 모르는 자들에게 사랑을 전해주는 일에 당신의 몸과 마음을 바쳐 보낼 뿐일 테니까. 그렇게, 남은 삶을 최대한 많은 사람들에게 사랑을 알려줌으로써 당신과 함께 이 삶이라는 사랑의 수업을 졸업하게 하는 일에 쓰며, 고귀하고도 뜻깊게 보낼 뿐일 당신일 테니까. 그러니 그 사명에 닿기 위해, 당신 자신을 먼저 사랑 아닌 모든 지옥과 어둠에서부터 구해주길. 그리하여 자신을 구원한 자가 되어, 사람들을 또한 구원해주길. 그러기 위해 당신이 얼마나 완전한 사랑인지를 알길. 결코 줄어들거나 훼손될 수 없는 영원하고도 완전한 사랑 그 자체의 존재가 바로 당신이라는 것을. 하여 두려워하지 말길. 당신은 당신 자신이 얼마나 사랑인지를 모르는 만큼만 두려워할 수 있을 뿐이니, 이제는 다만 스스로가 어떤 존재인지를 알길. 그리하여 모든 두려움과 왜소함과 뻔뻔함과 비겁함 너머에 있는 강인한 사랑의 빛으로 존재하길. 그 사랑의 빛으로 타인들을 또한 비춰줄 뿐이길. 그 사랑만을 위해 태어나 존재하는 그 자체의 사랑인 사람, 당신, 내가 참 많이 아끼고 걱정하는 사람은. 사랑이지 않을 수가 없어 영원히 사랑인, 완전한 사랑의 빛으로 내내 빛나고 있을 뿐인 사람, 당신, 있는 그대로 참 예쁘고 기특한 사랑은.

## 진짜, 사랑

　이제는 진짜, 사랑을 해요. 진정한 사랑은 오늘은 사랑했다, 내일은 미워했다, 하는 식으로 사랑의 마음이 날마다 변하곤 하는 변덕스러운 사랑이 아니에요. 진정한 사랑은 외부의 조건이나 상태, 그곳이 아닌 그 무엇에도 변함없는 내 마음 안의 다정함, 태어나면서부터 내가 지니고 있었던 영원한 사랑의 능력, 오직 그곳에 초점을 둔 채 내 마음 안에 한계 없이 내재되어 있는 그 사랑을 꺼내어 상대방에게 건네는 다정인 거예요. 그러니까 내가 사랑이라서 사랑할 뿐인, 다정한 사람이라서 다정할 뿐인, 내 마음의 우세한 성숙의 상태와 당연한 본능으로써의 사랑인 거예요. 그래서 내가 예쁜 성숙을 완성한 만큼, 그리하여 내 마음 안에서 사랑이 우세해진 만큼 나는 더 진실하게 사랑하게 되어있는 거예요. 여전히 예쁜 성숙을 완성하지 못해 마음 안에 미움이 우세한 사람은 사랑하기보다 미워할 테고, 분노가 우세한 사람 또한 사랑하기보다 분노할 테고, 그럴 수밖에 없을 테니까요. 어떤 상황을 마주하게 되었을 때 내가 건네게 될 습관적인 반응이 다른 무엇이 아니라 사랑과 다정함이 되는 것, 그런 나를 만들어가는 것, 그래서 그게 바로 진정한 사랑을 하기 위한 유일한 자격인 거예요.

　그러니까 누군가가 내게 이렇게, 혹은 저렇게 했기 때문에 사랑하고 사랑하지 않고가 아니라, 타인이 내게 어떻게 대하든, 그 사람이 어떻게 생겨 먹었든 간에 나는 내 마음 안에 흘러넘치도록 가득 쌓여있는 변함없는 사랑의 근원에서부터 사랑할 뿐인, 사랑이 내 내면의 우세한 상태라서 당연하게도 사랑할 뿐인 다정, 그게 바로 진실한 사랑의 마음인 거예요. 그래서 내가 내 내면의 근원에서부터 사랑을 찾거나 발견하지 못해 타인에게서 그 사랑을 얻고자 하는 사람이라면, 그러기 위해 함께하는 사람이라면 그때의 나는 타인의 감정과 상태에 의존하는, 쉽게 휘청거리고 흔들리는 사랑을 할 수밖에 없게 되는 거예요. 그리고 그때의 나는 내 마음이 아니라 타인에게서 사랑을 찾고자 하는 사람이기에 계속해서 내가 바라는 어떤 이상향에 맞게 타인을 변화시키고자 집착하고 강요하게 되겠죠. 나는 네가 이럴 땐 사랑해, 하지만 이럴 땐 사랑하지 않아, 하는 식으로 사랑의 양을 조절해가며 나에게 사랑받고 싶다면 이런 너로만 존재해줘, 라는 무언의 감정적인 협박을 해가면서 말이에요. 그리고 내가 원하지 않는 상대방의 모습 앞에서는 잔뜩 서운해하거나, 상처받게 될 테고, 그 서운함과 상처는 곧 미움과 분노로 변하게 되겠죠. 그래서 상대방이 어떤 모습이길 기대하는 욕망을 마음에 품는 건, 사실 화를 내려고 미리 준비하는 것과 전혀 다르지 않은 거예요. 타인은 결코 나의 기대를 완전히 충족시켜주지 못할 것이기 때문에.

    하지만 자기 자신의 마음 안에 이미 사랑이 가득 차 있기에 사랑의 결핍을 느끼지 않는 완전한 사람은 그저 사랑할 뿐인 거예요. 타인으로부터 사랑을 채우고자 할 필요성을 그때는 더 이상 느끼고 있지 않을 테니까요. 그래서 그때의 사랑은 더욱 있는 그대로의 받아들임, 존중, 만족, 이해와 같은 형태의 다정한 빛을 띠기 시작하고, 때로 여전히 완전하지는 못해 서운해할 수도, 실망할 수도 있지만 그 정도가 아주 사소하기에 상대방이 느끼기에 귀엽고 사랑스럽게만 느껴질 뿐인 무해함이 되어가는 거예요. 그리고 내면의 중심이 언제나 타인이 아니라 자기 자신에게 있기에 이때는 사랑의 부재가 느껴질 때면 그 순간 타인을 바라보며 타인에게서부터 그 결핍을 채우고자 하기보다 스스로 자기 마음을 어루만져주고자 할 뿐이며, 그렇게, 자기 자신을 돌보고 사랑해주며, 그 사랑을 자기 자신의 마음 안에 가득 채우며 나아갈 뿐인 거예요. 그렇기에 자연히 타인으로부터 바라고 기대하는 바가 거의 없게 되며, 하여 사랑했다 미워했다 하는 식의 변덕스러움을 넘어 변함없는 영원함의 성격을 띤 사랑을 건네는 사람이 되는 거예요. 무엇보다 그런 사랑의 마음과 함께하는 건 자기 자신에게 너그러움과 편안함과 평화와 기쁨과 만족과 즐거움과 안전을 누리게 해주는 일이며, 왜냐면 감정적으로 쉽게 흔들리고 변덕을 부리는 마음과 함께하는 하루란 불안하고도 불행할 수밖에 없기 때문이며, 그래서 이때는 상대방이 아니라 나를 위해 그렇게 존재할 뿐인 거예요.

그러니 내가 여전히 행복하지 않으면서, 나를 사랑하지 않으면서 상대방을 행복하게 해주겠다는, 아껴주고 사랑해주겠다는 말의 허상을 더 이상 믿지 마세요. 내가 스스로 행복한 사람이 되고 나면 나와 함께하는 타인은 자연히 그런 나로 인해 덩달아 행복해지는 것이고, 내가 나를 아끼고 사랑한다면 나, 타인을 향해서도 예쁘고 진실한 사랑을 줄 수밖에 없게 되는 거니까요. 그리고 타인을 통해 행복해질 수 있고, 타인의 사랑을 통해 나를 채울 수 있다는 그 말의 허상 또한 더 이상 믿지 마세요. 당신이 여태까지 늘 애쓰며 그래왔지만, 여전히 당신은 불행하고, 비워져있으며, 그래서 타인에게 더 많은 것을 기대하고 바라고 있다는 것이 그 말이 결코 이루어질 수 없는 허상이라는 그 자체의 증거니까요. 그러니 이제는 내가 나를 사랑해줘요. 그렇게 내 마음 안에 기쁨을, 행복을, 이해를, 만족을, 예쁨과 아름다움을 가득 심어주기로 해요. 그저 내 마음 안에 원래부터 있던 사랑이 자신을 드러낼 수 있게 사랑 아닌 모든 것들을 지워내기만 하면 되는 거예요. 그러니까 사랑이 아니고자 애쓰길 멈추기만 하면 되는 거예요. 여태 사랑이 사랑이 아니고자 치열하게도 애쓰며 얼마나 고통받고 상처받아왔나요. 예쁘고 소중한 당신 마음 안에, 그런 당신과는 어울리지도 않는 분노와 미움, 서운함, 이기심과 같은 것들을 잔뜩 품어내며 얼마나 불안함에 사로잡힌 날들을 보내왔나요. 그러니 이제는 애쓰길 멈춰요. 사랑 앞에서 더 이상 저항하지 말아요. 그저 사랑이 사랑으로 존재하게 허용해줘요. 당신이 아닌, 당신이 아니라서 당신을 불안하게 하고 불편하게 하는 모든 것들을 이제는 그만 포기하고 내려놓음으로써.

    그리고 당신이 당신이 아닌 것들을 내려놓고 포기하는 데 있어서 함께함만큼 도움이 되는 것도 없는 거예요. 혼자 있을 때는 당신에게 있는지 없는지도 몰랐던 사랑 아닌 마음들이 함께할 때는 더더욱 잘 드러날 테고, 그때마다 당신이 그러한 것들을 기꺼이 포기하고 내려놓다면 당신, 얼마 지나지도 않아 완전한 사랑을 회복한 채일 테니까요. 그러니 소중한 사람과 함께하는 순간마다 당신의 마음 안에서 스멀스멀 피어나기 시작하는 어떤 기대심과 서운함, 미움, 분노, 그러한 것들을 이제는 당신의 진짜 모습인 사랑을 회복할 예쁘고 소중한 기회로 여긴 채 내려놓기로 해요. 그렇게 하기 위한 더없는 계기이자 선물로써 당신의 관계를 마주하기로 해요. 이제 당신의 마음 안에서 서운함이 일어나는 순간은 더 이상 아프고 속상한 시간이 아니라 서운함을 내려놓음으로써 더욱 다정하고 사랑인 내 모습을 되찾을 기쁘고도 설레는 선물의 시간으로 여겨지기 시작할 거예요. 그리하여 늘 그래왔던 것처럼 같은 반응을 건네기보다, 이제는 바라보고, 내려놓고, 그럼에도 다정하길 선택하는 당신을 발견하게 될 테고, 그 순간 어제는 이래야만 했는데 오늘은 더 이상 그러지 않아도 된다는 것, 그 성숙의 기쁨이 당신 마음을 가득 채우기 시작할 거예요. 그리고 그 기쁨을 알게 된 당신은 이제 누가 말려도 계속해서 진짜 사랑을 향해, 진짜 행복을 향해 나아갈 수밖에 없게 되는 거예요. 이 세상에서 유일하게 기쁨이라 할 수 있는 진짜 기쁨을 이제는 알게 되었으므로.

그렇다면 그 진짜 기쁨을 당신에게 주는 것, 그것이 곧 당신을 향한 진실한 사랑이 아닐까요. 그렇다면 언제까지, 그 기쁨을 당신에게 주길 망설일 건가요. 그러니까 당신 자신을 사랑해주길 망설일 건가요. 이제는 가득, 사랑해주기로 해요. 그렇게 스스로 행복한 자, 자기 자신을 사랑함으로써 마음 안에 사랑을 가득 채운 자, 그, 기특하고 예쁜 당신이 되어 진짜, 사랑하기로 해요. 오늘은 사랑했다가, 내일은 덜 사랑했다가, 그렇게 상대방의 태도나 감정에 의해 내 사랑의 크기를 바꿔야만 하는 거짓 사랑에서 벗어나, 내가 사랑이라서, 내 마음에 있는 그 사랑만큼 바깥에 사랑을 건네줄 수밖에 없는 사랑이라는 진정한 근원으로서의 사랑을 하는 거예요. 그, 사랑이라는 진짜 당신 존재를 회복한 완전함을 바탕으로 당신이 사랑할 때, 당신의 사랑은 비로소 진실의 빛을, 영원의 색을 띠기 시작할 거고, 그 사랑이 주는 행복은, 그 사랑을 건네고 있는 당신 곁에 있는 모든 사람들이 그 사랑의 따스함에 녹아 알 수 없는 기쁨과 평화를 한가득 느낄 수밖에 없을 만큼이 되어줄 거예요. 그래서 당신은 이상하게 내 마음을 편안하게 해주고 차분하게 해주는 사람, 함께하는 시간 동안 위로와 치유를 받게 되는 사람, 그런 사람으로 일컬어지게 될 테고, 그래서 전과는 달리 애쓰지 않아도 사랑받을 수밖에 없어 사랑받고 있는 당신을 발견하게 될 거예요. 그래서 나 자신의 진정한 모습인 사랑을 되찾는 것, 그건 결국 내가 온통 사랑받게 하는 일이기에 그 자체로 그 일은 내가 나에게 건네는 가장 최고의 예쁘고 소중한 사랑의 행위인 거예요. 그러니 이제는 부디, 나를 사랑해주길. 사랑해줌으로써, 사랑받게 해주길. 사랑스러워서 가득 사랑받을 수밖에 없는 사랑인 나를, 이제는 되찾음으로써.

그렇게 당신을 진짜 사랑해주게 된 당신은 단둘이서만 주고받는 '특별한 사랑'에 대한 매력을 당신의 눈에서 그만큼 많이 벗겨내게 된 채일 것이고, 그리하여 자연히 보다 보편적인 사랑, '거룩한 사랑'에 더욱 관심을 가진 채 놀누하게 될 거예요. 진정한 사랑은 제한하는 사랑이 아니라 확장하는 사랑이고, 이제 당신은 진정한 사랑에서만 기쁨을 느끼고 만족하는 사람이 되었으니까요. 하여 당신은 한 사람에게만 특별히 다정하게 대하기보다 모든 사람에게 친절하고 다정하고자 더욱 마음을 기울이며 나아가게 될 테고, 당신이 함께할 사람 또한 이제는 그 사랑의 여정을 함께할 수 있는, 그만큼 진정한 사랑에 관심이 있는 사람이 될 거예요. 그 만남이 이 세상이 말하는 어떤 낭만적인 사랑의 형태를 띤 만남은 아닐지도 모르죠. 둘은 자주 침묵할 테고, 자주 고요할 테고, 서로로부터 어떤 감정적인 자극을 느끼길 바라기보다 다만 그 침묵과 고요 안에 더 자주 머무르고자 할 테니까요. 무엇보다 서로가 누군가에게 친절할 때 그 친절함을 질투하기보다 그 친절함을 지지하고 응원해주게 될 테니까요. 오히려 불친절하거나 예민한 모습을 보인다면 다음엔 더 너그럽고 친절할 수 있도록 이끌어주고자 하면서 말이에요. 어떤 관점에서는 서로를 전혀 사랑하지 않는 것처럼 보이는 그 관계는, 또 다른 어떤 관점에서는 그 무엇보다 사랑의 빛으로 가득 찬 아름답고 거룩한 관계일 테고, 그 두 관점 중 무엇이 진실이 될지는 결국 내가 얼마만큼 내 마음 안에 진정한 사랑을, 예쁜 성숙을 소유하고 있냐에 따라 달라지는 것이 될 거예요.

그러니까 당신이 여전히 준비가 되지 않았다면 그런 관계는 당신에게 어떤 매력도 없는 지루한 관계로만 여겨질 테고, 당신이 이제는 준비가 되었다면 유일하게 함께할 만한 가치가 있는 아름답고도 간절한 관계로 여겨지게 될 거예요. 그리고 저는 당신이 절대적으로 거룩한 관계는 아닐지라도, 조금은 특별한 매력이 섞여 있는 관계일지라도, 그 관계 안에서도 드문드문은 고요할 수 있길 바라요. 침묵과 함께 서로를 바라볼 수 있길 바라요. 때로 상대방에게 실망하는 그 순간 앞에서도 둘은, 그 실망감이 상대방이 아닌 나의 마음에서부터 비롯됐음을 알고 내 마음 안에서 실망이 아닌 사랑을 이끌어내고자 하는 그 빛의 노력을, 늘은 아니더라도 가끔씩은 하며 각자의 마음 또한 살피며 나아갈 수 있길 바라요. 타인을 향한 상대방의 친절에 사소하게 질투하긴 하겠지만, 그 정도가 심하진 않아 귀엽고 사랑스럽게만 여겨질 뿐이길, 무엇보다 그 서운함을 다정하게 털어놓는 대화 끝에 상대방의 그 친절함을 끝내 응원하고 지지해주게 되는 서로이길 바라요. 그렇게 너무나 자주 미움과 사랑 사이를 오가는 불완전한 사랑이 아니라, 되도록 오래도록 사랑에 머물러있는, 그러다 때때로 사소하게 서운해하기도 하는, 그런 정도의 귀엽고 사랑스러운 사랑을 할 수 있길 바라요. 언제나 당신 내면에서 태초부터 영원히 빛나고 있는 그 사랑의 근원을 이따금씩은 느끼고 음미하면서 말이에요.

그러니까 어차피 특별하게 사랑할 거라면, 그 특별함 속에 거룩함과 아름다운 가치 또한 담아내길 바라요. 그렇게 둘이 만나 성숙의 여정을 함께하는, 불완전에서 완전을 향해 나아가는 예쁜 사랑을 하길 바라요. 그런 함께함만이, 같이의 가치가 있는 오직 유일한 함께함인 거니까. 무엇보다 당신, 사랑을 배우기 위해 이곳에서 태어났고, 그래서 사랑이 아닌 것을 사랑이라 오해한 채 그 거짓 사랑에만 젖어 있기에, 그건 당신이 이곳에 태어난 이유와 목적 자체를 너무나 아깝게 낭비하는 일인 거니까. 그래서 그때의 당신은 자주 아프고, 공허할 수밖에 없을 테니까. 무엇보다 나, 웃는 모습이 가장 예쁜 당신이 누구보다 자주 웃으며 사랑스럽게 행복하길 바라니까요. 그러니 이제는 매 순간 더욱 예쁜 성숙을 향해 나아가는 사랑을 하길. 지금은 너무나 많이 부족하고 불완전할지라도, 함께하는 동안 늘 마음을 기울이며 노력한다면 당신의 사랑, 서서히 더욱 예쁜 사랑의 모양을 띠기 시작할 테고, 그렇게 상대방을 더 자주 웃음 짓게 하고 있을 테니까. 중요한 건 그러기 위해 나아가고 있다는 거니까. 이미 완전한 당신이었고, 절대적으로 진실한 사랑의 마음을 소유한 당신이었다면 당신, 이곳 지구에 태어날 이유조차 없었을 테니까. 그러니 사랑을 배우기 위해 태어나 존재하고 있는 참 예쁜 지구별 여행자인 당신, 이제는 당신의 그 귀엽고도 사랑스러운, 숭고하고도 소중한 사명을 완성하며 나아가길. 그렇게, 존재의 이유와 목적에 맞게 살아가고 있다는 일체감을 당신 마음 안에 채워줌으로써 공허와 불안을 당신 마음 안에서 지워내주길. 당신이 당신 자신을 아끼고 사랑한다면, 당신은 당신에게 기쁨과 편안함을 선물해줘야 하는 거니까.

　　그러니까 사랑이 사랑이려면, 불안과 불편함이 아니라 기쁨과 편안함을 줘야 하는 것이며, 그건 나에게도, 타인에게도 마찬가지인 거니까. 그러니 이제는 상대방의 마음을 편안하게 해주는 사랑을 하길. 그러기 위해 나의 감정을 먼저 오롯이 정화하고 차분하게 다스려내길. 그렇게, 더욱 완전한 내가 되어가길. 그러기 위한 마음으로 매 순간을 마주하고 보내길. 당신이 그런 내가 되겠다는 목적 하나로 하루를 마주한다면, 모든 순간이 당신에게 그런 당신을 완성할 소중한 기회이자 선물이 되어주기 시작할 테니까. 저기서, 서운함이라는 서운함을 극복함으로써 더욱 완전해질 선물이, 또 저기서, 미움이라는 미움을 극복함으로써 더욱 완전해질 선물이, 그러니까 매 순간 당신에게 그 성숙의 선물이 은하수처럼 쏟아지고 있는 거니까. 특히나 당신이 사랑하는 사람과 함께하는 순간에 그 선물, 가장 많이 쏟아지고 있는 거니까. 그러니 그 모든 선물을 끌어안음으로써 매 하루를 더해 더욱 완전해지고, 더욱 당신 자신인 사랑을 되찾고 회복해나가길. 그리하여 어제는 사랑했다, 오늘은 미워했다, 하는 식의 변덕스러운 거짓 사랑이 아닌, 영원히 어제보다 오늘 더 사랑할 뿐인 영원하고도 진실한, 진짜 사랑을 하길. 네가 내게 이래야만 나는 너를 사랑할 거라는 조건을 다는 거래가 아닌, 네가 어떤 너여도 나는 너를 사랑해줄게, 라는 진짜, 사랑을 하길.

　　사랑에 조건이 있다는 건, 그 조건이 충족되지 않았을 때 언제든 그 사랑은 변할 수도 있다는 것을 뜻하는 것이며, 그래서 이 세상이 말하는 대부분의 사랑은 언제든 미움으로 변할 가능성을 품고 있는 사랑이며, 하지만 그건 사랑이 아니니까. 그런 사랑을 하고 있는 모두는, 사실 단 한 번도 사랑한 적조차 없는 거니까. 그래서 사랑한다고 말하는 사람과 조건이 맞지 않아 결국 헤어지고, 그러고 나서는 영원히 남남처럼 살아가고, 그러는 거니까. 하지만 진정한 사랑은 영원한 것이며, 대체물을 찾지 않는 결핍 없는 완전함이며, 그래서 사랑했는데 이제는 영원한 남이 되었고, 지금은 다른 누군가를 사랑하고 있다는 식의 유한함은 결코 사랑이 될 수 없는 거니까. 어머니가 자식을 영원히 그리워하고 사랑하듯, 자신과 함께한 반려견을 영원히 그리워하고 사랑하듯, 사랑은 그, 영원의 다정함인 거니까. 그러니 이제는 세상이 말하는 사랑이 아닌, 하늘의 뜻에 맞는 진짜, 사랑을 하길. 그런 마음의 각오를 준비하고, 그런 다음에는 그런 사람과 함께하길. 그렇게, 싸우고, 따지고, 상처주고, 무시하고, 무관심하게 굴고, 이용하고, 그 모든 사랑 없음에서 벗어나 이제는 식지 않는 존중과 다정으로, 이해와 너그러움으로, 그 마음의 빛으로 서로의 있는 그대로를 내내 아껴줄 뿐이길. 그러지 못하는 매 순간의 부족함 앞에서, 이제는 무너지기보다 그 부족함을 더욱 사랑이 될 소중한 계기로 여긴 채 선물로 끌어안으며, 그렇게 사랑의 빛을 키워갈 뿐이길. 그렇게, 특별함에서 거룩함을 향해 나아가며 둘이서 함께 이곳에 태어나 존재하는 서로의 존재 이유와 목적을 완성해나갈 뿐이길. 그, 진짜 사랑만이 어울리는, 존재 자체가 진짜 사랑인 당신은. 그 사랑이 아니면 그 어떤 사랑에도 만족하지 못할, 진짜 사랑만을 하기 위해 태어난 당신, 영원하고도 지실한 사랑 그 자체의 존재는. 사랑이라서, 그 사랑의 근원인 당신 마음에서부터 오직 사랑만을 건넬 수 있을 뿐인 처음부터 끝까지 사랑일 수밖에 없어 사랑인, 사랑, 사랑, 사랑, 당신은.

## 분노의 불씨

　내 마음에 일렁이는 분노의 불씨가 느껴질 때, 그 불씨 위에 생각의 장작을 얹지 마세요. 더 이상 생각의 장작을 얹지 않을 때, 불씨는 사그라들 것이고, 희미해지고 옅어질 것이고, 하여 끝내 사라질 테니까요. 만약 누군가가 나와의 약속을 지키지 않았다고 했을 때, 그 순간 내 마음 안에 이는 분노의 불씨를 감지할 수도 있을 거예요. 그리고 그때 내가 그 사람은 나와의 시간을 소중히 여기지 않는 거야, 배려심이 없는 사람이야, 존중감이 없는 사람이야, 하는 식의 생각의 장작을 그 불씨에 얹기 시작할 때, 마침내 분노는 선명하고 또렷한 불길이 되어 피어나기 시작할 것이고, 그래서 그때의 나는 그 분노에 의해 분노할 수밖에 없게 될 거예요. 그러니 분노에 의해 분노하기보다, 내 마음의 오롯함에 의해 평화를 지켜낼 줄 아는 중심 있는 내가 되기로 해요. 그것이 분노의 불씨든, 슬픔의 불씨든, 욕망의 불씨든, 미움의 불씨든, 그 어떤 모양의 불씨든 간에 내가 그 불씨에 나의 생각이라는 장작을 얹을 때 작고 연약했던 그 불씨는 마침내 크고 거대한 불길이 되어 활활 타오르게 될 거예요. 그리고 작은 불씨일 때는 그 불을 쉽게 끌 수 있었을 테지만, 이제는 그 불을 꺼뜨리는 데는 너무나 많은 에너지가 들게 될 거예요. 그래서 곱씹어선 안 되는 거예요. 집중해선 안 되는 거예요. 그저 오롯이 느끼고 바라본 채 그 순간 내려놓아야 하는 거예요.

그러니 오직 초연하게 내 마음에 피어난 어떤 불씨를 느끼고, 그것에 어떤 생각도 보태지 않은 채, 어떤 집중도, 골몰도 하지 않은 채, 잠시라도 초점을 두지 않은 채 그저 스쳐 지나가기로 해요. 결국 스스로 타오를 만큼의 힘을 전혀 갖추고 있지 않은 왜소한 감정들은 내가 그것에 스스로 힘을 보태주지만 않는다면 사그라들 수밖에 없으니까요. 모든 감정의 주인인 내가 스스로 나의 힘과 주권을 그것들에게 떠넘기지만 않는다면, 그것들은 그 자체로는 그 어떤 힘도 행사할 수 없는 연약함에 불과하니까요. 그러니 이제는 부정적인 감정의 불씨에 내 생각을 보태어 얹는다거나, 그 불씨에 골몰하고 집중함으로써 나의 힘을 부여한다거나, 그런 식으로 나의 힘을 스스로 그것들에게 나눠주지 않기로 해요. 그 순간 초연하게 바라보며 내려놓기로 해요. 여태 당신은 분노할 수밖에 없어서 분노하는 거라고 말해왔지만, 당신이 그것에 집중하거나 생각을 얹는다거나 하지 않은 채 그저 초연하게 바라보고 내려놓길 연습하며 나아간다면, 그 모든 불씨는 곧 신기루처럼 사라질 것이고, 그래서 당신은 당신이 스스로 분노하길 선택할 때만 분노할 수 있다는 것을 꼭 알게 될 거예요. 왜냐면 모든 감정의 주인은 당신이며, 그래서 감정은 당신의 허락이나 동의 없이는 결코 스스로 자신의 불을 부풀릴 수 없는 거니까요.

그러니 매사에 부정적인 감정에 힘을 스스로 얹고 보태주기보다, 그래놓고는 그 감정의 피해자라도 된 듯이 고통스러워하기보다, 이제는 오직 내 마음의 중심, 그 위대한 빛과 평화 안에 거하기로 해요. 당신은 그 어떤 것의 피해자도 될 수 없는 오롯한 존재며, 다만 당신 자신이 스스로 당신을 피해자로 여기는 것, 오직 그 환상의 피해자만이 될 수 있을 뿐이라는 것을 잊지 않으면서 말이에요. 그렇게 당신이 당신에게 찾아오는 모든 감정의 불씨를 이제는 당신 자신의 힘을 되찾을 기회로, 오롯함이라는 아름다운 성숙을 완성할 계기로만 여긴 채 마주하며 나아간다면 당신은 얼마 지나지 않아 더 이상 부정적인 감정의 피해자라고 당신 자신을 여기지 않아도 될 만큼 이미 오롯한 채일 테고, 하여 그때의 당신의 하루는 전과는 비교할 수조차 없을 만큼 큰 평화와 행복과 함께하고 있을 거예요. 위대한 힘과 주권과 함께하고 있을 거예요. 하여 자유로울 것이고, 모든 감정을 스스로 선택할 수 있다는 그 중심을 되찾은 안도감에 꿋꿋할 수 있을 거예요. 그러니 그 평화와 안도를, 행복을 꼭 소유하길 바라요. 당신은 정말로 힘과 권능과 주권을 지닌 위대한 존재며, 하여 스스로 마음먹기만 한다면 누구보다 행복할 수 있는 예쁜 존재이니까요. 그렇다면 여태 미움과 분노와 우울과 욕망과 이기심, 그 모든 감정에 휘둘리며 참 왜소하게도 존재하느라 얼마나 불안에 떨어왔나요. 뒤늦게 후회한 적은 또 얼마나 많았나요. 그런 당신에게 이제는 자유를 선물해주세요. 깊은 평화와 안도, 힘과 위대함을 선물해주세요. 진짜 당신으로 존재하는 그 진정한 기쁨과 행복을 말이에요.

 그렇게, 당신 자신으로 온전히 존재하는 기쁨을, 예쁨을, 사랑스러움을, 미소를 꼭 되찾아 가득 아름답길 바라요. 오직 그 마음을 먹고 선택하기만을 기다리고 있는 당신 내면 깊숙한 곳에 있는 그 진짜 당신에게, 그 사랑에게, 이제는 그러겠다고 다짐하면서 말이에요. 여태 그러지 못해 와서, 오래 기다리게 해서 참 미안했다고 진심으로 사과하며 안아주면서 말이에요. 그 진짜 당신과 당신이 화해하고 포옹한 채 이제는 하나로서 세상을 마주하고 살아가는 것, 그게 당신이 까마득히 잊어왔던 당신이 태어난 이유이자 목적이니까요. 그러니 당신에게 그 목적을 기억시켜주기 위해 당신을 찾아온 지금의 고통스러운 감정이란 선물을, 당신이 잊었던 당신의 진짜 존재인 사랑을 회복하게 해주기 위해 당신을 찾아온 이, 더없이 찬란하고 소중한 선물을, 이제는 감사한 마음으로 끌어안은 채 꼭, 그 목적대로 사용하기로 해요. 하여 그 순간 사랑인 당신이 결코 될 수 없는 부정적인 감정과 하나 되길 선택하기보다, 다만 진짜 당신인 빛과 힘, 주권과 권능, 아름다움과 위대함, 그 모든 사랑과 하나 되길 선택하기로 해요. 내가 아닌 것에 집중하고 골몰하기보다, 그렇게 함으로써 그 불씨를 키워나가기보다 내가 아닌 것은 오직 초연하게 바라본 채 내려놓음으로써, 그렇게 내게서 거두어냄으로써, 그리하여 진짜 나인 사랑과만 나를 내내 동일시함으로써. 그렇게, 반드시 사랑스럽고 예쁘길, 오롯하게 빛나고 피어나는 당신이길.

그 사랑스러움과 예쁨, 아름다움과 기쁨이 당신이 이토록이나 오래도록 잊은 채 지내왔던, 영원한 당신의 진짜 모습이니까. 분노와 미움을, 슬픔과 절망을, 그 모든 오롯하지 않음을 전혀 모르기에 그런 생각이 자신을 찾아올 때면 너무나 낯설어 그 즉시 바라봄의 빛으로 소멸시킬 뿐인 순백의 사랑이 바로 당신의 본 모습이니까. 그래서 당신이 사랑답게 당신에게 찾아온 이방인을 경계하고 쫓아내는 순간, 당신은 사랑으로 존재할 수밖에 없게 되는 거니까. 사랑을 가장 빠르게 되찾고 회복하는 방법은 그저 지금도 완전한 사랑인 척 사랑답게 생각하고 말하고 행동하는 것이니까. 그러니 이제는 사랑이 그렇게 하듯, 당신 또한 그렇게 하길. 여전히 사랑인 당신이기에 사랑의 방식을 잊었을 리가 없고, 다만 오래도록 사용하지 않아 그 방식 위에 먼지가 수북이 쌓여있을 뿐이며, 하지만 이제는 그것을 사용하기 시작할 때 먼지는 거두어질 것이고, 사랑인 당신에게 있어 그것이 가장 자연스러운 방식이기에 당신은 당신에게 가장 편안한 그것만을 자주 찾게 될 것이고, 그리하여 금방이면 다시 사랑의 본모습을 완전히 되찾게 될 테니까. 그러니 사랑답게 내려놓고, 사랑답게 존재하길. 당신이 그 순간 여전히 완전한 사랑으로 존재한다면, 당신은 어떤 방식을 통했을지에 대해 한 번 생각해보길. 과연 미움을, 분노를, 슬픔을, 이기심을, 서운함을, 그 모든 왜소함을 곱씹을 수 있었을지. 아니면 이해와 용서를, 바라봄과 내려놓음을, 너그러움과 다정함을, 그 모든 위대함과 빛, 진정한 힘과 권능을 선택했을 뿐일지를.

  그러니 다만, 당신이 사랑임을 알길. 하여 이제는 더 이상 스스로 사랑답지 않게 존재하기 위해 애쓰기보다, 그 부자연스러움을 선택함으로써 불안과 두려움에 떨며 고통받기보다, 그저 사랑으로 존재할 뿐이길. 감정적인 위기가 찾아오는 모든 순간을, 그리하여 사랑을 회복할 완벽한 기회로 여기길. 이제 캠핑은 끝내고 집으로 돌아갈 때가 찾아왔으니까. 그렇기에 장작의 불을 꺼뜨려야 하는 거니까. 그 불을 끄지 않으면 집으로 돌아가서도 그 불이 신경 쓰여 불안에 떨어야 할 테고, 자꾸만 눈에 밟혀 평온함을 잃게 될 테고, 그리하여 당신 마음은 여전히 집으로 돌아오지 못한 채 그곳에 남아있을 테니까. 무엇보다 당신이 계속해서 타오르는 불씨에 장작을 더해갈 때, 그 불은 거대해질 테고, 옆으로까지 옮을 테고, 그리하여 당신이 아끼고 사랑하는 소중한 사람들의 마음 안에도 불을 심게 될 테니까. 하여 활활 타오른 채 자신들이 사랑하기 위해 태어났다는 사실은 완전히 잊은 채 마치 미워하기 위해 태어난 사람이라도 되는 것처럼 싸우고 적대하며 온통 상처주게 될 테니까. 무엇보다 그 순간 사랑답게 미소와 기쁨을 전해주지 못했다는 죄책감에 가장 많이 아파할 당신 마음속 깊숙한 곳의 진짜 당신이니까. 그러니 그 무가치함에 대해 이제는 완전히 알고 단 한 순간의 망설임도 없이 내려놓을 뿐이길. 당신은 사랑하기 위해 태어난 사람일지, 미워하고 불행하기 위해 태어난 사람일지, 그것에 대해 다시 한 번 생각해 봄으로써.

그렇게, 이제는 다만 불을 끄길. 때로 상대방이 내 마음 안에 불을 지핀다고 느껴지는 그 순간에도, 나는 장작을 얹지 말길. 그 순간에도 가장 나다운 사랑으로 존재함으로써 상대방의 마음 안에 있는 불씨까지 가라앉힐 뿐인, 예쁘고 기특한 나이길. 그 어떤 순간에도 타오르는 불씨에 더 이상 곱씹음과 집중이라는 장작을 얹지 않음으로써. 나와 결코 하나 될 수 없는 부정적인 감정이 아닌, 나와 진정으로 하나인 사랑과만 나를 동일시한 채 사랑이 아닌 모든 생각들을 낯선 이방인을 대하듯 경계하며 밀리 쫓아냄으로써. 그리하여 사랑답게 다정하고, 온유하게 존재함으로써. 그렇게, 이제는 불이 완전히 꺼졌다는 것을 분명하게 아는 그 깊은 평화와 함께 집으로 돌아갈 뿐이길. 영원한 기쁨과, 안도와, 아름다움과, 온유함과, 사랑스러움과 깊고도 넓은 이해심, 용서와 다정만이 있을 뿐인 그곳으로. 당신, 사랑에 가장 어울리는 매일의 행복이라는 천국이란 이름의 고향으로. 그립고 그리웠던, 당신의 원래 집으로. 그렇게, 사랑이 있을 만한 곳에서, 사랑은 사랑으로 존재할 뿐이길. 그러니까 당신은, 영원히 사랑일 뿐이길. 그저 원래의 당신처럼 존재하길, 가장 당신답게, 사랑스럽게 존재하길 선택함으로써. 가장 당신다운 것, 그게 바로 사랑이며, 그러니까 가장 나다운 사랑, 그게 곧 당신이니까.

## 오직 아쉬울 순간들

　사랑하기 위해 태어나 존재하는 우리는 그 존재의 이유와 목적을 완전히 망각한 채 매 순간을 살아가고 있지만, 이 삶의 마지막에 이르러서는 내가 왜 이 지구라는 별에 태어나길 선택했는지를 반드시 기억하게 될 거예요. 그리고 나 자신에게 묻는 순간을 마주하게 되겠죠. 너는 네가 이곳에 태어나길 선택한 그 이유와 목적 앞에서 진정으로 최선을 다했는가, 하고 말이에요. 그래서 그때에 이르러 오직 아쉬울 순간들은, 다름 아닌 사랑하기 위해 내게 주어졌지만 사랑하지 않았던, 사랑을 망설였던, 온갖 이유를 들이밀며 사랑하길 외면했던, 바로 그 순간들이 될 거예요. 사실은 미움이 아니라, 내 욕망의 실현이 아니라, 온갖 이기심이 아니라, 탓하고 싸우는 일이 아니라 오직 사랑을 위해 내게 찾아왔었던 그 순간들이었는데, 그렇다면 그 모든 순간들 앞에서 나는, 얼마나 사랑을 미룬 채 사랑 아닌 것들을 위해 내가 존재하기라도 하는 것처럼 사랑 없이 존재해왔나요. 다만 사랑을 배우고, 사랑을 실현하고, 사랑을 완성함으로써 나 자신의 진짜 이름인 사랑을 되찾을 소중한 기회로써 내게 주어진 그 순간들 앞에서 말이에요. 사랑함으로써 나 자신을 진정으로 기쁘게 해줄 그 온갖 선물들 앞에서 말이에요.

　삶의 모든 순간들은 사실 이제는 사랑할래, 아니면 여전히 사랑하지 않을래, 라고 내게 묻고 있었던 것이고, 하지만 그 모든 순간들 앞에서 나는 여전히 사랑하지 않겠다고 답한 채 사랑의 완성을 늘 미뤄왔고, 그렇게 오늘의 불행에까지 닿게 된 거예요. 존재의 이유와 목적대로 살지 않았다는 죄책감에 공허와 외로움에 잔뜩 시달리며 이토록 왜소한 내가 된 채로 말이에요. 내가 내 존재의 이유와 목적에서 멀어질 때, 말할 줄 모르는 마음은 언제나 지금 너는 바른 길을 가고 있지 않아, 하는 것을 공허함을 통해 내게 알려주고자 하니까요. 그렇다면 사랑을 선택하기만 한다면 완전한 기쁨과 평화를 충분히 누릴 수 있는 이 순간들 앞에서, 언제까지 그 사랑을 미룬 채 공허에 허덕이며 고통받을 건가요. 언제까지 나에게 스스로 그 고통을 안겨주며 나를 위하지 않은 것들을 나를 위한 것이라 오해하며 살아갈 건가요. 시간이 드는 것도, 돈이 드는 것도, 많은 노력이 드는 것도 아니지만 다른 무엇과도 비교할 수 없는 기쁨과 예쁨을 내게 줄 뿐인 그 사랑하는 일 앞에서, 그러니까 언제끼지 망설인 건가요. 마치 사랑하면 내가 무엇인가를 잃게 되기라도 하는 것처럼, 그러니까 언제까지 사랑을 두려워한 채 사랑을 피해 다닐 건가요. 그러니까 언제까지, 행복과 기쁨 대신에 불행과 공허를 위해 살아가길 선택할 건가요.

그러니 이제는, 사랑하기로 해요. 내 눈앞에 놓인 모든 사람, 모든 상황, 그 모든, 나의 사랑을 되찾아주기 위해 나를 찾아온 반짝이는 선물들 앞에서 더 이상 미움을, 욕망을, 탓함과 증오를 선택하며 스스로 그 선물을 거절하지 말아요. 그저 사랑을 선택하는 순간 나는 기쁨과 평화를, 완전함을, 이루 말할 수 없는 만족감을 그 보상으로 선물받게 될 거예요. 마음이 이제는 너, 바른 길을 가고 있구나, 하고 그 선물을 통해 내게 가득 알려줄 테니까요. 무엇보다 이제는 사랑하며 나아갈 때, 이 삶의 마지막에 이르러 나, 반드시 떳떳할 수 있을 거예요. 그럼에도 참 잘했구나, 최선을 다했구나, 하며 나의 인생을 성공적으로 여긴 채 만족할 수 있을 거예요. 결국 지금 당신이 성공이라 여기고 있는 성공은, 그때에 이르러 전혀 성공이 아닌, 정말 아무런 의미도 가치도 없었던 골동품이었다는 것을 알게 될 테니까요. 그러니 나는 당신이 그걸 지금 바라볼 줄 아는 지혜로운 당신이길 바라요. 참 기특하고 예쁜 지구별 여행자이길 바라요. 아무것도 지니지 않은 채 태어나, 아무것도 짊어지지 않은 채 이곳, 지구를 떠나갈 자유로운 여행자, 하지만 다만 자신이 완성한 성숙만큼은 영혼에 간직한 채 영원한 자신의 것으로 소유할, 잠시 육체라는 겉옷을 빌려 입고 있을 뿐인 영원한 사랑의 영인 당신은.

그러니까 지금 당신이 그토록이나 움켜쥐고자 애쓰고 있는 그 모든 것들, 그것들은 결국 한낱 구름과도 같은 환상일 뿐인 거예요. 눈에 보이지만, 조금만 더 높이 올라가면 마치 잡을 수 있을 것 같지만, 막상 그 순간에 이르러 손을 내밀어 움켜쥐면 아무것도 잡히지 않는, 그 완전한 허상의 구름 말이에요. 이 아무것도 아닌 구름을 붙잡기 위해 이토록이나 애써왔을까, 이 환상을 위해 나, 사랑을 저버린 채 그토록이나 이기적으로 존재해왔던 걸까, 하는 허무함만을 당신에게 줄 뿐인 무의미 말이에요. 그러니 그 아무것도 아닌 구름을 붙들기 위해 평생을 낭비하며 나아가진 않길 바라요. 막상 구름이 당신 앞에 드리워지는 순간, 그건 정말 형태도, 촉감도 없는 환상이었음을 당신은 분명 알게 될 테고, 다만 당신이 그 환상을 스스로 너무나 부풀리고 중요하게 생각해왔기에 지금은 당신에게 한해 너무나 실재처럼 여겨지고 있을 뿐인 거니까요. 하지만 당신 또한 언젠가는 반드시 알게 될 테니까요. 그것의 정체성은 다만 당신 스스로 만들어낸 환상이자 비실재였을 뿐이라는 진실을 말이에요. 당신이 소유할 수 있고, 또 당신을 채워줄 수 있는 오직 유일한 것은 사랑밖에 없었음을, 그러니까 사랑만이 실재하는 유일한 가치였다는 진실을 말이에요.

그러니 진짜 현실을 위해 오늘을 살아가세요. 내 일평생을 언젠가는 반드시 환상이었음을 알게 될 것들을 위해 바쳐왔다는 그 허망함을 느끼기 위해 낭비하지 않기로 해요. 사랑만이 실재며, 사랑이 아닌 모든 것은 비실재니, 그리고 무엇보다 당신은 사랑이니, 이제는 눈을 감으면 보이는 진짜 당신, 그 실재만을 위해 살아가는 거예요. 그러니까 당신 마음의 진짜 기쁨과 행복을 위해서 말이에요. 그저 당신의 사랑을 위해 당신을 찾아온 지금 이 순간의 모든 상황 앞에서 사랑을 선택하면 되는 거예요. 지금 당신 눈앞에 있는 그 사람을, 그저 사랑하면 되는 거예요. 그러기 위해 존재하는 당신이기에 그러길 선택하는 순간 당신 존재의 목적을 완성하고 있다는 일체감의 기쁨이 당신 마음에서 가득 뿜어져 나오기 시작할 거예요. 그리고 그게, 진짜 당신인 당신 마음을 위해 당신이 할 수 있는 가장 최선의 보살핌인 거예요. 행복이라고 할 수 있는 유일한 행복이 바로 그것이고, 내가 나를 사랑하는 일이란 나를 진짜 행복하게 해주겠다고 다짐하는 일인 거니까요. 그러니 지금, 당신을 진짜, 아껴주고 사랑해주길 바라요. 당신에게 주어진 사랑의 순간들 앞에서, 오직 사랑함으로써, 사랑이길, 사랑하길 선택함으로써. 그리하여 사랑으로만 채워질 수 있고, 기쁨을 누릴 수 있는 영원한 사랑인 당신의 마음 안에 그 사랑을 가득 채워줌으로써.

그렇게 당신의, 사랑할 수 있었는데 사랑하지 않았다는 그, 오직 아쉬울 순간들은 부디 지금 이 순간 이후의 것들은 아니길 바라요. 그러니까 지금 이 순간부터 그 마지막까지, 사랑 앞에서 충분히 최선을 다하지 못했던 기억은 없길 바라요. 그러기 위해 오늘을 가득 사랑하며 보내길 바라요. 더 이상 사랑이 아닌 것들을 위해 당신 마음을 바쳐 오늘을 보내지 않길 바라요. 하여 나에게 떳떳할 수 있는, 그런 기특하고 예쁜 당신이기를, 참 사랑스러운 당신의 오늘이길 바라요. 하여 당신의 마지막, 그럼에도 최선을 다해 사랑했노라, 라는 기쁨과 만족의 미소와 함께하기를. 그, 평화와 사랑의 꽃이 당신의 가슴속에 잔뜩 피어있기를. 결국 성숙하지 않은 채 영원히 제자리에 굳어져 있는 사람은 없으며, 우리는 성숙하는 순간 전보다 더 사랑에 가까운 사랑을 하게 되며, 그래서 그때는 이전의, 다정하지 않았던, 사랑이지 않았던 날들을 후회할 수밖에 없게 되는 거니까. 하여 결국 내 가슴을 미어지게 아프게 할, 내 다정하지 않았던 모든 순간들의 모습인 거니까. 여전히 그 성숙의 수준에 있을 땐 나의 다정하지 않았던 순간이 아니라 상대방의 어떤 모습만을 탓하고 원망하겠지만, 그런 식으로 다정하지 않았던 나의 모습을 끝없이 정당화하기만 하겠지만, 아마도 그럴 테지만, 그 자리에서 조금만 더 앞으로 나아가도 결국 나는 나의 다정하지 않음을 미어지게 후회할 수밖에 없게 되는 것임을. 그러니 부디, 최선을 다해 다정하길. 사랑하고, 또 사랑이길.

그리고 너무 아파하진 말길. 다정하지 않았던 당신의 예전 모습들을 후회할 수 있다는 건, 그 자체로 당신이 성숙했다는 증거이니까. 여전히 당신이 그때와 같은 성숙의 수준에 머무르고 있다면, 당신은 결코 후회하지 않았을 테고, 후회하지 못했을 테니까. 그러니 너무 오랜 시간 후회에 머무르며 아파하기보다, 다만 후회라는 예쁜 성숙의 증거에 감사하며 이제는 남아있는 당신의 시간을 최선을 다해 사랑하는 데 쓸 뿐이길. 하여 이 삶의 마지막에 이르러서는 더 이상 사랑하지 않았음에 대한 후회는 없기를. 그러기 위해 당신이 이 삶에 태어나 존재하는 이유를 분명하게 알길. 오직 사랑을 배우고, 사랑을 완성하고, 완전한 사랑의 모습으로 되돌아가기 위해서라는 것을. 그리하여 당신의 몸과 마음을 그 목적에 맞게 쓸 뿐이길. 미움을 표현하기 위해, 이기심을, 욕망을 실현하기 위해, 분노하기 위해 존재하는 당신의 몸과 마음이 아니며, 당신의 몸과 마음은 진정 사랑하기 위한 수단으로써, 선물로써 당신에게 주어진 거니까. 그러니 몸과 마음을 다해 사랑을 표현하고, 사랑하고, 최선을 다해 사랑이길. 그런 매일을 보내길. 당신에게 주어진 모든 순간과 상황들을 사랑을 배우고 채울 소중한 기회로만 여김으로써. 그렇게 당신은 내내 사랑이길. 최선을 다해 사랑했기에 후회가 없을 것이며, 최선을 나해 사랑했기에 무엇보다 오늘, 행복할 것이며, 그렇게, 최선을 다해 당신 자신이길. 영원한 기쁨이자 사랑이 바로 있는 그대로의 당신이니까. 그러니 당신은, 내내 당신일 뿐이길.

## 최고의 선물

　내가 사랑하는 사람에게 내가 줄 수 있는 가장 최고의 선물은 바로 행복한 내가 되는 거예요. 왜냐면 내가 불행한 나일 때, 여전히 미성숙하고 결핍 많고 이기적인 나일 때, 그때의 나는 내 존재의 그 수준만으로 상대방에게 끝없이 아픔과 고통의 짐을 전해줄 것이고, 또한 오롯한 자신의 삶을 살아가면서도 스스로 불행하기에 매사에 깊은 고민과 무기력, 어떤 예민함과 분노를 품은 채 존재하고 있을 것이기에 상대방에게 다정할 수도 없을 테니까요. 하여 상대방에게 위로와 응원을 전해줄 수도, 예쁜 색의 기쁨을 전해줄 수도, 들어줌과 공감의 따듯한 품을 내어줄 수도 없을 테니까요. 하지만 내가 행복할 때, 하여 결핍 없이 온전하고 완전할 때, 그때의 나는 상대방에게 무엇인가를 얻고자 하기보다 주고자 하는 사람일 테고, 상대방을 나의 이기심과 환상에 맞추어 변화시키려 하기보다 상대방의 있는 그대로를 더욱 바라보고 받아들이고 존중하는 사람일 테고, 무엇보다 내가 평화롭고 기뻐서 에너지 가득하기에 상대방의 어려움과 아픔 앞에서 충분히 공감하며 귀를 기울일 수 있는 품이 있을 것이고, 그래서 그 존재의 수준만으로 그때의 나는 상대방을 더욱 행복하게 해줄 수밖에 없는 사람일 테니까요.

　그러니 다른 무언가를 통해 상대방에게 기쁨을 주고자 하지 말고, 가장 먼저 행복한 내가 되세요. 더욱 완전하고, 더욱 오롯하고, 더욱 온전한 내가 되세요. 그런 내가 되면, 애쓰지 않아도 자연스럽게 상대방에게 기쁨을 가득 전해주고 있는 내가 이미 되어있을 거예요. 내가 불행하지 않기에 상대방에게 매 순간 다정할 테고, 내가 결핍이 없기에 상대방에게 크게 바라거나 원하는 게 없을 테고, 내가 오롯하기에 상대방에게 집착하며 상대방을 옭아매지도 않을 테고, 내가 온전하기에 상대방에게 어떤 행동과 감정을 강요하며 그로부터 나의 행복을 찾고자 하는 왜소한 시도도 그때는 하지 않을 테니까요. 내 마음 안에 분노와 미움이 거의 없기에 상대방에게 내 마음에 있는 분노와 미움을 투사하며 쏟아낼 필요도 없을 것이며, 또한 세상을 향한 분노와 미움을 상대방에게 털어놓으며 상대방의 진을 빠지게 할 필요도 없겠죠. 상대방이 어떤 미움과 분노 앞에서 용서하지 못해 불행과 어려움을 겪고 있을 때는 그것에 충분히 귀를 기울여주고 공감해주며 그 감정을 차분하게 바꿔줄 것이며, 그런 뒤에는 상대방이 용서를 향해 나아갈 수 있도록, 그 치유와 정화를 향해 나아갈 수 있도록 다정하게 이끌어줄 수도 있겠죠. 그렇게 더욱 아름다운 세상을 살아가는 기쁨을 상대방에게 선물해주는 내가 되어있겠죠. 함께 미성숙 안에 머무르며 함께함으로써 더욱 이곳에 존재하는 이유를 망각한 채 소중한 삶을 갉아먹고 낭비하기보다, 그렇게 더욱 아름답고 예쁜 성숙을 향해 나아가며 존재의 이유를 완성하는 관계를 맺게 되겠죠.

  그러니 행복한 내가 되어, 내 마음 안에 있는 그 행복을 뿜어내고 발산함으로써 타인에게 또한 그 행복을 가득 전해주는 예쁜 나로서 존재하기로 해요. 그러기 위해 오늘, 주어진 소중함에 셀 수 없이 감사하며 모든 불평과 불만을 씻어내기로 해요. 내가 완전하기 위해서는 내 삶에 온전히 만족하고 감사해야 하고, 그것만으로 나는 영원히 불행했던 이전 삶의 모든 부정성을 곧장 초월한 채 단 하루 만에 행복한 사람이 될 수도 있는 거니까요. 그러니 주어진 매 순간에 감사함으로써 보다 완전하고 행복한 내가 되어, 그 행복을 가득 나누는 당신이 되길 바라요. 그런 당신이 되는 것만으로, 이미 당신은 당신과 함께 하는 모든 생명을 고취시켜주고 편안하게 해주고 행복하게 해주게 될 테고, 그러니까 그게, 당신이 이 세상과 당신이 사랑하는 사람에게 전해줄 수 있는 가장 최고의 선물임을 명심함으로써 말이에요. 그러니까 당신 존재가 바로, 이 세상에서 가장 예쁘고 사랑스러운, 그 무엇과도 비교할 수 없는 아름답고 소중한 선물이니까요. 그러니 당신 존재라는, 이 세상에서 가장 예쁘고 사랑스러운 선물을 선물해주는 당신이길 바라요. 태초부터 영원히 사랑스러운 당신을 사랑스럽지 않다고 여기게 만드는 지금의 불평과 불만, 미움과 증오, 그 모든 당신 자신이 스스로 만들어낸 환상의 먹구름을 이제는 거두어냄으로써요. 그렇게, 영원한 당신의 사랑스러움을 다시 되찾음으로써요. 그러기 위해 지금 이 순간 더 많이 감사하고 만족함으로써요. 그러니까 있는 그대로의 당신을 완전히 사랑해줌으로써요. 당신은 불행하기 위해서가 아니라, 사랑하지 않기 위해서가 아니라, 행복하기 위해, 사랑하기 위해 태어난 참 예쁘고 소중한 사람, 사랑이니까요.

  그러니 이제는 행복하길. 행복함으로써 당신 자신으로 살아가는 게 무엇보다 자랑스럽고 기쁜 일이 되게 해주길. 그렇게, 나로 존재하는 게 너무나 버겁고 힘들게만 느껴졌던 시간을 지나 나로 존재하는 게 너무나 즐겁고 행복하게 느껴지는 지금을 완성하길. 고작 이런 내가 되려고 이토록이나 치열하게 고통받으며 살아왔을까, 하는 생각에 빠지지 않게 지금부터는 나를 잘 지켜주길. 그러기 위해 더욱 온전히 감사하고, 더욱 완전히 받아들이길. 당신에게 주어진 현재와 당신 존재의 지금을. 그리하여 당신 마음 안에서 결핍이 거두어지고 나면, 당신은 하루를 살아가는 게 너무나 만족스럽고 기뻐서 불만을 품을 수 없게 될 테고, 그것만으로 다정함과 사랑, 완전한 기쁨과 평화를 회복하게 될 테니까. 그로 인해 당신과 함께하는 모든 생명에게 당신 마음 안에 가득 찬 기쁨과 행복을 전해줄 수밖에 없게 될 테니까. 당신이 무기력이나 우울함, 고단함, 미움과 증오에 빠져있을 땐 아무리 애써도 상대방에게 또한 그 불행을 전해줄 수밖에 없는 거니까. 사랑은 인내와 함께하는 것이고, 하지만 그때는 인내심이 이미 바닥나있어서 쉽게 예민해지고, 쉽게 화내게 되고, 쉽게 미워하게 되고, 그럴 수밖에 없을 테니까. 그러니까 결코, 진짜 사랑하지 못할 테니까. 그래서 행복한 내기 되는 것, 그것만이 중요한 유일한 것이니까. 내가 행복해지는 것 자체로 내 모든 삶이 완전한 조화를 회복하게 될 테고, 내 모든 관계 안에 예쁘고 다정한 빛이 반짝이게 되는 거니까.

그러니 오롯이 행복하길. 더 이상 행복을 외부나 타인에게 의존하지 말길. 당신이 당신에게 주어진 현재에 완전히 만족하는 만큼, 당신은 그 어떤 외부에도 불구하고 행복할 테고, 불만을 품는 만큼, 마찬가지로 그 어떤 외부에도 불구하고 불행할 테니까. 무엇보다 당신에겐 존재하고 살아가는 기적이 이미 일어났고, 그것만으로 흘러넘치게 감사하기에 충분한 거니까. 당신이 그 기적이 얼마나 기적인지 안다면, 결코 불만을 품을 수 없을 테니까. 그러니 당신 존재의 기적을, 그 사랑스러움을, 생명의 박동을 고요히 느끼고 음미해보길. 그렇게 하면서 매 순간의 호흡에 감사를 담아보길. 그 순간 이미 당신은 완전할 테고, 왜냐하면 당신은 존재한 순간부터 지금까지 단 한 번도 완전하지 않았던 적이 없었던 영원한 완전함이기 때문이니까. 당신이 만들어낸 결핍과 불만, 필요의 환상, 그 무지의 먹구름에 의해 당신 존재의 그 찬연한 빛을 여태 바라보지 못해왔던 것뿐이니까. 그러니 이제는 가득 바라보길. 바라보고 느끼길. 그리하여 당신으로 살아가는 기쁨을 완전히 회복하길. 그리고 그 기쁨에 겨워 온통 행복을 누리고 있는 당신 존재를, 이 세상에 선물로 주길. 그 어떤 선물보다 당신 존재 그 자체라는 선물이 가장 예쁘고 사랑스러운 선물이니까. 그렇게, 매일의 사랑스러움으로 이 세상을 온통 기쁨과 미소로 물들이는 당신이길. 오직 기뻐하고 감사하고 누리기 위해 태어난 당신, 사랑은. 태어나길 사랑으로 태어났기에 사랑스러울 수밖에 없는 닳도록 사랑인 당신은. 하여 사랑을 건넨다는 건, 당신을 건네는 일이며, 왜냐하면 당신이 바로 사랑이기 때문이니까. 그러니 이제는 당신이 얼마나 사랑이고, 기적이고, 예쁨이고, 기쁨이자 아름다움인지를 알길. 얼마나 아깝고 소중한 선물인지를. 정말 그런 사랑이, 그런 기적이, 그런 선물이 바로 당신 존재라는 것을.

## 서운함에서 너그러움으로

타인의 무심함 앞에서 상처받지 않는 힘을 키워보세요. 나에게 상처를 줄 수 있는 유일한 사람은 바로 나 자신이고, 왜냐면 나를 제외한 그 누구도 나에게 어떤 감정을 강요할 수 없기 때문이에요. 그리고 그것을 배우는 데 있어 가장 좋은 순간이 바로 타인의 무심함을 마주할 때이고, 그러니까 이제는 그 순간을 내 마음의 힘과 주권을 되찾을 소중한 기회로 여긴 채 나아가 봐요. 타인의 무관심과 무심함, 그 차갑고 냉정한 마음을 마주하는 순간 내 마음에서 싹트는 서운한 감정을 느낀 채 네게 말해주는 거예요. 나에게는 내 감정을 선택할 자유와 힘이 있고, 그리고 나는 지금 서운함 대신에 평화를 느끼기로 선택한다, 이렇게요. 당신이 무심함 앞에서 더 이상 상처받지 않는 사람이 될 때, 이제 이 세상의 그 무엇도 당신을 쉽게 서운하게 만들지 못할 테고, 그래서 당신은 보다 큰 기쁨과 평화를 당신의 마음에 소유한 채 나아가게 될 거예요. 그래서 당신을 자주 서운하게 하는 그 사람은 사실 당신이 미워해야 할 사람이 아니라 당신에게 자유라는 선물을 주는 감사해야 마땅한 스승인 거예요. 모든 서운함은 사실 왜소함과 인색함을 넘어 더욱 위대하고 너그러운, 다정하고 온전한, 완전하고 사랑이 넘치는 나를 되찾을 기회이자 선물인 거니까요.

여태 당신은 당신에게 고마워하지도 않고, 무관심하고, 그러한 모든 무심함 앞에서 서운함을 잔뜩 느낀 채 원망해왔지만, 이제는 그 순간을 내 마음에 생기는 서운함을 내려놓고 관대해질 기회로 여기는 당신이기에 당신, 그 사람에게 오히려 깊은 감사를 느끼게 될 거예요. 그 순간마다 내려놓은 채 성숙하고 나면 이제 나는 더 이상 그 무엇에도 서운할 필요가 없을 만큼의 안전과 평화, 그 깊은 안도를 소유하게 될 테고, 그래서 그는 진정으로 나의 스승이자 교사며, 오직 감사해야 할 선물이라는 걸 이때는 분명하게 알고 있는 채일 테니까요. 그러니 이제는 당신에게 그 완전함을 선물해주는 그 사람에게 감사한 채 당신 마음의 너그러움과 관대함을 되찾을 기회로 그 모든 순간을 마주하는 당신이길 바라요. 그저 서운함의 근원은 바로 내 마음 안에 있고, 그래서 내가 서운함을 느끼지 않길 선택한다면 그 무엇도 나를 서운하게 할 수 없다, 이 진실을 생각하는 것만으로도 당신은 이미 당신 마음의 힘과 주권을 되찾게 될 거예요. 그리고 서운함 대신에 깊은 평화와 완전함을 느끼고 있는 당신을 발견하게 될 거예요. 그러니 내게 서운함을 주는 상황에 완전히 사로잡힌 채 골몰하고 곱씹기보다, 너그러움과 다정함을 연습한다는 마음으로 분리된 채 초연하게 바라보며 마주하기로 해요. 그것만으로 이미 당신은 보다 여유 넘치게, 무엇보다 완전하고 오롯하게 존재하게 될 테니까요.

여태 너무나도 자주, 그리고 쉽게 서운함을 느낀 채 상처받느라 무엇보다 당신이 고통과 함께해왔잖아요. 그러니 이제는 당신 자신에게 자유와 평화를 선물해줄 차례인 거예요. 눈을 감고 생각해 봐요. 당신이 속상함을 느끼는 건 당신이 생각하는 그 이유 때문이 아닌 거잖아요. 그저 당신이 진실 대신에 환상을 믿은 채 그 환상을 곱씹고 부풀렸다는 것, 그게 당신이 속상함을 느낀 진짜 이유였던 거잖아요.

그러니까 타인이 당신에게 무심해서가 아니라, 당신이 당신 존재의 완전함을 잊었기 때문인 거잖아요. 결국 서운하길 선택한 건 당신 자신이고, 그 누구도 당신에게 서운함을 강요할 수 없는 것이고, 왜냐면 서운함의 근원은 외부가 아니라 오직 당신 내면에 있는 거니까요. 그러니까 타인이 당신에게 불친절해서가 아니라, 당신이 당신 스스로를 상처받을 수 있는 왜소한 존재로 오해했기 때문에 당신, 그토록이나 상처받은 채 서운해야 했던 거예요. 서운함을 주체하지 못해 분노하고 원망하기까지 해야 했던 거예요. 그러니 다시 한 번 기억하기로 해요. 당신이 서운함을 느낀다면, 그 서운함은 당신의 마음 안에서 생긴 것이고, 하지만 당신 마음의 주인은 당신이고, 그래서 그 서운함을 느끼길 선택한 건 오직 나 자신이라는 것을 말이에요. 그 순간에도 당신이 서운함 대신 완전함을, 너그러움을, 다정함을 선택했다면 당신은 차분하고도 고요할 수 있었을 테니까.

정말 그렇지 않나요? 그 누구도 당신에게 서운함을 강요하지 않았고, 서운함을 바깥에서 모아 당신의 마음 안으로 던져준 적도 없잖아요. 당신이 스스로 서운함을 선택하지만 않는다면, 하여 그 무엇도, 그 누구도 당신을 서운하게 만들 수 없는 거잖아요. 당신이 그것을 원하고, 또 스스로 허락할 때, 오직 그 순간에만 당신, 서운할 수 있는 거니까요. 지금 이 순간 서운함을 내려놓고 그 대신 이해를, 관대함을, 자비심을, 사랑을 선택하겠다고 마음먹을 수 있는 힘과 자유가 당신에게 있고, 처음부터 영원히 당신 마음 안엔 그 힘과 권능이 없었던 적이 없었고, 하여 당신이 그러겠다고 마음먹기만 하면 그럴 수 있는 당신이니까요. 그러니 이제는 기꺼이 그 마음을 먹기로 해요. 그렇게 매 순간의 경험 안에서 당신의 자유와 힘을, 권능과 주권을 더욱 되찾아오는 당신이길 바라요. 그, 나를 위한 일 앞에서, 더 이상은 스스로 저항하지 않기로 해요. 같은 상황 안에서 누군가는 분노하길 선택했고, 누군가는 이해하길 선택했고, 누군가는 미워하길 선택했고, 누군가는 용서하길 선택했고, 그러니까 절대적으로 내가 서운함을 느낄만한, 서운할 수밖에 없는 상황은 없는 것이고, 결국 내가 스스로 내 마음에 품길 선택한 것, 정확히 그것을 느끼게 되는 우리인 것이고, 그리고 우리가 성숙한 만큼, 자유를 되찾은 만큼 우리는 보다 사랑에 가까운 감정을 자연스레 선택하게 되는 거니까. 그러니까 지금 이 순간 전과 같이 왜소할 수도, 아니면 전과 달리 위대할 수도 있는 나이며, 그 모든 것을 결정할 힘은 오직 나에게 있는 거니까.

그러니 이제는 서운함을 겪게 되는 그 모든 순간마다 한 발짝 물러나 그 서운함의 근원이 어디에 있는지, 그리고 그것을 느끼는 자는 누구이며 느끼도록 허락하는 자는 누구인지, 그것을 한 번 생각해 보는 당신이길 바라요. 그리고 당신 자신을 위해 당신의 내면에 무엇을 품는 게 더 바람직할지를 또한 생각해 볼 수 있길 바라요. 스스로 저항하지만 않는다면, 어떤 감정이든 내가 결정한 대로 품을 수 있는 힘과 권능이 있는 당신이라는 것을 또한 잊지 않으면서요. 때로 서운함을 느낀 채 토라지는 당신이 참 사랑스럽고 귀엽지만, 그럼에도 서운함 때문에 고통받는 당신의 모습을 지켜보는 건 참 속상하고 아프니까요. 그래서 당신 마음의 평화와 행복을 위해 서운함을 느끼고 싶지 않을 땐, 그것을 옆으로 치워둘 줄 아는 힘이 당신에게 있었으면 하는 나니까요. 그러니 이제는, 서운함을 통해 아파하기보다 서운함을 통해 더욱 예쁜 성숙을 이뤄내는 당신이길 바라요. 하여 서운함 앞에서 고통받기보다, 아, 나를 위한 성숙의 선물이 주어졌네, 하는 설레는 맘으로 내려놓음을, 이해를, 완전함을, 위대함과 관대함을 선택하는, 그리하여 서운함 앞에서 더 이상 고통받지 않아도 되는 자유와 함께하는 당신이길 바라요. 그저 기쁘고 고마운 마음으로 당신을 위한 그 성숙의 기회를 끌어안고 즐기기를. 타인의 무엇 때문에 상처받고 고통받기에 당신은 참 위대하고 자유로운 존재며, 그 시간에 사랑하고 사랑받기에도 모자란 참 아까운 사랑이니까.

고작 타인의 무관심 때문에, 무심한 말투 때문에, 나를 존중하지 않는다는 기분 때문에, 나에게 함부로인 태도 때문에 하루를 속상함에 젖어 우울하게 보내기에, 원망감과 미움 때문에 피폐하게 보내기에, 당신은 너무나 완전한 사랑이니까. 무엇보다 당신이란 사랑의 영원한 완전함은 외부의 무엇인가로 인해 훼손될 수 있을 만큼 연약한 게 결코 아니니까. 그럴만한 힘이 있는 건 오직 당신 자신밖에 없으며, 하지만 그 힘으로도 사랑이란 당신의 정체성을 결코 사라지게 할 순 없을 테고, 다만 당신이 지어낸 오해와 환상이란 구름으로 잠시 가려둘 수만 있을 뿐인 거니까. 그러니 다만 그 환상과 구름을 빛으로 거두어내길. 그러기 위해 이 말을 곱씹길. 실재는 그 무엇에도 위협받을 수 없으며, 비실재는 환상이며, 그러므로 나는 그 무엇에도 위협받을 수 없다, 라는 말을. 그러니까 오직 환상만이 위협받을 수 있으며, 당신이 당신 자신을 환상으로 여기지만 않는다면 당신은 결코 위협받을 수 없는 완전함이라는 것을. 그것을 앎으로써 이제는 당신 존재를 지켜내길. 그 내면의 위대한 빛으로 모든 서운함이란 구름을 몰아낼 뿐이길. 당신, 영원한 사랑의 완전함이라는 빛으로. 그저 자신이 누군인지를 아는 그 앎의 반짝이는 빛으로.

그래서 서운함의 위기가 느껴지는 모든 순간은 그 빛을 연습할 가장 최적의 기회이자 선물인 것임을. 그러니 모든 서운함을 당신의 완전함을, 사랑을 회복할 소중한 기회로만 여길 것이며, 그것을 연습할 가장 좋은 학습지로 여기길. 당신에게 서운함을 가져다주는 모든 사람을 당신이 서운함을 극복할 수 있게 이끌어주는, 극복함으로써 보다 다정하고 관대한, 너그럽고 여유로운, 힘 있고 완전한 당신을 되찾을 수 있게 이끌어주는 당신의 교사이자 스승으로 여기길. 그리하여 그들에게 감사하길. 그로 인해 당신은 당신이 누군인지를 알게 될 것이니. 그러니까 얼마나 힘 있고 위대한 사람인지, 너그럽고 관대한 사람인지, 그 무엇에도 훼손될 수 없는 영원한 빛이자 완전한 사랑인지를. 정말로 당신은 단 한 번도 완전한 사랑이지 않았던 적이 없는 존재며, 다만 여태 당신의 힘과 권능을 당신이 사랑이 아니라고 오해하는 데만 사용해왔을 뿐임을. 그러니 이제는 당신이 얼마나 완전함이고, 얼마나 사랑인지, 그것을 알아가는 일에만 당신의 힘과 권능을 사용하길. 더 이상 서운함과 같은 왜소함과 인색함을 부풀리기 위해 사용하지 말길. 당신은 당신 내면에 품고자 스스로 허락한 것, 그것만을 품게 될 것이니 또한 외부를 탓하지 말길. 탓하는 순간 당신은 당신에게 그런 힘이 있음을 부인하게 될 테고, 하여 늘 제자리걸음 하게 될 테니까.

　그러니 다만, 모든 서운함을 통해 더욱 당신의 힘을 되찾을 뿐이길. 그리하여 그 무엇에도 서운하지 않아도 된다는, 서운하지 않을 수 있다는 영원한 평화와 안도와 함께하길. 바로 영원히 완전한 사랑인 당신 자신으로 존재하는 평화와 안도와. 그러니까 당신은 다만 당신 자신으로 존재할 뿐이길. 모든 순간 앞에서 당신 자신으로 존재하지 않고자 애쓰느라 이토록이나 왜소해지고 무기력해지고 불행해진 당신이니까. 하지만 그 환상은 결코 완성될 수 없으며, 그래서 그건 말 그대로 헛된 노력인 거니까. 그러니 더 이상 헛되이 애쓰길 그만두길. 당신의 마음 안에 진정한 기쁨이 임하는 것, 그 순간이 바로 당신이 당신 자신으로 존재하는 순간이며, 당신의 마음 안에 무기력과 우울, 불안과 두려움, 공허와 죄책감, 그 모든 불행이 임하는 것, 그 순간이 바로 당신이 당신 자신으로 존재하지 않길 애쓰는 순간이며, 그러니 지금 당신이 완전한 기쁨과 함께하고 있는지, 아니면 어떤 불행과 함께하고 있는지를 늘 살펴보길. 그것을 나침반 삼아 나아가길. 마찬가지로 당신이 서운해할 때, 당신은 완전한 기쁨이 아닌 어떤 불행과 함께하고 있을 테고, 그래서 그건 당신이 당신 자신으로 존재하지 않기 위해 애쓰고 있다는 신호인 것이며, 그래서 이제는 애쓰길 그만둬야 하는 것임을. 그 순간 다만 당신 자신으로 존재하기 위해 마음을 기울여야 하는 것임을.

그렇게, 모든 순간 안에서 당신은 완전한 기쁨과 함께 오직 사랑스러울 뿐이길. 그 기쁨만을 누리기 위해 태어나 존재하는 당신, 사랑임을 잊지 말길. 고작 서운해하고, 미워하고, 욕망하고, 불안해하고, 두려워하고, 불행해하고, 그러기 위해서가 아니라. 그러니 영원한 사랑이자 힘 있는 위대함이자 빛나는 완전함인 당신은 다만, 당신 자신일 뿐이길. 당신 자신으로 존재하지 않기 위해 치열하게도 애쓰는 그 모든 헛된 시도와 환상의 추구를 이제는 그만 멈춤으로써. 그저 사랑으로 존재하기만을 허용하고 허락함으로써. 실재는 결코 위협받을 수 없으며, 비실재는 환상이며, 그래서 당신이 상처받았다고 여기는 모든 순간은 당신이 환상을 숭배하고 있었던 순간일 뿐이었음을 이제는 앎으로써. 하여 다만, 영원한 실재인 사랑으로 존재할 필요가 있을 뿐인 당신인 것임을. 결코 훼손되거나 줄어들어나 상처받을 수 없는 그 완전한 빛으로. 그러니 그 무엇에도 상처받을 수 없는 영원하고도 완전한 사랑, 당신, 내가 참 많이 아끼고 걱정하는 사람, 하여 자신을 상처받을 수 있는 왜소한 존재로 여긴 채 가득 아파하고 있는 걸 보고 있자면 내 마음이 아파 무너질 것 같은 사람, 이제는 그만 오해를 벗길. 다만 당신 자신이 누구인지를 알길. 얼마나 아깝고, 소중하며, 귀하고, 아름답고, 반짝이며, 그 자체로 완전한 사랑이며, 당신을 있는 그대로 사랑하는 내가 당신을 그렇게 여기고 있다는 게 그 증거며, 그러니까 당신은 다만, 있는 그대로의 당신이길. 닳도록 아깝고 영원한 사랑인 사람, 사랑, 사랑, 당신, 있는 그대로의 사랑은.

## 내가 누구인지 알기 위해서

내가 누구인지를 알기 위해서는 내가 누가 아닌지를 먼저 알아야 해요. 내가 아무리 나를 알려고 노력해도, 이미 내가 아닌 모든 것들로 나를 잔뜩 믿고 오해하고 있는 채라면, 그리고 그 오해를 여전히 그대로 둔 채 그 안에서 나를 알아가고자 한다면, 그때의 내가 찾고 발견하게 될 나는 결국 진짜 나의 발끝에도 닿지 못하는 환상에 불과할 테니까요. 그러니 이제는 내가 누가 아닌지를 먼저 알아가기로 해요. 나는 누군가를 미워하기 위해 태어난 사람이 아니며, 쉽게 분노한 채 증오하기 위해 태어난 사람도 아니며, 고작 어떤 작은 이득을 얻기 위해 진실함을 저버리기 위해 태어난 사람도 아니며, 타인을 조종하고 이용함으로써 나의 뜻대로 통제하기 위해 태어난 사람도 아니며, 무기력과 슬픔에 젖은 채 깊은 절망 속을 헤집기 위해 태어난 사람도 아니에요. 걱정하고, 의심하고, 두려워하고, 불안해하기 위해 태어난 연약한 사람도 아니죠. 그러니 그 모든 내가 아닌, 내가 될 수도 없는 오해들을, 나 자신이라고 굳게 믿고 생각한 채 스스로 그 오해를 더욱 부풀리기보다, 이제는 그 모든 것들이 내가 아님을 분명하게 앎으로써 거부하고 내려놓길 선택하기로 해요. 진짜 나인 사랑을, 되찾고 기억하기 위해서 말이에요. 그저 내가 아닌 것들을 내게서 지워내고 나면, 처음부터 영원히 사랑이었던 내 존재의 빛은 애쓰지 않아도 자연히 드러날 테니까요.

그리고 내가 아닌 모든 것을 내 곁에서 지우고 거두어내기 위해 내가 통해야 할 것이 바로 '용서'예요. 용서는 내가 나에 대해 잘못 알았던 모든 오해를 지워내고 그 위에 나인 그대로인 사랑을 다시 새기고 채워 넣는 일이니까요. 그러니 이제는 용서를 통하기로 해요. 이 것이 옳은 것이고, 저것은 틀린 것이고, 그래서 저것은 미워 마땅한 것이라고 믿고 생각하는 식의, 내 마음의 사랑을 제한하고 가리는 그 모든 관념의 어둠을 용서의 빛 앞에 데리고 가 소멸시키는 거예요. 그리고 여태 나의 이득을 위해 남들을 이용하고 속이기까지 했던 나, 하지만 그것이 진실함이 아님을 스스로도 마음 깊숙이는 알고 있기에 무의식적 죄책감에 시달렸던 나, 그래서 늘 불안함과 공허함, 상실감에 허덕였던 나, 그 나를 또한 용서를 통해 치유해주는 거예요. 그 순간, 내 마음의 빛을 가리고 있었던 어둠이 걷힐 것이고, 하여 빛이 드러날 것이고, 그 빛은 너무나 진실하고 강렬해서 나는 내가 아닌 것들을 스스로 선택하는 오해를 다시는 반복할 수 없을 만큼 사랑에 메이게 될 것이고, 하여 나, 사랑인 나에게 가장 자연스러운 사랑과 진실함, 이해와 평화, 내려놓음과 채워짐만을 누린 채 나아가게 될 테니까요. 그러니까 이제는 용서를 통해 진짜 당신이 누구인지 기억해내게 된 당신이기에 더 이상은 어떤 형태의 미움도, 결핍도, 슬픔도, 고통도 당신, 허락하지 않을 테고, 하여 겪을 수가 없게 될 테니까요.

그러니 용서하기로 해요. 용서를 통해 당신이 믿어왔던 모든 옳고 그름과 당신의 빛을 가려왔던 거짓된 관념들, 그것들을 지우고 도로 무르기로 해요. 그렇게, 있는 그대로의 당신을 되찾고 회복하기로 해요. 당신이 사랑 아니었던 당신의 모든 모습을 용서를 통해 내려놓고 지워내는 순간 당신, 이 세상을 오직 사랑하고 축복하고만 있게 될 거예요. 당신이 누구인지를, 당신이 진정으로 기억해낸다면 말이에요. 그러니 이제는 당신의 마음속에서 일렁이는 전혀 당신답지 않은 감정들, 미움, 증오, 분노, 이기심, 슬픔, 절망, 그러한 것들을 바라보게 될 때마다 그 모든 것들을 용서의 빛 앞에 곧장 데려가 소멸시키기로 해요. 그런 식으로 한 번 용서할 때마다, 당신은 당신의 진짜 모습인 사랑에 그만큼 성큼 다가서게 될 것이고, 그렇게 당신인 사랑의 모습을 조금씩 회복할 때마다, 당신 가슴 속에는 빛이 그만큼 가득 채워질 것이고, 하여 마침내 그 빛, 당신 가슴 안에서 세상을 향해 뿜어져 나가지 않을 수가 없을 만큼의 강렬하고도 짙은 빛이 되어있을 거예요. 그리고 그때의 당신은 오직 빛만을 당신의 가슴에 품고 있을 것이기에, 그러니까 사랑만을 당신의 가슴에 품고 있을 것이기에 더 이상 사랑이 아닌 그 어떤 것에 대해서도 이해하지 못할 테고, 하여 선택하지조차 못하게 될 거예요. 하여 사랑과 빛의, 무한한 기쁨과 평화에 젖은 채 그 기적과 행복만을 누리며 존재하고 있을 뿐일 거예요.

 무엇보다 당신이 사랑임을 기억하게 되었을 때, 당신은 세상에게 스스로 내어주었던 당신의 힘과 주권을 완전히 회복한 채일 것이기에 그 무한한 권능과 힘으로부터 완전한 보호를 받을 것이고, 그것을 당신 또한 매 순간 느끼고 있을 것이기에 당신, 이제 그 무엇도 두려워하지 않을 만큼 위대한 당신이 되어있을 거예요. 그렇게 사랑이 된 당신은 또한 모든 것을 향해 당신 가슴에 있는 사랑을 나눠줄 것이기에 당신과 함께하는 모든 생명과 사람들, 당신으로 인해 무한히 채워진 채 기쁨과 평화에 겨워하게 될 것이고, 하여 당신은 당신 존재로부터 사랑받는 사람이 되어있을 거예요. 그러니 이제는 진짜 당신이 누군인지, 그것을 무엇보다 분명하게 알기로 해요. 그러기 위해 먼저 당신이 아닌 것들을 용서를 통해 내려놓고 지워가기로 해요. 결코 불행할 수도, 공허할 수도, 슬퍼할 수도, 절망할 수도, 미워할 수도, 결핍에 시달릴 수도, 외로울 수도, 이기적일 수도, 두려워할 수도, 불안해할 수도 없는 진짜 당신의 모습인 사랑을, 그렇게 알아가기로 해요. 당신은 정말 그 어떤 언어로도 표현할 수 없을 만큼의 사랑 그 자체라는 것을, 처음부터 영원히 그랬다는 것을 하여 꼭, 기억해내기로 해요.

    정말 당신은 이 세상에서 가장 눈부시게 빛나는 사랑이니까요. 당신 스스로가 당신이 아닌 것들에 눈이 멀어 당신 자신을 사랑이 아니라고 오해하지만 않는다면 말이에요. 그러니 내가 바라보는 당신을, 당신 또한 꼭 바라볼 수 있길 바라요. 얼마나 사랑이며, 얼마나 힘 있는 존재며, 얼마나 예쁨이며, 얼마나 눈부시게 아름다운 빛이며, 얼마나 기특함이며, 얼마나 소중함이자 귀함인지. 지금 이 순간에도 당신은 그런 사람이자, 사랑이고, 그래서 당신에겐 다만 당신 자신의 진짜 모습을 바라볼 필요가 있을 뿐인 거니까. 그러니 이제는 바라보길. 당신이란 사랑의 찬연한 빛을 가리고 있는 모든 구름을 거두어내고 나면 그 빛은 자연히 드러날 것이니, 바라보기 위해 다만 구름을 거두어내길. 그러기 위해 용서하고 또 용서하길. 사랑 아닌 모든 생각의 습관이 당신에게서 떠오를 때마다 용서를 통해 지워내길. 용서는 위대한 복원자며, 하여 용서하기 시작할 때 당신은 원래의 당신, 그 빛과 사랑스러움을 그 즉시 되찾고 회복하게 될 것이며, 그렇게 함으로써 당신이 완전한 사랑임을 알게 되고 나면 용서라는 소중한 도구 또한 더 이상 당신에겐 필요가 없어져 내려놓게 될 당신이라는 것을. 사랑은 용서할 그 무엇도 알지 못하고, 바라보지도 못하니까. 하지만 당신은 당신을 사랑이 아니라고 여겨왔고, 영겁의 시간 동안 오해해왔고, 그래서 당신에겐 아직은 용서가 조금은 더 필요할 뿐인 거니까. 그러니 용서의 쓸모가 다할 때까지, 끝없이 용서하길. 용서조차도 당신이 지어낸 환상이었음을 알게 되는 그 진실의 순간에 닿을 때까지.

누군가가 미울 때 용서하는 것, 당신은 여태 그것이 용서의 유일한 기능이라고 생각해왔을 테지만, 사실 그 기능은 용서의 아주 작은 일부분일 뿐임을. 용서는 타인이 아니라 나 자신을 향할 때 그 어느 때보다 강렬한 효과를 발휘하게 되고, 그러니까 용서의 가장 큰 기능은 다름 아닌 내게 묻은 오해와 거짓의 구름들, 그 모든 환상을 지워내는 일인 거니까. 그렇게 사랑이 아닌 모든 것을 선택함으로써 나를 스스로 아프게 했던 지난 시간의 모든 내 모습들을 용서함으로써 치유해주는 일인 거니까. 그러니 미움뿐만이 아니라 기쁨과 사랑이 느껴지지 않는 것이라면 그것이 무엇이든, 용서하길. 그때의 용서는 분노함으로써 나를 더욱 사랑에서부터 멀어지게 한 나를, 욕망함으로써 나를 더욱 사랑에서부터 멀어지게 한 나를, 슬픔에 빠지게 함으로써, 무기력에 젖음으로써, 두려워함으로써 나를 더욱 사랑에서부터 멀어지게 한 나를 용서하는 일인 것이며, 그리하여 사랑 아닌 환상에서부터 나를 구해내는 일인 거니까. 그러니 이제는 다만 나 자신의 구원자가 되어주길. 그러니까 당신이란 마음의 깨끗한 석판 위에 새겨진 모든 칙칙하고 어두운 글씨들을 용서를 통해 지워내고, 그 위에 사랑이라는 두 글자를 새로이 새기길. 사랑을 새기는 일은 당신을 새기는 일이며, 왜냐면 당신이 바로 그 무엇보다 사랑을 잘 설명해주는 사랑 그 자체이기 때문이며, 그렇게 이제는, 영원하고 유일한 당신의 이름인 사랑을, 그 진짜 당신을 새겨넣는 당신이길.

그리함으로써 당신이 얼마나 사랑인지, 이제는 알길. 미움이 아니며, 분노가 아니며, 증오가 아니며, 슬픔이 아니며, 두려움이 아니며, 불안이 아니며, 공허가 아니며, 무기력이 아니며, 오직 완전한 빛일 뿐인 당신, 사랑이라는 것을. 그것을 앎으로써, 이제는 당신이 아닌, 결코 당신일 수 없는 그 모든 것들이 당신에게서 보일 때마다 다만 용서할 뿐이길. 용서함으로써 지워내고 거두어낼 뿐이길. 구름이 걷히자 마침내 태양의 강렬한 빛이 내리쬐기 시작하는 것처럼, 하지만 태양은 여전히 그 자리에서 빛나고 있었던 것처럼, 다만 구름에 의해 잠시 가려져 있었던 것뿐인 것처럼, 당신에겐 당신이 아닌 모든 모습들의 구름을 거두어낼 필요가 있었던 것뿐이니까. 그러니 매 순간 당신 자신을 용서하길. 사랑으로 존재하는 완전한 기쁨을 누리고 있지 못한 모든 순간의 당신에게 다만, 용서의 빛을 비출 뿐이길. 사랑의 빛이 내면에서 보이기 시작할 때면 당신, 기쁨에 겨워 눈물을 흘릴 수밖에 없을 만큼 벅차게 행복할 수밖에 없을 테고, 그래서 그렇지 못한 모든 순간 당신은 사랑으로 존재하고 있지 않은 것이며, 하여 사랑의 완전한 기쁨이 내면에서 가득 느껴질 때까지 계속해서 용서해야 하는 것임을. 그렇게, 용서의 빛으로 당신 존재를 온통 두른 채 그 빛에 의해 사랑 아닌 모든 것들이 당신을 찾아올 때마다 그 즉시 소멸되게 해야 하는 것임을.

그렇게 이제는, 사랑에 닿길. 사랑으로 존재하길. 용서조차도 모르는 완전한 결백의 사랑, 매 순간 완전한 기쁨과 함께 평화와 안도를 누릴 뿐인 천국의 사랑, 두려움을 모르는 위대한 용기이자, 결핍을 모르는 흘러넘치는 만족이자, 이기심을 모르는 순백의 진실함이자,

슬픔을 모르는 매 순간의 채워짐이자, 미움을 모르는, 하여 용서조차 모르는 타고난 순수함이자, 분노를 모르는 영원한 고요함이자, 불안을 모르는 바다처럼 깊은 평화이자, 무기력을 모르는 강렬한 생명력의 빛이자, 공허를 모르는 기쁨과 감사로 가득 범람하는 강이자, 죄책감을 모르는 내내 예쁨으로 피어날 수 있을 뿐인 꽃이자, 집착과 속박을 모르는 가볍고도 자유로운 바람일 뿐인 사랑, 당신은. 이미 존재하는 것만으로 기적임을 알기에 너그럽고 다정할 수 있을 뿐인, 기뻐하고 누릴 수 있을 뿐인, 기적, 사랑, 빛나는 소중함이자 아까운 존귀함인 당신, 사랑, 사랑, 사랑, 사랑은. 세상이 당신을 부르는 이름이 필요가 없을 만큼, 사랑이란 이름이 가장 잘 어울리는 사랑, 태어난 순간부터 영원히 천국의 천사들과 당신을 지은 지고의 높은 사랑의 존재에 의해 아낌 받고 보살핌 받고 있었던 영원한 사랑, 하여 영원히 사랑으로 불리고 일컬어질 뿐인 사랑, 당신, 사랑은. 그러니까 당신, 이제는 당신이 누구인지를 알길. 그러기 위해 누가 아닌지를 알 것이며, 그 모든 당신 아닌 모습을 다만 용서로 녹여내고 지워낼 뿐이길. 당신이 얼마나 사랑인지를 알기 위해서, 그것을 아는 기적을 영원히 기쁨에만 겨운 채 누리기 위해서. 그걸 아는 순간, 그럴 수밖에 없을 만큼 사랑인 존재가 바로 당신이니까. 당신은 정말 그런, 기적 같은 사랑이니까.

## 평화의 가치

　더 이상 불행하고 싶지 않다면, 더 이상 우울하고 싶지도, 공허하고 싶지도 않다면 이제는 평화를 가장 소중히 여기세요. 내가 다른 무엇보다도 평화를 원할 때, 나는 반드시 평화로울 거예요. 왜냐면 내가 미움보다 평화를, 우울보다 평화를, 욕망보다 평화를 더 원한다면, 나는 미움의 유혹을, 우울의 유혹을, 욕망의 유혹을 평화를 위해 거절하는 것 앞에서 아주 잠깐도 망설이지 않을 것이고, 하여 그 선택으로 인해 내 마음 안에는 모든 부정성이 말끔히 사라질 테고, 그때는 평화로울 수밖에 없어 잔뜩, 평화로울 나일 테니까요. 그러니 고작 미움이 주는 그 작고도 왜소한 보잘것없는 기쁨을 위해 진정한 기쁨인 평화를 포기하지 않기로 해요. 그러기 위해, 지금 나의 마음을 온통 사로잡은 채 나에게 속삭이는 미움을 기꺼이 거절하기로 해요. 그것을 평화의 계단에 오르는 계기이자 기회로 여긴 채 내려놓길 선택함으로써 말이에요. 내려놓으면 평화를 향해 한 계단을 더 오르는 것이고, 그렇지 못하면 제자리에 머무르는 것이기에 그건 정말 평화를 되찾기 위한 완전한 기회이자 선물인 거니까요. 그러니 그게 미움이든, 우울이든, 욕망이든, 이기심이든, 그 무엇이든 간에 이제는 평화를 위해 다만, 기꺼이 내려놓길. 그 간절함이 당신에게 있기를.

　내려놓을 게 참 많다는 것, 그게 사실은 얼마나 행복한 일인지 당신이 내려놓음이 주는 홀가분함과 가슴 찌릿한 기쁨을 경험하는 순간 당신은 곧장 이해하게 될 거예요. 하여 내려놓는 순간 그 기쁨을 모를 수가 없어 알게 될 것이기에 당신, 그때부터는 그 무엇이 당신을 막아서도 평화를 향해 전념하게 될 거예요. 어린아이가 시간 가는 줄 모르고 컴퓨터 게임을 하듯, 그게 너무나 재밌어서 몸과 마음을 다해 전념하듯, 당신 또한 평화에 전념하게 되는 거예요. 그래서 지금 평화를 잃은 채 방황하고 있는 당신, 사실은 그만큼 불행한 게 아니라 그만큼 기쁨을 경험할 선물이 많이 주어져 있는 것이기에 누구보다 행복한 사람인 거예요. 지금 이 순간에도 당신의 마음에는 그 선물이 쏟아져 내리고 있잖아요. 저기, 미움이 있고, 저기, 우울이 있고, 저기, 이기심의 속삭임이 있고, 정말 얼마나 많은 선물이 쏟아져 내리고 있나요. 그러니 이제는 그 선물을 고민 없이 누리는 당신이 되길 바라요. 나의 평화를 방해하는 것이라면 그것이 무엇이든 보이는 즉시 평화를 위해 내려놓음으로써 해방과 자유의 기쁨을, 진정한 설렘을 만끽하며 나아가는 거예요. 그리고 이건 내려놓기에 조금 망설여지는데, 하는 유혹, 그 속삭임에 절대 굴복하지 마세요. 내려놓으면 평화를 얻는 것이고, 내려놓지 못하면 불행의 노예가 된다는 것을 잊지 않음으로써 말이에요.

 그 유혹이 얼마나 합리적이고 정당해 보이든, 그 속삭임에 넘어가는 순간 당신은 그 즉시 참 어렵게도 성취했던 평화를 상실하게 될 것이고, 하여 당신, 그것이 당신의 평화를 얼마나 빼앗아 가는지 몸과 마음으로 알게 될 거예요. 하지만 그때는 이미 평화를 빼앗긴 채 그 부정성의 노예가 된 당신일 테기에, 다시 거절하기는 더 힘들 테고, 어쩌면 거절해야 한다는 마음조차 다시는 먹지 못할 만큼 그때는 빛에서부터 완전히 멀어진 채일지도 모르죠. 그 속삭임을 오롯이 바라볼 수 있었을 때는 내려놓을 수 있는 여지가 당신에게 있었고, 왜냐면 당신과 그 부정성 사이에 거리가 그만큼 있었기 때문이고, 그러니까 당신은 그만큼 주권과 권능을 당신 것으로 소유하고 있었지만, 그 속삭임에 귀를 기울이고 곱씹는 순간 그만큼 그 부정성과 당신 사이의 거리는 좁아졌을 테고, 하여 그만큼 당신은 그것과 하나 된 채일 테고, 그때는 평화의 빛이 들어올 틈이 그만큼 좁아져 있을 테니까요. 그러니 평화에 간절해진 지금, 내가 왜 평화에 이토록이나 간절해졌었는지, 그러니까 내가 얼마나 불행에 지쳤고 진절머리가 났었는지, 그것을 기억하기로 해요. 하여 지금부터 영원히 평화를 향해 나아가고, 다시는 뒤를 돌아보지 않기로 해요. 평화를 전혀 모르던 때의 불행보다, 평화를 알고 나서의 불행이 더 끔찍한 지옥일 테니까요. 그러니 다만 평화를 지켜내되, 그 평화의 빛 안에서 늘 불행의 속삭임을 경계하길. 아무리 정당한 불행의 유혹이라고 할지라도, 아주 잠시라도 시선을 두지 않은 채 그 즉시 거두어내기를.

그저 누군가를 미워하지 않는 것만으로도 당신의 삶에는 전에 느껴보지 못한 행복이 가득 함께할 거예요. 평화를 가로막는 가장 큰 장벽이 바로 미움이니까요. 그러니 다만 누군가를 미워하지 않겠다, 그것 하나만을 목표로 삼는 것도 좋아요. 내가 어떤 하루를 보냈든 간에, 누군가를 미워하지 않았다는 사실 하나만으로 나를 가득 칭찬해주면서 말이에요. 그리고 그 목표를 향해 진심을 다해 나아가다 보면 당신, 꼭 알게 될 거예요. 내가 평화와 사랑 안에 거하고 있을 때 미움은 전혀 불가능하다는 것을. 내가 그곳에 있지 않을 때는 세상에서 온갖 미운 점을 찾고 바라보며 어떤 혐오감을 가득 느껴야만 했던 나지만, 내가 평화와 사랑의 땅 위에 비로소 선 순간 내 눈에 보이는 풍경은 전과 완전히 같지만, 또한 전과 완전히 다른 풍경일 것이며, 그러니까 그곳에는 미워할 만한 세상이 전혀 존재하지 않는다는 것을. 왜냐면 평화와 사랑은 미움에 전혀 끌리지 않으며, 미움을 원하지도 않으며, 전혀 끌리지도, 원하지도 않기에 그것을 바라보지조차 않으니까요. 내가 아주 작게라도 원하는 것, 끌리는 것, 그러니까 그 투사가 만들어낸 곳이 바로 정확히, 지금 내가 살아가고 있고, 경험하고 있고, 바라보고 있는 세상인 거니까요. 그리하여 세상은 그 자체의 결과가 아니라, 내가 원하는 것의 결과인 것이며, 그러므로 적어도 내가 바라보고 경험할 세상을 결정할 힘은 나에게 있는 것임을.

그러니 이제는 정말 간절히, 평화를 원하기로 해요. 하여 평화의 가치를 내가 추구하는 가장 으뜸의 가치로 삼았기에 평화를 가로막는 다른 가치는 내게 더 이상 어떤 매력도, 의미도 지니고 있지 않아서 결코 원할 수 없는 내가 되기로 해요. 내가 미움의 매력에 끌리지 않을 때, 하여 그것을 더 이상 원하지 않을 때, 나는 그 무엇도 미워하지 않을 테니까요. 미움이 지루하게만 느껴질 뿐일 테니까요. 그러니 그 사랑의 온유한 시선을 위해서라도 더 이상 미움에, 우울에, 이기심에, 분노에, 욕망에, 그것이 무엇이든 그 어떤 부정성에라도 끌리지 않기로 해요. 나 스스로 마음을 단단히 먹고, 그 뜻을 완전히 세우기로 해요. 다른 무엇이 아니라 나는 오직 평화만을 간절히 원한다는 그 뜻을 말이에요. 누군가와 말싸움이 시작되려고 하는 그 순간에도 당신이 가장 원하는 것이 평화라면 당신은 그 싸움에서 애써 이기려 하지 않을 거예요. 그를 위해서가 아니라 당신의 평화를 위해, 그 행복과 기쁨을 위해서 말이에요. 하여 싸움에 말려들기보다, 그저 초연하게 지나치는 당신이 되겠죠. 그렇게 모든 곳에서 당신은 당신의 평화를 지키게 되는 거예요. 그리고 그 평화를 바탕으로 세상을 경험하고 바라보게 되겠죠. 온통 기쁨과 다정함에 빛나는, 사랑스러움과 예쁨만이 있는 그, 천국의 세상을. 그저 평화를 가장 최고의 가치로 삼은 채 평화를 원하기만 한다면, 정말 진심으로, 간절히, 분명하게 그러기만 한다면 말이에요.

그러니 당신이 이제는 모든 불행 너머에 있는 진짜 행복의 빛, 그 평화에 닿기를 바라요. 그러기 위해 이제는 당신의 거짓된 투사가 만들어낸 환상의 세계에 더 이상 미련을 두지 않길 바라요. 그 환상의 세계가 당신에게 안전과 진정한 기쁨을 주지 않는 것은 그곳은 처음부터 영원히 당신의 집이었던 적이 없기 때문이에요. 당신이 있어야 할 당신의 집, 고향은 평화의 집이고, 하여 당신은 그 집에 있을 때라야 마침내 모든 공허와 결핍 너머에 있는 완전한 기쁨과 편안함을 느낄 수 있는 거니까요. 사랑인 당신의 집이 그 어둡고 차가운, 악취가 나는 불행의 집일 수는 없는 거니까요. 그러니 이제는 밝고 따뜻한, 아름답고 예쁜 생명력의 향기가 가득 풍기는 평화의 집으로 돌아가기로 해요. 당신이라는 사랑이 있어야 마땅한 그 사랑스러운 집으로 말이에요. 그저 지금 이 순간부터 평화를 원하고 선택함으로써, 하여 평화 외에 모든 것들은 기꺼이 거절함으로써 말이에요. 그러지 않기엔 지금도 너무나 사랑스럽게 빛나고 있는 사랑인 당신이니까. 당신만 모르는 그 모습을, 당신도 이제는 알고 바라본 채 진짜, 행복했으면 좋겠으니까. 무엇보다 그러겠다고 선택하기만 하면 되는 것인데, 그 간단하고 쉬운 결정을 애써 미루는 건 너무나 아깝고 아쉬우니까요. 그러니 이제는 선택하길. 간절히 원하고 끌리길. 평화에, 그 당신을 꼭 닮은 온유함이 가득 넘치는 사랑에. 무엇보다 스스로를 아끼고 사랑하는 마음으로.

당신은 당신이 원하는 것이라면 무엇이든 결과로 소유해낼 만큼 힘과 권능이 있는 사랑의 존재니까. 당신이 당신 자신을 왜소하고 죄스럽게 여긴 채 풍요를 당신에게 마땅한 것이 아니라고 여긴다면 그 결과 당신은 가난을 겪게 될 것이고, 당신이 당신 자신을 무엇이든 얻고 누리고 기뻐하기 위해 태어난 사랑의 존재라고 여긴 채 온갖 풍요를 당신에게 마땅한 것이라고 여긴다면 그 결과 당신은 마르지 않는 풍요의 샘을 소유하게 될 것이고, 그러니까 당신은 그만큼 힘 있는 위대한 존재니까. 그러니 이제는 더 이상 왜소함을, 미움을, 불행을, 상처를, 공허를, 슬픔을, 무기력을 원하지 말길. 당신은 당신의 현실에 의해 당신이 그런 감정을 품게 되었다고 반대로 생각하는 경향이 있지만, 진실은 당신이 그런 감정을 품었기에 그런 현실을 마주하게 된 것이라는 것이고, 그러니까 당신이 원하지 않은 것, 철저히 거절한 것, 그것은 당신의 현실에 결코 찾아올 수 없는 것임을. 그러니 이제는 평화를, 사랑을, 기쁨과 이해를, 너그러움과 다정함을, 여유와 자비심을, 그 천국만을 원하고, 다만 미움과 증오, 분노와 예민함, 욕망과 이기심, 우울과 무기력, 공허와 상실감, 그 지옥은 기꺼이 거절하길. 그리고 매 순간 경계하길. 당신은 여태 지옥 안에서 천국만을 경계한 채 천국이 찾아오지 못하게만 해왔고, 하지만 이제는 그와 정반대로 하길.

그러니까 그 어떤 이유에서라도 용서하지 못할 생각을, 기뻐하지 못할, 감사하지 못할, 사랑하지 못할 생각을 붙들기보다, 다만 그 모든 지옥의 생각은 내려놓은 채 천국을 맞이할 것이며, 그런 뒤에는 늘 지옥을 경계하길. 지옥에 있을 때 단 한 순간도 천국의 생각을 품지 못하도록 경계했던 것처럼, 그렇게 하길. 당신이 단 한 번 지옥 대신에 천국을 선택한 것만으로 계속해서 자연히 빛과 천국을 향해 나아가게 된 것처럼, 당신이 단 한 번 천국 대신에 지옥을 선택한다면 곧장 지옥으로 추락하게 될 것임을 잊지 말길. 그리하여 아주 작고도 사소한 지옥의 유혹 앞에서조차 방심하지 말 것이며, 끝없이 경계할 것이며, 단 한 순간의 눈길도 주지 않을 것이며, 다만 오직 내려놓기를. 그러니까 지금부터 영원히, 평화만을, 천국만을, 사랑만을 원하길. 모든 왜소함을 벗어던진 빛나는 평화를 마음 안에서 회복하게 된 순간, 그 빛의 권능으로 당신은 그 무엇이든 이루고자 하면 이루는 위대함과 함께하게 될 것이고, 하여 진정 누리고 기뻐하고 감사하고 즐기고 사랑하는 자가 될 테니까. 그건 영원히 당신 것이었던, 사랑의 자격인 거니까. 그러니 이제는 그 자격 있음을 다시 기억해내길. 사랑의 마음인, 평화를 회복함으로써. 그러기 위해 평화만을 바라고 원함으로써. 그러니까 당신 자신이기만을 바라고 원함으로써. 사랑, 그 고요하고 부드러운 영원한 온유함이자 무한하고 위대한 권능의 빛, 고단함과 피곤함을 모르는 끝없는 기쁨이자 미소인 당신 자신이기만을.

# 미움이라는 허상

누군가를 미워함으로써, 그 미움에서부터 벗어날 수 있다는 결코 이루어지지 않을 환상을 더 이상 숭배하지 마세요. 또한 누군가를 미워할 때, 그 미움의 대상이 된 그가 미워하는 당신보다는 훨씬 더 고통스러울 것이라는 환상 또한 더 이상 숭배하지 마세요. 당신이 그 환상에 믿음을 부여한 채 떠받들길 더 이상 선택하지 않을 때, 그러니까 미움은 결코 당신에게 자유와 평화를 가져다주지 않는다는 것을 스스로 완전히 깨달을 때, 그때의 당신은 결코 미움을 선택하지 않을 테고, 선택할 수도 없을 테니까요. 한 번 생각해 봐요. 당신의 마음 안에 증오가 있을 때, 당신은 그 증오 전체를 타인에게 내보냄으로써 그 증오로부터 해방되고자 부단히도 애써왔죠. 하지만 그 결과 당신이 증오로부터 벗어난 적이 한 번이라도 있었나요. 그리고 그 결과 당신이 완전한 평화를 누렸던 적이 한 번이라도 있었나요. 정말 단 한 번이라도, 그런 적이 있었나요. 미움과 증오에서 벗어나기 위해 그것을 끝없이 바깥에 내보내고 투사함으로써 타인에게 덮어씌우고자 했지만, 그렇게 타인을 더욱 미워한 채 공격하고, 탓한 채 죄의 책임을 묻고자 했지만, 그로 인해 당신은 더욱 미움과 증오의 노예가 된 채 그것이 주는 끔찍한 불행과 함께 고통받아왔을 뿐이었죠. 자유를 얻기는커녕 더욱 속박당했고, 강렬히 사로잡히게 되었을 뿐이었죠.

왜냐면 결국 당신이 바깥으로 내보내는 모든 감정은 당신의 마음 안에 있는 것이고, 하여 당신이 어떤 감정을 찾고 활성화할 때 그것은 당신의 마음 안에서 더욱 그 자리를 확고히 한 채 자신의 힘을 부풀리고 과시할 수밖에 없는 거니까요. 그래서 당신이 바깥으로 내보내고자 하는 그것을 받는 자는 정확히 당신 자신인 거니까요. 여전히 미워할지 말지는 당신의 자유예요. 전적으로 당신의 선택에 달린 문제인 것이죠. 그리고 그 둘 중 하나는 당신에게 행복과 평화를 줄 것이고, 나머지 하나는 불행과 고통을 줄 것이고, 그러니까 그 선택이 당신에게 가져다줄 결과는 이미 정해져있는 거예요. 그렇다면 무엇을 받을지 뻔히 알고 있는 지금에 와서도 여전히 미움을 선택할 건가요. 아니면 이제는 용서를 선택함으로써 그것이 가져다주는 평화의 광휘와 자유의 기쁨을 한가득 누릴 건가요. 그 누구도 당신에게 선택을 강요하는 사람은 없어요. 정말로 그건 자유이며, 오직 당신 자신만이 당신에게 무엇을 선택할지를 요청할 수 있을 뿐이죠. 그리고 당신이 당신을 진정으로 아끼고 사랑한다면, 이제는 미움 대신 용서를, 사랑을 요청하기로 해요. 미움에서부터 나를 풀어주는 그 진정한 자유를 선택하기로 해요. 상대방이 아니라 나를 위해서 미움을 내려놓는 것이라는 것을 무엇보다 확고히 새김으로써 말이에요.

이미 미움을 가득 선택해봤고, 그 미움이 주는 고통 속에서 허우적대 본 당신이기에 미움의 결과가 무엇인지는 누구보다 잘 알고 있잖아요. 하지만 용서가 서툴렀던, 사랑에는 인색했던 당신이기에 용서와 사랑이 주는 결과가 무엇인지는 여전히 잘 모르는 채인 거잖아요. 그러니 미움 안에서 기쁨을, 평화를, 행복을 찾을 수 없었다면, 이제는 다른 걸 선택해 봐요. 연습 삼아, 실험 삼아, 가벼운 마음으로라도 그렇게 한 번 해봐요. 미움이 고통을 주는 것은 맞지만, 더 많이 미워하다 보면 그 끝에는 자유가 있지 않을까, 혹은 적어도 상대방이 나보다는 더 고통스럽지 않을까, 그렇다면 내 복수, 성공적이라 할 수 있지 않을까, 하는 생각에 여전히 강렬하게 사로잡혀 있기에 용기가 나지 않을 수도 있겠죠. 이토록이나 미운 사람인데, 미움을 포기함으로써 벌주는 걸 포기한다는 게 억울한 마음이 들어 계속해서 망설이게 될 수도 있겠죠. 그래서 알아야 해요. 용서는 타인에 대한 자비심이 아니라, 당신에 대한 자비심이라는 것을. 용서함으로써 당신은 타인을 구해주는 게 아니라, 미워함으로써 끝없이 고통받고 있는 당신 자신을 구해주는 것이라는 것을. 그래서 나를 아프게 한 타인에게 복수심을 품는 건, 나를 그 고통스러운 미움에 사로잡히게 하는 것이기에, 하여 기쁨과 생명력을 온통 잃은 시들어진 하루를 보내게 하는 것이기에 그건 나 자신을 향한 복수가 될 뿐이라는 것을.

그럼에도 계속 미워하고 싶다면, 어차피 계속해서 미워할 거, 두 길 모두를 가보고 그 길의 결과 모두를 느껴본 뒤에 다시 미워해도 되는 거잖아요. 영원히 미워할 거라면, 그 시간 중 아주 조금은 떼어내 용서와 사랑에게 줘봐도 되는 거잖아요. 어차피 계속 미워할 거라면 말이에요. 그러니 이제는 용서와 사랑에게도 기회를 줘봐요. 그 순간, 이렇게나 미운 사람을 어떻게 용서하냐는 저항이 곧장 당신을 가로막아 서겠죠. 하지만 정말 단 하나의 미움도 남기지 않을 만큼 완전히 용서한 뒤에, 그때도 내 마음 안에 기쁨과 평화가 없다면 다시 미움으로 돌아가면 되는 것이니, 그 저항의 목소리를 향해 잠시만 기다려 달라고 말해줘요. 그러고는 상대방이 아닌 당신 자신의 자유와 평화를 위해 끝없이 용서해보는 거예요. 그리고 그 누구도 미워하지 않는 상태의 당신과 누군가를 온통 미워하고 있는 상태의 당신, 그 둘 중 누가 더 행복한지를 결론지어보는 거예요. 여태 저항의 목소리 앞에서 굴복하느라 단 한 번도 시도해보지 않았던 용서잖아요. 그러니 한 번은 용서해보길 바라요. 대충이 아니라 완전히, 그 무엇에도 불구하고 용서하겠다는 그 불굴의 각오로 말이에요. 그 과정 안에서 많은 사람들이 말하죠. 그냥 미워할 때는 차라리 행복했던 것 같은데 용서할 때는 너무나 힘들고 고통스럽다고. 그래서 미워하는 게 더 행복한 것 같다고. 용서를 멈추자마자 마음이 너무나 편안해지니까.

하지만 그건 여전히 전혀 용서하지 않았기 때문에 그런 거예요. 여전히 미움과 함께하고 있고, 그리하여 용서하고자 시도했을 뿐, 용서를 완성한 것은 아니니까요. 무엇보다 용서하고자 마음먹을 땐 내 마음 안에서 득실거리고 있던 미움 모두를 마주해야 하는데, 그게 어떻게 고통스럽지 않을 수 있겠어요. 예전에는 미움에 의해 당연하게도 미워했을 뿐인데, 이제는 그 미움을 바라보고 느껴내야 하는 일인 것을요. 그래서 더 고통스럽게 느껴지는 것일 뿐이지, 그 고통, 새로 생긴 게 결코 아닌 거예요. 늘 당신과 함께하고 있었던 고통인 거예요. 몸의 어딘가 아픈데, 그 아픔에 집중하면 그 아픔이 너무나 짙게 느껴지니 다른 것에 집중함으로써 그 아픔을 잊고자 하고, 하여 다른 것에 골몰할 때는 아픔을 잊을 수도 있었던 것처럼, 늘 함께해왔지만 애써 외면하고 있었을 뿐인 고통인 거예요. 그래서 용서는 치유며, 미움으로 돌아가는 건 아픔은 그대로 둔 채 미움에 골몰함으로써 아픔을 잊고 지내고자 할 뿐인 방치에 불과한 거예요. 그러는 동안에도 당신의 마음은 고통과 상처에 얼룩져 고통스러운 신음을 내지르며 내내 절규하고 있을 테니까요. 그러니 용서하고자 할 때 마음이 너무나 불편하고 고통스럽다고 해서 다시 미움으로 돌아가진 않길 바라요. 미움은 자신의 자리를 지켜내기 위해 더욱 거세게 저항할 테고, 하지만 당신은 그럼에도 사뿐히 넘어서길 바라요. 미움으로 돌아가는 건 마음만 먹으면 언제든 가능한 것이고, 지금은 절대적인 용서를 완성해 보고자 마음먹은 당신이니까요.

그러니 때때로 용서하는 과정 안에서 미움의 극렬한 저항을 마주하게 되었다고 해서, 또 여태 느끼지 못하고 살았던 미움의 고통을 가득 바라보게 되어 너무나 두렵고 혼란스럽다고 해서, 용서를 포기하지 않길 바라요. 그러니까 용서를 하려고 하는 것과 용서를 해낸 것은 다른 일이기에 용서를 하는 과정이 힘들다고 해서 용서가 기쁨을 주지 않을 거라고, 오해하진 않길 바라요. 용서를 끝끝내 완성해서 미움 없는 상태가 되고 나면 미워할 때와는 비교할 수도 없을 만큼 기쁨 가득한 당신일 테고, 결국 그 길의 끝까지 가느냐, 가지 않느냐의 차이가 있을 뿐인 거니까요. 그래서 용서하는 도중에 용서가 힘들다고 포기하는 건, 어떤 수학 공식을 배우는 게 힘들다고 배우지 않길 선택하는 것과 전혀 다르지 않은 일인 거예요. 그 힘든 과정 끝에 배움을 완성하고 나면 더 쉽게 수학 문제들을 풀게 되는 것이고, 그게 힘들다고 배우지 않는다면 앞으로 더욱 긴 시간을 들여 고통스럽게 수학 문제를 풀어야 할 테고, 그렇게 애썼음에도 결코 풀어내지 못할 문제들 또한 생기게 될 테고, 그래서 그건 편안함이 아니라 회피이자 나태함이었던 것뿐이니까요. 그러니 당신은 그 과정이 고통스럽다고 해서 도망가지 말아요. 용서하는 일이란 고작 수학 공식을 배우고 익히는 일보다 당신에게 더욱 중요하고 당신을 위한 일이며, 그래서 용서를 포기하는 건 당신 자신을 사랑하길 포기하는 것과 전혀 다르지 않은 거니까.

그리하여 당신이 끝끝내 용서를 완성하고 나면, 그때 당신의 마음 안에는 미움 없는 완전한 고요와 평화가 임할 테고, 천국의 빛이 끝없이 당신의 마음을 향해 따듯하고도 다정하게 내리쬘 테고, 하여 당신, 잠시 동안 할 말을 잃게 될 거예요. 당신이 한 번도 느껴보지 못했던 그 기쁨이 너무나 벅차서 눈물을 흘린 채 겨우 서 있는 게 다일 만큼, 진정하지 못할 거예요. 당신의 마음을 향해 끝없이 엄습하는 평화의 파도와 당신의 가슴 안에서 빗발치는 기쁨의 빛에 당신, 온통 사로잡힐 테고, 여태 단 한 번도 느껴보지 못했던 그 압도적인 행복 앞에서 모든 말과 생각이 멎을 테고, 가슴 안에선 존재의 기적을 음미하는 감동과 벅참이 강렬한 전류처럼 끝없이 흘러 당신의 온몸을 찌릿찌릿하게 할 테고, 하여 기뻐하고 울며 숨 쉬는 게 그때의 당신이 할 수 있는 유일한 행동일 테니까요. 그리고 그때는 알게 되겠죠. 그게, 당신의 원래 상태라는 것을. 미움 때문에 잃고 놓쳐왔던, 당신이 누려 마땅한 당연한 기쁨이라는 것을. 바로 사랑으로 살아가는 기쁨, 사랑으로 돌아온 기쁨, 사랑이라면 느낄 수밖에 없는 모든 사랑에게 주어진 당연하고도 영원한 기쁨 말이에요. 그 천국의 평화와 기쁨이, 당신이 미움 모두를 용서하게 되었을 때 누리게 될 행복이고, 그래서 그걸 한 번 경험하게 되면 당신은 다시는 미움으로 돌아가려 하지 않을 테고, 그래서 나, 자신 있게 말하는 거예요. 언제든 다시 미워하면 되니, 한 번은 완전하게 용서해보자고, 그때가 되어서도 미워하고 싶다면 부디 제발 미워하자고 말이에요.

여전히 상상 속의 소설처럼 들리는 제 이야기일 테지만, 그럼에도 한 번 선택하고 경험해보는 것에 돈이 드는 것도, 미움처럼 영원한 시간이 드는 것도 아닐 테니 한 번은 선택해보길 바라요. 그저 용서하겠다고 마음먹고, 당분간만 용서하면 되는 거니까요. 아주 잠깐만 미움을 쉬어가면 되는 거니까요. 그렇게 마음 안에서 모든 미움이 걷힐 때까지 완전하게 용서해보고, 그때가 되어 다시 미움으로 돌아가고 싶다면 언제든지, 얼마든지 다시 미워하면 되는 거니까요. 그러니 지금은 다만, 그 어떤 저항이 당신을 막아선다 해도 오직 용서하고 또 용서하길. 용서를 완성한 뒤에는, 다시는 미워하고 싶지 않을 테고, 미움 방향으로는 고개를 살짝도 돌리고 싶지 않을 당신일 테니까. 여태 그 미움으로 당신 자신을 힘들게 해왔다는 게, 미움 없는 이토록 찬란한 기쁨과 평화를 누리지 못하게 해왔다는 게, 당신 자신에게 너무나 미안해서 마음 아플 뿐인 당신일 테니까. 무엇보다 한 번, 미움 없는 평화를 경험해 본 사람은, 언젠가 다시 미움에 빠져들게 되더라도 금방이면 그곳에서부터 스스로 걸어 나오게 되어있고, 왜냐면 무엇이 진짜 행복이고, 무엇이 진짜 불행인지를 너무나 분명하게 알고 있기 때문이며, 그래서 당신, 영원히 미움으로부터 보호받게 될 테고, 그러니까 지금의 용서는 그 영원한 보호를 당신 자신에게 선물해주는 일인 것임을.

그러니 고작 미움 따위가 당신에게 행복을 줄 수 있을 거라는 완전한 오해에 빠진 당신, 이제는 그 오해를 벗어내고 진실의 땅 위에 서길. 미움이 부족해서 당신이 고통스러운 게 아니라, 아주 작은 미움 하나를 품는 것만으로도 당연히 고통스러울 수밖에 없는 당신이라는 것을 잊지 말길. 당신은 미워하기 위해서가 아니라, 사랑하기 위해 태어난 사람이고, 그래서 당신, 사랑의 순수함은 작은 미움에도 크게 아파하고 죄책감을 가질 수밖에 없는 거니까. 하여 아무리 미워하고 또 미워해도, 당신의 미움은 미움으로는 해소될 수가 없으며, 그로 인해 당신, 더욱 시들어지고 피폐해지기만 할 뿐이며, 그러니 다만, 용서하길. 미움은 끝이 없는 것이지만, 용서는 한 번만 하면 되는 거니까. 그러니 한 번의 완전한 용서로, 당신에게 더 이상 미워하지 않아도 된다는 안도와 자유, 그 천국의 평화를 선물해주길. 모든 미움이 멎은 고요 안에는 오직 사랑만이 싹을 틔울 것이고, 하여 당신 가슴 안에서 가득 꽃 핀 사랑으로만 세상을 바라보게 된 당신은 그 세상이 얼마나 사랑이며, 기쁨이며, 평화인지, 얼마나 천국 그 자체인지를 알게 될 테고, 그때는 눈물지을 수밖에 없을 테니까. 미움이 고통스러워서 울었던 전과 달리, 당신에게 주어진 기적이 너무나 벅차고 감격스러워서, 그 은혜와 축복을 감당하지 못해서 기뻐 울 수밖에 없을 테니까.

그러니 그 아름다운 눈물을 흘리게 되길. 존재하는 것만으로도 얼마나 기적인지, 그걸 알게 되어 오직 감사함에 벅차 울게 되길. 미움을 용서를 통해 완전히 지워냄으로써 당신이 얼마나 사랑하기 위해 태어난 사람인지, 얼마나 사랑 그 자체의 사랑인지를 알게 되는 순간, 당신의 마음에 천국의 빛이 쏟아져 당신을 끝없이 울릴 테니까. 그렇게 당신, 천국이 상상 속의 소설이 아니라 무엇보다 실재이며, 오직 미움만이 허상이었음을 깨닫게 되길. 미움이 완전한 허상이라는 건, 당신이 사랑이라는 것만큼이나 확실한 진실임을 알게 되길. 그렇게, 이제는 환상에서 벗어나 진짜 세계, 그 천국의 아름다움을 만끽하고 누릴 뿐이길. 무엇보다 당신이 미움으로 인해 고통받는 모습을 지켜보는 게 참 속상한 나니까. 그 누구도 미워하지 않은 채 사랑스럽게 웃는 당신이, 이 세상에서 가장 예쁘니까. 미움보다는 사랑이, 당신에게 더 잘 어울리니까. 사랑 그 자체와 꼭 닮은 당신이기에. 아니, 당신이 바로 사랑 그 자체이기에. 그러니 여태 미워하느라 자신이 얼마나 사랑인지를 완전히 잊은 당신, 이제는 용서를 통해 당신의 모습을 되찾고 기억해내길. 용서하고자 마음먹을 때 찾아오는 미움의 극렬한 저항 앞에서 무너지지 말길. 그 고통은 용서하고자 할 때 찾아오는 고통이 아니라, 용서하고자 함으로써 드디어 바라보게 된, 당신이 여태 늘 함께해왔던 미움의 고통인 것이며, 당연하게 미워하느라 바라보지 못했던 당신 마음의 고통에 신음하는 절규, 그 외침인 거니까.

그러니 그 고통에서 다만 당신을 구해내기 위해 용서하길. 상대방을 위해서가 아니라 당신 자신을 위해 용서할 것이며, 당신이 상대방보다 더 선하고 자비로운 사람이라서, 상대방이 당신보다 더 불쌍하고 안타까운 사람이라서, 모자라고 부족한 사람이라서가 아니라, 미움 자체가 거짓이며 존재하지 않는 환상이기에 용서할 뿐이길. 누군가가 잘못했지만, 그럼에도 내가 너보다는 나은 사람이니 용서하겠다는 우월감은 용서가 아니라 여전히 미움이며, 이해가 아니라 여전히 판단이며, 그래서 그런 마음일 때 당신은 결코 미움으로부터 자신을 구해내지 못할 테니까. 그러니까 용서란 사랑만이 실재이며, 사랑이 아닌 모든 것은 환상이기에 사랑 이외에 다른 일은 애초에 일어난 적조차 없음을 바라보는 일이며, 하여 모든 환상을 진실의 빛 앞에 데려와 그저 녹아 사라지게 하는 일이며, 그렇게 함으로써 일어난 적이 없는, 일어날 수조차 없는 환상을 도로 무르는 일인 거니까. 그래서 당신이 용서할 수 있는 유일한 것은, 상대방이 아니라 당신 마음 안에 있는 미움이라는 환상인 거니까. 그러니까 용서란, 이것이 잘못이고, 저것이 잘못이라는 관념과, 내가 누군가에 의해 상처받을 수 있는 존재라 믿는 결코 성립될 수 없는 왜소함과, 사랑이 미움을 품을 수 있다는 그, 처음부터 끝까지 이루어질 수 없는 환상을 내려놓는 일이며, 그렇게 진실 앞에 서는 일이며, 용서함으로써 용서조차도 환상이었음을 마침내 깨닫는 일인 거니까. 사랑은 애초에 미움을 모르며, 하여 용서조차도 모르며, 다만 자신의 당연한 상태인 완전한 평화와 함께 오직 고요하게 기뻐하고 행복할 뿐이니까.

그러니 이제는 당신, 천국의 평화와 기쁨만을 알 뿐인 진짜 당신, 그 사랑으로 돌아가길. 미움이라는 환상을 용서하고, 용서라는 환상조차도 용서하고, 그리하여 미움을 모르기에 용서도 모르는, 당신 자신의 진짜 모습을 되찾음으로써. 영원한 빛이자, 기쁨이자, 평화이자, 온유함이자, 완전함인 사랑, 그, 당신 자신의 진짜 모습을. 그렇게 사랑이 되어 사랑에 마땅한 마르지 않는 풍요와 기쁨을 온통 누린 채 오직 완전하게 빛날 뿐이길. 세상은 당신에게 오직 주고자 할 뿐이며, 당신을 위해 가장 선한 것만을 선물하고자 하며, 그래서 그 무엇도 걱정하고 염려할 필요가 없다는 그 믿음을, 그리하여 회복하길. 하여 고민 없는 확신과 함께, 불안함 없는 고요와 함께, 두려움 없는 안전과 함께 오직 평화로울 뿐이길. 그 천국의 평화와 함께, 이제는 잃음에 대해선 걱정할 필요조차 없이 마음껏 사랑하고, 또 사랑할 뿐이길. 그렇게, 그 어떤 왜소함도, 인색함도 어울리지 않는 완전한 사랑으로, 아주 사소한 미움도, 서운함도 어울리지 않는 그 찬연한 빛으로 존재할 뿐이길. 그리하여 매일을 노래하고 춤추고 웃고 즐기며 보낼 뿐이길. 고작 미워하기 위해서가 아니라 위대하게 사랑하고 모자람 없이 누리고 벅차게 기뻐하고 기적처럼 감사하며 존재하기 위해 태어난 당신, 사랑받기 위해 태어난 사람, 지금도 그 사랑을 받고 있는 사람, 그렇다는 걸 미움을 지워냄으로써 바라볼 필요만이 있을 뿐인, 처음부터 영원히 사랑이 아닐 수가 없어 사랑인 사람, 내가 참 많이 아끼고 걱정하는 사람, 웃는 모습이 가장 예쁜 사람, 참 다정하고 따듯한 사람, 당신처럼만 예쁜 매일을 보내길 내가 늘 바라고 소원하는 사람, 그 완전하디 완전한 사랑은.

# 불만의 자리에 감사를, 사랑을

불만을 품지 마세요. 이 얼마나 소중한 하루인가요. 오늘만 느낄 수 있는 오늘만의 색과 온도, 그 모든 아름다움이 땅과 하늘에서부터 가득 쏟아지고 있는데, 그 오늘을 불만으로 가릴 건가요. 다른 모든 것을 떠나 오늘, 이렇게 존재하고 있다는 것만으로 얼마나 기적이자 감사한 일이에요. 그러니 지금 이 순간 이곳에 내가 존재하고 있다는 것, 살아 숨 쉬고 있다는 것, 그 기적에 가득 감사하며 모든 불만을 치워내기로 해요. 작은 하나의 불만 때문에 하루 전체의 무수히 많은 행복과 아름나움을 놓지지 말기로 해요. 그러니까 순간을, 소중히 여기기로 해요. 내가 사랑하는 사람을 향해서도 불만을 품느라 얼마나 사랑을 아껴왔나요. 다 좋은데 이런 점은 꼭 고쳤으면 좋겠어, 이런 점은 참 마음에 안 들어, 하는 사소한 불만 하나가 어느새 내 머릿속에 온통 가득 차 거대함이 되어 나를 사로잡았고, 그렇게 나는 그 불만의 돋보기안경을 쓴 채 내가 사랑하는 사람을 그 불만 하나로만 바라보는 지경에 이르렀죠. 사랑받기 위해 태어난 그 사람은 나의 그러한 시선을 느끼며 얼마나 웅크린 채 속상함에 미어져 왔을까요. 무엇보다 사랑하기 위해 태어난 나는 사랑할 무수히 많은 이유보다 사랑하지 못할 고작 하나의 이유에 골몰한 채 얼마나 내 존재의 이유와 목적인 사랑을 아끼고 제한해왔고, 하여 공허함에 미어진 채 존재해왔을까요.

그러니 이제는 불만의 돋보기안경은 서랍에 넣어두고 사랑의 돋보기안경을 꺼내어 쓰기로 해요. 하여 조밀하게, 자세하게, 촘촘하게, 무엇보다 섬세하게 사랑하기로 해요. 그렇게, 작고도 작은 모든 사랑스러움 하나도 놓치지 않은 채 가득, 사랑하는 거예요. 사랑함으로써, 결국 나 자신이 바로 사랑이었음을 알게 될 나니까요. 그러니 당신의 곁뿐만이 아니라 당신의 삶도, 충분히 자세하게 사랑해줘요. 여태 당신, 고작 불만 따위를 위해 감사와 사랑을 저버린 채 존재하느라 이토록이나 지루함 가득 아파왔던 거잖아요. 결국 지금 이 순간 당신이 지루함을 느끼는 건 지금 이 순간에 충분히 감사하지 못했기 때문이고, 충분히 사랑하지 않았기 때문이고, 그러니까 어떤 불만을 품었기 때문인 거잖아요. 하여 지금이 너무 불만스러워서 자꾸만 지금을 지우기 위한 무엇인가를 찾기 위해 온통 골몰하고 탐닉해왔던 거잖아요. 하지만 그럴수록 당신 마음은 채워지기보다 비워졌고, 편안함을 누리기보다 산만해졌고, 하여 병들어왔던 거예요. 아무리 채워도 채워도 채워지지 않는 그 결핍과 허기짐에 불안해하며 무너져왔던 거예요. 그러니 이제는 더 이상 지금의 빛을 가리기 위해 스스로 애쓰지 않기로 해요. 오롯이 지금 이 순간을 살며, 사랑하기로 해요. 그러기 위해 존재의 오롯한 중심과 현재에 대한 온전한 감사의 마음을 되찾고 회복하기로 해요.

우리가 불만을 품을 때, 우리는 그 불만으로 인해 우리 자신에게 주어진 하루를 사랑할 수가 없게 되어버려요. 아니라고 하지 말아요. 당신이 그 불만에 사로잡힌 채 내셨던 한숨과 찌푸렸던 인상과 머릿속에 품었던 원망, 현재를 가득 지루해하며 온몸과 마음을 비틀며 그 지루함을 표현했던 사랑 없었던 순간들, 다정하지 못해 예민함을 표출하며 불안에 떨어와왔던 순간들, 그 모든 것이 어떻게 사랑하는 사람의 감정과 표현과 표정과 행동일 수 있겠어요. 사랑은 자신에게 주어진 모든 현실에 온전히 감사하는 자만이 할 수 있는 것이고, 하지만 불만은 정확히 감사의 반대말이며, 하여 어떤 작은 불만도 그것이 작다고 해서 불만이 아닌 것은 아니기에 결국 모든 불만, 크기에 관계없이 내 마음의 사랑을 제한하는 어둠인 것이며, 그래서 우리는 사랑하기 위해, 내가 사랑이라는 것을 알고 기억해내기 위해 기필코 불만을 내려놓아야 하는 것을요. 불만의 짐을 어깨에 가득 멘 채 살아갈 때 수고하고 무거운 짐 진 어깨가 버거워 그 고단함과 피로에 반드시 다정함을 잃게 될 우리이며, 하여 결국에는 온 세상을 향해 예민함과 찌푸림, 인내심을 잃어 터져 나오는 분노와 미움, 그 사랑 없음을 가득 표현하게 될 우리니까요.

 그러니 지금 이 순간 그저 감사하기로 해요. 불만이 감사의 반대말이듯, 감사는 사랑의 동의어며, 그래서 우리가 감사할 때 우리는 우리 자신의 영원한 이름인 사랑을 그만큼, 반드시 되찾게 될 거예요. 그러니 나의 숨결 하나하나에 그 감사를 진심을 다해 담아내기로 해요. 들숨과 날숨에 정성을 다해 감사와 만족을, 받아들임을 담아냄으로써 매 순간 사랑을 회복하고, 하여 세상을 향해 기쁨과 사랑을, 그 모든 반짝이는 아름다움을 온통 표현하는 내가 되는 거예요. 얼굴에 작고도 온화한 미소를 곁들이면 더 좋겠죠. 사랑스럽고 예쁜 생각과 그 생각으로부터의 사랑스럽고 친절한, 다정한 표현을 세상과 사람들을 향해 건넨다면 더더욱 좋겠죠. 그 모든 것이 결국 내가 지금에 감사하고 있다는 것을 온 우주에 표현하는 행동이니까요. 그리고 그 빛나는 감사의 표현들이 마침내 나의 습관으로 굳어질 때, 나는 모든 공허와 지루함, 외로움과 결핍 너머에 있는 있는 그대로의 지금을 그저 살며 사랑하는 내가 되어있을 거예요. 그렇다면 그 기적을, 행복을 언제까지 미룰 건가요. 또다시 나에게 진정한 기쁨을 선물해줄 기회를 외면하고서는 온통 불만을 표현해대며 전혀 나답지 않게, 사랑답지 않게 존재하길 선택할 건가요.

그렇게 하는 건 나를 향해 나는 너를 사랑하지 않아, 그래서 너의 기쁨과 행복을 위해 난 아무것도 해주지 않을 거야, 다만 너의 불행과 아픔을 위해서는 오늘 내 모든 최선을 다해 노력해 볼게, 라고 말하는 것과 다름이 없는 것인데 말이에요. 그러니까 지금 당신이 감사하고 사랑하길 선택하면 당신은 당신 자신에게 나는 너를 사랑한다고 표현하는 것이고, 그렇지 않길 선택한다면 나는 너를 사랑하지 않는다고 표현하는 것이 될 텐데, 그렇다면 그럼에도 여전히 감사와 사랑을 미룰 건가요. 여전히 어제의 불만을 연장할 건가요. 그렇게 감사하며 누리고 기뻐하며 보내기에도 모자란 벅차게 소중한 당신의 오늘을, 지금 이 순간을 영원히 바라보지 못한 채 공허와 왜소함에 잔뜩 시들어진 생명력 없는 날들을 보내길 선택할 건가요. 그게 아니라면, 지금부터는 감사하길. 불만 하나에 온통 초점을 맞춘 채 골몰함으로써 당신에게 주어진 그보다 훨씬 더 많은 소중함과 행복들을 놓치지 말길. 사실 그 불만조차도 당신이 지어낸 환상에 불과한 것임을 알길. 태어나 존재하는 기적, 살아있고 살아가는, 살아갈 기적, 그 사랑의 기적을 당신이 바라보게 될 때, 당신, 그 무엇에도 불만을 품지 못하게 될 테니까. 오직 감사에 젖은 채 당신의 몸과 마음을 다해 당신이 거저 받은 기적을 갚기 위해 존재하고, 사랑할 뿐일 테니까. 그러니까 그 사랑만이 영원하고도 유일한 진실인 거니까. 하여 그 사랑이 아닌 모든 것, 미성숙하고 무지한 상태의 지각이 빚어낸 환상일 뿐인 거니까.

결국 감사와 사랑은 전적으로 당신의 선택에 달린 것이고, 당신이 선택하기만 하면 당신은 어떤 상황 안에서도 감사하고 사랑할 수 있는 것임을. 하여 감사와 사랑이 불가능한 상황이나 조건은 존재하지 않는 것임을. 그런 상황이나 조건은 당신의 결핍과 왜소함이 빚어낸 그 자체의 환상일 뿐인 것임을. 그러니 당신, 결핍을 겪을 수 없는, 왜소함을 품을 수 없는, 무엇이든 뜻한 것이라면 선택할 수 있는 힘과 권능이 있는 그 자체의 완전한 사랑은 그저 사랑답게 감사할 뿐이길. 이미 모든 것을 다 가진 것처럼 감사하고 사랑할 뿐이길. 진정으로 모든 것을 이미 다 가진 당신이며, 하여 당신에겐 당신에게 이미 주어진 기적을 바라볼 필요가 있을 뿐이니까. 그러니 이제는 불만에 아득히 눈이 멀어 그 진징한 현실을 바라보지 못하는 당신은 아니기를. 하여 온통 바라봄으로써 수고하고 무거운 불만의 짐을 이제는 내려놓기를. 불만을 품은 자는 반드시 자기 마음 안에 있는 불만을 세상을 향해 표현하게 되어있고, 오직 감사하는 자, 사랑하는 자 또한 반드시 자기 마음 안에 있는 감사와 사랑을 세상을 향해 표현하게 되어있으며, 그러니 이제는 단 하나의 불만도 없는 완전한 감사와 사랑만을 건네고 표현하는 당신이길. 그 사랑스러움과 아름다움으로 아낌받고 사랑받길. 당신이 매사에 불평불만하는 사람과 함께할 때 얼마나 불편했는지, 그리고 매사에 쉽게 감사하는 사람과 함께할 때 얼마나 편안했는지, 그걸 한 번 생각해 보길. 생각해 봄으로써 결정하길. 사랑받는 사람이 될지, 기피당하는 사람이 될지.

그리고 당신이 당신의 단점 하나에 집중하며 그것에 불만을 표하던 사람과 함께할 때 얼마나 자주 억울한 기분이 들었었는지를 또한 기억해보길. 그 억울함이 생긴 건, 있는 그대로 사랑받고 싶은 당신의 욕구가 충족되지 않았기 때문이며, 그러니까 있는 그대로 사랑받는 것, 그게 모든 사람의 유일한 소원이자 결핍인 것임을. 다만 그 결핍과 외로움이 사랑받고 싶어 생긴 결핍인 줄 몰라 다른 곳에서 해소하고자 헛되이도 노력하고 있을 뿐인 우리 모두인 것임을. 그러니 당신은 그 유일하고도 영원한 소원을 채워주는 사람이 되어주길. 늘 말했듯 그 사랑을 전해주는 건, 당신 자신의 마음에 사랑을 채우는 일과도 같으며, 왜냐면 당신의 마음에서 꺼내고자 의도한 모든 것, 그 즉시 당신의 마음 안에 담기기 때문이며, 그러니까 그걸 잊지 말길. 그렇게 당신은 당신의 마음 안에 사랑을 가득 채워주길. 사랑하고 감사함으로써 사랑과 감사만을 담고 품고 채울 뿐이길. 무엇보다 불만과 결핍, 어떤 형태의 예민함, 출처를 알 수 없는 외로움과 공허, 그러한 것들이 찾아오는 순간엔 더더욱 잊지 말고 그렇게 하길. 그리하여 그 순간마다 외부를 바라보며 무엇인가에 탐닉하고자 했던 산만한 습관을 이제는 그 순간마다 내 마음을 살피며 온전한 감사와 사랑을 채워 넣는 고요하고도 기특한 습관으로 바꿔내길. 그저 눈을 감은 채 내면의 모든 결핍을 느끼며 호흡하고, 그 호흡 안에 오롯한 감사와 받아들임, 만족과 사랑을 담아냄으로써.

    그렇게, 행복할 줄 아는 습관이 있길. 불만이 싹트는 모든 순간마다 당신이 그렇게 할 때, 어느새 당신은 모든 결핍이 사라진 완전함 안에 거하게 될 테고, 그래서 불만이 생기는 순간은 사실 당신 자신의 완전함을 회복할 더없는 선물이자 기회인 것임을. 그러니 이제는 당신, 사랑의 정체성을 회복하고 되찾게 해줄 불만 자체에도 감사하며 나아가길. 그렇게, 당신은 다만 사랑답게 사랑일 뿐이길. 매 순간 당신 자신인 사랑으로 존재할 뿐이길. 불만을 가득 내비칠 때조차 사랑스럽기만 했던 당신, 하여 불만을 내려놓고 나면 얼마나 하얗게 눈부실지 가늠이 되질 않는 참 예쁜 사람, 그때의 예쁜 웃음은 얼마나 기적 같은 아름다움일지, 생각만 해도 벌써부터 설레는 미소가 참 고운 사람, 자신이 그만한 사랑스러움인지, 스스로 몰라 불만을 품은 채 방황할 때면 그걸 바라보는 내가 참 속상해서 가슴 아픈, 내가 참 많이 아끼고 걱정하는 사람, 존재만으로 사랑받기에 충분한 참 귀하고 소중한 사람, 그걸 자신만 모른 채 살아가느라 가끔은 예민해지고, 불안해하고, 외로워하고, 우울해하고, 미움을 품기도 하지만 그럼에도 여전히 사랑인 사람, 그걸 이제는 스스로도 알 필요가 있을 뿐인, 영원한 사랑, 당신, 존재만으로 선물인 사람은. 그러니까 다만 이제는 당신 자신을 알길. 알기 위해 오직 감사하고 사랑하고, 앞으로써 오직 감사하고 사랑할 뿐이길. 그러지 않기엔, 너무나 사랑이고 사랑인, 사랑이 아닐 수가 없어 사랑인 당신, 눈부시게 완전한 사랑은.

# 내가 보고자 하고 원하는 것

언제나 이것이 내가 진정으로 보길 원하는 것인가? 하고 나에게 물어보는 습관을 가지도록 해보세요. 왜냐면 우리는 우리가 진정으로 보고자 원하는 것, 그것을 바탕으로 이 세상을 경험하게 되어있기 때문이에요. 그러니까 내가 누군가에게서 미움을 보고자 원한다면 나는 그에게서 반드시 미운 점을 보게 될 것이고, 사랑을 보고자 원한다면 또한 반드시 사랑스러운 점을 보게 될 것이고, 이렇듯 결국 내가 경험하고 있는 현실은 내가 보기로 결정한 내 지각의 반영인 거니까요. 그렇다면 지금 당신이 보고 경험하고 있는 현실은 어떤 생김새를 띠고 있나요. 혹시 미움과 증오, 가난과 이기심, 갈등과 혐오, 그 못난 모양의 생김새를 띠고 있는 것은 아닌가요. 그렇다고 한다면, 이제는 여태까지와는 다른 것을 보길 원하기로 해요. 당신이 진실로, 온 마음을 다해 예쁨과 사랑스러움, 아름다움으로만 빛나는 천국의 세상을 보고자 원한다면, 당신의 지금은 그 즉시 그런 모양으로 변하기 시작할 거예요. 결국 당신의 마음에 품은 감정이 당신의 지각을 낳는 것이고, 그 지각이 당신이 경험할 세상을 결정짓는 것이기에 당신이 당신의 마음 안에 온통 아름다움만을 간직한다면 당신은 그런 현재를 경험하게 될 수밖에 없는 거니까요. 그토록 미워했던 사람에게서도 당신이 오직 사랑스러움만을 보길 원할 때, 그래서 당신은 그 즉시 그에게서 순진무구함과 천진난만함, 결백과 순수함, 귀여움과 사랑스러움을 바라볼 수밖에 없게 되는 거니까요.

　그러니 당신의 지금이 전혀 아름답지도, 예쁘지도, 사랑스럽지도, 만족스럽지도, 기쁘지도 않다면 이제는 당신이 당신의 지금을 그렇게 바라보길 원했기에 당신, 그런 지금을 마주하게 될 수밖에 없었다는 것을 알기로 해요. 그리하여 당신의 마음 안에 품은 것들을 점검하고 변화시켜나가기로 해요. 당신이 당신의 마음 안에 결핍과 불만족이 아닌 감사와 만족만을 품을 때, 당신의 삶은 그 즉시 가난과 왜소함을 넘어 풍요와 너그러움으로 빛날 테고, 그, 당신 지각의 변화에 맞춰서 당신의 실제 삶에도 온갖 풍요와 너그러움이 뒤따라올 테니까요. 그래서 그게, 나는 무엇이든 잘 해낼 것이라고 믿는 사람이 진짜로 잘 해내게 되는 이유인 것이고, 나는 무엇이든 못 해낼 거라고 믿는 사람이 진짜로 못 해내게 되는 이유인 거예요. 한쪽은 자신이 무엇이든 해내고 누릴 수 있다고 믿는 위대함의 편에 선 채 위대함을 끌어당기고 있으며, 다른 한쪽은 자신 같이 못나고 형편없는 죄인에겐 풍요와 기쁨을 누릴 자격이 없다고 믿는 왜소함의 편에 선 채 왜소함만을 끌어당기고 있으니까요. 그렇다면 당신은 당신 자신을 스스로 어떻게 여기고 있나요. 또 세상은 당신에게 어떤 모양의 것이라고 믿고 있나요. 당신에게 아낌없이 주는 관대하고 너그러운 세상이라고 믿고 있나요, 아니면 늘 아낀 채 당신에게 인색하게 구는 왜소하고도 차가운 세상이라고 믿고 있나요. 그러니까 당신은, 어떤 현재를 경험하고 바라보길 원하고 있나요.

　당신은 당신의 생각과 믿음, 그리고 소원의 힘을 너무나 간과

한 나머지 함부로 세상은 이런 것이라고 판단해왔죠. 그래서 그런 현재를 살아가게 되었죠. 스스로는 너무나 행복하길 원한다고 말하고 있지만, 당신이 진정으로 원해왔던 건 늘, 오직 불행이었죠. 그게 아니라면 타인에게서 늘 미운 점만을 바라보길, 자신에게서 늘 죄스럽고 못난 점만을 바라보길, 세상에게서 차갑고 이기적인 면만을 바라보길 이토록이나 간절히 원하진 않았을 테니까요. 늘 풍요로운 지금을 살아가고 싶다고 말해왔지만, 마음속 깊숙이는 자신에겐 그런 풍요를 누릴 자격이 없다고 믿어왔죠. 너무나 자주 이기심을 원했고, 증오를 원했고, 욕망을 원했고, 결핍을 원했고, 공허를 원했고, 슬픔을 원했고, 그래서 당신 마음 안엔 그런 것들만이 자욱이 드리워져 있을 뿐이죠. 단 한 번이라도 진정으로 기쁨과 행복을 누리길 원한 적이 없었죠. 그것을 진정으로 원했다면, 이토록이나 고요함 없이 산만하게 생각의 힘을 남발하며 마치 공허와 불행만을 원하는 사람처럼 행동하지 않았을 테니까요. 그런 식으로 당신은 늘, 고요함과 평화를 원한다면서 마치 그렇지 않은 사람처럼 온갖 세상의 소음과 자극적인 볼거리를 찾아 헤매왔죠. 사랑하길 원한다면서 미운 점만을 바라보길 원해왔고, 그러니까 당신은 사실 당신의 진정한 기쁨과 행복을 원한 적이 단 한 번도 없었죠. 가장 힘없는 말로만 그렇게 주장해왔을 뿐, 진정 당신의 진심이라 할 수 있는 진짜 힘을 지닌 생각과 감정으로는 늘 반대의 것들을 원해왔으니까요.

    그러니 이제는 내게 묻기로 해요. 이것이 내가 진정으로 보길 원하는 것인가, 하고 말이에요. 그리고 진실하고도 정직한 마음으로 당신의 답을 기다려봐요. 그때, 당신은 여태 고요와 침묵을 늘 두려워해 왔음을, 그리하여 그 빛나는 평화를 지우는 세상의 소음과 끊임없는 볼거리에 탐닉해왔음을 알게 될 거예요. 늘 진정으로 사랑하길 두려워해 왔고, 왜냐면 그렇게 사랑하는 순간 당신이 겪게 될 희생과 어떤 손해가 떠올랐기 때문이고, 그래서 늘 계산하고 이용해왔던 것이죠. 기꺼이 용서하길 주저했던 것 또한 미움을 완전히 내려놓은 마음의 정적이 너무나 지루할 것 같아 겁이 나서였고, 그러니까 사실은 미움이 주는 어떤 은밀한 기쁨에 스스로 집착해왔기 때문이었죠. 슬픔과 우울함을 내려놓는 순간 더 이상 동정을 받을 수 없게 되고, 하여 오롯이 나의 지금을 책임져야 한다는 게 두려워 스스로 계속해서 우울함에 빠지길 선택해왔던 것이죠. 그렇게 한다면 적어도 노력하지 않는 지금의 나태함과 무기력을 나는 불쌍한 사람이야, 하는 핑계로 무마할 수 있을 테고, 그런 식으로 끝없이 합리화하고 정당화할 수 있을 거라고 믿어왔으니까요. 하지만 그렇게 회피하는 동안에도 현실의 책임은 더욱 커져만 가고 있었고, 그래서 그럴수록 더욱 깊은 우울로 도망치길 선택해왔던 것뿐이죠. 그러니까 당신은 늘, 슬프고 우울한 당신의 지금이 고통스럽다고 말해왔지만, 사실은 그 누구보다 그런 현재를 원하고 있었던 것이죠. 그렇지 않다면, 오롯이 책임지길 선택했을 것이고, 그리하여 그 낡고 오래된 우울함에서부터 스스로 걸어 나왔을 테니까요.

  그러니 정직하고도 진실하게 당신의 마음을 들여다봄으로써 당신이 여태 바라보길 원했던 세상의 모양이 어떤 것인지를 알고, 그것을 앎으로써 이제는 그 모든 왜소함을 취소하며 나아가기로 해요. 그와 동시에 보다 위대한 것, 예쁘고 아름다운 것, 사랑스러움에 활짝 빛나는 것들만을 원하며 나아가기로 해요. 그러기 위한 가장 첫 시작이 바로, 이것이 내가 진정으로 보길 원하는 것인가, 하고 내게 묻는 습관을 기르는 것인 거예요. 그러니 매 삶의 순간 그것을 내게 물으며 가장 먼저 나 자신에 대해 알아가기로 해요. 당신이 지금 누군가에게서 미움을 바라보고 있다면, 그건 당신이 미움을 바라보길 원했기 때문인 것이고, 왜냐면 당신이 그럼에도 사랑을 바라보길 진정으로 원한다면 그 순간 당신은 사랑스러움을 바라보게 될 수밖에 없기 때문이며, 그런 식으로 당신이 지금 지각하고 있는 모든 것 안에서 당신이 무엇을 진정으로 보길 원하는 사람인지, 하는 진짜 당신의 모습에 대해서 알아가는 거예요. 그것을 스스로 알고 바라보지 못하면, 결코 변화를 맞이할 수 없는 거니까요. 우리는 오직 스스로 인정한 것만을 변화시킬 수 있고, 왜냐면 내가 아무리 미움을 원하고 있어도 스스로 그렇지 않다고 믿는다면 그때는 변화를 선택할 마음조차 먹지 못할 것이 분명하니까요. 그러니 이제는 지금 내가 보길 원한다고 '말'하는 것이 아니라, 내가 보고 경험하고 있는 세상이 내가 원한 것의 결과이기에 내가 겪고 있는 지금의 모양 안에서 내가 보길 원하고 있는 것이 무엇인지를 알아가는 당신이길 바라요. 오직 그곳에만, 진정으로 당신이 보길 원하는 것에 대한 진실하고도 정직한 답이 있는 거니까요.

그리고 그때, 당신은 깜짝 놀라게 될 거예요. 내가 진정으로 이것들을 바라보길 원해왔던 것인가, 하는 생각에 말이에요. 그리고 당신이 놀란 만큼, 당신은 알게 되겠죠. 여태 그만큼 무의식에 의해 휘둘린 채 함부로 생각하고 무엇인가를 원해왔던 당신이었다는 것을. 그저 습관적으로, 당연하게 믿고 생각해왔던 결과가 당신을 지금의 이 끔찍한 불행에 이르게 했고, 당신은 한 번도 물은 적이 없기에 그래왔던 것조차 모르고 있었다는 것을. 하지만 이제는 물었고, 그것을 묻는 순간 모든 무의식 뒤에서 잠 들어있었던 진짜 당신이 깨어났고, 하여 이제는 바라볼 수 있게 된 거예요. 당신 마음속 깊숙한 곳의 진짜 당신은 그러한 것들을 원할 수조차 없을 만큼의 온유함이자, 생명이자, 사랑이고, 그 질문에 답을 하는 사람은 당신이 여태까지 해왔던 세상을 향한 반응과 그 반응이 쌓이고 쌓여 만든 당신의 무의식적 습관이 아니라, 그 모든 반응과 습관 너머에 있는 진짜 당신, 그 빛이니까요. 그리고 그 빛은 당신에게 답할 거예요. 아니, 나는 그러한 것을 원하지 않고, 원한 적도 없다. 다만 나는 너에게 이해를, 사랑을, 용서를, 평화를, 너그러움을, 다정함을, 친절함을, 온화한 표정을, 예쁜 생각을 원한다. 그리하여 네가 그런 세상을 바라볼 수 있길 원한다, 하고 말이죠. 그러니 이제는 물음으로써, 당신이 진정으로 원할 수 있는 것만을 원하기로 해요. 당신, 영원한 사랑이 결코 원할 수 없는 고작 왜소함이나 이기심, 우울함, 미움과 증오 따위의 것들이 아니라.

　여태 단 한 번도 묻지 않았고, 그래서 당신, 겹겹이 쌓인 무의식의 빛 한 줌 들어오지 않는 벽 안에 갇혀 스스로가 진정으로 원하는 것이 무엇인지도 모르는 채 아픔과 고통만을 원해왔죠. 그러는 동안 당신의 진짜 정체성인 사랑은 그만큼 더 잊혀졌고, 하여 진짜 당신인 사랑이 보길 원하는 것과 지금 당신이 보길 원하는 것 사이의 심각한 불일치로 인해 당신, 상실감과 공허함, 불안함, 죄책감과만 가득 함께하게 되었죠. 당신이 계속해서 그 불행을 행복이라 믿고 추구할 때, 끝내 당신의 마음 안에는 지옥의 어둠만이 자리 잡게 될 테니, 부디 그 어둠이 주는 아픔을 스스로 인지한 채 이제는 진짜 행복을 향해 발길을 옮겨달라고 당신의 마음속 진짜 당신인 사랑은, 그 아픔들을 통해 당신에게 말해주고 싶었을 테니까요. 하지만 그 목소리는 당신이 둘러놓은 무의식의 장벽에 막혀 당신에게 전달되지 않았고, 그래서 당신, 그 모든 고통을 외면하기 위해 더 큰 고통을 원하고 추구하는 완전한 오류에 더욱 깊이 빠져들어 왔던 것이죠. 하지만 이제 당신 마음 깊숙한 곳의 당신, 그 진짜 당신인 사랑에게 물었고, 묻는 순간 무의식의 모든 벽은 허물어졌고, 하여 사랑의 빛이 당신의 마음 안에 가득 내리쬐기 시작하는 거예요. 그래서 당신, 기쁨과 행복을, 이해와 용서를, 생명력과 평화를, 그 모든 사랑에 어울리는, 사랑다운 것들만을 보길 원할 수밖에 없게 되어 그것들만을 원하게 되는 거예요. 사랑은 결코 미움과 왜소함, 이기심, 우울, 무기력과 같은 것들을 원할 수가 없으므로.

그러니 이제는 당신, 사랑답게 진정한 행복만을 보고자 원하기로 해요. 그러기 위해 아름다운 마음을, 용서와 사랑의 빛을, 이해와 너그러움의 꽃을, 다정함과 예쁜 미소의 사랑스러움만을 마음에 가득 담아내기로 해요. 그렇게, 이제는 당신을 행복하게 해줄 수밖에 없는 것들만을 보길 원함으로써 꼭, 행복하실 바라요. 하여 당신을 아프게 하고 불행하게 하는 것들 앞에서 단 한 번의 눈길조차 주지 않고 그것들을 거절할 수 있길 바라요. 무엇보다 그럴 수 있게, 이제는 무의식 너머의 빛으로 존재하는 지혜로운 당신이길 바라요. 그리고 그러기 위해, 당신 자신의 내면에 대고 꼭 내가 진정으로 보고자 원하는 것이 무엇인지를 물어볼 줄 아는 겸손한 당신이길 바라요. 정말 내가 보고자 원하는 것이 이게 맞을까, 하고요. 그 어떤 미움과 불행의 유혹이 찾아오는 순간에도 놓치지 않고 당신 자신에게 그것을 물어본다면, 그때마다 당신 마음속 진짜 당신이 그 모든 유혹의 어둠을 사랑의 위대한 빛으로 몰아내 줄 테고, 하여 금방이면 누구보다 예쁘고 사랑스러운 미소로 웃고 있는 당신을 되찾게 될 테니까요. 그렇게 당신의 행복하기 위한 모든 예쁜 노력들이, 이제는 당신을 아프게 하기보다 당신을 진짜 행복하게 해주길 진심으로 소원해요. 태어나 단 한 번도 행복을 원하지 않은 적이 없었던 당신, 영원한 사랑이니까. 다만, 당신이 누구인지를 잠시 잊고 지내왔던 것뿐이니까. 하지만 그러는 동안에도 당신은, 여전히 참 예쁘고 소중한 사랑이었으니까.

그러니 이제는 다만 사랑만을 보길 원하길. 그러니까 당신 자신으로 존재하기만을 원하길. 분명하고도 확실하게 그렇게 하길. 그때는 사랑 아닌 그 어떤 것이 당신을 향해 찾아올지라도, 당신은 그것을 더 이상 원하지 않기에 그것에 끌리지 않을 테고, 하여 단 하나의 미련도 없이 그것을 거절할 테니까. 결국 내가 아무리 싫다고 말해도, 마음속으로 그것을 원하기에 여전히 그것에 끌리고 있다면 나는 그것을 취소할 수 없을 테고, 하여 허용하기 마련일 테고, 오히려 그것의 반대인 사랑을 단호하게 거절하게 될 테니까. 그러니 당신이 진정으로 원하는 것이 무엇인지, 스스로 가장 잘 알길. 대부분의 사람들이 미움 때문에, 우울 때문에, 욕망 때문에, 공허 때문에 힘들고 고통스럽다고 말하면서도 여전히 스스로 그것들에 강렬하게 집착하고 있다는 것을 바라봄으로써 당신은 더더욱 정직하고도 겸손하길. 그러니까 미움 때문에 힘들다고 말하는 사람이, 누구보다 미움을 강렬하게 원하는 사람인 경우가 많으며, 그래서 그는 결코 스스로 미움을 내려놓고자 하지 않는 것임을. 만약 미움이 아니라 용서를 원했다면, 스스로 진정으로 바라고 원했다면, 그 순간 즉시 완전하게 용서했을 것임을. 그리하여 자신에게 기쁨과 평화를 선물해줬을 것임을. 그러니 당신은 그 모순과 오류에 빠져들지 말길. 그러기 위해 늘 스스로에게 묻길. 물음으로써 진짜 당신인 빛과 사랑을 불러들이길. 그리하여 빛과 사랑으로 존재하는 순간 당신, 더 이상 스스로 애쓰지 않아도 오직 기쁨과 평화만을 보길 원하고 있을 테니까. 그러니까 당신은 오직 당신 자신으로 존재할 필요가 있었을 뿐인 것임을.

    당신이 당신 자신으로 존재하지 않아 왔기에, 그토록이나 왜소한 감정들 때문에 고통받으면서도 그것을 떨쳐낼 수 없었던 것이며, 누구보다 그 고통에서부터 벗어나고 싶지만 그럴 수 없었던 것이며, 왜냐면 그때의 당신은 당신이 무엇 때문에 고통받고 있는지조차 모르는 채 고통받고 있기 때문이며, 하여 그 고통을 결코 해소할 수 없는 또 다른 고통으로 그 고통을 풀고자 헛되이 노력하게 되었던 것이며, 그러니까 그 모든 것이 자신이 누구인지 모르는 무지함에서 비롯된 오류인 거니까. 그러니 당신 자신을 앎으로써 이제는 당신 자신으로 존재하길. 그 어떤 왜소함도, 고통도 스스로 원할 수 없는 완전한 사랑으로. 당신은 사랑에 인내심이 필요하다고 생각하지만, 사실 인내심이 필요한 유일한 것은 바로 고통이고, 사랑은 결코 인내하지 않음을. 그러니까 사랑은 고통을 단 한 순간도 견디거나 참을 수 없어 곧장 그것을 포기해버림을. 그러니 당신은 사랑답게 더 이상 인내하지 말길. 다만 기쁨과 평화만을 원하고 그곳에 거하길. 그렇게 미움이 보이는 즉시, 증오가, 우울이, 왜소함이, 공허가 보이는 즉시 그것들을 포기하길. 다만 당신 자신에게 물음으로써. 진정으로 이 고통을 원하는 게 맞는지를. 이 모든 불행을 바라보길 원하고 있는 게 맞는지를. 단 한 순간이라도 그러한 것들을 원할 수 없는 당신 사랑이 그 순간 당신을 대신하여 답할 것이고, 그것은 다만 사랑일 것이니. 그러니 당신은 당신처럼만 사랑이길. 다만, 당신 자신으로만 존재할 뿐이길. 더 이상, 당신 자신으로 존재하지 않는 슬픔과 고통을 인내하지 않음으로써. 오직 기쁨과 평화만을 누리기 위해 태어난 당신, 그 어떤 왜소함도 어울리지 않는 완전한 힘이자 영원한 아름다움인 사랑은.

## 진짜, 다정한 사람, 사랑

결국 우리는 우리의 마음 안에 있는 사랑의 양만큼만 타인에게 사랑을 줄 수 있다는 것을 잊지 마세요. 그러니까 내가 키우는 강아지는 마음을 다해 사랑하고, 내가 키우는 고양이는 미워하고, 그럴 수는 없는 거예요. 내 마음에 사랑이 있는 만큼 우리는 모든 생명을 향해 같은 크기의 사랑을 줄 것이고, 때로 상대방의 성향에 따라 다른 모양의 사랑을 줄 수는 있겠지만 그렇다고 해서 그 사랑의 크기가 달라지는 것은 결코 아닐 테니까요. 그러니까 너는 사랑하고, 너는 미워하고, 그럴 수는 없는 거예요. 너는 이렇게 사랑하고, 너는 저렇게 사랑할 수는 있더라도 말이에요. 때로 나와 결이 너무나도 맞지 않는 사람이 있다면 그때도 여전히 사랑하지만, 서로의 행복을 위해 함께하지 않는 것을 선택할 수는 있더라도 말이에요. 그게 그 사람의 존재의 방식을 최선을 다해 존중하고 아껴주는, 또 하나의 사랑의 방식인 거니까요. 그 사람에게 나의 방식을 강요하려 하기보다, 그렇게 상처와 피곤함만을 안겨주는 관계를 맺으며 함께 불행해지기보다, 사랑하기에 서로의 기쁨과 안녕을 위해 함께하지는 않는 것을 용기 있게 선택할 줄 아는 것이며, 그러니까 사랑은 두려움과 순진함이 아닌, 거절할 줄 아는 용기와 무엇이 서로의 기쁨을 위한 것인지를 분명하게 아는 지혜와 함께하는 거니까요. 그리하여 미움을 품게 될 여지를 남기지 않는 오롯함과 함께하는 거니까요.

그래서 사랑은 애쓰고 노력하는 게 아닌 거예요. 그저 내가 사랑이 된 만큼, 내 마음 안에 사랑을 소유하고 있는 만큼 당연하게 사랑할 뿐인 것, 정확히 그만큼 예쁜 사랑의 형태를 띠는 것일 뿐인 것, 그게 바로 진짜 사랑의 모양인 거니까요. 그러니까 사랑한다면서 나에게 쓸 잠깐의 시간도 없는 사람은, 그게 바로 그 사람이 지닌 최선의 사랑의 모양인 것이며, 그래서 그에게 나에게 시간을 써주길 바라는 것은 그의 마음 안에 어떤 압박감과 저항감을 심어주게 될 뿐인 것이며, 하여 그때부터는 둘, 대치하고 싸우게 될 수밖에 없는 것이며, 혹여나 나를 위해 그렇게 한다고 해도 그건 애쓰는 것이지, 진실한 사랑의 마음으로 그렇게 하는 건 결코 아닌 것이며, 그래서 애초에 예쁜 사랑의 모양을 지닌 사람과 함께하는 게 이토록이나 중요한 거예요. 상대방과 어떤 약속을 했는데 그 약속에 늦을 것 같아 염려하는 마음, 그런 마음이 당연하게 있는 사람은 어떤 순간에도 약속을 지키고자 할 것이며, 혹여나 자신이 늦을 것 같다면 미리 연락을 해줄 것이며, 하지만 그런 마음이 없는 사람에게 그러한 것을 바랄 때, 그는 늘 변명할 거리를 수두룩하게 가져와 당신에게 자신의 억울함만을 털어놓기에 바쁠 테니까요. 하지만 당연하게 약속을 지키는 사람은, 어떤 상황 속에서도 지키고자 노력했을 것이며, 하여 지키지 못했을 땐 오직 미안해할 뿐일 것이며, 그러니까 그는 자신이 사고를 당한 순간에도 당신이 자신을 기다리고 있지 않을까, 그것을 가장 먼저 염려한 채 자신이 처한 상황보다 당신의 기다림을 걱정했을 테니까요. 그게 바로 그가 당연하게 사랑하는 방식인 거니까요.

그러니 이제는 예쁜 모양의 사랑이 당연한, 다정할 수밖에 없어서 다정하고 진실할 수밖에 없어서 진실한, 진짜 예쁜 사람과 함께 하길 바라요. 누군가가 나를 사랑한다고 말하면서 나를 전혀 사랑하지 않는 사람처럼 행동하며 나를 존중하거나 배려하지 않는다면 그 사람의, 나를 사랑한다는 말은 한 번쯤은 의심해볼 필요가 있는 거예요. 아마도 그게 그가 지닌 가장 최선의 사랑의 모양일 테고, 그래서 아마도 그는 당신과 함께하는 내내 그러한 태도로 당신을 마주할 테니까요. 또 나에겐 다정하지만 어떤 생명을 향해서는 전혀 사랑이 없는 사람처럼 행동한다면 그 사람의, 나를 사랑한다는 말 또한 한 번쯤은 의심해볼 필요가 있는 거예요. 나에겐 친절하지만 식당의 웨이터에겐, 택시 기사님들에겐 함부로 무례한 사람이라면 말이에요. 왜냐면 자신이 다정한 사람이 된 만큼, 모든 사람을 향해 다정할 수밖에 없는 게 진짜 다정의 모양인 것이고, 그래서 누군가에게 다정함이 결코 건넬 수 없는 무례를 건넬 수 있다는 건 그가 다정하지 않은 사람이라는 것의 증명인 것이며, 그래서 그가 나에게 건네는 다정은 나를 향한 진실한 사랑이 아니라, 자신의 환상과 이기심을 채우기 위한 욕망에 불과할지도 모르는 것이고, 그러니까 나에게 환심을 사기 위해 나에게 잠시 잘해주고 있는 것일 뿐일지도 모르는 것이고, 그리하여 당신의 마음을 얻고 난 뒤엔 결국 내가 아닌 다른 생명을 향해 보였던 다정하지 않은 그 모습으로 당신을 또한 마주하게 될지도 모르는 거니까요. 그렇다고 한다면 그의 다정함은 결국 진실한 의미에서의 다정함이 아니라, 자신이 욕망하는 것을 소유하기 위한 전략으로써의 다정함이었던 것뿐이니까요. 그리고 어떤 감정적인 끌림에 의해 나의 마음을 얻기 위한 목적으로 나에게 잘해주는 것, 그 사심과 욕망과 소유욕은 사랑처럼 꾸준하거나 힘 있는 감정이 아니기에 금방이면 식기 마련인 것이고, 그래서 결국 자신의 욕구를 충족시키고 나면 평소에 자신이 사심 없는 사람들을 대할 때 취하던 그 본연의 모습으로 돌아와 나를 마주하게 될 가능성이 높은 거니까요. 아마도 아주 높은 확률로 그럴 테니까요.

    그러니 나에게만 다정하고 친절한 사람이 아니라, 모든 사람에게 다정하고 친절한, 반듯하고 예쁜, 기특해서 사랑받는, 그런 사람을 만나길 바라요. 나에게만 특별히 다정하기 위해 애쓰기보다, 애쓰지 않고도 당연하게 나를 다정하게 대하는, 다정함이 본성인 사람 말이에요. 그 모습만이 변하지 않을, 식어 사라지지 않을, 영원한 그의 모습인 거니까요. 그러니까 내가 이 사람은 이런 사람이다, 하고 판단할 수 있는 유일하게 진짜 그 사람의 모습인 거니까요. 그러니 이제는 다정함이 많아서 다정할 수밖에 없는, 진짜 다정한 사람을 만나길 바라요. 아마도 정말 진실하게 다정한 사람은, 드러나지 않을 만큼의 잔잔함으로, 그저 자신의 자리에서 꿋꿋이 티 내지 않으면서 자신의 다정함을 온통 건네고 있을 거예요. 그리고 그건 그가 매일의 일상을 어떻게 보내고 있는지를 엿볼 때 금방이면 알 수 있는 것이겠죠. 그러니까 당신은 한 사람이 식물을 마주하는 태도, 동물을 마주하는 태도, 자신의 일을 마주하는 태도, 가족을, 친구를 마주하는 태도, 한 번 스쳐보고 말 사람들을 대하는 태도, 그 모든 어쩔 수 없이 드러나는 일상 안에서 그가 어떤 방식과 태도로 삶과 사람들을 마주하고 있는지를 지켜보며 당신과 함께할 사람이 진짜 다정한 사람인지를 살펴보기로 해요. 진짜 다정한 사람은 마음에 온통 지니고 있는 다정함과 사랑이 표정과 말투, 행동, 분위기에 묻어나 그 아름다움이 잔뜩 느껴지기 마련인 것이고, 그리고 그 아름다움이 꾸밈없는 그의 모습이라는 걸 본능적으로 알게 되기 마련이니, 그 자신의 진심과 다정함이 당신의 몸과 마음으로 온통 전해지는 사람, 그리하여 그, 진짜 따듯하고 다정한 사람과 함께하길 바라요.

이 세상엔 자신이 했던 선한 행동을 매일 같이 자랑이 아닌 듯한 은밀한 미화와 함께 전시하고, 사진이나 글로 드러내고, 그런 사람도 있을 것이며, 당신에겐 한없이 친절한 것 같지만 운전을 할 때는 너무나 쉽게 화내는 사람도 있을 것이며, 당신을 대하는 태도와는 너무나 다르게 동물과 식물에겐 한없이 무관심하고 애정 없는 모습을 보이는 사람도 있겠죠. 참 예쁘게 말하는데, 어딘지 모르게 그 말이 내게 진심으로는 닿지 않는 사람도 있겠죠. 사랑한다고 말은 하지만 늘 나에게 화를 낸다거나, 나에게 변화를 요구한다거나, 내 마음에 죄책감을 심기 위해 애쓴다거나, 예민하게 굴고, 무관심하게 굴고, 존중감 없는 함부로인 태도로 나를 내하고, 그런 사람도 있겠죠. 그리고 그런 사람들이 바로 당신이 피해야 할 사람인 거예요. 그들은 자신의 마음 안에 사랑이 없어서 당신을 결코 사랑할 수 없는 사람들이며, 자기 마음 안에 사랑이 없기에 당신에게 사랑을 건네지는 못하지만, 그래서 더더욱 당신의 사랑으로 그 사랑의 부재를 메꾸기 위해 사랑을 받고자만 할 사람들이며, 하여 그들과 함께할 때 당신, 시들어질 수밖에 없는 거니까요. 차라리 혼자일 땐 오롯하고 행복했었는데, 함께함으로써 혼자일 땐 전혀 없었던 마음의 갈등과 부정적인 곱씹음, 미움의 일렁임, 그러한 것들과 매일을 함께하게 되었다는 생각에 지치고 소진될 테니까요. 이용당하고 있다는 기분에 늘 억울할 테고, 사랑받지 못하고 있다는 기분에 늘 외로울 테고, 존중받지 못하고 있다는 기분에 늘 속상하고 화가 날 테고, 그러니까 둘 모두가 함께함으로써 더욱 불행해질 뿐인 무의미한 관계가 바로 이 관계일 테니까요.

그러니 모든 사람에게 따듯하고 다정한 진짜, 다정한 사람을 만나요. 당신이 그런 사람이 되고 나면, 그런 사람이 당신의 눈에 보이기 시작할 거예요. 당신이 진짜 다정한 사람이 되고 나면, 당신은 익명의 선행을 자주 하게 될 것이고, 그래서 당신은 누군가에게 전시하기 위해 선행을 하는 사람의 그 행동이 당신의 것과는 다르다는 것을 금방이면 알아차리게 될 것이고, 하여 그 사람에게서 어떤 불편함과 부담스러움을 느끼게 될 테니까요. 당신의 다정함은 발밑에 보이는 개미 한 마리도 밟지 않기 위해 조심하는 모양을 띠고 있는데, 자신이 다정한 사람이라 말하면서 어떤 생명을 함부로 괴롭히고 있는 누군가의 모습을 당신이 우연히 보게 되었다면, 당신은 그게 가능한 일일까, 하고 이제는 곱씹어보게 될 테니까요. 그러니까 당신이 다정함을 소유하고 나면, 당신은 다정함이 어떤 모양의 것인지를 누구보다 잘 알고 있는 채일 테고, 하여 타인의 다정하지 않음을 알아차릴 수밖에 없어 알아차리게 될 테니까요. 아무리 다정한 척 다정함을 흉내 내봐도, 진짜 다정함이 무엇인지 모르는 사람은 결코 다정함을 완전히 구현해낼 수 없는 거니까요. 그러니 진짜 예쁜 사람을 만나기 위해 당신이 먼저 진짜 예쁜 사람이 되기로 해요. 예쁨과 다정함을 소유했기에 그것에 대해 누구보다 잘 알아서, 그렇지 않은데 그런 척하는 사람을 꼭 구분할 줄 알게 되기를. 그 반짝이는 지혜와 다정함의 안내가 당신과 반드시 함께하게 되기를. 그로부터 당신, 보호받게 되기를.

아마 당신이 진짜 다정한 사람이 되고 나면 당신의 마음에는 결핍이 거의 대부분 사라진 채일 것이기에 그때의 당신에겐 굳이 어떤 사람과 꼭 함께하고 싶다는 낭만이 거의 남아있지 않을지도 몰라요. 하지만 그래서 당신, 더 잘 사랑하고, 더 예쁘게 사랑하게 될 거예요. 낭만을 꿈꾸고 기대하는 사람은, 결국 그 낭만과 기대가 실망과 서운함으로 변하는 순간을 맞이하게 되어있고, 왜냐면 그 낭만이라는 것은 자신의 이기심과 욕망에 기반을 둔 상상력으로 만들어낸 허상인 것이기 때문이고, 무엇보다 그때는 그 허상을 지켜내기 위해 상대방에게 더욱 변화를 강요하며 압박하기 마련이고, 하여 그 관계, 끝내 상처만을 주고받을 뿐인 시들어진 관계가 될 테고, 하지만 많은 사람들이 그러고 있는 순간에도 당신은 그 환상과 더 이상 함께하고 있지 않을 것이기에 끝끝내 안전할 테니까요. 그러니까 그때의 당신은 기대하기보다 있는 그대로를 바라봐주고 받아들여주는 마음의 진정한 힘과 함께하고 있는 사람일 테니까요. 사람들은 흔히 멀리서 추앙하고 존경하던 사람과 마침내 가까워지고 나면 금방 시루함과 실망감을 느끼게 되는 경향이 있고, 왜냐면 자신의 환상과 그 사람의 실재는 너무나 달랐기 때문이고, 하지만 당신은 애초에 당신 마음의 결핍에서 비롯된 어떤 투사를 일삼지도 않을 테고, 그러니까 당신은 누군가에게 당신의 환상을 잔뜩 덮어 씌어놓은 뒤에 그를 만나고, 그래놓고는 그가 당신의 환상과는 다른 모습이라며 뒤늦게 실망하고, 하여 당신의 환상을 지켜내기 위해 그 사람을 당신의 환상에 맞게 변화시키고자 더욱 압박하고 강요하고, 더 이상 그러지 않을 테고, 다만 있는 그대로의 상대방을 가득 바라봐주며 아껴주고 사랑해주자 할 뿐일 테니까요.

 그러니 내 마음에 사랑이 없어서 자꾸만 바깥에서 어떤 모양의 사랑을 갈구하기보다, 내 마음에 예쁜 사랑이 가득 차 있어서 바깥에서 사랑을 구할 필요조차 없을 만큼 내가 먼저 예쁜 모양의 사랑을 지닌 사람이 되기로 해요. 그때는 좋은 사람을 만나지 않겠다며 아무리 발버둥 쳐봐도 좋은 사람을 만날 수밖에 없을 만큼 당신, 참 예쁘고 아름다운 지혜와 함께하고 있을 거예요. 내가 예쁜 사람, 예쁜 사랑이 되기 위해 낡고 해묵은 지난 습관을 최선을 다해 지우며 나아온 만큼, 그리하여 마침내 완성해낸 성숙만큼, 되찾은 사랑만큼 이제는 당신, 무엇이 진짜 사랑이고 아닌지를 너무나도 잘 알게 되었을 테니까요. 내가 미운 사람을 용서하고자 그토록이나 오랜 시간 고군분투하며 마침내 용서를 완성했는데, 그리하여 사랑이 되었는데, 어떻게 당신을 사랑한다면서 늘 미워하는 사람의 그 사랑한다는 말을 진심으로 들을 수 있겠어요. 누군가를 사랑한다면서 동시에 미워했던 나는, 사실 그 누군가를 전혀 사랑한 적이 없었음을 이제는 누구보다 내가 잘 알고 있는데 말이에요. 그래서 당신은 당신이 사랑이라 믿을 수 있는 사랑을 당신에게 주는 사람에게만 끌릴 수 있게 되는 거예요. 그리고 당신이 누군가를 사랑한다면서 건네는 사랑의 모양으로, 사랑이 무엇이라고 믿고 생각할 수밖에 없는 당신일 테고, 하여 예쁜 당신이 된 만큼, 더욱 진실한 사랑을 건네는 당신이 된 만큼, 당신은 예쁘고 진실한 사람을 만날 수밖에 없게 되는 거예요. 그리고 당신 또한 지금 생각해 보면 전혀 사랑이 아닌 것들을 그때는 사랑이라 믿어왔던 것만큼, 타인의 그러한 믿음 또한 이해하기에 그들을 미워하기보다는 헤아리게 될 것이며, 하지만 다만 그럼에도 함께하는 순진함을 선택하지는 않을 뿐인 거예요. 그게 둘 모두를 위한 최선의 사랑이므로.

그러니 예쁜 사람을 만나기 위해, 당신부터가 먼저 예쁜 사랑을 완성하고 소유해내기로 해요. 그 사랑의 노력을 매 순간 해나가기로 해요. 사랑하고자 마음먹자마자 내 마음속에 일렁이는 무수히 많은 갈등들, 그, 사랑 앞에서 저항하는 셀 수 없이 많은 목소리들, 그곳에서부터 시작하는 거예요. 아마도 쉽지는 않을 거예요. 그 무엇보다 어렵고 고통스러운 과정이 될지도 몰라요. 하지만 그럼에도 그것이 당신을 위해서임을 알기에, 당신의 예쁜 만남과 사랑을 위해서임을 알기에, 이제는 마음을 굳게 먹기로 해요. 포기하지 않은 채 꿋꿋이 나아가기로 해요. 그리하여 그 끝에 있을 예쁜 사랑의 열매를 꼭 당신의 것으로 소유해내기로 해요. 이미 사랑인 사람이 아무렇지도 않게 너그럽고 다정한 것처럼, 다만 당신, 너무나도 사랑과 멀리 떨어진 채 사랑이 아닌 것처럼 존재해왔던 것뿐이에요. 그래서 미움과 분노가 오히려 너무나 자연스러워진 나머지 사랑이 어색해지고 사랑에 서툴러졌던 것뿐이에요. 하지만 그럼에도 여전히 당신의 마음 깊숙한 곳에는 사랑이 그대로 보존되어있을 것이기에 당신, 반느시 살 해낼 거예요. 사실은 지금도 사랑이라서, 사랑하지 않았던 모든 순간에 고통스러워하는 당신인 것이며, 사랑하는 모든 순간엔 행복과 기쁨의 천국만을 가득 느낄 뿐인 당신이니까. 그리고 조금씩 더 사랑함으로써 그 천국을 더욱 느끼고 누리고 나면 그 행복과 기쁨이 너무나도 아름답고 벅차서 당신, 아무런 애씀과 노력 없이도 자연스럽게 더 자주 사랑하고 있을 테니까. 오직 사랑하는 일에만 더 많이 욕심내고 있을 테니까.

그러니 이제는 한 발을 내딛기로 해요. 진짜 행복이 무엇인지 한 번이라도 느껴본 사람은 그 행복이 아닌 다른 행복에는 결코 만족할 수 없기에 그때 느꼈던 그 행복을 다시 느끼기 위해 모든 마음을 다해 전념하게 되어있는 거예요. 그래서 당신에게는 딱 한 번, 그 진짜 행복을 느낄 필요가 있을 뿐인 거예요. 바로 미워하던 사람을 용서함에서부터 오는 행복을, 이제는 더 이상 화내지 않아도 되는 너그러움에서부터 오는 행복을, 결코 이해할 수 없을 것만 같았던 어떤 상황과 사람을 마침내 이해할 수 있게 된 성숙에서부터 오는 행복을, 늘 이기적이어야 했지만 이제는 더 이상 인색함에 사로잡혀 계산하고, 왜소함에 눈이 멀어 곱씹고 갈등할 필요가 없다는 안도에서부터 오는 행복을, 그게 어떤 모양의 행복이든, 그 진짜 행복을 말이에요. 그러니 지금의 불행, 그곳에서부터 시작하기로 해요. 그 불행이 가장 적절하고 소중한 성숙의 기회이자 당신을 위한 수업이었음을 그 불행을 건너고 나면 당신, 마침내, 반드시, 꼭 알게 될 거예요. 그리하여 매 순간의 사랑 아닌 순간들을 이제는 사랑할 기회로 바라보게 된 당신은 사랑할 수밖에 없어 사랑할 테고, 누구보다 당신의 행복과 기쁨을 위해 그렇게 할 테고, 그래서 사랑이 된 만큼, 사랑을 소유해낸 만큼 무엇보다 예쁘고 아름다운 사랑의 관계 안에 서 있게 될 당신일 테니까. 그러니 꼭, 사랑이라는 당신의 진짜 정체성을 되찾아 순수하게 사랑하고 예쁘게 다정하고 소중하게 아끼는 그, 진실함에 젖어 빛나는 사랑을 건넬 수 있게 되길 바라요. 그리하여 당신에게 또한 그런 다정을 건네는 사람을 만나게 되길 바라요.

그러니까 이제는 진짜, 사랑하길. 모든 사람에게 친절하고 다정하지만, 서로에게만 야한, 그리고 서로가 그렇다는 걸 완전히 믿고 신뢰할 수 있는 진짜와 진짜의 만남, 그 진짜 사랑을. 그 같이만이, 함께할 가치가 있는 유일한 같이니까. 그리고 당신은 그 아름다운 같이의 가치를 누리기에 지금도 충분히 사랑이며, 벅차게 사랑이며, 영원히 사랑인 존재니까. 당신은 잊었을지라도, 사실 태어나 단 한 번도 사랑이 아니었던 적이 없는 영원한 사랑스러움, 그게 바로 당신이라는 존재의 진짜 정체성인 거니까. 그래서 참 예쁘고 아까운 사랑만이 어울리는 당신이니까. 그런 사랑을 하는 게, 그런 사랑을 받는 게 무엇보다 가장 자연스러운 사랑 그 자체의 당신이라서. 그러니 이제는 당신, 사랑답게 더 많이 사랑하는 일에만 욕심을 부리기를. 그러니까 미움과 이기심이 아니라, 인색함과 왜소함이 아니라, 더 많이 사랑함으로써 사랑이 되는 일에만 욕심내기를. 사랑함으로써 자신이 사랑이라는 걸 기억해낸 만큼, 더 당신답게 사랑하고 사랑받게 될 당신이니까. 그리고 잊지 말길. 사랑은 애쓰거나 노력하는 게 아니며, 그저 자신이 예쁜 사랑을 완성한 만큼 자연스레, 당연한 습관이자 본능으로써 더 다정한 사랑을 건네게 되는 일인 것이며, 그래서 미움과 분노, 예민함이나 삐딱함, 무기력이나 무관심, 나태함이나 우울함이 본성인 사람이 아니라 오직 다정함이 본성인 사람을 만나는 게 그토록이나 중요한 것임을. 그러니 당신에게는 당신에게 애쓰는 사람이 아니라 당연하게 다정할 뿐인, 예쁜 사랑의 본성을 지닌 사람과 함께하는 지혜가 있길.

  그 지혜가 없을 때 당신은 사랑할 준비가 되지 않은 사람에게 사랑을 바라고 강요하게 될 테고, 왜냐면 당신은 사랑하고, 사랑받기 위해 태어난 사람이기에 사랑받지 못하는 기분을 견딜 수가 없기 때문이며, 하지만 그는 이미 그 나름의 최선으로 존재하고 있는 것이기에 당신의 그 요구 앞에서 끝없이 저항하게 될 테고, 그래서 그 관계는 결코 예쁘지 못할 테니까. 그래서 예쁜 내가 되어 예쁜 너를 만나는 게 이토록이나 중요한 것임을. 그리고 그건 당신이 여전히 준비가 되지 않은 사람일 때 또한 마찬가지인 것임을. 그때는 아무리 예쁜 사람을 만나도 당신은 그 사람의 예쁨을 바라보지 못할 테고, 그저 당신의 예쁘지 않은 본성과 습관, 그 기분과 감정으로만 그 사람을 대하기 바쁠 테고, 그래서 그는 당신을 떠나게 될 테지만, 당신은 아쉬워하지도 않을 것이며, 왜냐면 사랑을 자신의 마음에 소유한 만큼만, 자신이 사랑이 된 만큼만 사랑을 이해할 수 있는 게 우리이기 때문이니까. 그러니까 그때의 당신은 그 사람이 당신을 얼마나 사랑했는지, 그 사람이 얼마나 예쁜 사람이었는지, 결코 그 전부를 바라보지 못하고 있을 테고, 하여 후회할 수도 없는 거니까. 시간이 지나 당신이 그때보다 더 많이 사랑을 이해하게 되었을 때, 그러니까 당신이 언젠가 완성해낸 그 사랑만큼 그 사람의 사랑을 비로소 헤아리게 될 수 있을 뿐이므로. 그마저도 당신이 사랑이 된 만큼만. 그러니 돌이켜 가슴 깊이 후회하는 일이 없게 지금, 최선을 다해 사랑이 되길. 그렇게 예쁜 사람을 맞이할 준비를 해두길. 그리하여 당신, 꼭, 예쁜 사랑을 할 수밖에 없을 만큼, 어여쁜 꽃이 되어 피어나기를.

당신은 누구보다 예쁘게 사랑하고, 사랑받기 위해 태어난 참 소중한 사람, 사랑이니까. 오직 그 예쁜 모양의 사랑에만 만족하고 채워질 수 있는, 진짜 사랑만을 원하고 바라는 그 자체의 사랑이니까. 그래서 예쁜 모양의 사랑이 아니라면 고통받은 채 불행해할 수밖에 없는, 당신, 사랑인 거니까. 그러니 이제는 당신이 무엇으로만 행복해질 수 있고 만족할 수 있는 사람인지를 앎으로써, 다만 사랑에 욕심낼 뿐이길. 모든 순간 당신에게 주어진 사랑할 기회 앞에서, 사랑함으로써 더욱 사랑을 채우고 되찾을 그 선물 앞에서, 예쁜 내가 되어 예쁜 너를 맞이할 준비를 하게 해주는 그 사랑의 수업 앞에서, 그리하여 최선을 다해 사랑하고, 사랑을 배우고, 사랑을 채우길. 당신이 마더 테레사의 사랑을 이해하려면, 그 정도의 사랑을 품어봐야 하는 것이고, 당신이 당신을 향한 신의 사랑을 이해하려면, 또한 그 정도의 사랑을 품어봐야 하는 것이고, 당신이 조금만이라도 더 자주 웃고 행복했으면 좋겠다는 바람으로 일 년이 넘는 시간 동안 단 하루도 쉬지 않고 밤낮을 다해 이 책을 쓰고 있는, 당신을 내내 아끼고 걱정하는 나의, 당신을 향한 사랑을 이해하기 위해서도 그래야 하는 거니까. 그러니까 내가 품은 사랑만큼만 우리는 사랑할 수 있고, 타인의 사랑을 받아들일 수 있을 뿐인 거니까. 하여 내 마음 안에 사랑이 없을 땐 누군가의 완전한 사랑을 의심할 수밖에 없는 우리일 테고, 또 전혀 사랑의 모양을 지니고 있지 않은 사랑을 받으면서도 그것이 사랑이 아닌 줄 몰라 이용당하고 상처받을 수밖에 없는 우리일 테고, 무엇보다 사랑한다면서 상대방을 아프게 하고 있을 뿐일 우리일 테고, 그래서 늘 더욱 사랑해야 하는 것임을. 사랑함으로써 사랑이 되고, 사랑이 됨으로써 사랑을 이해해야 하는 것임을.

그러니 주어진 매 순간의 사랑할 기회 앞에서, 이제는 사랑함으로써 당신 자신을 더욱 알고 기억해내고 이해하게 되길. 여태까지도 사랑이었고, 지금도 사랑이며, 앞으로도 영원히 사랑일 사랑, 당신을. 그리하여 당신만큼만 예쁜 사랑을 하길. 영원히 완전하고 아름답고 예쁘고 기특하고 소중하고 아깝고 존귀한 당신만큼만. 당신은 애쓰거나 노력하지 않아도 당신이란 존재의 정체성과 습관과 본능만으로, 그 무엇보다 완전하게 아름다운 사랑을 건넬 수밖에 없는 사랑이며, 그런 당신을 설명하기 위해 사랑이란 두 글자가 생겨난 거니까. 그러니까 당신이 먼저 있었고, 그런 당신을 일컫기 위해 사랑이란 말이 생겨난 거니까. 그래서 당신이 곧 사랑이고, 사랑이 곧 당신인 거니까. 그러니까 사랑은 다만 사랑이고, 당신은 다만 당신이길. 그러니까 당신, 내내 사랑일 뿐이길. 사랑이 있기 전부터 사랑으로 존재해왔던 영원한 사랑, 내가 보기엔 사랑이란 두 글자로도 결코 설명해낼 수 없는 너무나 반짝이는 빛이자 찬란한 생명력이자 아름답고도 예쁜 존재, 당신, 그러니까 굳이 당신을 설명하는 두 글자를 정해야 한다면 사랑이 아니라 당신이 더 적절한, 사실 사랑보다 더 사랑인 당신, 사랑은. 그러니 꼭, 서로가 얼마나 예쁨이고, 찬란함이며, 기쁨이고, 아름다움이며, 더할 나위 없는 사랑인지를 함께함으로써 더욱 알아가게 되는 사랑을 하길. 서로가 서로를 사랑으로도 다 표현할 수 없을 만큼의 사랑으로 여기기에, 그런 마음을 가득 담은 눈빛으로 서로를 바라봄으로써 너는 사랑보다 더 사랑인 사람이야, 하고 알려주는, 그걸 설명할 수 있는 말은 없지만 그걸 설명할 수 있는 눈빛과 마음은 있다는 것을 하여 알게 해주는, 그런 사랑을. 그 사랑만이, 당신, 영원하고도 완전한 사랑에게 가치를 지닐 수 있는, 당신, 영원하고도 완전한 사랑을 만족시키고 채워줄 수 있는, 유일한 같이니까. 당신, 영원하고도 완전한 사랑을. 사랑보다 더 사랑인 사랑을.

# 나로 살아가는 기쁨

　　나로 살아가는 일이 무엇보다 가장 기쁘고 행복한 일이 될 수 있게 매 순간 최선을 다하세요. 나로 살아가는 일이 가장 어렵고 고단하다고 느껴질 만큼 어떤 작은 일조차 내려놓지 못해 끈질기게 곱씹고 미워하고, 매사에 쉽게 상처받은 채 민감하게 반응하고, 삶의 의미를 잃은 우울에 잔뜩 젖은 채 무기력에 빠져 매일을 의기소침하게 보내고, 미래의 불확실함을 받아들이지 못해 잦은 걱정과 공포로 오늘을 견뎌내는 것조차 어려워하고, 그렇게 존재해서는 안 되는 거예요. 그때는 나로 살아간다는 게 너무나 버겁고 지친 일로 느껴져 당신, 당신 자신으로 존재하는 것을 아픔과 불행으로만 여기게 될 테고, 하여 살아갈 기쁨을 온통 상실한 채 생명력 없이 시들어져만 갈 테고, 그로 인해 무엇보다 당신 자신을 스스로 사랑해주지 못하게 될 테니까요. 그러니 고작 이런 내가 되려고 지난 삶의 순간을 그토록이나 지치고 힘겹게 보냈을까, 하는 생각이 아니라 지난 모든 버겁고 힘들었던 시간들, 이토록이나 찬란하고 예쁜 나로 피어나기 위한 선물의 시간이었구나, 하는 생각과 함께 나를 자랑스럽게 여길 수 있도록 이제는 나로 살아가는 기쁨을 되찾고 회복하기로 해요. 그러기 위한 목적 하나로 매일을 마주하고 보내기로 해요. 나로 살아간다는 게 무엇보다 기적처럼 감사하고 소중한 일로 여겨질 수 있게, 그리하여 나를 스스로 아끼고 사랑해줄 수 있게.

　여태 나로 살아가는 일이 너무나 불안하고 고통스러워서 매일 밤을 잠 못 든 채 시달려왔던 나죠. 미움과 분노를 가득 품은 채 매일을 보내느라 미소를 지어본 지가 언제인지 기억조차 나지 않을 만큼 오래된 나죠. 두려워하느라 남들은 아무렇지도 않게 하는 일 앞에서도 잔뜩 긴장한 채 뒷걸음질 쳐야만 했고, 그렇게 도망만 다니느라 성숙의 기쁨을 누려본 지 또한 까마득히 오래되었죠. 마음 안엔 다정함과 너그러움이 아니라 예민함과 삐딱함만이 가득 담겨 있어 타인에겐 늘 날 선 반응을 건네는 나였고, 그로 인해 사람들로부터 기피당해 혼자가 된 나죠. 매일의 기쁨과 꿈과 희망을 상실한 지는 또 얼마나 오래됐는지, 살아갈 의미를 잃어 무기력과 우울함에 젖어 매 순간을 보내고 있을 뿐이죠. 그렇게 나로 살아가는 일이 너무나 지루하고 고통스러운 일이 되어버렸죠. 너무나 끔찍하고 두려운 일이 되어버렸죠. 그래서 잠에서 깨는 게 두려워 수면으로 하루를 지워가는 일이 더욱 잦아졌고, 일어나서는 최대한 나를 느끼지 않기 위해 산만하고 자극적인 일들에 탐닉하며 방황해왔죠. 그 모든 세월을 더해 축 처진 어깨와 한숨 쉬는 얼굴과 찌푸린 표정이 이제는 나, 그 자체가 되어 굳어져 버렸죠. 여태 당신, 그런 당신으로 존재하고 살아가느라 얼마나 지치고 고단했어요. 이 고통을 끝낼 수 있는 건 죽음밖에 없을 거라는 은밀한 생각에 젖어 들 만큼, 얼마나 희망 없는 날들을 보내며 아파왔어요.

　그러니 이제는 나로 살아가는 게 더 이상 끔찍한 고통이지 않게, 나에게 행복한 매일을 선물해주기로 해요. 나로 존재하고 살아가는 일이 내게 무엇보다 예쁘고 사랑스러운, 벅차게 기적 같은 선물로 여겨져 그것 외에 더 이상 바라고 소원하는 게 없을 만큼, 모든 순간 안에 기쁨을 빼곡히 채워 넣는 거예요. 그러니까 어제는 이런 나였는데 오늘은 더 이상 그런 나이지 않다는 성숙의 기쁨을 한아름씩 선물해주며 나아가는 거예요. 오직 그런 마음 하나로, 매 하루를 살아가는 거예요. 지금 누군가가 밉다면, 전처럼 그 미움에 탐닉하며 하루 온종일 미움을 곱씹고 부풀리기보다 최선을 다해 미움을 떨쳐내고 온전히 내 하루를 즐기고 만끽하기 위해 노력하면서요. 지금 어떤 사람의 사소한 불친절, 혹은 무관심함이 서운해서 가슴이 미어질 만큼 속상하고 아프다면, 전처럼 하루 내내 아파하며 속앓이하기보다 이제는 그 일은 이미 지나갔음을 알고, 내가 존재하고 살아있는 유일한 시간인 지금 이 순간을 최선을 다해 기쁨 가득하게 살아가고 사랑하기 위해 노력하면서요. 늘 두려워 피하기만 했던 일 앞에서 이제는 용기를 내어 도전도 해보고, 불면증을 이겨내기 위해 명상도 해보고, 내 마음에 도움이 되는 책도 꾸준히 읽어보고, 그렇게, 나를 위한 행복한 습관을 만들기 위해 최선을 다해 노력하면서요. 세상을 향한 나의 습관적인 반응이 늘 못난 모양이었다면, 그래서 늘 외롭고 혼자가 되었던 나였다면, 이제는 다정하고 사랑스러운 모양으로 바꿔내기 위해, 하여 가득 사랑받는 나를 만들어가기 위해 부단히 노력하면서요.

결코 쉽지는 않을 거예요. 노력하다가도 무너지기 일쑤일 테고, 좋아지는 것 같다가도 다시 예전의 나로 돌아가 노력하겠다는 마음조차 잊은 채 지내는 나를 발견하게 되는 일도 참 잦을지도 몰라요. 그게 어떻게 쉬울 수 있겠어요. 나와 평생을 함께해온 내 모든 습관과 반응을 바꾸어내는 일인데 말이에요. 그러니까 내 존재 자체를 완전히 새롭게 지어내고 탈바꿈하는 일인데 말이에요. 그래서 간절해야만 해낼 수 있는 일인 거예요. 더 이상 나에게, 나로 살아가는 고통과 버거움을 전해주고 싶지 않다고, 눈물을 가득 흘리며 다짐해야만 해낼 수 있는 일인 거예요. 이제는 나에게, 나로 살아가는 일이 무엇보다 자랑이고 기쁨이 될 수 있게 내 모든 마음을 바쳐 나아가겠다고 각오해야만 해낼 수 있는 일인 거예요. 그렇게 다짐하고 각오했음에도 참으로 오랜 시간이 걸릴지도 모르는 일인 것이고, 때로는 다시 예전 모습으로 돌아간 자신을 발견하게 될지도 모르고, 하지만 그럼에도 간절하다면, 정말 행복하고 싶다면 그 모든 역경을 이겨내고 당신, 꼭 해내야 하는 거예요. 포기해서는 안 되는 거예요. 하여 나도 나로 살아가는 게 힘들어, 라는 말보다 나는 나로 살아가는 게 세상에서 제일 기쁘고 행복해, 선물 같아, 라고 말하는 그 자랑스러움을 언젠가의 당신에게 꼭 선물해줘야 하는 거예요. 다른 무엇보다 나에게는 나 자신에게 행복한 매일을 살아가는 나를 스스로 선물해줄 책임이 있는 거니까요. 나로 살아가는 기쁨을 만끽하고 누리는 나를 선물해줄 오직 유일한 책임이. 그러니까 나만큼은 그 어떤 순간에도 나를 아껴주고 사랑해줄 책임이.

그러니 이제는 불행에 지치고 진절머리가 난 당신, 그래서 분노를, 미움을, 우울을, 무기력을, 이기심을 지금의 마음처럼 영원히 지루하게만 여길 필요가 있을 뿐인, 그 모든 나를 위하지 않은 것들을 오늘의 이 감정 그대로 영원히 무의미하게만 여길 필요가 있을 뿐인 당신, 그 변화의 때를 마침내 맞이할 만큼 가득 무르익은 당신, 이제는 한 발을 내딛기로 해요. 오직 의미 있고 가치 있는 것만을 소중히 여기기로 해요. 그러니까 분노를 무의미하고 지루하게 여기고, 이해를 의미 있고 가치 있게 여기기로 해요. 우울을, 미움을, 이기심을, 두려움을, 불안과 갈등을 무의미하고 지루하게 여기고, 기쁨을, 용서를, 사랑을, 용기를, 평화와 조화를 의미 있고 가치 있게 여기기로 해요. 그렇게, 이제는 마음 안에 전과는 다른 것들을 품어내며 나아가는 거예요. 세상을 향해 다른 반응을 건네며 나아가는 거예요. 얼굴엔 다른 표정을, 가슴엔 다른 감정을 품은 채 나아가는 거예요. 그렇게, 당신 자신에게 깊고도 편안한 오늘의 잠을 선물해주는 거예요. 하늘을 바라보며 감동받은 채 하루를 위로받는 순수함을 선물해주는 거예요. 무엇이든 해낼 수 있다는 용기와 자신감을 선물해주는 거예요. 사랑받기에 충분한 나라는 걸 스스로 아는 그 확실한 사랑스러움을 선물해주는 거예요. 작은 것에도 기뻐하고 감사할 줄 아는 천진난만함을, 그 천국의 마음을 선물해주는 거예요. 하여 다시, 활짝 웃게 되길 바라요. 그, 세상에서 가장 예쁜 미소를 되찾고 회복하길 바라요. 당신은 그 모든 것을 받을 자격이 있는 사람이고, 그 모든 것을 누리기 위해 태어나 존재하는 사랑이니까요. 그래서 다른 어떤 모습보다 웃는 모습이 가장 예쁜 당신인 거니까요.

 당신이 있는 그대로 얼마나 소중하고 예쁜 사람인지, 사랑받기에 충분한 사람인지, 그 자체의 사랑스러움인지, 여태 그걸 잊어왔던 것뿐이에요. 그러니 이제는 눈을 감은 채 내가 얼마나 예쁘고 소중하고 사랑스럽고 기특하고 자랑스러운 존재인지를 느껴봐요. 당신이 잊었을 뿐, 당신은 처음부터 영원히 그런 존재였기에 당신에겐 다만 그걸 느낄 필요가 있을 뿐인 거예요. 그리하여 그걸 느끼고 바라본다면, 당신 내면에 이미 있는 그 사랑스러움을 그렇게 발견한다면, 당신, 이 세상에서 가장 예쁜 표정으로 미소 지을 수밖에 없을 거예요. 무엇보다 크고 깊게 행복할 수밖에 없을 거예요. 당신은 정말 그런 소중함이자 예쁨이니까요. 그런 사랑스러움이자 찬란함이니까요. 그러니까 그런 소중함이자 예쁨이자 사랑스러움이자 찬란함이 짓는 미소가 어찌 아름답지 않을 수 있겠어요. 천사가 자신이 천사임을 알고 띠는 사랑의 증표가 바로 그 미소인 것을. 그러니 이제는 가득 바라봐줘요. 삶의 어떤 순간에도 지치고 힘들 때마다, 또다시 예전처럼 속상하고 슬픈 기분이 들 때마다 잠시 멈춰 선 채 느껴보는 거예요. 당신의 사랑스러움을, 그, 감히 말로 표현해낼 수 없을 만큼의 소중함을. 그 닳도록 아름답고 존귀한 당신 자신의 진짜 정체성을. 그 무엇에도 여전히 완전한, 영원히 훼손될 수 없는 사랑, 기쁨, 아름다움인 당신 자신을. 그 찬연하게 반짝이는 세상에서 가장 맑고 밝은 빛을. 그걸 한 번이라도 바라보는 순간 당신, 더 이상 당신 자신으로 살아가는 일을 고단하고 불행한 일로 여길 수 없을 테니까. 그 순간 모든 바람과 소원과 욕망과 결핍이 사라질 만큼 당신, 오직 만족한 채 기뻐하고 누릴 수 있을 뿐일 테니까.

그러니 당신, 당신의 마음 안에 그 모든 기쁨들이 이미 준비되어 있다는 것을 이제는 알고 바라보길. 여태 그걸 몰라 바깥에서 그 기쁨을 얻고자 헛되이 애써왔던 것뿐이었음을. 하지만 이제는 그 고통을 끝낼 때가 왔고, 하여 그것으로 된 것임을. 당신은 이제 모든 기쁨은 오직 당신의 마음 안에 있고, 하여 얻거나 구하는 게 아니라 다만 바라보고 발견하는 것일 뿐임을 아는 자가 되었으니까. 그러니까 당신의 마음이 바로 천국임을, 지난 시간의 모든 고통과 아픔을 더해 당신, 다시 기억하게 되었으니까. 다만 그 기억과 앎에 확신을 더하기 위해 그 천국을 더 자주 들여다볼 필요가 있을 뿐인 당신인 거고, 그렇게 할 때면 다시는 잊을 수 없을 만큼 선명하게 알고 기억하게 될 테니까. 당신이 바로 사랑이었음을, 영원한 기쁨이자 평화였음을, 세상에서 가장 예쁜 미소이자 가장 밝은 빛이었음을. 그러니까 당신은 어떤 이유 때문에 당신이 불안한 거라고 여겼고, 어떤 이유 때문에 두려운 거라고 여겼고, 어떤 이유 때문에 슬픈 거라고 여겼고, 어떤 이유 때문에 미움에 사로잡혔다고 여겼고, 어떤 이유 때문에, 어떤 이유 때문에, 그 수많은 근거 있는 이유들로 인해 지금의 불행에 이르게 된 것이라 믿어왔지만, 사실 그 불행의 유일한 근거 있는 이유는 당신이 누구인지를 잊었다는 것, 오직 그것이라는 것을. 그래서 당신이 당신 자신을 위해 해야 할 일 또한 단 하나밖에 없는 것임을. 바로 고요히 앉자 다만 당신 자신이 누구인지를 아는 일. 그러니 그 모든 복잡하고 다양한 불행의 이유를 한 번에 관통하고 꿰뚫어낸 채 무너뜨리는 오직 하나의 유일한 이유인 사랑을 통하길. 하여 다만 당신 자신이 누구인지를 알길.

 그걸 아는 순간, 당신 자신으로 존재하고 살아가는 일이 너무나 감사하고 벅차서 당신, 결코 인상을 찌푸릴 수 없게 될 테니까. 더 이상 미움을 품을 수도, 아주 작은 예민함조차 품을 수도 없게 될 테니까. 그 무엇도 두려워할 수가 없게 될 테고, 불안함과 결핍을 품는 일 또한 이제 더는 가능하지 않게 될 테니까. 하여 유일하게 남아있는 바람이라면, 다만 사랑함으로써 당신 자신이 얼마나 위대한 사랑인지를 사람들에게 들려주고 보여주고 싶어 하는 사랑답게 기특하고 사랑스러운 바람, 그뿐일 테니까. 그리하여 당신, 그 어떤 순간에도 나는 이렇듯 꿋꿋이 사랑이며, 사랑할 뿐이라는 것을 사람들에게 보여줌으로써 당신 또한 나처럼 사랑일 수 있고, 오직 사랑하기 위해 태어난 참 소중한 존재라는 빛나는 희망을 심어주며 존재할 뿐일 테니까. 그리고 그 사랑으로부터, 마음의 한복판에서 기쁨의 마르지 않는 샘물이 쉬지 않고 흘러나와 온통 온화한 표정과 예쁜 미소를 띨 수밖에 없을 당신일 테고, 그렇게 당신, 나로 살아가는 일이 너무나 기쁘고 벅차서 그 무엇과도 바꿀 수 없는 선물임을 이제는 결코 모르지 않을 테니까. 다만 여태 알거나 바라보지 못하고 있었을 뿐, 나로 살아가는 일이 기쁨이자 기적이라는 사실은 어제도 변함없었고, 오늘도 변함없고, 내일도, 그러니까 영원히 변함없을 것임을. 당신이 사랑이라는 것이 그런 것처럼. 그러니 이제는 알고, 앞으로는 영원히 잊지 말길. 당신은 사랑이고, 사랑은 기쁨만을 누릴 줄 알고, 하여 당신은 영원히 기쁨만을 누리기 위해 태어난 존재라는걸. 그러니까 당신 자신으로 존재하고 살아가는 일이란, 거저 받은 사랑의 기적을 온통 누리는 일이며, 그래서 뜨거운 눈물을 흘리지 않을 수 없을 만큼의 더없는 축복이자 더 많이 사랑하는 일로써 갚고자 그 순간 마음먹게 될 수밖에 없을 만큼의 천국과 천사의 은혜라는걸. 그게 바로 당신으로 살아가는 일의 기쁨이라는걸. 당신이 곧 사랑이고, 사랑이 곧 당신이기에. 처음부터 영원히.

# 사랑 수업

내가 마주하는 모든 관계를 사랑을 배우기 위한 수업으로 생각하고 마주해보세요. 내가 옳기 위해 상대방을 틀린 사람으로 만들고자 하는 마음, 관계 안에서 더 나태하고 편하게 존재하기 위해 상대방을 억누른 채 상대방을 나의 이기심에 헌신시키고자 하는 마음, 나의 사적인 이득을 위해 진실함을 저버린 채 거짓된 말로 상대방을 이용하고 조종하고자 하는 마음, 화내고 원망함으로써 상대방을 나의 환상에 맞는 사람으로 변화시키고자 기대하고 요구하는 마음, 그 모든 왜소한 마음을 내려놓는 데 있어 특별하게 함께하는 관계보다 더 좋은 수업의 장은 없으니까요. 그러니 함께하는 내내 내가 하고 싶은 대로 미워하고, 이기적이고, 미성숙하게 고집을 부리고, 그러기보다 이제는 내가 되고 싶은 나를 만들어가기 위한 마음 하나로 관계를 마주하기로 해요. 그렇게 함으로써 내 마음 안에 있는 이기심과 왜소함, 결핍과 불안, 미움과 분노를 더욱 내려놓고 그 빈 자리에 진실한 사랑을 채워갈 때, 내가 더 따뜻하고 다정한 사람이 되는 거니까요. 그로 인해 더 기쁨 가득하고 사랑스러운 날들을 살아가게 되는 나일 테니까요. 그래서 그건 상대방뿐만이 아니라 나 자신을 위한 일이기도 한 거고, 그렇다면 이왕 같은 시간 동안 함께할 거라면 구태여 미성숙하고 불행하게 존재하기보다, 예쁜 성숙을 완성해나감으로써 더 사랑스럽고 예쁘게, 기특하고 기쁨 가득하게 존재하는 게 나를 위한 사랑이자 지혜가 아닐까요.

그러니 이제는 관계 안에서 드러나는 내 모든 미성숙한 마음들을 전처럼 있는 그대로 표출하며 둘 모두를 아프게 하기보다 내 마음의 예쁜 성숙을 완성시켜줄 무엇보다 소중한 수업이자 스승으로 여긴 채 오직, 사랑을 배우며 나아가기로 해요. 당신이 그런 마음으로 관계를 마주할 때, 이제 당신에게 있어 상대방이 당신의 기대를 채워주지 못한다는 생각에 서운한 기분이 드는 순간은 속상해하고 화를 낼 계기가 아니라 오직 만족과 이해를 배울 소중한 성숙의 선물로만 여겨질 뿐일 거예요. 옳고 그름의 싸움이 시작되는 순간은 더욱 너그럽고 관대한 마음을 연습할 계기로, 자꾸만 미운 생각을 곱씹게 되는 순간은 나를 위해 용서하고 받아들일 줄 아는 기특함을 채울 계기로만 여겨질 뿐이겠죠. 그렇게 당신, 상대방과 함께하는 동안 당신의 마음 안에서 일렁이는 모든 왜소함과 부정적인 감정들을 당신 자신의 예쁜 성숙을 완성할 소중한 선물로만 여긴 채 나아가게 되는 거예요. 그리하여 매 하루를 더해 더욱 다정하고 행복한 당신을 만들어가게 되는 거예요. 그렇게 당신은 당신 자신을 위해 성숙하고 있을 뿐인데, 그로 인해 상대방 또한 더욱 행복해지기 시작하죠. 당신으로 인해 슬퍼하고 아파하던 이전 시간을 지나 이제는 당신으로 인해 더욱 사랑스럽게 웃으며 편안함을 누리게 되는 거예요. 그리고 당신의 변화를 가장 먼저 알아차리는 게 바로 상대방이기에 그 변화의 노력에 기특함과 고마움을 느낀 채 자신 또한 더 좋은 사람이 되어주고자 노력하겠죠. 그렇다면 당신, 당신 자신을 위한, 당신이 사랑하는 소중한 사람을 위한 그 예쁜 변화를 언제까지 망설인 건가요.

더 이상 망설이지 말아요. 오늘부터 시작하기로 해요. 관계 안에서 더욱 다정한 당신이 되고 나면 당신, 그 모습 그대로 당신의 삶 전체를 마주하고 살아가게 될 테고, 그래서 당신은 모든 곳에서 더 다정한 자신으로 존재하고 살아가는 기쁨을 누리게 될 거예요. 그 덕분에 직장에서의 관계가 좋아질 테고, 친구들과의 관계가 좋아질 테고, 가족들과의 관계가 좋아질 테니까요. 더 이상 예민하게 굴거나 삐딱하게 굴지 않는 당신이겠죠. 혹여나 상대방이 그렇다고 해도 당신은 초연하게 반응한 채 너그럽게 지금 이 순간을 즐길 뿐이겠죠. 더 이상 이기적으로 존재하지 않을 테고, 오직 상대방을 기쁘게 해주고 편안하게 해줄 뿐이겠죠. 상대방이 당신으로 인해 기뻐할 때 그것을 가장 큰 만족과 보람으로 여기게 된 당신이니까요. 전에는 화를 낼 만한 일 앞에서도 이제는 차분함을 지켜낼 것이고, 나와 다른 상대방의 의견을 무시하거나 깎아내리기보다 존중할 뿐이겠죠. 상대방을 당신의 환상에 맞게 변화시키려 하기보다 이제는 있는 그대로 받아들여줄 테고, 그렇게 상대방을 편안하게 해주고자 노력할 뿐이겠죠. 그러니까 그 모든 변화가 당신이 당신의 관계 안에서 완성한 그 성숙으로 인해서 시작되는 거예요. 진정한 성숙이란 처음 보는 낯선 자에게 대하는 나의 태도가 아니라 가장 오래된 인연에게 대하는 나의 태도가 비로소 다정함이 된 것을 뜻하는 것이며, 그러니까 이제 당신, 당신이 가장 아끼고 사랑하는 사람, 가장 오랜 시간을 함께하고 있는 사람, 그 사람에게 매 순간 다정하고 따뜻한, 진정으로 성숙한 사람이 되었으니까요.

    오직 사랑하기 위해 태어나, 사랑을 완성하기 위해 이곳 지구에 태어나 존재하고 살아가고 있는 당신에게 있어 사랑하는 관계가 주어진 이유가 무엇이겠어요. 그건 다름 아닌 상대방이라는 거울을 통해 내 마음 안의 작고도 미성숙한 마음을 느끼고 깨달은 채 그것을 극복하기 위함일 거예요. 내가 혼자서만 있을 때 나는 내가 어떤 부분에서 미성숙한지, 어떤 부분에서 다정함을 잃은 채 예민해지는지, 그러한 것들을 결코 알 수 없을 테고, 또 하루 중 잠깐의 시간을 함께할 뿐인 사람들과의 관계 안에서도 그러한 것들을 알긴 어려울 테고, 하지만 매 순간 가장 편안하게 오랜 시간을 함께하는 당신의 사람과 함께할 땐 그걸 모를 수가 없을 만큼 그런 모습들이 자주 삐져나올 테니까요. 그리고 그 모나게 튀어나온 뾰족한 부분들, 그러니까 사람들에게 상처를 주곤 하던 당신의 결과 감정의 습관들을 이제는 마주하고 바라본 채 동그랗게 깎아냄으로써 더욱 다정한 나를 완성해내는 것, 그게 바로 당신과 상대방이 함께하게 된 유일한 뜻이자 아름다운 이유인 거예요. 그러니 이제는 그런 마음 하나로 당신의 관계를 마주하길 바라요. 고작 순간의 기분 나쁨과 자존심 상함, 얻어내고 싶은 욕구와 결핍 따위를 참아내지 못해 영원한 기쁨을 포기하지는 않길 바라요. 성숙의 기쁨, 사랑이 되는 행복, 그보다 더 기쁨이자 행복일 수 있는 건 이 세상에 존재하지 않으니까. 그리고 당신은 그보다 덜한 기쁨엔 결코 만족할 수 없는, 오직 그것으로만 채워질 수 있는 사랑이니까. 그러니 이제는 구태여 스스로 불행하길 선택하기보다, 나를 위한 진정한 기쁨과 행복을 선택하는 당신이기를. 그 당연한 지혜가 당신에겐 있길.

    그러니 잊지 말길. 당신이 이곳, 지구라는 별에 태어나 여행을 하게 된 유일한 이유는 오직 사랑을 배우기 위해서라는걸. 그래서 당신이 마주하고 지나게 되는 모든 풍경은 당신으로 하여금 사랑을 배우게 하기 위한 수업으로써 당신에게 제공되는 당신의 스승이라는 걸. 당신이 그것을 알 때, 당신은 결코 허투루 그 풍경들을 지나지 않을 테니까. 분명하게 바라본 채 어떻게 해서든 사랑을 배우고 채워내고자 할 테니까. 그리하여 반드시, 그 풍경을 지나기 전보다 더 성숙하고 다정한 당신을 꽃 피워낼 테니까. 그러니 오직 사랑을 배우기 위해 존재하고 살아가는 지구별 여행자, 당신은 매 순간의 사랑 수업 앞에서 성실한 학생의 마음으로 임하길. 그리하여 당신이 그 풍경 안에서 사랑을 충실하게 배워낼 때, 당신은 더 예쁘고 아름답게 빛나는 다음 풍경을 향해 나아가게 될 테니까. 하지만 그러지 못할 땐 늘 같은 풍경을 마주하며 제자리걸음 해야 할 테니까. 그러니까 당신이 늘 당신에게 인색한 세상의 풍경을 마주하는 이유도, 당신에게 이기적인 세상의 풍경을, 차갑고 무관심한, 끝끝내 상처를 주는 세상의 풍경을 마주하는 이유도 당신이 전혀 성숙하지 못한 채 늘 같은 반응, 같은 태도로 그 풍경을 대하기 때문인 것이고, 그러니까 사랑을 전혀 배워내지 못하고 있기 때문이고, 그래서 당신, 이제는 반드시 사랑하고, 사랑해내야 하는 것임을. 늘 어떤 일 앞에서 크게 분노를 해왔던 당신이라면 그 순간 완전히 차분하진 못할지라도 최소한 이해하고자 노력한다면, 하여 조금 짜증스럽게 표현할 뿐이라면 당신, 적어도 같은 풍경에 머물러있진 않을 테니까.

    그러니 이제는 아주 조금씩이라도 전과는 달라지길. 어제보다는 더 아름답게 반짝이고 다정하게 사랑하길. 그런 하루를 지금부터 영원히, 매일 쌓아가길. 그리고 그런 매일을 보내는 데 있어 가장 소중한 기회이자 선물이 바로 당신과 특별하게 사랑하는 관계라는 걸 잊지 말길. 당신이 어떤 마음의 모양을 가지고 있는지를 가장 잘 비춰주는 거울이 바로 그 관계이며, 왜냐면 당신, 그 사람과 가장 많은 시간을 함께하고, 또 가장 편안한 마음으로 함께하기 때문이며, 그렇기에 당신의 마음 안에 있는 미성숙을 억누르지 않은 채 가장 자주 표현하기 때문이며, 그래서 그 모든 미성숙을 성숙으로 바꿔내고자 마음먹기만 한다면 그보다 당신의 사랑을 빠르게 완성시킬 수 있도록 도와줄 선물은 없는 거니까. 그러니 이제는 당신의 사랑에게 당신이 할 수 있는 최선을 다해 다정하길. 아무리 화가 나고 미운 순간에도, 함부로 이기적이고 싶은 순간에도, 이제는 사랑을 선택해내길. 상대방이 때로 답답하게 느껴진다고 해서 한숨을 쉬며 너는 참 부족하고 모자란 사람이야, 하는 눈빛으로 바라보지 말 것이며, 그 대신에 존중과 다정함으로 이끌어주고자 노력할 것이며, 상대방이 당신을 속상하게 한다고 해서 미워하거나 화내지 말 것이며, 그럼에도 당신은 오롯이 완전하게 존재할 수 있도록 연습하길. 오직 당신에게 이해와 용서를, 사랑을 가르쳐주는 스승으로 생각하고 선물로 여기길. 절대적인 기준으로 보아도 상대방이 도무지 사랑할 수 없을 것처럼 존재하는 사람이라면, 차라리 함께하지 않을 것을 선택할지언정 구태여 매일 함께하며 싸우고 미워하고 헐뜯진 말길. 그리고 자주, 비슷한 결의 사람과 함께하게 되는 당신이라면 한 번쯤은 깊게 생각해 보길. 늘 같은 풍경이 당신에게 주어지는 이유에 대해서.

그러니까 당신이 늘 비슷한 방식으로 존재하는 비슷한 결을 지닌 사람을 만나왔고, 그들과 늘 좋지 않게 헤어졌다면, 아마도 지금의 이 관계는 아름다운 이별을 해내야 하지 않을까, 하고 한 번쯤은 생각해 볼 줄 알길. 그러니까 영원히 함께하고 사랑하라는 말이 아니라, 적어도 최선을 다해 사랑하고, 최선을 다해 나만큼은 다정함과 존중으로 상대방을 대하고, 그러기 위해 노력하고, 그렇게 그 관계 안에서 내게 주어진 성숙의 몫을 완성해 보길. 당신이 최선을 다해 미워하고 탓하는 데 그 관계 안에서 주어진 당신의 시간을 쓰기보다, 그런 식으로 최선을 다해 성숙하는 데 그 시간을 쓴다면, 당신, 때가 충분히 무르익었을 때 차분하게 이별을 말할 수 있을 테고, 그때는 오직 아름다울 수 있을 테니까. 그러고 나면 반드시 당신이 마주하게 될 풍경, 전과는 달라질 테니까. 보다 짙게 다채롭고 깊게 선명한, 보다 반짝이게 아름답고 보다 예쁘게 사랑스러운 그 풍경을 꼭 마주하게 될 테니까. 그러니 이제는 다른 풍경을 마주하기 위해, 더욱 성실하게 성숙해나가길. 당신이 그 관계 안에서 완성한 성숙은 당신의 삶 전체에 아름다운 영향력을 가져올 테니, 그걸 결코 무의미하게 생각하지 말길. 무엇보다 당신에게 주어진 당신 삶과 당신 존재에 대한 유일한 책임이 있다면 그건 바로, 사랑하는 일이니까. 사랑함으로써 더 예쁜 풍경을 당신 자신에게 보여주는 일, 그리하여 당신 자신을 기쁘고 행복하게 해주는 일, 그러니까 그게 바로 당신 존재에 대한 당신의 유일한 의무이니까.

그러니 이제는 당신을 위해 사랑하길. 세상에서 가장 당신을 위한 일이 바로 사랑이라는 것을 알길. 오직 당신 자신의 기쁨과 행복을 위해 사랑하는 것이며, 진실이 그러하니까. 그래서 사랑은 희생을 모르는 것임을. 오직 자기 자신을 위해 마음을 바쳐 사랑했을 뿐이기에. 그래서 사랑은 자신의 마음에 사랑 아닌 것들을 불러일으키는 모든 존재를 스승으로 여긴 채 감사할 뿐인 것임을. 그들로 인해 더욱 사랑을 배우고 채워질 테고, 하여 더 깊고 아름답게 행복하게 될 자신이기에. 그러니 내가 희생하고 있다는 이기적인 생각이 들 때마다 다만 내가 어떤 부분에서 사랑을 아끼고 있는지를 생각해 볼 뿐이길. 내 마음 안에 사랑이 아닌 다른 감정들이 일렁일 때마다 내가 무엇을 위해 이곳 지구에 존재하고 있는지를 생각해 볼 뿐이길. 결국 모든 것은 다 지나가기 마련이고, 그러니까 당신의 억울함과, 인색함과, 왜소함과, 미움과 이기심과 상처받은 기분, 그것이 무엇이든 그 모든 것들은 하나도 빠짐없이 지나가고 사라지기 마련이지만, 당신이 사랑한 순간만큼은 영원히 사라지지 않은 채 이 우주에 기록되고 남아있을 테니까. 왜냐면 사랑만이 진실이고, 존재하는 유일한 것이고, 나머지 모든 것들은 사실 존재한 적조차 없는 환상일 뿐이기 때문이니까. 하여 우주는 존재하는 유일한 것인 사랑만을 알고 바라볼 뿐이니까. 그래서 당신, 사랑이 후회하고 가슴 아프게 떠올리게 될 기억 또한 결국 사랑할 수 있었음에도 사랑을 아꼈던, 사랑을 망설였던 순간들일 테니까. 그러니 이제는, 사랑하길. 매 순간 사랑을 배우길. 그러기 위해 존재하길. 당신, 사랑할 때만 기뻐할 수 있는 오직 사랑하기 위해 태어난 영원한 사랑의 영은. 당신, 사랑할 때만 채워질 수 있는 오직 사랑을 배우기 위해 태어난 지구별 여행자는. 당신, 내가 참 많이 아끼고 걱정하는 사람, 사랑, 사랑, 사랑은.

## 고요함으로, 빛으로, 사랑으로

　가끔 마음이 공허해서 무엇을 해도 기쁨을 찾지 못할 만큼 빛을 잃은 것만 같은 기분이 든다면 그때는 바깥이 아닌 당신의 마음을 온전히 마주하는 시간을 가지며 고요함 속에서 가득, 쉬어갔으면 해요. 처음에는 그 시간이 끔찍이도 지루하게 느껴지고 또 두렵게 느껴지기까지 할 수도 있겠지만, 그 잠깐의 저항을 사뿐히 잘 달래준 채 지나치고 나면 그 뒤에는 당신의 진정한 모습인 사랑이 마침내 자신의 얼굴을 드러낼 것이고, 그때가 되면 당신의 공허함은 그 사랑의 빛에 의해 흔적도 없이 사라지고 말끔히 치유될 거예요. 당신의 마음을 완전히 사로잡고 압도하는 그 사랑의 강렬함이 얼마나 깊고도 고요하고 아름다운지, 그때의 당신은 모를 수가 없어 알게 될 테고, 하여 더 이상 공허함이나 산만함 따위에 얽매일 수 없게 될 테니까요. 그 사랑이 주는 완전한 안도와 평화, 한계 없는 빛과 기쁨 앞에서 진실로 공허함은 찰나의 시간도 버티지 못해 자리를 비킬 수밖에 없을 테니까요. 그래서 사실 당신이 처음에 느꼈던 어떤 지루함과 두려움은, 당신의 것이 아니라 공허함이 사랑의 빛이 자신을 비출까 두려워 당신에게 제발 그곳을 향해 시선을 두지 말아 달라고 외치는 절규였던 것이고, 왜냐면 그 순간이 오면 자신의 생명이 끝날 것임을 공허함은 이미 알고 있기 때문이고, 그러니까 그건 당신의 눈과 귀를 가린 채 자신의 생명을 조금이라도 더 연명하기 위한 공허함의 발악이자 현혹이었던 거예요.

　　그러니 그 거짓 목소리에 귀를 기울이느라, 사랑을 놓치지 않기로 해요. 또다시 그 문 앞에서 주저하고 망설이다 돌아서지 않기로 해요. 그 문 뒤에는 나에게 오직 기쁨만을 주는 사랑이 있음을 완전하게 아는 확신으로 이제는 문을, 열어젖히기로 해요. 당신이 얼마나 반짝이는 빛이며 해맑은 예쁨이자 완연한 사랑스러움인지, 그건 당신이 아무리 사랑의 문을 굳게 닫아둔 채 가리고자 애써도 문틈 사이로 당신이란 존재의 빛이 새어 나올 수밖에 없을 만큼이죠. 그래서 제 눈에는 당신의 그 찬연한 사랑스러움이 이토록이나 밝게 보여 눈이 부실 만큼이죠. 문틈 사이로 아주 조금씩 새어 나오는 그 빛만으로도 그런데, 그 뒤에는 얼마나 아름다운 빛깔의 당신이 있을까요. 문을 열자마자 너무나도 다정하고 순수한 당신을 마주하게 되어 당신, 그 순간 포근함과 따뜻함에 가득 젖은 채 여태 받은 적이 없었던 완전한 위로를 한 아름 받으며 치유될 뿐이겠죠. 그러니 더 이상 공허함이 당신을 속이기 위해 만들어낸 환상의 느낌들에 속아 뒤돌아서지 말아요. 진짜 당신을 마주하길 포기하지 말아요. 평생을 어두운 동굴 안에서만 살아온 사람은 빛이 주는 생명력과 따뜻함을 한 번도 느껴보지 못해 어둠이 당연한 상태인 줄 알고 그저 살아갈 뿐이지만, 그곳에서 찾을 수 있는 행복의 발끝에도 미치지 못하는 불행을 나름의 행복이라 합리화한 채 그 완전한 불행보단 조금은 더 나은 불행에 의지하여 견뎌 나갈 뿐이지만, 그가 빛을 모른다고 해서 빛이 없는 것은 아니고, 그가 완전한 불행보단 나은 불행과 함께하고 있다고 해서 그가 불행하지 않은 것 또한 아니며, 그래서 그건 참으로 안타까운 무지의 상태인 것이며,

왜냐면 그가 동굴에서 나와 빛을 한 번이라도 마주하고 나면 다시는 그 영원한 어둠 안에서 살아가길 선택할 수 없을 만큼 빛은 기쁨이자 행복이니까요. 그러니 당신, 한 번의 용기를 내어요. 나머지 모든 일들은 당신이 바라본 그 빛이 당신을 대신해서 알아서 결정하고 선택해줄 테니까요.

　진실은 오직 고요 속에서만 들을 수 있으며, 진실이 아닌 것들은 고요 속에선 들리지조차 않는 거예요. 왜냐면 진실의 아름다움과만 함께하는 고요함 속에서 당신은 진실이 아닌 것들이 가져다주는 불협화음엔 귀를 기울이고 싶지조차 않을 테고, 하여 거짓의 속삭임이 일어나기도 전에 그 순간 놓아버릴 테니까요. 단 하나의 얼룩도 없는 하얀 천에 묻은 작은 얼룩처럼, 그 아무리 작은 거짓의 울림이라고 해도 그게 이제는 너무나 따갑고 견딜 수 없을 만큼 불편하게만 느껴질 것이기에. 그래서 한 번, 모든 거짓 목소리가 지워진 고요함 안에 머무를 필요가 있을 뿐인 거예요. 그 진실 안에, 사랑 안에, 완전하게 고요한 평화 안에 말이에요. 그러고 나면 정말로 나머지 모든 일들은 그 빛의 상태가 당신을 대신하여 알아서 해줄 거예요. 당신이 다정할 수밖에 없도록, 기뻐 웃을 수밖에 없도록, 하루를 성실하게 보낼 수밖에 없도록, 진심을 다해 사랑할 수밖에 없도록 말이에요. 그러고자 애쓸 때는 도무지 그럴 수가 없었는데, 하여 이제는 애쓰지 않아도 너무나 당연하게 그렇게 하고 있는 당신을 발견하게 될 거예요. 왜냐면 당신은 이제 당신의 진짜 존재인 사랑을 마주했고, 그 사랑과 포옹했고, 하여 그 사랑과 손과 발과 마음을 포개어 모든 것을 함께하게 되었으니까요. 그러니 그 어떤 망설임도 없이 문을 활짝 열어젖히기로 해요. 그렇게 당신 자신의 진짜 모습을 마주하기로 해요. 고요함에서부터 너무나 멀리 떨어져 공허함이 당연한 상태가 된 지금이 바로 그러기 가장 좋은 순간이에요. 이제 당신은 지금이 너무나 지겹고 버겁다고 느끼고 있고, 하여 새로움을 간절히 원하고 갈망하게 되었으니까요. 고요가 두려운 만큼, 공허가 자신의 소멸을 직감하고 있다는 거니까요. 그래서 더욱 맹렬하게 저항하는 거니까요. 그러니 이제는 바깥이 아닌 당신의 마음 안에서 진짜 기쁨과 행복을 찾아내길. 그렇게, 당신과 어울리지도 않는 공허의 왜소함과 어둠을 당신의 곁에서 완전히 지워내기를.

　　여태 고요함을 어떻게든 느끼지 않기 위해 무엇인가에 끝없이 탐닉하고 방황한 채 공허에 사무친 날들만을 보내고 쌓아온 당신, 그래서 진실의 아름다운 소리를 놓치고 잊은 채 살아온 지가 아득하게 오래되어 필연적으로 지금의 끔찍한 불행에 닿은 당신, 이제는 당신 자신에게 위로를 안겨다 주는 빛을, 순수한 웃음을 피어나게 하는 진정한 기쁨을, 매 순간 사랑받고 있다는 다정한 기분을 선물해줘요. 하루를 마주하고 살아가는 데 있어 행복한 기분이 전혀 들지 않아 얼마나 자주 짜증스럽고 예민하게 굴어왔나요. 다가올 내일이 기대가 되지 않아 얼마나 불안해하고 두려워해 왔나요. 사랑받고 있다는 기분을 잃어 얼마나 자주 우울에 빠져 고통스럽게 존재해 왔나요. 아무런 걱정 없이 웃어본 지는 또 얼마나 오래됐나요. 늘 소진된 채 피곤하고 무기력한 기분으로 살아왔죠. 그래서 예쁜 미소 대신 칙칙한 한숨을 쉰 채 존재하게 되었죠. 아주 조그마한 자극도 감당해낼 마음의 여유가 없어 늘 날 선 반응으로 세상과 사람들을 마주하게 되었고, 무엇보다 당신 자신에게 친절하고 따뜻한 말을 해준 지도 너무나 오래되었죠. 그 모든 모습, 당신의 진정한 모습인 사랑과는 너무나 어울리지 않는 모습이죠. 그러니 이제는 당신의 진짜 모습인 사랑을 가득 에워 싼 채 가리고 있는 모든 어둠을 몰아내기로 해요. 당신이 진실의 목소리에 귀를 기울이지 못하게 끝없이 당신의 가슴과 머릿속에서 거짓된 목소리와 감정의 일렁임을 자아내는 그 공허에, 짙게 깔린 어둠에, 이제는 고요함의 빛을 비추기로 해요. 고요함 속에서만 들을 수 있는 사랑과 아름다움, 기쁨과 평화에 귀를 기울이는 순간 모든 짜증스러움과 예민함, 지루함과 피곤함, 무기력과 우울은 자신들의 힘을 잃은 채 흩어져 사라질 테니까. 당신의 진짜 모습인 사랑에서부터 당신이 스스로 멀어졌다는 것, 그게 당신이 지금 공허함을 느끼는 유일하고도 모든 이유인 거니까.

그러니 이제는 그 진실을 모르는 무지함으로 공허함을 이겨내기 위해 당신의 내면이 아닌 바깥에 더욱 시선과 귀를 기울이길 선택함으로써 당신 자신을 너욱 공허함의 깊은 바닷속으로 빠뜨리지 말기를. 고요함에 귀를 기울이고자 할 때 찾아오는 찰나의 두려움과 지루함은 당신의 것이 아니라 공허함이 고요가 두려워 만들어낸 거짓된 감정임을 잊지 말기를. 그래서 그건 말 그대로 찰나의 순간만 지속될 것이며, 당신이 그것에 현혹되지 않은 채 더욱 확실하게 고요함에 귀를 기울일 때 그 순간 힘과 생명력을 잃은 채 사라지고야 말 애초에 환상인 것들이니까. 하지만 끝내 그러지 못해 고요함이란 백지 위에 또 다른 그림을 그리기 시작할 때, 당신은 더욱 오래도록 그 공허한 그림 속에 갇혀 살아야 할 테고, 그 환상의 세계가 진실의 세계라 믿은 채 그 세계에 더욱 탐닉함으로써 당신의 눈과 마음을 속이게 될 것이고, 그래서 지금이 바로 그 환상을 끝낼 더없이 소중한 기회인 것임을. 지금을 놓치면 지금의 공허가 너무나 싫고 불행해 벗어나고 싶다는 생각을 또다시 하기까지 또 얼마나 오랜 시간을 환상의 세계와 완전히 하나 된 채 살아가야 할지 모르는 것이며, 그 모든 시간 동안 당신 마음속 깊숙한 곳에서 여전히 당신을 기다리고 있는 사랑은 홀로 웅크린 채 앉아 외로움에 떨며 아파하고 있을 테니까. 그러니 지금, 고요함 속으로 들어가길. 그 기쁨과 빛에, 생명력과 평화에 귀를 기울이길. 바라보기만 한다면 지금 당장에라도 완전한 기쁨을 당신에게 누리게 해주는 그, 당신 자신의 진짜 모습인 사랑을 바라보는 일을 더 이상 미루고 외면하지 말길. 그렇게 자신을 스스로 더 깊은 공허의 바닷속으로 빠뜨리지 말 것이며, 다만 그곳에서부터 구해주길.

여태 이 산소 하나 없는 공허의 깊은 바닷속에 빠져 숨 한 번 제대로 쉬지 못한 채 허우적거려왔던 당신, 따스한 볕 한 번 내리쬐지 않는 어두운 동굴 속에서 예쁜 웃음 한 번 지어보지 못한 채 부스러지게 시들어지고 메말라버린 당신, 아름다운 생각의 파도가 당신의 머릿속에서 물결친 지는 너무나 오래되어 기억조차 나질 않고, 기쁨과 평화의 환희가 가슴속에서 가득 솟아올라 행복에 겨웠던 날 또한 너무나 오래되어 기억조차 나질 않는, 어느 순간부터 기쁨과 새로움을, 즐거움과 감사를, 사랑과 아름다움을 완전히 잃은 채 존재해왔던 당신, 하여 불행이 당연해지고 불친절이, 예민함이, 짜증이, 미움이, 분노가, 우울이, 무기력함이 당연해진 당신, 하지만 그런 것과는 너무나 어울리지 않는 사랑인 당신, 그러니 그 모든 어두운 생각과 감정 너머에 있는 빛을 이제는 마주하기를. 불행에 너무나 익숙해진 나머지 이것과 다른 행복이 있을 거라는 상상조차 하지 못하게 된 당신이지만, 당신의 마음속 깊숙한 곳에는 여전히 예쁘고 사랑스러운 상상력이 보존되어 있으며, 그러니 이제는 그 사랑의 상상력으로 생각하고 사고하길. 그러기 위해 지금, 고요를 저항 없이 온전히 받아들이길. 하여 고요의 빛이 자신의 모습을 드러내게 하길. 그때 드러난 그 빛이, 당신이 여태 무슨 수를 썼음에도 지워내지 못했던 사랑 없는 모든 감정과 생각들을 순식간에 지워낼 테니까. 그 모든 어둠의 것들, 고요함 속에서 자신의 모습을 드러내는 사랑의 압도적인 빛을 견디지 못해 달아날 테니까. 여태 그게 두려워, 그토록이나 그 빛을 바라보지 못하게 당신을 끝없이 사로잡아왔던 고작, 공허인 거니까.

그러니 이제는 빛을, 사랑을, 고요를 기꺼이 바라보고 마주함으로써 당신 자신을 되찾길. 사랑스러운 미소와 행복한 기분과 기쁨 가득한 마음을 회복하길. 지루함과 예민함이 아닌 설렘과 다정함으로 하루를 마주하고 보내는 당신을 당신 자신에게 선물해주길. 시들어지기보다 피어날 것이며, 죽어가기보다 살아가길. 그러기 위해 바깥에 행복이 있을 거라는 그 완고한 오해를 지나 이제는 당신 내면의 빛을 향해 마음의 중심과 시선을 옮겨내길. 그리고 잊지 말길. 지금은 산만함과 공허에 너무 익숙해진 나머지 어두운 동굴에서 갑자기 동굴 밖으로 나올 때 너무나 눈이 부셔 괴로운 것처럼 고요와 완전한 평화가 어색하겠지만, 그래서 끝없이 도망가고 싶고 저항하고 싶은 기분까지 들겠지만, 그렇다고 해서 언제까지 동굴에서 살아갈 순 없는 것이고, 그 삶은 내가 익숙해서 편안한 듯한 착각이 들게 하는 것일 뿐 결코 행복은 아니라는 것을. 그리고 찰나의 눈부심을 지나고 나면 그 빛에 아주 당연하게 적응하게 될 나이며, 왜냐면 처음부터 영원히 그 무엇에도 변함없이 사랑이었던 나는 다른 무엇보다 그 빛이 익숙하기 때문이며, 그리하여 그 빛에 익숙해지고 나면 다시는 스스로 동굴 속으로 들어갈 마음을 먹지 못할 나라는 것을. 너무나 선명한 행복과 너무나 선명한 불행을 모두 다 아는데 불행을 선택할 사람은 없는 것이며, 다만 불행만을 알아서 행복하고 싶은 자신의 마음을 포기하고 양보한 채 살아가는 사람만이 있을 뿐인 거니까.

그러니 이제는 삶을, 사랑을 마주하길. 그러니까 진짜, 살아가고 사랑하길. 고요함 위에서 떠도는 당신 내면의 모든 생각과 감정의 파도를 잠재움으로써. 고요함이라는 백지 위에 당신이 그려놓은 모든 불행한 그림을 이제는 깨끗이 지움으로써. 그렇게, 모든 마음의 일렁임과 감정의 파도와 생각의 목소리가 사라진 뒤에 드러나는 진짜 당신, 그 사랑을 마침내 바라봄으로써. 그리하여 내가 당신을 보듯, 당신 또한 당신을 보게 되길. 얼마나 사랑스럽고 예쁜지, 얼마나 기특하고 소중한지, 얼마나 아름답고 아까운지, 당신을 바라보고 있자면 내 마음의 모든 아픔과 걱정과 불안과 예민함이 그 순간 치유된 채 사라질 만큼 당신은 어여쁜 사람이니까. 자신이 참 부족하고 못난 사람이라는, 참 불행하고 슬픈 사람이라는, 참 외롭고 공허한 사람이라는 생각에 사로잡혀 있는 당신을 보고 있자면 그게 이해는 되지만 전혀 공감이 되지는 않을 만큼 너무나 반짝이는 빛이자 기쁨이자 평화가 바로 내 눈에 비치는 당신의 모습이니까. 그러니 당신 또한 그런 당신을 꼭 마주하게 되기를. 사랑 아닌 생각을 할 수조차 없을 만큼, 공허를 겪을 수도, 불행에 빠질 수도, 무기력에 젖을 수도, 미움을 품을 수도 없을 만큼 완전한 사랑이 바로 당신의 진짜 모습이니까. 당신 자신만 모를 뿐, 당신은 이미 그런 사람이고, 사랑이고, 처음부터 영원히 그래왔으니까. 그러니 더 이상 당신 자신을 속이지 말길. 당신을 당신이 아닌 모습으로 붙잡아두는 거짓된 목소리들에 속지 말길. 그 모든 거짓된 형상과 목소리 뒤에서 고요하게 빛나고 있는 진짜 당신, 영원히 참 예쁘고 아름다운 빛 그 자체의 사랑, 그게 바로 당신임을 알길. 그렇게, 안다미로 사랑으로 빛나길. 그 무엇에도 줄어들거나 훼손될 수 없는 완전하고 영원한 사랑, 수려한 아름다움, 어여쁜 빛, 참 고운 소중함인 당신, 사랑, 내가 참 많이 아끼고 걱정하는 사람은.

## 용서에 대한 저항

무엇보다 나를 위해 하는 게 용서지만, 그럼에도 용서 앞에서 우리가 이토록이나 망설이게 되는 이유는 용서하게 되면 나에게 손해와 상처를 줬던 사람을 더 이상 미워할 수 없게 되고, 그래서 벌 줄 수 없게 되고, 그게 너무나 두렵고 억울하기 때문이에요. 그 나쁜 사람이 이제는 나의 미움에서부터 풀려나 자유를 얻는다는 게 너무나 싫은 거죠. 하지만 우리가 그를 용서함으로써 우리의 미움에서부터 풀어줄 때, 진정 자유를 얻게 되는 건 바로 나 자신이라는 걸 알아야 해요. 그러니까 우리는 그를 풀어주는 게 아니라 나를 풀어주는 거라는 것을요. 왜냐면 미움은 내 마음 안에 있는 것이고, 그래서 용서함으로써 미움을 풀어줄 때, 그때 미움에서부터 풀려나는 것은 다른 누군가가 아닌 바로 나 자신이니까요. 그러니 이제는 그 끔찍한 미움의 지옥과 불행에서부터 나를 구원하기 위해 용서하기로 해요. 미움을 통해 벌주고자 할 때 사실 나는 나에게 스스로 벌을 주는 것이며, 왜냐면 내가 그러고 있을 동안 가장 고통받을 사람은 다름 아닌 나 자신이기 때문이고, 그래서 용서는 그 지옥에서부터 나를 구해내는 일이라는 것을 잊지 않으면서요. 하여 내가 누군가를 용서하길 억울해하며 망설이는 것은, 내가 나에게 기쁨을 주는 일을 스스로 억울하게 여기고 망설이는 것과 다름이 없는 것이라는 걸 또한 잊지 않으면서요.

우리가 용서하고 사랑하고자 할 때, 우리는 나의 소중한 무엇인가을 희생해야 한다고 느끼고, 그 희생을 강요받는다고 느끼기에 저항하기도 해요. 나에게 손해와 상처를 입힌 사람을 용서하는 일이란 나에겐 이득이 되는 것 하나 없으면서 내게 죄지은 상대방에겐 오히려 이득을 가져다주는 일이라는 생각 때문에 그런 것이죠. 하지만 그때 우리가 희생하는 것이란 나와 상대방에게 기쁨과 자유를 주는 것에 대한 왜소한 저항과 사랑을 아끼는 인색함, 이득과 손해를 곱씹는 이기심, 그 모든 어둠과 불행에 대한 스스로의 집착, 오직 그뿐이라는 것을 알아야 해요. 그렇다면 그 불행을 희생하기가 두려워 계속해서 망설일 건가요. 생각해 봐요. 나의 진정한 기쁨과 평화를 되찾기 위해 용서하는 것인데, 사랑하는 것인데, 그 앞에서 손해와 이득을 따지고, 또 미움을 정당화하는 생각을 곱씹고, 그러한 것을 포기하는 것이 어떻게 해서 희생일 수 있겠어요. 상대방을 계속해서 미워하기 위해 나를 미움의 고동 안에 두는 것, 그것이야말로 나를 희생하는 일이 아닐까요. 그러니 여전히 스스로 불행 안에 머무르며 더욱 고통받고 싶은 당신이 아니라면, 기꺼이 미움을 희생시키기로 해요. 미움에 대한 모든 왜소한 집착과 미워하기 위해 만들어내는 정당화와 계산들, 그 이기심을 희생시키기로 해요. 내가 계속 고통받더라도 상대방에게 어떻게든 고통을 주겠다는 그 인색함을 희생시키기로 해요. 나는 행복하고 싶은가, 아니면 불행하고 싶은가, 오직 그것을 당신 자신에게 물어보면서 말이에요. 진정으로 행복하고 싶은 당신이라면, 그것을 결코 희생으로 여길 수 없을 테고, 오직 스스로 불행하고 싶은 사람만이 그 모든 나에게 기쁨을 선물해주는 일을 희생이라 여길 수 있을 뿐이니까요.

그러니 당연히 행복하고 싶을 당신, 행복만을 간절히 원하는 당신, 이제는 기꺼이 미움을 포기하기로 해요. 미움을 희생함으로써 평화와 행복을 얻기로 해요. 아직 조금 더 미워해야 할 것만 같고, 미워함으로써 벌주지 않으면 억울할 것 같고, 그 모든 왜소함을 이제는 나를 위해, 나의 기쁨과 행복을 위해 사뿐히 포기하는 거예요. 미움에서 누군가를 풀어줄 때, 진정 자유를 얻게 되는 건 미움에서 풀려난 사람이 아니라 풀어준 사람이라는 것을, 그때는 꼭 알게 될 거예요. 누군가를 미워하려면 그를 계속해서 미워하기 위해 끝없이 그를 미움의 감옥 안에 가둬둔 채 그가 밖으로 나가지 못하게 감시해야 하니까요. 그래서 그곳에 온통 시선을 둔 채 나까지 미움의 포로가 되어 붙들려 있어야 하는 거니까요. 웃고 누리고 즐기고 기뻐하기에도 모자란 그 모든 시간을 고작 미움 따위를 위해 희생하면서 말이에요. 그래서 미움을 포기하는 일이란, 나에게 그 미움의 감옥에서 나와 진짜 세상을 마주하고 살아갈 자유와 기쁨을 선물해주는 일인 것임을. 그렇게 하고자 할 때 찾아오는 희생의 두려움은, 사실 나의 모든 왜소함을 용서를 위해 희생시킴으로써 위대한 나를 되찾을, 있는 그대로의 사랑인 나를 되찾을 아름다운 기회, 그 선물인 것임을. 그러니까 용서하는 일이란, 누군가가 내게 죄를 지었다고 여겼던 그 모든 환상을 풀어줌으로써 그런 일은 애초에 일어난 적조차 없었고, 왜냐면 나는 그 무엇으로부터도 상처받거나 훼손당할 수 없는 사랑이기 때문이고, 그러니까 이제는 그것을 내게 알려줌으로써 완전한 사랑인 나를 되찾고 받아들이게 해주는, 오직 나를 위한 사랑의 선물인 것임을. 그러니 당신, 미움을 포기함으로써 당신이 느끼게 될 행복과 기쁨과 평화의 빛이 얼마나 안도이자 자유인지를 그렇게 함으로써 꼭, 알아가기로 해요. 그 모든 과정 안에서 죄와 미움의 환상을 당신에게서 풀어줘 당신이 얼마나 위대하고 완전한 사랑인지를 꼭, 알아가기로 해요.

어디 미움뿐인가요. 이기심도, 분노도, 욕망도, 그게 무엇이든 그 모든 왜소함을 포기할 때 마찬가지로 당신은 반드시 당신 마음 안에 만개하는 행복과 피어나는 기쁨의 꽃, 빛나는 평화, 그리고 자유를 소유하게 될 거예요. 꼭 갖고 싶은 무언가, 그것을 내려놓을 때 그로 인해 자유로워지는 사람도, 움켜쥐고 있는 분노, 그것을 내려놓을 때 그로 인해 자유로워지는 사람도, 끝없이 계산하고 이득과 손해를 따지는 그 작은 마음을 내려놓을 때 그로 인해 자유로워지는 사람도 오직 나 자신인 거니까요. 그러니 이제는 용서가 오직 나를 위한 것임을 분명하게 안 채 망설임 없이 용서해나가기로 해요. 그렇게 망설임 없이 나아감에도 어려운 게 용서인데, 내가 여전히 용서하길 아까워하고, 억울해하고, 용서를 희생이라 여긴다면 어떻게 용서할 수 있겠어요. 그때는 영원히 미움의 끔찍한 불행 안에 갇혀 허덕이며 매일을 활력 없는 시들어짐과 함께 살아가야 할 거예요. 아니, 죽어가야 할 거예요. 그러니 당신의 하루가 이제는 활짝 피어나길 바라요. 평화와 기쁨을 되찾아 당신이 꼭, 다시 밝게 웃기를 바라요. 그러기 위해 당신이 이제는 죽음 대신 삶을 선택하길 바라요. 하루에도 얼마나 자주 미움이 당신을 가득 유혹하고 사로잡는지, 그걸 제가 왜 모르겠어요. 그리고 그 미움이 얼마나 정당한지, 그러니까 당신이 당한 상처와 손해가 얼마나 아픔이자 억울함인지, 그래서 그 유혹을 거절하기가 얼마나 힘든지, 그 또한 제가 왜 모르겠어요. 그러니까 그게 쉬운 일이라서 당신에게 용서를 말하는 게 아니에요. 그럼에도 해내야 하는, 당신 자신을 위하는 일이기에 말하는 것일 뿐인 거예요. 그런 사람을 어떻게 미워하지 않을 수 있겠으며, 그런 사람을 어떻게, 그리고 왜 용서해야 할까, 라는 생각이 끝없이 들어 언제 용서를 다짐했냐는 듯 미움의 늪에 또다시 빠져 허우적거리고 있는 나를 자꾸만 발견하게 될 만큼 어려운 게 용서일 테고, 무엇보다 분하고 억울한 게 용서일 테니까요. 그만큼 상대방이 당신에게 나빴고, 잘못했으니까요.

하지만 그래서 묻는 거예요. 고작, 그런 사람 때문에 왜 당신이 고통받느냐고. 왜 하루 종일 그 사람 생각을 하며 그 사람에게 묶여 살아가냐고. 당신은 한 번도 당신에게 그걸 묻지 않았고, 그래서 당신 마음의 답에 귀를 기울인 적이 없으며, 그렇기에 제가 묻는 거예요. 당신이 오직 행복했으면, 이제는 자유와 기쁨을 되찾았으면, 다시, 예쁘게 활짝 웃으며 피어났으면 하는 다정한 바람과 소원으로 말이에요. 그러니 이제는 제 물음에 답해봐요. 당신은 행복하고 싶은지, 불행하고 싶은지, 당신 자신에게 기쁨과 평화를, 자유를 선물해주고 싶은지, 아픔과 고통을, 속박을 선물해주고 싶은지에 대한 답을 말이에요. 그리고 마지막 질문은 당신이 당신 자신에게 묻는 거예요. 그렇다면 미움으로 내가 과연 행복해질 수 있을까, 하고. 한 번도 묻지 않았기에 답을 듣지 못했던 당신, 하여 이제는 답과 확신으로 나아가기로 해요. 희생 받는 느낌 때문에 용서가 자꾸 두렵게 느껴지겠죠. 그래서 또 용서를 미루고 조금은 더 미움에 머무르고 싶겠죠. 그때마다 당신 자신에게 다정하게 말해줘요. 용서는 오직 나를 위한 것이고, 내가 희생할 수 있는 건 미움과 불행밖에 없다는 것을. 사랑은 그 무엇도 희생시키는 법이 없으며, 용서하겠다고 마음먹는 건 이제는 내가 나를 스스로 사랑하겠다고 다짐하는 일이라는 것을. 또한 그렇게 나를 다정하게 이끌어주며 최선을 다해 나아갔음에도 또다시 미움에 빠져 원망하고 있는 나를 발견하게 될지도 모르죠. 하지만 그때도 너무 자책하진 말기를. 그 어려운 용서를 하고자 마음먹은 채 나아가고 있는 것 자체로 당신, 이미 기특하고 멋지고 예쁜 사람이니까. 그러니 당신 자신을 자주 격려해주길 바라요. 정말 잘하고 있고, 잘 해낼 당신이니까. 내가 당신을 믿으니까. 그러니 당신도, 당신을 믿어주기를.

그리고 저도 당신을 용서할게요. 미움 때문에 그토록이나 힘들면서도 그 미움을 움켜쥔 채 놓아주지 않으려고 했던 당신을, 그래서 참 예쁜 미소를 내게 이토록이나 오래도록 보여주지 않았던 당신을, 무엇보다 당신 자신에게 그런 미소를 따뜻하게 지어준 채 다정하고 밝게 대한 지가 까마득히 오래된 당신을, 그래서 이토록이나 시들어진 채 하루의 빛과 행복을 잃은 당신을, 그렇게 어둡게 그늘졌음에도 여전히 내 눈에는 참 밝게 빛나는 참 예쁘고 소중한 당신을 말이에요. 여전히 아름다움이고, 여전히 기특함이고, 여전히 예쁨이고, 여전히 완전하게 아까운 사랑인 당신을 말이에요. 그러니 그토록이나 예쁜 당신과 어울리지도 않는 미움을 이제는 그만 놓아주길. 그리하여 다시, 예쁘게 웃길. 사랑스럽게 피어나길. 다정함과 친절을 되찾길. 그러니까 당신 자신과 유일하게 어울리는 사랑을, 회복하길. 지금도 참 예쁘고 소중한 당신이지만, 닳도록 사랑이고 완전하게 아름다운 당신이지만, 미움 때문에 당신은 당신 자신이 그렇다는 걸 바라보지 못하고 됐고, 하여 당신이 어떤 사람인지를 완전히 오해하게 되었으니까. 그러니 이제는 당신이 누구이며, 무엇을 위해 태어나 존재하는 사람인지를 당신 자신에게 묻길. 아마도 그 답은 사랑일 테고, 사랑을 위해서일 테고, 왜냐면 당신이 바로 사랑이기 때문이고, 그러니까 이제는 다만 당신 자신을 알길. 그러기 위해 기꺼이 용서를 통하길. 사실 그 무엇으로부터도 상처받을 수 없는, 손해를 겪을 수 없는 완전한 사랑이 바로 당신이며, 억울함을, 왜소함을, 희생을 모르는 위대한 사랑이 바로 당신이며, 그래서 미워할 수조차 없는 사람, 그게 바로 당신이니까.

그러니 미움을 위해 당신을 희생하지 말고 이제는 사랑을 위해 미움을 희생시키길. 여태 사랑 아닌 모든 고통을 위해 오직 사랑만을 희생시켜왔던 당신, 그러니까 이제는 다만 사랑을 빼놓고 다른 모든 것을 희생시킬 뿐이길. 그렇게 사랑을 위해 사랑만을 남겨둘 뿐이길. 그런 지혜가 당신에게 있길. 그러니까 당신 자신만을 남겨둔 채, 오롯이 당신, 사랑으로 빛날 뿐이길. 여태 얼마나 당신 자신을 오해해왔으면 고작 미움을 위해 당신의 모든 사랑과 사랑이 주는 기쁨과 평화와 안도를 이토록이나 희생시켜왔는지, 그것에 대해 당신 자신에게 사과하길. 그렇게 사랑을 잊고 잃어 아파하고 있었던 당신 자신을 안아주길. 다정하게, 어루만져주길. 그리고 확실히 하길. 당신이 당신 자신을 얼마나 아끼고 사랑하는지를. 사랑하기에, 얼마나 기쁨과 행복만을 주고 싶은지를, 예쁜 웃음만을 피어나게 해주고 싶은지를. 그리하여 그, 당신 자신을 향한 선명한 사랑으로 이제는 기꺼이 용서하며 나아갈 뿐이길. 그 아무리 정당하고 합리적인 이유를 가진 미움이라고 할지라도, 그 순간 사뿐히 내려놓을 뿐이길. 당신을 스스로 사랑하는 당신이라면 결코 당신 자신에게 미움의 고통을 선물하지 않을 테니까. 더 이상 스스로 불행하길 선택하지 않을 테니까. 그렇게 이제는, 확실하게 행복하고 분명하게 사랑하고 또렷하게 기뻐할 뿐이길. 그러니까 뚜렷이, 사랑으로 존재할 뿐이길. 영원히 사랑스럽고 아름답게 빛나는 당신의 진짜 모습을, 그 행복과 빛을 당신 자신에게 선물해주기 위해서. 그리하여 피어난 당신의 예쁜 미소를 나에게 보여주고 들려줌으로써 나에게 또한 그 행복과 빛을 선물해주기 위해서. 그 거창한 이유들이 아니더라도 오늘을 예쁘고 사랑스럽게 보내는 당신이 되기 위해서. 당신, 마음에서 우러난 예쁜 웃음만이 어울리는 참 사랑스러운 존재, 내가 늘 아끼고 걱정하는 사람, 자신이 얼마나 사랑인지만 안다면 늘 기쁨과 함께할 수밖에 없을 만큼 영원한 사랑인 사람, 있는 그대로의 사랑은 그러니까 다만 당신과 어울리게 예쁘고 다정할 뿐이길. 자신이 사랑임을 완전하게 아는 기쁨에 내내 벅차서 예쁘게 웃음 짓는 이 세상에서 가장 소중하고 기특한 사랑일 뿐이길. 이미 지금도 그런 사랑인 당신, 무엇보다 웃는 모습이 가장 예쁜 당신, 빛과 소중함, 아름다움과 귀함, 그 자체의 사랑은.

## 진실의 빛

　　모든 사람의 마음 안에는 어둡고 침침한, 햇볕이 들지 않는 하나의 방이 있을 거예요. 문을 열면 꿉꿉하고 음침한 습기가 가득 새어 나오고, 어떤 냄새와 곰팡이로 인해 금방이면 문을 다시 닫게 되는 그런 방 말이에요. 그래서 오래도록 마음 한구석에 방치한 채 외면하곤 하는 방이지만, 사실 그런 방일수록, 환기를 자주 시켜줘야 하고, 햇볕을 쬐어줘야 하고, 자주 청소하고 관리를 해줘야 하는 거예요. 어쨌든 그 방 또한 내 마음의 일부이고, 그 방을 빼놓고만 내 마음이라고 할 수는 없는 거니까요. 내 마음은 하나이고, 그래서 그 방과 다른 방을 포함한 모든 방을 일컬어 내 마음이라고 하는 거니까요. 그러니 이제는 미움으로 가득 차 어두침침한, 낡은 증오와 해묵은 분노의 습기가 건조되지 않아 결로가 되어 떨어지고 있는, 내 마음의 부정성을 쌓아둔 채 오래도록 정화하지 않아 덕지덕지 곰팡이가 핀 그 방안에 진실의 빛을 가득 비춰주기로 해요. 그저 사랑스러운 미소를 입에 머금고 따뜻한 가슴과 연민 어린 눈빛으로 다정하게 바라보는 거예요. 그 진실의 빛이 그 방안으로 한가득 들어가는 순간 모든 어둠과 습도의 음침함과 눅눅함은 그 밝고도 따뜻한 빛 앞에서 힘을 잃은 채 서서히 소멸되기 시작할 거예요. 그러고는 또다시 방문을 오래도록 닫은 채 방치해서 결로가 생기고 곰팡이가 피지 않게, 하루에 단 몇 분이라도 문을 열고 진실의 빛을 가득 쬐어주는 거예요. 이제는 당신의 마음, 진실의 향기와 빛으로 내내 밝고 깨끗하게, 따듯하고 그윽하게 유지될 수 있게.

아마도 당신, 어떤 미움이 감당이 되질 않아 당신 마음의 방 한 구석에 그 미움을 박아둔 채 문을 꼭 닫고는 다시는 보지 않기로 결정했었던 걸지도 모르죠. 하지만 그럼에도 미움은 그 문틈 사이로 스멀스멀 흘러나와 당신의 눈과 마음에 띄기 일쑤였고, 그때마다 당신은 정신이 아득해질 만큼 그 미움에 사로잡혀 고통받아왔죠. 당신이 당신의 방안 한구석에 박아두기로 결정한 게 어린 시절 겪은 어떤 충격적인 기억일 수도 있고, 누군가의 만남 안에서 얻었던 크고 작은 상처일 수도 있고, 당신의 삶 안에서 당신이 크게 실수했던 일로부터 얻은 수치심일 수도 있고, 누군가를 향한 오래된 증오일 수도, 가슴 깊이 차오르는 분노일 수도 있겠지만, 그게 뭐든, 치유하지 않은 채 외면하는 것으로는 이렇듯 다시 고통받고 아플 수밖에 없는 거에요. 하여 결국에는 오롯이 마주해야 할, 반드시 딛고 이겨내야 할 고통들인 거예요. 그러니 이제는 오롯이 마주하기로 해요. 낡은 짐들을 쌓아둔 창고를 정리해서 내가 쓸 수 있는 방으로 꾸미는 것처럼, 처음에는 힘도 들고 정신없이 바쁘겠지만, 그러고 나면 예쁜 방 하나가 새로 생길 것이고, 무엇보다 그때부터는 참 뿌듯하고 홀가분한 기분과 함께하게 될 거예요. 그리고 그렇게 꾸민 당신의 방은 이제 당신의 여유가 될 것이고, 하여 당신, 새로운 미움이 들어와도 크게 일렁이지 않게 될 거예요. 작은 짐 하나만 더 들어와도 신경이 곤두서야만 했던 좁디좁은 방에서 벗어나 이제는 당신, 보다 넓은 마음의 공간과 함께하게 되었으니까요.

그러니 이제는 내 마음 안에 있는 낡고 오래된, 정화되지 않은 채 그대로 남아있는 감정들을 말끔히 정리하고 치유해내기로 해요. 하여 더 다정하고 가벼운, 기쁨 가득한 예쁜 일상을 마주하고 살아가기로 해요. 나에게 그런 기쁨을 선물해주기로 해요. 당신의 마음에 깨끗하고 예쁜 방 하나가 더 생기고 나면, 이전에는 당신을 짜증나게 했었던 어떤 일이 더 이상 당신을 짜증나게 하지 못한다는 것을 당신, 꼭 알게 될 거예요. 밝고 향기롭게 정리된 당신의 방안에 그 짜증이 들어오는 순간 당신은 당신의 방과 톤앤매너가 맞지 않는 그 짜증을 곧장 지워낼 테니까요. 그럼에도 남아있는 짜증의 작은 어둠과 습기는 당신이 방문을 연 채 진실의 빛과 향으로 환기시킬 때 완전히 소멸될 테니까요. 무엇보다 이제는 깔끔하고 넓게 정리된 당신 마음의 방이기에 그런 짜증 정도가 들어온다고 해도 충분히 여유 있을 테고, 그래서 당신, 더 이상 곤두서지 않을 테니까요. 여전히 다정하고 너그러울 수 있을 테니까요. 그러니 그 영원한 행복과 다정을 위해서, 아주 잠깐 환기를 시켜주고 짐 정리를 하면 되는 그 잠깐의 수고스러움을 버겁게 여기지 않기로 해요. 아주 잠깐만 고요함에 귀를 기울이면 되는 그 시간을, 아깝게 여기지 않기로 해요. 당신이 진정 당신을 아끼고 사랑한다면 말이에요. 이제는 진짜, 행복하고 싶다면 말이에요. 더 이상 쉽게 상처받고 분노하는 왜소한 당신인 채 불행하고도 외롭게 살아가고 싶지 않다면 말이에요. 기쁨과 생명력 가득 존재한 채 타인들에게도 그 행복을 가득 전해주는 향기로운 당신이 되고 싶다면 말이에요.

　　잠시 눈을 감은 채 고요함에 귀를 기울이고, 그 고요함 안에 진실의 빛이 스며들도록 당신의 산만했던 생각과 온갖 부정적인 감정의 더미를 잠시 옆으로 치워두는 거예요. 그렇게 모든 어둠을 진실의 빛

아래에 둔 채 소멸시키는 거예요. 그러고 나면 당신의 마음, 전에 느껴보지 못했던 기쁨과 다정한 기분에 곧장 생명력과 활기로 가득 찰 테고, 그 위대한 빛으로부터 당신, 당신과 함께해왔던 그간의 모든 왜소함과 부정성들을 단번에 치유받게 될 거예요. 그리하여 더 이상 무기력하게 하루를 보내는 게 불가능하게 될 거예요. 사랑 없는 무관심과 불친절, 예민함으로 사람들을 마주하는 게 불가능하게 될 거예요. 누군가를 미워하는 것 또한 마찬가지로 그렇게 되겠죠. 당신, 더 이상 지치고 피곤한 기분, 무기력한 느낌과 함께하지 않을 테고, 그런 기분과 함께 하루를 보내고 있다는 죄책감과도 함께하지 않을 테고, 그러한 어둠의 상태가 당신의 마음과 이제는 함께하고 있지 않다는 것 하나만으로 당신은 자동적으로 여유 넘치고 다정하게 존재하게 되는 거니까요. 왜냐면 당신의 있는 그대로의 모습인 사랑을 가리고 있던 어둠이 이제는 빛에 의해 걷혔고, 그로 인해 당신이란 사랑이 드러나 당신, 가득 사랑으로 존재하게 되었으니까요. 그래서 당신에게 필요한 건 그저 어둠을 거두어내는 일뿐이었다는 것을. 그 어둠에 가려져 알거나 바라보지 못하고 있었을 뿐, 당신은 지금도 사랑이며, 앞으로도 영원히 사랑일 것이기에. 그러니 이제는 다만 모든 어둠을 빛 앞에 데려가 놓아두길. 그렇게 당신, 사랑이 자연히 드러나게 함으로써 당신은 그 사랑으로 존재할 뿐이길.

그동안 쌓아뒀던 부정적인 감정의 더미들이 한 번에 올라와 깜짝 놀랄 수도 있고, 그래서 두려워 주저하게 되는 순간도 있겠죠. 하지만 그럼에도 그 두려움에 휩쓸리기보다, 당신 마음 안을 가득 메우고 있는 부정적인 감정의 더미들에 압도당하기보다, 그저 초연하게 바라본 채 진실의 빛을 계속해서 쬐어주기로 해요. 오래도록 방치해 뒀던 습하고 어두운 방일수록 그만큼 꿉꿉하고 칙칙한 것이 당연한 것이고, 하여 그만큼 오랜 환기가 필요한 것일 뿐이고, 하지만 한 번 제대로 환기시켜주고 나면 지금부터는 주기적으로 조금씩만 환기시켜주면 되는 거니까요. 그러니 처음 한 번이 어렵다고 해서, 또다시 문을 닫진 않길 바라요. 그 뒤에 있을 빛나는 행복과 다정한 사랑으로 가득 채워진 내 존재를 끝내 마주하기 위해, 그 한 걸음을 내디디길 바라요. 처음 한 번이 어려울 뿐, 한 번 제대로 정리해주고 나면 그 뒤로는 아주 조금의 시간만 쓰더라도 이미 작아질 대로 작아져 있는 그 어둠과 습기는 진실의 빛과 대치하고 싸울 잠깐의 틈도 가지지 못한 채 곧장 소멸할 뿐일 테니까요. 그러니 지금, 용기를 내어 마주해요. 여태 그 거대한 어둠을 외면하느라 더 바쁘게 일상에 몰두해왔고, 쉬는 시간만 되면 스멀스멀 올라오는 그 어둠이 너무나 두렵고 공허해서 영상이나 친구들과의 만남, 수다에 더욱 탐닉하는 식으로 어떻게든 도망쳐 보고자 하기도 했죠. 때로는 과식을 하는 것으로, 때로는 과도한 수면에 빠지는 것으로 외면해 보고자 하기도 했죠. 그러는 동안 당신, 얼마나 소진되고 지쳐왔나요. 그러니 이제는 바라보길 주저하지 말길. 바라봄의 빛을 가득 비추길. 오롯이 당신, 사랑으로 존재한 채 그 사랑의 따듯하고 다정한 시선을 그저 그곳에 두길. 그 빛과 사랑으로, 그 모든 불행을 이제는 그만 끝내길.

  모든 순간의 공허 앞에 당신이라는 이름의 사랑스럽고 따듯한, 무엇보다 다정한 볕을 비출 때 당신이란 이름의 진실의 빛을 견뎌낼 공허는 없으며, 분노든, 증오든, 미움이든, 무기력이든, 그 모든 어둠 또한 마찬가지로 그런 거니까. 그게 바로 당신이란 사랑의 위대한 권능이자 힘인 거니까. 그러니 이제는 그 아무것도 아닌 어둠을 더 이상 방치하지 말기를. 외면하지 말기를. 그저 당신 자신으로 온전히 존재한 채 고즈넉하게 바라볼 뿐이길. 그리하여 매 순간 안에서 더욱 살아있고, 피어있고, 기쁨 가득하게 존재하는 당신을 당신 자신에게 선물해주길. 당신은 어제도 그랬듯 지금도 사랑이며, 영원히 사랑일 것이기에 그저 그런 당신을 바라보지 못하게 하는 어둠을 거두어낼 필요가 있을 뿐인 것임을. 그 순간 당신의 당연한 상태인 사랑스러움과 기쁨을 회복하게 될 당신이니까. 그러니 당신의 사랑스럽고 행복한 오늘을 위해서, 당신의 영원한 사랑스러움을 위해서, 당신 마음 한구석에 쌓아둔 상처와 깊은 원망, 분노, 우울과 수치심, 그 모든 어둠을 이제는 철저히 정화하기를. 그렇게 눈부실 만큼 반짝이는 빛이자, 사랑스러움이자, 예쁨인 당신 자신의 본모습을 되찾기를. 당신이 자신을 바라본 채 치유해 주기만을 기다리고 있는 당신 마음을 위해서, 따듯한 눈길 한 번을 받지 못한 채 짙고도 깊은 어둠 속에서 검게 멍든 채 아파하고 있는 그, 소중하디 소중한 당신의 마음을 위해서.

 그리하여 이제는 당신, 무거운 짐을 견디며 하루를 보내고 살아오느라 참 쉽게도 지치고 고갈됐던 시간을 지나 그 어떤 짐도 짊어지지 않는 사랑으로서 가볍고도 수월하게 하루를 보낼 뿐이길. 그리하여 예민함과 짜증스러움을 당신에게서 완전히 벗겨낸 채 영원한 너그러움과 다정함으로 하루를 즐기고 누릴 뿐이길. 그 어떤 외부의 자극으로부터도 흔들리지 않을 수 있을 만큼의 빛과 사랑과 완전히 하나 된 마음과 함께함으로써. 그러니까 정리된 방과 정리되지 않은 방을 모두 갖고 살아가는 분리와 균열을 이제는 사랑으로 완전히 치유함으로써. 그렇게, 당신은 사랑을 잃은 아픔에 검게 물든 모든 마음의 방에 이제는 오직 사랑을 비춤으로써 사랑의 치유와 위로와 정화만을 안겨주며 나아갈 뿐이길. 그리하여 당신이 가질 수 있는 단 하나의 유일한 마음인 사랑과만 함께할 뿐이길. 사랑과만 함께하는 그 완벽한 순수함과 단순함으로 갈등 없는 매일을 마주하고 살아갈 뿐이길. 오직 사랑하고, 사랑받기만을 원하고 욕망할 수 있을 뿐인 당신, 영원한 사랑은. 사랑만을 알기에 사랑과만 함께할 수 있는, 그리하여 사랑 아닌 무거운 짐들을 결코 스스로 짊어질 수 없는 당신, 유일한 사랑은. 사실은 상처받을 수 없는 완전함이기에 치유해야 할 것이 자신이 상처를 받을 수 있다는 환상밖에 없을 뿐인 당신, 완전한 사랑은. 바라보기만 하면 그 어떤 아픔과 고통이든 사랑의 빛과 권능으로 그 즉시 몰아내고 소멸시킬 수 있는, 당신, 위대한 사랑은. 어둠을 두려워할 필요조차 없는, 사실은 어둠이 당신을 두려워하는 게 마땅한 당신, 빛 그 자체의 사랑은.

    그러니까 당신, 유일하게 사랑하기만을 욕망할 수 있는 있는 그대로의 사랑은 다만 당신 자신을 사랑해주길. 그러기 위해 이제는 당신 마음의 문을 연 채 여태 어둡고 습기 가득한 곳에서 홀로 아파하며 잔뜩 시들어지고 있었던 당신 마음의 일부분을 바라봐주고 안아주기를. 그렇게, 사랑만을 마음에 품을 수 있을 뿐인 당신의 정체성을 회복하기를. 빛과 사랑 외에 그 무엇도 품고 있지 않았던 그, 진짜 당신의 정체성을. 영원하고 유일한, 완전하고 위대한 사랑, 빛, 그리고 아름다움, 줄어들지 않는 기쁨, 그 끝도 없고 다함도 없는 사랑, 당신을. 그저 눈을 감은 채 고요하게 앉아서 입가에는 살짝이 미소를 띠고, 내가 얼마나 소중하고 기특하고 사랑스러운 존재인지를 느껴보는 시간을 가지기만 한다면 어떤 순간에도 지치거나 불행할 수 없는 그, 완전하디 완전한 사랑, 당신을. 그 무엇이든 있는 그대로의 자신인 사랑으로 존재한 채 바라보기만 하는 것으로 모든 문제를 단숨에 해결할 수 있는 한계를 모르는 사랑, 당신을. 그러니 지치고 힘든 순간일수록 자주, 당신 자신을 느끼길. 그 사랑의 권능과 위대함을. 그 빛과 사랑의 습관이 당신에게 있길. 그리하여 당신은 내내 사랑으로 존재하고, 그 사랑으로 말미암아 기쁨에 겨워 춤추고, 웃고, 기도하고, 꽃피고, 살아가고, 사랑할 뿐이길. 그렇게 사랑에 마땅한 모든 자격과 권리를, 사랑에게 거저 주어진 모든 즐거움과 행복을 흐드러지게 누리며 흠뻑 감사할 뿐이길. 사랑이 사랑이라는 것을 알고 바라볼 필요만 있을 뿐인, 당신, 사랑하기 위해 태어난 존재, 참 기특하고 소중하고 고맙고 예쁘고 사랑스럽고 아깝고 찬란한, 내가 참 많이 아끼고 사랑하는 사람, 사랑은. 내가 늘 믿고 지지하고 존중하고 생각하고 좋아하고 기도하고 응원하는 사람, 사랑, 당신, 빛과 예쁨, 소중함, 사랑, 사랑, 사랑은.

## 오늘, 행복할 것

　내게 주어진 하루라는 선물을 내가 할 수 있는 최대한으로 행복하게 보냄으로써 나에게 기쁨을 선물해주기로 해요. 다시는 돌아오지 않을 내 생애 한 번뿐인 마지막 오늘인 지금 이 순간을, 누군가를 미워하며 보내기엔, 슬픔에 젖은 채 우울해하고 무기력하게 보내기엔, 예민함에 가득 휩싸인 채 분노하고 짜증을 내며 보내기엔 너무나 아까우니까요. 우리는 모두 하루에 하루만을 살 수 있는데, 그 단 한 번뿐인 소중한 하루를, 살아가고 존재할 수 있는 유일한 시간인 지금 이 순간을 너무나 먼 미래의 일을 걱정하느라, 또 너무나 오래된 과거의 일을 곱씹느라 낭비한다면 그건 정말이지 너무나 안타깝고도 아까운 일이니까요. 그저 기쁨 가득 사랑스럽게 보내기에도 충분히 벅찬 선물 같은 이 오늘을, 내가 마음먹기만 하면 그렇게 보낼 수 있는 이 오늘을, 그렇다면 무엇 때문에 그렇게 보내지 않으려고 그토록이나 치열하게 애쓰며 존재하고 있나요. 마치 스스로 불행하고 싶어 안달이 난 사람처럼 말이에요. 그러니 이제는 그저 오늘을 행복하게 보내기로 해요. 일어나자마자 어떻게 오늘을 가장 의미 있고 행복하게 보낼 수 있을지를 생각해 보는 거예요. 어떤 감정을 품고, 어떤 자세와 태도로 세상과 사람을 마주할 것이며, 나의 일을 통해서는 어떤 의미를 이 세상에 전할 수 있을지를 설렘 가득 품은 채 상상해 보는 거예요. 그리고 그 상상과 꼭 닮은 하루를 보내기 위해 사랑스럽게 전념하는 거예요. 그렇게 하는 것만으로 이미 당신의 하루, 사랑의 빛과 행복의 기쁨으로 가득 반짝이기 시작할 테니까.

그럼에도 여전히 조금 부족하고, 조금 실수할 수도 있겠죠. 때로는 내 마음과는 달리 못난 말을 하기도 하고, 안 좋은 감정을 품게 되기도 하겠죠. 하지만 분명 어제보다는 훨씬 더 뜻깊고 예쁜 하루를 보냈을 거예요. 곧바로 내뱉었을 분노도 한 두 번은 참았을 테고, 누군가를 향해 마음껏 쏟았던 미움도 돌아보며 후회한 채 내려놓기 위해 마음을 기울이기도 했을 테고, 늘 나태함에 빠져 하루를 지워가듯 보냈다면 오늘은 그럼에도 간단한 일 하나라도 제대로 해내기 위해 정성과 집중을 쏟으며 임했을 테니까요. 그렇다면 그거면 된 거예요. 그래서 당신, 자기 전엔 또다시 찾아올 내일을 끔찍이도 두려워하고 지루해하며 눈을 감았다면 이제는 당신의 예뻤던 하루가 자랑스러워 소중한 기분을 한 아름 안고 포근히 잠들게 되겠죠. 내 하루를 쓸모 있게 보냈다는 보람과 자존감에 잃었던 설렘의 별이 가슴 안에 다시 수놓여 반짝, 빛나기 시작하겠죠. 그렇게 공허와 지루함, 나태함이 서서히 당신에게서 지워질 테고, 하여 당신, 누구보다 바쁘게 하루를 보내지만 정작 당신 자신은 누구보다 즐기고 사랑하고 있을 뿐이라는 기분과 함께 오직 벅차게 행복해하고 있을 뿐이겠죠. 피곤함과 고단함이 사라질 테고, 생명력과 활기가 그것들이 사라진 빈자리를 채우기 시작할 테고, 그렇게 당신, 잃었던 색을 되찾아 짙고도 선명한 색의 꽃으로 활짝, 피어날 뿐이겠죠. 그렇게 내가 나에게 행복과 기쁨을 선물해주는 하루를 매일 쌓아가며 보내는 거예요. 그 선물을 어디 나만 받겠어요. 나로 인해 세상과 사람들 또한 그 기쁨과 행복의 선물을 가득 받고 누리게 될 거예요.

　여태 다른 사람을 기쁘게 해주기 위해 늘 노력해왔던 당신이지만, 스스로가 행복하지 않아 마음과는 달리 기쁨만을 주진 못해 늘 속상해해 왔잖아요. 하지만 이제는 애쓰고 노력하지 않아도 당신 존재의 결과 향기만으로 사람들에게 기쁨을 전해주는 당신이 된 거예요. 당신이 스스로 행복하지 못할 땐 이미 당신이 짊어지고 있는 불안과 고통과 예민함과 짜증과 분노와 미움과 같은 감정의 짐들이 너무나도 많았고, 그래서 그 무게에 짓눌러 마음처럼 다정하기가 쉽지가 않았죠. 충분히 의식하고 있지 않을 땐 함부로 무관심하거나 퉁명스럽게 굴고 있는 나를 발견하게 되는 일도 잦았고, 왜냐면 내 마음이 지금 다정함과 기쁨, 사랑과 함께하고 있지 않으니까요. 그래서 말 그대로 그건 애쓰는 것일 뿐, 진짜 다정한 건 아닌 것이었고, 사실 다정할 수조차 없는 상태에서 애써 노력하고 있었던 것뿐이었죠. 하지만 이제는 마음에 기쁨과 다정함이 온통 꽃 피어있기에 당신, 모든 삶의 순간 앞에서 가득 만족하고 감사하고 있을 뿐일 테고, 그래서 다정할 수밖에 없어 다정한 사람이 된 거예요. 위로받고 싶은 슬픔도, 화내야 할 미움과 분노도, 채우고 싶은 욕망도 이제 당신의 마음 안엔 없으니까요. 결국 사람은 자신의 마음 안에 있는 것들을 바깥으로 표현할 수밖에 없는 거니까요. 그래서 애쓰지 않아도 다정할 수밖에 없는 행복한 나를 만들어가는 게 이토록이나 중요한 것임을. 내가 행복해지고 나면, 그 행복으로 인해 모두가 행복해지는 것이고, 그렇지 못하면, 나의 그 불행으로 인해 모두가 불행해지는 거니까.

　그러니 이제는 그저 행복한 당신이 되기로 해요. 그러기 위해 행복을 선택하기만 하면 되는 거예요. 행복하겠다고 각오하고 다짐하기만 하면 되는 거예요. 그러니까 여태 당신, 늘 불행만을 스스로 선택해왔던 것뿐인 거예요. 불만을 품을 수도, 만족을 품을 수도 있는 삶의 순간 앞에서 당신은 늘 불만만을 품어왔고, 미움과 용서 중에서는 미움을, 슬픔과 기쁨 중에는 늘 슬픔만을 선택해왔으니까요. 그러니 이제는 당신의 선택을 바꿔요. 그렇게 당신에게 행복한 오늘을 선물해 줘요. 오늘이 당신 삶의 마지막 날인 것처럼, 최선을 다해 사랑하고 살고 누리는 거예요. 정말로 오늘은, 다시는 돌아오지 않을 마지막 오늘, 유일한 오늘이고, 그래서 그런 마음으로 보내야 마땅한 소중한 오늘이니까요. 그러니 여태 행복만은 어떻게든 미뤄왔던, 그래 놓고는 불행만은 어떻게든 골라왔던 당신, 지금부터는 불행을 미루고 행복을 지금, 오직 지금 누리기로 해요. 그러니까 슬픔을, 짜증을, 불만을, 나태함을, 미움을, 원망을 내일로 미루고 오늘은 다만 이미 모든 것을 다 가진 사람저럼 기뻐하고 사랑하고 슬기고 감사하고 이해하며 보내는 거예요. 정말로 모든 것을 다 가진 당신이라는 것을 그때는 알게 될 거예요. 왜냐면 기쁨도, 사랑하는 능력도, 감사할 줄 아는 순수함도, 이해하는 겸손함도, 하루를 빛나게 보내는 성실함도 이미 당신의 마음 안에 있었음을, 그래서 그렇게 하고자 마음먹기만 하는 순간 그렇게 할 수 있는 당신임을, 그때는 모를 수가 없어 알게 될 테니까요.

    그리고 잊지 말아요. 오늘 해내면 내일의 오늘에도 당신은 해낼 것이고, 오늘 미루면 내일의 오늘에도 당신은 미룰 것이라는 걸요. 그래서 오늘 기쁨을 누리면 내일의 오늘에도 당신, 반드시 기쁨을 누리게 될 테고, 오늘 불행을 미루면 내일의 오늘에도 당신, 반드시 불행을 미루게 될 거라는 것을요. 그 반대 또한 마찬가지라는 것을요. 그러니 그것을 잊지 않고 간직함으로써, 가장 간절한 마음으로 주어진 매 순간들을 놓치지 않고 누리길 바라요. 사랑에, 감사에, 이해에, 용서에, 성실함에, 의미와 쓸모에 욕심을 내길 바라요. 그렇게 무엇보다 행복한 오늘을, 다정함과 따듯함 가득한 지금을 당신에게 선물해주길 바라요. 그런 매일을 쌓고 살아가 꼭, 당신이 얼마나 사랑 그 자체의 예쁜 사람인지를 알아가게 되길 바라요. 당신이 당신 자신의 사랑스러움을 알게 된 만큼, 타인의 사랑스러움 또한 바라보게 될 당신이니까요. 그러니까 당신이 충분히 당신 자신의 존재와 삶에 감사하고 있지 못할 때만 당신, 타인을 또한 부족하게 여긴 채 그들에게 당신의 결핍을 투사할 수 있는 것이고, 그렇게 변화를 바라고 강요할 수 있는 것이고, 하지만 이제는 다를 테니까요. 있는 그대로 사랑받기에 충분한 나라는 걸 알게 된 만큼, 타인을 또한 그 사랑으로 가득 아껴주고 존중해줄 당신이고, 하여 그 사랑으로부터 가득 사랑받을 당신일 테니까. 그렇다면 더 이상 망설일 이유가 어디에 있나요. 지금 당장 모든 것을 다 가진 사람처럼 예쁜 미소를 지은 채 웃고, 즐기고, 기뻐하고, 감사하고, 사랑하길. 그 감사와 다정함으로 가득 채워진 매일을 당신에게 선물해주길.

  당신이 오늘을 무엇보다 행복하게 보낼 때, 사랑 가득하게 보낼 때, 나머지 모든 일은 그 행복과 사랑이 당신을 대신해서 알아서 당신에게 가장 좋은 쪽으로 흘러가도록 해줄 테고, 하여 당신, 매 순간의 기적과 선물을 가득 누리며 걱정과 고민 없이 기뻐하기만 하면 되는 거니까. 당신이 원하는 게 무엇이든, 당신의 행복과 사랑이 당신을 위해 그것을 이뤄줄 테니까. 가득 기뻐하고 감사하는 사랑스러운 사람에게 더 많은 것을 해주고 싶은 게 이 삶의 자연스러운 법칙인 거니까. 그래서 당신 또한 왜소하고 인색한 사람에겐 오히려 마음을 더 아끼게 되고, 이미 다 가진 듯 결핍 없이 행복에 겨워하고 있는 사랑스러운 사람에겐 오히려 마음을 더 쓰게 되는 거니까. 그러니 당신 또한 사랑스러워 사랑을 온통 받고 끌어당기는 사람이길 바라요. 이미 모든 것에 감사하기에 더 많은 것을 누리고 선물 받게 되는 마르지 않는 풍요를 누리는 사람이길 바라요. 이미 벅차게 행복한 나라는 걸 아는 그 행복의 보호막으로부터 미움과 분노와 우울과 무기력과 공허의 온갖 유혹으로부터 보호받는 당신이길 바라요. 그러니까 잊지 말길. 사랑하는 사람이 더 많이 사랑받고, 감사하는 사람이 더 많이 누리게 되고, 이미 행복한 사람이 더 크고 깊게 행복하게 되는 것이라는걸. 그래서 기필코 당신, 오늘을 잘 보내야 한다는 것을. 그러니까 당신이 오늘을 어떻게 보내겠다고 다짐한 그 오늘의 마음이, 당신의 운명과 미래를 결정하는 유일한 의지라는 것을.

그러니 당신은 오늘 이미 사랑이길. 이미 행복이고, 이미 기쁨이고, 이미 예쁨이고, 이미 기특함이고, 이미 성실함이자 부지런함이고, 이미 안다미로 아름다움이길. 그저 그렇게 존재하길 선택하길. 그렇게, 미움이 아주 중요한 것이라도 되는 것처럼 미움에 집착해왔던 당신, 그 미움을 내려놓는 순간 인생이 무너지기라도 할 것처럼 미움을 붙들고 있는 당신, 그 선택의 결과로 지금의 불행에 닿은 당신, 이제는 상대방이 아닌 오직 당신 자신을 위해서 그 미움을 내려놓길 선택하길. 그렇게 함으로써 그 미움에서 자유를 얻고 나면 그때는 꼭 알게 될 테니까. 이토록 중요한 미움이 아니라, 이토록 보잘것없는 미움이었다는 것을. 내가 누릴 행복과 사랑스러움을 포기한 채 미움을 선택하기에, 미움은 정말 고작 미움 따위에 불과했다는 것을. 그게 미움이든, 분노든, 욕망이든, 그 어떤 모양의 부정성이든 그렇다는 것을. 그러니 이제는 매 순간 행복을 선택함으로써 행복의 기쁨을 알아가길. 사랑하길 선택함으로써 사랑의 천국을 알아가길. 그러기 위해 오늘 행복하기 위해 나, 오늘을 어떻게 보내야 할지를 늘 생각해 보는 예쁜 습관이 있길. 여태 그 습관이 없어서 지금의 불행까지 내몰린 당신이지만, 사실 이미 행복과 사랑 모두를 다 가지고 있는 당신이기에 당신, 당신의 행복을 위해 무엇을 해야 할지를 누구보다 잘 알고 있는 사람이고, 그래서 눈을 감은 채 잠시 생각만 해보면 그려질 테니까. 당신이 어떤 오늘을 보내야 할지가. 지금 이 순간을 어떤 자세와 마음가짐으로 마주해야 할지가. 당신이 지금 웃겠다고 마음먹기만 하면 당장에라도 누구보다 예쁘게 웃을 수 있는 것처럼, 그게 사랑이든, 용서든, 이해든, 성실함이든, 기쁨이든, 감사든, 당신, 마음먹기만 하면 그렇게 할 수 있는, 이미 그 모든 것들을 다 가지고 있는 사랑이니까.

그러니 매일을 행복을 그리고 생각하는 예쁜 습관으로 시작하고 보내길. 그런 매일을 쌓으며 살아간다면 당신의 하루에는 반드시 기쁨과 사랑스러움의 꽃이 한 아름 피어날 테고, 그 꽃은 꺾어다 내 품에 가득 안고 싶을 만큼의 예쁜 향기일 테고, 아름다운 모양일 테고, 빛나는 색감일 테니까. 그리고 그게 바로 당신 존재 본연의 사랑스러움인 것임을. 그러니 꼭, 오늘을 행복하게 보내길. 그렇게 당신 자신의 본 모습인 사랑을 매 순간 조금씩 더 되찾고 회복하며 나아가길. 지금도 너무나 예쁘고 사랑스러워 꺾어다 품에 안고 싶은 당신이지만, 그래서 지금보다 더 그윽한 향기를 지닌, 다채로운 색을 지닌 꽃으로 피어난다고 하니 설레기도 하고, 그 예쁨과 아름다움이 감당이 안 될 것 같아 두렵기까지도 하지만, 그 반짝이는 예쁨과 설레는 아름다움이 당신 자신의 원래 모습이고, 그 사랑스러움을 찾아가는 것일 뿐이라고 하니 나도 그저 응원할 테니까. 당신이 있는 그대로의 당신인 사랑을 되찾기를. 그리하여 이미 모든 것을 다 가진 사랑의 기쁨과 행복을 회복하기를. 그러니 나의 당신을 향한 그 응원과 소원에 당신의 당신을 향한 스스로의 사랑과 간절함을 더해 당신은 꼭, 매일의 기쁨과 행복에 닿기를. 슬픔과 미움의 싹이 당신의 마음 안에서 자라날 틈도 없을 만큼 사랑스럽고 예쁜 당신의 모습을 되찾기를. 그러니까 사실은 지금도 이미 벅차게 행복한 당신이, 딱 그만큼만 행복하기를. 그러니까 자신이 얼마나 행복이고 기쁨이고 사랑인지를 다만 스스로 알기를.

　　당신의 생애 다시는 돌아오지 않을 이 마지막 오늘을, 그 간절하고 소중한 오늘을 당신과 어울리지도 않는 사랑 없는 모습을 한 채 함부로 허투루 보내지 않음으로써, 그저 당신이 소중하고 사랑인 것만큼만 소중하게, 사랑 가득하게 보냄으로써, 그 기쁨과 찬란함을 당신 자신에게 선물해줌으로써, 그렇게. 그러니까 당신이 사랑인 것만큼만 당신을 사랑해줌으로써. 당신이 예쁨이고, 소중함이고, 기쁨이고, 아름다움이고, 찬란함이고, 빛이고, 아까움이고, 완전함이고, 사랑인 것만큼만. 내가 당신을 아끼고 걱정하는 만큼만. 당신으로 존재하고 살아가고 있다는 것 자체가 이미 기적이고 자랑스러움이고 부러움일 만큼, 당신은 참 어여쁘고 반짝이는 사람이니까. 당신은 때로 그걸 몰라 당신 자신으로 존재하고 살아가는 걸 끔찍이도 버겁게 여기기도 하지만, 당신이 당신을 그렇게 오해한다고 해서 당신이 사랑이 아니게 바뀌지는 않는 거니까. 그래서 여전히 당신은 그런 사랑스러움이자, 기특함이자, 찬연한 빛인 거니까. 하여 그것을 스스로 알고 바라보기 위해 오늘을 무엇보다 행복하게 보낼 필요가 있을 뿐인 당신인 거니까. 그렇게 할 때 당신의 마음 안엔 이미 모든 기쁨과 사랑스러움이 있었다는 걸 당신은 알게 될 테고, 하여 이제는 의심하지 않을 테니까. 당신이 얼마나 눈부시게 아름다운 사랑인지를, 가슴 미어지게 아깝게 소중한 사람이지를, 살아 숨 쉬고 있는 것만으로 기적인 존재인지를. 그러니 그런 사랑, 사람, 존재, 당신은 그저 당신처럼만 예쁜 하루를 보내길. 당신을 꼭 닮은 무지 사랑스럽고 닳도록 아름다운 하루를 보내길. 지금도 여전히 있는 그대로의 사랑이자, 이미 행복한 사람, 당신은. 존재만으로 기쁨을 누리고 사랑받기에 충분히 소중한 사람, 닳도록 기특하고 아름다운 빛, 당신, 사랑은.

## 예쁜 믿음

　예쁜 믿음을 가진 사람이 되세요. 우리의 모든 말과 행동, 그 표현들은 결국 우리가 무엇을 믿고 있는지, 하는 그 믿음에서부터 나오기 때문이에요. 내가 만약 화를 냄으로써 누군가에게 겁을 주고, 억압하고, 그를 통해 타인을 나의 뜻대로 변화시키고자 하고, 그것에 나의 행복이 있다고 믿는 사람이라면 나는 그 믿음을 바탕으로 그런 행동을 반드시 하게 될 테니까요. 누군가에게 거짓말을 해서라도 나의 이득을 채우는 게 옳다고 믿는 사람이라면, 그 믿음으로부터 당연히 타인을 속이고 이용하고자 하지 않을까요? 그래서 믿음, 그 보이지 않는 것의 힘과 영향력은 이토록이나 어마어마한 거예요. 그 힘과 영향력은 우리의 삶을 천국과 지옥으로 곧장 바꿔낼 만큼이고, 우리 존재의 향기를 사랑스러움과 못남으로 곧장 지어낼 만큼이니까요. 그러니까 결국 우리는 우리가 믿는 바를 바탕으로 우리의 삶과 존재의 향기를 꾸리며 나아가게 되는 거니까요. 그러니 예쁜 믿음을 지니고 있기에, 예쁜 말과 행동을 바깥으로 표현할 수밖에 없는 예쁜 사람, 당신이길 바라요. 내가 다정할수록 내가 행복해지고 사랑받게 된다는 걸 누구보다 믿고 있는 사람은 자신의 기쁨을 위해서라도 매 순간 다정하게 존재하게 될 거예요. 남을 속여가면서까지 어떤 이득을 추구하기보다 진실함을 지켜내는 것이 더 예쁘고 아름다운 존재의 방식이라는 걸 진정으로 믿고 있는 사람은, 그 어떤 거짓의 유혹 앞에서도 흔들리지 않을 거예요. 옳기 위해서가 아니라 오직 나의 기쁨과 행복만을 위해서, 내가 예쁜 사람으로 존재하고 살아가고 있다는 나의 아름다운 자긍심을 위해서.

그러니 타인에게 예의 바르고 다정하게 구는 것이, 최선을 다해 타인에게 존중받고 있는 기분을 전해주고 타인을 편안하게 해주고자 하는 것이 타인을 불편하게 만들고, 깎아내리고, 비난하고, 주눅 들게 하고, 그런 식의 삶의 태도보다 더 나의 기쁨과 행복을 위한 것이라는 예쁜 믿음을 가진 사람이 되어봐요. 그 어떤 상황 속에서도 자신의 다정함을 잃지 않는 사람, 타인이 어떻게 생겨 먹었든 간에 자신은 그럼에도 존중심을 담아 예쁘게 말할 줄 아는 사람, 그런 사람이 진정 빛나고 강한 사람이라는 믿음을 가져보는 거예요. 내가 타인의 행동과 태도에 따라 다정함을 잃어야만 하는 사람이라면, 그래서 때로는 미워하고 분노해야 하는 사람이라면, 그 존재의 방식은 결국 나의 평화를 꿋꿋이 지켜내지 못하게 하고, 그래서 그만큼 나를 불행 앞에서 취약하게 존재하게 만드는 약함인 거니까요. 여태 당신은 거꾸로 믿어왔던 것뿐이에요. 그러니까 타인을 깎아내리고 억누르는 것을 통해 당신이 커질 수 있다고, 타인이 당신의 눈치를 보게 만드는 것을 통해 당신이 강해질 수 있다고 믿어왔던 것뿐인 거예요. 그렇게 믿어왔기에, 줄곧 그런 식으로 행동해왔던 것뿐인 거예요. 하지만 이제 당신이 믿는 바가 바뀌었기에 당신은 당신의 기쁨과 행복을 위해 스스로 몸과 마음을 바쳐 다정하기 위해 노력하기 시작할 테고, 하여 서서히, 그리고 반드시 다정한 사람이 되어갈 거예요. 사람은 모두가 자신의 행복을 위해 최선을 다해 존재하게 되어있고, 다만 무엇을 행복이라 믿는지에 따라 방향이 달라지는 것일 뿐인 거니까요. 그러니 믿음을 바꿈으로써 예쁜 변화를 맞이하길 바라요.

　　누군가가 자신을 불행하게만 할 뿐인 미움에서 몇 년 동안 벗어나고 있지 못하다면, 그는 그 미움이 자신을 행복하게 해줄 거라 믿고 있기 때문에 그렇게 하는 것이죠. 누군가가 늘 타인을 이용하고 속이는 것에서부터 이득을 취하고자 하고 있다면, 그는 그 이기심과 거짓이 자신을 행복하게 해줄 거라 믿고 있기 때문에 그렇게 하는 것이죠. 하지만 당신이 봤을 때, 그들이 진정으로 자신들의 행복을 위해서 살아가고 있는 것처럼 보이나요? 아마 그렇지 않을 거예요. 그러니까 그들은 자신의 행복을 위해 최선을 다해 매일을 살아가고 있지만, 그들이 선택한 믿음은 그들을 더욱 불행한 방향으로 이끌어주고 있을 뿐인 거예요. 그리고 그 질문을 이제 당신 자신에게 해보는 거예요. 지금 당신의 최선이, 당신의 믿음이 당신을 행복으로 이끌어주고 있는지를, 당신이 걸어가고 있는 방향이 행복을 향하고 있는 게 맞는지를. 결국 믿음과 방향을 먼저 돌아보고 점검하지 않는 한, 그 무엇으로도 당신은 결코 행복해질 수 없을 테니까요. 그러니까 변화란, 거듭남이란, 새로워짐이란, 믿음을 바꾸는 것에서부터 시작해야 완성할 수 있는 소중함인 거니까요. 아무리 변화를 추구해도, 내 마음속 깊숙한 곳에 있는 근원적인 믿음이 여전히 전과 같다면, 그 변화의 시도는 결국 실패하기 마련일 테고, 사실 그 변화를 마음먹은 것 자체도 진심이 아니라, 사랑이 아니라 여전히 자신의 일그러진 어떤 믿음을 성취하기 위한 전략과 계산에서부터 온 변한 척에 불과할 테니까요. 그러니까 다정하길 선택한 게 진심으로 다정함이 나의 기쁨이 되어줄 거라 믿어서가 아니라 그 다정함을 통해 어떤 이득을 얻기 위해서 다정한 척하고 있을 뿐인 식으로 말이에요.

그래서 먼저 믿음을 바꿔내야 하는 거예요. 그리고 그러기 위해 삶에서부터 진실하게 배우고자 하는 겸허한 마음가짐이 있어야 하는 거예요. 어디서 듣고 본 지식은 진정한 앎이 아니기에 믿음의 변화를 일으키기엔 언제나 부족한 법이고, 하지만 내가 직접 부딪히고 겪어서 알게 된 지혜는 곧장 내 믿음을 변화시킬 만큼의 힘이 있는 거니까요. 무엇인가를 보고 진심으로 느끼고, 하여 아, 여태까지의 내 방식은 미성숙한 것이었구나, 이게 진짜 성숙한 방식이었구나, 하고 생각하게 될 때, 그 순간 당신의 믿음은 바뀌게 될 것이고, 그 바뀐 믿음으로부터 당신, 삶 안에서 당신의 모습을 서서히, 무엇보다 당신 스스로의 자발적인 의지로 변화시켜나가게 될 테니까요. 그래서 그때의 당신은 진실로 새로워지고 거듭나게 될 테니까요. 그런 변화를 겪을 수밖에 없는 것으로 당신의 운명을 그 순간 확정 짓게 되었으므로. 그러니 배우고 재우고자 하는 겸허한 마음이 당신에게 있길 바라요. 그 마음으로부터 매 순간의 경험 앞에서 이건 나에게 무엇을 알려주고 가르쳐주기 위해 나를 찾아왔을까, 하고 물어볼 줄 알길 바라요. 그 질문을 할 줄 아는 사람은 반드시 전과 다른 변화를 향해 나아가게 되어있고, 마찬가지로 그 질문을 하지 않는 사람은 늘 전과 같이 살아가게 되어있는 거니까요. 늘 비슷한 일을 겪으며 아파하고 불행해하지만, 늘 같은 식으로 분노하고, 늘 같은 식으로 탓하고 미워하고, 늘 같은 식으로 이기적이길 선택하고, 그런 식으로 늘 전과 똑같이 존재하면서 말이에요.

무엇보다 그때는 타인의, 나를 향한 조언 앞에서도 늘 닫혀있는 사람으로 존재하게 되겠죠. 스스로의 마음에 대고 질문하지 않는 사람은 그만큼 수용력이 부족할 수밖에 없고, 하여 타인의 조언을 나에 대한 공격으로 받아들인 채 불편하게만 여길 뿐일 테니까요. 하지만 질문할 줄 아는 사람은 타인이 정말로 다정한 의도로 내게 조언을 했든, 아니면 오만한 의도로 내게 조언을 했든, 그걸 중요하게 생각하지 않을 만큼 누군가의 조언을 내가 알거나 바라보지 못하고 있었던 나의 어떤 면에 대해 돌아볼 수 있는 소중한 선물이자 기회로만 여길 뿐일 거예요. 그래서 늘 배우고 채워가고자 하고, 하여 그 마음으로부터 매 순간을 더해 아름답게 피어나기만 할 뿐인 거예요. 불행이 아니라, 자신의 진정한 기쁨과 행복에, 예쁜 성숙에 욕심을 낸 채 나아갈 줄 아는 지혜와 함께하고 있기에. 그렇다면 당신은 언제까지 당신의 미성숙에, 불행에 고집스럽게도 집착하며 그것에만 욕심낼 건가요. 그렇게 매일을 더해 더욱 시들어지고 불행해질 건가요. 이제는 그만 불행하길 멈추길 바라요. 진정한 행복을 행복이라 믿는 예쁜 믿음과 아름다운 지혜와 늘 함께하길 바라요. 그러기 위해 미움이 옳다는, 이기심이 옳다는, 분노가 옳다는 그 모든 믿음으로 내게 영향력을 행사하는 사람, 영상, 책을 이제는 피하고 그와 반대되는 영향력을 가진 것들을 가까이하기로 해요. 그러니까 예쁜 믿음을 가진 사람, 예쁜 믿음이 담긴 책과 영상, 그러한 것들과 그런 사람들을 가까이함으로써 배우고, 영향을 받고, 하여 새로운 예쁜 믿음을 가진 내가 되어가는 거예요.

  당신이 지금 미움에서부터 벗어나고 싶은데, 미움이 옳다고 믿는 사람, 혹은 책, 영상과 함께할 때 당신이 어떻게 미움에서부터 벗어날 수 있겠어요. 하지만 당신의 곁에 미움보다 용서가 더 큰 기쁨을 가

저다줄 거라고 말하는 사람이 있다면 당신은 그로부터 한 번 생각해보게 될 거예요. 그리고 한 번 비교해보게 되겠죠. 그 사람이 더 행복한지, 아니면 당신이 더 행복한지를. 그리고 당신보다 당연히 그가 더 행복하다는 것을 알게 될 당신은 이제 당신의 삶의 방식에 의문을 제기할 수밖에 없게 되는 거예요. 그러니까 질문하는 사람이 되는 거예요. 왜냐면 미움으로는 결코 행복에 이를 수 없으며, 하지만 용서는 그 모든 미움의 불행을 한 번에 끝냄으로써 당신을 반드시 행복에 이르게 해줄 것이고, 그래서 당신과 함께하는 그 사람이 당신보다 당연히 더 행복할 수밖에 없을 것이고, 하여 당신 또한 확실하게는 아니더라도 아주 조금은 알게 되었을 테니까요. 당신의 믿음은 예쁜 믿음이 아니었다는 것을요. 그래서 이보다 더 나은 최선이 있을지에 대해 자연스럽게 물어볼 수밖에 없게 될 것이고, 그때부터 무슨 수를 써도 바뀌지 않던 당신의 삶엔 진정한 변화가 임하게 되는 거예요. 당신의 질문을 통해 이선의 믿음에 서서히 균열이 일어나기 시작하고, 그 균열 속으로 새로운 믿음을 지닌 채 살아가는 것이 더 행복하지 않을까, 하는 작은 확신의 빛이 들어가기 시작할 것이고, 하여 그렇게 한 번 해봄으로써 실제로 느끼고 확신하게 된 그 경험으로부터 작은 빛은 분명하고도 거대한 빛이 되어 당신의 가슴을 밝히기 시작할 것이고, 그렇게 이제는 그것이 당신의 새로운 믿음이 되어 굳어질 테니까요.

그러니 당신이 매 순간 함께하고 있는 습관과 찾아보는 영상과 글들, 그리고 사람들의 영향력을 함부로 간과하지 말기를. 당신이 무엇과, 또 누구와 함께하는지는 그것에 의해 당신의 운명이 완전히 바뀌게 될 만큼 거대하고도 어마어마한 영향력을 당신에게 매 순간 미치고 있는 거니까. 그러니 꼭, 당신이 가고자 하는 방향과 같은 방향을 향해 성실하게 나아가고 있는 사람과 함께하길 바라요. 용서를 완성하진 못했더라도 최소한 미움에서부터 벗어나기 위해 부지런히 마음을 쓰고 노력하고 있는 사람과 말이에요. 그렇게 예쁜 영향력을 주고받으며 함께함으로써 더욱 아름다운 빛을 가슴에 품게 되는 관계를 맺기를. 그리하여 보다 확실히, 예쁜 믿음을 가지게 되길. 그러니까 최소한 미움이 정말 옳은 게 맞을까? 미움으로 내가 행복해질 수 있을까? 그게 미움이든, 이기심이든, 슬픔이든, 분노든, 그러한 것들이 과연 나의 행복을 위한 최선이 맞을까? 하고 묻게 되기를. 미움보다 이해가 나를 진정으로 행복하게 해준다고 이제는 굳게 믿게 된 사람은 전처럼 당연한 듯이 미움을 선택할 수는 없을 테고, 그러니까 이제는 망설이고 갈등하게 될 테니까. 마음껏, 그리고 함부로 미워할 때보다 그 갈등의 시기가 더 힘겹고 불행하게 느껴질 수도 있겠지만, 아마도 그럴 테지만, 그럼에도 예쁜 믿음을 잃지만 않는다면 이전의 낡은 습관은 반드시 허물어질 테고, 그 습관의 자리엔 더욱 아름다운 빛과 예쁜 지혜가 임할 테고, 하여 당신, 그때는 무엇보다 확실하게 행복한 사람이 되어있을 테니까. 그리고 그 길을 함께하는 사람이 당신의 곁에 있기에 그 모든 과정 안에서 당신, 든든하고도 꿋꿋할 수 있을 테니까.

그러니 예쁜 믿음을 가진 내가 되어 예쁜 믿음을 가진 너와 함께하길 바라요. 나의 믿음이 거짓으로 남을 속이는 것으로는 결코 행복에 이를 수 없다는 것일 때, 나는 그런 믿음과 함께하는 사람과 함께하길 결코 선택할 수 없게 될 것이고, 그 반대 또한 마찬가지니까. 그러니 다정함을 가장 최선의 선이자 옳음이자 편안함으로 여기는 내가 되어 그런 곁과 함께하길 바라요. 그러기 위해 언제나 나의 말과 행동과 표현이 되어 피어나는 내 마음의 믿음을 늘 살펴보고 점검함으로써 매 하루를 더해 성숙해나가길. 여태 미움과 이기심, 분노와 예민함, 짜증, 불평, 원망, 슬픔, 무기력함, 이 모든 것들로 행복에 이를 수 있다는 오해를 믿은 채 치열하게도 그렇게 해왔지만 그 결과 지금의 지독한 불행에 닿았을 뿐이고, 하지만 단 한 번도 나에게 물어본 적이 없었으며, 그 믿음을 의심해본 적이 없었으며, 그건 내가 그 모든 믿음과 완전히 하나 된 채 존재하느라 단 한 번도 한 걸음 물러나 나를 바라보는 여유를 내게 허락하지 않았기 때문이고, 그러니까 이제는 바라보길. 그리고 묻길. 이게 과연 최선인가, 하고. 나는 지금 행복한가, 하고. 그렇게, 이제는 마음을 활짝 연 채 배우고 새로워지고 거듭나길. 그리하여 그 예쁜 믿음과 믿음이 이끄는 아름다운 걸음을 함께할 수 있는 예쁜 너를 만나길. 사람을 만날 땐 그 사람의 말과 행동과 표현을 자세히 살펴봄으로써 그 사람이 어떤 믿음을 가지고 있는 사람인지를 들여다볼 것이며, 그리하여 아름답고 선한 믿음을 지닌 사람과 함께하길. 함께할 사람, 함께하지 않을 사람을 구분하는 데 있어 언제나 신중하길. 그 영향력을 함부로 간과할 만큼 순진하진 않기를. 그렇게, 예쁜 너를 만날 수밖에 없는, 예쁜 운명을 맞이할 수밖에 없는 예쁜 믿음과 아름다운 지혜와 함께하는 당신이길.

그리하여 매 순간 예쁜 성숙을 완성하며 나아가게 되길. 그렇게 더욱 완전한 사랑에 닿아가게 되길. 그 모든 길 안에서 당신, 사랑을 피해 영원히 달아날 수 있을 거라는 오만하고도 오해투성이인 믿음을 또한 벗겨내게 되길. 사랑이 나를 부르고, 결국 사랑이 될 수밖에 없는 운명을 지닌 나이며, 왜냐면 내가 곧 사랑이기 때문이니까. 그러니 당신이 사랑이라는 믿음의 꽃이 당신의 가슴 안에서 아름다이 피어나게 되기를. 당신이 사랑임을 확실하게 아는 것, 그것이 바로 시간이 존재하는 이유이며, 하여 당신이 시간을 시간의 목적대로만 사용할 때, 그리하여 마침내 당신이 사랑임을 알게 되었을 때, 그때는 시간이 존재의 목적과 이유를, 자신의 쓸모를 다해 멎을 것임. 하여 오직 영원한 현재만이 남게 될 것임을. 그렇게 당신, 영원한 지금 이 순간 안에서 자신이 얼마나 사랑인지를 매 순간 느끼며 기쁨과 행복에 겨워 존재하게 될 뿐일 것임. 그러니 이제는 사랑을 미루지 말길. 하루도, 일 분도, 일 초도 아니라 단 한 순간도 미루지 말길. 오직 그것만을 위해 당신의 삶과 매 순간과 당신 존재와 마음을 바치길. 그러니까 단 한 순간도 사랑이 아닌 미움에, 이기심에, 분노에, 우울에 당신 마음을 쓰지 말길. 다만 오직 사랑하길. 그 어떤 정당한 유혹이 당신을 찾아올지라도 사랑만이 기쁨이라는 완전한 믿음으로 물리쳐내길. 그러니까 당신이 곧 사랑이고, 사랑이 곧 기쁨이라는 믿음이 당신에게 있길. 내가 당신을 사랑이라고 믿는 것만큼만 그것을 믿길. 그리하여 사랑할 수밖에 없어 사랑하는 당신이길. 그리고 그 사랑을 함께할 수 있는 사람과 함께하길. 당신의 그 믿음을 영원히 지켜내기 위해서.

　　당신, 사랑하기 위해 태어난 사람, 자신이 사랑임을 알기 위해 존재하는 사람, 그 믿음을 회복하기 위해 매 순간을 살아가고 있는 사람, 그렇기에 사랑으로만 기쁨에 이를 수 있는 사람, 단 하나의 의심도 없이 사랑임을 내가 믿고 있는 사람, 사랑만이 자연스럽고 사랑만이 어울리고, 하여 사랑할 때가 아니고선 결코 만족할 수 없는 사람, 사랑이라는 운명을 피해 결코 달아날 수 없는 사랑 그 자체의 사랑인 사람, 사랑을 통해서만 위로받을 수 있고, 치유받을 수 있고, 자신의 눈물을 닦아낼 수 있는 사랑만이 필요하고 사랑만이 간절한 사람, 사실은 지금도 그런 사랑인 사람, 소중함이자 예쁨이자 기특함이며, 꽃처럼 아름다우며, 물처럼 맑고 깨끗하며, 별처럼이나 반짝이는 사람, 사랑은 그러니까 이제는 자신이 누구인지를 알길. 그것을 알기에 사랑이 아닌 다른 어떤 믿음과도 함께하지 말길. 당신이 다른 믿음을 통할 때 당신은 필연적으로 지독한 공허와 함께하게 될 것이고, 왜냐면 사랑이 아닌 모든 것은 사실 존재하지 않기 때문이고, 그래서 그때의 당신은 텅 빈 공허와 함께할 수밖에 없게 되는 거니까. 그러니 이제는 당신을 채울 수 있는 유일한 있음인 사랑만을 선택하길. 그리하여 당신 마음을 빛과 치유와 위로와 기쁨과 감사와 만족과 이해와 다정함과 온갖 꽃과 별과 달과 바람과 볕으로 가득 채워주길. 이 세상에서 유일하게 단 하나의 의심도 없이 믿어도 되는 것, 그게 바로 당신이 사랑이라는 것이고, 그건 당신이 지금 숨 쉬고 있다는 것만큼이나 확실한 거니까. 그러니 무엇보다 확실한 사랑, 당신, 이제는 믿길. 당신이 사랑이라는 것을. 어전히 조금은 의심스럽다면 그것을 믿기 위해 온 마음을 바쳐 존재하고 살아갈 뿐이길. 영원히, 사랑일 수밖에 없어 사랑인, 그것을 스스로도 알기 위해 이곳, 지구에 태어난 사랑의 여행자, 당신, 내가 참 많이 아끼고 걱정하는 사람, 당신이 사랑임을 한 번도 의심해본 적이 없는 너무나도 분명하고 확실하게 사랑인 사람, 있는 그대로의 사랑은. 정말로 그런 사랑인, 당신, 어제도 사랑이었고 지금도 사랑이고 앞으로도 사랑일, 영원한 사랑은.

## 지금 여기서, 오롯이 아름답길

내가 아름답기 위해 타인을 희생시키지 마세요. 그러니까 타인의 잘못을 바라보며 그것을 비난하고, 미워하고, 깎아내리고, 그렇게 함으로써 내가 그보다 더 선하고 옳은 사람이기에 나는 아름다운 사람이라는 증명을 얻고자 하지 마세요. 내가 그러한 습관을 지니고 있는 사람일 때, 나는 내가 아름답기 위해 타인을 셀 수 없을 만큼 많이 희생시킬 테지만, 그 습관 자체가 이미 아름다움과는 거리가 먼 것이기에 나는 여전히 아름답지 못해 왜소할 뿐일 테니까요. 진정 아름다운 사람은 타인의 희생을 통해 아름다워지려 애쓰기보다, 누군가와의 비교를 통해 자신의 아름다움을 애써 발견하려 하기보다, 그저 자기 자신의 존재만으로 예쁘고 사랑스럽게 빛나고 있을 뿐인 사람들이니까요. 그러니 당신은 아름답지 않아서 타인을 통해 아름다워지려 하기보다, 스스로 아름답기에 비교할 필요 없이 오롯이 아름다울 뿐인 진짜 예쁜 사람이 되기로 해요. 누군가의 잘못을 통해 나는 옳은 사람이라고 믿는 왜소함이 아니라, 누군가의 잘못을 바라보고 비난할 여유가 없을 만큼 옳은 일에 진심으로 몰두하고 있을 뿐인 위대함과 함께하기로 해요. 늘 탓하고 깎아내리고 누군가의 잘못을 들춰내고, 그렇게 함으로써 자신이 옳은 사람이라고 증명하고자 하는 사람은 많지만, 그저 스스로 아름답고 빛나길 선택하는 사람은 드물고, 그래서 사람들은 누가 더 크고 위대한 사람인지를 금방이면 알아차리니까요. 한 사람은 언제나 누군가의 잘못을 내게 들추어 보여주기에 내 마음에 불편함을, 분노를 심어줄 뿐이지만, 한 사람은 그 모든 왜소함을 초월한 빛을 내게 보여주기에 내 마음에 닮고 싶다는 존경심과 예쁜 성숙의 씨앗을 심어줄 뿐이니까요.

　　그러니까 늘 타인을 비난함으로써 자신이 옳고 아름답다고 주장하는 사람과 함께할 때, 하루를 살아가는 것만으로 이미 지치고 힘들었었던 나는 그것에 더하여 내가 몰라도 될 누군가의 잘못까지 알게 되고, 그것을 나 또한 미워하고 비난하게 되고, 그리하여 더욱 지치고 고단한 날들을 보내게 될 뿐이죠. 하지만 어떤 일이 있어도 비난하는 일 앞에서는 말을 아끼는 사람, 해줄 좋은 말이 없다면 차라리 아무 말도 하지 않는 것을 선택할 줄 아는 사람, 하나라도 좋은 점을 찾아서 응원과 지지의 말을 건네고자 하는 사람, 그런 사람과 함께할 땐 내 마음도 덩달아 위대함과 함께하게 되고, 치유받게 되고, 편안함과 기쁨을 가득 누리게 될 뿐이죠. 그렇다면 누가 더 아름다운 사람인가요. 아무리 아름답고자 애써도 여전히 전혀 아름답지 못한 사람과, 아름답고자 그 어떤 수고와 노력을 하지 않음에도 그저 아름다울 뿐인 사람, 둘의 차이는 이토록이나 분명한 것인데 말이에요. 그리고 당신 또한 이제는, 진짜 아름다운 사람이 될 필요가 있을 뿐인 거예요. 그러니 이제는 진짜, 아름답기로 해요. 내가 아름답기 위해 타인을 희생시키기보다, 나로 인해 타인까지도 더욱 빛나는 마음으로 매일을 보낼 수 있게 고취시켜줄 뿐인 진짜, 아름다운 사람이 되는 거예요. 누군가의 잘못을 깎아내리는 것으로 아름다워지고자 하는 사람은 첫 번째로 자신의 아름다움의 증거가 될 비난의 대상이 된 사람을 희생시켰고, 두 번째로 그 비난을 들어줌으로써 자신의 아름다움의 증인이 되어줄 함께 하는 사람의 매일의 기쁨과 평화를 희생시켰고, 세 번째로 자기 자신의 예쁜 마음과, 사랑스러움과, 기특함과, 위대함과, 진짜 아름다워질 기회, 그 모든 스스로의 아름다움과 행복을 희생시켰고, 그래서 그로 인해 아름다워지기는커녕, 모두가 전보다 더 아름답지 못해졌을 뿐이고, 그러니까 당신은 더 이상 그 지혜 없는 무의미를 선택하지 말기를.

그러니 이제는 당신, 스스로 빛나는 항성이 되기로 해요. 그렇게 스스로 빛나지 못하는 수많은 행성들에게 또한 당신의 빛과 따스함을 전해줌으로써 그들이 더욱 편안하고 예쁜 삶을 누리게 해주는 거예요. 그런 힘과 능력이 당신에게 있다는 걸 잊지 말아요. 여태 그걸 스스로 몰라 당신, 얼마나 자주 왜소하게도 타인을 통해 빛나고자 애써왔나요. 당신이 아름다운 사람이라는 걸 증명하기 위해 무슨 일을 하든 생색을 내야 했고, 그렇게 타인의 마음에서 칭찬을 억지로 끄집어내고자 해야 했고, 그러느라 타인은 압박감과 부담감을 느껴 당신에게서 더욱 멀어져만 갔을 뿐이죠. 타인을 미워하고 탓하고 깎아내리는 것에 강박 같은 집착을 가지느라 예민하고도 고약한 사람, 사랑과 다정함에 참 인색한 사람으로 존재해왔고, 그래서 사람들은 당신의 곁에서 편안함을 누리지 못해 당신을 떠나갔을 뿐이죠. 그래서 참으로 외로운 당신이 되었죠. 고작 당신의 곁에 남은 사람이라곤 그런 생색과 예민함을 감내해서라도 당신에게서 얻을 걸 얻고자 하는 진심 없는 사람들뿐이 되었고, 당신도 그걸 알지만 그조차 떠나면 완전히 혼자가 될까 봐 감내하거나, 혹은 그런 사람들의 아첨을 스스로 즐길 만큼 너무나 자존감 없는 사람으로 존재하고 있거나, 그럴 뿐이죠.

그러니 이제는 나의 힘을 되찾을 때예요. 스스로 아름다울 수 있는 힘을, 스스로 반짝, 빛날 수 있는 그 힘과 능력을 말이에요. 그저 어떻게 존재하겠다고 마음먹기만 하면 되는 당신이고, 여태 그 마음을 잘못 먹어왔을 뿐인 거니까. 당신의 행복과 불행, 위대함과 왜소함, 아름다움과 못남, 그 모든 것, 오직 당신의 선택에 의해 결정될 만큼, 당신은 힘 있는 사람이니까.

그러니 지금, 아름답길, 위대하길, 오롯하길, 반짝 빛나길 선택하기로 해요. 타인의 장점을 인정하고 바라봐주는 데 있어 더 이상 인색하고도 왜소하게 존재하지 않길 선택하는 거예요. 그렇게 할 때 당신이 더 부족해지는 게 아니라, 더 너그럽고 위대한 사람이 되는 것이고, 하여 더 사랑받고 존경받게 된다는 걸 잊지 않으면서 말이에요. 타인이 당신을 어떻게 생각할지를 떠나, 무엇보다 그로 인해 당신이 더욱 기쁨 가득한 날들을 보내게 된다는 걸 잊지 않으면서 말이에요. 여태 누군가를 비난하는 것으로 나는 옳고 선한 사람이라는 우월감을 채우고자 해왔지만, 그것으로 채울 수 있었던 건 오만과 미움과 아름답지 못함과 사랑스럽지 않음뿐이었고, 그래서 당신, 그로 인해 자신을 아름답게 비춰보고자 했던 당신의 의도와는 완전히 반대로 타인들에게 강박적으로 비판적인, 함께하고 있자면 소진되는 불편한 사람으로만 여겨져 기피당해왔을 뿐이었잖아요. 결국 자신이 아름답기 위해 타인을 희생시키는 이기적인 사람은, 스스로 빛나지 못해 타인의 어둠을 통해 자신의 빛을 발견하고자 할 뿐인 왜소한 사람은, 그 기반에 깔린 의도가 이기심이자 왜소함이라는 아름답지 못함이었다는 것 자체로 타인들에게 불편한 감정만을 심어줄 뿐인 거니까요. 그러니 이제는 그 오해와 무지에서부터 당신 자신을 구해주길 바라요. 사랑받기 위해 태어난 모든 존재에게 너는 사랑받기 충분한 존재라는 걸 사랑 가득 담은 눈빛과 마음으로 알려주며 존재하는 거예요. 그러니까 이기심과 왜소함이 아니라 사랑으로부터 아름다워지는 진짜 예쁜 사람이 되는 거예요. 그때 당신은 타인을 통해 아름다워질 필요성을 더 이상 느끼지 못할 만큼 이미 스스로 아름다운 사람이 되어있을 테고, 왜냐면 사랑할 때마다 당신은 당신 자신이 사랑임을 알아가게 되기 때문이고, 그러니까 당신, 비로소 사랑이란 이름의 항성이 되어 오롯이 빛나고만 있을 뿐일 테니까요.

　사실 타인들로부터 더 사랑받고 싶어서, 더 존경받고 싶어서, 더 예쁨받고 싶어서, 그래서 여태 타인을 비난하고 희생시키면서까지 아름답고자 애써왔던 당신인 거잖아요. 그래서 당신이 했던 좋은 일, 선한 일에 늘 이름표와 계산표를 붙인 채 생색을 내왔던 당신인 거잖아요. 하지만 그 방법은 필연적으로 타인의 아름다움을 훼손하는 것이었고, 타인의 마음에 불편함과 부담감을 심어주는 것이었고, 그래서 존경과 사랑을 받기는커녕 되려 미움받아왔을 뿐인 당신이었던 거예요. 그러니 그 마음은 그대로 두고, 이제는 방법을 바꿔요. 여전히 존경받고 싶고 사랑받고 싶은 그 마음은 그대로 두고, 이제는 진짜 존경과 사랑을 받을 수 있는 방법으로 그러길 추구하는 거예요. 오롯이 예쁘고, 다정하고, 아름답고, 사랑스러운 내가 되길 선택함으로써 말이에요. 그리고 그러기 위해 주어진 하루를 보내며 마주하게 되는 숱하게 많은 짜증 나는 일들, 원망스러운 일들, 화나는 일들 사이에서 당신, 그럼에도 꿋꿋이 평화를 지킨 채 예쁜 생각 가득 하루를 보내도록 마음을 기울여봐요. 그러니까 외부에 의해 당신의 기분이 결정되게 하기보다, 당신 자신의 아름다움으로부터 당신의 기분이 결정되게 하는 자존감을 완성해가 보는 거예요. 삶의 모든 일들을, 그 자존감을, 오롯함을, 사랑의 힘을, 꿋꿋한 아름다움을 지키고 완성할 기회로 여긴 채 나아가 보는 거예요. 그때는 모든 일이 당신을 위한 선물처럼 여겨져 당신, 매일을 기쁨과 함께 보내게 될 테고, 그 모든 하루를 통해 당신이 오롯이 아름다운 사람이 되었을 때, 그러니까 자신의 삶에 스스로 만족하고 행복감을 가득 느끼기에 자신이 누리고 있는 그 기쁨과 행복을 그저 나누고자 할 뿐인 사람이 되었을 때, 당신은 마침내 스스로 빛나기 시작할 테고, 그 예쁜 빛으로부터 사람들의 존경과 사랑을 끌어당기게 될 테니까요. 태양이라는 항성이 지구라는 행성을 끌어당기듯, 그리고 지구가 살아갈 수 있게 빛과 따듯함을 전해주듯 말이에요.

그러니 지금 여기서, 스스로 아름답길 바라요. 당신은 처음부터 그 누구와의 비교도 필요 없이 스스로 빛나는 항성 같은 사랑이었음을 잊지 않길 바라요. 타인의 인정과 칭찬과 감사에 목마를 필요가 없는 완전함이자 있는 그대로의 빛이었다는 것을. 다만 그런 당신의 존재를 스스로 더 많이 인정해줄 필요가 있을 뿐이었던 것임을. 그러니 이제는 누군가를 비난함으로써 나는 옳은 사람이고 아름다운 사람이라는 증명을 얻고자 하는 왜소한 욕구가 들 때마다 당신 자신이 얼마나 위대한 사랑인지를 스스로 아는 빛으로 몰아내길. 타인의 감사를 받고 싶어 어떻게든 생색을 내고자 하는 강박이 마음에서 샘솟을 때마다 당신 자신의 존재에 스스로 감사함으로써 부드럽고 다정한 기분을 되찾길. 당신이 얼마나 기적이고, 사랑이고, 기쁨이고, 완전함이고, 빛이자 아름다움인지를 안다면 당신은 당신 자신에게 감사할 수밖에 없을 테고, 하여 오직 그 모든 선물을 누릴 뿐일 테니까. 그러니 더 이상 그 무엇도 희생하지 말길. 다만 꿋꿋이, 오롯이 빛나고 아름다울 뿐이길. 타인을 희생시켜 가면서까지 아름답고자 하기에, 당신은 그럴 필요가 없을 만큼 지금도 충분히 아름다운 사람이니까. 눈부셔서 또렷이 바라보기가 힘들 만큼 반짝이는 사랑이니까. 무엇보다 당신은 사랑하기 위해 태어난 사람이고, 하여 사랑할 때만 행복할 수 있는 사람이고, 그래서 타인을 비난할 때 당신, 오직 불행해질 뿐일 테니까. 그러니 당신 자신의 행복을 위해서라도 왜소함을 멈추길. 모든 순간 사랑함으로써, 당신 자신에게 기쁨을 선물해줄 뿐이길. 그리하여 사랑받지 못해 아파하고 외로워하고 있는 이들의 마음에 또한 빛과 치유를 안겨주길. 그 당신과 꼭 닮은 사랑으로부터, 진짜 사랑받는 당신이길.

자신이 얼마나 사랑인지, 위대함인지, 예쁨이자 기쁨인지, 스스로 아는 만큼 빛나는 힘 있는 당신, 이미 충분한 아름다움이자 반짝임인 당신, 오직 사랑하기 위해 태어난 사랑의 항성은. 자신의 따뜻함과 빛으로 모든 곁에게 생명력과 치유를 전해주는 간절함이자 다정함인 당신, 자신의 그 사랑에 오직 스스로 만족하고 기뻐할 수 있을 뿐인 완전함인 당신, 영원한 빛이자 사랑의 끌어당김이자, 치유와 위로의 생명력, 오롯한 사랑, 완전한 아름다움, 그 자체의 빛, 참 귀하고 소중한 존재, 사랑은. 그러니까 빛나고 아름답기 위해 그 무엇에도 의존할 필요가 없는 오롯함이자 완전함인 당신은 그저 당신 자신으로 존재할 뿐이길. 하여 마음에 가득 찬 사랑으로부터, 대가와 기대와 바람 없이 사랑할 뿐이길. 그렇게 사랑하고 사랑이 됨으로써 당신이 오직 사랑할 뿐일 때, 당신의 모든 개인적인 필요는 전 우주가 보살피고 채워주기 시작한다는 것을, 그리고 그 크고 거대한 보살핌이 당신 스스로 자신을 보살피는 것보다 더욱 당신 자신을 위한 것이라는 걸 당신, 꼭 알게 되길. 그리하여 모든 왜소함과 이기심과 결핍을 넘어선 진짜 사랑을 건네는 다정 그 자체의 당신이 되길. 그 사랑을 비로소 건넬 줄 아는 사람이 되는 것, 그게 바로 당신이 이곳에 태어나 존재하는 이유니까. 고작 비난하고 깎아내리기 위해서가 아니라, 그렇게 함으로써 자신이 아름다워질 수 있다는 완전한 오해와 환상을 숭배하기 위해서가 아니라, 다만 사랑하기 위해서. 그 사랑으로부터 스스로 아름답게 빛나는 사랑의 항성이 되기 위해서. 아니, 처음부터 영원히 그런 사랑이 바로 나였음을 기억하기 위해서. 그러니까 당신은 그 사랑을 기억하기 위해 오늘을 보내길. 당신이 지금도 얼마나 완벽하게 아름답고 소중한 사랑인지를 기억하기 위해서. 정말로 그런 사랑이 바로 당신이니까. 지금도 당신은 충분히 그런 사랑, 스스로 빛나는 참 오롯하게 예쁜 별이니까.

## 나를 향해 더 자주, 미소 지을 것

타인의 작은 불친절, 퉁명함, 차가움, 그러한 것을 두고 몇 날 며칠을 골몰한 채 곱씹고 스트레스를 받느라 소중한 내 삶을 낭비하지 마세요. 그러기 위해 세상의 바깥이 아닌 나의 내면에서부터 나의 안전을 찾는 연습을 해가기로 해요. 내가 외부의 것들에 나의 행복을 의존한 채 외부가 내게 이렇게 해줘야만 행복할 수 있을 거라고 믿는 사람일 때, 나는 외부를 얼마나 많이 통제해야 하며, 또 얼마나 자주 통제에 실패해 실망하고 서운해야 하고, 화내고 미워해야 할까요. 그러느라 평화를 온통 잃은 채 얼마나 가득 소진돼야 할까요. 외부는 내가 통제할 수 있는 게 아니며, 하여 그 모든 노력, 결국 헛되고도 나를 아프게만 할 뿐일 텐데 말이에요. 결코 이룰 수 없는 것을 치열하게도 성취하고자 애쓰느라 기진맥진한 채 완전히 지쳐버릴 뿐일 텐데 말이에요. 그러니 불가능한 것을 가능하게 만들기 위해 헛되이 노력하기보다, 이제는 진정 가능한 일에 내 소중한 마음과 시간을 투자하기로 해요. 바로 내 마음 안에서부터 행복을 찾는 일에 말이에요. 결국 바깥을 통해 행복을 얻고자 하는 모든 의존적인 마음은, 내가 내 마음 안에서 행복을 발견하지 못하고 있기에 생기는 결핍의 마음에서 비롯한 환상일 뿐인 거니까요.

여태 당신, 타인이 당신에게 웃어주기만을 바라느라 당신 자신을 향해 다정한 미소를 지어준 지는 얼마나 오래되었나요. 까마득히 오래되어 기억조차 나지 않을 만큼이겠죠. 타인의 미소와 친절함, 다정함을 바라며 속앓이하고 원망하고 아파할 시간에, 내가 나를 향해 미소를 지어주면 되었던 것을, 그렇게 내가 내 마음 안의 미소의 부재를 채워줬으면 되었던 것을, 왜 여태 몰라 그토록이나 스스로 불행해 왔을까요. 중요한 건 내가 나에게 더 자주 웃어주는 일이었는데 말이에요. 그리고 내가 성취할 수 있는 유일하고도 진실한 행복은 바로 내가 나를 마주하는 태도, 오직 그 안에서만 찾을 수 있는 것이었는데 말이에요. 하여 마침내 당신이 당신을 향해 미소 짓기 시작할 때, 이제 당신은 타인의 당신을 향한 태도에는 전혀 연연하지 않게 될 거예요. 왜냐면 그때의 당신은 당신의 마음 안에서 생기는 결핍을 당신 스스로 채워주는 사람이 되었고, 그러니까 그게 미소든, 친절함이든, 다정함이든, 사랑이든, 그 모든 것, 당신이 당신을 향해 건네줄 줄 아는 사람이 되었고, 하여 당신, 이미 행복한 사람이 되었으니까요. 그렇다면 내가 이미 스스로 행복한데, 타인이 나에게 불친절하거나 퉁명스럽거나 그러한 것들이 이제 더 이상 무엇 때문에 그렇게 중요하겠어요. 그저 웃으며 넘어가면 될 사소한 일로만 여겨질 뿐일 거예요.

    그들의 태도에 나는 나의 행복을 더 이상 의존하고 있지 않고, 나는 이제 오직 나 자신에게만 나의 행복을 의존하고 있고, 그리고 나는 나에게 스스로 행복을 주는 사람이 되었으니까요. 내가 나에게 다정함으로써 다정함의 부재를 채웠고, 내가 나에게 감사함으로써 감사함의 부재를 채웠고, 그리하여 나, 더 이상 외부에 그러한 것들을 바랄 필요가 없게 되었고, 바라지 않기에 서운해하거나 실망할 필요도 없게 되었으니까요. 그러니까 오롯이, 행복한 내가 되었으니까요. 그리고 그 오롯함으로부터 이제는 혼자인 시간이 외롭고 불안해서 강박적으로 타인에게 집착하고 의존하던 태도가 내 곁에서 자연스레, 완전히 사라지기 시작하는 거예요. 아주 사소하게라도 남겨두지 않고 모두, 사라지게 되는 거예요. 내가 타인에게 너무나 집착하면 타인이 나를 떠날까 싶어 두렵지만, 그럼에도 집착하지 않으면 타인이 나와 감정적으로 완전히 분리될까 하는 것이 또한 두려워 그 사이를 아슬아슬하게 줄타기하며 계산하고, 불안해하고, 여태 그렇게 존재해왔죠. 타인에게 질투든, 서운함이든, 그러한 것을 통해 타인이 내게 강렬히 붙들려있길 바랐고, 혹여나 감정적인 압박이 너무 강해 타인이 떠날까 싶을 때는 은밀히 타인의 속마음을 떠보며 타인의 마음을 살짝 풀어주고, 그런 식으로 타인을 조종하고자 하며 참으로 피곤하게도 존재해왔던 거예요. 그리고 그러한 태도 모두가 나의 오롯함으로 인해 이제는 자연스레, 완전히 사라지게 되는 거예요.

그리고 그렇게 할 때, 타인은 내가 집착할 때보다 훨씬 더 나와 깊고 두터운 관계를 유지하게 된다는 걸 나, 알게 될 뿐이죠. 집착은 타인에게 압박감과 부담감을 심어줘 늘 타인을 내게서 멀어지게 만들 뿐인 왜소한 것이었지만, 오롯함은 그저 편안하게 해줌으로써 애쓰지 않고도 나에게로 끌어당기는 진정한 힘과 함께하는 거니까요. 그래서 당신, 전처럼 피곤하고 지루하게도 머릿속으로 끝없이 불안을 곱씹고, 불만을 세고 따지고, 계산하고, 그럴 필요 없이 그저 더 많이 사랑받고, 더 많이 누리고, 더 많이 행복하게 존재할 뿐이죠. 하여 혼자인 게 더 이상 외롭지도, 불행하지도 않기에 연애를 꼭 해야만 행복해질 수 있을 거라고 믿는 강박 또한 이제 당신을 더 이상 강렬하게 사로잡지 못하게 되겠죠. 혼자서 행복하고 온전할 때는 대체로 특별한 연애 관계에 있을 때보다 혼자일 때의 내가 더 행복하고 오롯하다는 사실을 알게 되니까요. 왜냐면 연애 관계 안에서의 상대방은 대체로 오롯하지 않은 경우가 많고, 그것이 자꾸만 나의 평화로운 기분을 해칠 테니까요. 그래서 당신, 둘일 때 내가 더 행복하고 자긍심 넘친다는 기분이 드는, 그런 진짜 예쁜 관계를 마주하게 되기 전까지는 혼자인 시간을 충분히 만끽하고 즐길 줄 아는 여유와 함께하게 되는 거죠. 그리고 그 오롯함으로부터 보호받기에 당신, 진짜 예쁜 사랑을 할 수밖에 없게 되는 거죠. 그렇지 않은 사랑엔 더 이상 끌리지 않을 만큼 오롯한 당신이 되었으니까요. 그렇다면 관계에 더 이상 나의 행복을 의존하거나 얽매이지 않아도 된다는 것, 그건 말 그대로 얼마나 기쁨이자 행복일까요.

그리고 그 모든 오롯함의 행복, 내가 타인의 태도에 불만을 갖거나, 그늘에게 변화를 기대하거나, 실망하거나, 집착하고 의존하거나 하지 않고 오직 나를 마주하는 태도에만 온전히 관심을 가진 채 나에게 스스로 기쁨을 주는 사람이 될 때 일어나는 내 마음의 기적인 거예요. 그러니 당신, 이제는 타인만을 바라보고 타인에게만 의존해왔던 당신의 시선을 조금씩 당신 자신에게로 가져오길 바라요. 그렇게 오롯함의 기적을 꼭, 맞이하길 바라요. 늘 바깥만을 바라보는 삶에 너무나 익숙해진 나머지 그런 태도의 심각성을 인지하지 못한 채 지금까지 살아왔겠지만, 사실 나를 향해 스스로 미소 짓는 방법을 잃었다는 것, 내 마음의 부재는 외부의 것으로는 결코 채울 수 없는 것인데 그 진실을 완전히 잊었다는 것, 하여 내 마음은 바라볼 생각조차 하지 못할 만큼 내가 내게서 멀어졌다는 것, 그건 얼마나 심각한 일인가요.

그건 행복할 방법을, 내가 사랑이라는 것을 바라보고 알아갈 방법을 완전히 상실하고 망각해 영원히 불행하게만 살아가야 하게 될지도 모를 만큼의 심각함인 것을요. 스스로는 그 불행이, 불행인 줄도 모를 만큼 영원한 무지의 구름에 갇혀 남은 평생을 살아가야 하게 될지도 모를 만큼의 심각함인 것을요.

그러니 당신, 이제는 거울 앞에 서서 당신 자신을 마주하기로 해요. 타인이 당신에게 웃어주지 않았다며 그 일을 두고 몇 날 며칠을 골몰하고 신경 쓰기보다 다만 내가 내게 웃어주지 않았던 그 모든 시간을 후회한 채 이제는 오직 내가 나를 향해 웃어주겠다고 다짐하는 거예요. 결국 삼백육십오일 단 하루, 단 한 시간, 아니 일분일초도 빼놓지 않고 나와 함께할 사람은 바로 나 자신인 거니까요. 그래서 내가 나에게 다정해야 하는 거고, 내가 나에게 가장 예쁘고 좋은 친구가 되어줘야 하는 거니까요. 그 전에 바깥에서 추구하는 모든 관계는 결국 불완전할 수밖에 없을 테고, 하여 결코 예쁘지 못해 불안함과 어떤 결핍, 집착과 의존, 그 모든 불행과 함께하며 서로를 아프게만 할 뿐일 테니까요. 그래서 내가 나로서 존재하는 게 완전한 내가 먼저 되어야 하는 거예요. 오직 그때가 되어서만 당신이 그토록 바라왔던 모든 행복의 문이 자연스레 열려 그 문밖에 차곡히 쌓여있던 반짝이는 행복들이 당신을 향해 쏟아지기 시작하는 거니까요. 그때의 당신은 당신 마음 안에 있는 모든 사랑의 결핍과 부재를, 그로 인해 생긴 모든 집착과 강박과 계산과 의존과 불안과 두려움을 스스로 채워줄 줄 아는 사람이 되었을 테고, 그러니까 당신 자신을 스스로 아끼고 돌보고 사랑하는 사람이 되었을 테고, 그만큼 얻기 위해서가 아니라 주기 위해 관계를 마주하는 사랑 넘치는 사람이 되었을 테니까요. 그러니까 당신 자신을 향해 스스로 웃어줄 줄 아는, 나에게 다정하고 친절한, 진짜 예쁜 사람이 되었을 테니까요.

그러니 이제는 거울 앞에 서서 당신 자신을 바라봐줘요. 그리고 그 거울 안에서 세상에서 당신이 가장 사랑하는 사람, 당신이 가장 아껴줘야 할 사람, 당신이 가장 많이 생각하고 가장 많이 신경 써줘야 할 사람, 그 사람을 바라보길 바라요. 바로 당신이란 이름의 사랑을 말이에요. 하여 누가 나에게 안 웃어줬다는 게 중요한 당신이 아니라, 당신이 당신에게 웃어주는 게 가장 중요한 당신이 되길 바라요. 그곳이 바로 진정한 자존감이, 영원한 평화가, 의존하지 않는 오롯한 기쁨이, 진실한 행복이 있는 자리이니까요. 그러니 그 자리를 차지하는 당신이길 바라요. 그곳에 있을 때가 가장 반짝이고 사랑스럽고 예쁜, 무엇보다 가장 잘 어울리는 당신이니까. 그러니 타인이 내게 웃어주지 않았다며 더 이상 몇 날 며칠을 불행하게 보내지 말길. 그 시간에 다만 당신이 당신을 향해 활짝 웃어줄 줄 알기를. 그러니까 당신이 당신을 사랑해주길. 너무나도 깊고 가득 사랑해줘서, 더 이상 외부에서 사랑을 구할 필요가 없을 만큼. 그리고 매 순간을 그 사랑과 함께 보내고 살아가길. 누군가가 당신에게 건넨 사소한 불친절이 당신을 속앓이하게 만들 것 같은 조짐이 보이는 그 순간, 그리하여 당신이 당신에게 사뿐히 친절을 건네주길. 그것을 곱씹으며 속앓이하는 건 당신이 당신 자신에게 건네는 또 하나의 불친절이 될 것이며, 하여 안과 바깥 모두로부터 불친절한 대우를 받은 당신의 마음은 더 이상 기대고 의지할 곳이 없을 테니까. 그러니 더 이상 당신의 마음에게 외로움을 선물하지 말길. 다만 매 순간 사랑받고 있다는 든든하고도 다정한 기분, 그 오롯함의 기쁨을 선물해줄 뿐이길.

그렇게, 매 순간이라는 내가 나를 더욱 아끼고 사랑해줄 소중한 기회 앞에서 이제는 나를 가득 사랑해주며 나아가길. 타인이 내게 이렇게 했다, 저렇게 했다는 그 왜소함에 내 모든 감정을 허비하며 나를 사랑할 그 소중하고도 간절한 기회를 더 이상은 함부로, 허투루 낭비하지 말길. 그러니까 타인이 아닌, 나 자신을 더욱 자주 바라봐주길. 내가 나를 아끼고 사랑해주는 시간이 너무나 기쁘고 소중해서 타인이 나를 어떻게 대했다는 생각에 빠질 여력이 없을 만큼 나를 가득 바라봐줄 뿐이길. 그리하여 반드시 알게 되길. 내가 나를 사랑할 때, 나는 더 이상 타인에게 무엇인가를 기대하고 바라지 않게 되며, 하여 그 완전함으로부터 더 이상 상처받지 않는 내면의 힘을 소유하게 된다는 것을. 그러니까 결국 내가 나를 사랑해주지 않아 상처받을 수밖에 없는 결핍과 왜소함의 틈을 내 마음 안에 두게 된 것이며, 자신을 진심을 다해 사랑하는 사람은 사랑의 빛으로 그 모든 틈을 메웠기에 상처를 받는 게 더 이상은 불가능해지는 것임을. 그러니 모든 순간, 내가 나를 사랑해줄 뿐이길. 상처받은 기분, 속상한 기분, 억울하고 화나는 기분, 그 모든 왜소한 기분이 찾아올 때마다 그건 내가 나를 충분히 사랑하지 않아서 생긴 기분이라는 것을 알고 더욱 가득, 사랑해줄 뿐이길. 그렇게 완전한 사랑인 나를 되찾길. 그러기에 가장 좋은 기회가 바로 서운한 마음이 드는 순간이니, 그 순간 그것을 나의 사랑을 되찾을 제물로 바쳐 사랑의 완전함을 더욱 회복하며 나아가길. 그 반짝이는 지혜와 늘 함께하길.

그리하여 당신의 진정한 안전을 되찾길. 외부가 어떻게 되어야만 내가 행복해질 수 있을 거라는 그 환상 속에서 안전을 찾아왔을 때,

당신이 진정으로 안전했던 적이 한 번이라도 있었는지를 복기해보길. 진정으로 단 한 번도 완전한 안전과 함께했던 적이 없었을 것이며, 다만 불안과 두려움과만 늘 함께해왔었음을 알게 될 테니까. 그러니 외부에 의해 당신의 기분이 결정되게 하는 오롯하지 않음에서부터 이제는 벗어나, 당신의 기분으로 외부를 맞이할 뿐인 오롯함으로 꽃 피길. 그 유일하고도 영원한 안전만을 원하고 추구하길. 그러기 위해 매 순간 그럼에도 불구하고 웃을 수 있는 기회 앞에서, 나만큼은 나를 사랑해줄 기회 앞에서 가득 웃음 짓고 나를 사랑해주길. 그럴 수 없을 것만 같이 여겨지는 그 순간에도 그렇게 하길. 그럴 수 없을 것만 같은 순간은 없으며, 왜냐면 그러길 결정할 수 있는 건 오직 당신 자신뿐이기 때문이며, 그러니까 당신만이 당신의 기분을 결정할 수 있는 오직 유일하게 힘 있는 사람이니까. 그러니 그것을 알길. 그리하여 당신의 오롯한 힘과 함께 완전하게 존재하고 살아가길. 더 이상 왜소하게도 외부를 탓하거나 외부에 의존하는 식으로 당신을 한계 짓지 말길. 그 웃음 하나 없는 불행 속에 당신을 가둬두지 말길. 무엇보다 웃는 모습이 가장 예쁜 당신이며, 당신은 웃을 자격이 넘치고 벅차게 있는 참 소중하고 아깝고 귀한 사람, 사랑이니까. 그러니 그, 흐드러지게 예쁘고 소중한 당신의 참으로 어여쁜 미소를 되찾고 회복하기 위해서 이제는 오롯하길.

그러니까 당신이, 당신을 향해 자주 웃어주길. 타인이 당신에게 웃어주길 바랄 땐 인상을 찌푸린 채 속상한 표정을 짓고 있는 당신이지만, 당신이 당신에게 웃어줄 때는 비로소 예쁜 미소를 활짝 피워내는 당신이니까. 그러니까 당신이 웃음 짓는 유일한 순간은 당신이 당신에게 웃어주는 순간이니까. 누군가가 당신을 웃게 해서 웃는 거라고 믿는 순간에도, 사실은 당신이 타인의 그러한 모습에 웃길 선택했기 때문에 웃음 지은 당신인 것이고, 그러니까 어떤 순간에도 당신이 당신에게 웃음을 선물해주겠다고 마음만 먹는다면 당신, 웃을 수 있는 힘이 있는 사람이니까. 그러니 당신은 타인에게 당신의 예쁜 웃음을 의지하지 말고, 오직 당신에게 의지하길. 당신의 웃음 지을 수 있는 힘, 그 거저 받은 선물, 돈이 드는 것도 시간이 드는 것도 아닌 공짜 기적을, 그리하여 최선을 다해 자주 누리길. 잊지 말길. 당신의 미소는 이 세상에서 가장 으뜸으로 예쁘고 사랑스러운 미소라는 걸. 그래서 당신이 웃음 짓지 않는 모든 순간은 그 미소를 아깝게도 낭비하는 순간이라는 걸. 그러니 세상에서 가장 예쁜 미소를 선물 받은 당신, 그 보답으로 세상을 향해 자주 웃어주길. 당신이 웃는 모든 순간, 당신은 당신 자신을 향해 다정하고 친절하게 웃어주는 것이고, 그리하여 당신의 마음에 사랑의 함박눈이 가득 내리게 되는 거니까. 그렇게 그 예쁜 웃음을 소유할 만큼 예쁜 사람이 곧 나고, 그렇다는 건 내가 곧 사랑이라는걸 알게 될 당신이니까. 사랑이 아니고선 결코 그토록이나 예쁜 웃음을 가질 수 없는 거고, 그래서 그 미소가 바로 당신이 사랑이라는 증거인 것이고, 그러니까 당신이란 존재가 바로 사랑 그 자체인 것임을. 그게 아니라면 설명할 수 없을 만큼 예쁘고 소중한 사람, 하여 사랑일 수밖에 없는 사람, 어떤 모습도 예쁘지만 그중에서도 웃는 모습이 가장 예쁜 사람, 당신, 사랑인 것임을.

# 올바른 길

내가 지금 올바른 길을 가고 있는지 잘 모르겠다면, 지금 내 마음 안에 무엇이 함께하고 있는지를 살펴봐요. 지금 당신의 마음 안에는 어떤 감정이 일렁이고 있나요. 평화인가요, 분노인가요, 기쁨인가요, 예민함인가요, 채워짐인가요, 끝없는 결핍과 공허인가요. 당신이 제대로 된 길을 가고 있다면 당신은 지금 여기서, 반드시 평화와 기쁨, 그리고 끝없는 채워짐과 함께하고 있을 거예요. 하지만 그렇지 못해 분노와 예민함, 결핍과 공허, 우울과 무기력, 그러한 것들과 함께하고 있다면 당신이 지금 얼마나 많은 돈을 가시고 있든, 얼마나 많은 인기를 누리고 있든, 그런 것과 관계없이 당신은 제대로 된 길 위에 서 있지 않은 거예요. 하여 그때는 당신이 무엇을 누리고 있든, 당신은 채워지지 않는 갈증과 함께 불행에 허덕일 수밖에 없을 테고, 그건 당신이 예쁜 마음에서부터만 구하고 찾을 수 있는 진정한 기쁨을 잃은 지 오래되었기 때문이에요. 그러니 지금 내가 온전한 기쁨과 평화를 누리고 있는지, 내 선택의 결과로 마음속에서부터 꽉 찬 만족감과 채워짐이 함께하고 있는지, 그것을 점검하며 나의 길을 돌아보기로 해요. 그 돌아봄의 시간을 가지는 것 자체로 당신은 서서히 당신의 발걸음을 바른 길로 옮겨가게 될 거예요. 이제는 자신이 불행한 줄도 모르는 채 불행에 빠진 무지에서부터 벗어나 자신의 불행을 분명하게 인지하고 바라보는 당신이 되었으니까요.

　　당신의 영혼이 당신에게 원하는 건 수많은 물질과 명성, 욕망의 충족, 그런 게 아니에요. 오직 사랑을 원하고, 성숙을 원하고, 고요함을 원하고, 내면을 바라봐주길 원하고 있을 뿐이에요. 그래서 당신이 아무리 외부적인 것을 가득 채운다고 한들 당신 영혼이 당신에게 바라는 것을 채워주지 않는다면 당신은 온통 시들어진 채 공허함에 시달릴 수밖에 없는 거예요. 깊은 어둠과 절망 속을 헤집고 다닐 수밖에 없는 거예요. 그러니 이제는 당신의 영혼을, 당신의 진짜 존재인 그 마음을 채우며 나아가기로 해요. 그러기 위해 매 순간 예쁜 성숙을 추구하며 나아가기로 해요. 그 길 위에서 영혼의 꽉 차오르는 기쁨을 당신이 경험하고 나면, 외부를 통해 안전을 찾고 기쁨을 구하고자 했던 그 모든 지난 시간의 치열했던 시도가 얼마나 헛되었는지를 그 순간 단번에 알게 될 거예요. 그건 한 번이라도 느끼는 순간 진정한 기쁨이라 할 수 있는 오직 유일하고도 진짜 기쁨이라는 것을 알 수밖에 없는 기쁨이고, 하여 그 순간 당신은 지난 모든 시간 동안 당신이 추구해왔던 기쁨이 전혀 기쁨이 아니었음을 바로 알게 될 테니까요. 그리고 당신이 바른 길을 가고 있다면 그 기쁨과 함께할 수밖에 없는 거예요. 하여 그 기쁨과 함께하고 있지 않은 모든 순간, 당신은 올바른 길 위에 서 있지 않은 거예요. 성숙이 아닌 헛된 곳에 마음을 두고 쓰며 그 헛된 것만을 위해 살아가며 매 순간을 더해 더욱 시들어지고만 있을 뿐인 거예요.

　　그러니 이제는 올바른 길 위에 섬으로써 이미 지금 이 자리에서 무한한 평화와 안도를 느끼며 기뻐하고 있을 뿐이기에 더 이상 무엇도 더 바랄 필요가 없다고 여겨질 만큼의 진짜 기쁨과 함께하기로 해요. 그러기 위해 존재하는 매 순간을 성숙의 기회로 여긴 채 어제보다 오늘 더 내면의 밝음과 사랑스러움을 회복하며 나아가기로 해요. 당신이 부자일수록 행복해지고, 가난할수록 불행해지는 게 아니라 당신이 성숙할수록 당신은 그 어떤 상황에도 불구하고 그만큼 행복과 함께하게 되는 것이고, 당신이 미성숙할수록 당신은 그만큼 불행과 함께하게 된다는 것을 그 성숙의 과정 안에서 당신은 반드시 알게 될 거예요. 그러니까 당신의 성숙이 당신이 찾을 수 있는 유일한 안전이자 기쁨이자 평화인 거예요. 아무리 무한한 부를 지녔다고 해도 지나가는 사람의 불친절 하나에 몇 날 며칠을 분노하는 사람이라면 그가 어떻게 안전을 느낄 수 있겠으며, 기쁨과 평화를 누릴 수 있겠어요. 어떤 상황 속에서도 마음의 평정을 잃지 않을 수 있는 자존감, 그러니까 그건 결국 성숙만이 내게 줄 수 있는 것이고, 무엇보다 이 세상은 그 성숙의 기회를 매 순간 나에게 제공하고 있는 거예요. 그러니 내게 일어나는 모든 상황, 일, 감정, 그 모든 것들을 내 마음을 넓히고 관대하게 만들 기회이자 계기로 여긴 채 나아가기로 해요. 그 길 위에서 성숙의 기쁨과 비교할 만한 기쁨은 이 세상 어디에도 없다는 것을 당신은 반드시 알게 될 것이고, 성숙한 만큼 당신이 행복해진다는 게 무슨 말인지도 반드시 알게 될 거예요. 이전에는 결코 행복할 수 없을 거라 믿었던 어떤 상황 속에서도, 성숙한 당신은 오직 기쁨과 행복을 누리고 있을 뿐일 것이기에.

    그렇다면 정확히 성숙이란 무엇일까요. 그건 사랑이 아니었던 나의 낡고 해묵은 태도들을 이제는 사랑으로 새롭게 바꾸어나가는 과정이라 할 수 있을 거예요. 예전에는 어떤 일이 생겼을 때 아무렇지도 않게 공격과 분노를 선택해왔던 나라면, 이제는 그보다 훨씬 더 사랑에 가까운 이해와 용서를 선택하는 것, 내가 무엇을 바라보고 느낄지를 선택할 수 있는 내 감정의 유일한 주권자는 바로 나라는 것을 분명하게 안 채 어떤 상황 속에서도 기꺼이 그렇게 하는 것, 그리하여 세상을 바라보고 마주하는 나의 습관 자체가 보다 다정이고, 사랑이고, 예쁨이고, 아름다움일 수 있게 나를 새로이 만들어가는 것, 그러니까 그 모든 사랑이 되어가는 과정이 바로 성숙인 거예요. 그래서 당신이 성숙할수록 당신은 누구 때문에, 무언가 때문에 화를 낼 수밖에 없었어, 라는 말을 서서히 하지 않는 사람이 되어갈 거예요. 결국 그 순간에도 나는 화를 내지 않을 수 있었고, 어쨌든 화를 냈다면 그건 나의 선택이었고, 내가 미성숙했던 탓이었다는 걸 이제는 분명하게 알고 있는 채일 테니까요. 그만큼, 당신 마음의 힘과 주권을 당신이 스스로 인정한 채일 테니까요. 그러니까 오직 미성숙한 사람만이 탓할 뿐이고, 성숙한 사람은, 적어도 성숙을 향해 나아가고자 하는 사람은 책임질 뿐이니까요. 인정하고 책임질 때만 성숙을 향해 나아갈 수 있으므로. 그리고 당신은 성숙만을 위해 살아가는 자가 되었으므로. 그러니 그 무엇도 탓하지 않을 수 있는 진정한 힘과 함께하는 성숙한 당신이 되길. 그때의 당신, 분명 흔들림 없이 행복한 사람일 테니까.

 그리고 자주, 당신 내면을 바라보고 내면에 귀를 기울이기로 해요. 당신의 머릿속을 가득 메우고 있는 당신 자신이 아닌 목소리들, 그러니까 사랑 아닌 목소리들, 당신은 그것을 당신 자신이라 완전히 믿고 착각한 채 너무나도 오랜 시간을 살아왔기에 여태 당신의 진짜 내면은 바라봐주지도 못해왔을 거예요. 그러니 이제는 그 모든 목소리들 너머에 있는 당신의 진짜 내면, 그 고요함과 사랑의 빛을 되도록 자주 바라보고 마주하기로 해요. 당신의 머릿속에서 끝없이 일렁이고 있는 생각들과 하나 되기보다 분리된 채 지켜본다면, 서서히 내면에서 공간이 생기는 것을 느낄 수 있을 거예요. 생각하는 사람이 있고 그 생각을 지켜보는 사람이 있다면, 이제는 지켜보는 사람으로서 존재하는 것이죠. 그렇게 지켜보면서 또 다른 생각이 올라오길 마음을 활짝 연 채 기다려봐요. 어떤 생각이든, 휩쓸리기보다 초연하게 바라봐 주겠노라고 다짐한 채 말이에요. 그렇게 기다리며 바라보다 보면 서서히 당신 자신이 아닌 생각들은 그 힘을 잃은 채 멎어들 것이고, 어느 순간 그 어떤 생각도 목소리도 없는 고요함과 함께하고 있는 당신을 발견하게 될 거예요. 그리고 그 고요함으로 세상을 바라보는 거예요. 그때 당신은 전에 보지 못했던 아름다움과 사랑스러움을 온통 바라보게 될 테고, 왜냐면 처음부터 영원히 사랑이었던 당신, 이제는 진짜 당신인 사랑과 함께하게 되었으니까요. 그러니 하루에 10분 만이라도 그 시간을 갖도록 해요. 그 시간을 하루에 한 번씩 가지는 것만으로 당신은 진짜 당신이 누군인지를 잊지 않을 수 있을 테고, 그것만으로 당신은 당신 마음의 힘을 더 이상 당신의 거짓 목소리에, 생각에, 외부에 넘겨주지 않을 수 있을 테니까요.

    그렇게 당신이 서서히 진짜 당신으로 존재할 수 있길 바라요. 영원한 사랑인 당신, 영원한 기쁨이자 고요함인 당신, 그런 당신의 진짜 모습으로 말이에요. 여태 당신 자신의 진짜 모습은 잊은 채 얼마나 당신이 사랑이 아닌 것처럼 생각하고 말하고 행동하며 존재해왔나요. 그러느라 얼마나 많이 공허했고, 지쳤고, 안전을 느끼지 못해 두려웠고, 하여 얼마나 더 외부에 헛되이 탐닉해왔나요. 진짜 기쁨이라고 할 수 있는 기쁨을 느껴본 지는 참으로 오래되어 이제는 기쁨이 무엇인지조차 전혀 알 수 없을 만큼이 되었죠. 성숙을 향해 관심을 가진 지는 또 얼마나 오래됐나요. 더 다정해야지, 더 이해해야지, 더 아름다워야지, 이런 생각들은 이제 나와 어울리지도 않는다는 기분이 들 만큼 그저 미워하고 탐닉하고 욕망하고 탓하고 화내며 살아오기에 바빴죠. 이제는 행복이 어색할 만큼 기쁨을 누릴 자격조차 없는 나로 나를 인식하는 지경에 이르렀죠. 그 모든 것이 당신 자신의 진짜 모습인 사랑을 더 이상 찾지 않았기 때문이고, 그러니까 더 이상 예쁜 성숙을 향해 나아가길 마음먹지 않았기 때문인 거예요. 하지만 당신의 마음은 여전히 오직 진정한 기쁨만을, 행복만을 원하기에 당신에게 성숙을, 사랑을 원하고 바라고 있죠. 그래서 당신, 알 수 없는 불만족과 결핍, 공허에 허덕이게 된 것이죠. 아무리 채워도 채워도, 당신 마음은 성숙의 기쁨과 사랑이 되는 기쁨으로만 채워질 수 있기에. 왜냐면 당신이 바로 사랑이기 때문에.

그러니 이제는 기쁨을 위해, 평화를 위해, 사랑과 행복을 위해서만 하루를 보내기로 해요. 당신이 진정으로 그것들만을 위해 당신 하루를 바치며 나아간다면 당신은 그 무엇에도 불구하고 반드시 지금 여기서 가득, 행복할 거예요. 그래서 평화 없는 하루, 사랑과 기쁨 없는 하루를 보냈다면, 그 하루에는 분명 당신이 놓친 무엇인가가 있는 거예요. 그래서 단 한 순간이라도 그런 기분과 함께한다면 당신은 이제 물어야 하는 거예요. 내가 언제, 어디서, 누구를 향해, 무엇을 향해 사랑을 아꼈는지를, 사랑하지 않기로 마음먹었는지를, 성숙이 아닌 미성숙을 고집했는지를. 그리고 그 순간 답이 떠오를 거예요. 당신이 성숙을 위해 전념하지 않았던 순간이, 전처럼 이기적이길, 미워하길, 우울하길 선택했던 순간이, 그러니까 사랑이 아닌 나로 존재했던 순간이, 사랑하지 않겠노라고 결심했던 순간이. 그리고 이제는 다시 선택하는 거예요. 마음을 새롭게 먹는 거예요. 그러길 얼마나 자주 반복해야 할지 모를 만큼 당신은 늘 성숙과 미성숙 사이를, 사랑과 사랑 없음 사이를 왔다 갔다 할 테지만, 그때마다 포기하지 않은 채 늘 묻고 답하며 마음을 새로 먹는다면 서서히, 그리고 반드시 완전한 기쁨을 누리게 될 거예요. 사랑으로 존재하는, 내가 나로 존재하는 그 기쁨을. 그러니 포기하지 말길. 포기하지만 않는다면 그 과정 자체가 이미 성숙이니, 당신, 그러길 선택한 매 순간 반드시 기쁨과 평화와 함께하게 될 테고, 서서히 더 자주, 더 많이 그럴 테고, 어느 순간엔 하루에 10분 정도를 제외하고는 대체로 기쁨과만 함께할 당신일 테고, 그때가 되어서는 마지막 한 걸음을 내딛기가 더 이상 어렵지 않을 테니까. 그러니 마음이 꺾일 때마다 당신이 얼마나 기쁨을 누려 마땅한 완전한 사랑인지를 기억하길. 그럴 자격이 흘러넘치게 있는 아름답디 아름다운 사랑이라는 것을.

그렇게, 지금 여기서 행복한 당신이 되길. 완전한 평화와 기쁨을 누리고 있지 않은 모든 순간을 사랑에, 성숙에 바치며 나아가길. 당신이 사랑하는 순간, 예쁜 성숙을 향해 부단히도 노력하며 나아가는 순간, 그 순간엔 반드시 기쁨과 평화만을 누릴 당신이라는 것을, 하여 불행하고 불안하고 공허한 기분과 함께하는 모든 순간은 당신이 사랑하지 않길, 성숙하지 않길 선택한 순간이라는 것을 잊지 말길. 당신 마음에 무엇이 함께하고 있는지가 바로 당신이 올바른 길을 가고 있는지 아닌지에 대한 가장 정확한 지표이니까. 그러니 그 답을 모르는 타인, 혹은 외부에 그 답을 물으며 헛되이도 방황하기보다 이제는 그 답을 아는 당신 마음에게 묻길. 지금 너는 완전한 기쁨을 누리고 있는지를, 어떤 불안도 없는 평화와 함께하고 있는지를. 그것에 대한 답이 곧 당신의 현 위치이니, 그 답을 바탕으로 앞으로 나아갈 방향을 정하길. 여전히 내면의 성숙엔 관심도 기울이지 않은 채 마치 사랑하지 않기 위해 태어나기라도 한 사람처럼 살아갈지, 아니면 이제는 오직 사랑답게 사랑하며 살아갈지를. 그리고 당신이 정한 방향은 부디 진정한 기쁨과 행복이 있는 길이길. 그리하여 당신, 당신의 존재 이유와 목적대로 살아가고 있다는 일체감의 행복과 자신이 올바른 길 위에 서 있다는 죄책감 없는 완전한 기쁨을 가득 누리며 나아갈 뿐이길. 그리하여 모든 순간의 여행이 그 자체로 설레고도 기쁨 가득한 하나의 완성이 되길. 그렇게, 이제는 당신 자신으로 존재하는 게 무엇보다 자랑스럽고 행복한 당신이 되길. 그러니까 당신 자신으로 하루를 살아가는 것 자체가 무의미하고 두렵고 버겁고 지치고 짜증스럽고 화가 나는 당신은 더 이상 아니길. 그보다 더 슬프고 속상한 일은 없을 테니까.

그러니 지금 선택하길. 선택할 수 있는 힘이 당신에게 있고, 하여 행복의 문을 열 열쇠를 쥐고 있는 것도 당신이며, 그리하여 다만 선택할 필요가 있을 뿐인 당신이니까. 이제는 그것을 앎으로써 오직 이해와 용서를, 평화와 고요함을, 감사와 사랑을 선택하며 나아가길. 당신이 선택한 그 모든 사랑의 가치들이 벌써부터 완전한 사랑은 아닐지라도, 어제보다 더 사랑에 가까웠다면 당신은 성숙한 것이고, 성숙했다면 하루를 무엇보다 존재의 이유와 목적에 맞게 보낸 것이고, 하여 기쁨 가득 행복할 테니까. 그러니 더 이상 망설이지 말길. 망설이고 갈등하는 것 자체가 당신 스스로 당신에게 지옥 같은 불행을 안겨주는 일임을 잊지 말길. 그러니까 스스로를 사랑해주길. 자신을 사랑한다면, 자신을 위해 반드시 자신에게 기쁨과 행복만을 선물해주고자 할 테니까. 그러니 지금 당장에도 마음먹기만 한다면 당신 자신에게 기쁨과 행복과 사랑스러움과 예쁨과 자랑스러움과 아름다움과 기특함을 선물할 수 있는 당신, 그런 힘과 능력이 있는 당신, 더 이상 그 선택을 스스로 미루지 말길. 그리하여 당신 자신에게 나는 너를 사랑하지 않는다는 증명을 건네지 말길. 다만 사랑의 증거를 건네주길. 여태까지 당신의 마음에 드리워져 있던 모든 갈등과 우울과 무기력과 불안함, 그 평화 없는 감정들을 이제는 성숙하길, 사랑하길 선택함으로써 몰아냄으로써. 그러니까 선택하지 않을 모든 이유보다 선택함으로써 당신 자신에게 선물해줄 기쁨과 행복이 더 소중한 당신이 됨으로써 더 이상 선택을 망설이거나 주저하지 않음으로써. 그러니까 지금, 당신 자신을 사랑해주길 선택함으로써.

당신의 마음이 당신에게 원하는 유일한 것, 그게 바로 당신의 그 선택이니까. 그렇기에 그 선택이 아니고선 그 무엇으로도 당신의 마음을 채워줄 수 없고, 하여 그 무엇으로도 당신은 공허와 불행, 불안에 시달리며 아파할 수밖에 없는 거니까. 그러니 이제는 사랑인 당신이 사랑이라서 원할 수밖에 없는 사랑을 채워주길. 사랑하길, 사랑이 되길 마음먹길. 어제보다 오늘 조금만 더 사랑하고 사랑을 되찾길. 그거면 당신이 기쁨을 누리기에 충분한 거니까. 그리고 그 기쁨을 알고 누리는 순간 당신은 자연히 완전한 사랑을 향해 나아갈 수밖에 없게 될 테니까. 사랑의 기쁨을 한 번이라도 느낀 사람은 그 기쁨이 아닌 다른 기쁨에는 결코 만족할 수 없을 만큼 사랑만을 찾고 바라고 원하게 되어있고, 왜냐면 이 세상엔 사랑의 기쁨과 비교할 수 있을 만한 기쁨이라는 게 결코 없기 때문이니까. 그래서 그 기쁨을 느끼고 나면 다른 모든 것이 빛없고 지루하고 무의미하게만 느껴져 당신의 행복을 위해 당신, 더욱 사랑에 전념하게 되는 거니까. 그러니 지금, 자신을 누구보다 스스로 가장 아껴주고 사랑해달라고 외치고 있는 당신의 마음에 흔쾌히 그러겠다는 답, 그 선물을 주길. 당신이 완전한 기쁨과 평화를 누리고 있지 않은 모든 순간은 언제나 당신의 마음이 당신에게 그 사랑을 구하고 있는 순간인 것이니, 이제는 그때마다 그 사랑을 건네주길. 그 누구보다 사랑하고, 사랑받는 게 당연한, 또 그 무엇보다 사랑하고, 사랑받는 게 가장 잘 어울리는, 사랑일 수밖에 없어 사랑인 당신의 마음에게, 그리고 당신 자신에게.

 스스로 잊지만 않는다면 여전히, 그리고 영원히 사랑이고, 기쁨이고, 아름다운 빛이자 참 예쁘고 소중한 존재인 당신은 그리하여 부디, 매 순간을 더해 당신 자신이 누구인지를 더욱 기억하고 알게 되길. 당신은 다른 무엇으로는 결코 행복할 수 없는 존재, 오직 사랑으로만 행복할 수 있는 존재라는 걸 잊지 않은 채 다만 사랑만을 원하고 바라길. 그러니까 당신은 무엇인가를 더 가질 때가 아니라, 누군가와 함께하게 될 때, 무엇인가를 이룰 때가 아니라 오직 사랑할 때, 사랑이 될 때만 진정으로 기뻐하고 행복에 겨워할 수 있는 사람, 사랑이며, 하여 자신이 사랑임을 기억한 만큼, 그러니까 예쁜 성숙을 완성한 만큼, 정확히 그만큼만 행복의 빛을 누리게 되는 사람, 사랑이라는 것을. 그러니 성숙한 만큼 더 행복해지고 더 평화를 누리게 되고 더욱 깊고도 촘촘한 기쁨과 함께하게 되는 당신, 이제는 다만 어제보다 오늘 더 사랑이 되는 성숙만을 위해 당신의 시간과 몸과 마음을 바쳐 존재할 뿐이길. 그때, 더 가지지 못해 불행하던 당신, 이제는 그 무엇도 갖길 바라지 않아도 될 만큼 있는 그대로 행복한 당신이 될 테니까. 그리고 행복은, 더 이상 그 무엇도 바라지 않는 완전한 만족의 상태인 거니까. 그리고 당신은, 더 이상 그 무엇도 바랄 필요가 없는 지금도 완전하게 아름다운 사랑이니까. 그러니 이제는 행복이 있는 곳에서만 행복을 찾길. 바로 당신 존재라는 있는 그대로의 사랑, 그 마음 안에서만. 사랑만을 품고 말하고 표현할 수 있는 그, 처음부터 영원히 사랑인 당신의 진짜 모습 안에서만. 그러니까 오직 사랑하기만을 바라고 원하고 선택할 수 있는 완연한 사랑, 당신은 다만, 있는 그대로의 당신, 그 빛나게 아름다운 사랑으로만 존재할 뿐이길. 하여 지금 여기서, 사랑답게 행복할 뿐이길. 사랑이고, 사랑이고, 또 사랑인 당신, 있는 그대로의 사랑은.

# 거룩한 사랑

많은 사람들이 사랑을 감정적으로 서로에게 열렬히 빠져들고, 집착하고, 아파하고, 끝없이 서로만을 곱씹고 생각하는 식의 한 사람에게만 집중된 의존이라고 생각하지만, 진짜 사랑은, 그러니까 거룩한 사랑은 제한하는 사랑이 아니라 확장하는 사랑이에요. 그러니까 사랑은 이제는 너와 내가 우리가 되고, 하여 그 우리라는 틀이 가장 중요해지고, 그래서 우리만의 이득을 위해 선하고 예쁜 가치를 희생시키기보다 함께함으로써 선하고 예쁜 가치를 더욱 지켜내고 고취시켜 나가는 아름다운 함께함인 거예요. 운전을 하다가도 누군가가 나에게 양보를 바라면, 절대로 들어오게 하지 마, '우리'의 시간을 조금이라도 낭비하면 안 되니까, 하고 상대방에게 말한 채 예민한 공기를 부풀리기보다 너그럽게 자리를 양보해주는 것에 동의하고, 하여 너그러움을 허용하고, 그 너그러움에서부터 기쁨과 여유를 발견하고, 그렇게 서로의 다정함을 지지하고 존중해줌으로써 더욱 큰 평화와 사랑을 향해 나아가는, 혼자일 때는 때로 어렵고 망설여지기도 했던 선한 원칙을 지켜내는 일을 함께하기에 더욱 두려움 없이 거뜬히 해낼 수 있게 하는 힘과 용기를 주는 함께함인 거예요. 그러니까 의존하는 게 아니라 서로에게 의지하는, 함께함으로써 더욱 왜소하고 이기적이 되는 게 아니라 함께함으로써 더욱 위대하고 큰 내가 되는 함께함, 그게 바로 진짜 사랑하는 관계인 거예요.

그리고 저는 당신이 반드시 그 거룩한 사랑을 하길 바라는 거예요. 왜냐면 그 사랑 안에서만 당신이 여태 그토록 찾고 헤매왔던 진짜 기쁨과 행복을 찾을 수 있는 거니까요. 나만을 위해, 우리만을 위해 그토록이나 많은 선한 원칙들을 희생시켜 왔지만, 그래서 지금 당신은 행복한가요. 지금은 행복하지 않지만, 조금 더 나아간다면 그 길의 끝에서 행복을 발견할 수 있을 거라고 믿나요. 아마도 더욱 자욱한 어둠과 짙은 공허만이 당신을 기다리고 있을 뿐일 거예요. 지금은 어둠에 너무 익숙해진 나머지 어둠이 너무나 당연하게 느껴지고, 하여 작은 빛만 보아도 그 빛이 너무나 눈부셔 두렵고 불편하게 느껴지겠지만, 그러니까 어둠 속에 적응된 눈이 작은 빛에도 어색함과 예민함을 느끼는 것처럼 당신 또한 그렇겠지만, 결국 행복은 그 처음의 불편함을 감수한 채 빛을 마주할 때라야 발견할 수 있는 거니까요. 그러니 이제는 그 익숙한 어둠에서 진정한 사랑과 행복이 있는 빛으로 서서히 당신의 발길을 옮겨내길 바라요. 당신의 눈을 그곳으로 향하고, 적응시키길 바라요. 하여 누군가를 이용해서 오늘 이만큼 이득을 봤어, 라는 이야기가 자랑이 아니라, 기특함이 아니라 털어놓아야 할 고민, 함께 해결해야 할 성숙의 과제가 되는 예쁜 만남을 맺길 바라요. 빛과 함께하는 그 관계 안에서만 진짜로 기뻐하고 행복해질 수 있는 당신이니까. 왜냐면 당신은 이기심을 더욱 극복한 채 더욱 완전한 사랑이 되기 위해 이곳에 태어난, 그 목적 하나로 이곳에 존재하는 사랑의 지구별 여행자니까.

그러니 함께 누군가를 미워하고 헐뜯기보다 종교가 있든 없든 함께 용서와 이해의 마음을 달라고 두 손 모아 기도할 수 있는 관계, 침묵이 두려워 하루 종일 수다에 탐닉하기보다 고요함 속에 자주 머무르며 있는 그대로의 서로, 그 빛을 온전히 바라볼 수 있는 관계, 나의 부족함을 채우기 위해 상대방을 이용하기보다 상대방의 부족함을 채워주기 위해 나를 기쁜 마음으로 헌신하는 관계, 서로가 서로의 거울이 되어줌으로써 혼자일 때는 결코 알아차릴 수 없었던 서로의 어떤 약점과 부족함을, 미성숙을 함께함으로써 드러내고, 발견하고, 하여 교정함으로써 더욱 예쁜 성숙을 완성하며 나아가는 관계, 집착과 의존, 결핍으로 묶이기보다 존중과 의지함, 다정함으로 묶인 관계, 어둠보다는 빛을, 거짓보다는 진실을 배우고 알아가기 위해 함께 공부하는 관계, 너는 나만을, 나는 너만을 사랑해야 돼, 라고 생각한 채 상대방의 사랑을 제한하기보다 함께 더욱 크고 위대한 보편적 사랑을 향해 나아가는 관계, 늘 내가 준 것, 내가 받지 못한 것만을 생각하고 곱씹은 채 서운함과 미움을 부풀리기보다 다만 상대방의 기쁨을 나의 기쁨으로 여기기에 오직 보살피고, 지지해줄 뿐인 관계, 그곳에서 자신의 만족을 찾고 발견하는 진짜 예쁜 관계. 서로가 더욱 예쁜 가치관과 함께할 수 있도록 자신이 먼저 예쁜 사람이 되고자 늘 노력하며 나아감으로써 상대방을 또한 예쁜 성숙으로 이끌어주는 관계, 그런 관계를 향해 이제는, 발길을 돌리길 바라요. 그렇지 않으면 존재의 목적과 이유를 잃은 공허에 당신, 잔뜩 시들어질 수밖에 없을 것이고, 그 길의 끝에서 깊고도 짙은 어둠의 불행만을 마주하게 될 뿐일 테니까요.

그러니 함께하기로 했다면 이제는 진짜, 사랑하기로 해요. 함께함으로써 더욱 거룩한 사랑을 향해 나아가는 관계로 이제는 발길을 돌리기로 해요. 이미 서로가 함께하기로 했고, 하여 함께하고 있다면 말이에요. 그게 아니라면 그 함께함에 어떤 의미와 가치가 있겠어요. 그저 혼자인 게 두려워 함께할 뿐이고, 나의 어떤 부족함과 결핍을 채우기 위한 환상에 맞는 가장 적절한 사람을 찾아 이용하고 있는 것일 뿐이고, 함께함으로써 더욱 편하게 이기적으로 존재할 수 있는 동반자를 드디어 찾은 것일 뿐이고, 감사하는 마음을 잃었기에 생기는 매일의 불만을 감사를 회복하여 채우고자 하기는커녕 상대방에게 가득 투사한 채 늘 어떤 변화를 기대하고 요구하는 식으로 있는 그대로 사랑받아 마땅한 상대방을 사랑받지 못할 죄인으로 만들고 있을 뿐이고, 그곳에서 헛되이 행복을 찾고자 하고 있을 뿐일 텐데 말이에요. 그러니까 함께하고는 있지만, 서로를 결코 사랑하고 있지는 않을 텐데 말이에요. 내가 상대방에게 만족하는 것도, 결국 상대방이 나의 어떤 결핍과 필요, 이기심을 충족시켜줘서지, 그게 상대방의 존재 자체에 감사하고 만족하는 진짜 사랑의 마음에서 비롯한 건 결코 아닐 텐데 말이에요. 그래서 그곳에는 사랑과 기쁨이 사라진 지 오래고, 하여 당신, 빛없는 어둠 속에서 어둠을 행복이라 오해한 채 끝없이 방황하고 헤매고 있을 뿐이겠죠. 하지만 그보다 확실하고 분명한 기쁨과 행복이 있다면, 너무나 밝고 따뜻해서 비교할 수조차 없을 만큼의 기쁨과 행복이 있다면, 이제는 둘이서 함께 그곳을 향해 나아가야 하지 않을까요.

　그러니 이제는 두 손을 맞잡고 함께 그 빛을 향해 나아가요. 빛에 익숙해지고 나면, 어떻게 저 어둠 속에서 내가 살았었지, 하는 생각이 들 만큼 어둠이 얼마나 불행인지를 알게 될 테고, 하여 다시는 어둠으로 돌아갈 수 없게 될 거예요. 어둠에 시야가 적응이 되어 조금씩 보이는 세상과 사물들, 그 흐릿함만이 전부라 생각한 채 살아왔던 나지만, 이제는 선명하고 확실한, 또렷하고 분명한 세상을 마주하게 되었고, 몰랐을 때는 몰랐기에 그곳에 있을 수 있었지만 이제는 알기에 감히 돌아갈 수 없을 테니까요. 그래서 지금 필요한 건 무지를 대신하는 앎, 어둠을 대신하는 빛, 거짓을 대신하는 진실, 그뿐인 거예요. 그러니 지금 내가 이 관계 안에서 추구하고 있는 행복보다 더 크고 진실한, 위대한 행복이 있다는 것을 이제는 받아들일 수 있길 바라요. 그것을 받아들이고 인정하는 용기가 있길 바라요. 그렇게 함으로써 이제는 그 진짜 행복을 향해 나아가길 바라요. 낡고 오래된 분노와 미움을 내려놓고 용서와 사랑을 향해 나아가는 사랑, 산만함과 복잡함을 내려놓고 고요함과 단순함을 향해 나아가는 사랑, 이기심과 집착을 내려놓고 다정함과 너그러움을 향해 나아가는 사랑, 우리만의 감옥에 갇혀 우리를 제외한 모두를 남이라고 생각하는 분리를 내려놓고 이 세상 모두가 결국은 하나이고, 하여 나와 같이 소중하고 존귀한 존재임을 알아가는 사랑, 그러니까 그 거룩한 사랑을 향해 나아가는 거예요. 그 사랑의 가치가 없을 때 당신의 관계는 서로가 서로를 사랑한다고 착각하고 있을 뿐 실은 전혀 서로를 사랑하고 있지 않은, 오직 서로에게 집착하기만 하고 있을 뿐인 사랑 없는 관계가 되고야 말테고, 무엇보다 그곳에서는 결코 만족도, 행복도, 기쁨도 누릴 수 없는 당신이니까요.

그러니 이제는 거룩함을 향해 한 발을 내딛길 바라요. 그러겠다고 간절히, 진심으로 마음먹길 바라요. 당신이 누구보다 아끼고 사랑하는 당신 자신과 상대방의 진짜 행복을 위해서 말이에요. 그리하여 거룩한 사랑의 여정을 시작할 때, 당신 둘은 그 길을 걸어가는 것 자체로 이미 무한한 기쁨과 함께하게 되기 시작할 거예요. 내면에서 반짝이는 성숙의 기쁨, 그 빛이 마음에 가득 차 외부를 통해 만족을 구할 필요를 더 이상 느끼지 못할 만큼 그저 있는 그대로의 삶에 만족하게 될 테니까요. 어제보다 오늘 내가 더 다정한 사람이 되었다는 기쁨, 결코 용서할 수 없을 것만 같았던 누군가를 마침내 용서하게 되었고, 하여 오랜 미움에서부터 풀려나 드디어 자유와 함께하게 되었다는 기쁨, 예전에는 상상조차 할 수 없었던 양보를 이제는 아무렇지 않게 해낼 수 있게 되었다는 기쁨, 몇 날 며칠을 곱씹어야만 했던 누군가의 불친절, 혹은 내가 입은 손해, 그러한 것들을 이제는 나의 평화를 위해 사뿐히 내려놓을 수 있게 되었다는 기쁨, 그런 진정한 기쁨들이 이제는 당신 둘의 내면을 가득 채우기 시작할 테니까요. 하여 텅 비어있었던 당신 둘의 내면, 마침내 빛과 사랑으로 가득 차게 될 테니까요. 그렇게, 서로를 사랑한다고 믿었지만 결코 서로를 사랑한 적이 없었던, 사랑이 텅 비고 부재한 둘의 관계 안에 이제는 사랑이 현존하게 될 거예요. 없음 대신 있음이 자리를 채울 테고, 그래서 여태까지 단 한 번도 느껴본 적이 없었던 진실한 사랑의 기쁨을 알고 가득 누리게 될 거예요. 여태까지는 사랑하지만 불안했다면, 사랑하는 동시에 미워하고 집착했다면, 하여 고통스러웠고, 불만족스러웠고, 공허했다면, 이제는 그저 진짜, 사랑할 뿐일 테니까요. 서로를 진짜, 사랑하고 있을 뿐일 테니까요.

    그러니 당신, 당신 자신의 진정한 기쁨과 이곳, 지구에 당신이 태어나 존재하는 이유를 완성하기 위해서라도 거룩한 사랑을 향해 나아가길 바라요. 앞서 저는 함께하기로 했다면, 이라고 말했죠. 왜냐면 당신은 누군가와 관계를 맺기 위해서가 아니라 사랑하기 위해서, 성숙하기 위해서 이곳에 태어났고, 그래서 당신 삶의 목적은 관계 자체에 있는 게 아니기 때문이에요. 그리고 당신의 진정한 목적은 누군가와 함께하든 여전히 혼자로 남아있든 그것과 관계없이 추구할 수 있는 일이기 때문이에요. 하지만 당신은 이미 누군가와 함께하기로 했고, 그래서 이제 당신에게는 당신의 목적이라 여겼던 그 관계의 자리를 당신 성숙을 위한 수단으로 옮겨내고, 그 관계를 통해 진정한 사랑과 성숙을 추구하고 완성해나갈 필요가 있을 뿐인 거예요. 그게, 관계가 당신에게 가치 있어지는 유일한 순간일 테니까요. 특별하게 누군가와 함께하기 위해서가 아니라, 오직 사랑하기 위해 태어난 당신이고, 그래서 관계는 그 사랑의 목적에 기여하는 수단이 되어야만 하는 거니까요. 그렇지 못할 거라면, 혼자서 사랑을 배우고 완성해 나가는 게 더욱 당신 존재의 이유와 목적에 맞을 테니까요. 그러니 거룩한 사랑을 향해 둘이서 함께 나아갈 수 있길 바라요. 하여 같이의 가치를 완성하고, 함께함으로써 너욱 내 존재의 이유와 목적을 완성해나가는 둘이길 바라요. 그때, 둘의 사랑은 이 세상에서 가장 아름답게 빛나는 보석 같은 사랑이 될 거예요. 그러니 그 사랑을, 꼭 해내길. 이 세상에서 유일하게 가치 있는 사랑은 성숙의 동반자, 영혼과 사랑의 동반자가 되어 함께 빛과 선을 향해 나아가는 사랑이기에. 그게 아니라면 결코 만족할 수 없을 당신이라는 이름의 영, 그 완전한 사랑이기에.

그러니 함께함으로써 더욱 사랑을 잊고 잃어가는 관계가 아니라 함께함으로써 사랑을 더욱 기억하고 되찾는 관계를 맺길. 그러기 위해 함께 성숙을 향해 나아가는 거룩한 사랑을 하길. 그게 아니라면 혼자서 성숙을 향해 나아가는 게 당신 영혼의 목적에 더욱 기여할 테고, 그러니까 당신의 진정한 기쁨과 행복을 위해서도 그게 더 나을 테니까. 하지만 혼자서 그 성숙의 여정을 떠나기엔 용기가 부족할 테고, 자주 외로울 테고, 가득 불안함을 느낄 아직은 여리고 작은 당신 영혼일 것이기에 계속해서 함께함을 원하고 바랄 테고, 그리하여 아마도 누군가와 반드시 함께하게 될 당신일 테니, 그럴 거라면 잊지 말길. 당신이 이곳에 왜 태어나 존재하게 되었는지를. 그리고 사랑인 당신의 마음을 채울 수 있는 유일한 것이 무엇인지를. 그러니까 고작 싸우고, 집착하고, 통제하고, 미워하고, 의존하기 위해서가 아니라, 둘이서 함께 더욱 큰 이기심을 추구하기 위해서가 아니라 오직 사랑하기 위해 태어나 존재하는 당신이며, 왜냐면 당신이 바로 사랑이기 때문이며, 그러니까 당신은 사랑으로만 채워질 수 있고 기쁨을 누릴 수 있는 사랑 그 자체의 존재라는 것을. 그리하여 함께하는 매 순간 그 사랑을 더욱 기억하고 완성하기 위해 헌신하길. 당신이 그런 목적으로 관계를 마주한다면, 특별한 관계보다 더 당신 존재의 목적과 이유에 이바지하는 건 없을 테고, 그래서 누구보다 빨리 사랑을 배우고 채워내게 될 당신일 테니까. 그러니 상대방을 마주하는 매 순간 더욱 따뜻하게 다정하길, 더욱 촘촘하게 사려 깊길, 더욱 살뜰하게 너그럽길 연습하길. 그런 마음 하나로 상대방과 함께하길.

　　당신이 당신의 존재 이유와 목적을 잃은 채 오랜 시간을 나아가다 보면, 그만큼 깊어진 공허와 무의미에 문득 이런 생각이 들 테고, 그 생각은 바로 고작 이 미움을 위해, 고작 이 이기심을 위해 내가 존재하는 걸까, 하는 생각일 것임을. 그러니 언젠가 반드시 오게 될 그 순간을 맞이하기 전에, 지금부터 고작 이런 것들보다 더 뜻깊고 의미 있는 것을 위해 존재하는 내가 아닐까, 하는 질문을 하길. 그 질문의 답은 언제나 사랑일 것이고, 그리하여 당신, 늘 사랑을 위해, 사랑하기 위해 존재하고 살아가길. 지나가는 아무나를 붙들고 당신을 사랑합니다, 라고 말한다면 그건 큰 오해를 불러일으킬 수 있고, 그래서 그 사랑의 수업을 함께하기에 가장 적절한 사람이 바로 당신과 연인이란 관계로 맺어진 사람인 것임을. 그러니 매 순간 상대방에게 최선을 다해 온유하게 대하길. 어제보다 오늘 더, 오늘보다 내일 더, 그렇게 영원히 더 온유하길. 그렇게 상대방에게 사랑받는 기분을 전해주길. 누구보다 상대방을 자주 웃게 해주길. 그런 사랑을 하길. 그 예쁜 사랑을 하기 위해 태어난 참 예쁘고 순수한 사랑의 영, 당신이니까. 존재만으로 소중한 사람, 기쁨과 희망을 전해주는 사람, 그런 사랑이 바로 당신이니까. 때로 스스로 너무나 자주 그걸 잊지만, 그래서 마치 자신이 사랑이 아니기라도 하는 것처럼 존재하고 살아가는 당신이지만, 당신이 자신을 오해한다고 해서 당신이란 정체성이 바뀔 수 있는 건 아니니까. 그러니까 그럼에도 여전히, 사랑이고, 사랑인 당신이니까.

그러니 마음이 꺾이고 무너질 때마다 내가 얼마나 대단한 사랑인지를, 얼마나 예쁘고 소중한 사랑인지를, 그런 사랑을 나눠주기 위해 태어난 참 귀하고 유일한 사랑인지를 기억하길. 그걸 생각하는 것만으로도 사랑이 당신의 마음에 가득 차 당신을 회복시켜줄 테니까. 무엇보다 당신은 정말로 그런, 사랑이니까. 내게 웃을 이유가 되어주는 사람, 메마른 내 가슴에 사랑의 샘물이 되어 흐르는 사람, 그래서 내 심장을 붉게 뛰게 하는 사람, 참 따뜻하고 밝은 빛이어서 내게 세상을 더 또렷하게 보고 살아갈 수 있는 지혜를 주는 사람, 오늘도 내가 씩씩하게 하루를 살아갈 힘과 버팀목이 되어주는 사람, 생각하고 떠올리는 것만으로 기분이 좋아져 마음이 온통 치유되게 해주는 사람,

그래서 내가 참 많이 아껴주고 존중해주고 걱정해주고 예쁘게 웃게 해주고 싶은 사람, 그런, 사랑이니까. 자신이 누구인지만 안다면 결코 슬퍼할 수도, 무의미에 빠질 수도, 무기력해질 수도 없는 이미 존재만으로 이토록 의미 있는, 사랑이니까. 그러니 당신이 얼마나 예쁘게 빛나는 사랑 그 자체의 존재인지를 스스로 앎으로써, 이제는 그런 당신과 어울리는 사랑의 관계를 맺길. 미워하고, 계산하고, 이용하고, 통제하고, 싸우고, 복수하고, 질투하고, 깎아내리고, 화내고, 그러느라 온통 상처투성이가 되기에, 너무나 귀하고 소중한 사랑, 당신이니까. 더 자주 예쁘게 웃고, 상대방에게 힘과 기쁨이 되어주고 싶은 마음에 가슴 아파하고, 주어진 모든 소중함에 가득 감사함으로써 매 순간을 누리고, 더 예쁘고 기특한 마음을 달라고 참 순수하게 기도하고, 그렇게 아름답게 춤추고 살고 사랑하기에도 모자란 당신, 참 기특하고 어여쁜 사랑이니까.

그러니 당신, 당신을 꼭 닮은 사랑을 하길. 그러니까 이 세상에서 가장 아깝고 소중하고 귀하고 예쁘고 아름답고 순수하고 밝고 기특하고 자랑스럽고 귀엽고 사랑스러운 사랑을 하길. 그런 사랑만이 당신에게 어울리는 사랑이니까. 당신은 정말 그런, 사랑이니까. 오직 위대하고 완전하게 사랑하기 위해 태어난 사람, 자신이 준 것을 돌려받지 못해 서글퍼하지 않을 만큼 반짝이는 사랑을 하기 위해 태어난 사람, 타인의 기쁨을 곧 자신의 기쁨처럼 여기는 하나의 사랑을 하기 위해 태어난 사람, 자신이 태어나 존재하고 있는 것만으로 모든 기적과 선물을 받았다고 여기기에 오직 주고자 할 뿐인 기특한 사랑을 하기 위해 태어난 사람, 미움을 모르기에 용서조차도 모를 만큼 죄 없는 결백한 사랑을 하기 위해 태어난 사람, 모든 사람에게 자신이 얼마나 소중한 사람인지를 알려주고 싶어 하는 아이 같은 순수한 사랑을 하기 위해 태어난 사람, 그 모든 사랑을 건넴으로써 스스로 만족하고 기뻐하는 그 자체로 완전한 사랑을 하기 위해 태어난 사람, 그런 사랑이니까. 그리고 그런 사랑을 건넬 능력과 힘이 이미 당신에게 있으니까. 당신 스스로 당신을 그렇게 여기지 않을 뿐, 당신은 처음부터 영원히 그런 사랑이었고, 하여 지금도 마음만 먹는다면 그렇게 사랑할 수 있는 당신이니까. 지금 당장에 자신이 얼마나 사랑인지를 완전히 기억해낼 순 없을지라도, 지금부터 서서히 거룩한 사랑을 하며 나아가다 보면 그 과정 안에서 그 기억을 조금씩 되찾게 될 테고, 하여 반드시 그렇게 사랑하게 될 당신이니까. 그러니 당신이 얼마나 사랑인지 기억하기 위해, 매일을 오직 진짜, 사랑하며 나아갈 뿐이길. 그리하여 당신에게, 당신 자신으로 살아가는 기쁨을 꼭 선물해주길. 영원하고도 완전한, 오직 기뻐하고 감사할 수 있을 뿐인 그 사랑으로, 당신 자신으로 존재하고 살아가는 기쁨을.

# 사랑의 두려움

당신은 미움을 두려워하지만 그보다 용서를 더더욱 두려워하죠. 당신은 어둠을 두려워하지만 그보다 빛을 더더욱 두려워하죠. 그러니까 당신은 사랑을 너무나 두려워하죠. 그렇지 않다고요? 그렇다면 왜 여전히 사랑을 망설이나요. 용서하면 더 이상 미워할 수 없게 될까 봐, 나의 손해를 곱씹은 채 복수의 정당성을 주장할 수 없게 될까 봐, 나의 자존심을 지켜내지 못할까 봐, 약하고 바보처럼 여겨질까 봐, 그게 두려운 나머지 기꺼이 용서를 선택하지 못하잖아요. 침묵과 고요의 빛 속으로 나아가면 더 이상 이 세상에 집착하고 욕망하지 못할까 봐, 이 세상에 내가 온통 투사하여 만들어낸 소중한 환상들을 모두 상실하게 될까 봐, 더 이상 산만한 생각과 온갖 자극 거리들에 탐닉하지 못해 지루할까 봐, 그게 두려운 나머지 기꺼이 빛을 향해 나아가지 못하잖아요. 그러니까 사랑이 너무나 두려운 나머지. 정말 그렇지 않나요? 미움이 당신을 아프게 하고 당신의 하루를 너무나 지치고 고단하게 만든다는 것이 명백한 지금 이 상황 속에서도, 그래서 용서를 망설이는 게 아닌가요. 고요함의 빛 한줄기 내리쬐지 않는 이 산만함이 너무나 공허하고 복잡하지만, 그래서 중심을 잃은 채 늘 휘청거리지만, 하여 하루를 더해 행복에서부터 더욱 멀어지고 있다는 것을 스스로도 분명하게 느끼고 있지만, 그래서 침묵과 고요를 망설이고 있는 게 아닌가요.

당신이 영원한 영이자 사랑이라는 것을 당신 스스로 잊었기 때문이에요. 하여 영원한 영인 당신은 고요함의 빛으로만 채워질 수 있다는 것을, 영원한 사랑인 당신은 오직 사랑에 의해서만 기뻐할 수 있다는 것을 까마득히 잊었기 때문이에요. 당신은 당신을 고작 늙고 언젠가는 죽음을 맞이할 육체 따위로 오해하고 있을 뿐이죠. 그걸 너무나 강렬히 믿은 나머지, 당신이란 육체를 보호하기 위해 당신의 모든 정신과 감각과 집중과 감정과 시간을 쏟고 있을 뿐이죠. 누군가가 당신을 공격하는 그 순간에도, 영원한 영인 당신은 여전히 변함없는 빛이자 사랑이지만, 아주 조금의 상실도 겪을 수 없는 여전한 완전함이지만 당신은 그것을 모르기에 당신이 훼손됐다고 생각하죠. 그래서 당신의 육체를 방어하기 위해 상대방의 육체를 공격하고, 미워하고, 저주하고, 증오하고, 그러는 있는 것이죠. 그렇게 당신이 육체라는 오해를, 그 믿음을 스스로 너욱 강화해나가고 있을 뿐이죠. 하지만 고요함 안에 들어서는 순간, 당신은 그 모든 오해를 웃어넘길 수밖에 없게 될 뿐이겠죠. 당신이 당신이 상처받았다는 생각을 더 이상 곱씹지 않는다면, 그러니까 누군가가 당신에게 손해를 입혔다는 생각, 당신을 무시했다는 생각, 누군가가 이래서 싫고 저래서 밉다는 생각, 그 모든 생각을 당신에게서 완전히 놓아준다면, 당신은 그 순간 완전히 안전할 테고 평화로울 테니까요. 결국 당신을 위협할 수 있는 건 당신의 생각밖에 없었던 것이고, 하지만 그럼에도 당신은 여전히 고요함을 스스로 망설이고 있는 것이죠. 빛나는 평화가 두려워서, 진정한 기쁨이 두려워서, 완전한 안전이 두려워서, 그러니까 자신이 사랑으로 돌아가는 것이 두려워서.

그렇게 망설이는 모든 시간을 더해 당신, 그래서 이토록 깊고도 거대한 공허에, 영원하게만 느껴지는 끔찍한 피로에 시달리게 되었죠. 당신의 진정한 존재인 영은 당신의 사랑을 통해 풍요를 얻고 채워지는데, 당신은 너무 오랫동안 그 사랑을 영에게 제공하지 않았고, 하여 당신의 영은 이토록 굶주려 생명력을 잃어왔으니까요. 당신의 진정한 존재인 영은 고요함 속에서 쉬어가며 충전을 얻는데, 당신은 늘 어떤 생각에 탐닉한 채 그것을 산만하게도 곱씹으며 그 생각에 탐닉해왔고, 그래서 당신, 단 한 번도 생각 없는 고요 속에서 쉬었다 가지 못해 이토록이나 지쳐왔으니까요. 그래서 텅 비어졌고, 하여 공허에 신음하고 울부짖을 수밖에요. 그래서 이토록이나 지치고 소진될 수밖에 없었고, 하여 제발 좀 쉬어달라고 피로를 통해 절규할 수밖에요. 그러니 이제는 그 마음의 소리에 귀를 기울이길. 부디, 사랑을, 빛을, 고요를, 진정한 평화를 두려워 말길. 당신은 미움을 그치고 용서하는 것이 당신에게 엄청난 손해를 가져다주는 행동이라고 생각하죠. 하지만 당신의 영에게는 그보다 진정한 이득이 없고, 왜냐면 그곳에 영이 기뻐할 고요와 평화, 사랑이 있기 때문이죠. 그렇다면 당신은 고작 당신의 육체를 보호하기 위해 진짜 기쁨을 포기할 건가요, 아니면 이제는 당신의 영을 지켜주기 위해 진짜 기쁨만을 바라보며 나아갈 건가요. 지금, 결단을 내리길 바라요. 여전히 두려워하며 망설일지, 아니면 이제는 기꺼이 빛을 향해 나아갈지를. 그러니까 오직, 사랑할지를.

그러기 위해 분명하게 알길. 당신의 영은 당신에게 오직 용서를, 사랑을, 이해를, 침묵과 고요의 빛을 바라고 원하고 있으며, 당신이 그 모든 것을 끔찍한 손해라 여길지라도 당신의 영에게는 그보다 진정한 이득이 되는 건 없으며, 그리고 당신은 영이라는 것을. 그래서 그건 당신의 진정한 이득을 위한 것이라는 것을. 여태 당신이 추구해 왔던 모든 이득 안에 진짜 기쁨과 평화와 안도가 없었던 이유가 바로 그것이라는 것을. 하여 이제는 당신을 진짜 풍요롭게 하고 살찌우고 기쁨에 겨워 춤추게 하는 영의 이득을 위해 나아가길. 하여 진정한 행복을 당신에게 선물해주길. 여태 손해와 이득을 완전히 거꾸로 생각해왔던 당신, 당신을 영이 아니라 육체라고 믿어왔기에 그래왔던 당신, 그러니까 이제는 당신 자신이 누구인지를 알길. 그리하여 망설임 없이 선택하길. 그러니까 이제는, 진짜 기쁨을 위해 당신의 시간과 감정과 몸과 마음과 진심과 정성을 다해 나아가길 바라요. 오직 지금, 그렇게 하길 바라요. 대부분의 사람들이 평생 진정한 자신이 누군인지를 모르는 채, 하여 진정한 자신으로 존재하는 기쁨을 한 번을 느끼거니 누려보지 못한 채 오직 오해와 환상만을 위해 모든 삶을 쓰고 낭비하며 자신의 한평생을 마감한다는 것을 명심함으로써요. 그러니까 사랑인 당신, 더 이상 사랑을 두려워하지 말아요. 그러니까 당신 자신을 두려워하지 말아요. 당신이 당신의 진짜 존재인 영을 향해 눈을 돌릴 때, 당신이 믿고 추구하던 생각과 환상들, 집착과 욕망들, 미움과 원망들, 산만하고 복잡한 목소리들, 두려움, 슬픔, 그 모든 것들에 너무나도 애착을 가져온 당신이라 그 모든 것들이 사라질까 그게 너무 두렵겠지만, 그럼에도 그 두려움을 기꺼이 건넌 채 사랑을 선택하고 나면 진정한 평화와 기쁨이 당신의 영을 가득 채우기 시작할 테고, 그 빛을 느끼는 순간 당신, 두려워 망설였던 모든 시간을 오직 후회하게 될 뿐일 테니까요. 그러니까 당신, 당신 자신으로 살아가는 기쁨을, 사랑인 내가 비로소 사랑으로 살아가게 되었다는 그 완전함과 일체감의 기쁨, 영원한 안도와 평화를 마침내 누리며 내내 행복에 겨워할 뿐일 테니까요. 하여 당신, 더 이상 공허에 허덕일 수도, 불행과 절망의 늪을 헤매일 수도 없게 될 테니까요. 오직 사랑의 빛으로 반짝인 채 영원한 기쁨과 함께 춤출 뿐일 테니까요.

늘 말하지만, 늘 어둠에 있다 빛으로 나오면 그 빛이 너무나 눈부셔 눈을 가리게 되죠. 하지만 그 찰나의 반짝임이 나를 불편하게 하고 아프게 한다고 해서 빛을 향해 걸어가지 않을 건가요. 침침하고 축축한 어둠의 왜소한 동굴 안에 영원히 갇힌 채 그곳에서 참 안타깝게도 시들어져만 갈 건가요. 마침내 빛을 마주하게 된 그 찰나의 시간 동안엔 너무나 눈부셔 잠시 세상이 잘 보이지 않을 테고, 하여 어둠에 적응된 당신은 어둠 속에서 더 잘 본다고 착각한 채 다시 어둠으로 돌아가길 선택할지도 모르지만, 그 찰나의 눈부심을 지나고 나면 당신은 그 무엇보다 모든 세계를 선명하고 또렷하게 보게 될 테고, 사랑의 찬란함에 빛나는 있는 그대로의 세계, 그 아름다움과 찬연함을 마침내 마주하게 될 테고, 그래서 그 잠깐의 눈부심을 잘 이겨내야 하는 거예요. 온갖 슬픔과 절망, 미움이 사라지고 녹아내린 그 빛 속에서만 오직 기뻐하고 춤추고 완전하게 사랑할 수 있는 당신이니까요. 그러니 이제는 빛과 영광을 향해 돌아서길. 영과 사랑을 향해 발길을 내디디길. 그러니까 이제는, 나의 진짜 이득을 위해 하루를 보내기로 해요. 모든 세상에 대한 집착과 그 집착으로 인해 생긴 갈등과 미움, 고통과 분노, 그 모든 것들을 사뿐히 지나 용서와 사랑의 빛을 향해 나아가는 거예요. 너무나도 망설여졌던 사랑을 당신이 마침내 선택하게 될 때, 당신은 망설였던 지난 모든 시간이 너무나도 후회가 되어 가슴 아플 만큼 진짜, 행복하게 될 거예요. 다시는 사랑 없는 생각들이 당신의 머릿속을 가득 채운 그 어둠으로 돌아가길 선택하지 못할 만큼, 지금에 감사하고 만족하게 될 거예요. 그러니 더 이상 불행을 위해 스스로 행복을 망설이거나 기뻐하고 누리기에도 모자란 시간들을 낭비하지 말길.

그러니까 되도록 오늘부터 당신의 사랑이 시작되길 바라요. 이제는 어두운 동굴에서 나와 빛을 마주하기를 바라요. 영원히 상처받을 수도, 미움을 품을 수도, 슬픔을 겪을 수도 없는 당신의 진정한 모습인 당신의 영, 그 영원한 사랑을 회복하길 바라요. 하여 기뻐 춤추며 살아가고 사랑하는 완전한 당신이길 바라요. 지금 여기서 그러길 마음먹기만 하면 당신의 영은 벌써부터 당신의 마주함을 느끼게 될 테고, 하여 당신의 영, 기쁨에 겨워 떨기 시작할 테고, 당신의 심장은 그 떨림을 반드시 느끼게 될 거예요. 그러고 나면 당신은 알게 될 거예요. 지금의 이 떨림보다 기쁨에 가까운 기쁨, 이 세상 어디에서도 느껴본 적이 없었음을. 미움에서도, 분노에서도, 욕망에서도 결코 찾아볼 수 없었던 그 자체로 완전한 기쁨임을. 하여 당신 자신의 행복을 위해 언제나 최선을 다하는 당신, 여태까지는 행복을 다른 무엇으로 오해했으므로 그 오해를 위해 최선을 다해왔을 뿐인 당신, 이제는 당신 영의 기쁨을 위해 최선을 다할 수밖에 없을 거예요. 오직 그곳에만 당신의 진정한 행복과, 기쁨과, 평화와, 안도가 있음을 당신은 알게 되었으니까요. 그러니 오늘을 당신의 영을 위해 바치길 바라요. 행복이 있는 곳에서 행복을 찾는 당신이길 바라요. 하여 당신이 오래도록 띠지 못했던 기쁨에 겨워 짓는 사랑스러운 미소를 비로소 되찾게 되기를 제가 소원할게요. 당신의 그 눈부시게 빛나는 미소를 보는 게 제게도 기쁨이고, 예쁨이고, 사랑스러움일 테니까요. 당신만 모를 뿐, 사실 당신은 지금도 너무나 예쁘고 아름다운 사람, 사랑이라는 것을. 정말 벅차게, 흘러넘치게 사랑이라는 것을.

그러니 이제는 사랑을, 당신을, 그 빛나는 기쁨과 행복을 두려워 말길. 그저 설레는 마음으로 오롯이 마주하길. 고요함 속에서만 마주할 수 있는 당신 자신의 진짜 모습인 사랑을 바라보는 걸 여태 끔찍이도 두려워했고, 하여 늘 사랑 없는 어두운 동굴로 피해왔던 당신이지만, 사실 그 사랑을 두려워한 건 당신이 아니라 자신의 소멸을 두려워한 어둠 자체니까. 그리하여 어둠은 끝없이 당신에게 속삭이며 당신이 사랑으로 돌아서지 못하게 막아서왔던 거니까. 하지만 그럼에도 사랑인 당신이 사랑으로 돌아가는 건 피할 수 없는 운명이며, 그래서 운명을 거스르고 있는 당신, 불편함과 부자연스러움, 부조화, 그 모든 불안과 갈등과 함께할 수밖에 없는 것이며, 하여 운명을 받아들인 채 운명의 흐름에 당신의 몸과 마음을 맡기는 순간 당신, 평화와 편안함을 누릴 수밖에 없게 되는 것이며, 그러니 이제는 사랑이라는 당신의 운명에 당신을 내맡기길. 당신의 모든 생각과 불안함과 갈등과 고민과 분노와 미움과 슬픔과 공허, 그 모든 것들을 주저함 없이 사랑에 주길. 당신은 그것을 어찌하지 못해 늘 어려워하지만, 사랑은 단 하나의 어려움도, 수고도 없이 그저 빛을 비춰 그것들을 한순간에 사라지게 할 뿐이니까. 당신은 환상과 진실을 구분하지 못해 늘 혼란을 겪지만, 사랑은 환상이 환상임을 사뿐히 알아봄으로써 그저 흩어지게 할 뿐이니까. 그러니 당신, 이제는 어떤 수고도, 힘도 들이지 않고 당신에게 모든 기쁨과 행복을 가져다주는 사랑에 의지하여 나아가길. 그러니까 진짜 당신 자신에게 의지하여 나아가길. 그렇게 당신, 이제는 가득 행복할 뿐이길. 당신에게 주어진 모든 선물을 끌어안은 채 예쁘게 웃음 지을 뿐이길.

영원히 완전한 영이기에 그 무엇에도 훼손되거나 상처받을 수 없는 당신, 하여 억울함과 서글픔, 왜소함과 분함 없이 그저 사랑하고자 할 뿐인 사랑의 당신, 그러니 이제는 그만 고향으로 돌아가길. 오직 영의 기쁨을 위해 보잘것없는 모든 왜소함과 불행들을 헌신하며 나아갈 뿐이길. 사랑은 그 무엇도 희생하지 않으며, 다만 애초에 존재하지 않는 환상이 환상임을 알아봄으로써 더 이상 환상에 시달리지 않길 선택할 뿐임을 알길. 그러니까 당신이 사랑이길 선택할 때 희생할 수 있는 건 아무것도 없는 것임을. 애초에 존재하지 않는 것은 희생조차 불가능하고, 다만 그것이 존재하지 않음을 알아볼 수 있을 뿐인 거니까. 그러니 이제는 사랑의 빛으로 모든 어둠을 비추길. 어둠은 빛의 부재며, 그러니까 어둠은 실재하는 것이 아니며, 하여 어둠은 빛이 다가서는 순간 사라질 수밖에 없으며, 그래서 사랑의 빛은 다만 없음을 있음으로 대체할 뿐인 것임을. 그러니 환상을 진실로 대체하는 그 시간의 도래를 두려워 말길. 그저 따뜻하고도 편안한 당신의 고향, 천국으로 돌아가는 일일 뿐이며, 당신 자신의 진정한 정체인 사랑을 되찾고 회복하는 일일 뿐이니 안심하길. 당신은 그저 그 시간을 허용하기만 하면 되며, 그 허락을 여태 망설여온 것이지 막상 허락하고 나면, 그러니까 허용하기만 하면 온갖 천국의 기쁨과 아름다운 노래가 당신의 가슴 안에서 가득 울려 퍼지기 시작할 테니까. 그러니 이제는 사랑 앞에서 저항하길 그만두고, 다만 사랑을 허용하길. 빛을, 기쁨을, 평화를, 안도를 허락하길. 그렇게 당신은 그저 사랑답게 기뻐하고 모든 영광을 누릴 뿐이길.

이 세상의 모든 기쁨, 오직 당신을 위해 태초부터 준비되어있었던 선물이니까. 당신, 존재만으로 사랑인, 하늘의 기쁨과 자랑스러움인 천국의 자녀, 영원한 사랑의 영을 위해. 그러니 이제는 당신이 누려 마땅한 기쁨을 누리며, 가득, 사랑일 뿐이길. 그저 당신 자신으로 존재할 뿐이길. 상실을 모르는 빛이자, 미움을 모르는 용서이자, 결핍을 모르는 감사이자, 공허를 모르는 채워짐이자, 슬픔을 모르는 위로이자, 상처를 모르는 완전함이자, 잃음을 모르는 풍요이자, 찌푸림을 모르는 미소이자, 판단을 모르는 이해이자, 외면을 모르는 다정이자, 갈등을 모르는 평화이자, 두려움을 모르는 안도이자, 어둠을 모르는 볕이자, 사랑, 당신, 처음부터 영원히 그래왔던 사랑, 사랑, 있는 그대로의 사랑은. 그러니 더 이상 자기 자신이 누구인지 몰라 헛되이 불행해 말길. 다만 자신을 오롯이 마주하길. 분명히 알길. 그리하여 천국의 영원한 선물들을 누릴 뿐이길. 결핍에 사로잡힌 기분, 공허하고도 산만한 기분, 불안하고도 두려운 기분, 예민하고도 짜증스러운 기분, 슬프고도 무기력한 기분, 그 모든 기분이 드는 순간이 바로 당신이 당신 자신이 누구인지를 잊은 순간이니, 그때마다 고요함 속에서 당신을 찾길. 당신, 사랑은 그런 왜소한 기분을 결코 느끼거나 겪을 수 없는 완전하고도 영원한 빛의 영이니까. 그래서 사실 그 모든 사랑 없는 기분은 영이 빛과 사랑에 굶주려 당신에게 자신을 바라봐달라고 청하는 아름다운 외침이자 절규일 뿐인 거니까. 그러니 이제는 그 영의 울림을 오해하지 말길. 그리하여 영의 필요를 채워주길. 그러니까 영에게, 당신 자신에게, 그 빛과 사랑에게, 당신을 선물해주길. 당신을 안겨주길. 그, 세상에서 가장 기특하고 예쁘고 소중하고 아깝고 귀한 사랑을. 그리하여 당신, 영원한 평화와 안도의 천국 속에서 위로받으며 예쁜 미소와 함께 내내 사랑스러울 뿐이길. 사랑이 마침내 사랑으로 존재하는 기쁨을 이제는 누리며, 내내 아름답게도 빛날 뿐이길. 당신, 사랑처럼이나 찬란하고 찬연하게.

## 굳이 유감인 사람들

이 세상엔 그런 사람들도 있죠. 굳이 날카로운 눈빛으로 사람들을 쏘아보며 위화감을 조성하고, 그렇게 함으로써 내 자존심을 상하게 하여 평온하던 내 마음 안에 분노와 복수의 목소리가 일렁이게 하는 사람들. 굳이 하지 않아도 될 눈치 없는 말을 함으로써 내게 손해를 입히는 사람들, 굳이 깎아내리는 표현과 조롱 섞인 말을 함으로써 몇 날 며칠의 내 평화를 갉아먹는 사람들, 굳이 지키지도 못할 약속을 하며 나를 기다리게 하고, 하여 내 감정과 시간을 소진시키는 사람들, 굳이 자신이 당했을 땐 결코 그냥 넘어가지 못할 행동을 타인에겐 아무렇지 않게도 함으로써 타인에게 피해를 입히고, 그러면서 상대방이 화가 났을 땐 뭐 그런 걸로 화를 내냐며 자신은 대인배인 척하는 뻔뻔하고 이기적인 사람들, 굳이 예민하게 구는 사람들, 굳이 시비를 거는 사람들, 굳이 무관심한 사람들, 굳이 불친절한 사람들, 굳이 운전을 하며 타인의 생명을 위협하는 사람들, 굳이 매일 같은 주제의 험담을 하며 나를 지치게 하는 배려 없는 사람들, 굳이 공격적인 사람들, 굳이 이용하는 사람들, 그러니까 정말 다양한 이유로 굳이, 유감인 사람들 말이에요.

얼마나 그런 사람들이 많나요. 아마 하루를 살아가며 유감스럽지 않은 사람을 만나기가 더 어려울 만큼 이 세상은 유감스러운 사람투성이처럼 보이죠. 그래서 내 다정하고 예쁜 마음을, 오롯하고 온전한 마음을 지키며 살아가기가 참 버겁고 지친다는 생각이 들 만큼이죠. 말 한마디로 천 냥 빚을 갚는다는데, 굳이 말을 할 때마다 만 냥 빚을 지는 사람들, 함께하고 있자면 나를 속이고 이용하고자 한다는 게 뻔히 느껴져 늘 경계해야 하는 사람들, 하여 마음 놓고 진실하고 다정하게 존재하는 걸 참 어렵게 만드는 사람들, 그러니까 내가 다정하면 나만 손해라는 생각을 내 마음 깊숙이도 심어주는 사람들, 그들과 마주하는 단 1초 때문에 하루, 아니 며칠 동안 내 마음의 평화를 상실해야만 하는 아름답지 않은 에너지를 가진 사람들, 그러니까 굳이, 안타깝고도 유감스럽게 존재하는 사람들 말이에요. 그래서 그런 사람들과 더불어 이 지구에서 살아간다는 게 참 고단하고 불만스럽게 느껴지는 순간이 참 많죠. 너무나 이해가 되지 않고 답답해서 한 대 때려주고 싶다는 생각이 들 만큼 내 다정함을 잃게 하는 사람들이 바로 그들이니까요.

하지만 그래서, 내 마음을 내가 잘 지켜내야 하는 거예요. 그 사람들은 아마 제법 오래도록, 어쩌면 이번 한 생 전체를 통틀어 딱 지금의 수준으로만 자신의 삶을 살아가고 마무리하게 될지도 모르고, 아마도 그럴 확률이 꽤 높겠죠. 그러니까 그들이 예쁘게 변하길 기대하긴 어려운 거예요. 하지만 그렇다고 해서 그들 때문에 내가 늘 불행하게 살아갈 순 없는 노릇이잖아요. 그럼에도 불구하고 예쁜 나는, 예쁜 내 마음을 지켜낸 채 꿋꿋이 행복해야 하는 거잖아요. 그러니 최선을 다해 나는 내 마음의 평화를 지켜내기로 해요. 참 유감스럽지만, 유감스러운 게 다여야 하는 거예요. 유감 이상으로 가서 분노하고 저주하고 예민해지고, 그래선 안 되는 거예요. 그러니까 그들은 그들대로 살게 두고, 나는 나대로 아름다워야 하는 거예요. 그들과 마주한 그 짧은 시간의 파장은 너무나 커서 내 하루 전체를 휘청거리게 할 만큼이지만, 그래서 이제는 내가 그 파장을 튕겨낼 만큼의 보호막을 갖춰야 하는 거예요. 그들로 인해 나마저 내 마음의 평화를 잃는다면, 그건 사실 나 또한 전혀 아름다운 적이 없었음을 증명하는 거나 다름없는 거니까요. 고작 그런 일로 아름다움을 상실할 정도의 아름다움이라면, 그건 사실 단 한 번도 아름다움이었던 적이 없을 만큼의 아름답지 않음인 거니까요.

그러니 그들로 인해 누리고, 기뻐하고, 사랑하고, 춤추고, 가득 즐기기에도 모자란 내 소중한 삶을 더 이상 낭비하지 않기로 해요. 내 마음에 어떤 곱씹음이 생기려고 할 때마다 내게 말하는 거예요. 고작 이런 일로 인해 나까지 불행에 빠지지 않을 것이다, 나는 유혹받지 않을 것이며, 그럼에도 불구하고 꿋꿋이 아름다울 것이다, 하고 말이에요. 하여 유감스럽지만, 어쩔 수 없지, 그들에게는 그들의 삶과 최선이 있는 거니까, 내가 그들을 바꿔줄 수도 없는 노릇이고, 라고 생각한 채 나는 꿋꿋이 내 길을 가는 거예요. 말 그대로 굳이 유감스러운 사람들일 뿐이니까요. 그러니 참 유감이네요, 알겠습니다, 하지만 나는 더 이상 당신이란 존재의 유감스러움을 곱씹으며 스트레스를 받을 시간이 없네요, 내 삶은 소중하고, 지금은 다시는 돌아오지 않을 소중함이니까요, 하고 속으로 말한 채 이제는 내가 가야 할 길에 오롯이 집중하기로 해요. 바로 오늘의 사랑스러움과 아름다움, 내가 누려 마땅한 기쁨과 평화, 다정, 그 모든 가슴 벅찬 행복을 향해서 말이에요.

그들 때문에 당신 하루의 행복을 상실한 채 몸져눕고 있는 당신이 저는 참 유감스러워요. 뭣 하러 그러고 있나요. 어여 털어내고 일어나 씩씩하게 웃으며 예쁜 생각들로 내 마음을 채우기에도 모자란 이 하루의 소중함을 낭비하면서 말이에요. 그러니 더 이상 말려들지 말아요. 누군가 당신을 기분 나쁘게 쳐다봐서 자존심이 상했다면, 그리고 그냥 넘어가기엔 너무 무시당한 것 같고, 지는 것 같은 기분이 들어 분노심에 불탄다면, 이제는 그 감정 그대로 복수하고자 하기보다 그런 일로는 자존심 상하지 않을 만큼의 단단한 마음을 갖추기 위해 노력하며 나아가는 거예요. 그게 당신의 기쁨과 행복을 위한 일이며, 당신 존재의 예쁨과 아름다움을 지켜내는 유일한 방법이니까요. 왜냐면 아까도 말했듯 이 세상엔 유감인 사람들이 너무나 많고, 그래서 그들 모두에게 일일이 대응했다간 당신, 결코 하루를 행복하게 보낼 수 없을 테니까요. 그래서 평화로운 사람들은 그런 사람들을 마주하자마자 그 즉시 평화의 보호막을 펼쳐서 자신을 지켜낼 뿐인 거예요. 그늘의 영향력이 자신에게 뻗쳐오는 그 찰나의 순간 그 즉시 그 일을 곱씹기보다 그저 초연하게 스쳐 지나가길 선택함으로써 말이에요. 사실 곱씹는 순간 이미 그 영향력은 나를 덮친 것이고, 내가 곱씹을수록 나의 집중으로 인해 그 영향력은 더욱 커질 것이고, 그래서 그때는 이미 늦은 거니까요. 그러니 이제는 아예 눈길조차 주지 않고 스쳐 지나가기로 해요. 그 초연함을 매 순간 연습하기로 해요.

    그리고 당신과 특별한 관계로 맺어져 장기적으로 함께하며 서로의 영향력을 주고받아야 하는 사람, 그런 깊은 관계를 맺을 사람으로는 유감스럽지 않은 사람을 골라서 함께하도록 해요. 굳이 유감인 사람들과 굳이 함께하는 것, 하여 굳이 매일 싸우고 미워하며 불행해지는 것, 그것 또한 굳이, 유감인 일이니까요. 저는 늘 불평불만하는 사람은 피하는 편인데요, 왜냐면 그들은 정말 모든 일 안에서 불평거리만을 찾으며 나를 소진시키는 사람들이며, 만족하는 방법을 배우지 못했기에 나와의 관계에서도 결코 만족하지 못할 사람임을 알기 때문이에요. 하지만 또한 저는 특별하고 깊게 함께할 사람으로는 서로 자신의 불평에 대해 이야기하고, 그 불평을 들어줄 수 있는 사람과 함께 하는 편이에요. 서로에 대한 불평들 말고 이 삶을 살아가며 생기는 세상에 대한 아주 깊은 갈등과 진지한 불평, 그것을 나누고 공유할 수 있는 사람, 이 세상엔 그런 사람이 꼭 있어야 하는 거라고 믿거든요. 오늘은 이런 일이 있었는데, 그래서 참 힘들었어, 라고 말하면 상대방은 그것을 들어주고 저를 응원하고 지지해주는 거죠. 그러고 나면 저는 씩씩하게 세상을 살아갈 힘을 다시 회복하게 되고, 하여 새로운 마음으로 세상을 다시 살아가게 되는 거죠. 그리고 저 또한 상대방에게 그런 사람이 되어주는 거죠. 물론 사사건건 불평불만하는 것과 이때의 불평은 그 수준과 깊이와 농도가 완전히 다를 테지만 말이에요.

그러니 깊은 의미로 불평할 수 있는, 당신이 신뢰할 수 있고 당신의 이야기에 귀를 기울여주는 사람과 특별히 함께하길 바라요. 당신이 글쎄, 오늘 누가 나에게 이렇게 말하지 뭐야, 라고 애교스럽게 말할 때 상대방은 그런 당신을 귀엽다는 듯이 바라봐주고, 그런 일이 있었구나, 아이구 속상했겠다, 내가 안아줄게, 하고 당신을 토닥여주고, 그런 곁이 있다면 아마 당신에게 그 이상의 다른 관계는 전혀 필요하지 않게 될 거예요. 세상에 대한 불평을 서로 공유하고 나누고, 그것을 최선을 다해 귀 기울여 들어주고 걱정해주고 공감해주고, 하지만 그럼에도 서로의 행복을 지켜내기 위해 더욱 아름답고 반듯한 마음을 가질 수 있게 서로를 이끌어주고, 하여 대화가 끝난 뒤에는 모든 불평을 털어낸 채 이해와 용서의 시선으로, 다정과 사랑의 자세로 세상을 마주하게 되고, 그런 결이 있다면 말이에요. 그렇다면 그토록 아름다울 수 있는데, 굳이 서로의 작은 단점 하나라도 찾아서 불평하고, 그렇게 서로에게 상처를 주고 아프게 하는 관계를 맺을 필요라는 게 굳이, 어디에 있나요. 이미 함께하고 있다면 또한 굳이 못난 모양으로 함께하기보다 이제는 아름답게 함께하는 게 낫지 않을까요. 충분히 그럴 수 있는데, 굳이, 그렇게 하지 않으며 내내 불행하게 살아가기보다 말이에요.

이 세상엔 분명 유감인 사람들이 참 많지만, 그렇지 않은 소수의 사람들 또한 분명히 있고, 그리고 당신은 그런 사람과 함께하길 바라요. 그러기 위해 당신이 먼저 유감스럽지 않은 예쁘고 다정한, 진실하고 사려 깊은 사람이 되길 바라요. 결국 유감인 사람들은 유감인 사람들끼리 죽이 잘 맞을 거고, 그렇지 않은 사람은 그렇지 않은 사람들끼리 죽이 잘 맞을 테니까요. 저는 길거리에서 흡연을 하며 사람들을 노려보면서 위화감을 조성하는 사람들이 있다면 굳이 그것에 동참하지 않을 테고, 그런 사람과는 거리를 둔 채 멀리하고자 할 테고, 그저 저의 본능으로 자연스럽게 그렇게 하고 있을 테고, 그래서 그런 사람은 그런 사람들끼리 함께하게 되겠죠. 굳이, 담배꽁초를 자신의 앞집에 당연한 듯이 버리면서 말이에요. 하지만 앞집 사람이 자신의 집 앞에 담배꽁초를 버릴 때는 싸우자는 듯 버럭 화내고 따지면서 말이에요. 그러니까 굳이, 자신의 입장만을 생각하는 이기심에 영원히 갇혀 자기 자신을 스스로 불행하게, 자신의 주변에 있는 타인을 늘 불편하게 만들면서 말이에요. 그리고 저에겐 그들을 비난하거나 미워할 필요는 전혀 없지만, 굳이 함께할 이유 또한 전혀 없는 거예요. 그저 그들은 그들대로 살게 하고, 저는 저대로 살면 되는 거니까요. 음지에서 잘 자라는 식물도 있고, 양지에서 잘 자라는 식물도 있는 것처럼, 사람은 자신이 편안함을 느끼는 곳에서, 아름다움을 느끼는 곳에서 살아가게 되어있는 거니까요.

그러니 굳이 유감인 사람들을 피하고, 피하되, 미워하진 말고, 그렇게 나는 나의 평화를 꿋꿋이 지켜내고, 다만 유감스럽지 않은 사람과 함께하길 선택하길 바라요. 그 지혜가 당신에게 있길 바라요. 그들이 당신에게 불편함을 주는 그 찰나의 순간, 그 불편함을 곱씹기보다 아름다운 세상에 집중함으로써 그 불편함을 소멸시킬 줄 아는 그 평화의 연습을 매 순간 함으로써 내내 평화로운 마음을 지켜낼 줄 아는 당신이길 바라요. 참 많은 인내심이 필요할 거예요. 내 자존심을 모두 버려내고 자존감으로 바꿔내야 하는 시간도 필요할 테고, 미워할 수밖에 없다고 여겨질 만큼의 부도덕적인 행동을 그럼에도 이해와 용서의 눈빛으로 바라보게 될 수 있을 때까지 옳음에 대한 관념 자체를 버려내야 하는 시간도 필요할 테니까요. 하지만 그럼에도 이 세상을 잘 살아가려면 그 평화의 마음이 반드시 필요한 것이니 당신, 기필코 해내길 바라요. 당신 자신의 행복을 위해서 말이에요. 그리하여 마침내 평화가 당연한 당신이 되길 바라요. 그들이 당신에게 주는 불편함이 너무나 작고 사소해서 신경 쓰이지도 않을 만큼 너그럽고 위대한 자존감과 함께하는 당신이 되길 바라요. 그들이 당신에게 준 불편함을 아주 잠깐이라도 곱씹는 시간이 너무나 무의미하고 무가치하게 느껴져 그곳으로는 시선을 두지조차 않을 만큼 꿋꿋하고 오롯한 중심과 함께하는 당신이 되길 바라요.

그렇지 않으면, 당신이 불행하게 매일을 살아가게 되는 거니까요. 내내 충돌하고 갈등하고, 소진되고 지치고, 스트레스 받고 분노하고, 그러느라 당신이 평생의 불행에 갇혀 살아가게 되는 거니까요. 고작 그들보단 내가 나은 사람이라는 것으로 그 불행을 애써 위로하면서 말이에요. 하지만 저는 당신이 그들보다 나은 사람이기보다, 당신 자체로 행복하고 평온한 사람이길 바랄 뿐인 거예요. 그들보다 나아서 좋은 건 도덕적 우월감을 가질 수 있다는 것, 그들을 향한 내 미움과 분노심을 정당화할 수 있다는 것, 내 미움의 근거를 나에게 스스로 납득시킬 수 있다는 것, 그 끝없는 평화 없는 마음 말고 또 뭐가 있겠어요. 그러니까 저는 그들보다 나아서 내가 행복하다고 느끼길 바라는 여전히 불행한 당신이기보다, 이제는 진짜, 행복한 당신이길 바라는 거예요. 당신 혼자 고요하게 있는 순간에도 온전히 기쁨과 평화를 만끽하며 가득 누릴 수 있는 진짜, 행복한 당신이길 말이에요. 그러니 이제는 당신의 시선에서 그들은 비워내고, 당신 삶의 아름다움에 집중하는 당신이길 바라요. 그저, 굳이 유감일 뿐인 사람들이니까요. 그런 그들로 인해 진짜 행복을 위한 당신 삶의 여정이 아깝게도 지체되어선 안 되는 거니까요. 그러기 위해서 그들이 당신에게 있어 더 이상 유혹으로 여겨지지도 않아야 하는 거니까요.

그러니 당신은 당신의 시선과 마음의 중심을 오직 당신에게 둔 채 다만 오늘을, 오롯이 평화롭게 보내길 바라요. 그 평화의 습관을 기른다는 마음으로 매일을 마주하고 보내길 바라요. 그때, 그들이 당신에게 제공하는 모든 유감스러운 일들은 이제 당신에게 있어 당신 평화의 습관을 기를 좋은 연습 거리가 될 뿐일 거예요. 하여 참으로 유감스러운 그들은 이제 당신에게 평화를 가르쳐주는 교사이자 스승으로 여겨지기 시작할 테고, 그래서 당신은 그들을 미워하기보다 그들에게도 마음 깊이 감사할 수 있을 거예요. 가만 생각해 보면 이보다 더 좋은 성숙의 기회이자 선물은 없는 거니까요. 이 세상에 아름다운 사람들만이 가득 차 있었다면 당신은 유혹받지도 않았을 테고, 하여 성숙할 수도 없었을 테니까요. 그러니 굳이 유감인 사람들에게서도 빛을 바라본 채 이 세상 모든 것 안에서 아름다운 면을 찾고 발견할 줄 아는 당신이길 바라요. 그 예쁜 시선의 습관으로 모든 유혹 앞에서 유혹받지조차 않을 만큼의 평화를 꼭, 완성하길 바라요. 그게 이곳에서 당신이 행복할 수 있는 유일한 방법이니까요. 어차피 변하지 않을 그들이고, 하지만 어차피 사랑스럽고 행복해야 할 당신이니까요. 그러니 당신의 사랑스러움을 당신이 잘 지켜내길 바라요. 지금, 여기서, 당신이 내내 사랑스럽길 바랄게요. 그러니까 굳이, 유감인 사람들 때문에 당신까지도 굳이, 불행하고도 예민하게 하루를 보내기보다 당신은 그저 내내 사랑스러울 뿐이길. 그럼에도 불구하고 기쁨 가득 매일을 행복에 겨워 보낼 뿐이길.

그러니까 그들 때문에 굳이, 당신 자신까지 불행해지지 말길. 그런 그들을 앞에 두고도 전혀 영향을 받지 않을 수 있는 오롯함을 완성해내지 못한다면 당신은 결코 이 세상을 살며 행복할 수 없을 거라는 걸 잊지 말길. 그러니 받아들이는 마음과, 반응하지 않는 초연함을 매 순간 연습하며 나아가길. 누군가는 어떤 사람의 작은 불친절 앞에서도 격정적으로 분노하지만, 또 누군가는 아무렇지도 않게 스쳐 지나갈 뿐이고, 그래서 절대적으로 내 평화를 잃게 하는 사람, 상황은 없는 것임을. 그러니 그것을 아는 지혜로 나는 다만 꿋꿋이 아름다울 뿐이길. 내가 외부의 자극에 의해 참으로 쉽게 흔들리고 예민해지고 미움을 품는 사람일 때, 나는 그 불행을 이겨내지 못해 그 외부를 통제하고자 애쓰기 마련이지만, 그곳에는 결코 행복도, 평화도, 안전도 없는 것임을 이제는 알길. 하여 내면을 바꾸어나갈 뿐이길. 무엇보다 중요한 것은 굳이 유감인 사람들을 미워함으로써 내가 옳다고 여기길 바라는 왜소한 위로를 채우는 게 아니라 다만 지금, 완전한 평화와 함께 행복을 누리는 것임을 잊지 말길. 그것만이 오직 가치 있고 중요함을 알기에 당신은 다만 그 어떤 순간에도 꿋꿋이 평화롭길 선택하는 사람이길. 사실 내가 미워하지 않아도 대부분의 사람들이 나를 대신해서 그들을 미워하고 있을 테고, 그래서 굳이 유감스럽게 존재하길 선택한 사람들은 늘 미움받는 안타까운 사람들일 뿐인 거니까. 충분히 사랑받으며 예쁘게 존재할 수도 있는데, 굳이 미움받을 만큼 못나게 존재하는, 그리하여 스스로 불행을 자처하는 참으로 안타까운 사람들인 뿐인 거니까.

그러니 나는 보태어 그들을 미워하지 말길. 누군가를 미워하는 단 한 순간도 아깝게 여길 뿐이길. 그렇게 나의 시간과 감정을 낭비하기에 내가 누려야 할 기쁨과 평화와 안도와 사랑과 예쁨과 아름다움이 너무나 많고 아까운 거니까. 그러니 나는 흔들림 없이 사랑스러울 뿐이길. 늘 예쁜 미소와 함께 온유하게 하루를 보낼 뿐이길. 그러지 못해 일일이 반응하고 미워할 때 그 버겁고 예민한 일을 나, 감당하지 못해 금방이면 소진될 테고, 하여 생명력을 잃은 채 시들어질 테고, 그로 인해 무기력하고 우울하게 매일을 보내게 될 테니까. 그래서 그건 오직 나의 손해인 거니까. 그것을 잊지 말길. 그러니까 나의 행복을 위한답시고 그들의 잘못됨을 미워하고 비난하기보다, 그렇게 스스로 불행해지기보다, 당신은 다만 당신 자신의 진정한 행복을 위해 그 모든 것, 사뿐히 스쳐 지나갈 뿐이길. 그런 초연함과 지혜, 너그러움과 다정이 당신에게 있길. 하여 그 모든 평화의 습관으로부터 내내 보호받길. 그러니까 더 이상 미움으로부터 유혹받지 않을 것이며, 타인이 당신에게 행사하고자 하는 불행한 영향력으로부터 휩쓸리지 않을 것이며, 다만 당신 마음의 꿋꿋한 평화로부터 보호받을 뿐이길. 그렇게 당신, 사랑은 매일을 사랑스러움에 젖어 보낼 뿐이길. 사랑은 타인의 오류에 초점을 두기보다 타인의 존재에 초점을 두고, 모든 존재는 다만 그럼에도 불구하고 사랑스러울 뿐이라는 것을 그렇게 알아가길. 하여 당신은 모든 순간, 모든 상황 속에서 오직 사랑하고, 다만 사랑으로 존재할 뿐이길. 그럼에도 불구하고 순진하지는 말 것이며, 다만 사랑답게 지혜롭고 용기 있을 뿐이길.

그러니까 사랑하는 것과 특별하게 함께하는 것은 다르다는 걸 언제나 간직한 채 나아가길. 그리하여 깊고도 특별하게 함께하는 사람으로는 늘, 반듯하고 예쁜 마음씨를 지닌 사람과 함께하길. 굳이 유감인 사람들이 틀려서가 아니라, 잘못돼서가 아니라, 당신이 옳고 더 아름답고 더 우월해서가 아니라, 그게 서로의 행복을 위한 일이기 때문에 그렇게 하길. 미움이 옳다고 믿는 사람과 용서가 옳다고 믿는 사람이 함께할 때 그들은 서로 가고자 하는 길과 방향이 달라 서로에게 답답함과 불행만을 안겨줄 뿐일 테고, 서로는 상대방의 가치를 위해 결코 자신의 가치를 포기하지 않을 테니까. 그래서 다만 그건 무의미한 일이고, 굳이 함께함으로써 서로의 불행을 자처하는 일일 뿐이니까. 그러니 더 이해하고 사랑하는 일에 관심을 가진 채 몰두하는 사람과 함께하길. 더 예쁘고 아름다운 성숙을 향해 나아가는 일에서 기쁨을 찾는 사람과 함께하길. 그리하여 그 길을 걸어가는 모든 과정 안에서 서로에게 위로와 응원이 되어줄 수 있는 사람과. 당신은 단 한 순간이라도 사랑스럽게 존재하지 않는 시간을 아깝게 여길 필요가 있을 뿐인, 오직 사랑하기 위해, 사랑이기 위해 태어난 사람이니까. 그러니 이제는 매일을 다만 당신이라는 사랑스러움을 회복하고 되찾는 일에, 꿋꿋이 완전한 사랑으로 존재하는 일에 쓰며 나아갈 뿐이길. 당신, 굳이 사랑하지 않기에, 굳이 사랑스럽지 않기에 지금도 너무나 사랑이고, 사랑할 때만 기뻐 웃을 수 있는, 사랑일 때만 진짜 만족과 행복을 누릴 수 있는, 오직 사랑인 사람, 영원한 사랑은. 사랑함으로써 사랑이 되고, 사랑임으로써 자신이 되는, 있는 그대로의 사랑인 사람, 참으로 예쁘고 아깝고 기특한, 지금도 사랑인 사람, 사랑, 사랑, 사랑은.

## 죄인의 탈을 쓴 사랑들

나의 결백을 주장하기 위해 타인을 희생시키지 마세요. 우리는 우리 자신의 무죄를 증명하기 위해 늘 타인을 죄인으로 만들고자 노력해요. 네가 이렇게 했기 때문에 내가 이렇게 한 것이니 잘못은 너에게 있고, 그러므로 나는 무죄다, 이런 식으로 말이에요. 그래서 우리에게는 언제나 잘못된 타인이 필요하고, 그래서 우리는 언제나 비난과 판단의 사슬에 묶인 채 세상을 살아가고 있죠. 그리고 나로부터 그런 식으로 죄의 떠넘김을 받은 타인은, 똑같이 다른 사람, 혹은 나에게 죄의 책임을 다시 떠넘기고자 할 테고, 왜냐면 그 죄의 책임을 가진 채 살아가는 게 너무나 버겁고 무겁기 때문이고, 그래서 우리의 하루는 죄의 끝없는 주고받음으로 인해 평화를 온통 상실한 지 오래죠. 우리 마음 안에 있는 죄책감을 감당하기가 어렵다는 거, 알아요. 그게 너무 버겁고 무거워서 다른 사람에게 떠넘기고 싶다는 거, 이해해요. 하지만 언제 터질지 모르는 죄책감의 시한폭탄을 서로가 서로에게 늘 떠넘기며 불안함과 두려움에 떨며 살아가기에, 우리는 죄인이 아니라 참 사랑스러운 영혼들인걸요. 스스로만 자주 잊고 지낼 뿐, 사실 영원히 무죄인 결백의 존재들인걸요. 그러니 이제는 타인을 죄인으로 만들기 위해 내가 태어나기라도 한 것처럼 나의 하루를 살아가기보다, 온 세상에서 결백의 빛을 바라보는 사랑의 영, 그 진짜 나로 살아가기로 해요. 그렇게 나도, 너도, 죄인이 아니라 사랑받아 마땅한 존재라는 걸 온 마음으로 알려주는 위대한 사람, 나인 그대로인 사랑으로 존재하고 살아가기로 해요.

세상에서부터 온통 죄인만을 찾으며 존재해왔던 우리의 표정은 여태 어땠나요. 너로 인해 나, 정말 괴롭고 힘들다는 표정을 지은 채 상대방을 마주하느라 진짜 기쁨에서부터 우러나는 순수하고도 예쁜 미소를 잃은 지 오래죠. 다만 울분 가득한 표정, 미워하고 분노하는 표정, 그 모든 찌푸림과만 함께해왔을 뿐이죠. 나의 육체를 타인의 죄를 증명하는 데만 쓰느라 내 몸 또한 활력과 생기를 잃은 지 오래죠. 타인이 나를 바라볼 때, 너로 인해 내가 얼마나 고통스러웠는지를 기억해줬으면 좋겠다는 그 복수심, 그리고 그것을 나를 볼 때마다 기억함으로써 네가 얼마나 죄인인지 알았으면 좋겠다는 죄의 떠넘김, 오직 그 보복과 죄책감만을 위해 나의 몸을 사용한 지가 참으로 오래되었기 때문이죠. 그러니까 나의 몸, 나의 표정, 나의 마음가짐, 몸짓과 행동, 그 모든 것, 타인의 죄를 증명하는 증표이자 수단으로만 사용해왔고, 그러기 위해 온갖 왜소함과 피해자적인 모양의 겉옷만을 걸쳐왔고, 그래서 나는 병들었고, 그 병 또한 마찬가지로 타인이 나를 바라볼 때 자신의 죄를 떠올리길 바라는 증표로 사용하고 있기에 병은 치유가 될 희망을 완전히 잃어가고 있을 뿐이죠. 죄를 바라본다는 것, 그건 이 세상에 죄가 있다고 믿는 내 믿음의 증명이고, 죄가 있다고 믿는 사람은 마음의 병이든 몸의 병이든 앓을 수밖에 없으니까요. 죄인에겐 벌이 필요하고, 우리는 몸과 마음의 고통으로 스스로를 벌줌으로써 그 죄의 책임을 덜고자 하니까요. 아무리 죄를 타인에게 전가하고자 한들, 죄가 있다고 믿는 한 나는 나를 또한 죄인으로 여길 수밖에 없는 거니까요.

　그러니 이제는 죄라는 환상을 벗어내고 오직 무죄와 결백만을 바라보기로 해요. 내가 세상에서 더 이상 죄를 바라보지 않을 때, 그때 나는 죄의 불가능성을 인정한 것이기에 나 자신에게도 죄가 불가능하다는 그 불가침성을 얻게 될 것이고, 하여 영원히 죄책감으로부터 보호받게 될 거예요. 그렇게 내 몸과 마음 또한 죄책감의 병듦에서부터 벗어나 진정한 치유와 회복을 얻게 될 것이고, 하여 나, 온통 생기와 활력 가득 피어나게 될 거예요. 내 표정에는 꽃처럼 예쁜 미소가 사뿐히 드러날 테고, 나의 분위기는 순수함과 사랑스러움의 빛으로 온통 밝게 퍼져나가게 되겠죠. 타인에게서 더 이상 죄를 보지 않기에 타인 또한 내 앞에서는 죄인이 될 필요가 없고, 하여 그는 나를 통해 자신이 사랑받기 위해 태어난 사람이라는 걸 알아가게 될 뿐이겠죠. 그래서 그는 이 세상의 유일한 피난처가 되어주는 나를 사랑할 수밖에 없어 사랑하게 되는 거예요. 그러니까 이제 나는 내 마음에 가득 꽃 핀 사랑스러움으로부터, 그 다정함과 따뜻함으로부터 사랑받을 수밖에 없어서 온통 사랑받는, 진짜 예쁜 사람인 채 존재하게 되는 거예요. 사실 내가 타인을 그토록이나 죄인으로 만들고자 했던 것도 다 사랑받기 위해서였던 게 아닌가요? 내가 너에게 이렇게까지 했으니 나를 좀 사랑해줘, 내가 너의 사랑을 받지 못해 이 불행에까지 이르렀으니 나를 좀 사랑해줘, 그렇게 말하고 싶었던 것뿐이잖아요. 하지만 그 방법이 잘못되었던 거고, 죄를 사용했기에 오히려 나를 사랑에서부터 더욱 멀어지게 했고, 하지만 당신, 이제는 다른 거예요. 그토록 치열하게 사랑받고자 했음에도 미움받았던 전과 달리 이제는 애쓰지 않아도 사랑받을 만해서 사랑받는 참 기특하고 예쁜 내가 되었으니까요.

그러니 죄책감의 왜소함에서부터 벗어나 이제는 사랑의 위대함 위에 오롯이 서길 바라요. 옳은 사람이 되기 위해 틀린 사람을 필요로 했고, 죄 없는 사람이 되기 위해 죄 있는 사람을 필요로 했고, 내가 사랑받을 만한 사람임을 증명하기 위해 사랑받을 만하지 않은 사람들을 필요로 했고, 그 완전하지 않음 속에서 여태 얼마나 고통받아 왔나요. 얼마나 불안함에 떤 채 두려워해 왔나요. 이제는 그럴 필요가 없어요. 당신은 이제 과거를 용서하기로 했고, 현재를 살아가기로, 사랑하기로 했고, 그렇게 결백과 함께하는 진정한 행복을 소유하겠다고 다짐했으니까요. 그러니 이제는 모든 죄와 잘못을 용서하기로 해요. 나의 것이든, 타인의 것이든 말이에요. 용서가 결코 타당해 보이지 않는 일 앞에서도 그럼에도 불구하고 나의 평화를 되찾기 위해 용서하는 거예요. 당신이 용서하며 나아갈 때 당신은 꼭 알게 될 거예요. 모든 죄는 사실 내 마음에 있는 죄의 투사였고, 그래서 세상을 용서할 때 당신이 마주하게 되는 건 바로 당신의 영원한 결백과 순수함이라는 것을요. 그러니까 지금 당신이 용서하는 건 바로 당신 자신이라는 것을요. 여태까지 당신은 당신의 왜곡된 지각, 그것을 투사하여 세상을 바라보고 있었고, 용서는 다름 아닌 당신의 그 지각을 치유하고 바로잡는 일이니까요. 그러니까 용서의 끝에는 상대방이 아니라 모든 죄를 벗은 당신, 그 결백의 빛으로 빛나는 당신, 오직 그, 사랑의 당신이 서 있을 뿐이라는 것을 당신, 꼭 알게 될 테니까요. 타인의 죄를 용서하는 일은 사실 그것을 죄라고 믿는 나의 그릇된 지각과 투사를 바로잡고 용서하는 일이므로.

무엇보다 사랑하기 위해 태어난, 사랑을 완성하기 위해 태어난, 태초부터 영원히 사랑이었던 나 자신의 존재, 그 정체성을 기억하기 위해 태어난 당신인데 더 이상 사랑을 망설일 이유가 어디에 있나요. 세상을, 사람들을 그럼에도 불구하고 사랑해보겠다고, 사랑해내겠다고 그토록 간절히 염원했고, 그래서 태어남의 기적을 선물 받게 되었던 당신, 그러니까 언제까지 그 영의 기억을 잊은 채 사랑이 아닌 다른 우상들을 쫓고 숭배하느라 사랑을 위해 선물로 받은 이 기적 같은 시간들을 낭비할 건가요. 사랑이 당신 존재의 이유라면, 그 무엇에도 불구하고 당신, 용서를 망설일 이유는 없는 거잖아요. 당신의 미움이 아무리 정당하고 타당한 이유를 가지고 있는 것처럼 보인다고 해도 말이에요. 그러니 오직, 다만, 용서해요. 죄의 안대를 완전히 벗어내고 무죄의 아름다움에 찬란히 빛나는 세상을 마주하게 될 때까지 용서하고, 또 용서해요. 당신은 오직 타인을 위해 용서하는 것이라 생각하고, 그래서 용서를 망설이지만, 사실 그 용서를 통해 오직 당신의 무죄를 되찾게 될 당신이기에 용서는 진정 당신 자신만을 위한 것인 거예요. 당신에게는 아무런 이로움이 없지만 타인에게는 무한히 이로움을 주는 것이 용서라면 제가 뭣 하러 당신에게 용서를 말하겠어요. 당신 영의 이로움, 유일하게 이롭고 진정으로 이로운 것, 그게 바로 용서고, 용서를 통해 당신이 당신 자신의 진짜 모습인 사랑을 회복하게 되는 것이기에 용서를 권할 뿐인 거예요. 사랑인 당신이 스스로 사랑인 줄 모르는 채 불행하고도 고통스럽게 살아가는 걸 지켜보는 게 너무나 미어지게 아픈 나라서.

　　　　타인의 죄든, 당신 자신의 죄든, 그 죄를 떠올리는 순간 당신 마음 안에서 일어나 일렁이기 시작하는 불행과 고통의 파도를 한 번 느껴봐요. 그게 어떻게 당신을 위한 일일 수 있겠어요. 하지만 용서할 때 당신 마음 안에서는 평화의 파도가 일렁이기 시작할 것이고, 그로 인해 온통 기쁨과 행복에 젖게 된 당신, 반드시 예쁜 미소의 꽃을 피우게 될 거예요. 그러니 이게 어떻게 당신을 위한 일이 아닐 수가 있겠어요. 그러니 이제는 당신 자신을 위해 용서해요. 당신이 용서할 때, 당신은 그만큼 당신 마음 안에 있는 오류와 죄의 그림자를 벗겨내게 되는 것이라는 걸 잊지 않은 채 말이에요. 결국 당신은 당신 마음 안에 있는 것만을 세상으로부터 바라볼 수 있고, 그래서 끝내 당신, 용서를 통해 오직 사랑과 무죄로 빛나는 세상을 바라보게 될 테니까요. 왜냐면 그때는 더 이상 당신 마음 안에는 죄의 어둠이 없을 테고, 자신의 마음 안에 죄가 없는 사람, 자신이 오직 사랑임을 아는 사람, 그 위대한 영혼의 사람은 세상으로부터도 더 이상 죄의 그림자를 찾거나 바라볼 수 없게 되는 거니까요. 하여 이제는 당신, 미움과 죄가 아니라 오직 사랑과 결백에 의지해서 선택하며 살아가는 빛나는 지혜와 함께하는 사람이 될 거예요. 어떤 사람과 함께할지, 함께하지 않을지, 어디에 있을지, 무엇을 할지, 하는 것들을 오직 진정한 기쁨과 사랑을 위해 선택할 줄 아는 진짜, 지혜로움과 함께하는 사람이.

　그러니까 이제 당신의 마음 안에는 미움도, 나의 욕망을 위해 누군가를 이용하고자 하는 이기심도, 증오도, 분노도, 예민함도, 슬픔과 무기력함도, 그 모든 죄의 그림자가 사라졌을 것이기에 당신, 오직 당신의 사랑을 위해, 이 세상과 사람들의 진정한 행복과 기쁨을 위해 선택할 뿐일 거예요. 때로 사랑 없는 사람이 당신을 유혹할 때, 그래서 당신은 순진하게 그것을 허용하지 않을 거예요. 그가 죄인이라서, 미워서가 아니라 그곳엔 사랑이 없고, 그건 당신의 사랑을 위한 일이 아니니까요. 당신은 사랑에 끌리지, 사랑이 아닌 것에는 더 이상 끌리지 않을 테니까요. 무엇보다 그럼에도 함께하는 것이 그들의 진정한 기쁨과 행복을 위하는 일이 되지도 않을 것을 이제는 아니까요. 오직 사랑하고자 하는 사람과 타인의 사랑을 이용하고자만 하는 사랑 없는 사람이 함께할 때, 사랑하는 사람의 사랑은 사랑 없는 사람의 이기심과 나태함을 더욱 부추기게 될 뿐일 테고, 그건 그의 진정한 행복에, 예쁜 성숙에 아무런 보탬도 되지 않을 것이고, 그를 진정으로 기쁘게 할 수 없기에 타인의 진정한 기쁨을 채워줄 때 오직 만족하는 사랑하는 사람 또한 그로 인해 슬퍼질 뿐일 테니까요. 그러니까 내가 다정해서 상대방의 편의와 기쁨을 위해 늘 청소를 한다고 했을 때, 상대방이 그것에 감사하며 기뻐하기보다, 하여 자신 또한 무엇인가로 나를 기쁘게 해주려는 예쁜 마음을 품기보다, 오직 더욱 이기적이 된 채 더 많은 것을 바라고 요구할 뿐이라면, 그리고 청소하는 것을 당연하게 생각할 뿐이라면, 그건 그의 행복과 예쁜 마음에 이바지하는 게 전혀 없을 테고, 그렇기에 나 또한 나의 다정함에 보람을 느끼지 못할 테고, 그래서 그건 다만 무의미한 일일 뿐인 거니까요. 그래서 당신은 오직 사랑이 있는 곳에서 사랑을 위해 사랑하길 지혜롭게 선택하게 될 뿐인 거예요. 더 이상 순진하게, 사랑 없는 곳에서 시간과 감정을 무의미하게 낭비하며 서로가 더욱 지치고 불행해지기만 할 뿐이기보다 말이에요.

그러니 용서가 당신에게 줄 사랑의 시선을, 그 예쁜 지혜를 용서함으로써 꼭 선물로 받는 당신이길 바라요. 죄를 바라보지 않는 당신은 죄를 바라볼 때보다 훨씬 더 안전하게 당신을 지켜내게 될 테고, 훨씬 더 지혜로이 살아가고 사랑하게 될 거예요. 무엇보다 다정하게 사랑하지만, 결코 순진하지는 않을 테니까요. 그렇다면 죄라는 환상이 모두 걷히고 난 다음의 밝은 세상이 기대가 되지 않나요. 더 이상 미움에 의해 유혹받지 않아도 되는 그 꿋꿋한 평화가 기대가 되지 않나요. 모든 사람에게서 무죄를 바라보고 그들의 사랑스러움을 발견하게 된다는 것, 그건 당신에겐 분노의 일렁임이, 원망의 일렁임이 더 이상은 없을 거라는 완전한 평화의 선언인 것이고, 그래서 그때의 당신은 오직 고요할 거예요. 더 이상 미워하느라, 분노하느라 스트레스를 받지 않아도 될 거예요. 사실 용서할 수만 있다면, 무엇이 나를 화나게 할 수 있겠어요. 이미 나는 용서했을 텐데 말이에요. 그러니 이제는 죄의 세상을 위해서가 아니라 결백의 세상을 위해 살아가길 바라요. 하여 타인에게서 죄를 찾고, 죄를 떠넘기고, 나의 무죄를 증명하기 위해 타인을 희생하고, 타인의 죄 있음을 증명하기 위해 온갖 고통스러운 표정과 마음과 몸짓으로 매일을 살고 보내고, 그 모든 어둠의 세상에서부터 벗어나 이제는 빛의 세상을 살아가는 당신이길 바라요. 진정한 평화와 안전이 있는 곳, 죄라는 건 애초에 존재한 적도 없는 환상이기에 나 또한 그 어떤 경우에도 결코 죄인일 수 없다는 영원한 무죄를 확정지은 곳, 그 사랑만이 가득한 천국의 세상을 말이에요.

    그러기 위해, 당신이 태어나 존재하는 이유를 꼭 한 번 생각해 봤으면 좋겠어요. 정말 이 미움을 붙들기 위해 태어난 것인지, 아니면 다만 사랑하기 위해 태어난 것인지를 말이에요. 고작 죄를 바라보기 위해서인지, 오직 사랑을 바라보기 위해서인지를 말이에요. 멈춰 서서 생각해 보면 그 답이 꼭 드러날 거예요. 왜냐면 사랑하기 위해 태어난 당신, 이전에는 용서하지 못했던 무엇인가를 용서하기 위해 태어난 당신, 오직 그 이유로 이 삶을, 이 생명을 허락받은 당신이기에 당신은 그걸 결코 잊을 수 없을 테고, 사실 잊은 적도 없을 테니까요. 다만 잊은 척 외면해왔던 것뿐이니까요. 그러니 꼭, 당신 자신에게 물어봐요. 당신이 태어나 존재하고 살아가는 이유가 무엇일지를. 그러면 당신이라는 사랑이 당신에게 그 답을 꼭 알려줄 거예요. 바로 사랑이라는, 오직 사랑이라는 답을. 그리고 용서의 끝에서, 꼭 당신 자신의 진짜 모습인 완전한 빛과 사랑을 마주한 채 여태 죄와 미움의 세계에서 고통받아왔던, 홀로 외로이 아파왔던 그 당신을 따듯이 안아주는 날이 당신에게 왔으면 좋겠다고 저도 소원할게요. 그리하여 당신, 사실 누군가를 용서하는 일이란 다름 아닌 당신 내면의 어떤 면을 용서하는 일이었다는 것을 꼭 알게 되기를, 하고. 그러니 지금도 저 멀리서 당신을 기다리고 있는 진짜 당신 자신에게 다가가길 더 이상 미루거나 지체하지 말길. 너무나 오랜 시간 홀로 두었던 그 당신을, 사랑을, 빛을 만나러 가는 여정을 지금 당장 시작하길. 그렇게 매일을 더해 진짜 당신의 모습인 사랑을 완전히 기억하고 되찾음으로써 꼭, 영원한 결백과 순수함으로 찬연히 빛나는 당신이란 사랑의 태초의 사랑스러움을 회복하길. 그리하여 오래도록 잊고 잃었던 예쁜 미소를 다시 당신의 얼굴에 피우게 되길. 세상에서 가장 예쁘고 소중하고 아름답고 눈부신 그 미소를.

사랑만 하고, 사랑만 받기 위해 태어난 닳도록 예쁘고 존귀한 사랑인 당신, 하지만 그걸 스스로 몰라 자신을 죄인이라 여긴 채 고통받아왔던 당신, 그 고통이 너무나 버겁고 아파서 타인에게 그 모든 죄의 책임을 떠넘기고자 애써왔던 당신, 하여 온몸과 마음과 표정과 몸짓과 행동과 표현을 타인의 죄를 증명하는 증표로 사용해왔던 당신,

그리하여 잔뜩 시들어진 채 병들어왔던 당신, 이제는 그저 가만히 멈춰 서서 당신이 누구인지를 알길. 그 순간 그 모든 고통은 끝날 것이며, 다만 사랑의 빛이 당신 마음을 가득 채울 테니까. 그리하여 당신, 이제는 당신의 몸과 마음을 오직 사랑의 증표로만 사용하게 되길. 어떤 순간에도 나는 죄 없는 사랑이며, 영원하고 완전한 사랑이며, 하여 오직 사랑할 뿐임을 그렇게 보여줄 뿐이길. 네가 내게 무엇을 어떻게 하든 그럼에도 나는 완전한 사랑이기에 너를 미워하지도, 탓하지도, 죄인으로 보지도 않는다는 그 사랑의 전일성을. 그렇게, 당신이 이곳에 태어나 존재하는 목적과 이유에 맞게 오직 살고, 사랑하기를. 오직 사랑이고, 사랑스럽길. 누군가를 미워하는 순간에 당신이 그토록이나 미움의 이유와 정당성을 스스로와 타인에게 주장해왔던 건, 사랑은 결코 미워할 수 없고, 그리하여 당신 또한 사실은 결코 미움을 품을 수 없는 존재이기 때문이며, 그래서 설득이 필요했던 것임을. 그 모든 설득을 그칠 때 당신은 다만 고요하게 사랑일 것이니, 그게 두려웠던 미움이 그리하여 당신을 가득 유혹했던 것뿐인 것임을.

  그러니까 미워하면서도 마음 한편으로 늘 죄스럽고 불편해 그 미움을 변명해야만 했던 당신, 그러니까 이래서 미워하는 거니까 그럼에도 나, 사랑해줄 거지? 하는 표현을 미움의 정당성을 주장하는 것으로 타인과 자신에게 해왔을 뿐인 당신, 그토록 여리고 예쁜, 사실은 자신이 사랑임을 어렴풋이나마 매 순간 느끼고 있었던 당신, 그러니 이제는 변명할 필요도 없는, 두려워하거나 불안해할 필요도 없는 사랑으로 존재하길. 그러기 위해 용서를 통하길. 처음에는 미운 누군가를 더 이상 미워하지 않기 위해 용서하길 마음먹겠지만, 그 용서를 꾸준히 해나가다 보면 당신의 용서가 향하는 곳은 미워하고 있는 당신 자신, 그리고 당신의 마음 안에 있는 미움 그 자체라는 것을 꼭 알게 될 테니까. 그래서 용서는 고작 타인을 용서하는 게 아니라, 모든 미움에서부터 당신을 구해내는 일인 거니까. 미움의 근원이 되는 생각과 사고와 시선과 습관과 모든 자세에서부터. 그리하여 미움 자체가 사라져 더 이상 미움이 일어나지 않게 하는 일인 거니까. 그러니까 당신을, 비로소 사랑으로 존재하게 하는 일인 거니까. 그러니 당신 자신의 진짜 정체성인 사랑을 되찾기 위해 사랑이 아닌 모든 것들을 다만 용서할 뿐이길. 그리하여 영원할 것만 같았던 죄책감의 끔찍한 공포와 불안에서부터 당신을 구해주길. 그렇게, 당신이 얼마나 죄 없고 결백한 순수한 사랑인지를 당신 자신에게 꼭, 들려주고 알려주길.

하여 이제는 내가 사랑임을 아는 빛으로 죄의 모든 증표였던 몸과 마음의 병, 고통스러운 듯 찌푸리는 표정, 무의미를 견디지 못해 내쉬는 한숨과 지루함에 일어나는 하품, 오래된 원망과 낡은 분노, 슬픔과 무기력함, 그 모든 어둠을 당신에게서 거두어낼 뿐이길. 그렇게 사랑으로부터 치유되고 회복된 채, 사랑답게 완전하고, 사랑답게 미소 지을 뿐이길. 그렇게 사랑이 얼마나 빛이며, 생명력이며, 강함이며, 완전함이며, 능력이며, 미소며, 무한함인지를 온통 표현하며 존재할 뿐이길. 사소하게라도 인상을 찌푸릴 수 없는, 피곤함을 느낄 수 없는, 지루함을, 예민함을, 미움과 분노를 결코 품을 수 없는 완전하고도 영원한 빛이자 사랑인 당신은. 모든 왜소함을, 어둠을, 죄의 환상을 벗겨낸 있는 그대로의 사랑은 처음부터 끝까지 그런 모습의 사랑이었으니까. 그리고 당신이 바로 사랑이니까. 그러니 결코 지치거나 아파하거나 두려워하거나 속상해하거나 소진되거나 지루해하거나 슬퍼하거나 상처받거나 할 수 없는 영원한 빛이자 사랑인 당신은, 다만 당신 자신이 누구인지를 알길. 그러기 위해 죄의 책임을 벗겨내길. 자신의 마음 안에 죄가 있는 자만이 타인의 마음 안에서도 죄를 발견할 수 있는 것이니, 타인의 죄를 용서함으로써 나의 죄를 벗겨내길. 그리하여 순수하고도 결백한 사랑, 당신 자신을 되찾길. 그렇게, 사랑답게 흐드러지게 기뻐하고 감사하고 웃고 춤추고 즐기고 누리며 모든 순간 행복할 뿐이길. 영원히 당신을 위해 준비된 천국의 땅을, 그렇게 당신의 것으로 확정 짓고 소유한 채 내내 누릴 뿐이길. 그 모든 것을 누릴 자격이 없는 죄인이 아니라 처음부터 영원히 그 모든 것을 누려 마땅한 사랑이었던 당신, 어제도 사랑이었고 오늘도 사랑이며 내일도 사랑일, 다만 스스로 자신이 누구인지를 알 필요가 있을 뿐인 참으로 예쁘고 빛나서 사랑일 수밖에 없는 사람, 존재만으로 사랑의 증표인 사랑, 당신, 사랑은.

## 원인과 결과

이 일이 내게 일어난 것이 아니라 내가 이 일을 일으키고 있다고 생각하는 사람은 세상의 피해자가 되기보다 자신에게 일어난 일에서부터 성숙의 선물을 발견한 채 자기 자신의 존재를 더욱 아름답게 가꾸며 나아갈 줄 아는 사람이에요. 그러니 내가 자주 비슷한 일로 고통을 겪고 있다면, 이제는 늘 그래왔던 것처럼 그 고통의 원인을 바깥에 투사한 채 탓하고 원망하기보다, 그렇게 피해자가 된 채 왜소함에 사로잡히기보다 이 일이 내게 왜 일어난 걸까, 하고 내 마음에 물으며 나의 예쁜 성숙을 완성할 계기로 삼은 채 나아가기로 해요. 그렇게 내 마음의 힘과 주권을 더욱 되찾은 채 씩씩하고도 아름답게 살아가고 사랑하는 내가 되기로 해요. 내 감정의 어떤 결과 성향이 이런 일들을 늘 내게로 끌어당기고 있는 걸까, 하고 늘 물어보며 나아가는 거예요. 늘 나를 이용하는 사람을 만난 채 상처받는 사람은 사실 상대방과 나의 관계를 유지하기 위해 사용하는 기제가 상대방이 나를 이용하도록 먼저 유혹하고, 그리고 그것을 허락함으로써 상대방이 나를 필요로 하고 또 좋아해주길 바라고, 그로부터 상대방을 내 곁에 강렬히 붙들어두고자 하는 무의식적 고리를 가진 사람인 경우가 많아요. 우연히, 어쩌다 한 번이 아니라 거의 대부분의 특별한 관계 안에서 그러한 주고받음의 관계를 맺고 있다면 말이에요.

그래서 그런 자신의 성향을 바라보고 인정한 채 개선해나가지 않는다면, 결코 좋아지지 않을 거예요. 늘 그랬던 타인을 원망만 한다면, 앞으로도 계속 원망할 일만 생길 뿐일 거예요. 그러니 이제는 나의 어떤 오래된 습관이 지금 내가 마주하고 있는 외부를 끌어당기고 창조하고 있는지를 꼭, 살펴보기로 해요. 내가 바뀌어야만 세상과 사람들이 나를 대하는 태도도 바뀔 테니까요. 그래서 그게, 나의 행복과 안전을 위하는 유일한 길인 거니까요. 그러니까 이제는 내가 변할 차례인 거예요. 잠시 멈춰 선 채 내게 물을 차례인 거예요. 그리고 발견할 차례인 거예요. 늘 비슷한 모양의 외부를 끌어당기고 창조하고 있는 내 마음의 결과 성향이 무엇인지를. 그리고 그것에서부터 성숙한 채 이제는, 새로운 나로 거듭날 때인 거예요. 그러니까 그 성숙을 위해, 그 모든 일을 겪고 있는 당신인 거예요. 그래서 사실 그 모든 일, 아픔이 아니라 당신을 보다 기쁨 가득하고 행복 넘치는 삶으로 안내해줄 예쁜 성숙의 선물인 거예요. 그러니 당신을 위해 준비된 그 선물을, 여전히 전처럼 탓하고 미워하기보다 이제는 감사한 마음으로 끌어안는 당신이길 바라요. 그렇게 꼭, 예쁜 성숙을 완성해서 그 성숙으로부터 보호받는 당신이길. 외부의 변화가 아니라 당신 내면의 변화, 오직 그곳에만 영원하고도 유일한 진짜, 당신의 안전과 기쁨이 있는 거니까.

아닌 건 아니라고 말하지 못하는 나 자신의 용기 없음이 타인을 내게 함부로가 되게 만든 것이었죠. 그리고 그건 다정함이 아니라, 사랑이 아니라 순진함이자 우유부단함에 불과했던 거죠. 내가 진짜 다정했다면, 나는 뒤늦게 억울함과 서운함을 곱씹지도 않았을 테니까요. 내가 진짜 사랑했다면, 상대방의 어떤 나태함과 이기심을 나의 약함으로 부추기기보다 그가 더 반듯하게 존재할 수 있도록 이끌어줬을 뿐일 테니까요. 늘 타인의 결점 앞에서 쉽게 분노하는 나의 참을성 없음과 오만함이 타인이 내게서 떠나가게 만든 것이었죠. 충분히 너그러이 넘어갈 수도 있었고, 충분히 다정하게 말한 채 이끌어줄 수도 있었는데 나는 그보다 내가 입은 피해를 곱씹느라 상처 주는 일 앞에서도 망설임이 없었고, 그렇게 함부로 비난하고 깎아내리는 사람으로 존재해왔던 것이죠. 그리고 그 모든 잘못이 타인에게 있다고 믿는 나라서, 나는 나의 그런 행동을 정당화기에 바빴고, 그래서 늘 나에게 피해를 주는 사람들과 함께하게 되었던 것이죠. 하여 당신은 사람들은 다 이래, 라고 생각하게 되었지만, 사실 세상에는 그렇지 않은 사람들도 많은 거죠. 다만 당신의 결과 성향이 그런 사람들만을 당신 곁으로 끌어당겼거나, 혹은 보통의 사람들도 그런 사람이라고 색안경을 낀 채 바라보게 만들었거나, 그랬던 것뿐이죠. 늘 내가 감당할 수 있는 마음을 넘어서까지 배려해왔고, 하지만 타인은 나와 같이 나를 배려해주지 않는다며 원망해왔었죠. 하지만 돌려받기 위해 주는 건 원망하기 위해 주는 것과 다를 게 전혀 없는 것이고, 그래서 당신, 늘 그런 관계만을 맺게 된 것이었죠.

그리고 그럼에도 계속해서 상대방만 탓하고 원망한다면, 당신은 그 굴레 속에서 결코 벗어날 수 없을 거예요. 그러니까 당신이 변하기 전까지, 당신은 늘 비슷한 결의 사람들과 함께하게 될 테고, 왜냐면 그런 그들을 당신의 삶으로 끌어당기고 있는 건 바로 당신 자신인 거니까요. 혹은 그렇지 않은 사람을 당신이 그렇게 물들였거나 말이에요. 사실 당신, 미움과 원망에 너무나 깊이 사랑에 빠진 나머지 계속해서 미워하고 원망하기 위해서라도 기꺼이 변화를 향해 나아가지 않고 있는 걸지도 몰라요. 나는 이래서 저 사람이 싫다, 라고 말하지만 마음 속 깊숙한 곳에서는 그러한 상황을 은근히 즐기고 사랑하고 있는 것이죠. 원망을 사랑하고, 자기 연민을 사랑하고, 피해자 역할을 사랑하고, 그러고 있는 것이죠. 그 모든 왜소함에서부터 은밀하고도 작은 기쁨을 찾고 있으며, 그 거짓 기쁨에 스스로 중독이 되어온 것이죠. 그게 아니라면, 애초에 기꺼이 다르게 존재하길 선택했을 테니까요. 그래서 변화의 순간을 맞이하기 위해선 절대적으로 나에게 정직해야 하는 거예요. 그 사람이 내게 이렇게 해서 그 사람이 미운 것인지, 내가 미워하기 위해 자꾸만 그러한 상황을 만드는 것인지, 그것을 정직하게 바라보고 점검할 수 있어야 하는 거예요. 늘 내가 스스로 나서서 계산을 해놓고, 뒤늦게 타인을 원망하고 있는 것은 아닌지, 늘 거절하지 않고 흔쾌히 맞춰줘 놓고, 뒤늦게 타인을 원망하고 있는 것은 아닌지, 하고 말이에요.

그게 힘들고 버거웠다면, 그렇게 하지 않으면 되는 것이었고, 정말 즐겁고 좋아서 한 것이었다면 기쁘게만 여겼을 테지, 원망하지는 않았을 거라는 걸 그때는 알게 될 거예요. 그러니까 결국 내가 거절하지 못했던 탓이고, 내가 허락했던 탓이고, 하여 모든 책임은 그러길 선택한 내게 있는 것이라는 걸요. 그래서 사실 탓하고 원망할 건 아무것도 없었다는 것을요. 그런 식으로 내 마음을 정직하게 바라보는 것만으로도 이미 나는 왜소함에서부터 위대함으로 나아가기 시작하고, 그렇게 나 자신의 힘과 주권을 되찾게 될 거예요. 그러니 잊지 말아요. 자신에게 자신의 감정을 결정할 모든 힘이 있음을 진정으로 아는 사람은 그 어떤 상황 안에서도 결코 탓하지 않는다는 것을. 애초에 탓할 일을 만들지도 않으며, 의도치 않게 어떤 힘든 일을 겪게 됐다거나, 타인으로부터 손해를 입게 되었다고 해도 그것에서부터 배운 채 해결하고자 하지, 결코 원망과 탓함에 머무른 채 자신을 갉아먹길 선택하지는 않는다는 것을. 그리고 처음부터 영원히, 당신에겐 그런 힘과 권능이 없었던 적이 없었다는 것을. 그러니 이제는 그것을 앎으로써 당신, 당신의 힘을 완전히 되찾아오길 바라요. 그렇게, 나의 삶에서 일어난 모든 결과에 대해 스스로 책임질 줄 아는 진짜 힘 있는 당신이 되길 바라요. 하여 늘, 배우고 채운 채 예쁜 성숙을 향해 나아갈 뿐인, 빛나게 아름다운 당신이길.

또한 잊지 말아요. 세상은 당신이 받아 마땅하다고 여기는 것만을 당신에게 준다는 것을. 그러니까 당신이 당신을 죄인으로 여기거나, 사랑과 기쁨과 풍요를 누릴 자격이 없는 왜소한 사람으로 여기거나, 그럴 때 당신의 삶은 정확히 당신에게 그러한 것들을 가져다준다는 것을. 마찬가지로 당신이 당신을 사랑받아 마땅한, 모든 것을 충분히 누릴 자격이 있는 사람으로 여길 때, 그로 인해 당신, 위대하고도 풍요로운 현실을 삶으로부터 선물받게 된다는 것을. 그러니 이제는 결과만을 왜소하게도 탓한 채 피해자처럼 시들어진 채 존재하기보다, 모든 결과를 만드는 유일한 원인이 되는 건 당신 자신이라는 걸 분명하게 안 채 책임지며 나아가는 힘 있고 위대한, 반짝 빛나는 사람으로 존재하길 바라요. 그렇게 나라는 세계의 현실을 창조하는 유일한 주권자가 되길 바라요. 당신이 그 힘을 완전히 당신에게로 되찾아올 때, 당신 존재의 위대함, 그 원인으로 인해 당신에게는 더 이상 왜소하고도 시들어진 결과가 찾아오지 않게 될 테니까. 하여 완전히 조화로운 오늘을 만끽하며 기쁨에 겨워 활짝 피어날 뿐일 테니까. 때로 당신이 예상하지 못한 시련이 당신에게 찾아온다고 해도 당신, 전처럼 크게 휘청거리기보다 사뿐히 그걸 넘어설 뿐일 테니까. 아주 작은 일도 감당해내길 버거워하던 왜소함을 지나 이제 당신은 그 어떤 일도 크게 힘들이지 않고 해내는 너그럽고도 힘 있는 마음과 함께하게 되었으므로. 매 순간을 누리며 기뻐하고 감사하는 자는, 그 무엇에도 쉽게 지치거나 소진되지 않을 만큼 늘 가득 채워져 있을 뿐이므로.

그렇다면 나를 위한 이 일 앞에서 더 이상 망설일 이유가 어디에 있나요. 그러니 지금, 나 자신의 내면에서부터 원인을 발견하고자 겸손하고 정직한 시선을 두는 내가 되기로 해요. 늘 비슷한 일을 반복해서 겪는 사람들은 결국 이쯤 되면 내게 문제가 있는 게 아닐까, 하는 생각을 삶의 어느 순간에는 반드시 하게 되어있어요. 그리고 당신은 그 생각을 지금, 해내는 사람이 되기로 해요. 너무 늦어선 안 되는 거예요. 예쁜 지금을 맞이한 채 행복과 풍요를 가득 누리기에도 아까운 평생이니까요. 위대함을 되찾은 채 아름답고도 멋진 성숙을 완성하며 나아가기에도 너무나 짧은 인생이니까요. 그러니 당신이라는 존재의 원인이 예뻐서 예쁜 결과를 가득 끌어당기는 당신이 되길 바라요. 당신이 얼마나 예쁘고 사랑스러운 존재인지, 당신이 안다면 아마 당신은 더 이상 머뭇거릴 수 없을 거예요. 그 사랑스러움으로부터 사랑스러운 오늘을 맞이하고 보낼 생각에 견딜 수 없을 만큼 설렐 테니까요. 당신이 얼마나 예쁘고 사랑스러운 존재인지, 당신이 안다면 말이에요. 그러니 딱 당신 자신만큼만 사랑스러움으로써, 당신이 누려 마땅한 모든 기적과 선물들을 가득 누리길. 애쓰지 않고도 당신 내면의 완전한 조화로움으로부터 수월하게 모든 것을 해내는 당신이 되어, 이제는 피곤함과 고단함을 덜고 사랑처럼 벅찬 기쁨과 즐거움과 함께 나아갈 뿐이길. 그리하여 에너지가 남아 당신의 곁에게 또한 더욱 많은 관심과 애정을 쏟을 수 있게 되길. 하여 더욱 보살피는 사람, 다정하고도 사려 깊은 사람으로 존재하게 되길. 그 다정함으로부터 가득, 사랑받는 당신이길. 그 모든 당신이 누려 마땅한 사랑의 기쁨과 행복을 지금, 당신 것으로 소유해내길. 스스로 잊지만 않는다면 영원히, 변함없는 사랑인 당신, 참 반짝이게 예쁘게 찬란하게 아름다운 사랑은.

무엇이든 이루고 해낼 힘과 권능이 있기에 아픔도, 슬픔도, 미움도, 왜소함과 가난도 마음먹기만 하면 이뤄낼 수 있는 당신, 그러니 이제는 당신의 힘을 당신을 아끼고 사랑하는 데만 쓰길. 당신은 슬픔과 왜소함, 미움, 그러한 것과는 어울릴 수가 없는 찬연하게 빛나는 사랑이니까. 그러니 희생했다는 왜소하고도 이기적인 생각이 들어 억울하고 서운한 순간마다 당신이 얼마나 사랑인지를 생각해보길. 당신이 사랑이라면, 과연 서운해하고 억울해할 수 있을지를. 그러니까 마음을 지치고 힘들게 하는 그 어떤 순간이 당신을 찾아오더라도 그때마다 내가 사랑이라면, 나는 지금 이 상황에서 무엇을 느끼고 무엇을 생각할지를 물어보길. 과연 기꺼이 주길 선택해놓고 뒤늦게 돌려받지 못하는 것을 후회하고 원망할 수 있을지를. 나를 이용하거나 나에게 함부로 대하거나 하는 것을 거절하지 못해 두려워하고 불안해하고, 결국 거절할 용기를 내지 못해 허락할 수 있을지를. 나는 늘 못 해낼 사람이야, 나에겐 사랑받는 게, 기쁨과 풍요를 누리고 사는 게 어울리지 않아, 하는 왜소한 생각을 품을 수 있을지를. 그러니까 사랑이 슬픔을, 억울함을, 미움을, 가난을 겪을 수 있을지를. 묻는 순간 당신의 마음에 있는 사랑 그 자체의 사랑이 당신에게 답할 테고, 그 답은 언제나 사랑의 완전함일 테니까. 그러니 스스로만 잊지 않는다면 지금도 완전하게 사랑인 당신, 이제는 자신이 얼마나 사랑인지를 스스로 알길. 그리하여 다만 기뻐하고 감사하며 온갖 사랑의 기적과 선물을 누릴 뿐이길. 그 모든 것을 누리기 위해 오직 사랑하길, 사랑이길, 사랑답게 존재하기만을 선택할 필요가 있을 뿐인, 그러니까 당신 자신으로 존재하기만을 선택할 필요가 있을 뿐인 당신, 원하는 것이라면, 마음에 품는 것이라면 무엇이든 이룰 수 있는 위대한 사랑, 끝없이 완전한 사랑, 영원히 다함 없는 사랑은.

## 마음이 가난한 사람

사람들에게 불만이 많고 늘 타인의 따뜻하지 않음을 지적하며 자신에게 살뜰하지 않은 사람들을 탓하는 사람일수록 사실 타인에게 따뜻하거나 타인을 진심으로 사랑해 본 적이 없는 마음이 가난한 사람들인 경우가 많아요. 늘 비난하는 사람 또한 사실 단 한 번도 아름다운 마음을 위해 최선을 다해 본 적이 없는 사람들인 경우가 많고요. 세상이 이기적이라며 우울해하고 외로워하는 사람일수록, 사실은 자신이 이기적인 사람들인 경우 또한 많죠. 예쁜 마음을 가진 사람은 불평하기보다 감사하고, 받으려 하기보다 베풀고자 하고, 비난할 세상을 바라보기보다 그저 스스로 아름다운 사람이 되기 위해 노력하기 바쁘기 때문이에요. 그리고 사람은 줌으로써 자신의 마음 안에 자신이 준 것을 채우고, 하여 세상이 늘 이기적이고 못났다고 주장하는 사람은 자신의 마음에 온통 그러한 것들이 가득 차 있기 때문에, 또 세상을 그렇게 여김으로써 자신의 마음 안에 그러한 것들만을 가득 채워왔기 때문에 그런 세상만을 바라보게 된 것이기 때문이에요. 늘 말하지만 누군가를 사랑할 때 그 사랑이 담기는 곳은 바로 내 마음 안이고, 누군가를 미워할 때 그 미움이 담기는 곳도 내 마음 안인 거니까요. 그리고 사람은 자신의 마음 안에 있는 것만을 타인에게 줄 수 있고, 자신의 마음 안에 있지 않은 것은 결코 줄 수 없고, 그렇기에 자신의 마음 안에 사랑이 없는 사람만이 세상으로부터 미움과 부족함, 이기심, 이러한 것들만을 가득 발견하고 바라보게 되는 거니까요.

그러니 이제는 마음이 예쁘고 다정해서, 사랑으로 가득 차 있어서 세상을 또한 아름답고 다정하게 여기는 내가 되기로 해요. 여태 당신, 가난하고 왜소한 생각들만을 품은 채 세상을 살고 바라보느라 얼마나 시들어지고 메말라져 왔나요. 당신 자신을 얼마나 외롭고 쓸쓸한 존재로 만들어왔나요. 그러느라, 당신이 사랑이라는 것을 얼마나 까마득히 잊고 잃은 채 존재해왔나요. 그리하여 자신이 사랑이라는 것을 알았더라면 결코 겪을 수 없는 결핍과 공허와 원망과 불만과 불안과 두려움과 무기력함과 우울함에 굳이 시달리며 얼마나 생기를 잃은 채 잿빛으로 그늘져 왔나요. 사랑할 줄 아는 힘과 능력, 기뻐하고 감사할 줄 아는 힘과 능력, 그 모든 권능이 당신에게 있는데, 그래서 그러겠다고 선택하기만 하면 그럴 수 있는 당신인데, 그렇게 당신은 그 선택을 늘 미뤄만 왔죠. 하지만 그럼에도 당신, 지금도 여전히 참 예쁘고 반짝이는 사랑의 존재죠. 그러니 이제는 당신이 얼마나 사랑인지, 스스로 알길 바라요. 그걸 알기 위해 당신의 마음 안에 지금도 가득 차 있는 사랑을 꺼내어 드러내기로 해요. 그러기 위해 사랑하고, 또 사랑하기로 해요. 이미 내가 사랑인 것처럼, 이미 모든 사랑을 다 가진 사람처럼 말이에요. 정말로 이미 사랑이고, 이미 모든 사랑을 다 가진 당신이기에 그러는 순간 당신이 사랑이 아닐 수가 없는 사랑이라는 걸 당신, 꼭 알게 될 테니까요.

늘 외로움과 결핍, 우울함에 시달리는 이기적인 사람은 만족하기보다 불평하고 원망하고, 주려고 하기보다 받기 위해 애쓰고, 그래

서 늘 곁에 있는 사람을 소진시키는 사람이죠. 그 모든 불행의 근원이 자신의 이기심과 가난한 마음에 있다는 것을 알지 못한 채 늘 타인과 세상을 탓하며 존재하는 왜소한 사람이죠. 그것이 그들과 함께한 뒤 집으로 돌아가는 길에 즐겁고 가득 채워진 기분이 아니라 지치고 버거운, 텅 빈 기분과 함께하게 되는 이유인 거죠. 같은 하늘 아래에 살아가지만, 어떤 사람이 보는 세상의 풍경은 참으로 찬란한 색의 빛깔로 반짝이며 온통 예쁨과 다정함으로 물들어있는데, 또 어떤 사람이 보는 세상의 풍경은 이토록이나 결핍 가득하고 살아갈 가치가 없는 무의미하고 이기적인 색의 세상인 거죠. 그러니 당신은 꼭, 예쁜 사람이 되어 예쁜 사람과 함께하길 바라요. 스스로가 넘치게 사랑이라는 것을 알아서, 너그럽고도 다정한 당신이 되어 그런 곁과 함께하길 바라요. 그렇지 못할 때, 당신은 당신에게 결코 만족하지 못한 채 늘 당신에게 불평하는, 당신을 탓하고 미워하는 사람과 함께하게 될 테고, 아마도 그때는 당신 또한 그런 불행한 모습을 한 사람인 재 존재하고 있을 테니까요. 하여 서로가 서로를 채워주려 하기보다 서로에게서 빼앗고자 하는, 행복과 사랑을 갈취하는 관계를 맺게 될 테고, 그로 인해 함께하는 게 기쁘고 행복하기보다 늘 지치고 버겁게만 느껴질 테니까요. 그렇게, 사랑의 눈빛으로 서로를 바라보기에도 모자란 시간을 미움과 경멸의 눈빛, 답답함과 짜증의 눈빛, 그, 조금만 깨어있다면 결코 함부로 띨 수 없는 눈빛으로 서로를 내내 바라보고 마주하는 데 쓰며 상처 주고 아프게 하기에 급급한 관계를 맺게 될 테니까요. 왜냐면 사람은 결국, 자신과 결이 비슷한 사람과 함께하게 되는 거니까요.

그러니 마음이 가난해서 결코 만족하고 감사할 줄 모르는, 늘 자신의 결핍을 외부에 투사한 채 예쁜 성숙을 향해 나아가기보다 타인을 탓하고 미워하는 식으로 제자리걸음 할 뿐인 사람, 그런 사람을 피하기로 해요. 그들은 만족하는 법을 몰라 그 어떤 것에도 결코 만족하지 않은 채 오직 탓하고 원망하기만 할 뿐일 테니까요. 자신을 스스로 채우지 못해 늘 상대방의 것을 빼앗고자 하고, 갈취하고자 하고, 그리하여 타인의 기쁨과 행복을 희생시킴으로써 자신이 행복해지고자 하는, 참으로 이기적인 사람들이니까요. 그리고 당신이 늘 결핍과 왜소함, 이기심과 함께하고 있다면 그때 당신이 함께하게 될 사람들이 바로 이들인 거예요. 그러니 당신은, 당신이 완성한 감사와 기쁨, 사랑과 만족, 예쁜 성숙과 오롯함으로부터 그들을 비껴갈 수 있길 바라요. 그러니까 예쁜 당신이 되어, 예쁜 당신의 향기와 존재의 결과 분위기로부터 보호받을 수 있길 바라요. 자신은 세상을 향해 한 번도 따뜻했던 적이 없으면서 세상의 따뜻하지 않음을 늘 비난하는 사람, 그 비난을 통해 자신의 따뜻하지 않음에 대한 정당화를 얻고자 하는 사람, 그러니까 타인을 깎아내리고 희생시킴으로써 우월감을 채우고 자기 존재의 부족함을 외면하고자 하는 사람, 그런 사람과 함께할 때 당신은 반드시 혼자일 때보다 더 불행한 사람, 굳이 품지 않아도 될 원망과 미움을 가득 품게 되어 고통스러운 매일을 보내는 사람, 살아갈 이유와 의미를 잃은 우울과 무기력에 시달린 채 정신이 혼미해질 만큼 기쁨과 생기를 잃은 사람이 될 테고, 그 불행한 운명으로부터 당신을 구하기 위해 그래서 당신, 기필코 예쁜 당신이 되어야 하는 거예요. 당신의 마음 안에도 그런 결이 아주 조금이라도 있다면 당신, 반드시 그런 사람을 끌어당기게 될 것이므로.

그러니 간절히 바라요. 오롯하고 예쁜 당신이 되기를. 그러기 위해 매 하루를 결코 허투루 보내지 말기를. 가득 채워 성숙하며 보내고, 무엇보다 성실하고 알뜰하게 사랑하며 보내길. 그러니까 당신, 당신이 사랑받아 마땅한 사랑임을 알아서, 예쁜 사랑을 받는 게 당신의 당연한 권리임을 알아서, 그것을 모를 수가 없을 만큼 스스로가 얼마나 예쁘고 귀한 사랑인 줄을 알아서 꼭, 그런 사랑을 당신에게 주는 사람과 함께하게 되길 바라요. 그리하여 오직 예쁘게 성숙하기 위해 태어나 존재하는 당신의 이 지구별 여행을 함께할 수 있는 예쁜 곁과 함께하게 되길. 그러니까 감사할 줄 아는 사람, 그래서 나에게 촘촘하게 그 고마움을 표현해주는 사람, 그리하여 스스로의 마음에 불만의 싹이 자라날 틈이 없을 만큼 가득 고마워하며 그 예쁜 마음으로부터 있는 그대로의 나를 아껴주는 사람, 그런 그의 다정함에 고마워하는 나의 표현 앞에서까지도 기특하고 고맙다는 말을 아낌없이 전해주는 사람, 하여 내가 늘 예쁘게 웃을 수 있게 내 기분을 고취시켜주는 사람, 그런 사람과 말이에요. 왜냐면 당신이 줄 사랑이 바로 그런 사랑이니까요. 사실 지금도 매일 그렇지는 못하지만 가끔씩은 그런 사랑을 주곤 하는 당신이니까요. 여전히 그런 사랑을 주고 싶고, 그런 사랑을 받고 싶은, 사랑의 간절한 꿈을 잊지 않은 채 미약하게나마 품고 있는 당신이니까요. 무엇보다 마음먹기만 한다면 이렇게 사랑하고, 이렇게 사랑받을 수 있는데, 구태여 나의 에너지를 늘 소진시키고 나의 기분을 축 처지게 만드는 사람과 함께하며 내 마음 안에까지 없던 불평과 미움을 채워 넣길 선택할 필요는 없는 거니까요.

그러니까 늘 불평하는 사람은 혼자만 불행하게 지내면 그나마 다행이지만 그들, 그러지 못해 자신의 불평을 타인에게까지도 전염시키기에 그들과 함께할 때면 평소에는 아무런 생각 없이 행복하기만

하던 나의 세계까지 서서히 새까만 불평에 물들게 되고, 이윽고 깊고도 자욱한 불행의 늪에 빠지게 되는 거니까요. 남편과 아무런 문제 없이 잘 지내던 한 여성은 친구가 끝없이 자신의 남편에 대한 잘못과 불평을 지적하는 것에 귀를 기울이다 자기 자신 또한 끝내 남편을 미워하게 됐고, 결국 그 마음을 회복하지 못해 이혼까지 하게 됐고, 그런 경우도 있는 거니까요. 저건 좀 아니지 않아? 그런 걸 왜 참아줘? 하는 식으로 끝없이 내게 문제 제기를 하고, 불평을 속삭이고, 불평하길 유혹하고, 하여 내 마음 안에도 끝내 불평을 심어내고자 하는 게 그들의 본성이니까요. 그래서 그들에게 아주 조금이라도 유혹받지 않기 위해, 먼저 오롯한 당신이 되어야 하는 거예요. 누군가가 도움이 필요해 보여 도와줬는데, 그 도움이 부족하다며 오히려 불평하는 사람, 그리고 나의 도움에 크게 감동하며 깊은 감사의 마음을 표현하는 사람, 그들 중 어떤 사람과 함께할 때 당신의 마음이 채워지고 편안해질까요. 그렇다면 당신 자신을 위해 당신은 어떤 사람과 함께해야 할까요. 무엇보다 당신은 타인에게 여태, 어떤 사람이었나요. 내 마음 안의 결핍으로만 타인을 바라보며 그들을 늘 부족하게 여긴 채 사랑을 아끼고 인색하게 대해온 것은 아닌가요. 장점보다는 단점에만 골몰한 채 사랑 아닌 원망의 눈으로 타인을 바라봐온 것은 아닌가요. 감사하기보다 자주 실망했고, 내가 먼저 채워주려 하기보다 나의 필요를 채워주길 요구하기만 했고, 그래서 관계가 조화와 순탄함, 완전함과 정렬되게 하기보다 스트레스와 상처, 서로를 향한 원망과 함께하도록 방치해온 것은 아닌가요.

　　아주 조금이라도 내게도 그러한 면이 있는 건 아닌지를 살펴보며, 내가 먼저 오롯이 사랑이 되고, 오롯이 완전한 사람이 되기로 해요. 내가 진심으로 타인을 따듯하게 대할 때, 나는 내가 따듯했다는 것 자체로 만족하고 감사하게 될 거예요. 그러니까 내가 무엇인가를 줄 수 있었다는 것 자체에 기뻐하게 될 거예요. 왜냐면 결국 내가 준 따듯함은 내 마음 안에서 생긴 것이고, 그래서 그 따듯함과 가장 가까이서 함께하며 따듯함이 주는 다정하고 포근한 기분과 기쁨을 가득 누리게 될 사람은 다름 아닌 나 자신인 거니까요. 그러니까 나는 내가 주고자 하는 것을 반드시 받기 마련인 거니까요. 타인이 아니라, 나 자신으로부터 말이에요. 그리고 그게 바로 감사와 기쁨과 사랑을 스스로 채울 줄 아는 오롯함인 거예요. 돌려받길 더 이상 기대하지 않는, 기대하지 않아도 되는 완전함인 거예요. 그러니 타인을 진심으로 염려하고 사랑하는 일은 다름 아닌 나 자신을 진심으로 아끼고 사랑하는 일과 같은 거라는 걸 잊지 말아요. 그것을 간직함으로써 꼭, 매 순간 내 마음에 예쁨과 사랑만을 담기 위해 노력하며 나아가길 바라요. 그것을 담기 위해 그것을 주고자 의도하는 참으로 기특하고 지혜로운 당신이실 바라요. 마음이 가난한 사람들은 늘 타인에게 인색하게 군 채 타인을 탓하고 깎아내리며 존재하죠. 하지만 그로 인해 그들이 채워진 것을, 꽉 차오르는 만족감에 기쁨에 겨워 미소 짓는 것을 한 번이라도 본 적이 있나요. 그러는 동안 그들의 표정은 잔뜩 찌푸려졌고, 그들의 감정은 스트레스와 분노로 가득 얼룩졌고, 그러니까 자신이 세상에게 준 것을 고스란히 자신의 마음에 채우게 되었을 뿐이죠. 그렇다면 당신은 세상과 사람들을 어떻게 바라보고 어떻게 대하길 선택함으로써 당신 자신의 마음 안에 무엇을 품고 채우길 선택할 건가요. 당연히 사랑과 감사가 아닌가요.

그러니 지금, 감사하고 사랑하길 바라요. 내 마음에 미움과 불평을 일으키는 사람을 감사와 사랑을 배울 소중한 선물로 바라본 채 그런 그들조차도 귀엽고 사랑스럽게 바라보길 연습하며 나아가는 거예요. 당신이 그렇게 바라보길 원하면, 그렇게 바라보겠다고 가득 의도하면, 그 순간 즉시 그들이 그렇게 보이기 시작한다는 걸 당신, 반드시 알게 될 거예요. 그러니 매 순간 감사하길, 사랑하길 의도하며 나아가길. 돌려받음에 대한 불안과 걱정은 잊고, 오직 관대하고 너그러운 마음으로 그렇게 하길. 당신이 진심으로 그렇게 할 때, 당신의 마음이 그 모든 마음을 당신에게 고스란히 돌려줄 테고, 당신이 준 것에 보태고 보태어 흘러넘치게 돌려줄 테니까. 그리고 그 감사와 사랑의 마음을 연습할 땐 대상을 가리지 않고 무분별하게 하지만, 실제로 매 삶의 순간을 함께하고 나누게 될 특별한 관계를 정함에 있어서는 꼭, 반드시 신중하길. 그러니까 당신이 어렵게 이루어낸 행복과 따뜻한 마음을 누구와 깊고도 특별하게 함께할지를 잘못 판단해서 잃어버리는 실수를 하진 말길. 따뜻하되, 또한 지혜롭고 언제나 신중하길. 사람은 자신의 마음에 있는 것만을 외부에서 바라볼 수 있다고 말했듯, 다정함과 사랑만이 가득 찬 예쁜 사람은 타인들 또한 자신과 같을 거라 순진하게 믿는 경우가 많으며, 그 지점이 바로 당신이 조심해야 할 지점인 거니까. 그러니 당신은 모든 사람이 당신 자신과 같이 예쁘고 사랑스럽고 믿음직할 거라고 순진하게 추정하지 말길. 당신의 눈앞에 이기적이고 악의적인 사람이 있다면, 그럼에도 불구하고 사랑하는 것이지, 그래서 사랑하는 것은 아니라는 것을 아는 지혜로 마주하길. 그러니까 당신, 꼭, 예쁜 당신처럼 예쁜 사람과 함께하길 바라요. 당신이 예뻐서 예쁘다고 여길 뿐인 사실은 예쁘지 않은 사람과 함께하기보다 말이에요.

저 멀리, 사랑스러운 사자가 있어요. 당신은 그 사자가 사랑스럽다고 해서 가까이 다가가 당신의 손을 내밀 건가요? 아니면 그저 멀리서 사랑스럽게 바라보되, 가까이서 함께하진 않길 선택할 건가요? 그러니까 사자를 여전히 사랑하되, 그렇다고 해서 사자에게 손을 내미는 것은 다른 일이고, 왜냐면 육식동물에게는 육식동물의 본성이 있기 때문이고, 그러니까 내 마음 안에 남을 해치고자 하는 공격성이 없다고 해서 사자에게 또한 그것이 없을 거라 믿는 것은 순진한 추정인 것이고, 그래서 있는 그대로를 사랑하는 일이란, 상대방의 본성을 있는 그대로를 알고 존중하는 지혜로 그를 마주하고 사랑하는 일인 거니까요. 이처럼 나에게 악영향을 주는 사람이 있다면 여전히 사랑하되, 다만 가까이서 특별하게 함께하지는 않을 줄 알아야 하는 거예요. 만약 내가 순진해서 그 앞에서 무분별해지면, 나는 사자에게 손을 내밀게 될 것이고, 운이 아주 좋은 경우가 아니라면 사자에게 나의 생명을 위협받게 될 것이고, 그때는 미워하지 않고 사랑할 수도 있었던 사자를 미워할 수밖에 없게 될 테니까요. 그래서 나의, 사자를 향한 사랑을 지켜내기 위해서라도 나는 반드시 지혜로워야 하는 거니까요. 사랑스러운 사자를 미워하지 않을 수 있도록, 그리고 사자가 나를 위협하고 공격하는 악의를 실현하지 않을 수 있도록 말이에요. 그게 둘 모두의 평화로운 마음을 지켜내는 진짜, 다정이니까. 지혜롭고도 예쁜 사랑이니까. 그러니 멀리서 여전히 사랑할 뿐, 가까이서 함께하진 않을 사람과, 가까이서 깊고도 특별하게 함께하며 사랑할 사람을 구분하는 일 앞에서 결코, 무분별해지지 말길. 절대, 순진한 죄책감을 가지지 말길. 함께하는 순간 당신을 이용하고자 하거나, 당신을 통제하고자 하거나, 당신에게 불평과 미움을 심어주고자 하거나, 그런 사람도 이 세상엔 있는 것임을 분명히 알고 영원히 잊지 말길.

당신이 마음이 가난하고 인색한 사람, 왜소하고 이기적인 사람과 주기적으로 만나며 깊은 대화를 하지 않는 이상, 그들은 당신에게 결코 영향을 미치지 못할 테니까. 그리고 어쩔 수 없이 함께해야 하는 공식적인 자리가 있을 때는 만남 전에 마음을 단단히 한다면, 그러니까 그저 무방비하게 만나기보다 미리 보호받길 당신 마음에 청하고, 무슨 일이 있더라도 영향받지 않겠다고 각오한다면 당신, 그들이 당신에게 어떻게 대하든 반드시 지켜질 테니까. 그러니 타인의 에너지를 빼앗음으로써 자신을 채우고자 하는 이기적인 사람, 감사할 줄 몰라 불평이 습관인 사람, 사랑하기보다 타인을 깎아내리고 비난하기에 급급한 사람, 그들을 피함에 있어 순진한 죄책감을 갖는 당신은 아니기를. 찰나의 순진함에 못 이겨 당신 자신까지도 미움과 가난함의 영역으로 추락시킬 만큼 지혜로움 없는 당신은 아니기를. 그러기 위해, 당신 자신부터가 예쁘고 사랑스럽길 바라요. 그 사랑스러움으로부터 지켜지고 보호받길 바라요. 당신의 그 사랑스러움을 해치고 훼손하는 이들과 함께하기에, 당신의 선하고 예쁜 마음은 너무나 소중한 것이고, 누구와 함께하느냐에 따라 그 귀한 마음이 더욱 바래질 수도, 빛날 수도 있는 거니까. 무엇보다 당신의 마음에 더 이상 가난과 인색과 이기심과 왜소함이 없을 때 당신, 그런 사람을 만나고 싶어도 만나지 못할 만큼 예쁜 사람과만 함께하게 될 테니까. 사람은 완전히 깨끗한 거리에는 결코, 쓰레기를 함부로 버리지 않으므로.

그러니 당신의 예쁜 마음을 더욱 예쁘게 만들어주는 사람, 그 성숙을 함께할 수 있는 사람, 그런 사람과 함께하며 내내 자주 웃고 매 순간 아름답게 피어나는 당신이길. 그런 내가 되어 그런 너를 만나길. 지금의 예쁜 미소보다 더 예쁘고 아름다운 미소를 얼굴에 피워낸 당신을 바라보는 게 내 심장을 자주 아프게 하겠지만, 당신이 아파서 내 심장이 아픈 것보단 그게 훨씬 나으니까. 무엇보다 예쁘고 아름답기에도 아까운 당신 존재고, 행복을 만끽하며 누리기에도 아까운 당신 삶이고, 그러니까 당신은 가득 사랑하고, 사랑받기 위해 태어난 참 귀하고 소중한 사람이니까. 그걸 스스로만 안다면 결코 당신에게 위해를 끼치는 거짓된 사랑의 관계 속에 당신을 둘 수 없을 만큼 당신은, 사랑이고, 사랑이니까. 그러니 그걸 알기 위해 더 사랑하길. 더 예쁘게 존재하고 더 다정하게 피어나길. 그럼에도 불구하고 순진하진 말길. 여태까지는 마음이 너무 가난한 나머지 사람들을 너무 가리고 미워하기 때문에 진짜 예쁜 사람도 예쁘게 보지 못해 놓치는 일이 잦은 당신이었다면, 사랑의 여정을 시작하는 동안엔 마음 안에 다정함과 사랑과 기쁨과 너그러움과 빛과 예쁨이 가득 차서 사람들을 너무 가리지 않고 사랑하기 때문에 예쁘지 않은 사람도 놓치지 않고 곁에 두는 일이 잦을 테니까. 그러니 여정을 시작하기 전에 미리 알고 되새기길. 당신 또한 처음부터 예쁘고 다정하지는 않았던 것처럼 이 세상엔 정말 다양한 수준의 사람이 있다는걸. 그래서 순진해서는 안 된다는 걸. 내가 나를, 잘 지켜줘야 한다는 걸. 그러기 위해 언제나 신중하고 지혜로워야 한다는 걸.

 그거면 됐으니, 이제는 마음껏 사랑의 여정을 시작하길. 여태 정말 모든 마음을 다해 온 세상을 사랑하고 싶었던 당신이었고, 하지만 늘 그것을 미뤄왔고, 그래서 자신의 유일한 소원을 이루지 못한 당신의 마음, 쓸쓸함과 외로움에 사무쳐 늘 아파왔으니까. 당신은 다른 모든 것 때문에 당신이 이토록 결핍과 불만을 느끼게 된 것이라 생각한 채 그 모든 것들을 탓하고 원망하고 미워하기에 바빴지만, 사실 당신의 마음에 결핍과 불만이 생긴 유일한 이유가 바로 그것인 거니까. 그러니 이제는 당신 마음의 유일한 소원을 이뤄주길. 그리하여 결핍과 불만을 영원히 당신의 곁에서 떼어내길. 그렇게, 사랑함으로써 사랑이 되고, 사랑함으로써 사랑을 가득 채우길. 모든 것을 다 가진 것처럼, 더없이 사랑하고, 다함 없이 사랑하고, 잃음과 돌려받음에 대한 모든 걱정과 불안을 잊은 채 모든 마음을 다해 사랑하길. 그렇게 사랑하는 것, 그게 당신이 바라는 유일한 소원이고, 그래서 그 소원이 이루어질 때 당신, 정말로 모든 것을 다 가진 사람처럼 기뻐하고 감사하고 행복에 겨워 웃게 될 테니까. 당신이 가질 수 있는 유일한 것이 바로 사랑이고, 그리하여 그때는 실제로 모든 것을 다 가진 당신이 되었기에. 그러니 마르지 않는 사랑, 당신, 주면 줄수록 더욱 흘러넘치게 사랑을 가득 채우게 될 뿐인 사랑의 기적, 당신, 이제는 사랑함으로써 사랑을 받길. 사랑함으로써 사랑을 채우길. 또한 사랑하고 또 사랑하되, 언제나 당신처럼 예쁘고 다정한 사람들과만 가까이서 함께하길. 그러니까 당신이 사랑임을 겨우 기억해냈는데, 그것을 도로 잊게 하는 사람의 곁에 당신을 두지 말길. 다만 지혜롭게 사랑하고, 아름답게 보호받을 뿐이길.

  그리하여 영원한 사랑, 당신, 당신만큼이나 예쁘게 사랑받고 아낌받으며 늘 피어날 뿐이길. 당신만큼이나 예쁘고 사랑스러운 미소와 함께 늘 기뻐할 뿐이길. 그러니까 당신이 얼마나 사랑인지 알게 되어, 당신만큼만 당신이 얼마나 사랑인지를 아는 사람, 어쩌면 당신보다 더 당신이 얼마나 사랑인지를 아는 사람, 그런 사람과 함께할 뿐이길. 자신이 그런 사랑인 줄 몰라 아파하고 있는 당신을 보고 있자면 내 마음에 쌓아둔 댐이 무너져 범람하는 눈물을 주체할 수 없을 것만 같으니까. 자신이 그런 사랑인 줄 몰라 자신을 아프게 하는 사람 곁에 스스로를 두는 걸 보고 있자면 가슴이 찢어지고 미어져 곧 주저앉아버릴 것만 같은 나니까. 그래서 내 눈엔 뻔히 보이는 당신의 사랑스러움이 당신의 눈에도 보이길, 당신의 마음에서도 느껴지길, 이토록이나 진심으로 기도하고 간절히 바라고 절절하게 소원하는 나인 거니까. 그러니 내가 늘 기도하고 염려하는 당신, 내가 참 많이 아끼고 걱정하는 당신, 나를 위해 기도하는 건 자주 잊지만 당신을 위해 기도하는 건 잊어본 적이 없는 당신, 내가 아프고 힘든 것보다 당신이 아프고 힘든 게 더 나를 견디기 힘들게 할 만큼 내게 참 소중한 당신, 이제는 당신이 얼마나 그런 사랑을 받을 자격이 있는 사랑인지를 알길. 내가 당신에게 주는 이 거대하게 예쁜 진심보다 더 진심으로 당신을 아껴주고 사랑해주는 사람과 함께하기에도 충분할 만큼, 아니, 그조차도 모자랄 만큼 흘러넘치게 사랑인 사람이 바로 당신이니까. 그러니 그것을 알게 될 때까지, 매 순간 감사하고 사랑하며 예쁜 마음을 길러나가길. 당신 자신의 원래 모습을 되찾아나가길. 그리하여 예쁜 당신이 되어 꼭, 예쁜 곁을 만나길. 마음껏 사랑만 하고 싶은 당신의 그 유일한 소원을 함께할 수 있는 사람, 그러니까 그 어떤 불안도, 걱정도, 계산도 없이 마음껏 사랑해도 된다는 믿음을 주는 사람, 그리하여 당신의 소원을 채워주고 이뤄주는 사람, 딱 당신처럼만 예쁘고 사랑인 사람을. 더도 말고 덜도 말고 딱 당신처럼만.

## 내 기분은 내가 선택하는 것

내 기분과 내 감정은 내가 선택하는 내 것이라는 것을 잊지 마세요. 같은 일을 마주함에 있어서도 그 일을 바라보는 시선은 사람마다 천차만별인 것처럼, 결국 그 어떤 일도 내가 느낄 감정을 내게 강요할 수 없는 거니까요. 오직 나만이, 나의 기분을 선택할 수 있고, 그 기분을 통해 행복할지, 불행할지를 결정할 수 있는 거니까요. 그러니 지금 우울한 것도, 무기력에 빠진 채 허우적거리는 것도, 원망과 증오에 삼켜져 헤어 나오질 못하는 것도, 내 선택이며, 하여 내가 마음먹기만 하면 지금 이 순간 곧장 나는 그 모든 불행에서부터 나를 건져낼 수 있다는 것을 잊지 마세요. 지금 이 순간 내가 마음먹기만 하면, 내 마음 안에 빛과 행복과 사랑만을 가득 품겠다고 결심하기만 하면 나는 결코 사랑할 수 없을 거라 여겼던 어떤 사람을, 어떤 상황을 정말 기적처럼 사랑하게 될 것이고, 그 힘은 언제나 내 것이고, 내 안에 있다는 것을 말이에요. 그렇다면 지금 당신은 어떤 기분에 사로잡혀 있나요. 당신이 지금 함께하고 있는 감정, 기분, 세상에 건네고 있는 습관적인 반응, 그것을 바라보며 당신이 무엇을 느끼길 선택했는지, 당신의 마음 안에 무엇을 품길 선택했는지, 그것을 한 번 바라보기로 해요. 지금 당신과 함께하고 있는 모든 감정과 기분들, 오직 당신이 선택한 결과로 당신의 마음에 담기게 됐다는 것을 잊지 않은 채 말이에요.

당신은 당신의 마음에 품겠다고 스스로 결정한 감정의 색을 바탕으로 세상과 사람들을 바라보고 마주하고 있죠. 원망의 붉은 색을 세상에 입혔을 때는 세상이 온통 원망스럽게만 느껴질 테고, 슬픔과 무기력의 회색을 세상에 입혔을 때는 살아가는 게 너무나 무의미하고 지친 일로만 느껴질 테고, 욕망과 이기심의 검은 색을 세상에 입혔을 때는 세상이 이용하지 않으면 이용당하는 진실함 하나 없는 거짓된 곳으로만 느껴질 테고, 그런 것이죠. 그런 기분과 감정의 색과 함께하겠다고 결정한 당신이기에, 당신이 살아가는 세상은 당신의 결정에 응하여 곧 그런 색을 입게 되었죠. 그래서 너무나 미워한 나머지, 사랑의 아름다움과 이해의 빛을 상실한 채 잔뜩 시들어버린 당신이란 꽃이죠. 그래서 너무나 우울하고 무기력하게 존재한 나머지, 누군가에게 위로를 건넬 힘 하나 남아있지 않을 만큼 생명력과 존재의 의미를 잃은 채 바래진 당신이란 색이죠. 그래서 너무나 이기심에만 탐닉한 나머지, 마음을 활짝 연 채 기댈 꿈 하나 없어 바스라지게 메말라버린 당신이란 샘물이죠. 하지만 당신은 기꺼이 이해하고 용서하기로 마음먹을 수도 있고, 하여 다만 아름다운 세상에 시선을 둔 채 당신에게 주어진 기쁨을 누리고 만끽할 수도 있는 사람이죠. 하지만 당신은 기꺼이 쾌활하고도 생명력 넘치게 존재하길 선택할 수도 있고, 하여 에너지가 넘쳐 위로받기보다 위로를 주고자 하고, 사랑받기보다 사랑을 주고자 하는 다정함과 너그러움과 충분히 함께할 수도 있는 사람이죠. 하지만 당신은 주는 것만큼 받고자 하기보다, 주는 것보다 늘 더 받고자 하기보다, 기꺼이 받는 것에 대해서는 생각하지 않은 채 주고자 하는 관대함과 자비심과 함께하길 결정할 수도 있고, 하여 당신의 진정한 기쁨을 위해 주는 진정한 사랑과 함께할 수도 있는 사람이죠.

그리고 당신이 어떤 사람으로 존재할지는 오직 지금, 당신이 무엇을 선택하느냐에 달린 거예요. 그러니 지금 너무나 깊은 아픔과 공허와 함께하고 있다고 좌절하지 말길. 그곳에서도 당신, 선택하기만 하면 곧장 생명력의 빛과 기쁨의 활력으로 나아갈 수 있고, 그렇게 그 어떤 노력과 수고도 들이지 않고 곧장 행복에 닿을 수도 있는 거니까. 당신에겐 영원히, 그런 힘과 능력이 주어져 있는 거니까. 그러니 지금, 기쁨을, 사랑을, 빛을, 다정을, 너그러움을, 이해와 용서를, 자비심과 관대함을 선택하기로 해요. 그런 색과 빛을 당신의 마음에 품은 채 오직 그 찬란함과 아름다움만을 세상에 입히기로 해요. 누군가가 조금 당신의 기분을 긁는 말을 한다는 게 이제 더 이상 무슨 의미가 있을 수 있겠어요. 그러거나 말거나 당신은 그 사람을 귀엽고 사랑스럽게 바라보고만 있을 뿐일 테고, 하여 당신의 마음엔 더 이상의 예민함도, 불편함도 없을 텐데요. 누군가가 당신에게 불친절하고 차갑게 대한다는 게 이제 더 이상 무슨 의미가 있을 수 있겠어요. 그러거나 말거나 당신은 당신에게 주어진 하루를 사랑스럽고 다정하게만 보내는 데 집중하고 있을 뿐일 테고, 하여 당신의 마음엔 더 이상 어떤 서운함도, 기분 상함도 없을 텐데요. 그렇게, 당신이 지금 함께하고 있는 기분과 감정을 살피며 그것들을 기쁨과 예쁨으로, 사랑스러움과 아름다움으로 바꾸어가는 거예요. 그렇게 하는 순간 지금 당신이 함께하고 있는 우울과 무기력과 원망과 좌절과 희망 없음과 이기심과 산만함과 공허, 그 모든 불행은 그것대로 선물이라는 걸 당신, 꼭 알게 거예요. 지금 불행하기에, 행복으로 바꿀 것이 그만큼 많다는 것을 알 수 있는 것이고, 하여 행복으로 바꿔냄으로써 찬란히 기뻐하고 아름답게 웃게 될 당신이니까요.

슬픔에 빠져 한숨을 쉬다가도, 그런 자신을 느낀 채 마음을 새롭게 하고, 그리하여 감사와 만족을 가득 채워 넣겠다고 결심하면 곧장 기쁨과 생명력의 선명하게 아름다운 빛으로 마음이 가득 차는 것을 느끼게 될 테고, 지독하게도 끈질긴 미움 앞에서 좌절하고 있다가도, 그런 자신을 느낀 채 마음을 새롭게 하고, 그리하여 그저 사랑하겠다고, 무슨 일이 있어도 곱씹지 않고 그 즉시 용서하겠다고 결심하면 곧장 온 세상과 사랑에 빠진 눈부시게 다정하고 찬연하게 사랑스러운 기분으로 마음이 가득 차는 것을 느끼게 될 테고, 그러니까 슬픔은 사실 나를 기쁨 가득한 사람으로 만들어줄 선물이었고, 미움은 나를 사랑 가득한 사람으로 만들어줄 선물이었고, 공허는 나를 생명력 넘치는 쾌활한 사람으로 만들어줄 선물이었고, 그런 거니까요. 그러니 이제는 모든 감정적인 위기를 당신의 영원한 행복과 기쁨을 위한 선물이자 기회로 여긴 채 그 순간 빛을, 생명을, 사랑을, 예쁨과 다정함을 선택하며 나아가기로 해요. 그렇게 여전히 부정적인 감성에 사로잡힌 채 어제처럼 왜소하고도 불행하게 존재하기보다, 이제는 그 모든 어둠을 뚫고 나와 위대하고도 기쁨 가득하게, 빛과 생명력이 잔뜩 흘러넘치게 존재하기로 해요. 다만 그러길, 선택하기로 해요. 예쁜 기분과 다정한 감정을 내 마음에 품고, 사랑스러운 색을 세상에 온통 입히고, 그러겠다고 마음먹는 거예요. 그 순간, 당신의 세상이 당신의 선택에 응해 그런 모양과 그런 색으로 변할 테니까요. 그러니까 당신의 현재를 결정하고 만드는 유일한 창조자는 바로 당신 자신이니까요.

　　한 번, 당신이 당신의 기분을 바꾸는 데 성공하면, 당신은 이제 당신의 기분을 선택할 수 있는 힘이 당신에게 있다는 것에 확신을 가질 수 있게 될 테고, 그것만으로 당신 삶에는 엄청난 변화가 일어나게 될 거예요. 자신의 기분을 선택할 수 있는 힘이 자신에게 있다고 믿는 사람과 그렇지 않은 사람이 살아가며 얻게 될 성숙의 농도와 채도, 깊이는 정말 하늘과 땅 차이인 거니까요. 누군가가 내게 이렇게 해서 미워할 수밖에 없어, 라고 믿는 사람과, 내게는 이것을 다르게 보길 선택할 수 있는 힘과 능력이 있다고 믿는 사람의 왜소함과 위대함은 칠흑같은 어둠과 바라볼 수 없을 만큼 눈 부신 빛만큼의 차이며, 하여 그 차이로 인해 그들의 삶은 완전히 다른 방향으로 굴러가게 될 테니까요. 누군가는 늘 그 자리에 머무르며 평생을 그곳에서 시들어지며 살아갈 테지만, 아니, 죽어갈 테지만, 다른 누군가는 매일을 더해 더 예쁘고 아름다운 세상을 품고 바라보기 위한 성숙을 거듭하며 나아갈 테고, 하여 활짝 피어나며, 흐드러지게 빛나며 존재하게 될 테니까요. 그러니 여태 단 한 번도 믿은 적이 없어 시도해보지 않았던 당신 기분을 스스로 결정하는 연습을 지금, 해보기로 해요. 그렇게 처음부터 영원히 당신 소유였던 위대한 힘을 이제는 가득 느낌으로써 되찾기로 해요. 믿지 않았거나 몰라서 해보지 않았지만, 해보고 난 뒤엔 결코 의심하거나 모를 수 없을 만큼 그건 영원한 당신의 힘이었음을 당신, 그때는 반드시 알게 될 테고, 그걸 아는 것 자체로 이미 위대한 당신의 여행이 시작될 테니까.

  항해하는 배가 방향을 1도 틀 때 그 미세한 차이로 인해 도착지가 완전히 달라지는 것처럼, 그 단 한 번의 경험으로 당신의 인생 전체가, 운명 자체가 완전히 바뀌게 되는 거예요. 왜냐면 당신은 지금 이 순간부터 영원히, 어떤 불행에 시달릴 때마다 전처럼 그 불행에 삼켜져 불행할 수밖에 없는 사람처럼 아파하기보다 이제는 그 불행에서 스스로 헤어 나오기 위해 당신이 기울일 수 있는 모든 최선과 정성과 사랑을 다해 노력하는 사람이 될 테니까요. 누군가를 미워할 수밖에 없다며 계속해서 미워하기보다 지금은 밉지만 서서히 이 미움에서부터 벗어나 반드시 평화로운 하루를 회복하겠다고, 그렇게 나를 위해 미움 없는 행복한 하루를 선물해주겠다고 다짐하는 사람이 될 테니까요. 그리고 그 다짐을 실현하기 위해 매일, 매 순간 예쁜 성숙을 향해 나아가는 사람이 될 테니까요. 그러니 이제는 당신 자신을 위해 예쁜 기분을, 사랑스러운 감정을, 다정한 반응을 선택할 줄 아는 사람이 되기로 해요. 그 힘이 내게 있음을 아는 주체적인 사람이 되기로 해요. 당신은 언제나 마음먹기만 하면 기쁨의 꽃과 사랑의 별과 아름다움의 달을 당신 마음에 수놓을 수 있는, 영원히 힘 있고 위대한 당신 운명의 유일한 창조자이자 결정자이니까. 당신이 자신이 그럴 수 있는 존재임을 스스로 믿고 알기만 한다면. 그러니까 당신 자신이 사랑의 주권과 위대한 힘, 그 유산을 물려받은 영원하고도 완선한 사랑임을 스스로 믿고 알기만 한다면. 지금도 그런 사랑이 바로 당신이기에, 그저 믿고 알 필요가 있을 뿐이며, 하여 자신이 사랑임을 의심하지 않고 분명하게 안다면 당신은 결코 자신이 사랑이 아니기라도 한 것처럼 왜소하고도 불행하게 존재하지 않을 테니까. 당신이 지금도 얼마나 아름답고 위대한 사랑인지, 그것을 스스로 알기만 한다면.

그러니 이제는 알길. 그리하여 외부로 인해 이런 감정을 느끼게 되었다는 왜소하고도 무지한 주장을 비로소 멈추길. 혹여나 사랑답지 않게 슬픔이나 미움이나 무기력이나 이기심에 탐닉하고 있는 자신을 발견하게 되었다 하더라도 그 순간 절망에 빠지기보다, 죄책감에 탐닉하기보다, 다만 다른 것을 선택할 수 있는 힘과 권능이 내게 있음을 알고 아름다운 생각과 마음을 가득 품고 느끼고 바라보겠다고 새롭게 결정할 뿐이길. 그렇게 매 순간 당신 삶의 도화지를 무엇보다 예쁘고 사랑스러운 색의 물감으로 그리고 채워나가는 당신, 위대한 화가이길. 당신 삶의 창조자이자 주권자이길. 아니, 이미 그런 힘과 능력이 당신에게 있음을 다만 앎으로써 당신이 잊고 잃었던 당신의 당연한 자격을 되찾고 회복할 뿐인 당신, 그 자체의 사랑이길. 그리고 그 힘으로 당신이 행복하고 기쁘려면 무엇을 보고 느끼길 선택해야 할지를 당신 자신에게 늘 물으며 나아가길. 그리하여 그 힘을 당신에게 기쁨을, 예쁜 웃음을, 사랑스러움을, 생명력의 빛을, 아름다운 색을 선물하는 데 사용하길. 그러니까 당신 자신을 사랑하는 데 사용하길. 그렇게, 세상에 대한 당신의 반응을 바꾸며 나아가길. 늘 같은 모양의 세상이라면, 그 세상에게 건네는 내 반응을 바꾸며 나아가는 게 나의 행복을 위한 유일하고도 가장 지혜로운 마음이니까. 그러니 늘 쾌활하길. 사랑답게 사랑스럽고 천진난만하길. 구태여 심각해진 채 삐딱하게 굴거나 예민하게 굴거나 미움에 빠지거나 슬픔에 빠질 이유는 없는 거니까. 그럼에도 불구하고 잘 웃고, 다정함과 너그러움을 잘 지켜내는 게 무엇보다 당신의 행복을 위한 거니까.

   그러니 잊지 말길. 외부는 당신에게 당신이 무엇을 느끼고 어떤 감정을 품을지를 결코 강요할 수 없으며, 강요하지도 않는다는 것을. 그저 어떤 일이 일어날 뿐이고, 그 일에 대한 해석은 전적으로 당신에게 달려있는 것이며, 그 해석으로 말미암아 당신의 기분과 감정이 결정되는 것일 뿐임을. 그러니 당신은 늘 예쁘고 사랑스러운 해석을 하는 지혜롭고 반듯한 여행자이길. 희망과 예쁜 성숙의 기회를 발견한 채 설렐 줄 아는 기특하고 사랑스러운 여행자이길. 어떤 상황 속에서도 웃을 이유와 사랑할 근거를 발견하는 씩씩하고 쾌활한 여행자이길. 그렇게 매 순간의 여행을 통해 당신이 얼마나 사랑인지를 더욱 찾고 발견하게 되길. 오직 예쁨과 기쁨과 사랑스러움만을 가득 느끼고 품겠다고 결정함으로써. 그것이 불가능할 거라 여겨지는 모든 상황을 오히려 그렇게 함으로써 더욱 사랑이 될 기회와 선물로 여김으로써. 그렇게 당신은 이런 사람이 저런 사람이 되길 끝없이 바라며 실망하고 서운해하고 미워하고 아파하기보다, 다만 그 사람을 바라보는 당신의 기분과 감정을 바꾸며 나아갈 뿐이길. 모든 순간을, 그렇게 함으로써 영원한 당신의 행복을 완성할 예쁜 선물로만 여긴 채 나아갈 뿐이길. 그렇게, 꿋꿋이 행복하고, 오롯이 소중하고, 굳건히 사랑스러울 뿐이길. 흔들림 없는 평화와 함께 늘, 기쁨에 겨워 해맑게 웃는 날들을 보낼 뿐이길. 당신, 마음먹기만 하면 그 무엇이든 사랑할 수 있는 힘과 권능을 가진 사람, 그리고 사실은 사랑하기만을 마음먹을 수 있는 사랑의 꿈만을 지닌 채 태어나 존재하는 사랑의 지구별 여행자, 오직 사랑할 때만 기뻐할 수 있고, 사랑일 때만 채워질 수 있는 그 자체의 위대한 사랑, 지금도 흘러넘치게 사랑인 있는 그대로의 사랑, 영원한 사랑은. 스스로 잊지만 않는다면 단 한 번도 그런 사랑이 아니었던 적이 없는, 당신으로 말미암아 사랑이고, 사랑으로 말미암아 당신인, 존재만으로 사랑인 사람, 당신, 참으로 반짝이게 빛나는 사랑은.

## 이왕이면 행복할 것

어차피 살아가야 하는 삶이라면, 최선을 다해 행복하기로 해요. 우리는 때로 행복을 오해한 채, 마치 우리가 불행하기 위해 태어난 사람이기라도 한 것처럼 치열하게도 불행을 추구하곤 해요. 누군가를 미워하는 것 안에 행복이 있을 거라 믿은 채 끝없이 누군가를 미워하고, 무엇인가를 욕망하고 그것에 탐닉하는 것 안에 행복이 있을 거라 믿은 채 끝없이 원하고 갈망하고, 그런 식으로 최선을 다해 오늘 하루를 불행하게 보내는 것에 온몸과 마음을 바쳐 불행에 헌신하면서 말이에요. 정말 그렇게 하루를 보내기에, 당신에게 주어진 마지막 오늘, 다시는 돌아오지 않을 오늘, 하여 무엇보다 행복하게 보내기에도 모자란 이 찬란한 오늘이 너무나 아깝지 않나요. 사랑스럽게 웃고 기뻐하고 춤추고 즐기고 누리기 위해 존재하는 참 예쁘고 소중한 당신 존재에게, 그 사랑에게 가슴 아플 만큼 미안한 일이 아닌가요. 그러니 이제는 오늘 하루, 진짜 행복을 위해 내 온몸과 마음을 바쳐 존재하기로 해요. 미움이 있다면 용서하고, 욕망이 있다면 만족을 채우고, 우울이 있다면 최선을 다해 나에게 기쁨을 주고자 하고, 분노를 이해로, 오만을 겸손으로, 판단을 연민으로, 그렇게 아름답지 않음으로 가득 차 있는 내 마음 안에 아름다움의 빛을 가득 채워나감으로써 말이에요. 그렇게 해야만 진짜, 행복할 수 있는데, 여전히 그렇게 하질 않길 선택하는 건 스스로 불행하기 위해 모든 최선을 다해 존재하겠다고 다짐하는 것과 다르지 않은 것임을 잊지 않음으로써 말이에요.

또한 당신이 행복해지는 데 있어 당신 자신의 존재 외에 다른 그 무엇도 필요치 않게 하세요. 다른 무엇이 아니라 당신의 존재함, 그것이 당신 행복의 모든 조건이자 유일한 조건이 되게 하는 거예요. 정말로 지금 이 순간 내가 존재하고 있다는 기쁨, 그것 외에 다른 행복의 조건은 없는 거니까요. 그리고 당신이 그것을 진정으로 알 때, 당신은 모든 순간, 모든 공간 안에서 그 어떤 조건에도 불구하고 행복한, 진짜 행복을 소유한 사람이 될 테니까요. 그러니 태어난 기적, 존재하고 있는 기적, 살아왔고, 살아있고, 살아갈 기적, 그 기적 자체에 감사할 줄 아는 사람이 되기로 해요. 당신의 마음 속에 결핍이 싹트지 않도록, 불만족과 공허가 싹트지 않도록, 매 순간 감사하고 또 감사하는 거예요. 흘러넘치게 감사하는 거예요. 당신이 당신 자신으로 존재하고 있다는 것 자체에 진심으로 감사할 줄 아는 사람이 될 때, 당신에겐 모든 삶의 순간과 경험들이 너무나 귀하고 소중한 선물로 여겨지기 시작할 테고, 하여 당신, 불행해지는 법을 잊게 될 거예요. 좋은 경험, 나쁜 경험이라는 것을 구분하고 판단할 새도 없이, 모든 경험을 그 자체로 온전히 즐기고 사랑하고 있을 그때의 당신일 테니까요. 순간순간에 머무르며 그 순간의 아름다움을 흠뻑 음미하고 감상하고 있을 그때의 당신일 테니까요. 하여 지루함도, 피곤함도, 과거에 대한 후회나 미래에 대한 걱정이라는 고단함도 없어 가볍고도 빛 넘치게 살고, 사랑하고 있을 뿐일 그때의 당신일 테니까요. 무엇보다 기쁨과 다정 넘치게.

인상을 찌푸린 채 온갖 불만과 결핍을 세상에 가득 표현하며 씩씩거리며 존재해왔던 지난날, 행복하기 위해 존재하는 나에게 얼마나 미안한 날들이었나요. 무기력에 젖어 삶의 모든 활력을 잃은 채 지루함과 시들어짐만을 표현하며 죽음만을 기다려왔던 지난날, 행복하기 위해 존재하는 나에게 얼마나 미안한 날들이었나요. 그 모든 게 내게 주어진 하루가 얼마나 기적 같은 소중함이자 더할 나위 없는 선물이었는지를 잊었기 때문이었죠. 하여 감사하는 마음을 상실했기에 불만과 결핍에 사로잡힐 수밖에 없었고, 존재하는 모든 순간을 기뻐하고 즐기고 누리기보다 지루하게만 여긴 채 저항하고 미워할 수밖에 없게 된 것이죠. 지금 이 순간 이곳에 내가 숨 쉬고 살아있다는 그 존재함의 기적이 얼마나 기적인지를 한 번을 세어보지 않은 채 늘 외면해왔기 때문이죠. 그걸 안다면, 한 번이라도 느껴본다면, 살아있는 매 순간 순간이, 호흡하는 매 숨결 숨결이 너무나 벅찬 기적처럼 느껴져 다른 것은 더 바랄 수가 없게 될 만큼 오직 감사하게 될 당신이니까요. 살아갈 의미가 없어 죽고 싶은 게 아니라, 곧 죽어도 여한이 없을 만큼 이미 모든 것을 다 가진 행복을 누리고 음미한 채 펑펑, 뜨겁게 울게 될 당신이니까요. 너무나 기쁘고 감사해서 존재하는 모든 순간을, 거저 받은 이 선물을, 기적을, 사랑을 갚아나가는 데 쓰고 싶다는 생각에 온몸과 마음을 바쳐 사랑하게 될 당신이니까요. 당신으로 존재하고 있는 기적이 얼마나 기적인지를, 딱 한 번이라도 느껴보게 된다면 말이에요.

    그러니 이제는 내가 이 세상에서 가장 사랑하는 소중한 나에게 그 기쁨을, 행복을 선물해줘요. 나로 살아가는 기쁨이 얼마나 대단한 기쁨인지를 분명하게 안 채 존재하는 그 기적과도 같은 행복을 말이에요. 그렇게 기쁨에 젖어 춤추기에도, 세상에서 가장 예쁜 미소를 지은 채 활짝 웃기에도 모자란 지금 이 순간, 똑같은 날씨와 온도와 채도와 광도와 명도를 지닌 유일한, 다시는 돌아오지 않을 귀하디 소중한 순간, 내 모든 마음을 다해 존재하고, 살아가고, 사랑해요. 감사하고, 누리고, 만끽하고, 즐기기로 해요. 그 무엇도 두려워할 필요가 없어요. 당신이 완연한 기쁨, 그 진짜 행복의 빛을 당신의 가슴에 품는 순간 당신, 무기력과 지침과 피곤함과 지루함을 결코 느낄 수 없을 만큼 오직 채워지고, 피어나고, 일으켜 세워질 뿐일 테고, 그래서 당신, 한계를 모르는 끝없는 기쁨과 함께 오직 미소 지으며 나아가게 될 테니까요. 그러니까 하루를 그 누구보다 열심히 살아왔음에도 당신은 전혀 지치지 않게 될 거예요. 눈물과 함께 감사함으로써 잠들게 될 테고, 오늘도 기쁨에 젖어 하루를 사랑으로 보낼 설렘으로 잠에서 깨게 될 테고, 그 아침과 밤 사이의 모든 순간 안에서 당신은 무한하게 일하고, 즐기고, 사랑하게 될 테고, 그럼에도 당신의 가슴 속에서 끝없이 솟아오르는 기쁨이 당신을 내내 채워주고 치유해줄 것이기에 당신, 결코 소진되거나 고갈되지 않을 테니까요. 하여 당신이 얼마나 위대하고 완전한 존재인지를 그때는 꼭 알게 될 테니까요.

  그 놀라운 기적의 순간들을 어떤 말로 설명할 수 있을까요. 어떤 말로도 그것엔 미치지 못할 것이기에 경험해봐야만 알 수 있는 기적이겠죠. 그러니 당신, 이제는 그 경험 안으로 들어서길 바라요. 그런 하루를 마침내 살아가고 보내는 것, 그보다 당신 자신에게 더 기쁨이 되는 선물은 없을 테니 이제는 당신이 가장 아끼고 사랑하는 당신에게 그 기쁨을 선물해주기로 해요. 당신이 존재하는 모든 순간이 기도이자 예배였음을, 선물이자 사랑이었음을 그때는 모를 수가 없어 알게 될 거예요. 존재함 자체가 너무나 감사해서 가슴이 끝없이 찌릿하게 될 테고, 모든 세상과 사랑에 빠져 자주 눈물을 흘리게 될 테고, 그저 길을 걷다 마주치는 사람이, 식물이, 동물이 너무나 아름다워서 가슴이 먹게 될 테고, 그러다 뜨거운 눈물을 쏟게 될 만큼 그건 행복이자, 말로 표현할 수 없는 사랑, 기적이니까요. 그런 당신을 사람들은 천사라고 부르게 되겠죠. 자신이라면 결코 내지 못했을 선의를 아주 기꺼이, 흔쾌히 건네는 당신, 돌려받지 않았음을 서운해하지 않는 당신, 다정과 선의를 누군가에게 건넸다는 것 자체에 기뻐하고 감사할 뿐인 당신, 그런 당신을 보면서 말이에요. 그리고 그게, 당신이 누려야 마땅한 하루인 거예요. 당신은 믿기 어렵겠지만, 당신에게 어울리는 유일한 하루이자, 당연한 하루인 거예요. 그러니 이제는 그런 당신이 되어 그런 날들을 보내겠다고 마음먹길 바라요. 마음먹기만 하면 당신의 매일에 그 기적과 사랑의 빛이 다정하고도 따듯하게 늘 내리쬐기 시작할 테고, 하여 반드시 그런 날들을 맞이하고 보내게 될 당신이니까요.

  그렇다면 이제는 망설일 이유가 어디에 있나요. 지금, 그렇게 존재하길 마음먹기로 해요. 하여 누구보다 사랑스럽게, 반짝이게 존재하길 바라요. 여태 무기력에 젖은 채 잔뜩 시들어지느라 하루를 보내는 게 얼마나 지치고 고단했나요. 얼마나 자주 한숨을 쉬었으며, 또 얼마나 자주 어깨를 축 늘어뜨린 채 절망과 좌절의 늪에 빠져왔나요. 마치 당신이 기적이 아니기라도 한 것처럼 말이에요. 여태 원망하고 미워하느라 하루를 보내는 게 얼마나 아프고 두려웠나요. 얼마나 자주 인상을 찌푸려왔으며, 또 얼마나 자주 공격적인 생각을 하며 평화의 빛 한 줌 쬐지 않는 불안과 아픔의 어두운 동굴 속으로 깊이도 빠져왔나요. 마치 당신이 사랑이 아니기라도 한 것처럼 말이에요. 그러니 이제는 잊지 않기로 해요. 내가 얼마나 기적인지, 사랑인지를. 단 한 순간도 불만을 품거나 무기력하게 존재할 수 없는, 미워하거나 원망할 수 없는 찬연한 빛, 평화, 사랑, 나라는 것을. 그리하여 이제는 사랑답게 살고, 사랑하기로 해요. 당신에게 주어진 온갖 기적들에 흠뻑 감사하며 그 모든 선물들, 그저 누리기로 해요. 그 가득 넘치는 기쁨과 사랑에 힘입어, 이제는 하루를 누구보다 생명력 넘치게 보내고 살아가는 거예요. 여태 살아가는 즐거움을 온통 잃었기에 하루에 정해진 시간보다 5분이라도 더 일하게 되는 날에는 곧 죽을 사람처럼 불평하곤 하던 당신이었죠. 그렇게 꿈과 의미를 잃은 회색 의무감으로만 겨우 버티고 존재해온 당신이었죠. 하지만 당신의 가슴이 마침내 빛과 사랑으로 가득 찰 때, 당신은 당신의 일을 통해서도 사랑의 꿈을 꾸고 실현하고자 하는 사람이 될 테고, 하여 무한하게 일하고도 결코 지치지 않는 설렘과 즐거움을 회복하게 될 거예요. 정말, 그렇게 될 거예요.

그러니 당신, 당신이 얼마나 사랑 그 자체의 존재인지를 알길 바라요. 그러기 위해 지금, 더 많이 감사하기로 해요. 호흡 하나하나에도 최선의 진실한 감사를 담아 숨 쉬는 거예요. 그렇게 살아 존재하고 있음 자체에 가득 만족하고 벅차게 감사하는 거예요. 당신에게 주어진 모든 있는 그대로의 현재를 온전히 받아들이는 거예요. 그렇게 어떤 저항도, 불평도 없이 한가득 감사하는 거예요. 그것만으로 당신의 사랑과 빛, 금방이면 회복되기 시작할 거예요. 그리하여 당신, 그 사랑과 빛을 세상을 향해 온통 표현하는 사람으로 존재하게 될 거예요. 고작 불평이나 원망이나 슬픔이나 무기력 따위가 아니라, 그 기적 같은 감사와 사랑과 예쁜 미소를 말이에요. 그러니 감사하고 또 감사해요. 그 뒤에 있을 일들은 당신의 마음 안에서 비로소 자신을 드러내기 시작한 사랑이 당신을 대신해서 알아서 해내기 시작할 거예요. 그 어떤 불평과 결핍과 공허와 슬픔도 품을 수 없게 완전한 조화로움을 당신의 삶으로 내내 끌어당겨올 테고, 그래서 당신, 완전한 평화와 기쁨과 함께 오직 순조롭고도 고요하게 매일을 보내게 될 뿐일 거예요. 당신과 함께하는 사람들을 당신이 최선의 진실한 마음으로 사랑할 수 있도록 당신을 내내 이끌 테고, 그래서 당신, 그 무엇도 기대하거나 바라지 않는 사랑, 그 어떤 변화도 요구하지 않는 있는 그대로의 사랑을 하고 있을 뿐일 거예요. 하여 걱정하거나 계획할 필요가 없어 생각이 가라앉을 테고, 당신은 오직 고요함의 빛과 평화와 함께 매 순간을 있는 그대로 살고, 사랑하고 있을 뿐일 거예요. 여태 그 고요와 평화가 두려워 늘 도망쳐왔던 당신이지만, 그때는 비로소 알게 될 거예요. 그 모든 시간들, 진정한 당신으로부터 도망쳐왔던 시간이었다는 것을. 그러니까 기쁨과 빛과 사랑으로부터.

그러니 이제는 당신을 마주하길, 당신이란 기쁨과 빛과 사랑을 마주하길 더 이상 두려워 말아요. 스스로 당신 자신으로부터 멀어지길 선택하지 말아요. 다만 한 걸음씩, 다가가기로 해요. 그저 당신 자신으로 존재하는 모든 순간에 감사하기만 하면 되는 거예요. 여태 그게 두려워 늘 끝없는 생각으로, 원망과 미움으로, 욕망과 탐닉으로 도망쳐왔던 당신이잖아요. 당신 자신과 함께 온전히 머무르는 그 시간을, 가장 지루하게 여겨왔던 당신이잖아요. 그러는 동안 진짜 당신은 얼마나 아프고 외로워 왔을까요. 그러니 이제는 바라봐줘요. 모든 저항을 떨쳐낸 채 온전히 함께해줘요. 다정한 미소와 함께 당신이란 존재의 기적 자체에 감사하는 거예요. 그 순간 당신의 머릿속에 겹겹이 쌓여있던 생각이란 어둠들이 빛에 의해 소멸되기 시작할 테고, 하여 진짜 당신이 드러날 거예요. 그리고 그 순간 알게 될 거예요. 바로 이곳에 진짜 행복이 있다는걸, 나라는 존재 자체가 바로 행복의 유일한 근원이라는걸. 그리고 그 순간 당신, 더 이상 당신의 행복을 외부에 헛되이 의존하지도 않게 될 거예요. 그래서 진짜, 사랑하게 될 거예요. 내가 행복을 더 이상 외부에 의존하지 않을 때, 나, 자연히 타인에게도 더욱 관대하고 너그러워질 수밖에 없는 거니까요. 타인을 통해 행복해지고자 하는 환상을 완전히 내려놓았기에 그때의 나는 네가 내게 이렇게 해줘야만 내가 행복해질 거야, 라고 말하지 않을 테고, 하여 더욱 있는 그대로를 받아들여주고 사랑해줄 뿐일 테니까요. 하여 더 이상 실망하거나 미워하지도 않게 될 테니까요.

그러니 사랑할 때만 행복할 수 있고, 사랑하지 않을 때만 행복하지 않을 수 있는 당신, 이제는 사랑하고, 또 사랑하길 바라요. 당신은 당신이 무엇무엇 때문에 행복하지 않다는 참 구체적이고 논리적인 이유를 늘 가지고 있죠. 하지만 오직 사랑하지 않길 선택했을 때만 행복하지 않을 수 있는 당신일 뿐이죠. 결국 미움이 일어나는 것도 사랑하지 않길 선택했기 때문이고, 슬픔이 일어나는 것도, 공허와 무기력과 짜증과 예민함이 일어나는 것도 다만 사랑하지 않길 선택했기 때문인 거니까요. 그 순간에도 전적으로 사랑하길 선택했다면 당신, 반드시 행복했을 테니까요. 왜냐면 당신이 이곳에 태어나 존재하는 이유가 바로 사랑하기 위해서고, 하여 사랑할 때만 존재의 이유와 목적을 완성하며 나아가고 있다는 기쁨을 누릴 수 있는 당신, 사랑이니까요. 그러니 이제는 기쁨과 함께하지 않고 있는 모든 순간 안에서 다만 내가 어디서 사랑을 아끼길 선택했는지, 사랑하지 않길 선택했는지만을 당신 자신에게 물어보는 당신이길 바라요. 그것을 묻는 것만으로 다음엔 꼭, 더 사랑하게 될 당신이니까. 그러니 당신이 여태 사용하지 않아 낡고 바래져왔던 감사하고 사랑할 줄 아는 힘과 능력을 이제는 꺼내어 사용하길. 최선을 다해 자주 사용하길. 그리하여 다시 그 힘과 능력을 회복하길. 매 삶의 순간에 그렇게 하길. 그러기 위해 늘 자신에게 묻길. 언제 감사를 아꼈고 사랑을 아꼈는지를. 그리하여 기쁨 없는 날을 보냈는지를. 그렇게, 더 이상은 그 사랑의 힘을 사용하지 않아 낡게 내버려 두지 않길 바라요. 가득 사랑하고, 또 사랑하고, 그저 사랑함으로써 가득, 빛내길 바라요. 무엇보다 당신의 행복과 기쁨과 치유와 회복을 위해서.

그렇게, 행복하기 위해 태어난 당신이 행복했으면 좋겠어요. 어차피 살아가야 할 삶이라면 이왕이면 행복을 위해 살아갔으면 좋겠어요. 당신 존재의 사랑스러움과 예쁨, 그 찬란한 빛이 당신이 행복을 얻는 유일한 이유였으면 좋겠어요. 정말로 그것만으로 행복하기에 충분히 예쁘고 소중한 당신이니까. 그만큼 반짝이는 당신 존재의 빛이니까. 그런 당신이라서, 행복하기 위해 애쓸 필요도 없이 그저 나의 행복을 방해하는 것들을 내려놓으면 행복은 알아서 자신의 빛을 드러내기 시작할 거예요. 왜냐면 당신 존재는 영원한 사랑이자, 빛이자, 예쁨이니까요. 다만 그 찬란함을 가리는 불행의 구름들에 의해 그 빛이 당신의 눈에 보이지 않고 있는 것일 뿐이니까요. 그러니 오늘, 사랑이 아닌 모든 것들을 내려놓음으로써 당신이 사랑임을 발견했으면 좋겠어요. 마치 내가 불행하기 위해 태어나기라도 한 것처럼 여전히 미워하고, 욕망하고, 슬퍼하고, 곱씹고 계산하고, 그러지 않았으면 좋겠어요. 그러니까 불행이 내가 존재하는 이유이자 목적이라도 되는 것처럼 불행을 숭배하지 않았으면 좋겠어요. 그러니 행복하기에 지금도 너무나 충분한 당신, 이제는 삶으로부터 더 많은 것을 바라기보다 다만 당신 자신을 바라보기를. 그리하여 당신이 어떤 존재인지를 찾고 발견하고 알게 되기를. 사랑이 아니라고, 아름다움이 아니라고, 행복이 아니라고 오해하기에 너무나 사랑이고, 아름다움이고, 반짝이는 행복인 당신을. 정말로 이 세상 어느 누구보다 그런 당신, 사랑이니까. 그저 기쁨 가득 내내 웃고 춤추고 즐기고 살고 사랑하며 보내기에도 아까운 당신, 사랑이고, 오늘은 그런 당신에게 주어진 다시는 돌아오지 않을 마지막 오늘이니까. 정말로 당신은 그런 사람, 사랑이니까.

그러니 존재만으로 기적인 당신, 이제는 조건 없이 행복하길. 이미 행복의 유일한 조건인 당신으로 존재하고 살아가는 기적이 일어났으니까. 그러니 다만 감사할 뿐이길. 그렇게, 나로 살아가는 기쁨을 가득 누리고 음미하며 살고, 사랑할 뿐이길. 지금 이 순간 나로 존재하고 있음 자체에 기뻐하고 감사할 줄 아는 사람은 오늘 밤 무엇을 먹는지, 누구와 함께하는지, 어떤 공간에 있는지, 그런 것들에 더 이상 자신의 행복을 의지하지 않게 되는 거니까. 안에서부터 행복한 나이기에, 더 이상 바깥의 조건은 중요하지 않게 되는 거니까. 그리고 그것만이, 진정으로 영원한 행복인 거니까. 그러니 당신이라는 존재가, 행복의 유일한 조건이 될 수 있게 늘 새롭게 감사하고 내내 감사하길. 그때 당신은 더 이상 상처받지도 않게 될 것이며, 왜냐면 누군가가 나를 마주하는 태도에 내 행복을 더 이상 의지하지 않기 때문이며, 그래서 더욱 너그럽고 다정하게 존재하게 될 것이며, 그리하여 진짜, 행복한 사람이 될 테니까. 그러니까 전에는 가득 속상해하고 아파하고 원망해야만 했던 일들이, 이제는 그 즉시 내 가슴 속에서 가득 반짝이고 있는 행복의 빛 앞에서 녹아내려 아무것도 아닌 일이 될 테니까. 이미 행복한 당신은 타인과 삶에 더 이상 무엇인가를 바라지 않을 테고, 바라지 않기에 실망하거나 화낼 필요도 없게 될 테고, 그리하여 더욱 진짜 사랑해주는 사람일 테고, 사랑하기에 또한 더욱 기쁨과 행복으로 가득 차게 될 테고, 그렇게 당신, 줄어들거나 마르지 않는 기쁨과 함께 존재하고 있을 뿐일 테니까. 그러니 당신이 누려야 마땅한 그 행복을, 기쁨과 다정과 사랑을, 이제는 당신의 것으로 소유하길. 그리하여 영원히 행복하길.

그 모든 거창한 이유가 아니더라도, 굳이 불행하게 살아갈 이유가 없기 때문에, 이왕이면 행복하게 살면 더 좋기 때문에 행복하길. 굳이 미워하는 것보다 이왕이면 사랑하며 사는 게 더 좋기 때문에, 굳이 슬픔에 빠져 하루를 무기력하게 보내는 것보다 이왕이면 기쁨 가득 예쁘게 웃으며 보내는 게 더 좋기 때문에 그렇게 하길. 그렇게 당신이 누려 마땅한 기쁨을 매일 만끽하며 나아가길. 감사하고 사랑하기에 충분한 모든 날들, 가득 감사하고 사랑하며 보내길. 훗날 돌이켜 당신이 후회하게 될 유일한 것이 바로 사랑을 아꼈던 순간일 것이니, 왜냐면 당신은 사랑하기 위해 태어나 존재하는 사람이기 때문이고, 그리하여 삶의 마지막 순간에 당신은 반드시 이 질문을 자신에게 하게 될 테니까. 충분히 사랑했는가, 하는. 그러니 그 질문 앞에서 떳떳하게 그렇다, 라고 할 수 있을 만큼 가득 사랑하길. 사랑하고, 또 사랑하길. 무엇보다 지금 이 순간 행복하기 위해 사랑하길. 사랑하는 모든 순간 반드시 행복해지고, 사랑하지 않는 모든 순간 반드시 불행해지는 당신, 사랑하기 위해 태어난 사람이니까. 그러니 오직 사랑으로만 채워지고 기뻐할 수 있는 당신이라는 걸 지금 이 순간부터 영원히 잊지 말길. 그리하여 지금, 다만 사랑할 뿐이길. 그러니까 지금, 기꺼이 행복할 뿐이길. 당신, 오직 사랑할 때만 기쁨으로 꽉 채워진 예쁜 미소를 지을 수 있는 사랑하기 위해 태어난 사람, 사랑함으로써 사랑받기 위해 태어난 사람, 무엇보다 웃는 모습이 세상에서 가장 예쁜 사람, 내가 참 많이 아끼고 걱정하는 사람, 사랑은.

자신이 지금도 얼마나 사랑스럽고 예쁘고 소중한 존재인지 알기만 하면 곧장 행복해질 수밖에 없을 만큼 아름답고, 눈부시게 빛나고, 참 다정하고 따듯한, 순수하고 해맑은 당신, 사랑은. 영원히, 그렇지 않은 적이 단 한 번도 없었던, 사랑보다 더 사랑인, 그래서 무엇이 사랑이냐고 내게 묻는다면 당신이라고 답하게 되는, 보고 있자면 가슴이 미어지게 아플 만큼 닳도록 사랑이고, 넘치게 사랑이고, 온 마음을 다해 사랑인, 그 무엇으로도 부족한 표현인, 하물며 사랑으로도 다 담아낼 수 없는 당신, 사랑, 사랑, 사랑, 사랑은. 그러니 이제는 당신이 스스로 알아가 보길. 당신이 얼마나 사랑인지를. 그것을 알아가는 기쁨 가득하고 설레는 여행을 지금, 시작하길. 내 역할은 여기까지니, 바로 당신이 어렴풋하게나마 자신이 어떤 존재인지를 알아가게 하는 것이었고, 그리하여 당신이 이제는 사랑의 여행을 시작하게 하는 것이었으니까. 그리고 어렴풋하게나마 알게 된 것만으로도 이미 자신이 얼마나 소중하고 귀하고 기쁨 가득하고 예쁜 존재인지를 알았을 당신, 고작 그것에 만족하지 말길. 그보다 더 크고 완전하고 깊고 거대한 기쁨이 당신을 기다리고 있으니까. 당신은 그저 사랑이 당신에게 줄 기쁨을 아주 잠깐, 그리고 아주 조금 엿본 것뿐이니까. 그러니 이제는 망설임 없이 알아가길. 당신에게 주어진 매 순간을 통해 알아가길. 당신이 얼마나 사랑인지, 사랑받기 위해 태어난 사람인지, 사랑하기 위해 태어난 사람인지를. 매일을 전과 똑같이 살아가되, 다만 그런 마음으로 보내고 살아가길. 정말, 그거면 됐으니까. 그 길의 끝에서 반드시 진짜 당신의 존재인 사랑을 마주하고 발견하게 될 당신일 테니까. 지금도 있는 그대로 사랑인 당신, 사랑하고, 사랑받기 위해 태어난 사람, 내가 참 많이 아끼고 걱정하는 사람, 완전하고도 영원한 빛, 아름다움, 기쁨, 생명, 사랑은 그러니까 내내 당신 자신일 뿐이길. 기적 같은 사랑, 사랑 같은 기적, 당신 자신일 뿐이길. 정말, 그거면 됐으니까.

## 에필로그

　　마지막 인사말은 이 책을 쓰는 내내 제가 함께했던, 삶을 향한 기쁨과 사랑을 회복하며 잃기를 수없이 반복한 경험을 바탕으로 고민하여 만든 10가지 원칙을 여러분에게 함께하자고 나누는 것으로 대신하고자 해요. 이 단순한 10가지 원칙만 삶을 살아가는 내내 마음에 품고 지키고자 노력해도, 여러분의 삶, 금방이면 사랑과 빛을 회복한 채 전에 느껴보지 못했던 기쁨과 평화와 아름다움과 찬란함과 함께 빛날 거예요. 그러니 꼭, 함께해보길 바라요. 제가 만든 원칙과 완전히 같지는 않더라도, 여러분의 경험과 결 성향을 바탕으로 조금 바꾸거나, 아니면 완전히 새롭게 만들어보는 것도 좋아요. 중요한 건 아주 작은 원칙이라도 진심과 사랑을 다해 지키고자 하는 마음이고, 그 의지의 결과는 사랑의 글이 담긴 100권의 책을 읽는 것보다 더 크고 위대할 거예요. 그러니 아주 간단하고 단순한 원칙을 세우고, 그것을 지켜내기 위한 마음으로 매일을 보내보길 바라요. 당신 자신을 향한 진실 어린 사랑으로, 꼭.

1. 아무리 정당하게 느껴져도, 미움의 생각은 즉시 내려놓기. (그 순간 용서하기. 곱씹지 말기.)

2. 부족하고 결핍되어졌다고 느껴질수록 감사할 점을 찾아보기. (결핍이 아닌 있음에 집중하기.)

3. 사람들에게 내가 할 수 있는 최선을 다해 친절하기. 밝게 마주하고 힘이 되어주기.

4. 계획하지 않기. 그저 내려놓고 좋은 일이 일어나길 기대하고 지켜보기. (이미 일어났다는 느낌으로 미소와 함께 고요함에 머무르기.)

5. 생각이 일어날 때마다 그 순간 현존하기. 신께 바치기.

6. 늘 완전하기. 완전함에 머무르기. (눈을 감은 채 내가 얼마나 완전한 사랑인지를 가득 느껴보기.)

7. 존재함이 행복의 모든 이유이자 유일한 이유가 되게 하기. (나로 존재하는 것 자체가 내 기쁨의 전부가 되게 하기.)

8. 누군가를 비난하는 건 곧 나를 비난하는 것임을 잊지 말기. (그 비난이 담기는 곳은 결국 내 마음 안이므로.)

9. 좋은 점만 바라보고 말하기. 없다면 고요함에 머무르기.

10. 역할을 수행해야 할 땐 배우의 자세로 연기하기.

이 책을 여기까지 읽고, 또 이 원칙들까지도 마음 깊이 새긴 채 실천하고자 하는 당신은, 이미 행복할, 사랑이 될 운명으로 정해진 사람이니 너무 걱정 말고 최선을 다해 매일을 살아가길 바라요. 당신의 예쁜 마음에 대한 그 간절한 진심이 꼭 당신을 예쁜 마음에 닿게 할 테니. 그러니까 당신은 다만 내내 사랑이고, 또 사랑일 뿐이길. 이미 무엇보다 벅차게 사랑이고, 닳도록 사랑이고, 완전한 사랑이며, 영원한 사랑인 당신은.

- 세상에서 가장 예쁜 사랑에게, 지훈, 올림.

내가 참 많이 아끼고 걱정하는 사람

1판 1쇄 인쇄 | 2025년 8월 1일
1판 1쇄 발행 | 2025년 8월 19일

지은이 | 김지훈

발행인 | 김지훈
책임편집 | 김지훈
디자인 | 정은경디자인

발행처 | ㈜진심의꽃한송이
주소 | (03020) 서울특별시 종로구 자하문로40길 11 4층
전화 | 02-337-8235
팩스 | 02-336-8235
등록 | 제 2018-000066호
등록일자 | 2018년 8월 30일

ⓒ 김지훈 2025

ISBN 979-11-91877-07-6  03810

※ 이 책의 저작권은 ㈜진심의꽃한송이에 출판사에 있으므로 이 책의 전부 또는 일부 내용을 사전에 ㈜진심의꽃한송이 출판사의 동의를 반드시 받아야 합니다.
※ 잘못 만들어진 책은 판매처에서 교환해 드립니다.